貞慶撰『唯識論尋思鈔』の研究

仏道篇

楠 淳證 著

法藏館

序文

解脱上人貞慶（一一五五―一二一三）は鎌倉初期の著名な唯識学匠であり、奈良時代に伝えられた法相教学の伝統を踏まえつつ、斬新な学説を随所に示した学侶として高く評価されている。また、法然浄土教を弾劾した『興福寺奏状』の起草者としても知られているが、その人となりは真摯な求道者そのものであり、学徳兼備の人望の篤い人物であった。

貞慶の生まれた頃の僧界はといえば、すでに「三会・三講」の制度が成立しており、学侶を目指す者は安居等に出仕して研鑽を進め、まずは竪義（試験）を受けて得業となり、問者を勤めた後に講師となって僧綱職に就くという「秩序」が広く定着していた。そこで貞慶も、応保二年（一一六二）八歳の時に南都に下向して蔵俊の室に入り、永万元年（一一六五）十一歳の時に出家授戒し、この道を歩むこととなった。記録に残るところでは、寿永元年（一一八二）二十八歳の時に維摩会の竪義を受けて得業となり、翌寿永二年（一一八三）より二年続けて法勝寺御八講の問者を勤め、文治二年（一一八六）三十二歳の時には維摩会の講師、翌文治三年には法勝寺御八講の講師、さらに建久元年（一一九〇）三十六歳の時に再び法勝寺御八講の講師を勤めるなど、順調に僧界での階梯を歩んでいたことが知られる。ところが、次第に「世間の無常」に思いを致すようになり、建久四年（一一九三）に本寺である興福寺を離れ、大和（奈良県）と山城（京都府）の国境いにあった笠置寺に隠遁し、翌建久五年（一一九四）には永蟄居するに至った。以降は、浄土に生まれて見仏聞法して二利を実践する仏道を歩むために、諸尊を讃仰する「講式」類を多数著すと共に、仏道実践の理論構築のための論義研鑽をも進め、ついに建仁元年（一二〇一）に独自の論義抄である『唯識論尋思鈔』を撰述した。

本書は、「別要」七十余部と「通要」六百余部よりなる法相論義に関する総合書（論義抄）であるが、遁世した貞慶にとっては立身出世のための書では勿論なかった。では何のために本書を撰述したのであろうか。実は、貞慶にとっては論義研鑽そのものが仏道であり、かつ論義研鑽を通して仏道理論を構築する必要もあって、本書は撰述されたのである。この膨大な量にのぼる論義抄の研究を筆者はライフワークの一つとして進めてきたが、このたび、安居の副講者を命じられたことを縁として、『唯識論尋思鈔』が単なる論義研鑽の書にとどまらず、貞慶の仏道理論を構築するために著された論義抄であったことを明らかにすべく、本研究書を作成することにした。

周知のように、貞慶の属する法相宗は大乗諸宗の中で独り「五姓各別」を説き、菩提を証して仏に成る者（菩薩種姓）と二乗の悟りを得る者（二乗種姓）と畢竟じて悟りを得ない者（無性闡提）のあることを論じたため、天台宗等の一乗家より長らく権大乗と謗られてきた。古くは天台宗最澄（七六六／七六七—八二二）と法相宗徳一（?—八二一—八四二?）の諍論、天台宗良源（九一二—九八五）と法相宗仲算（?—九六三—?）による応和の宗論等が有名であるが、他にも法相宗護命（七五〇—八三四）の『大乗法相研神章』や法相宗真興（九三五―一〇〇四）の『一乗義私記』、あるいは天台宗源信（九四二―一〇一七）の『一乗要決』等が著され、種々に諍論されてきた。本年二月に上梓した『蔵俊撰『仏性論文集』の研究』（楠淳證・舩田淳一編、法藏館、二〇一九年）では、唯識仏教を大成した世親の『仏性論』に悉有仏性義が説かれているという天台宗からの論難に対して、菩提院蔵俊（一一〇四―一一八〇）が今では失われた徳一の貴重文献を用いて「訳者真諦による改変である」と反論していた事実が明らかとなり、かつまた無用の諍論を回避する会通理論を示していたことも確認された。これを受けて貞慶が構築したのが三性即三無姓による一乗融会論であった。今回の研究においても、高次元の理の観点より「真実の一乗、長時の五姓」と説いて一乗も五姓も共に認めつつ、自らを初めとする唯識行者を菩薩種姓であるとする理論なども合わせて構築し、三阿僧祇劫にわたる二利の修行を尊い実行として勧める貞慶の行者としての立場が明らかとなった。また、仏道実践のために諸仏が大慈悲をもって示現された浄土を知見する道こそが「見仏聞法」「二利双行」の道であるとして、弥陀・釈迦・弥勒・観音の四尊の浄土への往生を欣求したあり方等も明らかになった。また、初心の行者（菩薩）は「性相の道理」に随えば「一の四天下」（一仏土）しか望みえない点より、貞慶が最終的には観音の補陀落浄土への往生を欣求した臨終式を行なって示寂したことや、三阿僧祇劫にわたる多仏繋属の理論をもって法然浄土教の一仏信仰（一仏繋属）を批判したことなども論証した。

『唯識論尋思鈔』は、『成唯識論』全十巻にわたる論義テーマに対して詳細な検証をほどこした大部の論義抄であり、日本唯識史を彩る勝れた論義書の一つとして高く評価することができるが、それだけではなく貞慶が自己の仏道理論を構築するために著した書である点に、今一つの意義が存する。そこで本研究書では、特に法相教義の根幹をなす「五姓論」「三祇論」、ならびに浄業の実践による浄土知見の「行道論」等に焦点をあて、『唯識論尋思鈔』等において示される貞慶の仏道論の一端を明らかにしたいと考えた。なお、今回は紙面の都合があったので、さらに詳細な論義テーマの研究に関しては、数年後に刊行予定の『貞慶撰『唯識論尋思鈔』の研究――教理篇――』に譲りたいと考えている。

貞慶の生涯を概観すると、「令法久住」のために時には政治的な俗性を示すこともあったが、その姿勢は常に謙虚であり、真摯に仏道を求め続けた有徳の僧であった。法然浄土教を弾劾した『興福寺奏状』等を著したため、多くの誤解と不理解とを受けてきたが、その本質は「学徳兼備の真摯な求道者」そのものであった。この点については、平成二十二年（二〇一〇）に上梓した拙著『心要鈔講読』（永田文昌堂／安居講本）においてすでに明らかにしたが、今回は貞慶の畢生の作といってよい『唯識論尋思鈔』に余他の著述も適宜加味し、「学徳兼備の真摯な求道者であった貞慶像」について、論義研鑽をキーワードに、さらに明らかにしていきたいと考えている。

拙著は、著者性来の怠情によって十分な推敲の余裕もないまま、校了・公刊の運びとなった。また、紙数の都合上、次に刊行する「教理篇」に譲ったところもあり、ご叱声を受けるところが多々あろうかと思われる。とはいえ、『唯識論尋思鈔』の総合的研究は従来皆無であり、拙著をもって嚆矢とする。

茲に、恩師である 北畠典生 龍谷大学名誉教授（勧学）、同じく恩師である 故山崎慶輝 龍谷大学名誉教授（勧学）の学恩に深く感佩し、先学同輩諸賢のご教導に感謝申し上げるとともに、識者の叱正と誘掖を賜らんことを希うものである。また、貴重な助言等を頂戴した龍谷大学非常勤講師の後藤康夫氏、文書整理に助力いただいた龍谷大学大学院博士後期課程の西山良慶氏に深く感謝すると共に、『唯識論尋思鈔』『故解脱房遣坂僧正之許消息之状』『般若臺談抄』等の貴重書籍の掲載・翻刻・校合等のご許可を下さった身延山大学図書館・大谷大学図書館・龍谷大学図書館・東大寺図書館・薬師寺・興福寺の諸機関・諸寺に対して、深甚の謝意を表する次第である。最後に、煩雑な専門書にもかかわらず出版をご快諾下さった法藏館ならびに担当の今西智久氏に対しても、衷心より感謝する次第である。

令和元年六月三日

龍谷大学研究室にて

著　者　識す

貞慶撰『論第一巻唯識論尋思鈔別要』に云わく、

或いは真の一乗・仮の三乗と説くは、『法花』の正意也。或いは真の一乗及び長時の五姓と説くは、『深密』等の意《こころ》也。（中略）一乗とは大乗、大乗とは仏乗、仏乗とは無上乗也。設い五姓の宗と雖も、深く此の理《ことわり》を信ず。（中略）而るに他宗は倶に一乗を以て実と為し、五姓を捨てて権と為す。仏意幷びに四依の説に同じからず。信と智を兼ぬるの人は、常に此の意を存すべき歟。

＊令和元年の浄土真宗本願寺派の安居講義における「讃嘆文」として特に抜粋。

貞慶撰『唯識論尋思鈔』の研究——仏道篇——＊目次

序文　i
凡例　xv

序論……3

本論

第一部　貞慶の仏道論

第一章　遁世と仏道……29
第一節　貞慶の遁世　29
第二節　貞慶消息「故解脱房遣坂僧正之許消息之状」　40
第三節　遁世の意義　43
第二章　論義と仏道……49
第一節　法相論義の形成と展開　49

第二節　貞慶撰『唯識論尋思鈔』の成立　61
第三節　『唯識論尋思鈔』撰述の意義　71
第三章　講式と仏道……………………85
第一節　仏道論より見た伝灯法会　85
第二節　貞慶撰述の講式と浄土信仰　105
第三節　貞慶撰述の講式と余他の諸信仰　140
第二部　貞慶教学（論義）と仏道
第一章　五姓成道論の展開……………………151
第一節　はじめに　151
第二節　五姓各別説の成立　156
第三節　『尋思別要』における一乗融会論　167
第一項　「一乗五姓了不了義」における会通論理の特色　167
第二項　『尋思別要』における「理の一乗」説の淵源　185

第四節　『尋思別要』における定姓二乗論と無姓論　194
第五節　『尋思別要』における大悲闡提論　200
第一項　中国三祖の定判　200
第二項　不成仏説の展開　205
第三項　成仏説の展開　215
第四項　大悲闡提成不成説の展開　224
第六節　無性闡提会通論　239
第七節　むすび　252
第二章　三祇成道論の展開……259
第一節　はじめに　259
第二節　「摂在一刹那」と仏道　266
第一項　摂在一刹那論の概要　266
第二項　『般若臺談抄』と『唯識論尋思鈔』の関係　272
第三項　『般若臺談抄』の摂在一刹那論　278
第四項　『尋思通要』の摂在一刹那論　288
第三節　「多仏繫属」と仏道　306

第一項　はじめに　306
第二項　一仏繋属の伝統説　309
第三項　「一仏繋属菩薩」否定の新展開　317
第四項　『興福寺奏達状』『興福寺奏状』に見られる「弥陀一仏繋属」批判　326
第四節　むすび　347
第三章　浄土成道論の展開……355
第一節　はじめに　355
第二節　多重浄土論と一四天下論　363
第三節　弥陀浄土信仰展開の諸理論　375
第一項　弥陀浄土信仰断念の理由　375
第二項　安養通化論の構築　380
第三項　処々不定論による報化二土一体同処論の構築　394
第四項　凡入報土論の展開　404
第四節　釈迦・弥勒・観音の三尊浄土信仰の展開　415
第一項　釈迦浄土信仰展開の理論　415
第二項　弥勒浄土信仰展開の理論　421

第三項　観音浄土信仰展開の理論　430
第五節　むすび　441

第三部　『唯識論尋思鈔』の翻刻読解研究

第一章　「摂在一刹那」の展開……465
第一節　はじめに　465
第二節　『般若臺談抄』の「摂在一刹那」　475
第三節　『尋思通要』の「摂在一刹那」　505
第四節　むすび　533

第二章　「一仏繋属」の展開……557
第一節　はじめに　557
第二節　『尋思別要』の「菩薩種姓一仏繋属有無」　563
第三節　『尋思通要』の「一仏繋属事」　574
第四節　むすび　591

第三章　「変化長時浄土有無」の展開……605
第一節　はじめに　605
第二節　変化長時浄土有無　610
第三節　諸仏本願取浄穢二土差別　636
第四節　知足内院浄穢義　645
第五節　西方有共義　650
第六節　むすび　655
第四章　「命終心相」の展開……671
第一節　はじめに　671
第二節　命終心相　679
第三節　むすび　705
結　論……721

凡例

一、『唯識論尋思鈔』は「通要」六百余条と「別要」七十余条の二書構成をとる。本研究書では総括して呼ぶ時は『尋思鈔』と略称し、個別に呼ぶ時は伝統的呼称に基づいて、前者を『尋思通要』、後者を『尋思別要』と略称した。また、『成唯識論』の当該巻を表示する時は『論第十巻尋思鈔別要』等と称することにした。なお、読者の便宜を考えて、各節ごとに具名を挙げた後に略称を用いる形式をとった。

一、現存する『尋思別要』の内、この度の「仏道篇」では身延山大学図書館本を底本とし、大谷大学図書館本ならびに龍谷大学図書館本を校本とした。ちなみに身延山本と大谷本とは姉妹本であり、いずれも明暦三年（一六五七）の「福園院清慶擬講書写本」をもとに再書写されたものである。

一、大谷大学図書館に所蔵される『尋思通要』は、貞永元年（一二三二）法隆寺沙門證算書写本、建長元年（一二四九）法隆寺沙門尊心書写本、弘安九年（一二八六）～弘安十年（一二八七）快嚴書写本、文化十年（一八一三）釈氏教山書写本、文化十年（一八一三）釈慧劍書写本等々の合冊されたものである。龍谷本は、奥書および比較照合の結果、大谷本の書写本であることをあらためて確認した。なお、今回は紙数の都合があるため、書誌学的検討は次回刊行予定の『貞慶撰『唯識論尋思鈔』の研究――教理篇――』に譲ることにした。

一、『般若臺談抄』『観世音菩薩感應抄』など、貞慶に直接的に関わる名称については、当時の使用に順じて旧漢字を用いた。

一、本研究書の構成は、序論・本論・結論よりなり、また本論は第一部・第二部の研究論稿部分と第三部の翻刻読解部分よりなる。

一、序論は、本研究書が安居の講本であることに鑑み、日本唯識思想史の流れを簡略に記して理解を促すことに主眼をおき、あえて煩雑な引用文は差し控えた。詳細な検証は、次回刊行予定の『貞慶撰『唯識論尋思鈔』の研究――教理篇――』において、あらためて行なう予定である。

一、本論の第一部と第二部は、貞慶伝ならびに貞慶教学を総合的に研究した論稿部分であり、多数の引用文を付して論証した。引用文については、安居の講本であることも鑑み、すべて訓読した。『大正新脩大蔵経』収録の経論等を初めとして、既に活字化されている文献からの引用については、訓読文のみを掲載した。したがって、漢文を確認したい時には既活字本を参照していただきたい。また、未翻刻の資料については、先に翻刻文を掲載し、その後に訓読文を掲載した。また、第三部収録文献からの引用の場合は、訓読文のみを掲載したので、漢文（原典・翻刻文）については第三部を参照していただきたい。なお、第三部と第一部第一章の貞慶伝に関わる資料については、原典の写真も掲載した。

一、読者の便宜を考えて、節ごとに改めて生没年や書籍の具名等を付した。

一、引用文に出る旧字や異体字・略字は、原則として通行の字体（常用漢字）に改めた。また、片仮名まじり文については、安居の講本でもあることに鑑み、現代仮名遣いの平仮名まじり文に改めた。出来るだけ原文の漢字を残す方針を採ったため、助詞・助動詞以外は基本的に漢字のまま残した。よって、原文の「也」もそのまま残るかたちとなっているが、個人的に終尾辞の「なり」を補って訓んだ場合には、平仮名の「なり」と表記し区別した。「数数《さくさ》く」「文《いえ》り」「皆な」「又た」など、読み仮名・送り仮名を補って読みやすくした。虫損等で判読不能の文字は■とした。

一、割注については、翻刻・訓読ともにポイントを落し、＊を付した。「云々」「文」「為言」などの割注でない文字は、通常ポイントで表示し、訓読した。

一、使用テキストの略号は、次のようにした。

大正＝『大正新脩大蔵経』（大蔵出版）

日蔵＝『増補改訂日本大蔵経』（鈴木学術財団）

一、引用箇所を示す場合は、前項の略称を用い、次のような表記で統一した。

【例】大正一二・六一九・中（『大正新脩大蔵経』、第一二巻、六一九頁、中段を意味する）。

一、本論の第三部の凡例については、あらためて第三部の冒頭に詳細に記すことにした。

貞慶撰『唯識論尋思鈔』の研究

――仏道篇――

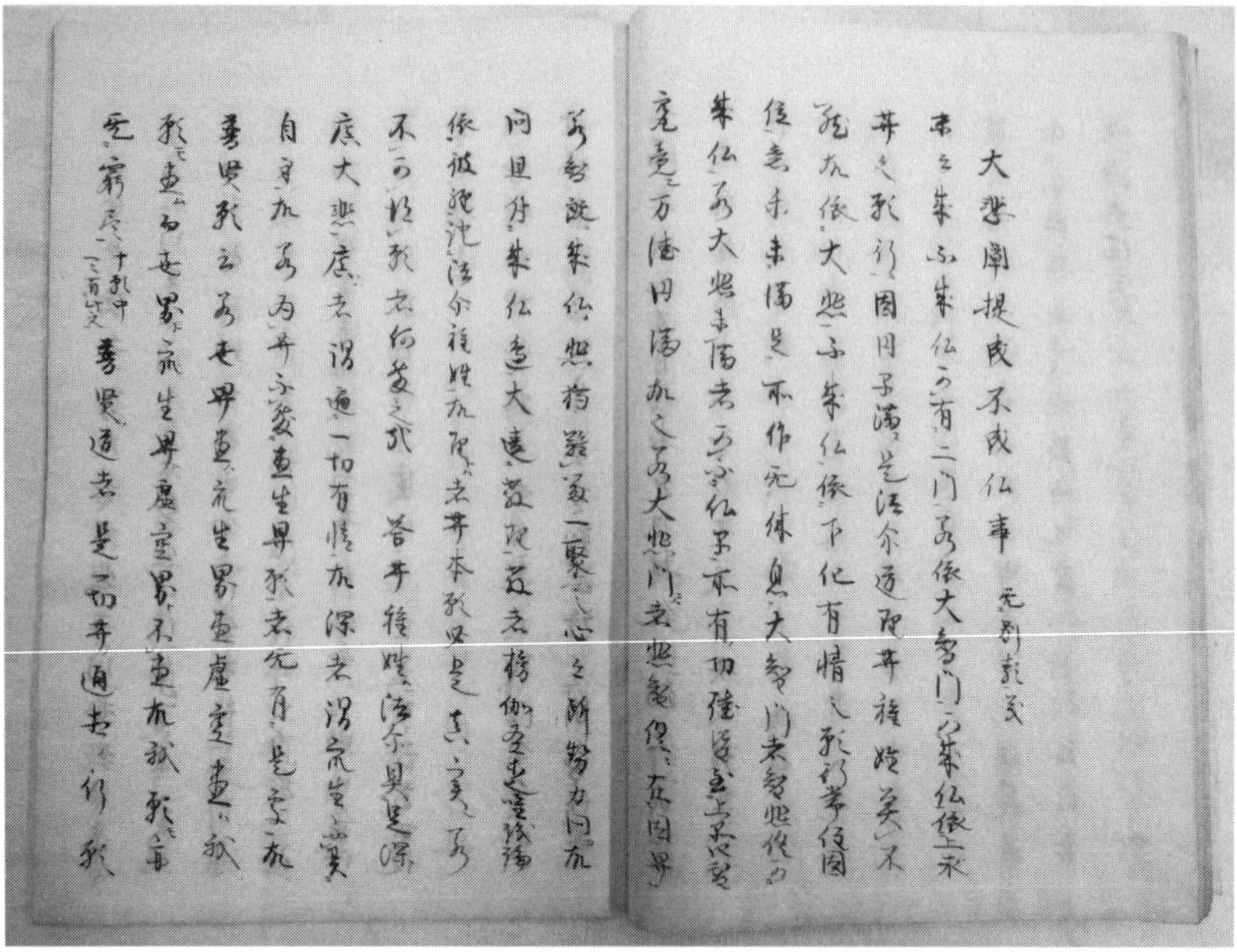

身延山大学本『論第一巻唯識論尋思鈔別要』「大悲闡提成不成仏事」

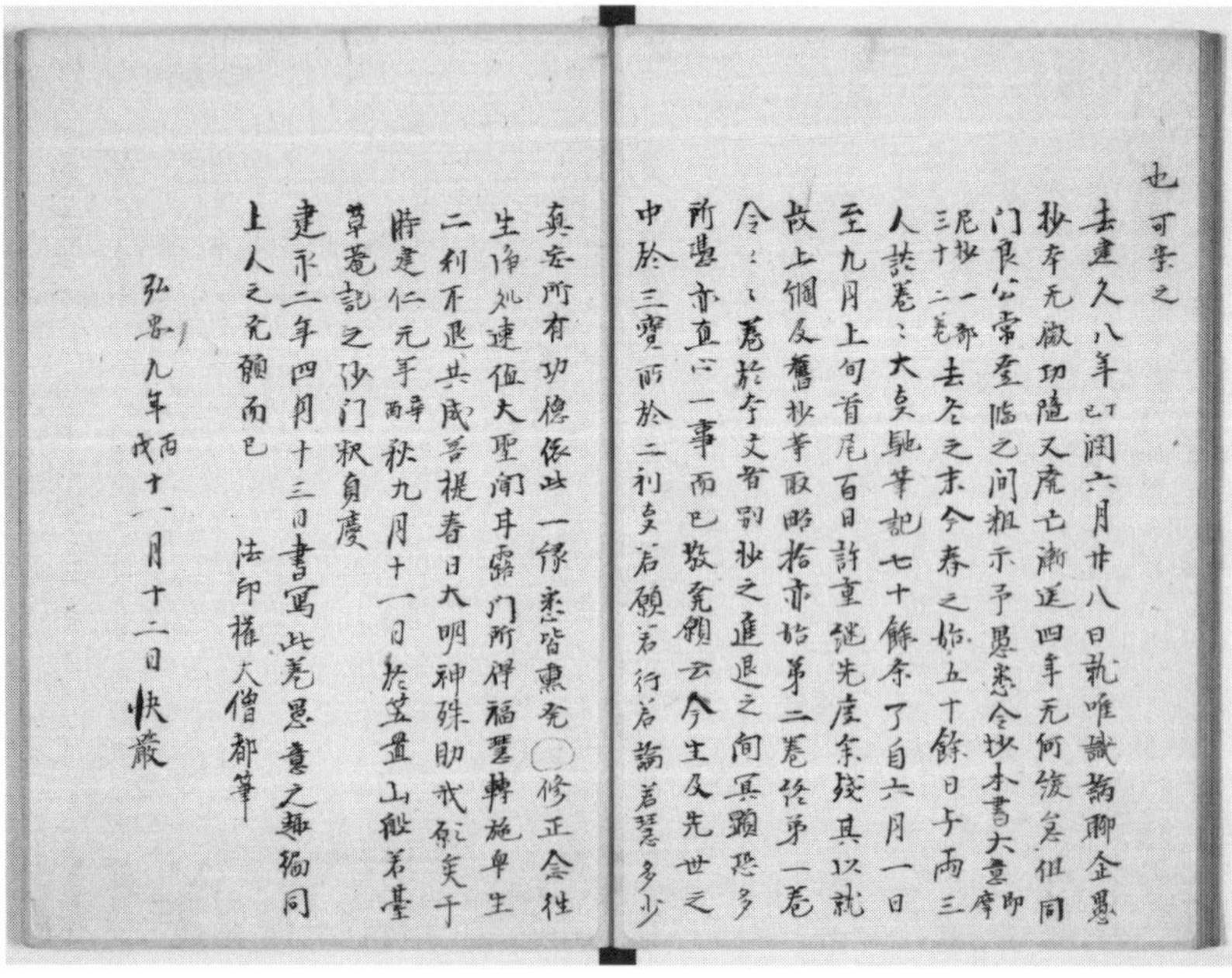

龍谷大学本『論第一巻唯識論尋思鈔通要』「奥書」

序論

唯識説は本来的に釈尊の根本仏説の中に見られる教説であるが、これを組織的に体系づけたのは無著・世親の二師であったといってよいであろう。すなわち、無著（三九五―四七〇頃）は、弥勒の講説とされる『瑜伽師地論』を受けて『顕揚聖教論』『阿毘達磨集論』『摂大乗論』等を著し、また世親（四〇〇―四八〇頃）も無著の教説を受けて、『唯識二十論』『唯識三十論』・『百法明門論』『摂大乗論釈』等の論書を撰述し、唯識説を教学として体系化したのである。その後、世親の『唯識三十論』の注釈をめぐって、唯識の奥義に通達した十人の偉大な論師（十大論師）が出現するに至ったと伝えられているが、その一人に護法論師（五三〇頃―五六〇頃）がいた。彼は無著・世親の唯識教学に対してさまざまな解釈があるなか、性相別論を基調とする唯識教学を展開した。すなわち、真如（性）と現象（相）とを各別に論じ、すべてのものは有為の阿頼耶識より開出すると説く頼耶縁起説を主張したのである。これは同じく「唯心」を説くとはいっても、宇宙的普遍的な一心（真如）より諸法が生じることを基調とする法性系の唯識説とは明らかに異なるものであったといってよい。この護法の唯識教学を「正義」として、後に中国において組織づけられて日本に伝えられ、一宗として確立されたのが、他ならぬ「法相宗」であった。

そもそも、「唯識」は中国に三度にわたって伝来し、地論・摂論・法相の学派として成立をみた。後の日本では、これを地論宗・摂論宗・法相宗と呼んでいる。このうち法相宗は、玄奘三蔵（六〇二―六六四）によってもたらされ、慈恩大師基（六三二―六八二）によって大成された護法系の「唯識」であった。当時、玄奘三蔵は将来した経論の翻訳事業に忙殺され、護法の教説を正義として『成唯識論』十巻を訳出したものの、ついにこれを一宗として成立させるには至らなかった。そこで、玄奘はこれを愛弟子の慈恩大師基に授け、ここに法相宗（法相教学）が成立することとなったのである。こうした成立の事情より、後に玄奘は法相宗の鼻祖とされ、慈恩は開祖とされた。以後、第二祖淄洲大師慧沼（六四八―七一四）・第三祖撲揚大師智周（六七七―七三三）と順次この教えは相承され、法相教学として整備・体系化されていくことになるのである。日本の法相学侶は後に、これら慈恩・淄洲・撲揚三師の教説を「三祖の定判」と呼んで尊重し、また慈恩の『成唯識論述記』を「本疏」、同じく慈恩の『成唯識論掌中枢要』・慧沼の『成唯識論了義灯』・智周の『成唯識論演秘』を「三箇疏」（本疏を合わせると四箇疏）と称して、教学研鑽の要としたのである。

かくして「法相教学」は日本に伝えられるわけであるが、凝然（一二四〇―一三二一）の『三国仏法伝通縁起』によれば、七世紀の後半から八世紀の前半にかけて都合四回にわたって伝来したと記されている。すなわち、第一伝は白雉四年（六五三）に入唐した道昭（六二九―七〇〇）によるもので、玄奘から直接

「瑜伽唯識」を伝授され、帰国後、元興寺に住して法相唯識を弘めたと伝えられている。次に、第二伝は斉明天皇の四年（六五八）に入唐した智通・智達によるもので、その事蹟は今のところ明らかではないが、時代的に見ておそらく玄奘や慈恩について唯識を学んだものと考えられる。次いで第三伝であるが、これは大宝三年（七〇三）に入唐したとされる智鳳・智鸞・智雄によるものである。この時はすでに玄奘も慈恩も没していたから、彼らはおそらく第二祖の慧沼あるいは第三祖の智周に師事して唯識を学んだものと考えられる。最後の第四伝は、養老元年（七一七）に入唐した玄昉（六九一―七四六）によるもので、彼は第三祖智周について唯識の奥義を極めたという。帰朝したのは天平六年（七三四）であり、将来した多数の経巻・仏像の類は勅命によって興福寺に置かれることになり、玄昉も興福寺に住して法相の宗義を講述したと伝えられている。

以上のように、法相教学の日本伝来にはおおむね右の四伝があったとされているが、それ以外にも幾つかあったことはすでに深浦正文氏が『唯識学研究・上巻』において指摘しているとおりである。しかし、主なものは右の四伝であり、やがてこれが合流して南北二流となり、弘く伝播することになる。すなわち、第一伝に第二伝が合して南寺伝となり、また第四伝に第三伝が合して北寺伝と呼ばれるようになるのである。南寺伝とは元興寺伝のことであって、この寺がもと飛鳥の地に建てられていた点より飛鳥伝とも呼ばれる。また、北寺伝とは興福寺伝のことであって、この寺が奈良の御笠山麓にあったところより御笠伝ともいう。それが南寺伝・北寺伝と称されるようになったのは、元興寺が猿沢池の南に移築され、池の北にある興福寺と相対するようになって以来のことであるといわれている。

この両寺の学風について幾つもの相違点のあったことは、すでに漸安（？―八一五―？）が『法相灯明記』において明らかにしているとおりであるが、このような教学的差異が生じたのは、ひとえに両伝の相承の経緯によるものであったと考えられる。すなわち、四伝の経緯を見ると、南寺伝は玄奘三蔵より直接その草創期の唯識を相伝していたことが知られる。これに対して北寺伝は、慈恩・慧沼・智周の三祖を経て整備・体系化された法相教学を相承していたことがわかる。まさしくこの点に、両寺の学風の根本的な違いがあったといってよいのである。ここに日本の法相教学研究を困難にする一因があるのであるが、やっかいなことはそれが南北両寺にとどまらず、個々人においても展開されたということであり、後世の抄物には実に善珠伝・護命伝・仲継伝・明詮伝・子嶋伝・修学房御義・贈僧正御義・壺坂御義・海住山御義などと称される各人各様の教説のあったことが指摘されているのである。このため、一つの教義に対して二義・三義の異説が併存するという事態もしばしば生じた。このことは、日本における法相教学の研鑽が、三祖の定判による伝統教学を尊重しつつも、かなり自由闊達に行われていたことを物語っているといってよいであろう。したがって、日本の唯識を研究するにあたっては、このような特殊性を理解しておく必要があるであろう。

さて、道昭・玄昉らによって伝えられた法相教学は、興福寺（北寺）と元興寺（南寺）を中心に、多数の勝れた学匠によって、順次相承されていった。これらの人師の事跡については、『高僧伝要文抄』・『元亨釈書』・『東国高僧伝』・『本朝高僧伝』・『南都高僧伝』などの史書や、その他の新史料等をもとに今後も研究を深めていく必要があると思われるが、しかし、その大要についてはすでに深浦正文・富貴原章信の両氏が総合的な視野からの研究を行っている。したがって、今は教学史上の主要な人物のみを取り上げ、法相教学がどのように相承されていったかを見てみることにしたい。

まず、北寺系の学匠として第一に挙げるべきは秋篠僧正善珠（七二三―七九七）であろう。彼は、後世の人々より「善珠菩薩」と尊称された人物であり、江戸期の基辨（一七一八―一七九一）に至っては「南京の法相を論成する古師の中で取るべきはただ善珠一人のみ」とまで激賞しているほどの大学匠である。このような評価は昨今の学界においても同様であり、深浦氏は「わが国唯識宗学の正統は実に彼を俟《ま》って大成の域に進めるの観がある」と述べ、また富貴原章信氏も「ここに於て日本法相宗の正系は確立された」と高く評価している。このような高い評価が善珠に与えられるのは、彼が三祖の註疏の復註に心血を注ぎ、「慈恩教学の正しい相承」に努めたからであり、このため善珠の法相教学はついに「北寺伝正統派の標準」として重んじられるに至ったのである。後世、『成唯識論』の主要な点についての「論義」が行なわれるようになると、古師の説が頻繁に依用されるようになり、善珠の学説もしばしば用いられるようになった。これは、後世の学侶にとって善珠の存在がいかに大きかったかを物語るものであり、この一点をとっても日本の法相教学史上、高く評価されてしかるべき学匠であったと考えてよいであろう。著書は多数存し、『唯識義灯増明記』・『唯識分量決』・『法苑義鏡』等、現存するものも多い。なかでも『唯識分量決』は、『成唯識論』全体に散説される四分説を見事にまとめ上げた名著とされ、現在の学界においても高く評価されている。

この善珠と同時代に、南寺に護命（七五〇―八三四）が出た。彼は、「元興寺法相宗の大成者」と目される人物であり、道昭─行基─勝虞と相承された南寺系の唯識を受け継ぎ、北寺に相い対した。著書はすこぶる多いが、残念なことに現存するものは『大乗法相研神章』(以下『研神章』)五巻のみである。この書は、勅命を受けて奏進されたいわゆる「天長勅撰六本宗書」の一つであり、護命が法相宗を代表して著した名著である。当時の護命の名声がいかに高かったかが、これをもってしても知られるであろう。本書は天長七年(八三〇)に奏進されたのであるが、撰述されたのはもっと早く、弘仁十四年(八二三)春のことであったと『本朝高僧伝』には記されている。これに対して、かつて佐伯良謙氏は「弘仁十三年頃の撰述」を主張した。その根拠は『研神章』の「略顕諸宗各異門」の終わりに「老僧生年七十三」と記されていたことに由来しているが、しかしこの記述は単に、護命が七十三歳のときに新羅の順本法師より法体の生滅について意見を聞く機会を得たと述べている箇所にすぎず、本書執筆時に護命が七十三歳であったことを意味するものでは決してない。したがって、『研神章』の撰述は今のところ『本朝高僧伝』の記事に照らして、弘仁十四年とするのが最も妥当ではないかと思われる。この弘仁十四年という年はまた、護命が大僧都の職を辞した年でもあった。富貴原氏や田村晃祐氏によればこれは、護命がながらく阻止しようとしてきた天台宗の大乗戒壇に対する勅許が弘仁十三年六月に出されたための辞任であったという。おそらくこのことが心に強くあったのであろう。『研神章』の「第三略顕諸宗各異門」における天台宗批判には厳しいものがあり、また全般にわたって天台の一乗思想を強く批判しているのである。これは、徳一(?─七四九─八二四─?)の一乗批判ばかりが云々されてきた研究史を振り返ると、注目すべき一面ではないかと思われる。また、『研神章』の持つ今一つの価値は、南北両寺の異義が極めて明確に示されている点にあるといわれている。これは、深浦氏や富貴原氏・結城令聞氏、あるいは大村西崖・中野義照共著『日本大蔵経解題』などにも共通して見られる指摘である。たとえば、倶舎で説く法体の生滅について、護命は用滅説を主張して山階寺（興福寺）の学生の伝える体滅説を妄伝であると批判しているのであるが、このような顕著な相違が『研神章』の処々に認められるというのである。この点よりすれば、本書はまさしく南寺系唯識の本義本分をいかんなく発揮した好書であったといってよく、その書が法相宗を代表して奏進されている事実を考えれば、護命をもって「元興寺法相宗の大成者」とする見方は至極妥当ではないかと思われる。とはいえ、護命の学説がすべて南寺系のそれと一致していたわけでは決してない。このことは、鎌倉期の良遍の著した『観心覚夢鈔』に、「三無性の体」が何であるかをめぐって、南寺の諸徳が一様に執空説を取ったのに対し、護命のみが北寺の諸徳と同じく体空説を取っていたことが指摘されていることで明らかである。これは、南北両伝の相違のみならず、すでにこの時点で個々人の教学的差異も現れ始めていたことを意味しており、今後の研究においても十分に留意していくべき点ではないかと思われる。

さて、護命に次いで南寺系唯識を高調した人物に仲継（七七八―八四三）がいる。彼は護命の弟子にあたり、もと薬師寺の学侶であったが、後に元興寺に住したと伝えられている。仲継の最大の功績は、南京三会の一つである薬師寺の最勝会を天長六年（八二九）に創始したことにあるといってよいであろう。南京三会とは、いわゆる興福寺の維摩会・宮中太極殿の御斎会・薬師寺の最勝会の三をいい、承和元年（八三四）の宣下によって、この「三会の労」を経て初めて僧綱に任じられることが定められた。彼はその一つを創始したのであるから、その功績は格段に大きいといわねばならないであろう。しかし、これほどの人物であるにもかかわらず、仲継の書はまったく伝わっていない。わずかに、貞慶の『唯識論尋思鈔』（以下『尋思鈔』）や良算の『成唯識論同学鈔』（以下『同学鈔』）等にその学説が引かれているばかりである。しかも、その扱いは多くの場合、批判的である。これは、仲継の学説が南寺系の唯識を基調としたものだったからではないかと思われる。例を一つあげるならば、大悲闡提菩薩の成仏不成仏をめぐって諍論がなされる中、「大悲闡提菩薩は普通の菩薩と異なって特別の菩薩である」として不成仏説を強調する学説が現れた。この学説は不成仏説を論証する上で極めて巧妙なものであったが、後人の付記した『尋思鈔』の末尾の文にはこれを仲継の創始したものであると記されている。このとき同じく不成仏説を立てた学匠に護命・明詮等がおり、伝来の当初は南寺系では不成仏説が主流となっていたことが窺え、ここにも成仏説が主流であった北寺系との対立が色濃く感じられるのである。その中で、仲継の学説の果した役割が大きかったことを考えると、南寺系唯識は護命から仲継に継承される過程で、いよいよ整備され始めたと見てよいように思われる。

この護命―仲継と継承された南寺系唯識は、次に明詮（七八八―八六八）に伝えられるのであるが、この三師の時代が南寺系唯識の最盛期であったといってよいであろう。彼は十五歳にして出家し、仲継を師として修学に励み、後に「音石の先徳」と尊称されるほどの大学匠となった。『日本高僧伝要文抄』によれば、明詮は三論の実敏・華厳の正義・天台の円修とともに嘉祥三年（八五〇）に宮中の論義会に召されたが、明詮の才鋒の前には「諸賢も時に応じて屈伏した」とあり、時の天皇も明詮を賞めて「一代の聖教は悉く此に存す、当に授くるに僧統をもってすべし」と高い評価を与えたと伝えられている。残念なことに現存する著書はほとんどない。しかし、現流の『成唯識論』の「導註」と「裏書」は明詮によって作成されたものであり、その一点をもってしても彼の学識がいかに傑出していたかが知られるであろう。

一方、北寺では善珠の後、昌海―基継―空晴と相承され、その空晴門下より仲算（九三四―九七六）が出た。その学才は傑出していたが、僧官栄達を好まず、常に興福寺の松室に住して教学の研鑽に努めたと伝えられている。そのような彼を一躍有名にしたのが「応和の宗論」である。すなわち、応和三年（九六三）、宮中で法華講が開かれ、三論・法相・華厳・天台の学僧が一堂に会して論義が行なわれたのであるが、その第二日めの夕座、講師であった法相の法蔵に対して天台の覚慶が、『法華経』の一乗成仏の教説をもって法相の定姓二乗不成仏の義を論難したのである。これに対して法蔵が巧妙に会通したところ、臨席していた良源（九一二―九八五）が覚慶に代わって論難を行ない、ついに決着がつかなかった。翌日、良源が朝座の講師を務め、法蔵が問者となって論難を始めたが、良源の反論は明快であり、ついに法蔵は言葉に窮してしまった。殿上で見ていた藤原文範は南都の危機と感じ、ひそかに使者を奈良に向かわせ、仲算を迎えた。仲算は第五日めの朝座と夕座の問者を務め、そのうちの夕座において良源と相対した。このとき良源は、『法華経』方便品の「無二不成仏」の文を提示して、「一として成仏せざること無し」と難詰したのであるが、これに対して仲算は即座に「無（無性有情）の一は成仏せず」と読み替え反論した。この勝負は結局のところ決着がつかなかったのであるが、しかし仲算の学識は朝廷にも認められるところとなり、この時より法相をもって南都六宗の長とすることが定められたのである。その功績は格段に大きいといわねばならないであろう。現存する書として、『四分義極略私記』二巻・『賢聖義略問答』などがあるが、これらを通して知られる仲算の学風は、三祖の教学を忠実に注釈するところにあったといってよい。

次いで、仲算の弟子に真興（九三三―一〇〇四）が出た。彼もまた師と同じく俗世の栄達を極力嫌い、大和の子島寺に隠棲して仏道に精励した。そこで、後の人は彼を尊んで「子嶋の先徳」と呼んだのである。現存する書として『唯識義私記』十二巻・『一乗義私記』三巻などがあるが、その学風は富貴原氏の指摘にもあるように、やはり「忠実な注釈」にあったといってよい。もっとも、その「忠実な注釈」は真興が行うわけであるから、そこに彼独自の「新義」の展開される素地もまた、十分にあったのである。後世、解脱房貞慶らによって真興の学説はしばしば依用され、教学的指針として尊重されていくのであるが、この一事を見ても、真興がいかにすぐれた学匠であったかが窺えるであろう。なお、彼の遺した業績の一つとして、『成唯識論』の訓点を正確にし、これに明詮の著した「導註」と「裏書」を加えて、通読に便利な『導論』を作成したことが挙げられる。これによって、南北両寺の学風を堅持しつつも法相教学を広く総合的に学んでいく土壌が出来上がったといってよく、この点でも真興の業績は高く評価されるべきであろう。

かくして南北両寺の教学は順次相承されていくのであるが、その過程で両伝の根拠地は興福寺一寺に統合されるようになった。すなわち、南寺の定昭（九〇八―九八二）が興福寺内に一乗院を創建して以降、南寺の学風は一乗院を中心に伝持されるようになり、一方北寺の学風は興福寺大乗院を中心に相承されるに至ったのである。とはいえ、すでに深浦氏が指摘しているように、これによって両寺の学説が融合して一つになったわけでは決してない。あくまでも古来からの学風を伝持しながら唯識の研鑽が総合的に進められていったのである。そのためか、これより以降はむしろ個々の学説が尊重されるようになり、前代にはなかった自由闊達な思想展開が随所に見られるようになった。その代表的な人物が菩提院蔵俊であり、かつまた解脱房貞慶・聖覚房良算・知足院良遍等であった。

菩提院蔵俊（一一〇四―一一八〇）は平安末期を代表する著名な唯識学匠であり、衰頽ぎみであった法相唯識を再び活性化させた人物としてよく知られている。彼は、修学房覚晴（一一八九―一二四八）に師事して法相教学を学んだのであるが、注目すべきは左に挙げた『諸嗣宗脈記』の「法相宗派図」にも明らかなように、平安時代までの南北両寺の教学がすべて蔵俊一人に集束し、次いで彼を起点として次代の学僧に相承されているという点である。

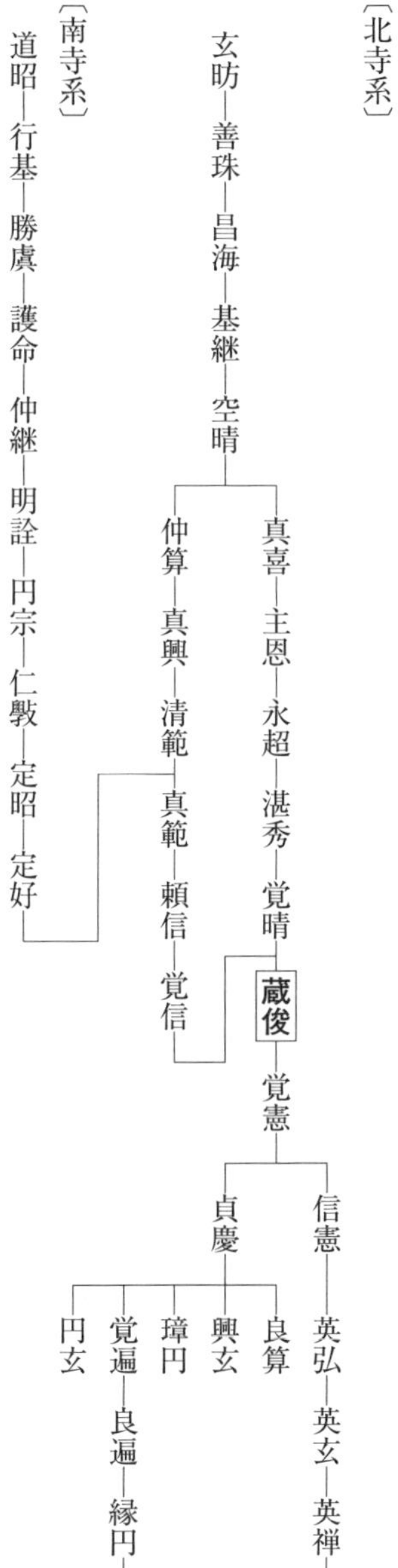

もちろん『望月大辞典』巻六収録の「法相宗系譜」にも示されるように、蔵俊以外の法脈も一方では存した。しかし、蔵俊の学才に匹敵するほどの人物はおらず、かつまた蔵俊の学系から有能な学侶が多数輩出したこともあって、ついにはこの法流が鎌倉以降の法相宗の主流となっていったのである。蔵俊は、史伝によれば庶民の出身であったといい、そのためか僧界での出世は遅れた。しかし、その声望は他に抜きんでて高く、安元二年（一一七六）には院宣を受けて『注進法相宗章疏』一巻を著し、示寂の後には僧正の位を贈られた。そこで、後の人は彼を称して「贈僧正」と讃え、その学徳を賛美したという。主著の一つに『成唯識論』の要点について論述した『菩提院抄』があるが、この書は貞慶の『尋思鈔』や良算の『同学鈔』等に多大な影響を与えた点で高く評価されてしかるべき書である。残念なことに一部分しか残されていないが、しかしその断簡より推察するに、旧来の学説を凌駕した蔵俊独自の学説が多数掲載されていたと考えられる。まさしく蔵俊を初めとして、南北両伝の相違を超えた個々人の学説あるいは教学といったものが急激にクローズアップされ始めるといってよいのである。

このような蔵俊の姿勢を受け継ぎ、日本唯識思想史上不朽の名声を打ち立てた人物が解脱房貞慶（一一五五―一二一三）である。彼は、八歳にして蔵俊の室に入り、十一歳にして剃髪受戒し、蔵俊門下の俊才であった叔父の覚憲（一一三一―一二一二）に師事して唯識と律を学んだ。その後、三会等の竪義や講師を順当につとめ、若くして南都仏教界の第一人者と目されるまでになったが、建久四年（一一九三）三十九歳の時、突如として大和の国の笠置寺に隠棲した。著書は、『尋思鈔』を初めとして『心要鈔』・『勧誘同法記』・『修行要抄』・『法華経開示鈔』・『観世音菩薩感應抄』・『法相宗大意名目』・『法相宗初心略要』等多数にのぼっている。いずれも伝統教学を踏まえながら独自の視点から法相教学を論じた書といってよく、後世の学侶に著しい影響を与えた。鎌倉期以降の諸論草にしばしば見られる「笠置御義」・「海住山御義」・「東山云」・「上人云」という表記はすべて貞慶の学説を指したものであり、いかに彼の学説が評価されていたかが知られるであろう。彼は、基本的には子嶋の真興と菩提院蔵俊の教学を所依としたが、それに拘《こだわ》ることなく常に「唯識の真実」を追求し続け、従来の学説を超えた新義・新案の数々を打ち立てたのである。この点、「忠実な注釈」を基本とする上代の解釈姿勢とはかなり異なっており、貞慶に至ってますます自由闊達な唯識研鑽の風潮が顕著になってきたと見てよいであろう。この他、貞慶について特筆すべきことは、『興福寺奏達状』『興福寺奏状』の執筆であろうか。この両書は、法然の専修念仏義を法相教学の視点より批判したものであるが、彼はこれを八宗を代表して著している。当時、貞慶は笠置にあり、隠棲してすでに十二年が経過していた。にもかかわらず八宗を代表して著すことになったのであるから、いかに貞慶の声望が高かったかが知られるであろう。門弟に良算・興玄・璋円・円経・覚遍・円玄等がいる。

このうち、「貞慶親授の弟子」とされる新院聖覚房良算（?―一一九四―一二一七―?）は、『同学鈔』を編纂したことでよく知られている人物である。この書は、講会の折々に良算が『成唯識論』の問題点についての勉強会を重ね、古抄物や『菩提院抄』等を引き合わせながら編集したものである。爾後、法相学徒の必携の書となり、鎌倉以降の論義は次第にこれを基準にして行われるようになった。このため学界での評価も高く、富貴原氏などは「『同学鈔』において唯識宗の正義は確立された」とまで言い切っているほどである。その価値は極めて高いといわねばならないであろう。もっとも、本書をして「唯識宗の正義を確立した書」と見なす点については疑義が残る。むしろこの書は、当時行われていた論義を収録して良算自身の「愚案」を付記した勉学のためのノートであり、かつ後学の人々のために作成された論義研究のための入門書であったと見るべきである。だからこそ、良算自身に異義のある場合には「別紙」に譲るという形式がとられたのであり、この点からしても本書をもって「正義確立の書」と定義づけることは誤りであると考えられる。しかし、それによって本書の価値が半減するわけでは決してない。後世にまで完全な形として遺る論義の総合書としての価値、上代の学説や鎌倉初期当時の学説を掲載している利点、そして鎌倉期以降の学侶に極めて尊重されたことなど、評価すべき点は多々あるのである。まさしく「論義」を通して法相教学を総合的に整理し、一定の方向性を示したという点に、良算の果した大きな功績があるといってよいであろう。なお、良算には『愚草』と題する論義抄もまた別にあったことを付記しておく。

次に、信願房良遍（一一九四―一二五二）であるが、彼は貞慶の弟子であった覚遍（一一七三―一二五八）に師事して唯識を学び、また覚盛（一一九四―一二四九）より具足戒を受けて戒律の復興にも尽力した。四十八歳で法印権大僧都になるなど、順調に僧階を登っていたが、四十八・九歳の頃、突如として大和の国の生駒山麓にあった竹林寺に隠棲し、以後、宗義宣揚に専念して多数の書を著した。主なものに、『観念発心肝要集』・『観心覚夢鈔』・『法相二巻鈔』・『応理大乗伝通要録』・『真心要決』・『善導大意』・『厭欣抄』・『念仏往生決心記』等がある。その著作群を内容的に類別すると、因明・唯識・律・禅・密教・浄土教等と実に多岐にわたっていることが知られ、伝統的な唯識の枠にとらわれない自由闊達な思想の持主であったことが確かめられる。ことに、山崎慶輝氏や北畠典生氏等の指摘にもあるように、法華・禅・密教等の一乗仏教と三乗を本義とする唯識とが本来的に一致すると論じた点に、彼の最大の特色があったといってよいであろう。しかし、これをもって良遍を特異な法相学侶と見ることは誤りである。良遍の唯識教学は蔵俊・貞慶等によって醸し出された自由闊達な研鑽の気風の中で生み出されたものであり、そのような気風は長い伝灯の中で徐々に培われてきたものだったからである。すなわち、中国より伝来した法相唯識が日本において咀嚼される過程で種々の異義・異説が成立したが、日本唯識の特色はこれらをすべて包み込みながら次代へ相承していった点にあるといってよく、そのような「伝統的なあり方」の中から次第に自由闊達な気風が生まれ、その結果、良遍のような画期的な見解が生じるに至ったのである。後の江戸期の唯識学匠である高範は、良遍を称して「法相中興の龍象」とまで激賞しているが、まさしく良遍によって法相教学はますます活性化し、復興の機運が高まっていったのである。

その後、法相教学は良遍の法脈から出た縁憲（一二四五―？）や信憲（一一四五―一二二五）の門流から出た顕範（一二四五―一三一四―？）等によって相承され、「永享の頃の四天王」と呼ばれる光胤（一三九六―一四八七）・興基（一四一〇―一四八〇）・営尊（一四二七―一四九〇）・長乗（一四一四―一四八〇）らの時代を迎える。この頃、頻繁に行なわれていたのが、いわゆる「訓論」である。これは、『成唯識論』の主要な点について討論談義するものであり、富貴原氏はこれについて「その主眼とするところは『成唯識論』の全体的な綱要を会得するにあり、その本格的な研究は講会の論義において行われた」と解説している。すなわち、読師を指導者として『成唯識論』の正しい訓読と解釈を学ぶのであるが、その際、講座に列席した学侶から種々の意見が述べられ、最後に評決される。このとき詳細な研究については省略されるが、これは訓論談義が『成唯識論』の大要を理解することにその主眼が置かれていたからである。このような訓論の記録として今に残る書が光胤の『成唯識論聞書』であり、富貴原氏はこの書を「繁雑な唯識の教義を単純化した書」として高く評価している。なお、本書は『成唯識論』の綱要書として作成された善念（生没年代不詳）の『成唯識論泉抄』（室町時代末頃撰述か）や高範（一六五五—一七二三）の『成唯識論訓読記』等に大きな影響を与えたという点でも評価されてしかるべき書と考えられる。その後、高範の弟子であった基範の門下から基辨（一七一八—一七九一）が出て、『大乗一切法相玄論』ならびに『大乗五種姓玄論』等を著して宗義の高揚をはかった。

鎌倉時代以降、法相教学は貞慶・良算・良遍・光胤等の学説が主流になったといってよい。このことは、善念・高範・基辨ら後世の学僧の書物に依用される比重を見れば明らかである。また、英俊（一五一八—一五九六）の『多聞院日記』によれば、初学者は良遍の『法相二巻抄』や『観心覚夢鈔』、貞慶の『注唯識三十頌』などを研究したと記されている。したがって、日本における法相唯識の相承を見るかぎり、まず善珠の学説が正系と見られ、次いで真興の学説が重視されるようになり、その後は蔵俊・貞慶・良算・良遍・光胤等の学説が順次加わって、法相教学はますます重厚なものになっていったのである。

このように、日本に伝来した唯識仏教は奈良・平安・鎌倉・室町と勝れた学侶によって相承されていったが、その過程で「論義による教学の研鑽」が活性化していったことを今一つ指摘しておかねばならない。すなわち、宮中太極殿御斎会・興福寺維摩会・薬師寺最勝会という「三会」がまず公に設けられ、その法会の席において講師と問者による「講問論義」が晴れがましく行われるようになった。そして、承和元年（八三四）の宣下によって「三会の労」を経たものが僧綱に任じられることが定められるや、論義法会は僧界出世の登竜門的要素を持つようになり、各宗・各寺において広く論義研鑽が行なわれるようになっていったのである。かくして、日本の法相教学も論義によって練り上げられ、深められていく傾向を有するようになり、平安末期から鎌倉初期になると、菩提院蔵俊撰『菩提院抄』・解脱房貞慶撰『尋思鈔』・聖覚房良算編『同学鈔』等の論義抄（大部の論義書）が相次いで成立するに至った。また、鎌倉期から江戸期にかけては、一論題のみに限定した短釈と呼ばれる論義書が盛んに作られるようになり、論義研鑽の風潮に拍車をかけることになった。それらの短釈の中には、教義を究める研究書的なものもあれば、講問論義のための用意書的なもの、あるいは談義の記録等々が存し、多彩な状況にあったことが窺える。ことに論義のための公的勉強会といってよい「談義」については、「読師」を中心とした評定が開かれ、そこで種々活発な問答が交わされていたありさまが諸短釈、あるいは光胤の『成唯識論訓論聞書』等によって知られるのである。かくして、中国から伝来した法相教学は、論義による日本的展開を経て究められ、日本仏教の中核を担う一つとして、長く研鑽されることになったのである。ここに、「法相論義」を研究する大きな意義があるといってよいであろう。

このような観点より、筆者はかねてより日本唯識の展開を次の三期に分けて研究すべきであると提唱してきた。そこで、あらためて解説を付して分類を示すと、およそ次のようになる。すなわち、

①論義形成期＝日本に唯識思想が伝来されてより、『成唯識論』の論義テーマ（論題）が種々に形成されていった時代。具体的には、奈良から平安末期にかけての時代。この時代は注釈時代といってよいほどに、中国三祖直伝の法相唯識がさまざまな角度から研究され、問答体によって簡潔明瞭に論じられた時代である。また、三会・三講を初めとする講会において、論義がなされ始めた時代でもある。当時、維摩会・御斎会・最勝会の南京三会や、最勝講・法勝寺御八講・仙洞最勝講の三講の他にも、三蔵会・撲揚講・唯識十講・一乗院三十講・宝積院三十講・別当房三十講・唐院三十講・春日御社三十講・寺家三十講などの講会の開かれていたことが、『同学鈔』によって確かめられる。この時代は、こうした注釈書や実際の論義をとおして、後の千百有余にのぼる論義が形成されていった時代であるといってよい。

②論義大成期＝前代の諸論義を集大成して独自の研究を加味した、蔵俊撰『菩提院抄』・貞慶撰『尋思鈔』・良算編『同学鈔』・良算撰『愚草』・英弘撰『成唯識論知足鈔』・興玄撰『興問答』等の大部の論義抄が作成された時代。具体的には、平安末期から鎌倉初期の時代。この時代に作成された前掲の論義抄の内、特に貞慶撰『尋思鈔』・良算編『同学鈔』・良算撰『愚草』の三書は、次代の論義展開期の学侶にしばしば依用されることになった。

③論義展開期＝前記の論義抄が成立して以降、良算・良遍・縁憲・顕範・光胤・興基・良英・光暁・好胤等の多数の学侶によって一論題についての論義書である短釈が作成されていった時代。具体的には、鎌倉初期から江戸期にかけての時代である。いわゆる短釈は、「一論題一論草」の小篇をいうが、そ

の中には前代と同様の積極的な研究もあれば、勉学ノート的なものもあり、また論義のための用意として作成されたものなど、種々あったことが確認されている。また、この時代は『成唯識論』についての研修会（訓論談義）がしばしば開かれた時代でもある。すなわち、『成唯識論』についての解読を通して論義テーマの大意を知り、その上で実際の論義が戦わされた時代であったといってよいのである。

以上の三期である。そもそも、中国より法相教学が伝来した当初はといえば、所依の経論ならびに中国三祖の学説をいかに正しく解釈するかに主点が置かれていたといってよい。しかし、同時にまた、伝来の事情よりして南寺（元興寺）と北寺（興福寺）との間で教学的差異が存し、それがやがて論義大成期に至る頃には、各人各師の異解を生じさせるまでになり、後に善珠伝・護命伝・仲継伝・子嶋伝あるいは修学房御義・贈僧正御義・壷坂御義・海住山御義などと称される種々の異解を生み出す結果となったのである。今日に残る論義短釈の内容を検討していくと、時には一つの論題をめぐって「異義まちまち」という状況もしばしば起こっていたことが知られる。このような異解は、極論すれば「中国三祖の教学」を遵守するか、あるいはそれを会通してまで「唯識の道理」を追求するか、という個々の立場の相違によって生じたものであったといってよい。そして、平安末期に至ってついに、上代以来の「異義」を含む膨大な論義を集大成し、それに自らの見解をも加えて新たな教学の方向性を示した、現在確認しうる最古の論義抄が成立した。それが、蔵俊の『菩提院抄』である。とはいえ、本書は残念なことにかなりの部分が散逸しており、断簡しか残されてない。これに対して、蔵俊の法孫であった解脱房貞慶が撰述した『尋思鈔』は論の巻一から巻十にわたって、かなりの部分が現存している。本書は祖父師蔵俊の『菩提院抄』を手本として作成されたものではあるが、師説とは異なる見解も多々含んでおり、興味深い展開が随所に見られる。このような論義抄作成の活発な気風を受けて、蔵俊門流の学侶たちによって、たとえば英弘撰『知足鈔』・良算編『同学鈔』・良算撰『愚草』・興玄撰『興問答』等々の次代を担う多数の論義抄が作られていった。これら次代の論義抄の成立は、前代の「異義」を明らかにして新義を工夫・案出するという自由闊達な教学研鑽の流れを確定づけたといっても過言ではない。かくして、日本の唯識は常に異義・異説を内に含みつつ展開していくのであり、ここに日本唯識（法相教学）の柔軟性・進取性が掬取されるのであり、決して「固定化された伝統教学の相承」に終始していたわけではなかったのである[1]。

では、このような論義研鑽を貞慶はどのような意図のもとで行なったのであろうか。その疑問をここに掲げるのは、貞慶の論義抄である『尋思鈔』の撰述が、立身出世とはかかわりない笠置遁世（建久四年・一一九三）以降の建仁元年（一二〇一）になされていたからである。結論的にいえば、貞慶の論義研鑽（教学）は信仰（実践）のための理論（思想）構築をもたらすものであり、貞慶の仏道体系を形成すると共に、論義研鑽自体がまた貞慶の仏道そのものだったといってよい。このことを以降、本研究書では明らかにしていくにあたり、特に数年後に刊行予定の『貞慶撰『唯識論尋思鈔』の研究――教理篇――』に先立って、まずは貞慶教学の仏道論の根幹をなす「五姓論」「三祇論」、ならびに浄業の実践による浄土知見の「行道論」に関する諸論義を取りあげ、検証していきたいと考えている。

註

（1）『元亨釈書』『本朝高僧伝』『南都高僧伝』等の諸史料による。また、深浦正文『唯識学研究』上巻（永田文昌堂、一九五四年）、富貴原章信『日本唯識思想史』（国書刊行会、一九八九年）、永村眞「中世興福寺の学侶教育と法会」（楠淳證編『唯識――こころの仏教――』自照社出版、二〇〇八年）、『学僧と学僧教育』（堀一郎著作集第三巻、未來社、一九七八年）所収の「竪義と学階の制度」等も参照した。なお、序論においては、日本唯識思想史の流れを簡略に記して理解を促すことに主眼を置いたため、あえて煩雑な引用等を差し控えた。法相宗の各人師に関する検証は次回刊行予定の『貞慶撰『唯識論尋思鈔』の研究――教理篇――』に譲り、また三会を初めとする詳細は本研究書第二部に引用文等を交えて示したので、そちらを参照されたい。

本論

第一部　貞慶の仏道論

第一章　遁世と仏道

第一節　貞慶の遁世

解脱房貞慶（一一五五—一二一三）が笠置の地に遁世したのは、建久四年（一一九三）のことであり、翌年の建久五年に永蟄居している。しかし、これらの遁世年や蟄居年については異説があり、『本朝高僧伝』によれば寿永二年（一一八三）二十九歳遁世、『解脱上人形状記』によれば建久二年（一一九一）三十七歳遁世、『興福寺略年代記』によれば建久三年（一一九二）三十八歳遁世、『解脱上人懐胎以来形状』では同じ建久三年に蟄居となっている。はたしていずれが正しいのか。

これについて、筆者はかつて『心要鈔講読』を著した際、『讃仏乗抄』と『般若理趣分奥日記』の記述より、冒頭に明示した「建久四年遁世、翌建久五年永蟄居」の説を取った[1]。すなわち、貞慶が自らの遁世と蟄居について語った記事を掲載する『讃仏乗抄』第八には、

『大般若経』一部六百巻を書写し奉る。（中略）去んぬる養和二年正月一日（中略）同年十一月二十七

日（中略）建久三年十一月二十七日に至る。（中略）大功、将に終らんとする比《ころ》、一百日間、屡《しば》ば社壇に詣す。其の年の春、漸くにして世累を遁れ、次の歳の秋、永く以て蟄居す。誠に法力を知る也。神徳也。末代の誰か空しと謂う哉。(2)

とあり、貞慶が十一年かけて『大般若経』を書写した後、ようやくにして世累を遁れ、遁世・永蟄居した経緯が明記されている。また、『般若理趣分奥日記』にも、

凡そ去んぬる養和二年十一月二十七日自《よ》り建久三年十一月二十七日に至るまで、首尾十一箇年、深重の大願を発し、此の経一部六百巻を書し奉る。偏に上生内院・見仏聞法・令法久住・報恩利生の為め也。(3)

とあるように、養和二年（一一八二）十一月二十七日より建久三年（一一九二）十一月二十七日までの十一年間かけて、貞慶は上生内院・見仏聞法のため、ひたすら『般若経』六百巻を書写したことが知られるのである。この書写の功が前掲の『讃仏乗抄』に言う「大功」にあたり、書写を終えようとする頃の十一月より百日間にわたって、貞慶は春日社に参詣している。したがって、遁世年を示す『讃仏乗抄』の「その年の春」とは翌年の建久四年（一一九三）の春（一月～三月）をさし、また蟄居を示す「次の歳の秋」とは建久五年（一一九四）の秋（七月～九月）を意味していたことになる。そこで筆者は、「建久四年遁世、

翌建久五年永蟄居」説を取ったわけである。

では、貞慶はなぜに遁世したのであろうか。これについては『元亨釈書』と『玉葉』の記述がよく知られている。すなわち、まず『元亨釈書』には、

最勝講の詔に応ず。慶、貧に居して資に乏し。乗・僕をば人に借る。（中略）先に堂上に坐すもの、荘服厳麗たり。慶は弊衣にして至れり。官僚・緇伍《しご》、皆な笑いを匿《かく》す。慶の謂わく、今の釈子は法儀に率《したが》わず、只だ浮誇を競う。我れ此の徒と等伍を為す可からず。（中略）講已りて南京に還らず、山州笠置の窟に止まる。(4)

とあり、宮中で催された最勝講に出仕した折りに、貧しさのあまり弊衣で出仕したことを並み居る官僚や僧たちに笑われたことがきっかけであったとしている。貞慶の祖父が平治の乱の首謀者であった藤原信西入道であったことを考えると、窮迫していたあり方も理解できる。

これについて東大寺所蔵の貞慶撰『観世音菩薩感應抄』には、

小僧の父は洛下の隠士也。和州の隅に卜栖せり。母は外賎の業を開く也。族をして畿郷の風に恥ずかしむ。(5)

とあり、この頃、父の貞憲は洛下の隠士に身を落とし、母は外賤の生業をするほどに、零落していたことが記されている。『観世音菩薩感應抄』については、すでに『心要鈔講読』において指摘したように、建仁元年（一二〇一）四十七歳頃の撰述と推定されるから、隠棲した建久四年（一一九三）三十九歳の頃も、決して豊かな環境にはなかったと考えられる。これについては貞慶撰『辨財天式』にも、

哀れなる哉。我ら適《たまた》ま道場を排《おしひら》いて思惟観察を致さんと欲すれども、寒夜に衣は薄くして、先ず穢身の寒苦を痛み、更に彼の心無し。或いは師長に随いて夜学を励まんと擬すれども、紙筆・灯油の其の助け無ければ、此れ、儀《よそお》いのみにして亦《ま》復た成ぜず。悲しみの中の悲しみは、唯だ貧賤の苦なる者哉。(6)

と「貧賤の苦」を嘆く文章が見られるので、宮中参内の折に美麗な装束を身に纏うほどの余裕は、やはりなかったものと思われる。したがって、宮中参内の折りの逸話は事実であったと見てよく、これが「遁世の理由」の一つであったと考えられる。

二つめの理由として挙げられるのが、広く知られている九条兼実（一一四九—一二〇七）の『玉葉』に出る逸話である。すなわち、『玉葉』六三に記される建久三年（一一九二）二月八日の記事には、

貞慶已講の来たる。件の人、籠居す可しと云々。（中略）仰せの旨は種々なれど、大略は冥告に依り思い立つる所歟。意趣をば尤も貴ぶ可し。其の上、猶し余に仰せの旨等有り。大略は重ねて大明神に

祈る可きの由也。末代に有り難きの顕覚也。(7)

とあり、兼実のもとを訪れた貞慶が遁世について「種々の旨」を語る中で、「春日大明神の冥告によって遁世する」旨を述べたというものである。なるほど、貞慶には釈迦如来等を本地とする春日大明神への信仰があり、『弥勒如来感應抄』収録の『別願講式』には、

南無。法相擁護の春日権現よ、心中の所願をば決定成就せしめたまえ。(8)

と、貞慶の属する法相宗を擁護する神としての春日大明神を尊崇する記述も見られる。また、『春日権現験記』には建久六年（一一九五）と正治元年（一一九九）の二度にわたっての不思議譚が記されている。(9)これが事実であろうが創作であろうが、その背景には貞慶の春日大明神に対する篤い信仰の念があるのであり、その一端が「春日大明神の冥告による遁世」の逸話になったものと推測される。したがって、これもまた、かねがね言われているように「遁世の理由」の一つであったと見てよい。しかし、それ以上に重要な理由は、『愚迷発心集』等にしばしば吐露される「無常観」と、それに基づく「仏道論」にある。筆者は、かねてよりこれこそが貞慶遁世の真因であると考えてきた。そのような中で新たに発見した資料が、「故解脱房遺坂僧正之許消息之状」であった。

本消息「故解脱房遺坂僧正之許消息之状」は、華厳宗の宗性（一二〇二—一二七八）が自著『遁世述懐

抄』（東大寺蔵・本研究書にて翻刻）に書写収録している二篇の短編の内の一つである。その奥書には、

建保三年七月四日、東大寺南院の中に於いて、住侶此れを書写す。解脱房、世間の無常を厭《いと》いて南都を出でて山寺に籠もり、本房に送る所の消息也。貴む可し、哀れむ可きの者也。(10)

と書写者の奥書が記されている。これによって知られる事実は、

(1) 貞慶が世間の無常を厭って山寺（笠置）に遁世したこと。
(2) 貞慶自らが本消息を本房である興福寺へ送付したこと。
(3) 建保三年（一二一五）七月四日に東大寺南院の「住侶」によって書写されたこと。

の三点である。これをもとに消息本文を熟読すると、貞慶の遁世の真因はやはり「世間の無常を厭う」点にあったことが明白となる。そして、それは世の無常（輪廻）を厭って仏道実践に励んだ事実ともよく符合してくるのである。では、貞慶は本房である興福寺の誰に対して、この消息を送ったのであろうか。

これについて本消息名には「故解脱房の坂僧正の許に遣わす消息の状」と明記されているから、貞慶の唯識の師であった実の叔父にあたる壺坂権僧正覚憲（一一三一—一二一二）宛に提出したものであったことが知られる。なぜならば、貞慶が遁世した建久四年から永蟄居した建久五年当時の興福寺別当は覚憲だ

ったからである。このことは、『法勝寺御八講問答記』の建久元年から建久五年の諸役の段によって明らかである。なお、覚憲が東大寺別当として法勝寺御八講に出仕していたあり方を確認するため、文治二年（一一八六）より建久六年（一一九五）までの記述を『法勝寺御八講問答記』（東大寺蔵・未翻刻）より抜き出した。一覧にして示すと、以下のとおりである。

⑴　文治二年法勝寺御八講　証誠　法印　澄憲（兼講師）
⑵　文治三年法勝寺御八講　証誠　興福寺権別当法印権大僧都　覚憲
⑶　文治四年法勝寺御八講　証誠　興福寺別当法印　覚憲
⑷　文治五年法勝寺御八講　証誠　興福寺別当法印権大僧都　覚憲
⑸　建久元年法勝寺御八講　証誠　山階寺別当権僧正　覚憲
⑹　建久二年法勝寺御八講　証誠　法印前権大僧都　澄憲
⑺　建久三年法勝寺御八講　証誠　興福寺別当権僧正覚憲
⑻　建久四年法勝寺御八講　証誠　興福寺別当権僧正覚憲
⑼　建久五年法勝寺御八講　証誠　興福寺別当権僧正覚憲
⑽　建久六年法勝寺御八講　証誠　興福寺別当法印前権大僧都範玄

と。これを見ると、覚憲は文治三年にまず「権別当」として「証誠」を勤め、翌年の文治四年から建久五年まで、一年を除いて「別当」として「証誠」を勤めていたことが知られる。また、建久六年には別当職を範玄に譲ったこともわかる。なお、建久元年（一一九〇）といえば、貞慶が法勝寺御八講において講師を勤めた最後の年にあたる。すなわち、建久元年の「七月三日」より始められた法勝寺御八講の第五日朝座において貞慶は、「問者頼恵」に相対し、「法相大乗の心は第八識を以て所依と名づくの事」の問答の講師を勤めているのである。また、この年の「行番」を見ると、貞慶は「三礼」をも勤めていたことが知られる。したがって、貞慶が遁世の意思を明確に示し始めたのは、建久元年七月中旬以降といってよく、おそらくは隠棲の地を定めるため、しばしば笠置山を訪れたのであろう。それが遁世年を記載する際に、建久二年から建久四年にわたる数種の記述となった理由ではないかと思われる。そして、政治的な意図によるものなのか否か、建久三年に九条兼実のもとを訪れて遁世の意思を表明した後、貞慶はいよいよ「建久四年に遁世、建久五年に永蟄居」を果すのである。本消息はその頃に覚憲宛てに書かれたものであり、表題については覚憲が壺坂寺に遁世して以降に書写した何者かが付したものと見てよいであろう[11]。

では、建保七年（一二一九）に本消息を書写した「東大寺南院の住侶」とは誰であろう。『遁世述懐抄』収録の今一点の短篇の奥書部分には宗性の書写者が明記されているが、貞慶の「消息」にはない。しかし、本消息そのものが宗性撰『遁世述懐抄』に収録されている点、および貞慶に対する深い共感・尊崇の念が宗性には窺える点等より考慮すれば、貞慶の事跡に深く関心を寄せていた宗性自身であった確率が最も高い。ちなみに、「消息」の奥書に出る建保三年といえば西暦一二一五年であり、この時、宗性は十四歳。そして、『遁世述懐抄』に収録されている今一篇の奥書には、

建保七年四月十五日　＊巳時＊　於東大寺中院書写之了
華厳宗沙門宗性　＊年生十八　夏臈六週＊

建保七年（一二一九）四月十五日の巳の時、東大寺中院に於いて之を書写し了んぬ。
華厳宗沙門宗性　＊年生十八　夏臈六週＊(12)

とあるように、建保七年（一二一九）に宗性は十八歳であったことが知られる。また、「夏臈六週」および「四月十五日」とあるので、宗性の出家年齢が十二歳であったこともわかる。したがって、出家して二年ほどの間に宗性自身が貞慶の消息を見出して書写していた可能性は非常に高い。周知のように、宗性は貞慶に対する尊崇の念の篤かった学侶であり、同じく弥勒浄土信仰を持つ祖師として深く崇めていたことが、宗性編『弥勒如来感應抄』巻一の奥書によっても知られる。すなわち、

宗性、寛喜二年の秋自《よ》り去《このか》た、図らずも此の霊地に参籠してより以降《このかた》、深く慈尊の引接を憑み、偏えに兜率の往生を楽《ねが》う。（中略）抄出の勤を励まして、今、此の一帖の抄をば結集し訖んぬる所也。此の中、『観兜率記』の外は、皆な是れ祖師上人の御草案也。毎に拝見して信仰の涙、眼に浮かび、毎に読誦して随喜の思い、肝に銘ず。実に是れ末代の要書、後学の重宝なる者歟(13)。

とあるように、宗性はこの時点では貞慶を「祖師上人」とまで呼ぶようになっており、貞慶撰述の弥勒に

関する書を可能な限り蒐集・収録しているのである。寛喜二年（一二三〇）といえば宗性は二十九歳であり、『遁世述懐抄』を著してより十一年が経過している。貞慶の抄物の蒐集はとても一朝一夕に出来るものとは思われないので、早くから宗性には貞慶に対する関心があったものと推察される。以上の点から考えても、『遁世述懐抄』収録の「故解脱房遺坂僧正之許消息之状」を書写した人物はやはり、宗性であったと考えてよいように思われる。

では、「故解脱房遺坂僧正之許消息之状」には、具体的に何が書かれていたのであろうか。以降に翻刻と訓読を記載することにしたい。

註

（1）拙著『心要鈔講読』（永田文昌堂、二〇一〇年）一〇頁。
（2）『大日本史料』第四編之一一・二九四頁。
（3）平岡定海『東大寺宗性上人之研究並史料』（臨川書店、一九八八年、以下『研究並史料』）下巻・四一五頁。
（4）『大日本史料』第四編之一一・二六九頁。
（5）新倉和文「貞慶撰『観世音菩薩感応抄』の翻刻並びに作品の意義について――阿弥陀信仰から観音信仰へ――」（『南都仏教』第九二号、二〇〇八年）一七～一八頁。当該文は「小僧父、洛下隠士也。卜栖於和州之隅。母開外賎業也。恥族於畿郷之風」。
（6）龍谷大学蔵。拙稿「貞慶撰『辨財天式』『辨財天女講式』にみられる利生思想」（龍谷大学短期大学部編『社会福祉と仏教』百華苑、二〇〇二年）の七〇頁原文・七一頁翻刻文・七二頁訓読文。当該文は、「哀哉。我等適排道場欲致思惟観察、寒夜衣薄、先痛穢身寒苦、更無彼心。或随師長擬励夜学、無紙筆灯油之其助者、此儀亦復不成。悲中悲者、唯貧賤苦者哉」。
(7)『大日本史料』第四篇之一二・二七九〜二八〇頁。
(8)前掲『研究並史料』下巻・二一八頁。
(9)『春日権現験記』巻一六(『群書類従』巻一六下二三丁表〜二九丁表)。
(10)本研究書四一頁(翻刻文)と四三頁(訓読文)。
(11)覚憲は『興福寺別当次第』巻之第三(仏全一二四・二六下〜二七上)によれば、建久六年(一一九五)に壺坂寺に隠棲している。最終僧位は権僧正である。本消息を宗性が書写した建保三年(一二一五)は覚憲滅後六年であり、この頃なお「坂僧正」と尊称されていたことが知られる。
(12)東大寺図書館所蔵。未翻刻。八丁裏。
(13)前掲『研究並史料』下巻・二五八〜二五九頁。

第二節　貞慶消息「故解脱房遣坂僧正之許消息之状」

【原文】〈五丁・表～裏〉

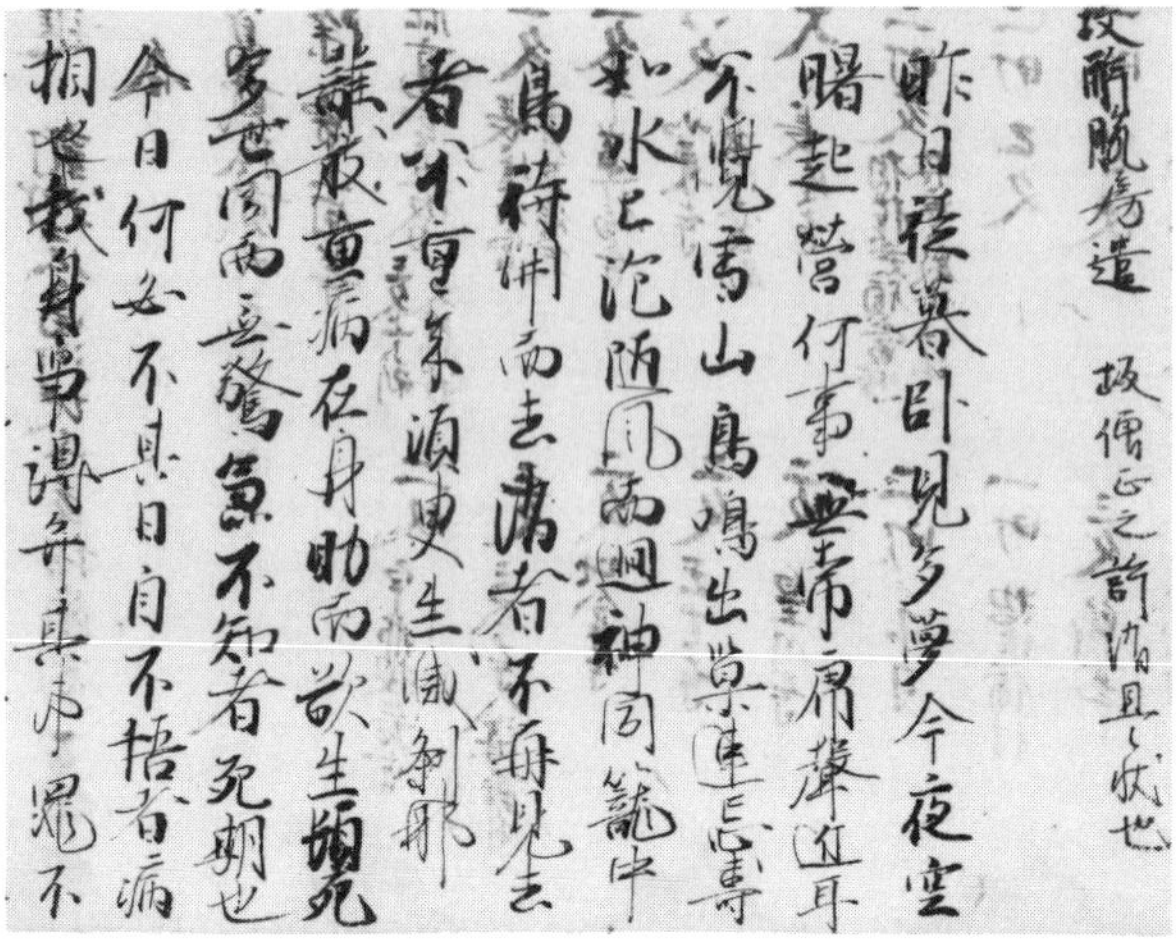

【翻刻】

故解脱房遣　坂僧正之許消息之状也。

昨日徒暮、臥見多夢。今夜空
曙、起營何事。無常虚聲近耳。
不覺雪山鳥鳴、出巣速忘壽。
如水上泡随風。而廻神聞。籠中
鳥待開而去。消者不再見。去
者不重来。須臾生滅、刹那
離散。重病在身、助而欲生、頓死
多世、聞而無驚。兼不知者死期也。
今日、何必不其日。自不悟者病
相也。我身、爭得弁其事。罪不

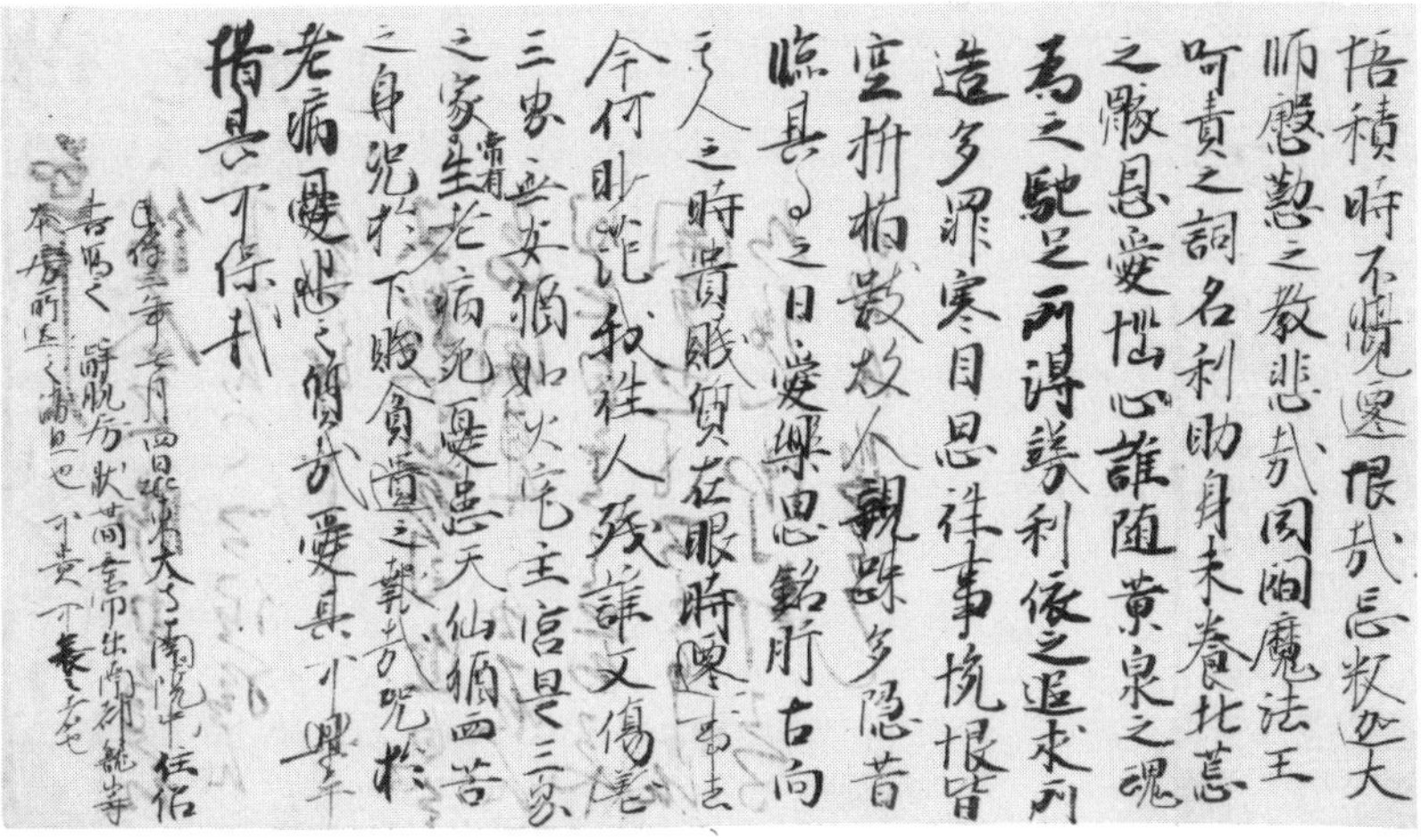

悟積時不覺遷、恨哉。忘釈迦大師慇懃之教、悲哉、聞閻魔法王呵責之詞。名利助身、未養北悲之骸。恩愛悩心、誰随黄泉之魂。為之馳、足所得幾利。依之追求所造多罪寒因。思往事、悦恨皆空。折指數故人、親疎、多隠。昔、臨其事之日、愛樂思、銘肝。古、向其人之時、貴賤質在眼。時遷事去、今、何眇茫。我往人。残誰。又、傷差。三界無安《常有》、猶如火宅。主宮是三界之家。生老病死憂患。天仙、猶四苦之身。況於下賤貧遺之報哉。況於老病憂悲之質哉。愛其可楽乎。惜其可保哉。

建保三年七月四日　於東大寺南院中住侶
書寫之。　解脱房、厭世間無常出南都籠山寺、
本房所送之消息也。可貴、可哀之者也。

【訓読】

故解脱房、坂僧正の許に遣わす消息の状也（1）。

昨日も徒らに暮らし、臥しては多夢を見る。今夜も空しく曙《あ》け、起きるに何事か営まん。無常の虚声は耳に近し。雪山の鳥の鳴くを覚えざるに、巣を出でて速やかに寿を忘る。水の上の泡の、風に随うが如し。而るに神聞を廻らす。籠の中の鳥は開くを待ちて去る。消えれば再び見ることならず。去れば重ねて来らず。須臾に生滅し、刹那に離散す。重病の身に在らば、助けて生ぜんと欲するも、頓に死すること世間に多く、驚くこと無し。兼ねて知らざるは死期也。今日、何ぞ必ずしも其の日にあらざるや。自ら悟らざるは病相也。我が身、争か其の事を弁《わきま》えるを得るや。罪の悟らざるして積もる時に不覚にも遷るは、恨めしき哉。釈迦大師の慇懃の教えを忘れ、悲しい哉、閻魔法王の呵責《かしゃく》の詞《ことば》を聞けり。名利は身を助くるも、未だ北蕜《ひ》の骸を養わず。恩愛は心を悩ますも、誰か黄泉の魂に随わん。之れが為めに馳せるも、得る所は幾ばくの利に足らん。之れに依り追い求め造る所の多くの罪は寒因たり。往事を思うに、悦びも恨みも皆な空しき。指を折りて故人を数えるに、親といい疎といい、多くは隠れたり。昔、其の事に臨むるの日、愛楽の思い、肝に銘ず。古《いにしえ》に、其の人に向かうの時、貴賤の質《ぜつ》は眼に在り。時は遷り事は去りて、今、何ぞ眇茫たる。我も往くの人なり。残るは誰か。又た、傷嗟とせん。三界は安きこと無く、猶し火宅の如し。主宮は是れ三界の家なり。常に生老病死の憂患あり。天仙、猶し四苦の身なり。況んや下賤貧遺の報に於いてを哉。況んや老病憂悲の質に於いてを哉。其の楽《ねが》う可きを愛する乎。其の保つ可きを惜しむ哉。

建保三年七月四日、東大寺南院の中に於いて住侶、之れを書写す。解脱房、世間の無常を厭いて南都を出でて山寺に籠もり、本房に送る所の消息也。貴む可し、哀れむ可きの者也。

註

（1）用いた資料は、東大寺所蔵の宗性自筆本である。
（2）建保三年は、西暦一二一五年。
（3）現在の伽藍では確認できない。

第三節　遁世の意義

本消息は、貞慶（一一五五―一二一三）が興福寺本房の覚憲別当に送った書状であるが、全文を貫くその思想はまさしく「無常観」であった。格調高い文体は、『愚迷発心集』や『表白集』に出る貞慶の華麗な文体を彷彿とさせるものがあり、九条兼実（一一四九―一二〇七）より「談といい弁といい末代の智徳なり」[1]と評された貞慶のあり方をよく伝えているといってよい。また、「釈迦大師の慇懃の教え」とか「閻魔法王の呵責」などの言葉には、『弥勒講式』や『心要鈔』などと結びつく思想的同質性が感じられる。そのいずれの書においても求めるところは、生死輪廻を厭って三界を出離解脱することにあった。これこそ、遁世した貞慶が生涯にわたって求め続けたものであった。

周知のように、学問僧（モノナラウホウシ）によって仏教教義が日本に伝えられて以降、学問を専一とする学侶集団が奈良の地に形成された。興福寺もまた、その一角を担う有力な大寺であった。各大寺では学侶を育成する制度が相次いで整えられていくが、そのような中で貞慶は興福寺の菩提院蔵俊（一一〇四―一一八五）の室に入り、叔父の覚憲について唯識を学び、世の一般の学侶と同様の出世コースを歩み始めた。『法勝寺御八講問答記』には、建久元年に貞慶が講師を勤めた翌年、兄弟弟子の信憲（一一四五―一二二五）が順調に講師を勤めている記述があり、(2)覚憲からすれば二人の愛弟子を無事に軌道に乗せることができたという思いがあったはずである。そこへ、貞慶の遁世である。貞慶はその思いを、別当でもあり師でもある覚憲へ宛てた書状（消息）に託したといってよい。かくして本消息は作成されることになったのである。

遁世して以降の貞慶は、仏道の実践と成就を願い、仏恩報謝のために数多くの著作をなすと同時に、順次生の往生を願って「浄土信仰」を展開した。いわゆる、釈迦・弥陀・弥勒・観音の四尊を中核とする複合型の浄土信仰であり、そこには明確な仏道への意思が存した。今生において菩提心を発すことができれば、順次生には浄土に往生して輪廻の流れから抜け出し、仏道を歩むことができる。そのためにはまず菩提心を発起しなければならず、ここに文殊（覚母）の加被を求めた文殊信仰が展開したのである。しかし、貞慶の信仰の中核となるのはあくまでも浄土信仰であり、余他の諸信仰は仏道の擁護を求めた扶助的な信仰であったといってよい。

そもそも、貞慶にとって浄土とは三阿僧祇劫の間に歴仕することになる諸仏の世界であり、仏道実践の過程で必然的に知見する真実の世界であった。これについて貞慶は『法相宗初心略要』において、他受用身土に十重有り。初菩薩の為めに現ずる所は百葉臺上、第二地菩薩の為めに現ずる所は千葉臺上、乃至、第十地菩薩の為めに現ずる所は不可説葉臺上也。（中略）変化身土は或いは浄土、或いは穢土也。其の浄土に於いて略して二重有り。加行位の為めに現ずる所は三千大千世界を以て量と為す。此れ則ち他受用浄土の蓮花の一葉量に当たる。資糧位の為めに現ずる所は一四天下を以て量と為す。是れ則ち加行土の百億分の一分に当たる。(3)

といい、「多重浄土論」を展開した。これは、『梵網経』や『華厳経』等を元にして慈恩大師基が『大乗法苑義林章』の中で組織づけたものであり、(4)仏道実践者の知見すべき浄土を大きく化土（変化浄土）と報土（他受用土）に分類し、さらに化土に資糧位菩薩所見の浄土（小化土）と加行位菩薩所見の浄土（大化土）の二重の浄土のあること、また報土には初地菩薩所見の浄土から第十地菩薩所見の浄土までの十重の浄土のあることを示すものであった。

したがって、菩提心を発した菩薩（資糧位菩薩）はまず「一の四天下」の国土量を有する資糧位菩薩所見の浄土を知見することになる。具体的には、一の須弥山を中心とする四海・四大洲を有する娑婆世界に化託された小化身（応身）の教化する一小世界である。この世界で浄業を実践する菩薩は、小化身の大慈悲力によって娑婆中の浄土（変化浄土）を知見することができるのである。そして、第十回向位の満位に至った菩薩は、大化身の大慈悲力によって一小世界が百億も集まった三千大千世界（一葉世界）を知見するに至る。次いで、初地の位に至ると菩薩には無漏智が生じ、その無漏智によって報身・報土を知見することができるようになる。その知見しうる国土量は、蓮華臺上の報身仏の知ろしめす百葉世界にまで及ぶ。以下、第二地では千葉世界、ないし第十地では不可説葉世界を知見し、ついに第八識が純浄無垢識となって二転の妙果（菩提と涅槃）を証して仏道を窮めることになる。

その間になされるのが慈悲の実践である。貞慶は『瑜伽師地論』に出る「菩薩は大悲をもって体となす」という文を重視し、智慧の実践のみならず慈悲の実践の重要性をしばしば論じた。たとえば、『心要鈔』の「二利門」では縁者が地獄に堕ちて苦悩するありさまを示すことで慈悲行（利他）の重要性を示し、

方に知んぬ、菩薩は只だ是れ二利なりということを。(5)

と述べた。また、『春日大明神発願文』では、

唯だ願わくは永く観音の侍者と為りて、生生に大悲法門を修習して衆生の苦を度すこと、大師に異ならず。我も亦た到来に観自在沙門と名のらん。(6)

といい、自らも将来は大悲を体とする観自在沙門と名乗りたい旨を吐露していた。したがって、貞慶は智慧（自利）と慈悲（利他）の二利を二つながらに実践していく道を求め、そのため「見仏聞法」が可能となる浄土への往生を欣求したのである。そして、その際に貞慶が信仰理論の構築のために用いたのが「論

義」であった。

そもそも、日本仏教は総体的に見て、論義をもって教学を練り上げたといっても過言ではない。貞慶の属した法相宗では、『成唯識論』についての千百有余にも及ぶ論義テーマ（科文・論題）が立てられ、三会・三講の勅会や寺内の論義・談義等を通して、幾世にもわたり詳細な検討が重ねられた。しかし、それは教学研鑽・立身出世のみに終始するものではなく、数多の短釈の末尾に「令法久住・見仏聞法の為也」という記載が見られるように、仏道そのものに他ならなかった。この点では貞慶もまた同様であり、常に仏道という観点より論義研鑽を行ない、遁世後の建仁元年（一二〇一）になって『唯識論尋思鈔』を作成している。これは、永蟄居した建久五年（一一九四）より数えて七年後のことであった。

註

（1）『玉葉』（『大日本史料』第四編之一一・二七九頁）。

（2）東大寺図書館所蔵。未翻刻。同書には、問者から講師にわたる信憲の問答についても、詳細な記録が掲載されている。

（3）日蔵六三・三八五・下。

（4）大正四五・三六八・下。当該文は、「梵網経説。我今盧舎那。方坐蓮華座。乃至一国一釈迦等。花厳等説。初地菩薩見百仏国。一国即是一大千界。一界有一釈迦化身。一四天下各一化身。一界即有一大釈迦。四善根所見。百億小釈迦余三乗所見。初地自見百大千界一盧舎那。阿弥陀仏量是此所見。如是二地見千。三地万等。積数応知。乃至十地金剛心菩薩将成仏時。色究竟天上大寶蓮華相現周円如十阿僧祇百千三千大千世界微塵数量。此一微塵一大千界。菩薩坐之而成正覚。彼所見仏身量難知」とあるように、『梵網経』や『華厳経』等の説にしたがって理論化している。

（5）拙著『心要鈔講読』（永田文昌堂、二〇一〇年）一三一頁。

（6）日蔵六四・三一・上。

第二章　論義と仏道

第一節　法相論義の形成と展開

『日本書紀』によれば、「学問僧」という言葉が公式に用いられたのは、推古天皇の十六年（六〇八）に小野妹子が再度、遣隋使として派遣された際に、随行した南淵漢人請安等の四名の僧に対してであったという。その後、白雉四年（六五三）に入唐して法相宗を伝えた道昭（六二九―七〇〇）や斉明天皇の四年（六五八）に入唐して法相宗を伝えた智通・智達、あるいは文武天皇の大宝元年（七〇一）に入唐した三論宗の道慈、大宝三年（七〇三）に入唐して法相宗を伝えた智鳳・智鸞・智雄、はたまた霊亀二年（七一六）に入唐して法相宗を伝えた玄昉（六九一―七四六）、そして延暦二十三年（八〇四）に入唐した天台宗最澄（七六六／七六七―八二二）と真言宗空海（七七四―八三五）ら、錚々たる人材が向学の志をもって海を渡った。彼らはすべて学問僧、すなわち「モノナラフホウシ」と呼ばれる特殊な任務を帯びた人々であり、後世になると学僧（入唐留学僧）とか留学生などと略称されるようになった。こうした経緯を経て後、学問僧の用語は入唐して修学した僧に対する専門用語となり、これに対して一般の学僧は区別して「学生」あるいは「学匠」と呼ばれるようになった。また、南都や高野においては「学侶」とも称され、堂方・行人とは異なる学問専一の職能集団の趣を呈するようになり、南都においては学侶と堂方、高野においては学侶・行人・聖の区分が生まれたという(1)。

こうして発生した特殊な学問職能者である学侶は、ただひたすら学問を実践した。鎌倉初期に貞慶（一一五五―一二一三）が著した『勧学記』には、

辰巳学問。午勤行。未学問。申外典世事等。酉勤行念誦。戌亥学問。子丑休息睡眠。寅卯学問(2)。

と記されており、これに現代の時間を合わせて表記すると、およそ次のようになる。すなわち、

辰巳（七時～十一時）　学問　　　午　（十一時～十三時）　勤行
未　（十三時～十五時）　学問　　　申　（十五時～十七時）　外典世事等
酉　（十七時～十九時）　勤行念誦　戌亥（十九時～二十三時）　学問
子丑（二十三時～三時）　休息睡眠　寅卯（三時～七時）　学問

となり、実に一日十四時間もの間、学侶は仏教教義の習得に費やしたことが知られるのである。かくして、研鑽を続けてきた学侶は、その研鑽の成果を研学竪義（北嶺では広学竪義という）によって試される制度

が生まれた。これは、もともとは延暦年間に定められた年分度者制度に端を発するものであるが、その後、斉衡二年（八五五）八月二十三日の官符によって、講師五階（試業・復講・維摩立義・夏講・供講）と読師三階（試業・復業・維摩立義）の制度が定められ、これらを遂業したものがそれぞれ諸国講師・諸国読師に任じられるようになったのである。(3) その後、南都では興福寺維摩会・宮中太極殿御斎会・薬師寺最勝会という俗に「南京三会」と呼ばれる三大勅会の竪義を勤めたものを「得業」と称し、講師を勤めた者を「已講」と称するようになった。『釈家官班記』下巻には、

維摩会。文武の慶雲二年 *三ィ* に淡海公、之れを行なう。会場は定まらず。元明の和銅六年に興福寺に移す。孝謙の天平宝字二年、当会を以て大職冠の忌日に充て、仁明の承和元年以後は断絶せず。以前は年の有無、時に依り定まらず。（中略）
最勝会。淳和の天長六年に薬師寺に於いて之れを始修す。（中略）
御斎会。称徳の神護景雲二年、宮中に於いて始めて之れを修す。毎年正月八日に始行。但し延否は定まらざる也。(4)

とあるので、この三大勅会の中では維摩会が最も古く、文武天皇の慶雲二年（七〇五／異本では三年）に藤原淡海（藤原不比等）が始行したという。これが後に、和銅六年（七一三）になって興福寺に移され、仁明天皇の承和元年（八三四）以降は毎年、恒例として行われるようになった。次いで、御斎会が称徳天

皇の神護景雲二年（七六八）に宮中において始行され、また最勝会が天長六年（八二九）に薬師寺において始行された。学侶は、これらの法会の論義の場に「聴衆《ちょうす》」として臨み、まず「竪義《りゅうぎ》」を受けた。竪義とは、勅会における論義の席において、探題の示した論題に則して難を立てる問者に対して義をもって答えることで、要するに一種の試験であった。この竪義を受ける者を竪者《りっしゃ》といい、また受者そのものを竪義とも称した。(5)『釈家官班記』「顕宗名僧昇進次第・南京」の段に、

三会遂業、之れを以て得業と称す。（中略）三会遂講は僧綱なり。(6)

とあるので、三大勅会の竪義を遂業したものを「得業」と称し、三会の講師を遂講したものが僧綱職に就いたことが知られる。『釈家官班記』下巻には更に続けて、

仁明の承和元年に宣を欠くこと有りて云わく、今年の維摩会講師を以て明年の御斎会講師と為す。薬師寺最勝会講師を加えて、三会の労を以て僧綱に任ぜ被る可しと、云々。（中略）請を受けて以後より勤仕する已前をば擬講《ぎこう》と称し、勤仕已後より已講《いこう》と号す。南京は宮中金光明会也（御斎会の事也）。興福寺維摩会と薬師寺最勝会と也。北京は、法勝寺大乗会と円宗寺の法華会・最勝会と也。（中略）講師の請を賜らずして直に綱維《こうい》の位に昇るは、称して閑道の昇進と為す。此の事、南京に於いては古今に堅く之れを停止する歟。北京に於いては自ずから往多を以て、其の例とす。（中略）三会の巡を

以て、初めて僧綱に任ず。(7)

とあり、仁明天皇の承和元年（八三四）より「三会の労」を経た者（已講）を僧綱に任ずることが定められたことや、南京（奈良／南都六宗）の三会に対して北京（京都／北嶺天台宗）においても三会（法勝寺大乗会・円宗寺法華会・円宗寺最勝会）が定められたことが明記されており、まさしく三会は南北両京において一代の晴儀となり、盛観を極めることになるのである。興味深いことには、北京（比叡山）では講師とならずに綱維に就く「閑道の昇進」を果す者も現れたが、南都では許されなかった点である。草創期の比叡山では名門の貴族の子弟への優遇が垣間見られるが、早くに勢力を確立した興福寺を中心とする南都では厳しくこれを排除しており、当時の両者の権威の相違が窺え、興味深いものがある。しかし、「三会の巡を以て初めて僧綱に任ず」と重ねて記されていることを鑑みれば、たとえ一部に「閑道の昇進」があったとしても、僧界での出世においては南北両京ともに三会が重きをなしていたことが窺われる。

その後、三会を補完する意味で、さらに「三講」が成立した。すなわち、『釈家官班記』下巻に、

最勝講。二条の長保四年五月七日壬寅《みずのえとら》、之れを始行す。
法勝寺御八講。崇徳の天承元年に始行せ被る。白河院の御国忌の七月七日なり。
仙洞最勝講。鳥羽の永久元年七月二十四日、之れを始行せ被る。土御門の建永元年以後、番論義有り。(8)

とあるように、長保四年（一〇〇二）に最勝講が始行され、永久元年（一一一三）には仙洞最勝講、天承元年（一一三一）には法勝寺御八講が始行され、興福寺・東大寺・延暦寺・園城寺の四大寺の僧が出仕するようになる。これら三講の創設は、明らかに三会だけでは機能しえなくなった学侶の僧綱昇進の機会をより多く増やすことに目的があったといってよく、それにともなってますます、論義研鑽の徹底化がうながされることになった。かくして、南都・北嶺の各宗はともに「論義研鑽の時代」に突入することとなり、それにともなって各宗内での講会も活発に行なわれるようになったのである。

これについて、鎌倉初期に編纂された『成唯識論同学鈔』（以下『同学鈔』）には実に、三蔵会・撲揚講・唯識十講・一乗院三十講・宝積院三十講・別当房三十講・唐院三十講・春日御社三十講・寺家三十講などの法相宗関係の多数の講会の開かれていたことが指摘されている。これを受けて貞慶の属する法相宗では、種々の「論義抄」と膨大な数の「短釈」が著されることになった。いわゆる「論義抄」とは、『成唯識論』全十巻の論義テーマに関する総合書のことであり、また「短釈」とは一つ一つの論義テーマに関して著された短編の論義書をいう。前者については、平安末期に撰述された菩提院蔵俊撰述の『菩提院抄』を初めとして、鎌倉初期に撰述された解脱房貞慶撰述の『唯識論尋思鈔』、聖覚房良算編纂の『同学鈔』、同じく良算撰述の『愚草』、あるいは知足院英弘撰『成唯識論知足鈔』・興玄撰『興問答』等々の存在が確認できる。一方、短釈については現在確認しうるものとして、奈良薬師寺所蔵「薬師寺短釈」八百余、奈良興福寺所蔵「興福寺短釈」八百余、大谷大学所蔵「南都論草」四百八十余、新潟無為信寺所蔵「無為信寺短釈」二百七十余、奈良東大寺所蔵「東大寺短釈」八十余、龍谷大学所蔵「法相関係論義書」

四十等々、総計実に二千五百有余を数える。また、論義テーマの総数も『同学鈔』収録の論義問答だけで実に、千百有余を数えるに至っている。[9]これらの論義問答はおおむね、形式に堕することなく活発になされたものが多く、『同学鈔』に収録された「如遍常説」の末尾には、

古記に云わく、長承三年（一一三四）の唐院三十講にて、教詮に対して蔵俊、之れを用うと云々。其の後、此の論義を用いること甚だ盛ん也。[10]

という註記があり、実際の論義問答の場において、新たな工夫のなされていたことが知られる。このような註記は『同学鈔』全六十八巻のすべてにわたって見られるもので、たとえば『同学鈔』巻三十の「望本質説」の末尾にも、

長寛二年（一一六四）四月下旬の比《ころ》、上階西妻室に於いて唯識十講第四巻を勤行するに、講師の心暁大法師に、問者覚憲、之れを用う。件の講筵は、覚珍・教縁両僧都幷びに玄縁律師の三人、証義は蔵俊得業等なり。皆な五色根を以て本質に望むと云う説の問答にして、初釈に付いて離合を判ずる也と云々。爰《ここ》に良有等、又た此の義を難じて、之れを許さず。五根は唯だ本質を取ると云う釈の意《こころ》也と云々。[11]

といい、論義と談義のいずれの場においても、真剣に法義を論じていたことが知られるのである。現存する短釈二千五百有余は、明治の廃仏毀釈を経てかろうじて伝えられた数にすぎないが、本来はもっとおびただしい数の短釈が作られたであろうことは想像に難くない。なぜならば、室町時代から江戸時代にかけての学侶のほとんどが論義の場への連続出仕を行ない、談義屋と呼ばれる一種の研究室に所属して論義研鑽を行ない、論義内容を研鑽するための談義の場への出仕、あるいは毎日講出仕や安居講聴講、一夏九旬にも及ぶ夏安居での論義研鑽等々、常に論義の稽古と談義の聴聞に明け暮れしていたからである。[12] したがって、当時の学侶が論義研鑽に費やした時間は膨大なものであり、著された短釈の総数もおびただしいものであったと推察されるのである。しかし、残念なことに現在は、前掲のごとく五～六種の論義抄（完本なし）と二千五百有余の短釈しか現存しておらず、これらの資料を用いて法相論義の研究、および日本の唯識思想の全貌の解明を試みているというのが現今の研究状況である。ちなみに、筆者が現在までに収集した二千有余にのぼる法相論義に関する現存短釈を中心に、数の多い順に整理すると、およそ次のようになる。

転換本質――――三十九短釈（興福寺十八、薬師寺十三、無為信寺八）
証果廻心――――三十四短釈（興福寺十一、薬師寺十六、無為信寺五、東大寺一、南都論草一）
未決定信――――三十二短釈（興福寺九、薬師寺八、南都論草十五）
仏　果　障――――三十二短釈（薬師寺二十五、東大寺二、無為信寺二、南都論草三）
若論顕理――――三十一短釈（興福寺十三、薬師寺四、無為信寺十一、南都論草三）

然是虚妄――三十一短釈（興福寺十六、薬師寺十二、無為信寺二、東大寺一）
此義雖勝――二十八短釈（興福寺七、無為信寺一、南都論草十九、龍大一）
有法自相――二十七短釈（興福寺五、東大寺二十二）
約入仏法――二十四短釈（興福寺十二、薬師寺八、無為信寺二、東大寺一、南都論草一）
仏果心王――二十二短釈（薬師寺二十、南都論草二）
雖境違順――二十一短釈（興福寺一、薬師寺二十）
変似我法――二十短釈（薬師寺十、無為信寺八、東大寺一、南都論草一）

また、二十以下の複数短釈の論題について整理すると、次のようになる。

十九短釈のもの三種、十八短釈のもの五種、十七短釈のもの三種、十六短釈のもの四種、十五短釈のもの八種、十四短釈のもの七種、十三短釈のもの十種、十二短釈のもの三種、十一短釈のもの十三種、十短釈のもの六種、九短釈のもの十三種、八短釈のもの十三種、七短釈のもの二十四種、六短釈のもの二十二種、五短釈のもの二十八種、四短釈のもの四十二種、三短釈のもの三十種、二短釈のもの七十三種。

その他、一短釈しか現存していないものについては、二百四十二種が現在のところ確認されている(13)。これらの短釈は学問研鑽の中で誕生したものではあるが、同時にまた、詳細に吟味するとかなりの短釈が「仏道」を念頭において論じられていたことが知られる。たとえば、種姓義の二十七の論義テーマは定姓二乗や無姓有情に対する不安を払拭して仏道に進め入れるものであったし、「約入仏法」という論義テーマは仏道の初門である「信」についての問答であったし[14]、また唯識行者の実践法として組織化されていく「五重唯識」に関する論義テーマも存した[15]。あるいはまた、第八地以上の大力菩薩が「土石をもって金となす不思議」を現ずる「転換本質」についての論義なども活発になされた[16]。なぜに「土石をもって金と為す力」が第八地の菩薩に求められるのか。それは、仏陀となった時に衆生化導のために浄土を示現する力が必要だからである。そのような力が第八地において可能か否かが、教学的観点より種々に吟味されたのである。

そのため、晴れの舞台である論義のために、学侶が研鑽を重ねる談義の場が種々に設けられた。室町時代になると、法相宗の根本論典である『成唯識論』について、読師《どくし》を判定者として討論する「訓論談義」が活発になる。いわゆる、訓論は公的な研修会に他ならず、晴れの論義の場を前にして学侶たちによる活発な討論のなされていたことが、室町時代の光胤の記録した『成唯識論訓論聞書』によって知られる。興味深いことには、訓論談義の際の読師の判定にかなりの不満があったらしく、

(1)　読師の沙汰、返す返すも無念なり、無念なり[17]。

(2)　此の事、沙汰に及ばず。無念なり、無念なり[18]。

(3)　今の度は、全分をば沙汰するに及ばず。韻覚にも入らざる式也。有名無実と云う可し。返す返す

も遺恨なり、遺恨なり。(19)

(4)　良明房五師の云わく、仮説無き故に似も亦た成ぜずという事は顚倒せりと。不審なり。

読師云わく、兎にも角にもあるべき事也と云々。此の談、返す返すも無念也。(20)

(5)　此の事、読師いままで無き領解の事なり。返す返すも遺恨なり。さすが法文の辻也。無念極まり無し。(21)

などといった表記が幾つも遺されている点である。これを見る限り、当時の学侶は訓論談義という公的研修会の場で、「義」を進める読師の「沙汰」に不満を抱くほどに、真剣に談義研鑽に打ち込んでいたことが知られるのである。こうした姿勢は、真実を追求するあまりに中国三祖（慈恩・慧沼・智周）の学説さえも会通してきた法相学侶の伝統によるものといってよく、これをもって法相学侶の姿勢に「異義」を恐れない気風が培われていったと考えられる。かくして、南都の教学は法相教学にせよ華厳教学にせよ倶舎教学にせよ、論義や談義の研鑽をとおして練り上げられることとなり、学侶の「身についた学問」となっていったのである。(22)

註

（1）『学僧と学僧教育』（堀一郎著作集第三巻、未來社、一九七八年）の「学僧の発生」五六〇～五六五頁を参照。

（2）日蔵六四・二七・上～下。当該文は、「辰巳学問。午勤行。未学問。中外典世事等。酉勤行念誦。戌亥学問。子丑休息睡眠。寅卯学問」である。

（3）前掲『学僧と学僧教育』の「竪義と学階の制度」六〇〇～六〇七頁を参照。
（4）龍谷大学所蔵『釈家官班記』下巻一丁裏～一丁表（『龍谷叢書』一）。京都大学図書館デジタルアーカイブ『釈家官班記』の第二三コマ左。
（5）前掲『学僧と学僧教育』の「竪義と学階の制度」六〇〇～六〇七頁を参照。
（6）龍谷大学所蔵『釈家官班記』下巻一丁裏（『龍谷叢書』一）。京都大学図書館デジタルアーカイブ『釈家官班記』では第二三コマ右であるが、「和銅七年」とするなど若干の相違がある。以下も同じ。なお、一年前に翌年の三会の講師に任じられたものを「擬講」といい、以下、順に三会の講師を勤めあげると「已講」と称されるようになり、晴れて僧綱職に就くことができた。
（7）龍谷大学所蔵『釈家官班記』下巻一丁表～三丁表（『龍谷叢書』一）。法華会と仙洞最勝講の段。京都大学図書館デジタルアーカイブ『釈家官班記』の第二四コマ左、第二七コマ左、第二八コマ右、第二八コマ左。
（8）龍谷大学所蔵『釈家官班記』下巻三丁裏（『龍谷叢書』一）。京都大学図書館デジタルアーカイブ『釈家官班記』の第二七コマ右～左。
（9）筆者が複写収集した短釈の総数は二千有余ある。これらを『同学鈔』収録の論義テーマに基づき整理したものが、『仏教文化研究所紀要』第三六集（一九九七年）において発表した「共同研究『成唯識論同学鈔』の研究」に収録されている。故弥山礼知氏の力作である。
（10）大正六六・三七二・下。
（11）大正六六・二八〇・上。
（12）前掲『学僧と学僧教育』の「竪義と学階の制度」六〇〇～六〇七頁を参照。
（13）「共同研究『成唯識論』の研究」（『仏教文化研究所紀要』第三六集、一九九七年）所収の所在短釈一覧（故弥山礼知氏の作成）を元に算出。
（14）蜷川祥美「『論第六巻尋思鈔別要』（写本龍谷大学蔵）中の「約入仏法」について」（中西智海先生喜寿記念文書

刊行会編集『人間・歴史・仏教の研究』（永田文昌堂、二〇一一年）を参照のこと。
(15) 後藤康夫「貞慶の五重唯識説の特色――『遺相証性』翻刻研究を中心として――」（『仏教文化研究所紀要』第四四集、二〇〇五年）を参照のこと。
(16) 西山良慶「論義「転換本質」の研究」（『仏教学研究』第七四号、二〇一八年）を参照のこと。
(17) 大正六六・六〇三・上。
(18) 大正六六・六一八・上。
(19) 大正六六・六二六・下。
(20) 大正六六・六二六・下。
(21) 大正六六・六六四・中。
(22) 『東大寺蔵書目録』によれば、華厳の論義は「華厳論義抄」の名で収蔵されており、法相宗の短釈のように論題名が明記されていないものが多い。他に倶舎の論義短釈も確認できる。

第二節　貞慶撰『唯識論尋思鈔』の成立

日本に法相宗（唯識教学）が伝来して以来、中国唯識の伝統義を受けながらも、さらに『成唯識論』の巻々を詳細に研究していく風潮が生まれ、これが講会の発展と相まって、種々の論義テーマを生み出すこととなった。このような奈良・平安期の流れを受けて、平安末期から鎌倉初期にかけての時代、『成唯識論』全般の諸論義の蒐集と編集ならびに研究が総合的に行なわれるようになった。その先駆的人物が菩提院蔵俊（一一〇四―一一八〇）であり、彼の著した論義抄（論義に関わる総合書）こそが世に名高い『菩提院抄』であった。いわゆる、「菩提院の御抄」と呼ばれる『菩提院抄』には、総じて「問答」と「反旧抄」の二部があったようで、後に成立した良算編『成唯識論同学鈔』（以下『同学鈔』）によると、

問答と変旧抄と別義歟。今は変旧抄に依り畢んぬ。（中略）菩提院問答と変旧抄等の前後の義趣を以て之れを綴り集め畢んぬ。(1)

とあり、蔵俊の抄物に「問答」と「変旧抄」の二部あったことが明記されている。また、現存する『第六巻菩提院抄』（問答）にも、

具には、変旧抄の如し。之れを見る可し。(2)

とあって、ここでも「問答」（第六巻菩提院抄）と「変旧抄」とが別ものであったことが明示されている。したがって、「菩提院の御抄」に二部あったことは明白であり、これを総称して後の学侶は『菩提院抄』と呼んだのである。(3)

本書は、その後に成立した貞慶撰述の『唯識論尋思鈔』（以下『尋思鈔』）においては「規模」として尊重され、かつまた良算編集の『同学鈔』においても「答」として重視された。すなわち、『尋思鈔』においては「本云」として蔵俊の学説が引かれ、次に「末云」として貞慶の自説が展開されるという形式がと

られるなど、ことのほか蔵俊の学説が尊重されていたことが知られるのである。[4]また、『同学鈔』においては、論義問答の「答」となる標準学説としても用いられ、

已上、大旨は菩提院御草也。少々略して之れを掲せる。（中略）已上、菩提院僧都御伝の義をば略して之れを記す。近来の後学、深く此の義に帰す。誠に指南と為す可き歟。（中略）已上、故僧都の筆をば略して書き入れ畢んぬ。（中略）已上、菩提院僧都の筆をば略して之れを載せる。[5]

とあるように、『菩提院抄』の義を略して掲載することもしばしばあった。それほどに重視された書であったが、『尋思鈔』や『同学鈔』を初めとする次代の論義抄の複数出現によるものか、本書もついには散逸することとなり、現存する『菩提院抄』は実に『論第六巻菩提院抄』（問答）のみとなってしまった。これも、『論第六巻同学鈔』が散逸してしまったために『菩提院抄』で補ったという僥倖によるもので、その他は『尋思鈔』や『同学鈔』等に収録された部分と短釈形式で残された断簡とがあるばかりである。しかし、その存在意義は大きく、蔵俊によって旧来の論義が収録・研鑽されたことにより、次代の『尋思鈔』『同学鈔』『愚草』『知足鈔』『興問答』等、種々の論義抄の誕生が促されたといっても、決して過言ではないのである。[6]

このような大部の論義抄の成立に促されて、蔵俊の法孫であった貞慶が『菩提院抄』を規範として撰述した論義抄が、『尋思鈔』である。貞慶が本書を完成させたのは建仁元年（一二〇一）のことであるが、

その撰述の経緯については『論第一巻尋思鈔』の貞慶奥書に、次のように記されている。すなわち、

去建久八年＊丁巳＊閏六月廿八日、就唯識論聊企愚抄。本无微功。随又廃亡、漸送四年。无何緩怠。但同門良公、常臨之間、粗示予愚、悉令抄本書大意。＊摩尼抄一部三十二巻＊去冬之末今春之始五十餘日、与両三人談巻々大事、馳筆、記七十餘条了。自六月一日至九月上旬首尾百日許、重継先度余残。其以就故上綱変舊抄等取略拾。亦、始第二巻終第一巻。
令■■巻於本文者別抄之。（中略）
　時建仁元年＊辛酉＊秋九月十一日、於笠置山般若臺
　草菴記之。沙門釈貞慶

去んぬる建久八年丁巳《ひのとみ》閏六月二十八日、『唯識論』に就いて聊か愚抄を企つ。本より微功無し。随いて又た廃亡し、漸くに四年を送る。何ぞ緩怠無からん。但し同門の良公、常に登りて臨するの間、粗ぼ予の愚を示して、悉く本書の大意を抄せ令む。＊『摩尼抄』一部三十二巻なり＊去んぬる冬の末より今春の始めの五十余日、両三人と巻々の大事を談じ、筆を馳せ、七十余条を記し了んぬ。六月一日

自《よ》より九月上旬に至る首尾百日許《ばか》り、重ねて先度の余残を継ぐ。其れ以て故上綱の『変旧抄』等に就き取略して拾う。亦た、第二巻より始めて第一巻に終わる。[redacted]巻、本文に於いては別に之れを抄せしむ。（中略）
　時に建仁元年辛酉《かのととり》秋九月十一日、笠置山般若臺の草菴に於いて之れを記す。沙門　釈貞慶(7)

と。これによれば、貞慶が「唯識論についての愚抄」を撰述しようと思い立ったのは建久八年（一一九七）六月二十八日であったという。ところが、機いまだ熟さず、いつしか四年の歳月が経過してしまった。その間に、同じく覚憲の門下であった良算が笠置寺般若臺の草庵にしばしばやって来るようになったので、年来あたためていた構想・概要を悉く話し、自著の下書きに相当する『摩尼抄』一部三十二巻を作らせた(8)。そして、「去んぬる冬の末」とあるから正治二年（一二〇〇）の十二月頃より「今春」すなわち建仁元年（一二〇一）の初めにかけての五十余日をついやして、二～三人の弟子たちと談義を重ね、ことに重要な七十余条の問答を綴った私的抄物を作成したという。しかし、本書はいまだ未完成であり、さらに検討を要する論義テーマが残されていた。そこで貞慶は、同年六月一日より九月上旬までの百日ほどをかけて、残余の問答を収録した抄物を作成した。かくして、出来上がった書が『尋思鈔』である。このとき貞慶は、前者の書の表題下に小さく「別」の字を付した。そこで弟子となった良算は、前者の文を引く際に、これを後者と区別して、「尋思別要」と称したのである。以降、この呼び方が定着し、室町期になると後者を「尋思通要」と呼び分ける風潮が生まれるようになった。かくして、『尋思鈔』は「別要」と「通要」の二書構成をとるに至ったわけであるが、しかし両者は決して別の書ではない。いずれも『尋思鈔』であった点に、留意しておく必要があるであろう。

なお、このとき貞慶は良算に命じて『成唯識論本文抄』（以下『本文抄』）をも作成させている。この書は『尋思鈔』作成のための「本文集」であった。本文集とは、論義研鑽をする際に作成される経論疏章の要文を集めた書物のことで、他に「菩提院文集」や「良遍文集」の名が確認できる。[9] 右の奥書には『本文抄』の編者の名は見えないが、良算の没後からそれほど時を経ない時代の興基（一四一〇―一四八〇）の短釈『若爾意喜楽捨』（論第六巻の論義テーマ）にも、

本文抄良算　＊必可見之。奥轉経院ニアリ／今度所成難答アリ＊

本文抄良算。必ず之れを見る可し。奥転経院にあり。今度、成ずる所の難答あり。[10]

と明記されているので、室町時代の初期には本書も良算編集の書として認識されていたことが知られる。[11] したがって、貞慶が『尋思鈔』を撰述した背景には、同じく覚憲の門下でありながら、後に貞慶を師として仰いだ良算の存在が大きかったと考えられるのである。

現存する『尋思鈔』としては、身延山大学図書館ならびに大谷大学図書館所蔵の清慶写本が最も原典に近く、比較検討した結果、両書は姉妹本であることが判明した。また、大谷本を書写したものが龍谷大学

図書館所蔵本であり、他に一部分を伝える佛教大学本・高野山大学本・薬師寺本等があり、また短釈の形で伝持されてきた断簡が無為信寺・東大寺・興福寺等に所蔵されている。残念ながら「完本」はなく、これらを総合的に研究している段階にある。今回は紙数の都合もあるので「凡例」で簡潔に述べるに止め、これらの書誌学的研究は数年後に刊行予定の『貞慶撰『唯識論尋思鈔』の研究――教理篇――』において行ないたいと考えている。また、せめて論題一覧のみは示したいとも考えたが、これも膨大な数にのぼる。『尋思通要』の文集にあたる『本文抄』を確認しても六百十七論題が立てられており、現存する『尋思通要』との比較資料の提示だけでも紙数が足りず、今回は諦めざるをえなくなった。そこで、「七十余条」と比較的条数も少なく、かつまた今回の研究書でも主に用いた『尋思別要』の論題（一部欠）のみを提示することにした。これを一覧にして示すと、およそ次のようになる。

別要論題

論		論義名（身延山本）	大谷本	龍谷本	佛大本
巻一第論	1	大悲闡提	存	存	欠落
	2	一乗五姓了不了	存	存	欠落
	3	勝鬘経所説一乗真説歟	存	存	欠落
	4	證果廻心	存	存	欠落
	5	摂論十義	存	存	欠落
	6	根未熟	存	存	欠落
	7	瑜伽声聞定性	存	存	欠落

論		論義名（身延山本）	大谷本	龍谷本	佛大本
巻一第論	8	定性比量	存	存	欠落
	9	無性比量	存	存	欠落
	10	無余廻心	存	存	欠落
	11	帯質通情	存	存	欠落
	12	変似我法	存	存	欠落
	13	定障伏断	存	存	欠落
	14	無性教体	存	存	欠落

論		論義名（身延山本）	大谷本	龍谷本	佛大本
巻一第論	15	護法教体	存	存	欠落
巻一第論	16	推功帰本	存	存	欠落
巻一第論	17	護法出世	存	存	欠落
巻一第論	18	有境無心	存	存	欠落
巻二第論	19	有為相量	存	存	欠落
巻二第論	20	真如無為一多	存	存	欠落
巻二第論	21	雖作青解	存	存	欠落
巻二第論	22	異熟能変	存	存	欠落
巻二第論	23	従真如所縁縁	存	存	欠落
巻二第論	24	転識頼耶因縁	存	存	欠落
巻二第論	25	真如受熏	存	存	欠落
巻二第論	26	異地遠境	存	存	欠落
巻二第論	27	聖応変穢難	存	存	欠落
巻三第論	28	惣別二相	存	存	存
巻三第論	29	極相隣近	存	存	存
巻三第論	30	雖境違順	存	存	存
巻三第論	31	観現在法	存	存	存
巻三第論	32	超劫地位	存	存	存
巻三第論	33	無始時来界	存	存	存

論		論義名（身延山本）	大谷本	龍谷本	佛大本
巻三第論	34	勝軍比量	存	存	存
巻三第論	35	清弁比量	存	存	存
巻三第論	36	五趣惑業	存	存	存
巻四第論	37	有漏定所変香味	存	存	欠落
巻四第論	38	希望為相	存	存	欠落
巻四第論	39	語業界地	存	存	欠落
巻四第論	40	心清浄故	存	存	欠落
巻四第論	41	難陀五根体	存	存	欠落
巻四第論	42	三輪安立	存	存	欠落
巻四第論	43	許現起識	存	存	欠落
巻四第論	44	拠因位中	存	存	欠落
『論第五巻尋思鈔』は欠巻					
巻六第論	45	学現観者	存	存	存
巻六第論	46	命終心相	存	存	存
巻六第論	47	煩悩有事無事	存	存	存
巻六第論	48	行相対治	存	欠落	存
巻六第論	49	若作此解	存	欠落	存
巻六第論	50	貪無漏縁	存	欠落	存

論		論義名（身延山本）	大谷本	龍谷本	佛大本
論第七巻	51	唯識比量	存	欠落	欠落
	52	初往自在宮	存	欠落	欠落
	53	初往土浄穢	存	欠落	欠落
	54	華報権実	存	欠落	欠落
	55	処々不定	存	欠落	欠落
	56	已知根次位	存	欠落	欠落
論第八巻	57	不動業	存	欠落	存
	58	発業無明	存	欠落	存
	59	又拠不善	存	欠落	存
	60	復由此説	存	欠落	存
	61	愛取因縁	存	欠落	存
	62	漸悟悲増	存	欠落	存
	63	代諸有情	存	欠落	存

論		論義名（身延山本）	大谷本	龍谷本	佛大本
論第八巻	64	安慧無漏心執	存	欠落	存
	65	安慧種子	存	欠落	存
	66	理事一異	存	欠落	存
『論第九巻尋思鈔別要』は欠巻					
論第十巻	67	転識得智	存	欠落	存
	68	能薫勝種	存	欠落	存
	69	成事非真	存	欠落	存
	70	報仏常無常	存	欠落	存
	71	変化長時浄土有無	存	欠落	存
	72	三身成道同異時	存	欠落	存
	73	葉即三千	存	欠落	存
	74	一仏繋属	存	欠落	存

今回は、この中の1～9（第二部第一章）、74（第二部第二章）、46・53・71・72（第二部第三章）を用いた。また、『尋思通要』の「一仏繋属」「摂在一刹那」等を用いた。なお、『尋思鈔』の書誌学的研究および教理的研究についてはさらに、次回刊行予定の『貞慶撰『唯識論尋思鈔』の研究――教理篇――』で詳細に論じる予定である。

註

（1）大正六六・三九五・下。三九九・上。
（2）仏全二三・一三二下。
（3）蜷川祥美「蔵俊の『変旧抄』について」（龍谷大学短期大学部編『仏教文化と福祉』永田文昌堂、二〇〇一年）。
（4）鎌倉・室町期の諸短釈によって、「本云」が蔵俊、「末云」が貞慶であることが判明している。また、今回取り上げた「一仏繋属」の「末説」が『同学鈔』の貞慶説と一致していることからも明らかである。
（5）大正六六・四九八・上。同五二二・中。同五八二・上。同五八六・下。
（6）貞慶門下に良算・興玄があり、貞慶の兄弟弟子であった信憲の弟子に英弘がいた。良算の論義抄が『同学鈔』と『愚草』であり、興玄の論義抄が『興問答』、英弘の論義抄が『知足鈔』である。『同学鈔』には『菩提院抄』以外に『興問答』が混入しており、注意を要するところである。
（7）龍谷大学蔵『論第一巻尋思鈔』奥書。
（8）良算が貞慶の門下となった経緯については、光胤の『唯識論聞書』に「読師或時物語云」として「聖覚房（良算）は上人の御門室に入る可き事を深く念願して、百箇日、毎日祈請し、本望をば遂に満足して上人に謁申す。上人云わく、何事をば尋ね被れんが為めに来臨する哉と。聖覚房云わく、総じての学問は勿論也。殊にさしあたりては、安慧の宗義に就いて意得ぬ節々、心より尋ね申さんが為めに参入すと云々」（大正六六・七一〇・上）と記されている。なお、良算の年齢については定説を覆す見解を拙稿「聖覚房良算と『唯識論尋思鈔』――『摩尼抄』・『成唯識論本文抄』・『般若臺談抄』の成立をめぐって――」（『仏教文化研究所紀要』第三九集、二〇〇〇年）に提示したので参照されたし。
（9）『同学鈔』巻四〇に「菩提院文集に此の義有り」（大正六六・三五九・上）と出る。また、大谷大学所蔵『南都論草』の中の尊舜（？――一四八七――）短釈『第九識体』に「良遍文集アリ」と出る。
（10）『南都論草』（大谷大学）所蔵の短釈の一二丁表（第二九冊〈内余大〉の内）。

(11)『本文抄』が良算の撰述であることは、すでに拙稿「聖覚房良算と『唯識論尋思鈔』――『摩尼抄』・『成唯識論本文抄』・『般若臺談抄』の成立をめぐって――」(『仏教文化研究所紀要』第三九集、一五～一七頁)において『摩尼抄』との関係をもって論証しているので参照されたい。

第三節　『唯識論尋思鈔』撰述の意義

貞慶(一一五五―一二一三)は、建久元年(一一九〇)五月に勤修された最勝講の講師、次いで同年七月に勤修された法勝寺御八講の講師を勤めたのを最後に、公の法会・講会の論義の舞台から退場したことが『法勝寺御八講問答記』ならびに『春華秋月抄』『元亨釈書』の記述によって確認できる。すなわち、『法勝寺御八講問答記』建久元年(一一九〇)の条に、

第五日朝座　講師　貞慶大法師(興福寺)　問者　頼恵(東大寺)[1]

とあり、この年の法勝寺御八講では第五日めの朝座において、講師を勤めていたことが知られる。また、『春華秋月抄』には、

解脱房(貞慶)最勝講参

文治五年　＊第九座／已講＊　建久元年　＊第九座／已講＊(2)

と出るので、文治五年（一一八九）と建久元年に勤修された最勝講においてはすでに「已講」となり、講師を勤めていたことが確認できる。ところが、第一章でも指摘したように、貞慶は僧界での順調な出世を捨て去り、「世の無常に思いを致し」仏道を実践するために遁世した。その兆候は前章においてすでに提示した『般若理趣分奥日記』の奥書に、

凡そ去んぬる養和二年十一月二十七日自《よ》り建久三年十一月二十七日に至るまで、首尾十一箇年、深重の大願を発し、此の経一部六百巻を書写し奉る。偏に上生内院、見仏聞法、令法久住、報恩利生の為め也。(3)

とあるから、少なくとも遁世年（一一九三）の十一年前である養和二年（一一八二）には、仏道希求による遁世の兆候のあったことが推測される。では、その兆候が法会の論義に見られなかったのか否かを、次には検証してみたい。

そもそも、法会の論義は「令法久住」「見仏聞法」「仏徳讃嘆」「報恩利生」のために学侶が行なってきた学問研鑽の成果を披露する晴れの舞台である。そしてまた、それが学侶の「立身出世」をも、もたらした。すなわち、三会・三講において竪義《りゅうぎ》を終えると得業となり、講師となる資格を得る。次いで、三会・

三講の講師を勤め上げると已講《いこう》と呼ばれ、律師・僧都・僧正等の僧綱職に就く道が開かれる。したがって、学侶にとっての論義研鑽は、一方では「立身出世」の道でもあったのである。この点について、貞慶在世当時より少し年代の下った天正十七年（一五八九）に、多聞院英俊（一五一八—一五九六）が作成したという『興福寺住侶寺役宗神擁護和讃』（以下『和讃』）には、およそ次のように記されている。すなわち、

興福寺寺僧の、始終の出生尋ぬれば、氏種姓を簡びて、児《ちご》そだちにて入室し、般若心経三十頌、唯識論を習いつつ、論義利鈍に随いて、覚えこそは術なけれ。十三四五に成ぬれば、頭をそりて戒を受け、衣衣装ぞ造作なる。二三臈《ろう》に成ぬれば、利鈍によりて無重や。声聞講に出仕して、探を取と問講や。法用に当りぬれば、布施を取こそ嬉しけれ。さて又二月の末より、初年問者の引声を、習うこそはくるしけれ。三十講に出仕して、外様の問者勤るを、寺役はじめ目出と、近所知音を呼びあつめ、一献酒をすすめつつ、淄撲《しぼく》両講番論義、新入帳をひらけば、横入叶わぬ寺にして、足もと種姓糺《ただ》され、下臈分の衆に入り、方広会《ほごえ》の竪義に、越度《おちど》せぬぞと申ける。神無月下旬三ケ日、下臈分三十講、問者勤る切声に、雑紙一束の布施ぞかし。七年目の五月に、犬狩に出仕して、町廻りする嬉しさよ。其の年の冬の暮、観菩の加行四目《しめ》の内、当座不眠術なさよ。明暮論義覚えて、毎日講をつとめつつ、寺内入堂おこたらず。五日に一度大廻り、七度ひの後夜入堂、翌の日のねぶたさよ。ようよう卯月に成しかば、観禅院の登高座、一宗はなす論義に利鈍の稽古顕るる。加行の講師祝いにて、一献かまえ酒をもり、寺僧もてなし大義なれ。結願の後より、白ししゅう色の袈裟、ねり衣の白きを、著てありくこそ

嬉しけれ。興善院の三十講、催の時は菩提院、三十講の済次第、十五ケ日の間に問講勤る出世なれ。程無き年の加行に、年の暮に入りつつ、こぞの如くに加行し、二年するする成就して、唯識興善両講の、講問度々参りつつ、十四五臈に成ぬれば、三十講の論匠の、悦酒こそは大義なれ。一献飯酒結構に、三日の営も物入は、人により多少ぞ。御寺家より中臈の、放請とるぞ目出き。是より下臈の衆ならず、猶六方の衆ぞかし。南円堂法花会、加行百日勤めて、竪義の論義覚る。稽古は智恵の勝劣よ。西金堂の着座は、秘所の祝義成けり。御八講や維摩会、慈恩会の番論義、勤めて六方成り上り、学侶衆に入りつつ、諸屋の参籠数多し。毎日講問勤行し、論義決択談義して、天下国家寺社以下の、万の祈禱おこたらず。貴賤の聖霊とむらいの、寄進の祈所数多し。布施物をとりおきて、寺役の便とするなり。学問器用の仁体は、両門江めされつつ、御同学に成ぬれば、諸供納所拝領し、寺の読師に定る。一寺の奉行供目代、位にいたりて悦酒とて、三日一献飯酒こそ、亦一段の大儀なれ。次年廻て得業の、箇定給り成り上り、季行事田楽頭役は、此位より勤るぞ。大会の竪義遂けば、已講の官に住しつつ、法会の導師に定る。竪義遂げぬ得業も、年よれば権律師、成り上るぞ嬉しき。遂業の律師は、権大僧都に成るこそは、寺に希なる名誉なれ。竪義遂ぬ律師は、年よろよろと成りぬれば、僧都ではつるあわれさよ。季田両頭勤めて、法印に成りつつ、一臈極る目出さよ。先の近はあわれなる。以上は交衆の次第なり。宗は法相大乗宗、応理円実宗と云う。天竺震旦吾朝に、三国相承慥《たし》かにて、余宗に遥か越たるぞ。釈迦弥勒血脈の、たえざるこそは名誉なれ(4)。

と。これを見ると、稚児として入寺した者は十三歳から十四歳頃に得度して僧侶となって学問研鑽に励むのであるが、やがて「種姓《しゅしょう》改め」がなされる。要するに、家柄の審査である。これを経た学問的にも勝れた者は下臈衆となり、さらなる学問研鑽と講会出仕等によって「学侶」として認められるようになる。そして、大会の竪義を経た後に已講の官に就き、立身出世していく学侶の昇進の道が示されている。学侶にとっては、論義問答のたゆまぬ暗記と研鑽が暮しの中核を占めていたことがわかると同時に、それがまた「立身出世」の道であることも示されていた点、興味深いものがある。なるほど、律令時代の昔より僧侶に官職（僧綱職）を与えて体制内に取り込んできた歴史からすれば、必然のことであったといってよいであろう。ただし、この『和讃』には続きがある。そこには、

寺僧になるは先世より七玉値遇の縁による。初は魚にて御神供、禰宜社家にくらわれて、後に三笠の鹿さる、御山に生をうけつつ、法文を耳にそい、人に生れ寺になれ、論義決択の縁につれ、ようよう氏の寺にきて、寺僧になるとぞ云い伝う。（中略）弥勒三会の暁、見仏聞法たのもしや。願我奉仕大明神、昼夜不退相続会、今世後世必擁護、尽除一切諸障碍。(5)

とも記されている。すなわち、幾世を経て漸くに興福寺（氏の寺）の寺僧となったので、この縁をもって弥勒下生時の龍華三会において「見仏聞法」して一切の煩悩の障りを尽除したい旨が、明確に示されているのである。これを見ると「立身出世」もさることながら、やはり「見仏聞法」「尽除一切諸障碍」が学

侶の最終的な望みであったことが知られるのである。したがって、論義研鑽の背景には仏道のあることは明白であり、この点、貞慶が遁世する以前に行なった論義もまた、同様であったと見てよいであろう。

貞慶が遁世する以前に行なった「論義」について、その内容を今に伝えるものは管見する限り、『法性寺御八講問答記』のみである。それによると、貞慶が法勝寺御八講に出仕したのは、計四回に及んでいる。初回は寿永二年（一一八三）二十九歳の時で、第四日の夕座において「問者」として講師の恵珠大法師（東大寺）に相い対した。第二回目は元暦元年（一一八四）貞慶三十歳の時で、第四日の夕座において「問者」として講師の證遍権律師（園城寺）に相い対した。第三回目は文治三年（一一八七）三十三歳の時で、第五日の朝座において「講師」として問者の公圓（延暦寺）に相い対した。第四回目は建久元年（一一九〇）三十六歳の時で、第五日の朝座において「講師」として問者の頼恵（東大寺）に相い対した。問者が二回、講師が二回である。その各法座において二問二答がなされているが、残念なことに第四法座の貞慶答文はすべて省略されており、いかなる見解が示されていたかは明らかでない。また、第三法座においても第二問答の貞慶答文が省略されており、「釈迦が一生補処の菩薩として兜率天に上生するのは人寿何歳の時か」という第一難に対して「人寿千二百歳である」という答文が残されているばかりである。これに対して注目すべきは、貞慶が問者として出仕した二回分の記録である。すなわち、第一法座の第一難では、

問。経文云、付明作業受果事ヲ、且毘曇心以修道所断煩悩ヲ望身口二業ヲ名刹那等起、云々。爾者刹那等起ノ心為与所發ノ業ト同時、

為當如何。　進云、浄影大師刹那等起ノ心在前念、文。付之勘雑心倶舎等ノ説ヲ、前念心ノ能引發スルヲ名因等起。正作業ト倶時ノ心ヲ名刹那等起ト。轉随之轉之稱即依正教。若爾解釈有毘曇性相ニ。如何。

問う。経文に云わく、「作業受果の事を明かすに付いて、且らく毘曇の心は修道所断の煩悩を以て身口二業に望めて刹那等起と名づく」、と云々。爾らば刹那等起の心をば所発の業と同時と為《は》すか、為当た如何。　進んで云く、浄影大師は「刹那等起の心は前念に在り」と、文《いえ》り。之れに付いて雑心倶舎等の説を勘みるに、前念の心の能く引発するを因等起と名づく。正しく作業と倶時の心を刹那等起と名づく。転随の転の称は即ち正教に依る。若し爾らば解釈は毘曇の性相に有るや。如何。(6)

といい、説一切有部（毘曇）においては修道所断の煩悩が身口二業と刹那に起きる（刹那等起）としているが、それは身口の二業が起きた時と同時か否かを問うものであった。この問難は華厳宗の恵珠に対してなされたものなので、貞慶は華厳宗とは縁の深い地論宗南道派の浄影大師慧遠の示した「刹那等起は前念である」という見解を挙げ、「あなたは浄影大師の見解をもって前念であると答えるであろうが、『雑阿毘曇心論』や『倶舎論』などによれば前念の場合は因等起というのであり、作業と倶時の場合は刹那等起というのではないか」と難詰したのである。ここでは「修道所断の煩悩」がテーマとして掲げられており、明らかに仏道的視点より論難していることが知られるのである。その傾向がより顕著となるのが第二難で

あり、そこでは次のように論じられている。すなわち、

問。大経中、菩提薩埵熙連河沙、乃至、八恒河沙ノ諸佛ノ所ニシテ發菩提心、文。爾者五恒已上ノ供佛ハ、四依ノ中ニハ何位ノ所行乎。進云、金陵大師初依ノ住ノ行、文。付之見経文、上廣明四依ノ位分ヲ了。重擧供佛ノ多少ヲ。是知、五恒已上ノ四類如次四依ノ所行ト云事ヲ。何況供養八恒佛人ハ、涅槃ノ十六分ノ分盡悟之、文。若浄供佛ヲ為初依者、得前文可此位ナル。若爾、解コト佛性ノ妙理ヲ、寧窮地前ノ浅位乎。依之、浄影大師、以五恒已上ノ供佛ヲ配釈ニ四依給ヘリ。如何。

問う。大経の中、「菩提薩埵は熙連河沙、乃至、八恒河沙の諸仏の所にして菩提心を発す」と、文《いえ》り。爾らば五恒已上の供仏は、四依の中には何の位の所行ぞ乎。進んで云わく、金陵大師は「初依の住の行」と、文《いえ》り。之れに付いて経文を見るに、上は広く四依の位分を明かし了んぬ。重ねて供仏の多少を挙ぐ。是に知んぬ、五恒已上の四類は次いでの如く四依の所行と云う事を。何に況んや八恒仏を供養する人は、涅槃の十六分の分をば尽くして之れを悟ると、文《いえ》り。若し浄供仏をば初依と為さば、前の文に此の位なる可きを得る。若し爾らば、仏性の妙理を解すること、寧んぞ地前の浅位を窮めん乎。之れに依り、浄影大師は、五恒已上の供仏を以て四依に配釈し給えり。如何。(7)

と。要するに、『涅槃経』に出る「菩提薩埵は熙連河沙ないし八恒河沙もの数の仏の前で菩提心を発す」という文を取り上げ、「五恒河沙以上の供仏は四依（十信・十住・十行十回向・十地等覚）の中ではどの位の菩薩が行なうのか」という難を立てたのである。ここで注目すべきは、第二の論義テーマが貞慶の重視した「発菩提心」にあり、かつ後年になってことさら重視した「多仏繋属」のあり方がすでに見られるということである。さらに自ら進めた難において貞慶は、金陵大師吉蔵の「初依の住行」義に対して「仏性の妙理は地前の浅位では悟解できない」とも指摘した。これなども後になって重視する「仏性の有無は如来にしかわからない」という論理につながっていくものとして、興味深いものがある。結局、本論難の結論は「五恒供仏は初依のみに限らず四依にわたる」とする点にあったが、重要なことは公的な論義の場においても、貞慶の論難等には仏道の概念が濃厚に入り込んでいたという点である。次いで、その翌年に行なわれた第二法座の第一難では、

問。不軽云、鯎《ママ》四衆為未階方便教。為當、外凡如何。答不叶可云。　若不叶云者、妙楽大師故稟方便教者、於外凡位並未免謗。故有不受不軽円實之言、文。如此釈者階ト方便教外凡聞リ。　若依之爾云者、有文理疑。大聖化道ハ本鑿■■楞根。若叶外凡者、深教方便教ヲ也。何忽唱此乗開顕法ヲ、令受千劫阿鼻之報ヲ乎。依大少善共無ト不ト用調機方便ヲ被乎。

答。云々。

問う。不軽の云わく、四衆を毀せるは未階方便教なりとす。為当《はた》、外凡は如何。

答う。叶わずと云う可し。

〔問〕若し叶わざれば、妙楽大師は「故に方便の教を稟《う》けるというは、外凡位に於いては並《な》べて未だ謗りを免れず。故に不受不軽円実の言有り」と、文《いえ》り。此の如き釈は階方便教なりと外凡は聞けり。若し之れに依りて爾りと云わば、文理に疑い有り。大聖の化道は本より[redacted]楞根を鑿《うが》つ。若し外凡に叶わば、深く方便教を教うる也。何ぞ忽ちに此の乗の開顕の法を唱え、千劫阿鼻の報を受け令むる乎。大少の善の共に無きに依り、調機方便を用いずとせ被るる乎。

答う。云々(8)。


といい、「天台宗所依の『法華経』に出る未開方便教は四衆（比丘・比丘尼・沙弥・沙弥尼）のみならず外凡にも叶う教えか否か」という論難を発し、天台宗の證遍が「叶わず」と答えるや、天台宗中興の祖である妙楽大師湛然の説を引いて「開方便教と外凡は聞けり」と切り込み、「外凡にも叶うならば方便教を教えるべきではないか」「天台一乗は開顕の法であるといいながら教えを閉ざして、なぜ阿鼻地獄の苦報を受けさせるのか」と難じたのである。この論義は天台一乗の開顕の法のあり方を問うたものではあるが、そこには明らかに仏道位にある四衆と未発心位の外凡の存在がテーマとなっており、かつまた法相宗の五姓各別説を難じた天台一乗家への批判が内在していたと見てよいであろう。次いで第二法座の第二難にお

いては、

問。大師解釈中自円門入次第理、文。爾者是、三種接者中何乎。

答。云々。主師、亦是円接別、文。付之、既云自円門入次

第理。何云円接別乎。道理、専不可然乎。円接別者、元禀次第

歴別教ヲ、彼円ノ接ヲ者ニ名乎。

問う。大師の解釈の中に「円門自《よ》り次第の理に入る」と、文《いえ》り。爾らば是れ、三種接の者の中では

何ぞ乎。

答う。云々。主師、「亦た是れ円接別なり」と、文《いえ》り。

〔問〕之れに付いて、既に「円門自《よ》り次第の理に入る」と云う。何ぞ円接別と云う乎。道理、専ら

然る可からざる乎。円接別というは、元より次第に別教を歴て、彼の円の接を禀《う》くる者に名づくる

乎。(9)

といい、天台大師智顗の説く「円門入次第理」についての論難を展開している。すなわち、智顗撰『維摩

経略疏』には、

一つには次第門より次第理に入る。別教の菩薩の初地に入るは是れ也。二つには次第門より円理に入

る。別教の菩薩の初住に入るは是れ也。三つに円門より次第理に入る。円の菩薩の初地に入るとは是れ也。四つに円門より円理に入る。円の菩薩の初住に入るとは是れ也。(10)

とあるように、「次第門から次第理を証して初地に入る別教の菩薩」「次第門から円理を証して初住に入る別教の菩薩」「円門から次第理を証して初地に入る円教の菩薩」「円門から円理を証して初住に入る円教の菩薩」の四種あることが示されている。また、三接とは別接通（通教から別教へ）・円接通（通教から円教へ）・円接別（別教から円教へ）のことで、同じく智顗の『妙法蓮華経玄義』『妙法蓮華経文句』等に共通して説かれるものである。これに対して貞慶は、「円門入次第理」を「円接別」と答えた園城寺の證遍に対して異義を称え、円接別は「次第に別教を経て円接を禀《う》ける者」をいうのではないかと論難したのであった。この論義の背景には、事理の相即を強調して速証の道を論ずる天台宗に対して、理事の不即不離をもって三阿僧祇劫の成道を説く法相教義を正義とする貞慶の仏道論があったと見てよい。

このように、残された論義法会における僅かな問難のみを見ても、貞慶の思考には常に「仏道」への思いのあったことが知られる。そして、『尋思鈔』は遁世以後に作成された論義抄であったから、当然のことながら立身出世には関わりのない書であったことは歴然としている。では、何のために貞慶は『尋思鈔』を撰述したのであろうか。実は、このことを明かにする文言が『尋思鈔』の奥書には存するのである。すなわち、

進退之間冥顕恐多、
所憑亦直心一事而已。敬発願云、今生及先世之
中、於三寶所、於二利事、若願、若行、若論、若慧、多少
真妄所有功徳、依此一縁悉皆熏発、■修正念往
生浄処、速値大聖、聞其甘露門、所得福慧轉施衆生、
二利不退、共成菩提。春日大明神、殊助我願矣。

進退するの間の冥顕は恐らく多けれど、憑む所は亦た直心の一事なる而已《のみ》。敬って発願して云わく、今生及び先世の中の、三宝の所に於いて、二利の事に於いて、若しくは願、若しくは行、若しくは論、若しくは慧、多少なりとも真妄所有の功徳の、此の一縁に依りて悉く皆な熏発し、■正念を修して浄処に往生し、速やかに大聖に値い、其の甘露の門を聞き、得る所の福慧をば転じて衆生に施し、二利をば退かず、共に菩提を成ぜんことを。春日大明神、殊に我が願いを助けたまえ。(11)

と。ここに示される「此の一縁」とは『尋思鈔』の撰述を意味しているから、「過去世から現在世にかけてなしてきた真妄所有の功徳を熏発させ、正念に住して浄土に往生し、見仏聞法して二利を行じ、ついには菩提を成就せん」との願いに基づいて、『尋思鈔』の撰述がなされたことが明記されているのである。また、仏道成就の願いの加被を求めて春日大明神に起請していることも知られる。したがって、貞慶による『尋思鈔』の撰述は、一つには仏道理論構築のため、一つには仏道成就の「一縁」とするためであったこと

は明らかであり、次章で述べる遁世以降の講式類作成と軌を一にするものであったといってよいのである。

註

(1) 東大寺図書館蔵。一三丁・表～裏。
(2) 平岡定海『東大寺宗性上人之研究並史料』上巻（臨川書店、一九八八年）三三五頁。
(3) 同上巻所収『弥勒如来感応抄』「笠置上人大般若理趣分奥日記」四一五頁。
(4) 永島福太郎『中世文芸の源流』（河原書店、一九四八年）二五三～二五五頁。原文は仮名まじりの日本文である。ただし、安居の講本であることに鑑み、現代仮名遣いに改めた。
(5) 前掲『中世文芸の源流』二五五～二五六頁。同じく現代仮名遣いに改めた。
(6) 東大寺図書館蔵『法勝寺御八講問答記第六』一八丁・表～裏。
(7) 同一八丁裏。
(8) 同二五丁裏～二六表。
(9) 同二六表。
(10) 大正三八・六八九・中。
(11) 龍谷大学所蔵『論第一巻尋思鈔』奥書。原典は本研究書二頁。

第三章　講式と仏道

第一節　仏道論より見た伝灯法会

永村眞氏の論稿「中世興福寺の学侶教育と法会」によれば、法会は「仏法相承を象徴する場」「法悦を共有する場」であり、これに大別して「読経・講説・論義・悔過・説戒・修法《すほう》」の六種の法要を核とするものがあったという。すなわち、経典の読誦を柱とする読経（大般若経会など）、経論疏釈の講演を柱とする講説（心経会・常楽会・三蔵会）、経論の義理を問答することを柱とする論義（三会三講のほか唯識会・法華会・慈恩会など）、懺悔作法を柱とする悔過（修正会・修二会）、戒律遵守のための戒文確認を柱とする説戒（布薩《ふさつ》・自恣《じし》）、密教作法による祈禱を柱とする修法、などである。(1) もちろん、これらの法会は公的には国家安寧のためになされたものであったことはいうまでもないが、しかしその根幹にあったものは「仏道」であった。前節では「論義こそが仏道である」と貞慶が見ていたことを明らかにしたが、今少し論義について述べてみよう。

そもそも、「論義」という語は『阿含経』にすでに見られるもので、その後に成立した大乗経典の一つ

である『大般若波羅蜜多経』においては、般若波羅蜜多を供養・恭敬・尊重・讃歎する善男子と善女人が夢を見る際に、

或いは夢中に於いて無量百千倶胝那庾の多数の大菩薩衆有るを見て、種々の法義を論議決択す。(2)

とあるように「菩薩の論義」のあり方が示されているが、注目すべきは論義が「法義を論じて決択する」ものであることが明確に論じられている点である。これについては『阿毘達磨蔵顕宗論』にもまた、

論義と言うは、上に諸分義を説く中に於いて倒無きをば顕示し、難を釈して決択するを謂う。(3)

とあるので、「難を釈して義を決択する」意味で用いられていたことが知られる。そのためか、法相宗の正依の論典である『瑜伽師地論』にも、「論義決択」という語がしばしば登場する。たとえば、菩薩の愛語を説く段では、

云何ぞ菩薩一切門愛語なるや。当に知るべし、此の語に略して四種有り。(中略)四つに諸法の中に於いて疑惑多ければ、当来に疑惑を離れ令めんが為めの故に、正法を説いて論義決択を為す。(4)

と述べ、「疑惑を離れさせる目的で論義決択する」ことが示されている。これらを受けて法相宗第二祖の慧沼（六四九―七一四）は『成唯識論了義灯』において、

智者に於いて前の論義をば決択して聡慜の数に入る。[5]

といい、智者が聡慜の数に入るには論義決択が肝要であると論じた。この文を注釈した平安時代の唯識学匠である善珠（七二三―七九七）は『唯識義灯増明記』（以下『増明記』）において、

十に智者に於いて前の論義をば決択して聡敏の数に入るというは、後得智を得て、能く正法を立て邪道の宗を破するが故に、聡敏の数に入るなり。[6]

といい、論義に「邪道の教えを破する効能」のあることを示しているから、論義には「決択」の力用があると見られていたことが知られる。これは、智を生じる元となる慧に本来的に決択の力用があるからであり、いわば論義こそ慧解の最たるものと見られていたことが知られるのである。その一方で、論義を名詞的にも捉えている事例も存する。この点については右の『増明記』にも、

仏の滅度の後の千一百余年に、仏陀蜜多羅と僧伽とは、外道の論義をば屈っせ被る。[7]

とあるように、テーマを意味する「外道の論義」という名詞的な用い方をしていたことも知られるのである。この用法は論義法会の進展と共に顕著になるようであり、宗性（一二〇二―一二七八）の『倶舎論本義抄』の奥書には、

去んぬる夏の初め自《よ》り『倶舎論』第二十三巻を披見し具に書して此の秋の終わりに至るまで記録せし大小新古の論義の難答畢問。（後略）(8)

とあり、論義という言葉がまさしく「テーマ」そのものを指すようになっていく。この点では鎌倉時代初期に良算（?―一一九四―一二二七―?）が編集した『成唯論同学鈔』（以下『同学鈔』）も同様であり、良算自身が書き加えた割注を見ると、

此の論義に於いては愚者の今案有り。(9)

とあるから、この頃にはすでに論義テーマを指して論義と称していたことが知られるのである。その後に成立した光胤（一三九六―一四八七）の『成唯識論聞書』においても、

此の論義は良算の論義也。(10)

といい、良算という人師の立てたテーマに関する見解までも包括して示すようになるのである。したがって、論義とは「法義を決択して正法を説く」ためのものであり、かつ「難を釈して疑惑を決択する」流れの中で「テーマ」の意味あいを強く帯びてきたものであったことが知られるのである。

その結果として、貞慶の属する法相宗（唯識仏教）では根本論典である『成唯識論』について、何と千百有余もの論義テーマ（論題・科文）が立てられ、詳細な問答が交わされることになった。当然のことながら、これらの問答には正法を決択して仏道を明示する論義本来の性格が根源的に備わっていたので、仏道実践をめざすものにとっては自らの仏道論を構築する上で重要な意味あいを持つこととなった。その結果、前節で指摘したように、『成唯識論』に関して実に千百有余もの論題が立てられることになり、学侶は論義研鑽をもって仏徳を讃嘆すると共に、順次生での見仏聞法を求めて、自らの仏道論を確立していったのである。この点に、論義法会の持つ本来的な意義があったといってよい。

この点、他の美麗なる法会もまた、学侶（寺僧）にとっては行（仏道）そのものに他ならなかった。そのことを明らかにするために、永村氏によって分類整理された残る五つの法会についても、その淵源を確認していきたい。そこで、まずは「読経」であるが、これについては『仏説大安般守意経』という経典に、

若し経文を読して坐せば、意に罪を習わず、亦た禍《わざわ》いの消ゆる也。(11)

とあるから、読経の第一の功徳は「心に罪悪を習わず、禍いを消す」という点にあったことが知られる。

また、第二の功徳としては『小品般若波羅蜜経』に、

経典を読誦す可き所には、是の如き念を作す。我れ衆生をして安楽を得せ令めんと欲するが故に、当に説法を為すと。是の法施を以て法の満願するが如し。是の法施を以て一切衆生に之れを共に与う。須菩提よ。是の相貌を以て当に知るべし、是れ阿惟越致菩薩なりと(12)。

とあるから、読経することで安楽衆生の悲欲を生じて説法する功徳の生じることが挙げられている。また、第三の功徳としては『地蔵菩薩本願経』に臨終時のことが示されおり、臨終に際しての「諸仏菩薩像を前にしての高声」「病人を前にしての高声」「経像を前にしての高声」という「三白」について語る中、

仮令《たと》い諸識の分散して気の尽きるに至らば、乃至、一日二日三日四日、七日に至りてより已来《このか》た、但だ声を高くして白し、高声に読経せば、是の人、命終わるの後、宿殃《しゅくおう》の重罪にて五無間罪に至るも、永く解脱を得る(13)。

といい、「読経の功徳によって地獄必定であった者が解脱を得る」という道が示されている。また、永観（一〇三三―一一一一）の『往生拾因』には、

『業報差別経』に云わく、高声に念仏読経せば、十種の功徳有り。一つには能く睡眠を遣る。二つには天魔の驚怖す。三つには声は十方に遍ず。四つには三途なりしも苦を息む。五つには外の声も入らず。六つには心をして散ぜざら令む。七つには勇猛精進せり。八つには諸仏の歓喜す。九つには三昧の現前す。十には定んで浄土に生ず。已上　今、更に一種有り。謂わく、聞く者は罪を滅する也と。(14)

といい、『業報差別経』に「念仏と読経には行中の眠気から免れる他、散心が失せて勇猛精進して禅定（三昧）に入り、必ずや浄土に生まれることができる」等とある点を示すと同時に、加えて「聞く者の罪を滅する」という功徳のあることを論じている。したがって、読経そのものが仏道実践であったことは明らかであり、これを核とした法会が南都北嶺を中心としてなされたことは、至極当然のことであったと考えられる。

次いで「講説」であるが、この用語もまた『阿含経』にすでに見られるもので、後の大乗の経典である『悲華経』には仏陀の講説の功徳について、次のように述べられている。

彼の仏、此の変化を作《な》して即ち復た還りて摂し、諸の菩薩及び諸の大衆の為めに、正法を講説し不退輪を転じ、無量無辺の衆生をして大利益を得、大快楽を得せ令めんと欲す。世間を憐愍すること人天の為めなるが故に、無上大乗を具足せ令めんと欲す。(15)

と。すなわち、諸仏の講説は無量無辺の衆生に大利益を与えて無上なる大乗を具足せしめようとしてのことであるといい、「如来の講説」が示されている。もちろん、講説は本来的に如来のなすものに他ならないが、その次には如来の講説を記録した経典をもって衆生に講説する行者（菩薩）のあり方が示されるようになる。たとえば『大宝積経』には、

篤信を以ての故に家を捨つるを道と為す。信じて家を捨て已《おわ》り、善き親友を真の正しき伴侶と為す。（中略）経典を講説するは所聞の慧に従《よ》れり。其の行に因《よ》りて住し、而して人の為めに説き、法を聴く者をして大慈を興隆し、衆生に於いて無尽の哀れみを発せ使む。(16)

とあるように、仏陀の教えを信受して仏道を歩む行者が教法を聞いて得た慧解（聞慧）をもって経典を講説するあり方が示され、その講説の結果として聴く者に大慈と大悲（無尽哀）を生じさせる功徳が説かれている。また、『大般涅槃経』には、

菩薩摩訶薩は大涅槃微妙経典を修し、阿耨多羅三藐三菩提の為めに衆生を度するが故に、両舌を遠離す。此の善根を以て願うらくは、一切の衆生と之れを共にせんことを。願わくは、諸仏土の所有の衆生、常に共に和合して正法を講説せんことを。是の誓願の因縁力を以ての故に、成仏の時の国土に有る所の一切の衆生は悉く共に和合して法要を講論す。(17)

とあり、成仏した時には自らの国土に存する一切の衆生が共に和合して互いに講説することこそが菩薩の願いであると示されている。そのためか、諸仏・諸菩薩の講説がやがて実在の人師に対しても用いられるようになり、たとえば慧皎の編纂した『高僧伝』などには、各人師の伝記を述べる中で「互講説」「常講説」「講説導衆生化」[18]などと記されるようになる。また、光胤の記録した『唯識論聞書』においても、

天台大師の玄義・文句・止観は、天台の講説をば章安大師、之れを聞きて之れを書き留む[19]。

といい、著名な天台大師智顗という「人師の講説」が示されるようになる。かくして、衆生に大利益を与え、大慈大悲の功徳を生じさせる講説が、「法要を講論する」法会の核として展開されるに至ったのであり、まさしく講説もまた、学侶にとっての仏道実践の一環に他ならなかったことが知られるのである。

次に「悔過」であるが、悔過を核となす「修二会」「修正会」等が東大寺や薬師寺などの大寺を初めとして全国的に行なわれてきた点、「悔過」は他の法会とは些か異なっている。すなわち、新年を迎えるにあたって公的に天下安穏・万民快楽・五穀豊穣などを願う「祈年」の法会として実施されてきた点に、相違点があるのである。しかしながら、悔過の根幹は本来的に滅罪生善にあり、悔過自体が行者にとっての「仏道」の一環であったことを忘れてはならない。この点について、かの有名な『大般若波羅蜜経』には、

至誠に悔過して憍慢の心を捨て、数数《さくさ》く真の浄善友に親近・供養・恭敬・尊重・讃歎せば、彼れ流転

生死多き時ありと雖も、後に復た甚深般若波羅蜜多に依り、漸次修学して当に無上正等菩提を証す。[20]

とあるように、自己の過《とが》を悔い改め、その過を生み出してきた煩悩（ここでは憍慢心）を捨てて仏道実践を行なっている浄善友に親近・讃歎等をすることによって、やがては輪廻の流れから仏道の流れに入り、般若波羅蜜多を実践することで当来に無上正等菩提を証することができると記されているのである。また、『大方広仏華厳経』にも「仏子よ菩薩摩訶薩の十種の道とは何か」と問う中で、一に不捨菩提心、二に出生智慧方便、三に無願三昧、四に悔過除罪随喜功徳、五に五根、六に六通自在、七に七念、八に八正道、九に次第定、十に如来十力を示し、その中で、

四つに行とは是れ菩薩道なり。悔過除罪随喜の功徳をもて、無量の諸仏を恭敬・勧請す。善く迴向を知るが故に。[21]

とあるように、悔過除罪を随喜する功徳によって無量の諸仏を恭敬・勧請することができるといい、その理由として「善く迴向を知るからである」と述べられている。この迴向について同じく『華厳経』には、「どのようなものが菩薩の実践する第五無尽功徳蔵回向であるか」と問う中で、

此の菩薩摩訶薩は、悔過善根を修して、一切業障を離れ、去・来・今の仏の一切の善根及び三世の一

切の衆生の善根に於いて、皆な悉く随喜す。（中略）三世諸仏は初発心従《よ》り修する菩薩行、乃至、成仏して涅槃を示現するまで、其の中間に於いて獲る所の善根をば、皆な悉く随喜す。（中略）菩薩摩訶薩は、此の諸の善根を以て皆な悉く廻向す。（中略）是の如き菩薩摩訶薩は善根をば廻向し、一切の仏刹をば清浄なら令め、一切衆生界をば清浄なら令む。（中略）是の如き等の善根を以て廻向し、悉く能く一切衆生を度脱す。(22)

といい、悔過という善根を実践することで一切の業障を離れ、三世諸仏の無尽の善根を随喜するに至り、ついに初発心から成仏するまでのすべての善根を随喜し、ことごとく衆生に廻向し、一切衆生を度脱せしめるとも記されている。重要な点は、初発心から成仏に至るまでの修行において悔過善根が起点となって一切の善根を生起させ、それらの善根を衆生に廻向して度脱せしめ、ついには仏道を成就するという道が明確に示されている点である。ここに悔過の重要性があるといってよいであろう。これについてまた、法相宗の開祖であった慈恩大師基（六三二―六八二）の『法華玄賛』には、

故に尚お悔過せざれば諸悪を発露す。況んや能く信解して諸善法を修するをや。(23)

といい、悔過しなければ仏道実践が不可能となり、むしろ輪廻の原因となる諸悪が次々に発露すると述べられているので、悔過こそが仏道実践の基本中の基本であると考えられていたことが知られる。ちなみに、

「懺悔滅罪」は種々の経論に説かれており、『金光王経』には「懺悔滅罪伝」なるものまで立てられるほどで、懺悔には仏道を阻害する罪過を滅する効果のあることが広く指摘されてきたといってよい。しかし、滅罪すれば終わりなのではなく、前掲の『般若経』や『華厳経』にも明記されているように、懺悔滅罪によって漸くに仏道の起点に立てるのであり、この点に悔過法要の持つ今一つの意義があったことが知られるのである。

次に「説戒」であるが、戒律の勤修もまた、学侶にとっては重要な実践の一つであった。すでに広く知られているように、釈尊所説の八正道には後の「戒学・定学・慧学の三学」が明瞭に示されている。すなわち、仏陀の教えを信受する「正見」、仏陀の教えに適った意業である「正思惟」、仏陀の教えに適った口業である「正語」、仏陀の教えに適った身業である「正業」、仏陀の教えに適った三業の暮しである「正命」、仏陀の教えに適った弛まぬ努力である「正精進」、仏陀の教えに適った思念である「正念」、仏陀の教えに適った禅定である「正定」について『成実論』は、

八聖道分とは、聞従《よ》り慧を生じて能く五陰の無常苦等を信ず。是れをば正見と名づく。是れ慧にして、若しは思従《よ》り生ずるを正思惟と名づく。正思惟を以て諸の不善を断じ、諸善を修集して発行精進す。此れ従り漸次に出家受戒して三の道分を得。正語と正業と正命となり。此の正戒従《よ》り次に念処及び諸の禅定を成じ、此の念定に因《よ》りて如実智を得るを八道分と名づく。是の如く次第せり。又た、八道分の中、戒は応に初に在るべし。所以は如何。戒定慧品は義の次第するが故なり。正念正定は是れをば

定品と名づく。精進は常に一切処行に遍じ、慧品は道に近きが故に後に在りて説く。[24]

といい、釈尊の教えを信受して整えられていく正思惟・正語・正業とその暮らしである正命を戒学にまず分類している。次いで、これらを精進（正精進）することによって得られる正念と正定を定学、正念・正定によって得られる正見を慧学としているから、まさしく戒学は仏道実践の根幹であったことになる。[25]

その戒学について貞慶は主著の一つである『心要鈔』において『梵網経』の「法報応の三身が仏戒を誦する」箇所を引用した後に、

報化の二身は実に同体なりと雖も、戒徳の重きことを顕わして、三仏伝誦したもう。随時の説に非ずして三際の常規なり。故に「我れ誦すと」云う。世尊、猶し誦したもう。況んや弟子に於いてをや。[26]

といい、「過去・現在・未来において常に規範となるべき三身伝誦の戒を釈尊さえ読誦なさっておられるのであるから、ましてや弟子である我々が読誦するのは当然である」と、その位置づけを明らかにしている。そして引き続き、新羅の太賢（八世紀頃）撰『梵網経古跡記』の次の文を引用して戒と仏道のあり方を示している。すなわち、

摂律儀とは一切の悪を断ず。初発心従《よ》り殺生等を断じ、三賢十聖に各おの行障を十断し、乃至、仏に

生死の法を捨つるが故に。摂善戒とは一切の善を修す。三賢十聖に各おの十の勝行あって、乃至、仏にて二転依を証するが故に。饒益有情戒とは一切衆生を度す。初発心従《よ》り随分に教化し、未来際を窮めて一切を度するが故に。(27)

といい、大乗菩薩の三聚浄戒は一切の悪を断じ（摂律義戒）、一切の善を修し（摂善法戒）、一切の衆生を度す（饒益有情戒）ものであり、最初発心より十住・十行・十回向・十地（三賢十聖）の修行の間に生死輪廻の法を捨て去り、二転の妙果を証し、ついに仏陀となって後も有情を饒益し続ける仏道のあり方を三聚浄戒をもって明確に示しているのである。この点、貞慶の法孫であった良遍（一一九四―一二五二）もまた同様であり、その主著の一つである『唯識観用意』の中で、

抑も清浄の正見は清浄の尸羅をば止観の起因と為すことは、本経・本論に其の説、明らか也。若し全く無戒にして淫酒等をば既に禁ぜざるの者は、今の修行も相応せざる歟。(28)

といい、「清浄の正見を得るための止観の起因となるものが戒（尸羅）であることは多くの経論に明記されており、淫酒等を禁じない無戒の状態の者は修行などまったくおぼつかない」と論じている。めざすは菩提（清浄の正見）であり、そのためには止観の実践が必須となり、その止観の起因となるものが戒（清浄の尸羅）であるという仏道論の図式がそこに見られるのである。このような認識が中国・日本において

展開してきたので、「説戒」を核とする法会の実修がなされたと見てよいであろう。

そもそも、説戒とは「布薩」のことであり、十五日ごとに修行僧を集めて戒律の条文を読み聞かせ、半月間に戒を犯さなかったか否かを確認させ、犯した者に犯戒の事実を表明させることにより、善事増長と悪事除滅をはかるものであった。この用語もまた『阿含経』にすでに説かれるものであるが、大乗経典の『大方広仏華厳経』には、

爾の時天鼓、菩薩三昧善根力を以ての故に、声を発して告げて言わく、(中略)諸の天子よ、我が天鼓の如く、業を説き報を説き、行を説き戒を説き、喜を説き安を説き、諸三昧を説け。諸仏菩薩も亦復《ま》た是の如し。(29)

とあるように、説業・説報・説行・説喜・説安・説諸三昧と共に「説戒」が示されている。その意味するところは、明らかに「戒法を説く」ことにあったといってよい。しかし、これが『五分律』になると、十五日ごとの布薩となる。すなわち、外道の沙門・婆羅門が一ケ月の間の八日・十四日・十五日ごとに一処に集まって布薩しているのを見て、瓶沙王が仏弟子もそうしてみてはどうかと考える。その思いを察知した釈尊は許可なさるのであるが、

爾の時、世尊も亦た是の念を作す。我れ諸の比丘の為めに戒を結べり。而るに諸の比丘、聞かざるこ

と有らば、誦学すること能わず、憶持すること能わず。我れ今、当に諸の比丘に布薩説戒を聴《ゆる》すべし。（中略）仏、是の事を以て比丘僧を集め、瓶沙王の白す所及び己の念ずる所を以て、諸の比丘に告げたまわく、「今、十利を以ての故に、諸の比丘に布薩説戒を聴す」と。仏、既に布薩説戒を聴したもう。諸の比丘、便ち日々に布薩せり。是れを以て仏に白す。仏の言《のたま》わく、応に爾る可からずと。（中略）月の八日と十四日に説法、十五日に布薩するを聴したもう。(30)

とあるように、釈尊は説法とは別に十利ある布薩説戒を月の十五日に行なうことを許可なさったという。かくして、一ケ月に一度、月の十五日に布薩という説戒がなされるようになったわけであるが、これを見ても説戒を核とする法会が仏道実践の一環だったことは明白である。

最後に「修法」であるが、法会の折りになされる修法は「密教作法による祈禱を柱とする修法」である。要するに、口に真言を唱え、手に印を結び、心に仏菩薩のすがたを観ずる行そのものであり、国家または個人のために行なわれた。その根拠として想定されるものの一つに『不空羂索神変真言経』があるが、そこでは「種族奮怒王真言」の後に、次のように記されている。すなわち、

是の如き真言奮怒身心をもて、奮怒王を観じ、之れを誦持すれば、（中略）一切の鬼神は四散馳走し、一切の大奮怒王は恒に皆なを擁護したまい、大梵天・帝釋天・那羅延天・大自在天・焔摩王水天・娑伽羅龍王・難陀龍王・跋難陀龍王・優波難陀龍王・倶摩羅天神・四天王神も常に逐うて護持し、諸災

を降伏す。面の災処に向かうも、大怒声を以て之れを誦念せば、則ち除滅を得る。壇中に密誦して修法を作せば、速やかに成就するを得る。(31)

とあるように「密誦修法」という密教作法による修法が示されているのである。本来的に修法は密教作法のみに限定されるものではない。たとえば『長阿含経』には、

云何ぞ三修法なるや。三の三昧を謂う。空三昧と無相三昧と無作三昧となり。(32)

とあり、禅定の実践の意味あいで用いられており、諸種の経典でも行の実践を意味している。
しかし、『秘抄』の「後七日法」を見ると、

夫れ正月の後の七日の御修法は、聖朝地久の御願、四海安寧の祈禱。万菓成就・五穀豊饒の修法也。之れに依り金剛智・不空等の三蔵、天竺自《よ》り風俗を伝え、移して唐土に置く。青龍和尚、鎮護国界の為めに、正月の後の七日の初夜時自り始めて十四日の日中に至る三七二十一時、修法勤行し来る也。(33)

とあり、聖朝地久・四海安寧・万万成就・五穀豊饒を念じて行なう鎮護国家のための密教色の強い祈禱を「後七日の御修法」としていることが知られる。また、光宗の『溪嵐拾葉集』には、

密法の伝来しての鎮護国家は、皆な悉く根本の大師自《よ》り始まる。（中略）御修法は源は山門自り始まる也。謂わく、『最勝王経』に依るの時は或いは最勝護国法と名づけ、熾盛光法に依るの時は或いは鎮護国家法と名づけ、『無垢浄光法造塔延命経』に依るの時は是れを後七日舎利法と名づく。故に両部大曼荼羅を以て総所依と為すなり。[34]

とあるので、比叡山から始まった両部曼荼羅をもってする「護国」のための修法であったことが知られる。これについて『溪嵐拾葉集』にはさらに、

次に日本国は円機純熟の処也。日本一洲は円機純熟し、朝野遠近は皆な一乗に帰すと。（中略）峰には生身の薬師と生身の不動とを崇め、麓には山王を勧請す。真言・止観の両宗、あがめて護国の計りを致し御す。年始歳末の御祈は偏えに顕密の御祈也。其の外の天変地震息災降伏等の御祈も、何んぞ顕密の両宗を離るるや。されば我が山を以て鎮護国家の道場と号するは、此の心也。其の外、法相・三論等の諸宗も何れも神明擁護に非ずと云う事、之れ無し。春日大明神は法相大乗を守れり。赤山大明神は円宗法味を守れり。（中略）何れも仏法護持の神明也。[35]

といい、比叡山は顕密の御祈をもって国家を護持する鎮護国家の道場であり、法相宗や三論宗等も仏法守護の神明に守られていることをもって、広く八宗祈禱による鎮護国家のあり方を示しているのである。こ

の記述はいうまでもなく「王法仏法相依論」によるものであるが、これを元になされる「天変地震息災降伏等の御祈」は国家および民衆を災難から救済するものであった点を考えると、明らかに他者のためになされた利他行であったといってよい。したがって、修法を核とする法会もまた、仏道の一環としてなされたものであったことは明白である。

以上のように、南都北嶺において公になされた六種の法会は、儀礼をともなう国家安寧のための営みであったと同時に、一人一人の僧侶にとってはいずれも仏道実践の性格を帯びていたと考えられるのである。それがより明瞭に出るのが、今一つの法会というべき「講式」を核とした講式法会であった[36]。そして、貞慶が隠棲以降に著した数多くの講式に、貞慶の信仰（仏道）が明瞭に示されていたのである。

註

（1）拙編著『唯識――こころの仏教――』（自照社出版、二〇〇八年）一五一～一五二頁。
（2）大正七・七八一・上。
（3）大正二九・八九二・上。
（4）大正三〇・五三〇・上～中。
（5）大正四三・六六〇・中。
（6）大正六五・三三四・下。
（7）大正六五・三三三・下。
（8）大正六三・五八一・中。
（9）大正六六・三九三・下。

(10) 大正六六・七一五・中。
(11) 大正一五・一六六・中。
(12) 大正八・五六四・上。
(13) 大正一三・七八三・上。
(14) 大正八四・九八・上。
(15) 大正三・一六八・中。
(16) 大正一一・七二・中。
(17) 大正一二・七五一・中。
(18) 「互講説」は大正五〇・三七〇・中、「常講説」は大正五〇・三七一・中、「講説導衆生化」は大正五〇・三七二・中。
(19) 大正六六・六七一・下。
(20) 大正七・六五一・上〜中。
(21) 大正九・六五四・下。
(22) 大正九・四九七上、四九七上、四九八上、四九八中。
(23) 大正三四・七五七・下。
(24) 大正三二・二五一・下。
(25) 三学を六波羅蜜に配当する点については『深密解脱経』に、「観世自在よ、初の三学というは檀波羅蜜・尸羅波羅蜜・羼提波羅蜜は増上戒学なり。禅波羅蜜は増上心学なり。般若波羅蜜は増上慧学なり。毘梨耶波羅蜜は諸波羅蜜に遍ねし。観世自在よ、三種の増上は六種の学事を摂す」（大正一六・六八一・中）と記されている。
(26) 拙著『心要鈔講読』一六一頁。
(27) 拙著『心要鈔講読』一七三〜一七四頁。

(28) 北畠典生『観念発心肝要集』の研究』（永田文昌堂、一九九四年）一二一頁。
(29) 大正一〇・二五六・下。
(30) 『五分律』大正二二・一二一・中。
(31) 大正二〇・三一八・下。
(32) 大正一・五三・上。
(33) 大正七八・四九八・下。
(34) 大正七六・八八二・下。
(35) 大正七六・五三九・下。
(36) 佐藤道子『中世寺院と法会』（法藏館、一九九四年）。

第二節　貞慶撰述の講式と浄土信仰

ニールス・グュルベルク氏の論稿「法会と講式」には、「講は宗教的な共通目的のために集まった道心の集団」「講会は講の目的の再確認やメンバーの結束強化のために定期的に行なわれた法会のような儀式」「講式は講会の際に行なわれる儀式の流れを書き留めたもの」という定義づけが見られる。また、講式の原点が天台宗源信（九四二―一〇一七）の『横川首楞厳二十五三昧式』にあったこと、その九十年後に出た三論宗の永観律師（一〇三三―一一一一）によって講式が大きく発展したことを明らかにしている(1)。以降、種々の講式が作られるのであるが、講式を数多く撰述した貞慶（一一五五―一二一三）の諸講式には、

主なものを挙げると、次のようなものがある。すなわち、

『春日権現講式』（高野山金剛三昧院／室町末書写）
『観世音菩薩感應抄』（東大寺図書館／内容は六段の講式）
『観音講式』（大正八四巻／建仁元年撰）
『観音講式』（興福寺／承元三年撰）
『欣求霊山講式』（高野山金剛三昧院／建久七年撰）
『地蔵講式』（笠置寺／自筆・重文）
『舎利講式』（翰林拾葉一一巻／菩提院・大谷大・龍谷大等蔵）
『聖徳太子講式』（翰林拾葉二〇巻）
『神祇講私記』（天理大）
『誓願舎利講式』（大谷大／伝貞慶）
『道心祈請式』（東大寺）
『辦才天式』（龍谷大）
『辦才天女講式』（勝林院）
『法華講式』（高野山金剛三昧院／建仁元年撰）
『発心講式』（高野山大学図書館／足利中期写）

『弥勒講式』（大正八四巻／建仁元年撰／笠置寺／自筆・重文）
『弥勒講式』（笠置寺／自筆・重文／建長七年撰）
『弥勒講式』（笠置寺／無名だが貞慶とされる）
『薬師講式』（高野山大学図書館／文保三年写）

と。[2]これらの貞慶撰述の講式は、論義（教学）の研鑽を通して培われた仏教思想をもとに自らの信仰理論を展開したものであり、いわば仏道実践の書というべきものであった。そのことが明瞭に示されるのが『弥勒講式』の次の一文である。すなわち、

宿世の機縁に依り、既に上生を遂ぐ。見仏聞法、須らく勝位に進むべし。（中略）賢劫星宿、諸仏に歴仕し、住・行・向・地と漸次増進し、遂に花王の宝座に昇り、宜しく大覚の尊号を受くべし。[3]

とあるように、弥勒の浄土に生まれることによって仏道の流れに入り、現在（賢劫）から未来（星宿）に至るまで見仏聞法して諸仏に歴仕（歴事）し、十住・十行・十回向・十地と菩薩の階位を漸次に進み、ついには花王の宝座に座して大覚の尊号を受くべき道、すなわち仏陀（華王の宝座に座す大覚尊）と成る道が示されているのである。しかも、その前文に、

第五に因縁果満というは、宿世の機縁に依りて既に上生を遂ぐ。見仏聞法して須らく勝位に進む。夫れ常に慈尊の御前に陪《したが》いて早《すみや》かに甘露の妙門を開き、時どきに衆聖の宝閣に詣でて、各おのに菩提の前途を問わん。神通は心に随い、大悲をば胆に銘ず。或る時は諸仏の国に遊びて恭けなくも海会の大衆に交わり、或る時は六趣の巷を廻りて泣く泣く往昔の恩愛を尋ねん。(4)

といい、「見仏聞法」による智慧の向上のみならず、「往昔の恩愛」に対する大悲の思いのあったことが知られる。この点については同じく貞慶の『兜率略要』にもまた、

第五に不退転の益を得るというは、蓮華は速やかに開き、毫光一照して、未だ頭頂を挙げざるに便ち説法を聞き、無上道に於いて不退転に住す。（中略）見仏聞法をば時々に相続するに、十方の国土も三世の因果も、見んと欲すれば則ち見、知らんと欲すれば能《よ》く知る。生々世々の恩愛知識、彼の久遠を観ること、猶し今日の如し。知ること無ければ悲しまず。悲しむこと無ければ救わず。（中略）目連の悲母を救うが如きの状、其の方法を承ること、迦葉の大座に登るが如し。(5)

といい、「無上道において不退転に住す」る道を示すと同時に、「見仏聞法することによって十方の国土の三世の因果」を見て「生々世々の恩愛知識」を悲しみ、兜率浄土に往生することによって「目連が悲母を救った」ような「方法を承る」ことのできる点が強調されているので、やはり貞慶の願う兜率往生は決し

て個人の安寧を求めたものではなく、あくまでも一切衆生、すなわち世々生々の恩愛知識（一切衆生）を救済する利他行の実践のためであり、ひたすら仏道（智慧と慈悲の実践）の成就を求めて展開したものであったことが確認できるのである。この点に、貞慶の浄土信仰の特色があったといってよい。

したがって、貞慶の信仰に関する著述を吟味すると、仏道実践の国土（浄土）を示現したもうた弥陀・釈迦・弥勒・観音の四尊に対する信仰が、その中核となっていることが知られる。建久三年（一一九二）に著された『発心講式』では、「第一報釈迦恩」「第二仰弥勒化」「第三帰弥陀願」の三段が示された後、

予が如き者は、未だ専修の行を得ず。又た、広学の望みも無し。蒙々緩々として、生涯は将に暮れなんとす。但だ世尊の恩に依りて、慈氏の化を受け、知足天上の安養浄土院に於いて弥陀に奉仕す。慈尊一代の末、円寂雙林の暮れに、永く極楽に生じて不退転に至らん。(6)

と述べ、釈尊（世尊）の教示にしたがって弥勒の化を受けることで、兜率天（知足）にある四十九院の一つである阿弥陀仏の安養浄土院に往生して弥陀に奉仕し、弥勒（慈尊）下生時には随行して法を聞き、沙羅双樹林で弥勒仏が円寂なさって後は、三界輪廻の世界を超え出でた阿弥陀仏の極楽浄土（報土）に往生し、不退転の境地（ここでは初地）に至りたいと述べている。明らかに、弥陀の安養浄土院（化土）が仏道の初門として位置づけられ、彼の地への往生を資助する尊者として釈迦・弥勒が位置づけられているのである。これを見る限り、浄土に生まれることで輪廻の流れから仏道の流れに入り、智慧と慈悲を実践し

ていく道が開かれる点に、貞慶は大きな意義を感じていたことが知られる。この点については前掲の『兜率略要』にも、

賢劫星宿の一千九百九十余仏、乃至、未来の恒河沙の諸仏の一々に奉仕して記を受け、道を悟らん。一仏に遇う毎《ごと》に弥《いよい》よ自行化他の徳を増し、一徳を増す毎に速やかに三賢十地の位を進む。大いなる哉、釈尊の恩徳。深き哉、慈尊の引接なり。(7)

といい、未来恒河沙の諸仏への帰依を鮮明に示す一方で、仏道へと誘引したもう釈尊の恩徳、そして仏道へと歩み入る端緒となる兜率浄土への引接に対して、感謝の思いが明瞭に示されている。この点では後にも述べるように、釈迦の霊山浄土、観音の補陀落浄土についても同様であった。そこで、貞慶は種々の講式等において仏道実践の初門となる、弥陀・釈迦・弥勒・観音の四尊の浄土への往生を求める浄土信仰を展開したのである。

とはいえ、貞慶は三阿僧祇劫にわたって多仏に繋属するのが菩薩のあり方であると強調した。この点について『尋思別要』には、

菩薩種姓の中、誰人か無数の仏土に詣でざるや、無尽の法門を受くこと無からんや。(中略)故に必ず多仏に繋属す可し。(8)

といい、菩薩は必ず多仏に繫属するという見解を鮮明に示した。そこで、先に引用した『兜率略要』においても、「賢劫星宿の一千九百九十余仏から未来の恒河沙の諸仏の一々に奉仕する」多仏信仰のあり方を示したのである。しかし、それは今生において発心して資糧位菩薩となり、諸仏の浄土を同時に欣求することを意味するものでは決してない。なぜならば、『法相宗初心略要』の中で貞慶自らが、

資糧位の為めに現ずる所は一四天下を以て量と為す。(9)

と述べているように、資糧位菩薩は「一の四天下」の国土量の浄土しか知見することができなかったからである。したがって、順次生に往生すべき世界は一尊の世界に限られるので、貞慶もまた最終的には一尊の浄土のみを欣求せざるをえなかった。

ではなぜ、弥陀・釈迦・弥勒・観音の四尊の浄土が登場するのであろうか。このことは第二部第三章において詳細に論ずるところであるが、簡潔にいえば貞慶に「五逆愚迷」「誹謗正法」の思いが強くなり、阿弥陀仏の浄土への願生を断念せざるをえなくなったことに起因している。では、なぜ当初は極楽を欣求する「弥陀浄土信仰」を展開したのであろうか。これについては『心要鈔』「覚母門」に、

末代の多くは、仏には弥陀・弥勒と云い、経には法華・般若と云い、行には念仏・転経と云い、生には安養・知足と云う。(10)

とあるように、弥勒の兜率浄土（知足）と共に、念仏行による弥陀浄土（安養）への往生が間違いないものと、世に広く喧伝されていたからである。比叡山の仏立三昧を例に出すまでもなく、行者が如来や浄土を見る不思議は種々の文献においても説き伝えられている。したがって、貞慶が阿弥陀仏の浄土への往生を間違いないものと見て願生したことは、十分に首肯できるのである。加えて『舎利講式』には、

夫れ釈尊の恩徳は、広大無辺なり。無量億劫にも誰か能く報謝せん。我等、三宝に近づき一善を蓄うるに皆な世尊難思の善巧に答えて安養を欣い知足を望むは、又た猶し教主の遺誡也。諸仏の中、独り本師と号し、発心より究竟まで彼の恩にあらざると云うこと莫し。(11)

とあるから、貞慶が安養・知足への往生を欣求した背景には今一つ「本師釈迦の遺誡」のあったことが知られ、釈迦の遺誡を守ることで「最初発心から成仏究竟」に至るまで釈迦の加被を得ることができるという点に、貞慶が大きな価値を見出していたことが確認できるのである。

では、弥勒を取るか弥陀を取るか。この点については、すでに示した『発心講式』の文で釈迦・弥勒・弥陀の三尊の名を挙げつつ、「世尊の恩に依りて慈氏の化を受け、知足天上の安養浄土院（化土）において弥陀に奉仕し、円寂雙林の暮れに永く極楽（報土）に生じて不退転に至らん」と述べているから、弥陀を取っていたことが知られる。『発心講式』が著された建久三年（一一九二）は弥陀浄土信仰が貞慶の信仰の中核を占めていたと見て、この文言を紐解くと、「極楽に生じて不退転に至る」とは三界輪廻の世界

を出過した阿弥陀仏の報土に生まれることを意味している。その世界に至れば、二度と輪廻の世界に退転することなく、順調に仏道を歩んで行けるという大いなる功徳があった。だから弥陀浄土を欣求したのであるが、凡夫である貞慶にとっては菩提心を発して往ける世界は化土のみであった。そこで、貞慶は阿弥陀仏の化土である兜率天の安養浄土院（化土）へまず往生することを望み、次いで極楽浄土への往生を求めたことが知られるのである。いわゆる「三世を経ての極速往生」である。また、貞慶撰『安養報化』には加えて、

答う。（中略）弥陀如来因位の行時に十方仏土の彼々の勝事を見聞して合集して願じて一仏土と為すと云う事、穢悪充満の娑婆界に居を移す受苦の衆生の為め也。（中略）また四十八願の中の第十八願に云わく、「十方造悪の一切の衆生の最後の十念に往きて救わざれば正覚を取らじ」と云々。其の「往救」とは、来たりて西方に迎うる也。（中略）此の如来をば娑婆有縁の仏と号する事は、深く此土の衆生を悲しみ、一子の慈悲を垂れ、浄刹に摂取するが故也。（中略）十念引摂を以て弥陀の勝事と為す。（中略）諸経の中に広く念仏往生の旨を明かせり。（中略）諸伝記章疏に西方往生の人を烈ぬ。（中略）『秘』師は西方往生を遂ぐ。[12]

といい、安養（極楽浄土）を欣求する直接的な理由を示している。それによると、(1)阿弥陀仏の浄土は穢悪充満の娑婆世界に生を受ける苦悩の衆生のために建立された世界であり、(2)阿弥陀仏は「十方雑悪の一

切衆生の最後の十念に往きて救わないようであれば正覚を取らない」（第十八願）と誓われた、⑶それほどに此土の衆生を哀れまれた娑婆有縁の仏が阿弥陀仏である、⑷したがって阿弥陀仏は凡夫の最期の十念に来迎して引摂して下さる、⑸このあり方は各種の「往生伝」等に明記する確かなものであり、⑹法相宗第三祖の撲揚大師智周もまた西方往生を遂げている、と主張している。要するに、「本願念仏臨終来迎論」を展開しているのである。加えて、貞慶の弥陀浄土信仰は「報化二土一体同処論」「極即三生論」「本願念仏臨終来迎論」等の理論構築によって展開したものであるが、その理論の詳細については第二部第三章において別に明らかにしたいと考えている。いずれにせよ、貞慶は『安養報化』において弥陀浄土信仰の理論を構築し、阿弥陀仏の浄土への往生を欣求していたことは間違いないところである。

ところが、『観世音菩薩感應抄』（以下『感應抄』）や『愚迷発心集』に見られるように、次第に「五逆愚迷」の自覚が深まるようになり、弥陀の化土にさえ往生できない我が身のあり方を貞慶は厳しく見据えるようになった。建仁元年（一二〇一）撰述と推定される『感應抄』の「第五往生素意」の段には、

> 夫れ諸教の讃ずる所は弥陀の本願也。衆賢の欣う所は西方の浄土也。小僧、涯分を量らず、久しく願望を係く。(13)

と述べているから、貞慶の弥陀浄土信仰は「久しく願望」をかけた前半生の中核を貫く信仰であったが、自らの「涯分」をはかった結果、断念していたことが知られるのである。断腸の思いの中で貞慶の心に残

ったのは、変わらぬ本師釈迦への憧憬であった。西方極楽世界は遠く隔てた彼方にある世界であるが、釈迦の霊山浄土は水路と陸路を通って往くことが可能な地にあった。ここに、貞慶の「釈迦浄土信仰」が次の浄土信仰として展開していくことになったのである。この点について、『欣求霊山講式』には、

若し縁有らば信有らば、生身を彼山に於いて拝さん。[14]

といい、釈迦を恋慕するあまりに霊鷲山（彼山）で現生に拝することを願っているが、その背景には「阿弥陀仏の浄土より往きやすい世界としての霊山浄土」という理論の構築のあったことが推定されるのである。そこで『欣求霊山講式』を確認すると、

而るに仏は阿僧祇劫に霊鷲山に常住せり。（中略）是れを以て生を此界に受くるの者の専ら仰ぐ可きは、釈尊の引摂也。本師を懸け恃む人の深く欣う可きは、霊山の仏土也。之れに依りて、普賢の行者は一の宝道を修し、別願の有無を論ぜずして、必ず霊山の浄土を見たてまつる。一代の釋子、誰か無縁と謂わんや。[15]

とあり、やはり釈迦の本身は今もなお霊鷲山にあって阿僧祇劫にわたって常住すると定義づけ、釈迦の弟子（釈子）である我が身は本師釈迦の引摂によって霊山浄土へ往生することを深く欣うものであると述べ

ていたのである。周知のように釈迦は応身であり、その法身は毘盧舎那仏、報身は盧舎那仏であるといわれている。すでに、応身の釈迦は入滅したが、法身・報身は常住である点より、貞慶は釈迦を久遠の常住仏と見、その変化長時浄土を願生したことになる。そして、『欣求霊山講式』にはさらに、

所以に、我れ若し諸仏を見可くんば、願はくは先ず慈父世尊の聖容を拝し、我れ若し浄刹に生ず可くんば、願はくは先ず本師如来の国土に詣らん。未だ聖容を見ざるの前は常に舎利に随うこと、生身に仕うるが如し。未だ浄土に生ぜざるより以来《このかた》は永く遺跡に住し、彼の地を移さず。二十六恒の供仏は我も期せざるにあらず。只だ釈尊を以て、其の始めと為すのみ。十方仏土の往来は我も望まざるにあらず。志は霊山を以て、其の本一と為すのみ。自行化他、乃至、菩提も普賢の願海も、此れに因《よ》りて円満す(16)。

といい、諸仏を見るならまずは慈父である釈迦の聖容を拝し、浄土に往生するならまずは本師釈迦の霊山浄土に詣でたい。しかし、釈迦の聖容をいまだ見ることができない時は釈迦の遺していかれた舎利を拝し、霊山浄土にいまだ往生できない時はインドの遺跡に住したいと述べているのである。したがって、貞慶もまた有したインド渡航の願いは、結局は霊山浄土への往生を求める点にこそあったと見るべきである。しかも、仏道理論をもって、霊山を初門と位置づけたところに貞慶の釈迦浄土信仰の特色が存する。そのことは、「二十六恒河沙の諸仏のもとに詣でて供養することは我が身の求めるところでもあるが、まずは釈

迦をその初めとし、霊山浄土に生まれたい」と述べていることで明らかである。なお、貞慶の釈迦浄土信仰の理論は、第二部第三章で詳細に論ずるところであるが一言でいえば、弥陀浄土信仰の際に構築した「報化二土一体同処論」にあるといってよい。この点からも、弥陀信仰の後に展開した浄土信仰であったと見てよいのである。

このような霊山浄土への往生を願う釈迦浄土信仰が展開する中、ほぼ同時並行の形で明瞭化してきたのが「弥勒浄土信仰」である。弥勒浄土信仰については、すでに指摘した養和二年（一一八二）から建久三年（一一九二）までの十一年間にわたってなされた『般若経』の書写が「上生内院・見仏聞法」のためであったこと、また治承五年（一一八一）に繕写した蔵俊撰『仏性論文集』の貞慶奥書にも、

上生の因に資せんのみ。(17)

と述べているので、治承から養和の頃にはすでに内在していた信仰であったと見てよい。しかし、それが理論化されて四尊の浄土信仰の中心をなすものとして明瞭化してくるのは、貞慶が弥陀浄土信仰を断念した建久六年（一一九五）以降である。すなわち、『小島記註』に、

建久六年正月十日、笠置山に於いて小島の二巻記を読み始め、同二十九日に至りて粗《ほ》ぼ上巻の功を終える。上は世尊の恩に報い、中は弥勒の値遇を得、下は春日大明神の加護を蒙り、臨終正念の大事を

遂げんと欲し、暫く念仏の単修を抑えて、再び稽古の広業を交える。是非の間、進退測り難し(18)。

といい、仏道の初門に入るために「臨終正念の大事を遂げんと欲し、念仏の単修を抑えて再び諸行の実践に勤め、弥勒の値遇を得たい」と明記しているから、弥陀浄土信仰を断念したのみならず釈迦浄土信仰をもひとまず抑え、弥勒浄土願生に信仰の比重を本格的に移してきたのは、建久六年以降であったと見てよいであろう。この時に「単修された念仏」が弥陀念仏であったか釈迦念仏であったかは今一つ定かではないが、承元三年（一二〇九）に著された『観音講式』の奥書に「釈迦・弥勒・観音の三尊の所居への往生」を述べている点からすると、やはり弥陀念仏であった可能性が高い。いずれにせよ、以降は四尊の浄土信仰の中で、「理論化された弥勒浄土信仰」が明瞭化してくるのである。

では、貞慶の弥勒帰依の本質は何だったのであろうか。建久三年の『発心講式』では「釈尊の恩に報いる」「弥勒の化を仰ぐ」「弥陀の願に帰す」とあるから、釈迦・弥勒・弥陀の三尊の中でも弥陀が主となっていた。すでに指摘した『発心講式』の奥書にも、「但だ世尊の恩に依りて慈氏の化を受け、知足天上の安養浄土院に於いて弥陀に奉仕す」と記されていたから、この時の弥勒信仰はあくまでも兜率天にある四十九院の中の一つである安養浄土院への往生を導きたもう弥勒慈尊の「化」を期待したものであったことが知られる。その「化」とは、本来的には貞慶の授受した「唯識の教え」である。すなわち、『発心講式』「弥勒の化を仰ぐ段」では『大仏頂如来密因修証了義諸菩薩万行首楞厳経』に出る次の文を引用して、世尊よ、我れ是の如く「唯だ心識のみあり」と了するが故に、識性より無量の如来を流出せり。今、授記を得て仏に次いで処を補う。仏問円通せり。我れ以て諦らかに「十方は唯だ識のみなり」と観ずれば、識心円明にして円成実に入り、依他および遍計の執を遠離して、無上忍を得ると。(19)

と述べ、唯識の教主である弥勒より「唯識三性の教え」による「化」を受けている我が身であることを強調している。しかし、弥勒の「化」はそればかりではない。このとき貞慶はまた、『仏説観弥勒菩薩上生兜率天経』に出る次の文を引用して、

兜率陀天上の七宝臺の内の摩尼殿の上の師子の床の座に結跏趺坐したもう。（中略）此の人、命終せんと欲する時、弥勒菩薩は眉間の白毫の大人相の光を放ち、諸の天子と曼陀羅花を雨らし、此の人を来迎したもう。此の人、須臾にして即ち往生を得、弥勒に値遇して頭面礼敬せん。未だ頭を挙げざる頃に、便ち法を聞くことを得て、無上道に於いて不退転を得、未来世に於いて恒河に等しき諸仏如来等に値うことを得る。(20)

と述べ、弥勒の来迎を得て兜率浄土に往生すること、および未来世に恒河沙の諸仏に歴事せしめる功徳が弥勒にはあることを明らかにしている。これは、兜率天への往生を端緒として諸仏の浄土に詣で、見仏聞法して勝位に進む貞慶の仏道論そのものであるといってよい。このような「弥勒の化」によって兜率天の

安養浄土院に導かれ、弥勒下生時の「化」も受け、ついには阿弥陀仏の極楽浄土に往生しようと願ったことが、『発心講式』では明確に見て取れるのである。したがって、何度もいうように『発心講式』撰述の時点では、いまだ弥勒信仰は資助的役割にすぎなかったといってよい。それが「世尊の恩に報い、弥勒の値遇を得、春日大明神の加護を蒙り」と信仰の主体的位置を占めるようになる理由は何だったのであろうか。

貞慶の著した『弥勒講式』等を見ていると、(1)弥勒が本師釈迦の補処菩薩であるということ、(2)法相宗が弥勒より始まるということ、(3)弥勒信仰が法相宗の師資相承の信仰であったということ、の三点が明記されている。いずれも貞慶にとっては真実であったろうと思われるが、特に注目したいのは(1)である。これについて『弥勒講式』には、

牟尼は一代の教主、恩徳は諸仏に超えたり。逸多は世尊の補処、宿縁は此土に厚し。群生の仰ぐ可きは、誰か斯の二仏に如かん。彼の三会に得脱する二百八十億の衆生は、皆な是れ釈迦遺法にして一縁を結ぶの人也。我等、拙なしと雖も、何ぞ其の数に漏れん。(21)

といい、「釈迦遺法の弟子である我々は将来の龍華三会において弥勒仏の化を受けて得脱する衆生の一人である」と位置づけていたことが知られる。いわば、「釈迦の補処菩薩である弥勒への帰依」という構図を示し、「過去仏である釈迦と未来仏である弥勒の二仏」への帰依を鮮明に示すことで、弥勒浄土信仰を

理論化しようとしているのである。この『弥勒講式』の奥書には、

（貞慶本奥書）建久七年二月十日、笠置寺般若臺に於いて之を草す。菩提山の仰せに依る也。願わくは此の功を以て、必ず慈尊に仕えんことを。

沙門貞慶[22]

とあるので、弥勒浄土信仰に比重を移した建久七年（一一九六）に著されたことが知られる。「菩提山の仰せ」とはいいながらも、「願わくは此の功を以て必ず慈尊に仕えんことを」と述べているので、まさしく「釈迦の補処菩薩である弥勒への帰依」をもって弥勒浄土信仰を示していたことは明らかである。しかし、「一の四天下の難」がある以上、二尊の浄土を望むことは不可能であった。そこで、貞慶が案出した理論が「釈迦弥勒一体論」であった。これについて、年代不詳ながら『別願講式』には、

『仏地論』に云わく、「或いは等覚を現じ、或いは涅槃を現じ、或いは釈迦と名のり、或いは慈氏等という」と、文《いえ》り。当に知るべし、昔は閻浮の月の前に釈迦と称して涅槃の相を示す。今は知足雲上にて弥勒と為り、等覚の位に居す。然れば則ち只だ中宗の高祖に非ず。兼ねて大恩の教主なり。（中略）一宗の伝灯、三国の諸師、偏に兜率の上生を欣う。豈に深き故の無からん哉。蓋し爾なる此の志在る歟。伏して願はくは、閻浮閉眼の夕べに中有に魂を移すの時、大聖慈尊、伝灯の祖師、共に来迎して早やかに知足に生ぜ令めんことを[23]。

とあるように、「釈迦の補処菩薩である弥勒への帰依」という理論を更に進展させ、『仏地経論』の記述を根拠とする「釈迦弥勒一体論」を展開し、弥勒の来迎による兜率浄土への往生を求めていたことが知られるのである。『仏地経論』の当該文は、

一仏は未来際を尽くして世間に常住して無量の諸の有情類を教化すると雖も、而るに宜しき所に随いて種種の化を現じ、或いは等覚を現じ、或いは涅槃を現じ、或いは釈迦、或いは慈氏等と名のる。(24)

というものであるが、なるほど衆生を教化するために一仏が未来際を尽くして、時には等覚の菩薩身を現じ、時には涅槃を成じた仏身を現じ、またある時は釈迦と名のり、またある時は弥勒と名のるあり方が確かに示されている。この『仏地経論』の文に出遇ったことにより、貞慶は「釈迦の補処菩薩としての弥勒」から「釈迦と一体の弥勒」への帰依に大きく舵を切ることとなり、釈迦浄土信仰を内在した弥勒浄土信仰を展開することになるのである。

なぜ、このような理論が展開しうるのか。それは貞慶に、「仏宝・法宝の不思議(25)」を受け止める行者としての感性があったからである。この点については、建仁元年（一二〇一）に撰述した『尋思別要』「大悲闡提事」においても「観音の実成実菩薩論」を展開しており、その中で次のように述べている。すなわち、

方に知んぬ、成仏の後に化身を以てする行をば即ち実行と為し、亦た菩薩と名づけ、亦た如来と名づくと。浄名・文殊・普賢・観音等、皆な是れ過去の如来なり。他方の諸仏也。之れに准じて知る可し、本師世尊も亦た他方に趣き、将来に及んで常に菩薩と称すること、猶し彼の諸菩薩の如し。(26)

と。これを見ると、釈迦もまた入涅槃の後に他方世界あるいは将来の菩薩となって実行（二利の行）を実践している、とも述べていたことが知られる。ここでいう「将来の菩薩」の一尊が弥勒菩薩である。その理論の根拠を『別願講式』では『仏地経論』に置き、「釈迦弥勒一体論」を展開したのであった。しかも、『別願講式』「二願依惣別の因縁」の段には、

願わくは先ずは人間の近処に於いて、且くは権化の大聖を奉らん。(27)

とあるように、ここでも「弥勒浄土近処論」を展開している。周知のように、兜率天は六欲天の一つであり、須弥山の上空にある。八万四千由旬（約八十万キロ）もある須弥山の大きさを考えると、我々の感覚ではとても近処にあるとはいいがたいが、貞慶は「人間の近処」であると説く。そして、三界穢土の中にある兜率天について、『弥勒講式』「第三欣求内院」の段に、

夫れ十方三世の補処菩薩は、将に正覚を成ぜんとするに、先ず兜率に住し、予《あらかじ》め勝業を薫修し、其の

処を厳浄したもう。謂つ可し、穢土中の浄土也と。(28)

とあるように、「穢土中の浄土」であるという解釈をも合わせて示している。したがって、兜率天を「非常に身近な浄土」であると、貞慶は意義づけていたことが知られるのである。元来、浄土とは仏陀となった者の第八の無垢識が変現する純浄世界であるが、同時に仏陀は大慈悲力をもって衆生のために純浄土に相い似た浄刹を示現する。そのためには、今も兜率天にある弥勒を久成の仏と見る理論が必要になった。それが「三身成道異時論」であった。要するに貞慶の弥陀浄土信仰は、第二部第三章で詳説する「釈迦弥勒一体論」「穢土中浄土論」「弥勒浄土近処論」「三身成道異時論」等によって理論化された信仰であったといってよいのである。

ところが、このような弥勒浄土信仰を主とする展開は、少なくとも建仁元年（一二〇一）になると観音の補陀落浄土への往生を願う「観音浄土信仰」へと比重を移していくことになる。これについて建仁元年に撰述されたと考えられる『感應抄』「第一帰依因縁」には、

過現を以て未来を思うに、憑む可きは只だ観音の本誓なり。恃む可きは又た不空の神呪なり。漸く暮春に及び、始めて決智を生ず。(29)

と説かれている。建仁元年といえば、貞慶四十七歳である。まさに「暮春」といってよい。注目すべきは、

「観音の本誓」を頼むに至った理由として、「決智を生じた」ことを挙げている点である。実は、承元三年（一二〇九）の『観音講式』の奥書には、

観音の値遇は建仁の比《ころ》か。粗《ほ》ぼ略して三段を記す。其の後は懈怠なり。(30)

と記されている。「粗ぼ略して三段を記す」とは建仁元年に著した三段式の『観音講式』のことを指すが、驚くべきことは「建仁の頃」に「観音の値遇」があったと明記している点である。おそらくそれが「決智を生じた」原因ではなかったかと考えられる。その後も貞慶の観音信仰は深まりを見せ、承元二年（一二〇八）には「観音の誓願海に安住する」という意味で自から名づけた海住山寺に移住することになる。笠置寺に「永蟄居」したはずの貞慶が、居を海住山寺に移した。それほどに、貞慶の内部で信仰の比重が観音へ移っていたことが知られるのである。とはいえ、建仁元年の『観音講式』以来、貞慶は観音に関する講式等を撰述することはなかった。そこで、「その後は懈怠なり」と述べたのであった。

では、貞慶の観音浄土信仰の特色は、どのようなものだったのであろうか。これについて『感應抄』「第五往生素意」には、

夫れ諸教の讃ずる所は弥陀の本願也。衆賢の欣う所は西方の浄土也。小僧、涯分を量らず、久しく願望を係く。（中略）若し西方の紫雲に乗ずれば、直に安養界の宝池に生じ、南海の青波を渡れば、且

く補陀山の石室に住す。(31)

といい、可能ならば阿弥陀仏の浄土である「安養界の宝池」に生じたいが、無理ならばまずは観音の浄土である「補陀山の石室」に往生したいと述べているので、実は「久しく願望」をかけながら断腸の思いで断念するに至った弥陀浄土信仰を背景として展開したものであったことが知られるのである。周知のとおり、観音は弥陀の補処菩薩であり、弥陀の慈悲の徳を示す脇侍の尊者でもある。『感應抄』「第三臨終加護」の段では、

何に況んや、西方の行者は本より一仏二菩薩を仰ぐ。（中略）随類の一身の値遇尤も易し。爰に弥陀降臨して聖衆囲繞すとも、感得すること甚だ難し。観音一身の沙門の形相は、彼に対して以て易し。(32)

とあり、西方を願生する修行者は阿弥陀仏・勢至菩薩・観音菩薩の一仏二菩薩を仰ぐが、阿弥陀仏の来迎を感得することは難しいのに対して、衆生に応じて（随類）沙門の形相をもって現れまします観音の来迎は感得しやすいと述べているのである。また、『感應抄』「第五往生素意」では、

第七利益諸仏国土随願往生というは、観音と娑婆との有縁の国土は西方の浄土に過ぐる無し。引摂と欣楽との無二の大願は、往生の一願に如かず。唯だ願わくは大聖、我が命の終わらん時、神王の勢い

を振るい、界外に擁護し、比丘の形と作《な》りて、影をば室内に向けたまえ。此れに依り、身に苦痛なく心に乱想無し。（中略）而るに観音の声と臺は安祥にして近し。勢至は合掌微笑して進めり。始めて聖境に触れ、未曾有の心すでに決定するを得て、徐に西方の二十五菩薩の相好を見る。（中略）此の年を成就せば、苦海流転は其の時、永く断つ。覚えずして観音の花臺に移り扈従す。世尊の法を信じ、後に花開の相に託生す。見仏聞法の徳なり。九品は定め難く、具に説くことを得ず。(33)

ともいい、観音が比丘の姿（沙門の形相）をとって臨終時に現れて誘引することで観音の花臺に託生し、聖境に触れることで菩提心（未曾有心）を発し、ついには勢至菩薩を初めとする西方極楽浄土の二十五菩薩を見ることができるとし、観音を介しての西方願生をあらためて示しているのである。末尾に「九品定め難く」と述べるように、我が身の品類も定め難い凡夫が「見仏聞法」の道を歩むには、「世尊の法を信じ」て、弥陀に勝るとも劣らない娑婆有縁の国土（補陀落山）を示した観音の擁護を求める他ないと見ていたことが知られる。いわば、弥陀浄土信仰を底辺に潜ませた信仰が、貞慶の観音浄土信仰の特色だったといってよいのである。そこで、『感應抄』「第三臨終加護」「第四当来値遇」の段に、

爰《ここ》を以て臨終の時、弥陀降臨し聖衆囲繞すとも、感得すること甚だ難し。観音一身の沙門の形相は、彼に対して以て易し。滅罪生善の利益、彼は大にして此れは小なれど、敬って諍う可からず。元自《よ》り仏子の自の分を量り、浅近の望みを係けるが故也。（中略）当に知るべし、分を超えるのことは修し

て望むべからざるということを。（中略）大師の釈を以て証《あか》しと為すに、都《すべ》て安養を嫌わずして兜卒を願う。只だ分を超えたる望みを遮するなり。（中略）所居の器界は設い三界を出過するの浄土にあらず、所感の身形は設い相好具足の身にあらざれども、出離に於いて妨げ無し。何ぞ必ずしも恨みとせん。先ずは観音の国土を以て我が住所とせん。大聖の一身を以て能化とせん。（中略）三界を出でざると雖も亦た、凡鄙を超えること有り(34)。

とあるように、弥陀と観音との対比を示し、弥陀よりも「来迎の徳」「滅罪生善の徳」「浄土の徳」「相好の徳」のいずれをとっても劣る観音ではあるが、「自の分」（涯分）を量れば観音の国土に住することがもっとも我が身には適しているという。その国土は三界内にあるとして「浅近の望み」をかけているのである。注目すべきは、本文中に「安養を嫌わずして兜率を願う」という文が見えることである。これを見ると、断腸の思いで断念はしたが極楽浄土を嫌ったわけではないこと、いまだに兜率を願っていることも確認できる。しかし、比重は明らかに観音に移っており、この時点では「先ずは」と述べ、「凡鄙を超える」観音の補陀落山への往生を欣求していたことが知られるのである。

周知のように、観音の補陀落山は我々の住まう娑婆世界の西南の方角にあって往き易い世界とされる。『仏祖統紀』には、

『華厳』に謂う所、「南海岸の孤絶の処に山有りて補怛落迦と名づく。観音菩薩、其の中に住む也」と。

即ち『大悲経』に謂う所、「補陀落迦山は観世音の宮殿なり」と。(35)

とあり、南海の孤絶の彼方にあると説かれている。これをもって、インドではセイロン島、中国では舟山列島の普陀山に擬えられた。これについて貞慶は、承元三年（一二〇九）に著した『観音講式』「第二明方処」の段において、

南印度の境に国有りて秣羅矩国と号す。南の浜の海に秣剌耶山有り。其の山の東に布呾羅迦山有り。（中略）三界九地の中の同界也、同地也。四州五趣の間の一州也、一趣也。下機の分に当たりて生を受くること、疑い無し。大聖の境界は、隔てず紛れず。安養と知足は殆ど一所の如し。況んや弥陀・観音の所居に於いてを哉。然るに唯識の習、近しと謂えば則ち近し。凡夫の心、易しと聞けば実に易し。欣求して思いを励ませば、豈に至要にあらず乎。(36)

といい、南印度の秣羅矩国の南海にあるのが補陀落山（布呾羅迦山）であり、三界九地の中では我々の住む人間界と同界同地の欲界五趣地の内にあるから、下機の凡夫が間違いなく生を受けることのできる国土であると、まず指摘している。その上で、大聖（仏陀および久成の菩薩）の世界は本質的に一つであるから安養（弥陀浄土）も知足（弥勒浄土）も補陀落山（観音浄土）も一所といってよく、さらに唯識の浄土義からいえば最も近い浄処であり、往き易い世界であると論じている。距離的に近いのみならず、唯識の道

理をもってしても近い世界であるというのは、第二部第三章において詳細に論じるように、明らかに唯識の浄土理論に基づくものであったといってよい。重要な点は、弥陀・弥勒・観音の三尊の世界を「一所の如し」と論じている点である。この『観音講式』の奥書には、

釈迦・弥勒・観音をば仰いで三尊と為す。彼の三尊の所居、殊に欣求する所也(37)。

と記しているから、「第二明方処」の段では「弥陀・弥勒・観音」であったものが、「奥書」では「釈迦・弥勒・観音」に代わっていることに気づく。これは、弥陀・釈迦・弥勒・観音の四尊の浄土は「理」という高い見地より見れば「一所の如し」となるが、「行道」という観点より見た時には「唯識の道理」による浅深・近遠を生じるからである。すなわち、貞慶には弥陀恋慕の思いがいまだ強いため、「第二明方処」の段では弥陀の名を出した。しかし、「唯識の道理」からすれば、阿弥陀仏の浄土は十万億土の彼方にある三界出過の浄土である。これに対して、釈迦・弥勒・観音の世界は、いずれも同界同地の「近処」にある。そこで、「奥書」では近々に「欣求する浄土」として釈迦・弥勒・観音の名を記し、弥陀の名を隠したのであった。したがって、承元三年の時点では、浄土信仰の中心には観音があるものの、同時に釈迦・弥勒への信仰も内在しており、その底流には弥陀への恋慕もまた、隠されていたことが知られるのである。

では、貞慶の観音浄土信仰を決定づけるものは何だったのであろうか。建暦三年（一二一三）に示寂する際には『解脱上人行状記』ならびに『山城名勝誌』に、

ご臨終の式を示され、同月三日、西南の方に向かい奉って端座し入滅したもう。（行状記）
天暦元の三、海住山に在りて、観音の宝号を唱えて入滅したもう。[38]（名勝誌）

とあるように、最期は観音の浄土への往生を願って示寂しているのである。なぜ、三尊の中から観音を選び取ったのか。承元三年の『観音講式』の奥書には前掲の引文の前に、

予、別願有りて、生々世々に大聖に値遇し、其の側を離れず[39]。

とあるから、貞慶には「別願」のあったことが知られる。しかし、どのような「別願」であるかまでは明確にしていない。ところが、『春日大明神発願文』には、

唯だ願わくは永く観音の侍者と為りて、生生に大悲法門を修習して衆生の苦を度すこと、大師に異ならず。我もまた当来に観自在沙門と名のらん[40]。

と述べており、「生々世々に大聖に値遇し」云々と述べる「奥書」と一致している点よりして、貞慶の「別願」が「大悲法門を修習して当来には自らも観自在沙門と名のらん」というものであったことが知られる。これについて建仁元年に撰述された『感應抄』の「第四当来値遇」「第六利他方便」の段には、

人をして我が如くに皆な観音に近づけ令め、共に大悲法門を修し、無上仏道に入らん。（中略）我れ若し願いの如くに大聖に近づくを得ば、大悲を以て衆生を利益せん。(41)

と、観音にならって大悲法門を実践しようとする強い思いが綴られている。この点では、同年に撰述された『観音講式』にも、

観音自ら行者に勧めて云わく、「彼れ当に我が浄仏刹に生ずべし。我れと同じく菩薩行を修せん」と。（中略）其の菩薩行とは観音の本願大悲の法門也。我等、今生の父母親族より始めて先世の恩愛知識に至るまで、共に彼の山にて同じく仏道を修せん。(42)

と記されている。ここでは、「我れと同じく菩薩行を修せん」と勧める観音の誓願を大きな拠り所とし、大悲法門という「仏道」の実践のために観音に帰依した旨が示されている。実はこの観音の誓願は『四十華厳』に見られるもので、

彼れ当に我が浄仏刹に生ずべし。我れと同じく菩薩行を修せん。(43)

とあるものがそれである。この誓願は承元三年の『観音講式』の冒頭にも、

夫れ大悲法門は観音の行願也。争か彼の尊に仕え、此の道を学ぶことを得ん。而るに大士勧めて言さく「彼れ当に我が浄仏刹に生ず可し。我れと同じく菩薩行を修せん」と、文《いえ》り。仏刹を見るというは、所謂ゆる[redacted]以て極楽浄土、此界の補怛洛山等也。今は近きに就き、易きに依り、補怛山に生ぜんと欲す(44)。

といって重視しているものである。すなわち、極楽浄土よりも近くにあって往きやすい補陀落浄土に往生し、観音の行願である大悲法門を自らもまた実践したいという思いを明確に示しているのである。いわば、大悲法門の実践に重きを置いた結果、晩年の貞慶は三尊の中でも殊に観音に帰依していったことが知られるのである。

その他、観音については「滅罪の利益」「発心の功徳」「臨終の加護」などの功徳を貞慶は求めている。すなわち、『感應抄』「第二滅罪利益」の段には、

現世の彼の利は人に随いて要ありと雖も、愚僧の所望は滅罪の功力也。(中略)諸仏菩薩独覚声聞は神通を具すと雖も彼を救うこと能わず。此の神呪心経を聞く可くんば、能く悔愧を生じ終わり、更に造らず。(中略)彼の五逆と雖も復た弥陀の悲願に及ぶこと能わず。捨てて救わず。今此の呪に依らば、忽ちに消滅するを得る(45)。

といい、五逆の罪をも滅する観音の呪力を所望していたことが知られる。これは、悔過法要もそうであったように、輪廻して積み重ねてきた罪業が滅することを願うのは、仏道の出発点に立てるからに他ならない。また、『感應抄』「第四当来値遇」の段には、

我れ久しく菩提心を欣う。未だ発趣すること能わず。願わくば大聖、我れをして無上道心を発《おこ》せ令めよ。(46)

といい、仏道に入る初門である発菩提心の加被をも求めていたことが知られる。また、『感應抄』「第三臨終加護」の段において、

〔臨終加護〕の用意は二世の大要なり。若し平生に深く錬磨せざれば、定んで最後に違乱有る可し。一念の善悪は百年の行に過ぐ。順次の昇沈は只だ此の事に在るか。（中略）爰に不空羂索経の中に、臨終の勝利に惣じて八法有り。即ち文説に云わく、（中略）。別して臨終の利益を施すは、未だ此の経の如きを見ず。(47)

とあるように、「臨終正念の加護」を求めていたことも知られる。このことは第二部第三章においても詳説するところではあるが、臨終時に妄念を起こすと六道を輪廻してしまうので、貞慶はことのほか「臨終

正念」を重視し、その加護を観音に求めたことが知られるのである。

以上のように、貞慶の信仰の中核をなすものは、弥陀・釈迦・弥勒・観音の四尊の浄土信仰であった。どの浄土を欣求するにあたっても唯識学匠らしい理論構築がなされており、その詳細は第二部第三章において詳説するとおりである。その際、注意すべきは「一四天下の難」であった。これもまた第二部第三章で詳説するところであるが、菩提心を発して仏道に入ったばかりの行者は一尊の浄土世界しか知見しえないので、同時に多数の浄土を願生することは不可能であった。そこで、何れの浄土を欣求すべきかで、時々に貞慶の浄土信仰の比重が移ることになったのである。

なるほど、すでに指摘したように弥陀浄土の願生については、「久しく願望を係く」と自ら述べているので、かなり早い時期からのものであったと推測される。しかし、現存する資料では建久三年（一一九二）貞慶三十八歳時の『発心講式』が初見である。これに対して、弥勒浄土願生に関する最も古い記録は、すでに指摘したように、貞慶が繕写した蔵俊撰『仏性論文集』の奥書に見られるものであり、

治承第五の歳、中春上旬の候、図らずも十二巻を伝得す。大いに以て伏膺し、忽ちに繕写せんと企つ。潤二月五日、馳斡已に了わる。（中略）下尽の功を廻らして、上生の因に資せんのみ。興福寺沙門貞慶[48]

とあるように、治承五年（一一八一）貞慶二十七歳の時である。もっとも、この時からすでに、後に理論

化したような明確な弥勒浄土信仰であったか否かまでは定かではない。すでに指摘したように、貞慶は世間に流布する「仏には弥陀・弥勒、生には安養・知足」にしたがって、早い時期から安養・知足を求めていたことが考えられ、当初は漠然と信仰していた可能性もある。それがにわかに明確化してくるのが論義研鑽の過程で撰述した年代不詳の『安養報化』である。その撰述時期については特定できないが、『発心講式』奥書に見られる「二三生往生」の前提となる理論がすでに『安養報化』には見られるので、『安養報化』は建久三年（一一九二）撰述の『発心講式』以前の作と考えられる。その『発心講式』においては、すでに指摘したように「弥勒の化によって兜率天上の安養浄土院に生じて弥陀に奉仕する」旨が明記されていたので、この時点では、明らかに弥陀浄土信仰が中心を占める信仰となっていたことが知られる。これに釈迦と観音が加わり、貞慶の仏道論に根ざす浄土信仰が時々に比重を変え、展開していくことになったのである。

註

（1）拙編著『南都学・北嶺学の世界――法会と仏道――』（法藏館、二〇一八年）五四～五九頁参照。
（2）山田昭全・清水宥聖編『貞慶講式集』（山喜房佛書林、二〇〇〇年、以下『貞慶講式集』）ならびにニールス・グュルベルク編「講式データベース」にかなり詳細なものが掲載されている。
（3）大正八四・八八九・中～下。平岡定海『東大寺宗性上人之研究並史料』では脱字があり、『貞慶講式集』では読み誤りがあるので、大正蔵を用いた。
（4）前掲『研究並史料』下巻・二一〇～二一一頁。

(5) 前掲『研究並史料』下巻・二二四頁。
(6) 前掲『貞慶講式集』五九〜六〇頁。ただし訓読は筆者。
(7) 前掲『研究並史料』下巻・二一四〜二一五頁。
(8) 本研究書五六七頁。
(9) 日蔵六三・三八五・下。
(10) 拙著『心要鈔講読』三八四頁。
(11) 前掲『貞慶講式集』一七頁。
(12) 拙稿「貞慶撰『安養報化』(上人御草)の翻刻読解研究」(『南都仏教』第九五号)の翻刻は三五〜三六頁、訓読は四五〜四六頁。
(13) 新倉和文「貞慶著『観世音菩薩感応抄』の翻刻並びに作品の意義について——阿弥陀信仰から観音信仰へ——」(『南都仏教』第九二号、二〇〇八年)二八頁。
(14) 前掲『貞慶講式集』一三一頁。
(15) 前掲『貞慶講式集』「欣求霊山講式」一二三頁。ただし訓読は筆者。
(16) 前掲『貞慶講式集』「欣求霊山講式」一三四〜一三五頁。ただし訓読は筆者。
(17) 楠淳證・舩田淳一編『蔵俊撰『仏性論文集』の研究』(法藏館、二〇一九年)三九九頁。
(18) 『大日本史料』第四編之一二・三〇五頁。
(19) 前掲『貞慶講式集』四九頁。『首楞厳経』の当該文「世尊我了如是唯心識故。識性流出無量如来。今得授記次補仏処。仏問円通。我以諦観十方唯識。識心円明入円成実。遠離依他及遍計執。得無生忍」は、大正一九・一二八・上。
(20) 前掲『貞慶講式集』五〇頁。あるいは、大正一四・四一九下〜四二〇上。
(21) 前掲『研究並史料』下巻・二〇八頁。

(22) 前掲『研究並史料』下巻・二二一頁。ただし、建長七年は一二五六年であり、明らかに翻刻ミスである。
(23) 前掲『研究並史料』下巻・二二七頁。
(24) 大正二六・三二七・中。
(25) 日蔵六四・二四・上。貞慶は「不思議」に帰依した学侶であったが、特に『観心為清浄円明事』には、不思議に言及する箇所が多い。
(26) 身延山本二一丁表。
(27) 前掲『研究並史料』下巻・二一七頁。
(28) 前掲『研究並史料』下巻・二〇八頁。
(29) 前掲の新倉論文の一八頁。
(30) 興福寺所蔵本奥書。当該文は、「観音値遇者建仁比。粗略記三段。其後懈怠」。
(31) 前掲の新倉論文の二八〜二九頁。
(32) 同・二二〜二三頁。
(33) 同・二八〜二九頁。
(34) 同・二三〜二六頁。
(35) 大正四九・三八八・中。
(36) 興福寺所蔵『観音講式』。当該文は「南印度境有国号秣羅矩国。南浜海有秣剌耶山。其山東有布呾羅迦山。（中略）三界九地中同界也、同地也。四州五趣之間一州也、一趣也。下機当分受生無疑。大聖境界不隔不紛。安養知足殆如一所。況於弥陀観音之所居哉。然唯識之習、謂近則近。凡夫之心、聞易実易。欣求励思、豈不至要乎」。
(37) 興福寺所蔵『観音講式』奥書。当該文は「以釈迦弥勒観音仰為三尊。彼三尊所居特所欣求也」。
(38) 『大日本史料』第四編之一一・二六七頁と三一一頁。ただし、『山城名勝誌』の「建暦元三」の記載は誤りである。
(39) 興福寺所蔵『観音講式』奥書。当該文は「予有別願、生々世々値遇大聖、不離其側」。

(40)　日蔵六四・三一・上。

(41)　前掲の新倉論文の二八～二九頁。

(42)　大正八四・八八七・上。

(43)　大正一〇・七三四・中。

(44)　興福寺所蔵本。当該文は「夫大悲法門者観音行願也。争仕彼尊、得学此道。而大士勧言彼当生我浄仏刹。与我同修菩薩行。文　見仏刹者所謂■以極楽浄土、此界補怛洛山等也。今就近依易、且欲生補怛山」。

(45)　前掲の新倉論文の一九頁。一部、誤翻刻文字を修正。

(46)　同・二七頁。

(47)　同・二一～二二頁。なお、臨終時の観音に対する加護については、『不空羂索神変真言経』に「一者臨命終時。観世音菩薩自変現身作沙門相。善権勧導将詣仏刹。二者臨命終時体不疼痛。去住自在如入禅定。三者臨命終時眼不謾顧現悪相死。四者臨命終時手脚安隠右脇臥死。五者臨命終時不失大小便利悪痢血死。六者臨命終時不失正念而不面臥端坐座死。七者臨命終時種種巧弁。説深妙法乃寿終死。八者臨命終時願生仏刹。随願往生諸仏浄刹。蓮華化生。常覩一切諸仏菩薩摩訶薩。恒不退転」（大正二〇・二二八・下）と出る。

(48)　楠・舩田編『蔵俊撰『仏性論文集』の研究』（法藏館、二〇一九年）三九九頁。今までは養和二年（一一八二）に書写した真興撰『唯識義私記』の奥書の「資上生之業因」が最も古いと見られていたが、その一年前の『仏性論文集』繕写の奥書に兜率上生を欣求する記述が確認できた。

第三節　貞慶撰述の講式と余他の諸信仰

よく、貞慶（一一五五―一二一三）は多仏信仰者であるといわれるが、それは否定しない。しかし、今生において四尊以外の諸仏の浄土を願生したという記録は見当たらない。なるほど、第二部第二章で詳説するように、貞慶は多仏繫属論者であった。しかし、「一の四天下の難」があるため、今生では此土に縁の深い四尊の浄土のみを願生し、他の諸尊の浄土への往生は望まなかった。では、諸講式に展開する文殊・地蔵・春日権現・弁財天等への信仰は、はたして何だったのであろうか。次に、これらの尊者への信仰の意義について、諸講式をもとに検証してみたい。

そこで、まずは「文殊信仰」であるが、この信仰は貞慶が「発心の加被」「仏道の加被」「兜率往生への加被」を願って展開した信仰であり、決して順次生に文殊の世界への往生を求めたわけではなかった。この点に注意しなければならない。すなわち、『文殊講式』に、

仏種は縁従《よ》り起こる。感応亦た斯くの如し。須らく大聖の加被に依りて、宜しく我等の勝心を催さん。其の指帰を論ずるに、誰か覚母に如かず。(1)

とあるように、文殊に対して「覚母の加被」による菩提心の発起を願っていたことが知られる。菩提心を

発起すれば、行者は菩薩となって仏道を歩む事ができる。しかし、菩提心の発起ほど困難なものはない。そこで、貞慶は覚母の加被を憑んだのである。覚母とは『心要鈔』によれば、

般若波羅蜜・文殊菩薩は是れ三世の諸仏の発心の覚母也。(2)

とあるから、般若の智慧であり、化現しては文殊となり、成仏の起因となる発心を促す点より、貞慶はこれを「覚母」と呼んでいたことが知られる。また『文殊講式』に、

経に云わく、「文殊を持念する者は命終の時に臨んで決定して所願に随いて皆な往生を得」と云えり。仏子、弥勒の本願に帰して都率の往生を楽《ねが》う。(中略)願はくは、永く身口意の悪業を消して、常に仏法僧の境界に値い、正恵を成就して愚癡を除滅し、臨終の夕べには正憶念に住し、瞑目の刻に弥勒尊を礼し、衆生と共に都率天に住し、六度を円満して二利を具足し、速やかに菩提を証し、普く群生を度せんことを。(3)

とも述べているので、弥勒浄土への往生を基底にすえた仏道(自利利他)成就の願いを文殊に求めていたことが知られるのである。ことに、一期の大事である「臨終正念」の加被をも文殊に求めていたことが確認できる。

次に「春日信仰」もまた、「仏道の加被」を願って展開した信仰であった。春日大社の五所権現の本地について貞慶は『春日権現講式』において、一の宮の本地を釈迦如来、二の宮の本地を薬師如来、三の宮の本地を地蔵菩薩、四の宮の本地を十一面観自在菩薩、若宮の本地を文殊菩薩であるとしているが、その大明神に対して貞慶は、

夫れ大明神は、或いは久遠正覚の如来、或いは法雲等覚の薩埵也。（中略）現世・当生の望みにも、世間・出世の願いにも皆な答えて冥助したもう。仍りて、五所権現の納受を請う。散花焼香の供を捧げ、出離解脱の勝利を祈る者也。伏して願はくは尊神よ、一心の懇志を照らし、二世の悉地を成ぜしめたまえ。（中略）凡そ万善の志求は、専ら往生浄刹に在り。(4)

といい、当生の望みである浄土往生と出離解脱の加被を求めていたことが知られるのである。もっと多様な仏道加被への希求を確認できるのが、「舎利信仰」である。貞慶の舎利信仰は、釈迦信仰を母体とするものであることはいうまでもないが、その求めるところは「発心の加被」「信心の加被」「仏道の加被」「臨終正念の加被」と、実に多様である。すなわち、『誓願舎利講式』において、

舎利の加被に依りて早かに菩提心を発さん。（中略）方に知るべし、我等が発心成仏は偏に本師釈迦の舎利の力に依る可し。(5)

といい、「速やかに菩提心を発して解脱・成仏すること」を舎利に求めている。また、

我が信心を催し、深く加被を垂れて、真実堅固の道心を発せ令めたまえ。（中略）仰ぎ願はくは、舎利よ、十方に往来して六趣に経歴して機に随いて益を施し皆なを菩提に導き、三途八難においても苦を離れて楽を得、発心修行して当に解脱を得べきことを。(6)

といい、「発心修行して解脱・成仏を得る」ための前提となる「信心の加被」をも求めている。仏法を信受することは仏道実践の基本であるが、貞慶がことに信心を重視するのは第二部第一章で詳説するように、自らが一闡提ではなく仏道を歩む事のできる菩薩種姓であることの証拠となるからであった。この点については五段式『舎利講式』においても、

誰か此の所を弥離車の境と謂わん。知る可し、大乗善根の国土なることを。誰か我等を一闡提の類と謂わん。恐らくは宿願成就の菩薩也。(7)

と述べている。ちなみに「弥離車」とは「辺地」の意で、貞慶の祖父師であった蔵俊（一一〇四―一一八〇）の『法華玄賛文集』には、戒賢論師が玄奘三蔵に「五姓各別の義を伝えなければ弥離車の人は仏教の真実義を理解する事ができない」と諭した箇所に登場する言葉である。(8) したがって、貞慶の心中に内在す

る一連の仏道論の中で、信心と発心の加被による解脱が、舎利に求められていたことが知られるのである。もう一点、『誓願舎利講式』には、

近きは則ち命終の時、化して生仏と為りて聖衆と相い共に我が身を引接したまえ。世尊に随従すること影の如くにして離れず。見仏聞法して不退転に至らん。(9)

とあるから、舎利より変化して生仏となった釈迦に対して臨終正念の大事を求めていたことが知られる。臨終正念についても第二部第三章で詳説するが、命終時に正念に住することによって諸尊の来迎を受け、浄土に生ずる理論を貞慶は構築している。そのあり方を前掲の文殊のみならず、舎利に対しても求めていたことが知られるのである。

次いで「地蔵信仰」は、「濁世の救い」「浄土への誘引」「仏道への加被」を願って展開した信仰である。すなわち、濁世の救いと共に、臨終時に正念に住して極楽浄土に誘引するはたらきを地蔵にも求めている。

然る間、煩悩は繁く、更に猛し。（中略）安養・知足の仏土、順次への望み、甚だ難し。三途八難の苦域の倒懸の責、何《いか》が為ん。（中略）而るに悪趣に生を救うことの地蔵の悲願は独り勝れ、濁世に化を施すことの釈尊の附属は早くに定まる。我等の仰ぐ可きは、豈に彼の恩に非ずや。（中略）伏して願はくは、地蔵菩薩よ、常に彼の恩親知識の種々の生所に赴きて、若し三途の苦難に堕せば之れを助

けて善趣の依身と為し、若し人天の欲境に着せば之れを導きて出離の要門を勧めたまえ、と。又た、我等を加護して影の如くに随遂し、臨終正念して浄国に往生し、見仏聞法して不退の位に住せしめ、諸の衆生と共に同じく菩提を証せん[10]。

といい、無仏世界の救済者である闡提菩薩地蔵の功徳を縷々述べた後、地獄・餓鬼・畜生の三途の身から人・天の善趣の身への救済、貪欲妄念の身から出離を歩む身への救済が述べられ、最後に臨終正念によって浄土世界に往生し、見仏聞法して仏道を歩むあり方への加被を願っていたことが知られるのである。

次いで「法華信仰」は、「慧信開発の加被」「浄土往生の加被」「仏道の加被」を願って展開した信仰である。天台宗との間で一三権実論争があったため、法相宗では『法華経』を重視しないと誤解するむきもあるが、法相宗の開祖である慈恩大師基（六三二―六八二）にも『法華玄賛』があり、貞慶にも『法華経開示鈔』がある。『心要鈔』においても『法華経』を重視する記述が見られ、かつまた「講式」まで貞慶は作成しているのである。それによると、

『法華』の序に云わく、（中略）爰《ここ》に法に依りて心を発《おこ》すに二の道あり。所謂ゆる深義を講釈して以て恵解を開き、功能を讃嘆して以て信心を発す。信をば入法の初基と為し、恵をば究竟の幻術と為す。（中略）『経』に云わく、「（中略）若し人有りて受持し読誦し、その義趣を解せんとせば、（中略）即ち兜率天上弥勒菩薩の所に往く。（中略）」と、文《いえ》り。『経』に云わく、「（中略）是の経典を聞きて説の

如くに修行せば、此に於いて命終らば即ち安（楽）世界の阿弥陀仏の大菩薩衆に囲繞せられたもう住処に往き、蓮華の中の宝座の上に生じぬ」と、文《いえ》り。（中略）『心地観経』の如きは、盛んに知足の上生を示す。普賢行願の如きは、殊に安楽の往詣を誓う。此の一経に至らば、並《な》べて両所を得たり。（中略）苟《いやしく》も釈尊の遺弟と為り、深く慈氏の引摂を仰ぐ。欣う所は知足内院の上生、憑む所は即ち安楽に往くの真文なり。仏語に誤り無し。我が願い、何ぞ疑わん。(11)

といい、仏道実践のために必須となる信心と慧解を得る加被を求めると共に、『法華経』の受持による兜率浄土・安養浄土への往生を求めていたことが知られる。他の講式にも同様のことが種々に述べられている。

以上のように、四尊の浄土信仰以外の諸尊への信仰は、貞慶にとっては「仏道の加被」を求めるもの、四尊の浄土への往生の資助を求めてのものであったことが知られる。貞慶の講式の奥書には、「世間男女等のため」あるいは「大原上人の仰せにしたがい」等々と記されているものもあるため、貞慶の本心を示したものではないと見る研究者もいるが、実際には諸講式のすべてに「貞慶教学に基づく信仰理論」が組み込まれており、このことを見落とすと貞慶の講式の実態を見誤ることになるので、注意しなければならない。これを踏まえ、貞慶の仏道理論のもととなる貞慶教学（論義）について、第二部において明らかにしていきたい。

註

（1）山田昭全・清水宥聖編『貞慶講式集』（山喜房佛書林、二〇〇〇年）「文殊講式」一四六頁。訓読は筆者。
（2）拙著『心要鈔講読』三五三頁。
（3）前掲『貞慶講式集』「文殊講式」一五一頁。訓読は筆者。
（4）前掲『貞慶講式集』「春日権現講式」二〇五～二〇六頁・二一〇頁。訓読は筆者。
（5）前掲『貞慶講式集』「誓願舎利講式」八頁。訓読は筆者。
（6）前掲『貞慶講式集』「誓願舎利講式」八～九頁。訓読は筆者。
（7）前掲『貞慶講式集』「舎利講式」二四頁。訓読は筆者。
（8）新倉和文「蔵俊による天台一乗批判の展開――『法華玄賛文集』八十九の翻刻読解研究を中心として――」（『南都仏教』第九五号、二〇一〇年）の一五二頁。訓読は一五三頁。
（9）前掲『貞慶講式集』「誓願舎利講式」一〇頁。訓読は筆者。
（10）前掲『貞慶講式集』「地蔵講式」一〇二～一一一頁。訓読は筆者。
（11）前掲『貞慶講式集』「法華講式」一七七～一九四頁。訓読は筆者。

第二部　貞慶教学（論義）と仏道

第一章　五姓成道論の展開

第一節　はじめに

大乗中道諸宗の中で、理・事の不一不異（不即不離）をもって理の一乗を許す一方で、「五姓各別」「三祇成道」の事の一面をも強く論じた宗は唯一、法相宗のみであった。そのため一乗思想を宗旨とする大乗諸宗の中でも特に天台宗より「権大乗」と長く謗られ、ここに「一三権実論争」が日本においても繰り広げられることになった。

日本での一三権実論争は、天台宗最澄（七六六／七六七―八二二）と法相宗徳一（？―八二一―八四二？）による書籍を介しての諍論を嚆矢とするが、この諍論は徳一の『仏性抄』に対して最澄が『照権実鏡』を著したのに始まり、以下、徳一は『中辺義鏡章』『法相了義灯』『教授末学章』等を相次いで作成し、最澄もまた『守護国界章』『決権実論』『通六九証破比量文』『法華秀句』等を相次いで撰述し、諍論を繰り広げた。[1]同時代、天台宗の大乗戒壇独立が勅許されたことを批判して官職を辞した法相宗護命（七五〇―八三四）の『大乗法相研神章』にも、厳しい天台宗批判が掲載された。[2]次いで、よく知られているのが天台宗良源（九一二―九八五）と法相宗仲算（？―九六三―？）による「応和の宗論」であり、その後、仲算の弟子であった真興（九三五―一〇〇四）が『一乗義私記』を著し、また良源の弟子であった源信（九四二―一〇一七）が『一乗要決』を著した。一乗が真実か五姓が真実かは、いずれも一宗の根幹にかかわる一大事であったため、容易に決することはなく、平安末期には更に法相宗より蔵俊（一一〇四―一一八〇）が現れ、新たに『法華玄賛文集』ならびに『仏性論文集』を著し、大いに反駁した。これらの経緯を受けて、貞慶（一一五五―一二一三）が五姓と一乗についての自義を示したのが『法相宗初心略要続編』（以下『続編』）であり、かつ『唯識論尋思鈔』（以下『尋思鈔』）であった。[3]

昭和年代の研究者は、主に活字となった『続編』のみをもとに貞慶に一乗融会思想のあったことを論じた。その根拠となる明文を挙げると、およそ次のようになる。すなわち、

諸教の所説は皆な真実也。一乗は即ち五性を許すの一乗にして、三無性門の所説也。五性は即ち一乗を会するの五性にして、三性門の施設也。是の如く和会するは私の案立に非ず。源は『深密』の無自性品に起こり慈氏・無着・天親・護法等と次第せる伝灯なり。誰か之れを疑わん耶。（中略）『大荘厳論』には一乗を会するに八意有り。『摂論』の十義は即ち之れを弘む也。仰いで信ず可し。若し爾らば、有情界の中に其の有為種子を具すに、法爾として不同なる哉。有情の法爾として無漏種子を具せざるは、是れをば畢竟無性と為す。或いは有情の法爾として無漏種子を具するは、是れをば有種姓と為す。此の有性の中に於いて、或る有情は三乗の無漏種子をば皆な之れを具す。是れをば不定種姓と

名づく。或る有情は各おの一乗無漏種子を具す。是れをば定姓と名づく。今、此の定姓の中に於いて、或いは但だ菩薩の種子のみを具すは、是れをば定姓大乗と名づく。或いは但だ独覚種姓のみを具すは、是れをば定姓独覚と名づく。或いは但だ声聞種性のみを具すは、是れをば定性声聞と名づく。（中略）此の如き不同は皆な是れ各おのの頼耶蔵識の法爾の差別也。(4)

とあるように、法相教学で説かれる三性即三無性の理論を用いて「五姓即一乗」と説く一乗融会の理論が展開されていたのである。このとき貞慶は、この見解が自己の私案ではなく、『解深密経』から始まって弥勒・無著・世親・護法へと伝えられた伝灯であるとし、無著の『大乗荘厳経論』や『摂大乗論』に説かれる一乗会通の八義・十義を根拠として示した。その上で、「一乗の無漏種子」を具する者に三類あるとして、定姓の声聞・独覚・菩薩を挙げた。三乗でありながらなぜ、一乗の語を用いるのか。実はここに貞慶の究極的な和会の理論が存するといってよい。この点について、貞慶が建久六年（一一九五）に撰述した『心要鈔』には、『法華経』の「開示悟入」を解釈して次のように述べる記述が存する。すなわち、

『法華』に云わく、「諸仏世尊は唯だ一大事の因縁を以ての故に世に出現したもう。（中略）乃至、如来は但だ一仏乗を以ての故に衆生の為めに法を説きたもう。余乗若しくは二若しくは三も有ること無し。（中略）『偈』に云わく、「十方の仏土の中には、唯だ一乗の法のみ有り。二も無く亦た三も無し。仏の方便の説を除く」と。（中略）『唯識』に云わく、「此れ即ち無漏界なり。不思議なり。善なり。

常なり。安楽なり。解脱身なり。大牟尼なるを法と名づく」と。謂わく、法身と般若と解脱の三事円満す。此れ、牟尼尊所得の二果なり。所以《ゆえ》に、法界一心の日は高山に昇り、寂黙三点の風は暗き雙林を晴らす。如来の一化に初後あるも二無し。滅後の弘経も亦復《ま》た知んぬ可し(5)。

と。これを見ると貞慶は、天台一乗家の『法華経』解釈を否定して、独自の一乗解釈を示していたことが知られる。すなわち、『法華経』に出る「但一仏乗」「唯一乗法」の言葉をもって天台一乗家は二乗・三乗を否定してかかるが、法身・般若・解脱の三事円満なる大牟尼の法（真理）は一つであり、如来の説時には初後があっても教えそのものに「二や三」等の相違があるわけではないと論じたのが『法華経』の真意であると主張しているのである。要するに、三乗の教えも元に返せば一つであるとして「理の一乗」を主張していたことが知られるが、その根拠は実は『瑜伽師地論』（以下『瑜伽論』）にあった。すなわち、

一切の声聞・独覚・菩薩は、皆な此の一妙清浄道を共にし、皆な此の一究竟清浄を同じくす。更に第二無し。我れは此れに依るが故に、密意をもて説いて、唯だ一乗のみ有りと言う。一切有情界の中に於いて、種種の有情種性有ること無きに非ず(6)。

といい、一切の声聞・独覚・菩薩は一妙清浄道を共にし、一究竟清浄を同じくするので「密意」をもって「一乗」と説くが、実際には一切の衆生に種々の有情差別があると記されている。その際、『心要鈔』で用

いられた「第二なし」の文言も存する。したがって、貞慶の一乗解釈の淵源の一つは、まさしく法相宗が正依の論典とする『瑜伽論』にあったといってよいであろう。この観点から『続編』をあらためて検証してみると、「三乗の者が各おの一乗無漏種子を具す」と述べられた意図がよくわかる。天台宗が主張するような三乗に相対する狭義の一乗ではなく、より高次元の一乗を主張していたことが知られるのである。したがって、貞慶の立場は「一乗も真実、五姓も真実」とする点にあったことは明白であり、これが『続編』では三性即三無性の理論を用いた「五姓即一乗」説となったのである。このような基本姿勢が貞慶にあることを念頭に、『尋思鈔』を読み解く必要がある。今回、『尋思鈔』の数ある論義テーマの中で特に「五姓各別」を取り上げたのは、これこそが法相教学の根幹をなすものであり、かつ貞慶の仏道論において重視されるテーマに他ならなかったからである。

さて、『尋思鈔』はすでに第一部で述べたように、『尋思通要』と『尋思別要』の二部構成より成る書物である。残念ながら欠落部分も多く、現存する『尋思通要』の中には「種姓義」は存在しない。その一方で、『尋思別要』には種姓義として「大悲闡提」(第一冊)と「一乗五姓了不了義」「勝鬘四乗」「摂論十義」「楞伽声聞乗姓」「定姓二乗比量」「無姓比量」(第二冊)、そして「無余廻心」(第三冊)が収録されている。本研究書では、これらを随意に用いつつ、法相宗において五姓各別を正義とするいかなる論理が構築・展開されていったか、かつまた貞慶が無姓有情(特に大悲闡提と無性闡提)の存在をどのように会通していったか等について、明らかにしていきたい。

なお、『尋思鈔』は貞慶が祖父師蔵俊の『菩提院抄』を「規模」として「両三人の弟子」と談義をしながら編纂したものである性格上、蔵俊説を「本云」、貞慶説を「末云」として示す他、「答云」「会云」「今云」等の文言も多々見られる。「末云」は無論のこと貞慶の自説であるが、「答云」「会云」「今云」等もまた、貞慶が談義の中で認めて『尋思鈔』に掲載したものであることをここに付記しておきたい。

註

（1）田村晃祐『最澄教学の研究』（春秋社、一九九二年）・吉田慈順論稿（後掲註（3））等を参照のこと。
（2）田村晃祐「護命僧正と大乗戒壇独立」（『日本仏教』第一号、一九五八年）、拙稿「護命大僧都と大乗戒壇独立騒動」（『仏法東漸――シルクロードから古都奈良、そして現代へ――』自照社出版、二〇〇一年）等を参照のこと。
（3）楠淳證・舩田淳一編『蔵俊撰『仏性論文集』の研究』（法藏館、二〇一九年）を参照のこと。
（4）日蔵六三・四一一・上～下。
（5）拙著『心要鈔講読』（永田文昌堂、二〇一〇年）八九～九〇頁。
（6）大正三〇・七二〇・下。

第二節　五姓各別説の成立

すでに指摘したように、大乗中道諸宗の中で理・事の不即不離（不一不異）をもって理の一乗を許しながら「五姓各別」「三祇成道」を説く宗は唯一、法相宗のみである。他の大乗諸宗のあり方について貞慶（一一五五―一二一三）は、処々に「一向相即」と難じているが、それは天台宗や華厳宗等の一乗家の諸宗が同じく中道を説くものの、理・事の「相即相入」に比重を置いて「一切皆成」「一念即証」と論じていたからである。理と事とを中道の観点より論ずる法相宗の立場よりすれば、現実的な五姓の差別や時間の仮立を否定して「一切皆成」「一念即証」と説く一乗家の理論は、因果法爾の大道理を否定する邪説に映ったのである。

では、五姓の差異は何によって生ずるのか。端的にいえば、「種姓」の相違と有無とによって五姓の差異が成立している。そもそも、種姓とは無漏智を生ずる無漏種子が現行するまでの状態を指す際に用いられる言葉である。この種姓が、一阿僧祇劫の修行による福慧の積集によって環境が整うと、初地に至って現行する力能を有した種子（無漏種子）となり、無漏智を生ずる。この無漏智が真如（二空）の一分を発得し、以降は二阿僧祇劫かけて地々に一の重障を断じ、かつ一の真如を証し、最後に微細な仏果障を断じて仏果を証する、と法相教学では説かれている。換言すれば、本有無漏種子（種姓）なくして空理（真如法性）を証得して仏と成ることはできないということになる。そこで、法相宗では無漏智を生ずる無漏種子を「行仏性」と呼んだ。もっとも、法相宗の開祖と位置づけられる慈恩大師基（六三二―六八二）は、『法華玄賛』においてこれを「行性」と称した。すなわち、

一つには理性。『勝鬘』所説の如来蔵、是れなり。二つには行性。『楞伽』所説の如来蔵、是れなり。前は皆な之れ有り。後の性は或いは無し。（中略）此れ、行性に依り種姓有る也。無種姓の人は、種性無きが故に、復た発心・懃行・精進すると雖も、終いに無上菩提を得ること能わず。(1)

といい、すべてに遍満する「理性」に対して、有無の別ある「行性」のあり方を説き、これを欠く者は「たとえ発心修行しても無上菩提を得ることはできない」と述べたのである。注目すべきは、その際に慈恩が「行性に依りて種姓あり」と論じた点である。これについて、貞慶の『心要鈔』には、

一つには理仏性。謂わく真如也。性は是れ体の義。大功徳の法の真実の体なり。二つには行仏性。謂わく法爾無漏種子なり。性とは是れ因の義、四智心品が親生の因縁なり。（中略）此の二仏性を如来蔵と名づく。(2)

といい、真如を理仏性、仏果の四智を親しく生ずる縁起の法たる法爾無漏種子を行仏性とし、この二つの仏性を慈恩所説の『法華玄賛』にならって共に「如来蔵」と呼んだのである。このような分析に基づき、法相教学では有為法である無漏種子によって種姓を立てて「五姓各別」を説くのであるが、一方、法相宗が「理仏性」と称したものによって「一切皆成」を論じたのが天台宗等の一乗家であった。すべてのものに遍満する理仏性をもって一切皆成を説くのが真実か、はたまた行仏性の有無および種姓の相違に基づき五姓各別を説くのが真実か、ここに諍論の核心があったといってよいのである。

では、五姓各別の教証としては、どのようなものがあるのであろうか。これについては、まず法相宗が「正依の論典」として尊重した『瑜伽師地論』（以下『瑜伽論』）巻三十「菩薩地・種姓品」に、次のような文言が確認できる。すなわち、

云何ぞ種姓なるや。謂わく略して二種有り。一つには本性住種姓、二つには習所成種姓なり。本性住種姓というは、謂わく諸の菩薩の六処は殊勝にして是の如き相有り。無始の世従《よ》り展転《ちんでん》伝来して法爾に得る所なり。是れをば本性住種姓と名づく。習所成種姓というは、謂わく先に串習せし善根をもて得る所なり。是をば習所成種姓と名づく。（中略）果勝と言うは、声聞は能く声聞菩提を証す。独覚は能く独覚菩提を証す。菩薩は能く阿耨多羅三藐三菩提を証す。是れをば果勝と名づく。（中略）是の如く、菩薩に種姓有りと雖も、因縁の欠くるが故に、無上菩提を速証すること能わず。若し因縁を具すれば、便ち能く速証せり。若し種姓補特伽羅無くば、一切一切一切種有りと雖も、当に知るべし、決定して菩提を証さずということを。(3)

と。これを見ると、種姓には「無始よりこのかた伝来した本性住種姓」と「善根の串習（熏習）力によって得られた習所成種姓」とがあると記されている。要するに、本性住種姓が本有の無漏種姓であり、これが善根の修習によって増上したものを習所成種姓というのである。このような種姓は声聞にも独覚にも菩薩にもあり、因縁が具われば声聞は声聞菩提（阿羅漢果）を得、独覚は独覚菩提（独覚果）を得、菩薩は無上菩提（仏果）を得るが、その中でも菩薩の種姓および菩提果が最も勝れていると述べられている。(4)また、「因縁を欠いている時には菩提を速証することはできないが因縁を具足すれば菩提を速証することのできる菩薩種姓」および「菩提を証することのない無種姓人」の存在も示されている。いわゆる、前者は「不定姓菩薩」および「断善闡提」、後者は「無性闡提」にあたる。さらに、すでに前節において一部

引用した『瑜伽論』巻七十六「摂決択分・菩薩地」を見ると、

一切の声聞・独覚・菩薩は、皆な此の一妙清浄道を共にし、皆な此の一究竟清浄を同じくす。更に第二無し。我れは此れに依るが故に、密意をもて説いて、唯だ一乗のみ有りと言う。一切有情界の中に於いて、種種の有情種性有ること無きに非ず。或いは鈍根性、或いは中根性、或いは利根性の有情差別あり。善男子よ。若し一向趣寂声聞種性補特伽羅ならば、諸仏施設の種種勇猛加行方便化導を蒙むると雖も、終いに坐道場に当たりて無上正等菩提を証得せ令むること能わず。何を以ての故に。彼には本《もと》より来《このかた》唯だ下劣の種姓のみ有るに由るが故に。一向に慈悲薄弱なるが故に。一向に衆苦を怖畏するが故に。（中略）是の故に彼を説いて、名づけて一向趣寂声聞と為す。若し迴向菩提声聞種性補特伽羅ならば、我れ亦た門を異にし、説いて菩薩と為す。(5)

といい、一切の声聞・独覚・菩薩は一妙清浄道を共にし、一究竟清浄を同じくするので「密意」をもって「一乗」と説くが、実際には一切の衆生に「鈍根性・中根性・利根性」などの「有情差別」があるといい、一向趣寂声聞（定姓声聞）と廻向菩提声聞（不定姓声聞）の存在等が説かれている。したがって、右の二文を合して勘案すると、『瑜伽論』では五姓各別が明確に説かれていたことが知られるのである。

また、法相宗の所依の経典の一つである菩提流支訳の『入楞伽経』巻二を見ると、復た次に大慧よ、我れ五種乗性証法を説く。何等をか五と為すや。一つには声聞乗性証法、二つには辟支仏乗性証法、三つには如来乗性証法、四つには不定乗性証法、五つには無性証法なり。(6)

といい、声聞定姓（声聞乗性証法）・独覚定姓（辟支仏乗性証法）・菩薩定姓（如来乗性証法）・不定姓（不定乗性証法）・無姓有情（無性証法）という五姓各別の名称が明確に列挙されるようになる。この点、親光等造・玄奘訳『仏地経論』巻二の記述(7)も同様である。

一方、第五の無姓有情についてはさらなる検証が進み、菩提流支訳『入楞伽経』巻二には、

大慧よ、何者をか無性乗なるや。謂わく一闡提なり。大慧よ。一闡提には涅槃性無し。何を以ての故に。解脱の中に於いて信心を生ぜず涅槃に入らざればなり。大慧よ、一闡提には二種有り。何等をか二と為すや。一つには、一切善根を焚焼せるもの。二つには、一切衆生を憐愍し、一切衆生界を尽くす願を作《な》すものなり。(8)

といい、無性乗の一闡提の者は信心を生ずることも涅槃に入ることもなく、これに「焚焼善根」と「憐愍衆生」の二種あることが示されるようになる。これが無著造・世親釈の『大乗荘厳経論』になると、

次に分別無性位というは、偈に曰わく「一向に悪行を行じ、普く諸の白法を断じ、解脱分有ること無

く、善は少なく亦た因も無し」と。釈して曰わく、無般涅槃法というは是れ無性位なり。此れに略して二種有り。一つには時辺般涅槃法、二つには畢竟無涅槃法なり。時辺般涅槃法には四種の人有り。一つには、一向に悪行を行ず。二つには、普く諸善法を断ず。三つには、解脱分の善根無し。四つには善根をば具足せず。畢竟無涅槃法というは、因無きが故に。彼には般涅槃性無く、此に但だ生死を求め涅槃を楽《ねが》わざるの人なりと謂う。已に無性と説けり(9)。

といい、時辺（断善）と畢竟（無因）の二種が説かれるようになる。前者は悪ばかり行じて善を断じているため暫時のあいだ無性と呼ばれる存在であり、後者は根本的に涅槃性がないため畢竟無性と呼ばれる存在である。そこで、慈恩は『成唯識論掌中枢要』（以下『枢要』）において、次のように述べたのである。すなわち、

『大荘厳論』第一巻種性品に、五種の種性を説く。三乗の定と及び不定の四は『瑜伽』に同じ。第五性の中、説いて二種有り。一つには時辺、二つには畢竟なり。（中略）畢竟無というは、因無きを以ての故に。此の中、時辺をば応に暫時と云うべし。（中略）『楞伽』所説の二種闡提は、初めは是れ善根を断じ邪見を具する者なり。後は是れ菩薩にして大悲を具する者なり。初めは涅槃に入るの時有り。後は必ず爾らず。衆生界に尽時無きを以ての故に。無性有情は成仏せざるが故に。大慈菩薩に成仏の期無し。（中略）経及び論を合すれば、闡提に三有り。一つには断善根、二つには大悲、三つには無

性なり。(10)

と。要するに、『楞伽経』と『荘厳論』の各二種の闡提の内、時辺と断善は同じものなのでこれを一つにし、合わせて断善・大悲・無性の三種闡提を立てたのが右の文の意趣である。これらを筆者独自の視点で総合的にまとめ図示すると、およそ次のようになる。

- 声聞定姓……………………………………………阿羅漢果
- 独覚定姓（縁覚・辟支仏）……………………独覚果（辟支仏果）
- 菩薩定姓……………………………………………仏果 ＝ 頓悟菩薩
- 不定種姓
  - 声聞と独覚の無漏種子を有する者…………阿羅漢果 or 独覚果
  - 声聞と菩薩の無漏種子を有する者…………阿羅漢果 or 仏果
  - 独覚と菩薩の無漏種子を有する者…………独覚果 or 仏果
  - 声聞と独覚と菩薩の無漏種子を有する者…阿羅漢果 or 独覚果 or 仏果
  - （仏果）→ 漸悟菩薩
- 無姓有情
  - 断善闡提（畢竟じて菩薩種姓）………………畢竟成仏 ↓ 仏果
  - 大悲闡提（菩薩の一闡提）……………………畢竟成仏 ↓ 仏果
  - 無性闡提（無仏性の者）………………………畢竟不成仏

以上を総合して検証すると、声聞定姓と独覚定姓はいずれも我空のみを証する無漏種子を有しているので、修行の後にそれぞれ声聞果（阿羅漢果）と独覚果（辟支仏果）を得る。一方、菩薩定姓は我法二空を証する無漏種子を有しているので、三阿僧祇劫の修行の後に仏果を得る。一方、声聞・独覚・菩薩の無漏種子を複数有しているために姓類が確定していない不定姓には四類が立てられ、二乗で終わる者と廻心向大して菩薩となる者とがいる。後者を不定姓の菩薩、あるいは漸悟の菩薩と呼んだ。なぜ漸悟かというと、いったんは二乗に迂廻するため、菩薩定姓のように頓速に証悟できないからである。この迂廻について法相教学では、「八六四二万十千劫」と教えている。その根拠は、『大般涅槃経』にある。すなわち、

所謂ゆる涅槃と謂うは、善男子よ、須陀洹果も亦復《ま》た不定なり。不決定の故に八万劫を経て阿耨多羅三藐三菩提心を得る。斯陀含果も亦復た不定なり。不決定の故に六万万劫を経て阿耨多羅三藐三菩提心を得る。阿那含果も亦復た不定なり。不決定の故に四万劫を経て阿耨多羅三藐三菩提心を得る。阿羅漢果も亦復た不定なり。不決定の故に二万劫を経て阿耨多羅三藐三菩提心を得る。辟支仏道も亦復た不定なり。不決定の故に十千劫を経て阿耨多羅三藐三菩提心を得る。(11)

といい、須陀洹果・斯陀含果・阿那含果・阿羅漢果の四果の声聞と辟支仏はそれぞれに八万劫・六万劫・四万劫・二万劫・一万劫（十千劫）を迂回して小乗の残滓を取り除き、初めて阿耨多羅三藐三菩提心を発して仏道に入るあり方が明瞭に説かれていた。これを根拠に「八六四二万十千劫」の迂回が慈恩の『法華

玄賛』や慧沼の『能顕中辺慧日論』に明記され、貞慶もまた『法華経開示鈔』を著すに当たって用いたのである。[12] したがって、廻心向大する不定姓の声聞と独覚は、頓悟菩薩（菩薩定姓）に対して漸悟菩薩と呼ばれた。このような三乗の道を歩む者以外に、さらに法相教学では無姓有情（一闡提）の存在も説き、これを細分して断善闡提・大悲闡提・無性闡提の三種とした、ということになろうか。なお、この内の断善闡提については、慈恩大師の『枢要』に、

『瑜伽』『楞伽』の二種の断善は、果をば必らず当に成ず。（中略）果成因不成とは、謂わく有性の断善闡提なり。[13]

と説かれているように、慈恩大師の段階ですでに「当成の有性闡提」と判じられていたことが知られる。一方、大悲闡提については本章後半部で述べるように、論義研鑽を通して最終的に畢竟成仏と判じられた。したがって、簡潔にいえば無姓有情とはいうものの、畢竟じて成仏しないのは「無性闡提」のみであるということになるのである。

そこで、五姓を別の視点より組み直すと、菩薩グループ（定姓菩薩・不定姓菩薩・断善闡提・大悲闡提）と二乗グループ（定姓声聞・定姓独覚・不定姓二乗）と無性闡提の三類に分け替えることが可能となり、成仏することのない存在は結局のところ、二乗グループと無性闡提のみとなる。したがって、法相宗では不成仏種姓の存在を反面教師とし、自己に行仏性のあることを確信して崇高な菩薩の道（転識得智の仏道）

を歩めよと勧めていたことが知られるのである。それが法相宗の立てた五姓各別説の意義だったのである。ところが、不成仏種姓の存在を説いたことで法相宗は「実大乗にあらず権大乗なり」と天台宗等の一乗家から謗られることとなり、結果、これに対する会通を迫られることになった。ここに一三権実論争展開の真因があったといってよいのである。

註

(1) 大正三四・六五六・上～中。
(2) 拙著『心要鈔講読』(永田文昌堂、二〇一〇年) 九七～九八頁。
(3) 大正三〇・四七八下～四八〇中。
(4) 註(2)で示したあり方の根拠がここにあると見ることができる。
(5) 大正三〇・七二〇下～七二一上。
(6) 大正一六・五二六・下。
(7) 大正二六・二九八・上。
(8) 大正一六・五二七・上～中。
(9) 大正三一・五九五・上。
(10) 大正四三・六一〇下～六一一上。
(11) 大正一二・四九四・中。他に七三七・下。
(12) 『法華玄賛』は大正三四・七八七・下。『慧日論』は大正四五・四一八・上。『開示鈔』は大正五六・三〇七・中。
(13) 大正四三・六一一・上。

第三節　『尋思別要』における一乗融会論

第一項　「一乗五姓了不了義」における会通論理の特色

すでに何度か指摘したように、『唯識論尋思鈔』（以下『尋思鈔』）は「通要」と「別要」の二書構成よりなるが、残念なことに『尋思通要』の種姓義は散逸して伝わっていない。しかし、貞慶（一一五五―一二一三）が特に重要なものとして談義した『尋思別要』には、計三冊にわたって種姓義が論じられている。今、その論題一覧を示すと、およそ次のようになる。すなわち、

（1）大悲闡提（『尋思別要』第一冊）
大悲闡提不成仏伝
先依道理知大悲闡提法爾種姓
次依聖教
後依宗家解釈
先論意楽虚実
次別願摂益
後法爾繫属

一会種姓難
二会因果難
三会熏習増進
四会玄賛等
大悲闡提成仏伝
一法爾種姓事
一願力事
一熏習増進事
一変易生死必可有終事
一楞伽五姓事
一宗家釈二門事
一観音文殊等成仏事
一摂論願未満哉事
大悲闡提成不成仏事

(2)
一乗五姓了不了義　＊且対天台問答＊（『尋思別要』第二冊）
仏性証文順違勝劣
道理浅深順違

雖而二字
上根身子聞此文悟五姓否

(3) 勝鬘経所説一乗四乗権実（『尋思別要』第二冊）
決定了義入一乗道文
勝鬘表一乗大方便名事
勝鬘法華説前後
必不可廻心道理
経不説彼発大心故文
彼経文中無二乗発心言哉否
雖未已入聖性雖生文
玄賛書論雖説聖亦廻心事
善勇猛般若文

(4) 摂大乗論会一乗十義（『尋思別要』第二冊）
問他宗如何会此文哉
法花如趣寂声聞

(5) 楞伽経所説五種姓中第一声聞乗姓通不定姓哉（『尋思別要』第二冊）
恵日論二釈

(6) 定姓二乗比量真似（『尋思別要』第二冊）

法差別相違

四分建立量法差別

相違決定過

(7) 無姓比量（『尋思別要』第二冊）

共比量道理

意許有無

有法自相相違

能違無合不離無

能違重犯無合不離失

(8) 無余廻心（『尋思別要』第三冊）

無余名義

変易名義

無漏親感生死報体

住無余劫数

瑜伽論諍

唯識論許否

の計八論題である。これをおおまかに概説すると、⑵⑶⑷は一乗義を会通するもの、⑸⑹⑻は定姓二乗を会通するもの、⑴⑺は無姓有情を会通するもの、ということになるであろうか。要するに、法相宗もまた高次元の一乗を説くことを論証し、かつ権大乗と謗られる起因となった定姓二乗と無姓有情の不成仏種姓についての検証がなされているのが『尋思別要』だったといってよいのである。そこで、冊子順ではないものの右記の結論を前提に、まずは「一乗五姓了不了義」から検証を始めていきたい。

さて、『尋思別要』「一乗五姓了不了義」には「且対天台問答」の細註が付記されているように、天台宗の五姓各別批判に対して立てられたもので、一乗と五姓が了義であるか不了義であるかを論ずるものである。いうまでもなく、天台宗では五姓各別を不了義としているのであるが、結論的にいえば貞慶の立場はいずれも了義であるとする点に特色があったといってよい。とはいえ、『尋思別要』は天台の論難に対処する形で、まずは論を展開している。

本論義テーマの構成は、おおまかに括ると「仏経証文順違勝劣」「道理浅深順違」「雖而二字」「上根身子聞此文悟五姓否」の四段よりなる。このうち、第一の「仏経証文順違勝劣」では、天台の問難に対する法相側の答えが九箇条にわたって整理して示されている。詳細な翻刻読解研究は、数年後に刊行する予定の『貞慶撰『唯識論尋思鈔』の研究——教理篇——』に譲るので、ここでは九箇条の要点を列挙してみることにしたい。すなわち、

(1)　天台宗は方便門を開いて真実の相を示している『法華経』を至極の教えであるといっている。しかし、『解深密経』に説かれる五姓の教えを『法華経』は会通することで認めているが、『法華経』の一乗の教えは他の経では会通さえされていない。

(2)　そのようにいうと天台宗は、『解深密経』「無自性相品」は『法華経』の一乗を三無性の道理をもって会通することで自ら認めているが、『解深密経』の五姓は『法華経』において会通さえされていないと反論する。しかし、『法華経』以前の経は三乗を説くが五姓を詳らかにするものはなく、不定姓廻心向大の二乗のいることを熟知していなかったのであり、これは釈尊が成道以降の四十年に二乗成仏を説かなかったからである。いわば、不定姓二乗の成仏は秘められていた「実」の一つであったといってよい。したがって、天台宗のいう「開権顕実」は理には合わない。そのようにいうと天台宗は、『法華経』以前の教えに一乗とあってもそれは分明の説ではない。実際には不定姓廻心の二乗も説かれていた。しかし、『法華経』が説かれることによって開権顕実がなされ、定姓二乗も無姓有情もみな発心作仏することが明らかにされたと反論してくる。

(3)　しかし、二乗の作仏には三レベルある。初は絶対に作仏しない（一切不成）という『般若経』『維摩経』等の説。次はすべてのものが仏に成る（一切皆成）と説く『法華経』。後は不定姓廻心の二乗は成仏するが定姓の二乗は成仏しない（成不成）という『解深密経』等の説。この順に説かれたにもかかわらず、天台宗は順序を変え、一切不成・成不成・一切皆成の順にしてしまっている。これは一代仏教のあり方に乖くものであり、かつ大いに『法華経』に違背している。

(4)　このようにいうと天台宗は、『解深密経』が説かれたのは『法華経』の前ではないかと論難してくる。その根拠は『解深密経』の同聞衆である瓶沙王を殺害した阿闍世王が『法華経』の会座に連なっていることにある。我が宗は決して諸経の説時の定めを壊すつもりはないが、しかし仏徳は自在であり、首尾は不定である。『解深密経』の義理は『法華経』より深いので、『法華経』の後にあっても何ら不思議ではない。同聞衆についての疑義であるが、諸経典において相違のあることはよくあることである。天台宗ではそれらをすべて会通したのであろうか。たとえば、阿闍世が法華の会座ですでに一乗の教えを聞いたのであれば、『法華経』の後に説かれた『涅槃経』(天台宗では第五時の捃拾教としている)において、どうして「始めて仏前に詣でて逆罪を懺悔した」と書かれているのであろうか。また、前後しても仏陀の説である以上、縦横に会通のなされることは、『法華経』自体に「仏智は無礙にして三明は隔てず。大菩薩に対して能く後教を会通す」とあることで明らかである。

(5)　五姓各別を説く『瑜伽師地論』(以下『瑜伽論』)に対して天台宗は「法華以前の権教だ」というが、『瑜伽論』は無著の要請を受けて補処菩薩である弥勒が兜率天より人間界に降臨して説いた正法である。もし一乗が真実ならば、なぜこのとき弥勒は一乗を捨てて五姓を説いたのであろうか。もし教化の対象が劣機であるというならば、無著は十地の位にある大士である。他に未熟の者がいるといっても、純熟の者がいる以上は説かないはずがない。ましてや、無著・世親等の大論師が五姓の教えを相伝しているのであるから、決して特定の一機のみに対して説かれたものではない。『瑜伽論』の中の一つや二つの文をもって権教とみなす天台の論難は、明らかに不当であるといわざるをえない。

(6) 天台宗は「五姓を説きながら一乗を会通していない」と難じるが、『大乗荘厳経論』（以下『荘厳論』）には弥勒が八義をもって法華一乗を会通している箇所がある。もし五姓の文が権教ならば、弥勒は権教をもって実教を会通したことになる。この点、無著の『摂大乗論』（以下『摂論』）に説かれる十因（十義）にも弥勒の頌が掲載されており、『摂論』の十因をもってすれば『荘厳論』の八義がよりよく知られる。

(7) 天台宗は『荘厳論』や『摂論』を権教だというが、世親の『法華論』には雲雨の譬をもって「乗一の執」を破斥している。なぜ世親は『法華経』を讃釈した『法華論』を著しながら五姓の義に帰したのであろうか。この疑問を会通することは難しい。

(8) このようにいうと天台宗は、「世親は内を深く鑿つも外は時機（凡心）に逗まったからだ」とか、あるいは「世親は一乗の教えを解了していなかった」と難ずるが、世親はすでに五恒河沙の諸仏に歴事して一阿僧祇劫の修行を積んだ高位にある菩薩である。どうして法華円教を聞いていないはずがあろうか。また、聞きながら権門に滞るなどということはありえない。中国の祖師たちは我が国に勝る人たちである。ましてや印度の祖師はなおさらである。天台宗第二祖の南岳慧思も天台宗第三祖の天台智顗も皆、世親を尊重している。なぜ日本の末学者のみが世親を嘲笑うのであろうか。

(9) 天台宗はまた、龍樹の『大智度論』等に無余涅槃した者の廻心が述べられているとして、龍樹等の論師は一乗をもって五姓を捨てている、どうして無著・世親の説を正しい目安としなければならないのかと難ずるが、『大智度論』の説については「すでに無余に入った人ではなく未来に入る可能性のある人にすぎない」という常義の会通釈がある。それよりも、天台宗が拠り所にしようとする龍樹・提婆等は般若の論師である。どうして頓円の教えである『法華』を閣《さしお》いて帯権の般若を弘めようとするのか。この疑を考えるべきである。(1)

というものである。『法華経』の一乗説に対して『解深密経』『瑜伽論』では五姓説が説かれるが、両経論の会通の問題や説時の問題のみならず、かねてから諍論の要因となっていた『荘厳論』の八義や『摂論』の十因の問題、さらには世親の『法華論』をめぐる一乗解了の問題、これに波及して拠り所とする論師や論典の問題などが、両宗間の懸案の課題として展開していたことが知られる。

実はすでに指摘したとおり、『尋思鈔』は貞慶が良算等の両三人の弟子と談義しながら作成していったものであり、この「仏経証文順違勝劣」の部分などは、いわば現状確認の部分であったと見てよい。これに対して貞慶が示した自己の見解が次の「末云」で始まる「道理浅深順違」である。すなわち、

末云、五乗ノ種姓法爾ノ差別也。他宗難云、若法爾无行仏性者、又法爾可具其性。若二理斉者、以理仏性平等遍有則可知行仏性共无闕減。若依理可成仏、依

行不成仏者、理事二性法爾違背スルカ故。

末云、有為諸法有相有用。無量相用本有二種。故論主引経証云、无始時来、有種々界。如雲又泉、法爾而有。界即種子差別名故、云々。真如一味自遍諸法。寧以一相一味之真理ヲ責内種々各々之事相哉。有体中、種類既ニ異也。可知、有無亦非一同。而古来ノ諸徳、諍来ルコト尚シ矣。所謂当常現常、聞量減不減、梨那報非報等者也。爰ニ見古訳経論者、真諦等師多ク増減文義、恣ニ任ス自解ニ。羅什等者深ク審決梵本、詞守ル仏語ヲ。然シテ而、遠人来リ訳ス、未必宜方言。〔註1〕又五分十支之教傳来多闕ク。及彼ノ大唐新訳、衆事圓備、九代之疑一時取水。勘合新訳見其行、先遍計依圓之二種之中、先依他性即真妄二依他、八識之中七八両識。其相甚勝、所翻阿陀那、為第七意、謬阿梨耶為真如理。第八識中、謬其熏義故、真如受无明ノ熏、濫種子能故、常法生真妄ノ果畢。不一不異之中、唯留不異之一門。如来理性行性之中、既先法爾之真因。以前所立、一不出我宗。〔註2〕新翻ノ文義、多有他家。惣シテ言之者、道則中与偏也。門具廣与狭也。教既ニ実与権也。義又真与濫也。一々、全非。勘而可決矣。
他宗設雖盡多重之疑、其難不超瑜伽之五難。我宗又雖儲無量之答、其答還テ在リ本論之六答ニ歟。倩破文互可審詳諸家ノ諍諸者、源出経論。末学云々、何異蟻子之飲大海。今、有所思、纔記目録矣。

〔註1〕　身延山本「為」を大谷本・龍谷本より「五」に改めた。
〔註2〕　身延山本「意」を大谷本・龍谷本より「宗」に改めた。

末に云わく、五乗の種姓は法爾の差別也。他宗の難じて云わく、「若し法爾に行仏性無くば、又た法爾に其の性を具す可し。若し二の理の斉《ひと》しければ、理仏性の平等遍有なるを以て則ち行仏性も共に闕減無しと知る可し。若し理に依りて成仏す可し、行に依りて成仏せざれば、理と事の二性は法爾に違背するが故に」と。
末に云わく、有為の諸法に相有り用有り。無量の相用に本《もと》より二種有り。故に論主は経証を引きて云わく、「無始の時より来《このか》た、種々の界有り。雲又た泉の如く、法爾にして有り。界は即ち種子差別の名なるが故に」と云々。真如は一味にして自ずから諸法に遍し。寧《なん》ぞ一相一味の真理を以て内なる種々各々の事相を責むる哉。体有る中、種類は既に異なる也。知る可し、有と無にして亦た一同に非ず。而るに古《いにしえ》より来《このか》たの諸徳、諍いの来たること尚し。所謂ゆる当常現常、聞量滅不滅、梨那報非報等の者也。爰《ここ》に古訳の経論を見るならば、真諦等の師は多く文義を増減し、恣に自解に任す。羅什等は深く梵本を審決し、詞《ことば》に仏語を守る。然而して、遠人の来りて訳すに、未だ必ずしも方言を宜しくせず。又た五分十支の教の伝来も多く闕く。彼の大唐の新訳に及び、衆事円備し、九代の疑一時に取水す。新訳を勘み合わせて其の行を見るに、先ずは遍計・依円の二種の中、先の依他性は即ち真妄の二の依他にして、八識の中の七八の両識なり。其の相は甚だ勝れ、阿陀那と翻ずる所は第七の意と為し、阿梨耶を謬りて真如の理と為す。第八識の中、其の熏の義を謬るが故に、真如は無明の熏を受け、種子の能を濫すが故に、常に法は真妄の果を生じ畢んぬ。不一不異の中、唯だ不異の一門を留むるのみ。如来は理性と行性との中、既に先をば法爾の真因とす。前を以て立てる所、一として我が宗を出でず。新翻の文義は、多く他家に有り。惣じて之れを言わば、道は則ち中と偏と也。門は具には広と狭と也。教えは既に実と権と也。義は又た真と濫と也。一々、全く非なり。勘みて決す可し。

他宗は設い多重の疑を尽くすと雖も、其の難は『瑜伽』の五難を超えず。我が宗も又た無量の答えを儲けると雖も、其の答えも還りて本論の六答に在る歟。倩《つらつ》ら文を破し互いに審詳す可き諸家の諍《あらそ》いの諸《もろもろ》は、源は経論に出ず。末学の云々は、何ぞ蟻子の大海を飲むに異ならんや。今、思う所有りて、纔かに目録に記す。(2)

とあり、二つの「末云」による貞慶の見解が明示されている。最初の「末云」には、「五姓各別（五乗の種姓）は法爾の差別である」という貞慶の見解がまず明確に示されている。その上で、「法爾の行仏性が無いというならば、第二の理仏性は法爾に皆な平等に備わっている。もし理仏性の観点からは成仏しても、行仏性の観点からは成仏しないなどというならば、理と事が背反していることになる」という「他宗からの論難」の要点が示され、後者の「末云」の見解へと続いていく形がとられている。この「他宗からの論難」が天台一乗家を指すことはいうまでもないことである。

さて、後者の「末云」において貞慶は、『成唯識論』に出る経証[3]を冒頭に示し、「種姓（種子）が無量である」ことをまず明らかにしている。いうまでもなく『成唯識論』は法相宗の根本論典であるから、これによって貞慶は法相宗の五姓各別という「種姓無量」（五姓各別）の立場が経典に基づく正統なるものであることを示そうとしたと見てよい。ところが、法相宗と他宗との間には一乗と五姓以外にも「当常現常」を初めとするの種々の諍論がなされていた。なぜこのような諍論が起こるのか。これについて貞慶は、真諦等の訳者が「恣に自解に任せて文義を増減」した結果であると指弾している。およそ、中国には歴史上たくさんの三蔵法師が出現したが、貞慶は「詞を守った羅什三蔵」を例に「文義を増減した真諦三蔵」を厳しく批判し、後に玄奘三蔵によって新訳が作られることによって、九代にわたるすべての疑が氷解するに至ったと指摘しているのである。実は、貞慶のこの見解には伏線がある。ここでは明記されていないが、真諦三蔵についてはすでに世親の『仏性論』をめぐって一大諍論が展開していた。ことの発端は最澄・徳一による論争に出るもので、五姓各別を特色とする唯識教義を組織大系づけた世親の『仏性論』に悉有仏性義が説かれていたことより、天台一乗家は法相宗の祖師である世親でさえ結局は一乗義を展開していたと論難した。これに対して『仏性論』を初めとする諸文献を詳細に分析し、『仏性論』には「真諦三蔵による文義加増」が多々あることを指摘し、真諦加増説（改変説）を展開したのが徳一であり、かつまた貞慶の祖父師である菩提院蔵俊であった。この点についてはすでに、筆者編著の『蔵俊撰『仏性論文集』の研究』[4]において詳細に論じたところではあるが、真諦の訳が「自解に任せた訳」であったことは世親の『摂大乗論釈』に関する玄奘訳・笈多共行矩等訳の二訳と真諦訳とを比較してみても明らかであった。[5]蔵俊の『仏性論文集』を繕写させた人物が貞慶であったから、貞慶もまた真諦の翻訳に誤りのあることは十二分に理解しており、それが五姓各別の諍論に反映したことを指摘してみせたのである。その傍証として貞慶は、妄識である第八識を真如識と見ることで真如の識が無明の熏習を受けるという不合理なことが起きていることを指摘し、不一不異を説くべき中道大乗を名のりながら不異の一門のみに偏した一向相即の立場にある他宗のあり方を「全く非なり」として厳しく批判したのである。そして、他宗の難がどれだけあろうが『瑜伽論』の五難を出でるものではなく、その答えはすべて『瑜伽論』の六答に集約されると述べ、諍論の源は玄奘三蔵の新訳以前の経論にあるのであり、これをもって末学の者がとやかくいうのは、「蟻が大海を飲むようなものだ」と厳しく批判した。したがって、貞慶の会通論理の根幹には、「翻訳の誤りが諍論のもとである」という強い認識のあったことが知られるのである。

次いで、『法華経』に出る「雖而」の二文字をめぐる問答があり、「薬草喩品」は結局のところ一乗をもって実となすのか五姓をもって実となすのかの問答がさらに展開し、その後に以下に示す重要な問答が示

される。すなわち、

問。雖而相対許有取捨者、捨ハ即権也。取又実也。若如今成者、成捨実取ルニ権。

答。此事、有深旨。先、若於有為説一乗ト説五姓ト者、其意、且ク可違。而ル此経ノ意、以理一乗ヲ対有為各別乗ニ。其乗、設雖三乗ト、設ヒ雖五姓ト、皆不違无為ノ一理。＊是一＊若五姓時定テ不許一乗ト者、一文、難兼。而我ノ宗惣シテ許一乗。＊真理也。且雖有為一乗。今且説理＊其上、有二重。謂、法花ノ大意許暫時二乗。此品別意許長時五姓。二門共不違一乗。重意云、凡有三重ノ教。或唯説別ヲ法花以前教也。＊三乗也。不及五姓也＊ 或説真一乗仮〔註1〕三乗ヲ、法花ノ正意也。或ハ説真一乗及長時五姓ヲ、深密等ノ意也。今ノ文殷兼後ノ二意ヲ。其二義、本不相違ノ故、一文雖兼、強テ無過也。但、若猶以随一ヲ、或ハ為実、或ハ為権、而又並テ欲説者、須相違。而対昔ノ差別ニ雖顕今ノ実、々々中、面ニ説第二重ヲ、裏ニ説第三重ヲ。以第三雖為至極、実令無以第二重為第三ノ前故、不及相違也。重意云、法花ノ

意未開五姓。全無対一乗会五姓之詞也〔註2〕。実義中、又雖顕五姓為此経ノ意ト、不及捨一乗故、後二意相兼無違、為言。

〔註1〕　身延山本の「似」を大谷本・龍谷本により「仮」に改めた。
〔註2〕　身延山本には「詞也」がないが、大谷本・龍谷本により補った。

問う。「雖而」は相対して取捨有るを許すというは、捨は即ち権也。取は又た実也。若し今の如く成ずれば、実を捨てて権を取るに成りぬ。

答う。此の事、深旨有り。先ず、若し有為に於いて一乗と説き五姓と説かば、其の意《こころ》、且らく違す可し。而るに此の経の意は、理の一乗を以て有為の各別乗に対す。其の乗、設い三乗と雖も、設い五姓と雖も、皆な無為の一理に違せず。＊是れ一＊　若し五姓の時に定んで一乗と許さざれば、一文、兼ね難し。而るに我が宗は惣じて一乗を許す。＊真理也。且らく有為の一乗と雖も、今は且らく理を説く＊　其の上、二重有り。謂わく、『法花』の大意は暫時の二乗を許すと。此の品の別意は長時の五姓を許せり。二門は共に一乗に違せず。重たる意の云わく、凡そ三重の教有り。或いは唯だ別のみを説くは『法花』以前の教也。＊三乗也。五姓に及ばざる也＊　或いは真の一乗・仮の三乗と説くは、『法花』の正意也。或いは真の一乗及び長時の五姓と説くは、『深密』等の意也。今の文は殷《さか》んに後の二意を兼ぬ。其の二義、本《もと》より相違せざるの故に、一文に兼ぬと雖も、強いて過《とが》無き也。但し、若し猶し随一を以て、或いは実と為し、或いは権と為し、而して又た並《な》べて説かんと欲すれば、須らく相違すべし。

而るに昔の差別に対して今の実を顕わすと雖も、今の実の中、面《おもて》に第二重を説き、裏に第三重を説く。第三を以て至極と為すと雖も、実には第二重を以て第三の前と為すこと無から令むるが故に、相違に及ばざる也。重たる意《こころ》の云わく、法花の意は未だ五姓を開かず。全く一乗に対して五姓を会するの詞《ことば》無き也。実義の中には、又た五姓を顕わすをば此の経の意と為すと雖も、一乗を捨てるに及ばざるが故に、後の二意は相い兼ねて違せず、言わんとす。(6)

と。この答文には『心要鈔』にも見られる貞慶の『法華経』観が明確に示されており、一乗義あるいは五姓義のいずれかに拘泥すれば両義は明らかに背反するが、しかし三乗も五姓もいずれも無為の一理に違背するものではないことを示し、五姓と並立する一乗ではなく、より高次元の理の観点に立って「法相宗もまた一乗を説く」と明言していたことが知られるのである。

さらにまた、『法華経』は「暫時の二乗」「長時の五姓」を許しているから、決して一乗と五姓は背反するものではないとも指摘する。そして、『法華』以前の教は五姓を説くに及ばなかったが、『法華経』に至って「真の一乗・仮の三乗」が説かれ、また『解深密経』に至って「真の一乗・長時の五姓」が説かれたと論じている。要するにこれは、⑴『法華経』以前の教、⑵『法華経』、⑶『解深密経』の三重の次第を前提にして、『法華経』は表には「真の一乗・仮の三乗」を説きながら裏には「真の一乗・長時の五姓」を許す経典であると会通し、一乗の一辺に偏執する天台宗が常に一乗と三乗とを対立的に並べて論難するあり方を批判しているのである。この「一乗も五姓も共に認める立場」こそ、貞慶が『法相宗初心略要続編』で示した特色ある会通の仕方であるが、実はこれもまた祖父師蔵俊より継承したものであった。すなわち、蔵俊撰『仏性論文集』に、

『唯識本頌』は世親の所造なり。其の釈論は護法等の十大菩薩の所造也。護法菩薩は、賢劫千仏の中の其の一仏也。豈に賢劫の仏、『法花経』に違すや。（中略）我が宗は論に依りて経を弘め、大いに荘厳す。（中略）東土の徳溢の聖の云わく、「経は論有るが故に、義則ち解し易し。炬《かがり》を執《と》りて闇に入るが如し。汝、経文を瞻《み》て論の釈を顧みず。末代の凡夫、弥離車《みりしゃ》の人、豈に輙《たやす》く仏意を得んや」と。（中略）又た天人の言わく、「義を究めて理に通ずれば、水・乳も和同せり。詼《たわむ》れに依りて文を尋ぬれば、唯だ闘諍を増すなり」と。云々（中略）若し爾らば、偏に経文を守りて義を立てて仏意の文を失い、且つは経文に依りて義を取り、即ち闘諍を増す。慈氏の教えに依るに如かず。(7)

とあるように、蔵俊においてすでに「法華経に違背しない法相宗」の立場や「義を究めて理に通ずれば一乗も五姓も和同する」あり方が説かれ、不毛な諍論を戒める会通の道が示されていたのである。したがって、相反する論理を理の観点より「即」でつないで会通し、「五姓即一乗」と説いた貞慶の見解の背景には、すでに「理によって一乗と五姓を和同する」蔵俊の会通論理のあったことが明白になったといってよい。

以上のように、『尋思別要』「一乗五姓了不了義」においては、まずは「訳者による自義加増説」をもっ

て「誤釈」の源を断ち切り、さらに「高次元の理による五姓・一乗の和同説」を展開することによって一乗に偏した天台一乗家のあり方を斥け、五姓各別説の正統性を高らかに示したものと見てよいのである。そして、このあり方がまた、次代の良遍にも継承されていくことになる。

第二項　『尋思別要』における「理の一乗」説の淵源

前節で指摘したように、『尋思別要』「一乗五姓了不了義」は「一向相即の一乗家」である天台宗に対して「理の一乗」という道理論をもって和会した点に特色を有していた。では、この「理の一乗」説は、蔵俊・貞慶が嚆矢なのであろうか。このことが明らかになるのが「勝鬘経所説一乗四乗権実」から「摂大乗論会一乗十義」である。そこで、まずは「勝鬘経所説一乗四乗権実」を確認したい。

実は、この論題は「一乗五姓了不了義」を受けて立てられたものであり、一言で云えば『勝鬘経』に説かれる一乗と四乗はいずれが権教でいずれが実教であるかを問うものである。これについて『尋思別要』の「会釈」では、

（前略）会云、経〔註1〕ノ上ニ説四重譬喩ヲ、顕四乗差別云、云三世摂受正法真実廣大甚深正理者、正顕如来ノ実意ヲ。次ニ、若如来随彼所説而方便シテ説即是大乗無〔註2〕トハ有二乗者、会シテ自説一乗之意為彼ノ不定性意欲ノ、為言。況ヤ此経、

名勝万師子吼一乗大方便方廣経ト、云々。以方便ノ言ヲ明ニ属一乗。依之摂釈云、四乗不言随欲方便故ニ、明実也。一乗ハ即言随欲方便。明ニ説一ト権也。＊玄賛章上生疏勝万疏等同此意＊　凡深密将挙一乗云、依諸浄道清浄者唯依第一無第二〔註3〕故。於其中、立一乗非有情姓無差別、云々。仏既ニ会一存五。余経意、之依彼可決耳。

〔註1〕　身延山本の「説」を大谷本・龍谷本により「経」に改めた。
〔註2〕　身延山本の「也」を大谷本・龍谷本により「之」に改めた。
〔註3〕　身延山本の「一」を大谷本・龍谷本により「二」に改めた。

会して云わく、経の上に四重の譬喩を説き、四乗の差別を顕わして云わく、「三世摂受の正法は真実広大にして甚深の正理なり」と云うは、正しく如来の実意を顕わせり。次に、「若し如来の彼の所説に随いて方便して説いて即ち是れ大乗なり二乗有ること無しといわば、自ら一乗と説くの意《こころ》を会して彼の不定姓の意欲の為なり、と言わんとす。況んや此の『経』は、「勝鬘師子吼一乗大方便方広経」なりと云々。方便の言を以て明らかに一乗に属す。之れに依りて『摂釈』に云わく、「四乗は随欲方便と言わざるが故に、明らかに実也。一乗は即ち随欲方便と言う。明らかに一と説くは権也。＊玄賛・章・上生疏・勝鬘疏等、此の意に同じ＊　凡そ『深密』は将に一乗を挙げて云わく、「諸の浄道に依りて清浄なるは唯だ第一に依り第二無きが故に。其の中に於いて、一乗を立つるも有情に差別無きに非ず」と、云々。仏は既に一を会して五を存せり。余経の意も、彼に依りて決す可き耳。(8)

といい、(1)経典自らが一乗を会している、(2)『勝鬘経』の経題に「大方便」とある、(3)『摂大乗論釈』に四乗は実であり一乗は権であると説かれている、(4)『解深密経』に一乗を立てるも有情に姓類差別があると説かれている等の理由を挙げて、四乗が実であることを論じている。「一乗五姓了不了義」と同様に、一乗義の会通が展開していくが、異なる点は具体的な経論を根拠にしている点であろうか。これを前提に『尋思別要』は、「決定了義入一乗道文」の会通文において、次のように論じた。すなわち、

会云、一乗者大乗、大乗者佛乗。々々者無上乗也。設雖五姓ノ宗、深ク信此理。大乗学者以自教即為一乗故。々疏云、此論正是一乗所摂、云々。重意云、唯顕一乗一邊、隠不説余乗之處。雖名不了、其所説ノ一乗ハ者、是如来所説微妙法門故ニ、深密経依諸浄道清浄者唯依第一无第二、云々。於五姓者、随実顕他ノ諸種姓故ニ、雖顕了也ト、其所説二乗无性不是殊勝。譬ハ、如仏教如実、雖説煩悩ヲ々々躰是不殊勝法。若爾ハ、五姓之教不以五姓為此

教ノ躰ト。既ニ究竟了義ノ法輪ナルカ故、還一乗所摂也。深密既ニ讃一乗ヲ。勝万何ソ異哉。是以、彼経ニ説一諦一依如来蔵等諸事。多以理為実。自意又〔註1〕、勝万依理説一、云々。全無相違。

〔註1〕身延山本の「文」を大谷本・龍谷本により「又」に改めた。

会して云わく、一乗とは大乗、大乗とは仏乗、仏乗とは無上乗也。設い五姓の宗と雖も、深く此の理を信ず。大乗の学者は自教を以て即ち一乗と為すが故に。故に『疏』に云わく、「此の論は正しく是れ一乗の所摂なり」と、云々。重たる意《こころ》の云わく、唯だ一乗の一辺を顕わし、隠して余乗の処を説かず。不了と名づくと雖も、其の所説の一乗は、是れ如来所説の微妙の法門なるが故に、『深密経』に「諸の浄道に依りて清浄なるは唯だ第一に依り第二無し」と、云々。五姓に於いては、実に随いて他の諸種姓を顕わすが故に、顕了也と雖も、其の説く所の二乗・無性は是れ殊勝にあらず。譬えば、仏の教えは実の如きも、煩悩を説くと雖も煩悩の体は是れ殊勝の法にあらざるが如し。若し爾らば、五姓の教えは五姓を以て此の教の体と為すにあらず。既に究竟了義の法輪なるが故に、還りて一乗に摂する所也。『深密』既に一乗を讃ず。『勝万』何ぞ異なる哉。是れを以て、彼の『経』に一諦一依の如来蔵等の諸事を説く。多くは理を以て実と為す。自の意も又た、「勝万は理に依りて一と説く」と、云々。全く相違無し[9]。

と。すなわち、一乗とは大乗・仏乗・無上乗のことであるから、この点では五姓各別を立てる宗も同様であるとまずいい、『解深密経』と慈恩の『成唯識論述記』とを挙げ、一乗の一辺しか論じない天台宗等とは異なり、大乗法相宗は五姓の諸種姓を説く顕了の教えであると論じ、その末尾に「勝鬘経は理の一乗である」と強調してみせたのである。「理の一乗」の具体的な根拠となる法相宗の経疏のみならず、他宗も依用する『勝鬘経』をも取り上げ、そこに「理の一乗」の根拠を求めたのが、右の引文の特色であったといってよい。この傾向は、「摂大乗論会一乗十義」において、さらに顕著となる。

周知のように、『摂論』の十義は『荘厳論』の八義を開いたものであり、これを否定する天台宗に対して『尋思別要』は「十義は補処の菩薩の真説である」として反論していくのであるが、そこにまた「理の一乗」の根拠を『摂論』に置こうとする『尋思別要』の意図が掬取されるのである。そこでまず、『摂論』の十義をあらためて示すと、およそ次のようになる。すなわち、

一類を引摂し、及び所余を任持せんが為めに、不定種姓に由りて、諸仏は一乗と説く。法と無我と解脱等の故に。性不同と得二意楽と化と究竟とのゆえに一乗と説く。(10)

として十義が示され、以下、十義の解説がなされていく。(11)その内容を要約すると、およそ次のようになる。

(1)　不定姓の声聞を引摂して大乗に趣かしめるために一乗と説く。

(2) 不定姓の諸菩薩に菩薩のあり方を任持させて大乗に住せしめるために一乗と説く。
(3) 真如の理法は声聞等も同じく帰趣する法なので一乗と説く。
(4) 無我は平等に説かれるものなので一乗と説く。
(5) 解脱には違いがないので一乗と説く。
(6) 種姓に差別がある中、不定姓の声聞は成仏するから一乗と説く。
(7) 摂取平等意楽（平等に衆生を摂取する意楽）によって仏と衆生が同体となるので一乗と説く。
(8) 仏法性平等意楽（声聞が仏の授記を受けて得る意楽）によって仏の法性と声聞の法性とが同体となるので一乗と説く。
(9) 不定姓の声聞を誘引するために一乗と説く。
(10) 究竟の故に一乗と説く。

と。この内、(1)(2)(6)(9)は不定姓を誘引するために一乗と説くものであるが、(3)(4)(5)(7)(8)(10)は高次元の理性の観点より一乗と説くものであったと見てよい。すなわち、不定姓を誘引するためのみならず、高次元の「理の一乗」による会通論理がすでに無著の『摂論』、ひいては弥勒の偈に説かれていたことを強調する意図が、『尋思別要』にはあったものと考えられるのである。そこで、『尋思別要』を確認すると、その十義解釈の第三義に次のように述べられていた。すなわち、

（前略）自宗ノ意、依理説トハ一乗ヲ者、其義非假設ニ。理中ノ実在仏界衆生界。三乗ノ人法真諦是一ノ故ニ。而ルニ、末学常以見事相為実故、寄理所説一乗者ハ、遣テ之為一邊。都謂非真実法相歟。根本智ノ所説、豈非至極哉。遣相證性ノ観門寄浅ヲ於前四重ニ哉。法身又可非真仏。若夫以理一乗為真実ノ道理ト者、何必以法花経偏ニ謂ンヤ権教哉。依之見ニ玄賛等、安権実ノ詞、宛如経文。非是亦守当経ヲ。依宗家ノ意、只実為至極之一門ト故也。而ルニ他宗倶ニ以一乗為実、捨五姓為権。不同仏意并四依ノ説ニ。信智兼ル人、常可存此意ヲ歟。

自宗の意《こころ》、理に依りて一乗と説くというは、其の義は仮設に非ず。理の中、実に仏界・衆生界在り。三乗の人法の真諦は是れ一なるが故に。而るに、末学は常に事相を見て実と為すを以ての故に、理に寄せて一乗と説く所には、之れを遣りて一辺と為す。都《すべ》ては真実の法相に非ずと謂う歟。根本智の所説、豈に至極に非ざる哉。遣相証性の観門は浅を前の四重に寄する哉。法身も又た真の仏に非ざる可し。若し夫れ理の一乗を以て真実の道理と為さば、何ぞ必ずしも『法花経』を以て偏えに権経と謂わん哉。之れに依りて『玄賛』等を見るに、権実の詞《ことば》を安んずること、宛も経文の如し。是れ亦た当経を守るに非ずや。宗家の意に依らば、只だ実をば至極の一門と為すが故也。而るに他宗は倶に一乗を以て実と為し、五姓を捨て権と為す。仏意幷びに四依の説に同じからず。信と智を兼ぬるの人は、常に此の意を存すべき歟。(12)

と。ここで貞慶は、「理の一乗」は法相宗でも説くところであり、末学の者が事相を見て実と執する僻見を斥けるために示されたものであり、決して真実の法相（五姓の差別）を否定するため一乗と説かれたわけではないと、まずいう。次いで、五重唯識の第五重である遣相証性も前の四重における遍計と依他の検証があってこそ、すべての相（理の相も含む）を遮遣して真性に悟入できるのである。この点では、法身に執着すれば、その法身も妄想となり、真実の仏とはいえない。法相宗は中道の宗であり、理の一乗も説くから『法華経』を権経（権教）とはしていない。だからこそ、慈恩大師にも『法華経』を注釈した『法華玄賛』があるのであり、仏陀の教説のようにすべての教えを安立させている。要するに、慈恩大師は「真実」（理事の不即不離の中道義）こそが至極の一門であるとしたのである。これに対して他宗は、どの宗もこぞって一乗のみを真実とし、五姓を捨てて権教であると非難した。このようなことは仏陀のお心にも四依の菩薩（五品十信から等覚までの菩薩）の説にも反するものである。仏陀の教えを信じる智慧ある者は、このことをよくよく心得るべきである、と結んでいる。これを見ると貞慶は、弥勒の真説を受けた無著の『摂論』を拠り所にして「理の一乗」を説いた慈恩大師の説を継承し、「仏説は全て真実であり、一乗も五姓も共に説くことが仏意に適う」と考えていたことが知られるのである。しかも、「信と智を兼ねる人は常に此の意を存すべき歟」とした。この点がまた重要である。この言葉は両三人と談義をしながら

『尋思鈔』を編纂する過程で出てきたものであり、迷いやすい後人を導く意図が込められていたのではないか思われる。

以上のように、「勝鬘経所説一乗四乗権実」から「摂大乗論会一乗十義」までは、「一乗五姓了不了義」で立てた「高次元の理の一乗」の根拠を経論疏に求め、論証したものであったと見てよいのである。

註

（1）身延山本『尋思別要』第二冊・墨付（内題紙）三丁表〜八丁表。以下、紙数の数え方は同じ。
（2）身延山本『尋思別要』第二冊・八丁裏〜一〇丁表。
（3）大正三一・八・上。
（4）楠淳證・舩田淳一編『蔵俊撰『仏性論文集』の研究』（法藏館、二〇一九年）。
（5）前掲『蔵俊撰『仏性論文集』の研究』五二〜五五頁。
（6）身延山本『尋思別要』第二冊・一二丁表〜一二丁裏。
（7）前掲『蔵俊撰『仏性論文集』の研究』三七四〜三七五頁。
（8）身延山本『尋思別要』第二冊・一三丁裏〜一四丁表。
（9）身延山本『尋思別要』第二冊・一六丁表〜一六丁裏。
（10）大正三一・三七七・下。
（11）世親釈は大正三一・三七七下〜三八〇上。
（12）身延山本『尋思別要』第二冊・二七丁裏〜二八丁表。

第四節　『尋思別要』における定姓二乗論と無姓論

『尋思別要』は次に、定姓二乗と無姓有情についての諸論を展開させる。具体的には、「楞伽経声聞乗姓」と「定姓比量」「無姓比量」においてである。まず、第一の「楞伽経声聞乗姓」であるが、これは五姓各別を示す『楞伽経』の第一声聞定姓が不定姓にも通ずるものであるか否かを問うものである。その背景に「二乗作仏」を説く天台宗の存在のあったことはいうまでもない。そこで貞慶（一一五五―一二一三）は、

末云、第一声聞乗者唯定姓類歟。五乗廃立如名如理可得経旨。

末に云わく、第一の声聞乗は唯だ定姓の類歟。五乗の廃立は名の如く理の如く経旨を得る可し。(1)

といい、第一の声聞は「唯だ定姓である」と明言するのであるが、このテーマには二乗の不思議変易生死の問題も絡んでおり、声聞定姓は阿羅漢果を得ても所知障を具しているので無明の熏習を離れることができず、そのため変易生死に堕するのであると説かれている。これは後の「無余廻心」の論題にもからむテーマであるが、ここで注意すべきは「五姓の廃立は名の如く理の如く経旨を得よ」とある点である。五姓の根拠が経典にあることを、あらためて明言したものであるといってよいであろう。

次いで、「定姓比量」と「無性比量」の二つの因明の論証式についての検討がなされる。すなわち、まず『尋思別要』は「定姓比量」について、

> 枢要立量云、二乗之果應有定姓、乗所被故、如大乗者、云々。夫五姓各別ノ義者一代了義説也。應理円実宗對悉有仏性宗、依教理二證ニ成立彼ノ定姓二乗无性有情。今ノ量ハ、其定姓ノ證成道理也。宗義円ニ成シ、因喩具ニ正也。敵者所勘皆非真ノ過失。
>
> 『枢要』に量を立てて云わく、「二乗の果に応に定姓有るべし、乗に被る所の故に、大乗の者の如し」と、云々。夫れ五姓各別の義は一代の了義説也。応理円実の宗は悉有仏性の宗に対して、教理の二証に依りて彼の定姓二乗と無姓有情を成立す。今の量は、其の定姓の証《あか》しをば成ずる道理也。宗の義は円かに成じ、因と喩も具に正しき也。敵者の勘うる所は皆な真の過失に非ず[2]。

と述べ、慈恩大師（六三二―六八二）の『成唯識論掌中枢要』において立てられた因明の論証式に誤謬のないことを明らかにしている。元来、因明の論証式は宗・因・喩で構成されるが、右の論証式では「二乗の果に応に定姓有るべし」が宗（主張）、「乗に被る所の故に」が因（理由根拠）、「大乗の者の如し」が喩（例示）にあたる。その説くところは、「二乗の果を得る定姓が存在する。二乗の教えがあるからだ。例え

ば大乗の者がいるように」となる。この論証式を引用した後、『尋思別要』は「五姓各別が仏陀一代の了義の説であり、これを継承した法相宗（三乗家）は悉有仏性の宗（一乗家）に対して教証と理証とをもって定姓二乗と無姓有情の存在を明らかにした」と明言した。まさしく、「一乗五姓了不了義」を含む以降の展開が、教証と理証による法華一乗の会通であったといってよい。以下、「法差別相違」等の細やかな論理展開がさらに進展するが、「相違決定過」のところに、

二乗之果應无定性。余定姓法所不摂故。如余不定性法。＊源信＊

会云、可有随一不成。

二乗の果は応に定姓無かるべし。余の定姓法は摂せざる所の故に。余の不定性法の如し。＊源信＊

会して云わく、随一不成有る可し。(3)

とあるように、これも天台宗（ここでは源信）からの論難に対処したものであったことが知られる。すなわち、源信（九四二―一〇一七）の立てる論証式に対して、随一の不成である定姓二乗のあることを論証したものが「定姓二乗比量」だったのである。このような論題が立てられたのは、五姓各別を否定する天台宗が「二乗作仏」を強く主張したからである。この点では、次の「無姓比量」にも同様の展開が見られる。すなわち、

問。彼宗不許畢竟無性。何以無性作無合不離耶。答。是経論所説無性也。躰雖畢竟量言支、惣云所説无姓。他宗、豈不許耶。

問う。彼の宗は畢竟無性を許さず。何ぞ無性を以て不離に合うこと無しと作《な》す耶。答う。是れ経論所説の無性也。体は畢竟の量言支なりと雖も、惣じて云わば所説の無姓なり。他宗、豈に許さざる耶。(4)

とあるように、明らかに天台宗の論難に対処していることが知られる。無姓有情（断善闡提・大悲闡提・無性闡提）を正義とする論理はこれのみではあるが、理に偏した天台一乗家の「二乗作仏」は法相宗が不成仏種姓とする定姓二乗と無性闡提に向けられたものであったため、ここにその正当性を示す必要があったのである。そこで、貞慶は次の「有法自相相違」においても、

而一乗五姓共仏説故、皆有一門正理。其中、一乗義者真理為本、五姓義者有為諸説也。而他宗存理廃事。中宗事中顕差別。

而るに一乗と五姓は共に仏説なるが故に、皆な一門の正理有り。其の中、一乗義は真理を本と為し、五姓義は有為の諸説也。而るに他宗は理を存して事を廃す。中宗は事の中に差別を顕わす。(5)

といい、重ねて理に偏執する他宗（特に天台宗）を批判している。すなわち、一乗と五姓は共に仏説であるにもかかわらず、他宗は理に偏執して事相（五姓の有為差別）を否定するが、法相宗（中宗）は理と事を共に説く中道の宗なので、事相の中に五姓の差別を明瞭に説くと述べ、定姓二乗と無姓有情の存在の正当性を一括して論じているのである。

次いで、『尋思別要』の第三冊に記される「無余廻心」であるが、これは「無余涅槃に入った定姓二乗が廻心向大することがあるか否か」を問うテーマであり、やはり「二乗作仏」を主張する対天台を意識した「定姓二乗」に主点を置いた展開となっている。すなわち、『尋思別要』に『法華経』を引いて廻心について論ずるにあたり、

釈迦於此土ニ説法花経、明所廻心二乗。当不定姓也。

釈迦は此土に於いて『法花経』を説き、廻心する所の二乗を明かす。当に不定姓なるべき也。(6)

といい、廻心の二乗は不定姓に限ると明言しているのである。また、定姓二乗は灰身滅智するので分段身に留まるが、廻心の二乗は大乗に趣向するので不思議変易身を受けるとして、検証がなされている。

以上のように見てくると、『尋思別要』では「一乗五姓了不了義」において「訳者による自義加増説」と「高次元の理による和同説」の二つをもって一乗を会通した後、経論疏の証文を駆使した一乗会通を展

開し、かつ天台一乗家の主張した「定姓二乗の作仏」「無姓有情の否定」を斥ける論証を行なったというのが、その実態であったことが知られる。では、後に回した『尋思別要』第一冊に収録されている「大悲闡提」はどうなのであろうか。実は、大悲闡提もまた無姓有情の一類として示されているから、無姓比量によって、合わせてその存在が証明されたといってよい。ところが、貞慶はあえてこの論義テーマを第一冊に収録した。その意図は何だったのであろうか。

そもそも、この論義テーマは無姓有情の一類である大悲闡提が成仏する種姓であるか否かを問うものである。すでに指摘したように、無姓有情には⑴断善闡提、⑵大悲闡提、⑶無性闡提の三類の別がある。貞慶もまた自らを「底下の異生」「常没の凡夫」と嘆いているが、それならば法然や親鸞（一一七三―一二六二）のように如来の大悲にあって救われゆく極悪の存在である断善闡提について論ずるべきであるのに、貞慶はそうしなかった。それは、すでに断善闡提が慈恩大師によって畢竟成仏であると判じられていたからでもあるが、それだけではない。実は貞慶の求めたものが、自ら大悲を実践する「仏道」にあったからこそ、断善闡提ではなく大悲闡提について紙数を費やしたのである。大乗の仏道について貞慶は、随所に「大悲法門である」と明言している。しかし、成仏しなければ大悲の願いも成就されない。ここに、「一切の衆生を救い尽くさなければ仏にはならない」と誓う闡提尽生界の大願を立てた菩薩の成不成仏を問う、貞慶の真意があったのである。

註

（1）身延山本『尋思別要』第二冊・三四丁・表。
（2）身延山本『尋思別要』第二冊・四〇丁・表。
（3）身延山本『尋思別要』第二冊・四四丁・表。身延山本は「先」であったが、源信の『一乗要決』の文（大正七四・三四九・下）より「无」に改めた。また、『一乗要決』は「不定法」であったが、これは身延山本の「不定性法」をとった。
（4）身延山本『尋思別要』第二冊・四九丁・表。
（5）身延山本『尋思別要』第二冊・四八丁・表。
（6）身延山本『尋思別要』第三冊・六丁・表。

第五節　『尋思別要』における大悲闡提論

第一項　中国三祖の定判

すでに指摘したように、法相宗では無姓有情に、(1)断善闡提、(2)大悲闡提、(3)無性闡提の計三種を立てる。これについて慈恩大師（六三二—六八二）の『成唯識論掌中枢要』（以下『枢要』）には四句分別して、およそ次のように記されている。すなわち、

経および論を合すれば、闡提に三有り。一つには断善根、二つには大悲、三つには無性なり。行性を

起現するに、因有り、果有り。此の三人及び前の四性に由り四句分別せば、一つには因成果不成、謂わく大悲闡提なり。二つには果成因不成、謂わく有性断善闡提なり。三つには因果倶不成、謂わく無性闡提と二乗定姓となり。四つに因果倶成、謂わく大智増上して善根を断ぜずして仏と成る者なり。(1)

と。これを見ると、すでに慈恩大師によって断善闡提は畢竟成仏すると判じられ、一方、大悲闡提は成仏の因はあるが仏になることはなく、無性闡提は定姓二乗と共に畢竟不成仏と決判されていたことが知られる。では、なぜに断善闡提は畢竟じて成仏し、大悲闡提菩薩は畢竟じて成仏しないのであろうか。これについて『枢要』にはさらに、

楞伽所説の二種闡提。初めは是れ断善根にして邪見を具する者、後は是れ菩薩にして大悲を具する者なり。初めは涅槃に入るの時有り。後は必ず爾らず。衆生界の尽きる時無きを以ての故に。(2)

といい、『楞伽経』の所説に基づいて、邪見を具する断善闡提は畢竟じて涅槃に入るが、大悲闡提は「衆生界の尽きる時がない」ので仏に成る時がないと説いたのである。そこで、あらためて断善・大悲の二種闡提の存在を説いた『入楞伽経』巻二を確認してみると、

大慧よ、何者か無性乗なるや。謂わく一闡提なり。大慧よ。一闡提には涅槃性無し。何を以ての故に。

解脱の中に於いて信心を生ぜず涅槃に入らざればなり。大慧よ、一闡提には二種有り。何等をか二と為すや。一つには、一切善根を焚焼せるもの。二つには、一切衆生を憐愍し、一切衆生界を尽くす願を作《な》すものなり。大慧よ、云何ぞ焚焼一切善根なるや。謂わく菩薩蔵を謗りて是の如き言を作す。彼は修多羅・毘尼・解脱の説に随順するに非ずして諸の善根を捨つ。是の故に涅槃を得ず。大慧よ、衆生を憐愍して衆生界を尽くす願を作す者は、是れをば菩薩と為す。大慧よ、菩薩は方便して願を作す。若し諸の衆生、涅槃に入らざれば、我も亦た涅槃に入らず。是の故に菩薩摩訶薩は涅槃に入らず。大慧よ、是れをば二種の一闡提無涅槃性と名づく。是の義を以ての故に、決定して一闡提の行を取る。大慧菩薩、仏に白して言さく、世尊よ、此の二種の一闡提、何等の一闡提か常に涅槃に入らざるや。仏、大慧菩薩摩訶薩に告げたもうに、一闡提は常に涅槃に入らず。何を以ての故に。能善《よ》く一切諸法本来涅槃を知るを以て、是の故に涅槃に入らず。一切の善根を捨つる闡提に非ずとは、何を以ての故に。大慧よ、彼は一切の善根を捨つる闡提なれど、若し諸仏善知識等に値遇せば、菩提心を発して諸の善根を生じて便ち涅槃を証す。何を以ての故に。大慧よ、諸仏如来は一切の諸の衆生を捨てざるが故に。是の故に大慧よ、菩薩の一闡提も常に涅槃に入らず。(3)

と述べられていた。すなわち、断善闡提は如来の大悲に値遇すれば発心して諸善根を積むので成仏するが、大悲闡提は「尽生界願」があるため仏に成ることはない、と明記されていたのである。まさしく大悲闡提不成仏の理由は、「尽生界願」にあったことが知られる。

そこで、法相宗第二祖と位置づけられる淄州大師慧沼（六四八―七一四）もまた、その主著の一つである『成唯識論了義灯』（以下『了義灯』）において、

利那利那に転《うた》た増進するが故に。（中略）爾らざれば此の利那進の言に違す。唯だ大悲尽生界願を除く。十地満已も増進無かる可し。爾らざれば、修行は無量阿僧祇に満足せず。(4)

といい、大悲闡提菩薩が成仏しないのは一切衆生を救い尽くすという「大悲尽生界願」を立てた特殊性によるものであると論じた。今少しこれを詳しく述べるならば、因位の第八識は常に熏を受けて現行を生じ、利那利那増進して金剛位に至って終に上品無漏種子の現行を見て仏果を円満する。第八識が無熏習となるのはまさにこれ以降であり、因位においては常に能熏・熏発の義があるのである。したがって、無漏種子を有する菩薩種姓であるかぎり、「利那利那増進」の義によって必ず成仏するのが道理である。ところが慧沼は、大悲菩薩には「尽衆生界の願」があるため、十地満已の後も因位に留まって永久に成仏しない、と述べたのである。彼のこの立場は、今一つの主著である『能顕中辺慧日論』においても、

又た云わく、或いは名は異なれども体は同じきこと有り。涅槃仏性の体は即ち真如なり。『仏性論』の中には名づけて応得と為す。既に理性の有情に遍ねきことを許す。応得を信ぜずして定んで作仏すといわば、此れも亦た理に非らず。応得因縁有りと雖も、然るに大悲菩薩に幷《な》べて加行の因有るも尽

生界の故に常に作仏せざるを許す。(5)

といい、仏性を有し、かつ実践（加行）をも伴っているにもかかわらず、大悲菩薩のみは「尽生界願」があるために成仏しない、と重ねて論じているのである。

この二祖の説を継承したのが、第三祖撲揚大師智周（六七七―七三三）である。彼の見解は前二祖の説を釈することで立てられた不成仏義にあり、慈恩の『枢要』を注釈した『成唯識論掌中枢要記』には、

大悲菩薩は仏果無漏法爾種なりというは、此の菩薩の身中に仏果の種有り。二義有りて成仏せず。一つには諸法の本寂を知る。二つには尽生等を作《な》すを誓う。(6)

といい、『枢要』の文を注釈して、大悲菩薩は法爾として仏種子を有しているが、諸法本来寂静を知り、尽生界の願を立てるために成仏しない、と論じた。「知諸法本寂」という第一義は、実は先に引用した『入楞伽経』に出る言葉（知一切諸法本来涅槃）であるが、そこでは大悲闡提に限らず、広く一闡提について述べられたものであった。そこで、後世の学侶は第一義を用いず、専ら第二義の「尽生界願」のみを用いて大悲闡提菩薩の不成仏を論じたのである。もっとも、この点では智周自身も同様であり、慧沼の『了義灯』を注釈した『成唯識論了義灯記』においては、

『灯』に「不爾以外皆増」というは、此の説の意《こころ》に云わく、大悲菩薩は十地満足し已《お》わる。若し更に増進するも即ち定を得ずと言うは、三大劫を経て修行をば満足するも、大悲菩薩に成仏の期無きなり。更更《さら》に増進す。何の最極か有らん。此れに由るが故に知んぬ、大悲を除く也と。此の大悲を除き、十地満已に余は皆な増す。(7)

といい、『了義灯』が刹那増進の道理から大悲闡提菩薩を除くのは、この菩薩のみ、尽生界の願のために成仏する時がないからであるという、第二義のみを用いて解釈している。したがって、中国三祖はおしなべて「尽生界願」があるという特殊性をもって、大悲闡提菩薩の不成仏を論じていたことが知られるのである。

以上のように、中国三祖がこぞって大悲闡提不成仏義を展開したのに対し、日本では(1)不成仏説、(2)成仏説、(3)成不成説の三説が競い立ったことが貞慶の『尋思別要』に整理され、まとめられている。その中で、(3)成不成説は貞慶の取った最終見解であり、最も道理に適った説であったと見てよい。以下に順次、この三説を検証していきたい。

第二項　不成仏説の展開

さて、慈恩・淄州・撲揚の三祖によって大成された法相教学は、奈良から平安にかけての時代、計四回にわたって日本に伝えられた。これらは、いずれも慈恩や智周から直接伝授された「直伝の教え」であり、伝来当初は三祖の教学内容を正確に理解することに主眼が置かれていた。この時期、三祖の著述の注釈書が数多く著されたのもそのためである。

したがって、大悲闡提に関する見解も、当初は不成仏説が非常に有力であり、護命・徳一・仲継・明詮等の諸師が、競ってこの説を立てた。また、清範・栖複等にも支持を受け、鎌倉期に入ってからも顕範等によって引き続き主張された。その最大の論点は、一言でいえば、菩薩種姓の中に「別類の闡提菩薩」が法爾として存すると主張したことにある。

そもそも、仏となるべき無漏種子を有する菩薩種姓には、智増・悲増・智悲平等の三種の別が法爾として存している。いわゆる、智増とは大智の性分が増上し、断惑証理の自利の善根が多く、初地において直に分段身を捨てて変易身を得るものをいう。また、悲増とは逆に大悲の性分が増上し、利他の思いが強く、長く生死に留まって第八地においてようやく分段身を捨てる菩薩をいう。最後の智悲平等とは、智と悲が相半ばし、第二地から第七地の間に分段身を捨て変易身を受ける菩薩をいう。以上、菩薩にはその意楽によって三種の別が法爾として存するわけであるが、いずれにせよこれらは皆、成仏する菩薩種姓に他ならなかった。大悲闡提菩薩もまた菩薩である以上、本来ならばこのいずれかに相当するのが道理なのであろうが、不成仏論者はこれを別立して法爾の不成仏種姓と見たのである。すなわち、『論第一巻尋思鈔別要』「大悲闡提不成仏伝」に、

凡有為ノ人法必有差別故、衆生根性法爾不同。中宗ノ五姓各別獨超他宗、則此理也。其菩薩種姓中、又

有頓悟漸悟。於頓漸悟、有智増悲増智悲平等。是皆无始法爾具其種姓、而法爾姓必留其性、不能移転。＊不定姓乗不定為其性故／猶行三遂必帰大乗＊ 而大悲闡提発テ尽生界願不ル成仏種姓也。若更成仏者セハ、可非法爾種姓。只有名无其実故。若依惣菩薩性不必論一々法爾義者、漸悟頓悟豈以混雑哉。付中、受変〔註1〕易地位不同。是多依智悲根性。宗家所許也。

〔註1〕 身延山本の「返」を大谷本・龍谷本より「変」に改めた。

凡そ有為の人法には必ず差別有るが故に、衆生の根性も法爾に不同なり。中宗の五姓各別は独り他宗を超えるは、則ち此の理也。其の菩薩種姓の中、又た頓悟と漸悟と有り。頓漸の悟に於いて、智増と悲増と智悲平等と有り。是れ皆な無始法爾に其の種姓を具す。而して法爾の姓は必ず其の性を留め、移転すること能わず。＊不定姓乗は不定をば其の性と為すが故に猶し三を行ずるも遂には必ず大乗に帰す＊ 而るに大悲闡提は尽生界願を発して成仏せざる種姓也。若し更に成仏せば、法爾の種姓に非ざる可し。只だ名のみ有りて其の実無きが故に。若し惣の菩薩性に依りて必ずしも一々の法爾の義を論ぜずといわば、漸悟と頓悟と豈に以て混雑せん哉。付中《なかんづ》く、変易を受ける地位は同じからず。是れ多く智悲の根性に依るなり。宗家の許す所也（8）。

といい、まずは五姓各別説は他宗を超える真理であると明言する。そして、菩薩種姓の中に智増・悲増・智悲平等の三類があって種姓を移転することはないと述べた後、尽生界の願があることによって成仏することのない大悲闡提菩薩もまた、成仏種姓に移転することはないと論じたのである。

そして、成仏論者より提示されている難を会通するため、「一会種姓難」「二会因果難」「三会熏習増進難」の三種の会通論理を示した。すなわち、菩薩種姓でありながら不成仏であるというのはなぜかという「種姓難」については、

答。種姓ノ廃立ニ有惣有別。惣論其名皆雖菩薩、別シテ論其実既列无姓。以楞伽可会瑜伽。遂无相違。若大悲種姓不異余類者、宗家専可会楞伽。何守其説、新会性相相違哉。

答う。種姓の廃立に惣有り別有り。惣じて其の名を論ずれば皆な菩薩なりと雖も、別して其の実を論ずれば既に無姓に列なる。『楞伽』を以て『瑜伽』を会す可し。遂に相違無し。若し大悲種姓は余類と異ならずといわば、宗家は専ら『楞伽』を会す可し。何ぞ其の説を守り、新たに性相の相違を会する哉。(9)

と答え、大悲闡提も総じては菩薩であるが別しては闡提なので、『楞伽経』は大悲闡提を不成仏種姓とし

たのである。したがって、『瑜伽論』に説かれる第五無姓に大悲闡提も入ると考えるべきであろう。もし大悲闡提が余の菩薩と異ならないというのなら、なぜ慈恩大師は『楞伽経』の言葉を守ったのであろうか、と論じたのである。また、因果感赴の道理よりすれば成仏するはずだとする「因果難」に対しては、

答。智増所修ハ二摂雖殊、皆為成仏之因。悲増ノ所作ハ万行雖區、只帰摂他之門。願力廣大也。誰奪其志。凡夫妄心因不堪進上。大聖所行必随心而轉ス。任願ニ而趣ク。豈乖テ深重ノ本誓、横ニ感其果ヲ哉。何況ヤ无上覚王之位欣テ而難得。以自意願不発金剛心、設ヒ盡未来際、嘸不可成仏者歟。

答う。智増の修する所は二摂殊《こと》なりと雖も、皆な成仏の因と為す。悲増の所作は万行にして区《まちまち》なりと雖も、只だ摂他の門に帰す。願力広大也。誰か其の志を奪わん。凡夫の妄心は因より進上に堪えず。大聖の所行は必ず心に随いて転ず。願に任せて趣く。豈に深重の本誓に乖いて、横ざまに其の果を感ずる哉。何に況んや無上覚王の位は欣《ねが》いても得難し。自の意願を以て金剛心を発《さ》さざれば、設い未来際を尽くしても、嘸ぞや成仏す可からざる者歟。(10)

と答え、悲増の菩薩は智増の菩薩とは異なり、摂他の願力が広大である。その志を誰が奪うことができよ

うかといい、大悲闡提の菩薩が深重の本誓に背いてまで横ざまに仏果を感ずることはない、と論じたのである。また、熏習すれば必ず増進があるから必ず成仏するという「熏習増進難」に対しては、

答。修因感果ノ難者ハ是熏習ノ一理也。上ニ既会之。但重テ成之者、種子増長者逢縁滋潤シ、功能成熟スル義也。不待現行ノ引力、種子、无獨リ齋勝品。現行生了引其劣種、令斉後品故也。而依別意〔註1〕楽不自欣求故、金剛心不起無間道。不起故不断最極ノ障。有余障故、上品无漏不現起。依何方ニ有轉斎義。以種子増勝責成仏、恐未為重難ト。无自欣楽發金剛心者、其過、超諸難。若又至此時発正覚ノ断道者、盡生界ノ願成有改変。是以十地最極位智行有分限故、未發金剛心前、无所可増進。十地満已可无増進者、即此意也。疑難横責、恐似忌更更増進有何最極之釈。

〔註1〕身延山本の「条」を大谷本・龍谷本により「意」に改めた。

答う。修因感果の難は是れ熏習の一理也。上に既に之れを会す。但し重ねて之を成ずれば、種子増長というは縁に逢いて滋潤し、功能の成熟する義也。現行の引力を待たずして、種子、独り勝品に斉《ひと》しきこと無し。現行の生じ了《おわ》りて其の劣種を引き、後品と斉しから令めるが故也。而るに別の意楽に依り自ら欣求せざるが故に、金剛心に無間道を起こさず。起こさざるが故に最極の障りを断ぜず。余の障り有るが故に、上品の無漏は現起せず。何に依りてか方《まさ》に転斉の義有らん。種子増勝を以て成仏を責むるは、恐らくは未だ重難と為らず。自の欣楽無く金剛心を発すことは、其の過《とが》、諸難を超ゆ。若し又た此の時に至りて正覚の断道を発《おこ》さば、尽生界の願に改変有りと成りぬ。是れ以て十地最極位は智行に分限有るが故に、未だ金剛心を発さざる前は、増進す可き所無し。十地満已に増進無かる可しというは、即ち此の意《こころ》也。疑難の横責、恐らくは「更更《さら》に増進するに何の最極有るや」の釈を忌むに似たり。(11)

とあるように、自らの意楽をもって金剛心に住しないため、種子の転斉もなく、増進も起こらないと論じられている。すでに指摘したように、五姓各別は先天的に第八識に依附している種姓（無漏種子）の相違と有無とによって生じる。この種姓が一阿僧祇劫にわたる福慧の資糧の積集によって環境が整うと初地に入って無漏種子となり、現行して我法二空の一分を発得する無漏智を生じる。この時の無漏種子は「下品の無漏種子」であり、以降、初地から第十地の間に「中品の無漏種子」が現行して中品の無漏智を生じ、地々に一の重障を断じ（無間道）一の真如を証する（解脱道）といわれている。この時の中品の無漏種子は無始より依附してきたもののみならず、下品の無漏種子が転換して中品に斉しくなったものをも含む、いわば合一体である。これを「無漏種子の転斉の義」という。このような転斉は、仏果を証する時にも起こる。すなわち、第十地の満已に至った菩薩は、まず金剛喩定を実践して最後の微細の煩悩（仏果障）を断ち切る。これを仏果の無間道といい、この禅定を実践する位を金剛位あるいは等覚位という。仏果障が断じられると、ついに無始より第八識に依附してきた「上品の無漏種子」が現行して上品の無漏智となって仏果を証するのであるが、この時にも転斉が起こる。かくして、仏果を証して仏陀となったものは転識得智して二転の妙果（菩提と涅槃）を得、四智を円満に備えるに至ると、法相教学では論じている。これをもって先の『尋思別要』の文章をあらためて検証すると、縁に逢って増長して無漏智を生み出す功能が熟した種子は劣種を引いて転斉せしめて無漏智を生み出すはずであったのに、「別の意楽」をもって金剛心の無間道に仏果障を断ずることを押し止めたため上品の無漏智が現起せず、「十地満已に増進せず」という不可思議な状況が生まれた。これが大悲闡提菩薩のあり方であるというのである。尽生界願を満足させるために仏果を証する欣楽を捨てた菩薩であるにもかかわらず、それでもなお金剛心を発すというならば、「その過失は諸難を超えたものとなる」と、逆に難じていることが知られる。

これら三つの疑難の内容を見るかぎり、「尽生界願」をもってする不成仏論に対して、大悲闡提成仏論者は「修因感果の道理」をもって対抗しようとしていたことが窺えるのである。なお、不成仏論者の主張する大悲闡提菩薩の存在については異義もまた生じたようで、『尋思別要』に付記された後世の何者かの註記には、次のような記述が存する。すなわち、

> 法華私記 ＊基辨＊ 古来諸徳云、一切ノ仏ノ大悲ノ邊云大悲闡提ノ菩薩。无別ノ大悲闡提也。忠継大徳云、有別大悲闡提菩薩也。問。二傳中、何レカ勝タル。答。後為勝也、云々。此義、雖依忠継、古来諸徳挙テ存无別体義旨、明也。
>
> 法華私記 ＊基辨＊ に、「古《いにし》えより来《このか》たの諸徳の云わく、一切の仏の大悲の辺をば大悲闡提の菩薩と云う。別の大悲闡提無き也。忠継大徳の云わく、別の大悲闡提菩薩有る也と。問う。二伝の中、何れが勝れたる。答う。後をば勝と為す也」と云々。此の義、忠継に依ると雖も、古えより来たの諸徳は挙《こぞ》りて別体無き義を存する旨、明らか也。[12]

とあるように、江戸時代の基弁（一七二二―一七九二）の『法華私記』を引き、「別類の闡提菩薩」という説を立てたのは奈良時代の仲継大徳（七七八―八四三）であり、基弁はこれを良き説と見ていたが、註記を付した者は古徳の説は挙って悲増の菩薩のことであると判じていた旨を明らかにしており、興味深いものがある。事実、仲継以前の不成仏論者である護命（七五〇―八三四）や徳一（?―八二一―八四二?）にはこの説は見られない。なかでも徳一は、『法相了義灯』において、

> 菩薩に二種あり。一つには智増上、謂わく釈迦菩薩等なり。此の菩薩は先に菩提を証して後に衆生を度す。二つには悲増上、謂わく観世音等なり。此の菩薩は先に衆生を度して後に菩提を証す。衆生無

尽の故に、終に無上菩提を証せず。(13)

といい、観音等の闡提菩薩を明らかに「悲増」と解釈している。また、護命にしても、

言わく、楞伽の所説に成仏の期無しというに至らば、(中略)恒に因位に住し、果徳を成ぜず。(中略)有る人の云わく、大智は恒に成ずるも、大悲は成ぜずと云々。若し爾らば、何が故に因成果不成と言う耶。若し大悲の辺は果不成、大智の辺は果已成といわば、何れの処にか此の事有らん耶。一人に二実の身有りといわば、道理は爾らざる也と、云々。(14)

と述べているにすぎず、「別類の大悲闡提菩薩」の記述はまったく見られないのである。ただし、三祖の記述や右の護命の説が仲継の「別類」の義を導き出す依り所となったであろうことは否定できず、ことに護命の弟子である仲継であってみれば、護命の文意はあるいは「別類」にあったのかもしれない。しかし、『法華私記』の記述から見て「別類」の義を明確に説いたのは仲継であったと見てよかろう。これについては良算編纂の『成唯識論同学鈔』にも、

不成仏義に云わく、(中略)別に大悲闡提種姓有り。余の菩薩と異なると云う事。然れば則ち尽衆生界願には、更に円満の期無し。不入涅槃の誓い、独り此の菩薩に有り。種姓に催され、三祇の因行を

修すると雖も、願力に拘《とど》め被れ、四智菩提を得ざる也。(15)

とあるように、「願力に拘められて四智菩提を得ない別類の闡提菩薩」の存在が明瞭に説かれているので、有力な説の一つであったと考えられる。その反面、「古来の諸徳は挙って別体無き義を存する」と記されているので、別類の闡提菩薩を許さない見解、すなわち法爾の悲増菩薩と見る成仏派の方が多数であったとも考えられる。この点では、不成仏論を展開した鎌倉時代前期の顕範（一二四五―？）の『大悲闡提事』にも、

云闡提悲願者。非汎爾衆生無辺誓願度。彼願力今一重、深重也。

闡提の悲願と云うは、汎爾の衆生無辺誓願度に非ず。彼の願力の今一重、深重也。(16)

とあり、菩薩が通常立てる四弘誓願の中の衆生無辺誓願度よりも今一つ深重なる願であるとの位置づけがなされており、不成仏論者の中においても通常とは異なる存在ではあるものの別類ではないと見られていたことが確かめられる。このように、不成仏論者の間でも大悲闡提菩薩の存在を別類とするか否かでさまざまな意見の相違があったものと考えられるのである。

第三項　成仏説の展開

さて、中国以来の不成仏説が根強い支持を受ける一方で、大悲闡提成仏説もまた早くから論じられた。

その主な人物に、行賀・孝仁・平備・真興・永超・覚晴・良撰・貞慶・良算・縁憲等の人師がいる。この内、行賀（七二九―八〇三）は、護命や仲継らとほぼ同世代にあたる人物であるから、日本における成仏説・不成仏説の対立は法相宗伝来のごく初期からすでに始まっていたことになる。この二説の対立の原因について貞慶は、『尋思別要』「大悲闡提成仏伝――宗家釈二門事――」の中で次のように述べている。すなわち、

末云、諸處釈実在怪。不成仏ノ傳ハ、本依釈文所起也。成仏義又、依道理所立也。文理二ノ中ニハ、大乗依義不依文。道理設雖有二、因果法爾ノ道理ハ超一切道理。余理ハ可会。

末に云わく、諸処の釈には実に怪しき在り。不成仏の伝は、本《もと》より釈文に依りて起こる所也。成仏の義は又た、道理に依りて立てる所也。文と理の二の中には、大乗は義に依りて文に依らず。道理に設い二有りと雖も、因果法爾の道理は一切の道理を超ゆ。余の理は会す可し(17)。

と。これによれば、成・不成の諍論の起こった原因は、釈文に準ずれば不成仏説が、道理に準ずれば成仏説が、それぞれに成り立つという点にあったことが知られる。すなわち、大悲闡提成仏説は因果法爾の道理によって成立し、この大道理の前にはたとえ三祖の釈であれ、余の一切の道理であれ皆、悉く会通され

ねばならないとする立場より展開を見たものであったということができる。
そもそも、成仏論者説くところの「因果法爾の道理」とは、一言でいえば、無漏種子を具有する菩薩であるかぎり成仏するのが当然であるという酬因感果の大道理を指す。すでに前項でも指摘したように、不成仏論者はこの道理に対して「願力深重」という理由、すなわち別の道理をもって十地満已の後は熏習増進なく、不成仏であると論じた。しかし、成仏論者は無熏習であるのは仏果のみであるというさらに根本的な道理に立って、反論した。この点について『尋思別要』「熏習増進事」には次のように出る。すなわち、

答。論云、金剛喩定无所熏ノ識。无漏不増。應成仏故、文。明ニ知ヌ、増進必依熏習。無心定増進依定前熏習力。還是増進必依熏習之證也。

答う。『論』に云わく、「金剛喩定に所熏の識無し。無漏は増さず。応に成仏すべきが故に」と、文《いえ》り。明らかに知んぬ、増進は必ず熏習に依る。無心定の増進は定んで前の熏習力に依る。還りて是れ増進は必ず熏習に依るの証《あか》し也。(18)

といって、熏習があれば必ず増進するとして「成仏」の必然性を強調したのであった。そして、「変易生死必可有終事」において「末云」として、

付中、大悲闡提不成仏者、至何位留哉。若留ニ七地 ＊護法意留分段／若不上八地歟＊ 者、夫豈非余。一非本願。二違燈釈。若至金剛心、已ニ断二障種子。有何所障不起解脱道。況已ニ无有漏業。又无所知障。豈住変易生死哉。変易以无漏為因。是勝縁也。実助先分段能感業。不爾、別盡別生。大背宗家ノ性相ニ。若又不至金剛心者、无本願而残因位中テ。況違燈可无増進釈。如此推徴、決定シテ可成仏。

付中《なかんづ》く、大悲闡提不成仏といわば、何の位に至りて留まる哉。若し七地に留まらば ＊護法の意は分段に留む。若しくは八地に上らざる歟＊、夫れ豈に余に非ず。一つには本願に非ず。二つには『灯』の釈に違す。若し金剛心に至らば、已《すで》に二障の種子を断ず。何の所障有りて解脱道を起こさざるや。況んや已に有漏業無し。又た所知障無し。豈に変易生死に住する哉。変易は無漏を以て因と為す。是れ勝縁也。実には先の分段能感の業を助く。爾らざれば、別に尽くし別に生ず。大いに宗家の性相に背く。若し又た金剛心に至らざれば、本願無くして因位の中に残る。況んや『灯』の「増進無かる可し」の釈に違す。此の如く推徴するに、決定して成仏す可し[19]。

といって、仏果に至る他には大悲闡提菩薩の留まる位のないことを指摘し、大悲闡提菩薩の特殊性を重ねて否定したのである。すなわち、七地ならば分段身の間であるから本願に違す。金剛心ならば二障の種子をすでに断じ、有漏業も所知障もないので、変易生死に住することはない。金剛心に至らなければ、「増進無し」の文に違す。したがって、大悲闡提菩薩も必ず成仏すると論じているのである。

そもそも考えてみるに、不成仏義の大きな根拠となったのは「願力深重」という点であった。これをもって大悲菩薩に一つの特殊性を与えることによって不成仏義が成立していたといっても過言ではない。そこで、成仏論者はこれに対していくつかの反論を試みるわけであるが、『別要』の「大悲闡提成仏伝――願力事――」には、これがかなりまとまった形で示されている。今、それを挙げるならば、およそ次のようになる。いわゆる、

末云、大悲ノ菩薩深發作仏願。大願有力者、彼力何不成。何況ヤ大悲菩薩全无不成仏願。令他先成仏是其本意也。欲先摂他故、衆生不尽我亦不成仏。成仏若有罪无徳不成為勝之功徳者、願力勝カ故、実可不成。自不成是非勝徳。二願相對、成仏願、実可勝。＊是一＊此願、若最勝、先成熟哉否ヤ。一切衆生定无盡期。定知ヌ、闡提ノ願是不可得也。＊菩薩有二願。一不得願。／二不可得願、云々＊先

令衆生成是雖本意ト雖摂益也ト、因果法爾トシテ衆生不必作仏者、自身ノ不成ハ无摂益无本意モ。何必果ンヤ此願哉。化无姓欲成仏、実ニ是背法爾ノ道理。只大悲之余ノ志也。是可成仏者、法爾種姓也。寧以非理押正理哉 ＊是二＊ 闡提ノ願ハ、何故有大徳。是有漏无漏ノ善心故、是大乗大悲願力故ト云ハ者、自余ノ万行皆備其勝徳。悉可成仏因也。何以一願押諸行哉。＊是三＊ 大悲ノ願モ又是菩提ノ正因也。以之還速ニ可成仏。＊是四＊

末に云わく、大悲の菩薩は深く作仏の願を発《おこ》す。大願に力有らば、彼の力をもて何ぞ成ぜざらん。何に況んや大悲菩薩には全く不成仏の願無し。他をして先に成仏せ令むこと、是れ其の本意也。先に他を摂せんと欲するが故に、衆生の尽きざれば我も亦た成仏せずと。成仏に若し罪有りて徳無く不成をば勝の功徳と為すといわば、願力は勝たるが故に、実に不成なる可し。自ら成ぜざるは是れ勝徳に非ず。二願相い対せば、成仏の願、実に勝る可し。＊是れ一＊ 此の願、若し最勝ならば、先に成熟する哉否や。一切衆生は定んで尽期無し。定んで知んぬ、闡提の願は是れ不可得也。＊菩薩に二願有り。一つには不得の願。二つには不可得の願なりと、云々＊ 先に衆生をして成ぜ令むるは是れ本意なりと雖も摂益也と雖も、因果法爾として衆生は必ずしも作仏せずといわば、自身の不成は摂益も無く本意も無し。何ぞ必らず此の願を果たさん哉。無姓を化して成仏せんと欲するは、実に是れ法爾の道理に背く。只だ大悲の余の志也。是れ成仏す可きは、法爾種姓也。寧《なん》ぞ非理を以て正理を押す哉。＊是れ二＊闡提の願は、何が故に大徳有るや。是れ有漏無漏の善心の故に、是れ大乗の大悲の願力の故にと云わば、自余の万行は皆な其の勝徳を備う。悉く成仏の因なる可き也。何ぞ一願を以て諸行を押す哉。[20]＊是れ三＊大悲の願も又た是れ菩提の正因也。之れを以て還りて速かに成仏す可し。＊是れ四＊

という四箇条の反論である。今その論点を整理するならば、その第一は大悲菩薩の立てた願が不成仏の願ではなく、あくまでも他を先に成仏せしめようとする願であることを強調するものであり、これをもってまた大悲菩薩も勝れた作仏の願を立てているのであるから必ず成仏する、と主張するわけである。また第二は、衆生に不成仏の類（無性闡提と定姓二乗）がいる以上、たとえこの願が立てられていたとしても必ずしも成就しなければならないものでもないとして、大悲闡提菩薩を成仏すべき法爾種姓であると強調するものである。第三は、闡提の願に大徳があるといっても自余の万行にも勝徳があるのであるから、「願力をもって不成」とはいえないと述べるものである。最後の第四は、大悲の願力もまた菩提の正因であるから還って速やかに成仏する、と説くものである。成仏論者はこれらの論理をもって大悲闡提菩薩の特殊性を否定するのであるが、あくまでも、その主眼は大悲闡提菩薩を法爾の菩薩定姓と見ることに置かれていたといってよいであろう。したがって、成仏説には必ず大悲闡提菩薩の「種姓」問題が論じられることになった。これ抜きにしては語れないのである。この点について『尋思別要』「大悲闡提成仏伝――法爾種姓事――」には、末云、菩提薩捶者法爾具大菩提ノ種子。地前ニハ但名種姓住。種子姓類、未生現行故。一僧祇劫多聞熏習、見道始生下品現行。名為種子。種現二修、如是展転シテ、下成中ト、中転シテ成上。究境円満ノ修ト者、生長円満之義。是、其菩薩種姓也。大悲一類、豈備〔註1〕此姓独背ンヤ此相ニ哉。（中略）爰ニ知ヌ、分大悲大智二門、兼成不成二義。惣別不違故、能叶法爾種姓。上慈尊下至十師解、法爾五姓之中未見一處トシテモ菩薩有不成仏種姓之文。

〔註1〕身延山本の「證」を大谷本・龍谷本により「備」に改めた。

末に云わく、菩提薩埵は法爾に大菩提の種子を具す。地前には但だ種姓住と名づく。種子の姓類、未だ現行を生ぜざるが故に。一僧祇劫に多聞熏習し、見道に始めて下品の現行を生ず。名づけて種子と為す。種と現の二修、是の如く展転して、下は中と成り、中は転じて上と成る。究竟円満の修というは、生長円満の義なり。是れ、其の菩薩種姓也。大悲の一類、豈に此の姓を備うるに独り此の相に背かん哉。（中略）爰《ここ》に知んぬ、大悲と大智の二門を分かち、成不成の二義を兼ぬるということを。惣と別と違せざるが故に、能《よ》く法爾種姓に叶う。上は慈尊より下は十師の解に至るまで、法爾五姓の中に未だ一処としても菩薩に不成仏種姓有りとの文を見ず(21)。

といい、菩薩は必ず大菩提を証する無漏種子（行仏性）を具すが、一阿僧祇劫の間は現行する環境にないので種姓と呼ばれる。しかし、一阿僧祇劫にわたる多聞熏習の末に環境が整うと、初地入見道の時にまずは下品の無漏種子が現行して真如（我法二空）の一分を証する無漏智を生み出す。以降、下品の無漏種子が中品の無漏種子に、中品の無漏種子が上品の無漏種子に随時に転斉して究竟円満していく仏道の次第がまず示されている。これはすでに筆者も指摘した法相教学の仏道論である。重要なことは、大悲菩薩も無漏種子を具する以上は同じ次第を取ると明言されていること、および菩薩に備わる大智と大悲の面をもって成仏・不成仏を兼ねて論じることができるとしている点である。実は「大智門では成仏、大悲門では不成仏」という論理こそが、最終的に貞慶の取るところであり、成仏伝を説明するにおいて、すでに自義を示していたことが知られるのである。

以上のように、大悲闡提成仏説は一言でいって「道理」を依り所として立てられたものであり、「無漏種子を具有する菩薩であるかぎり必ず成仏する」というその一点に、この説の根本的展開基盤があったということができる。とはいえ、まったく経・論等に「成仏」の根拠がないかといえばそうでもない。「大悲闡提成仏説」展開の今一つの大きな根拠は、慈恩大師が『法華玄賛』において大悲闡提菩薩とされる観音・普賢等の「久成」を示していたことにある。すなわち、

観音は久しく已に成仏するも、菩薩行を捨てざるが故に、示して菩薩と為る。何ぞ如来に比せざるを得ん。（中略）此の普賢を験《あかし》として、久しく已に成仏し、示現して菩薩と為り、勧めて妙行を修せり

と。『無垢称』に云わく、「仏道を得て法輪を転ずと雖も、而るに菩薩の道を捨てず。是れをば菩薩行と名づくが故に」と。[22]

といい、『維摩詰所説経』（無垢称経）等を根拠にして、観音・普賢を例に「已成の後の菩薩道」が示されていたのである。この不思議に着目して展開したのが他ならぬ、大智・大悲の二門より説かれた「如来も真実、菩薩も真実」とする大悲闡提成不成説だったのである。

第四項　大悲闡提成不成説の展開

慈恩大師による「久成」「示現」の説示を受けて、中国でも大悲闡提菩薩の「成仏」を説くものが現れた。唐の義賓・崇俊・栖復等である。なかでも義賓は、その著『唯識枢要記』において、

観世音菩薩等の如きは、而るに当来には普光功徳山王仏と言い、亦た現在には正法明如来等と言うといわば、大智門に依らば成仏の時有り。若し大悲門に拠らば成仏無し。明らかに衆生は尽きざるが故に。又た、『観音三昧経』に又た云わく、「正法明仏は実門に拠るが故に、久しく已に仏道を成ず。普光功徳如来は権門に拠るが故に」と、云々。[23]

といい、「大智門によれば成仏、大悲門によれば不成仏、実門によれば正法明如来、権門によれば普光功

徳山王如来」と説いたのであった。これは一身二門、すなわち一の菩薩の智・悲の二門において成と不成とが共に成り立つということを示すものであり、大悲闡提菩薩は過去において実際に成仏し、将来にまた方便して成仏すると説くものであり、慈恩の「久成・示現」を継承した説であったことが知られる。とはいえ、一身二門を示しながらもまだ、実成（正明法如来）と権成（普光功徳山王如来）の域に留まっているといってよいであろう。ところが、『尋思別要』「大悲闡提成仏伝――法爾種姓事――」になると、

……答。（中略）仏果所修菩薩之道、有二門有二名。実ニ是レ果徳云事所不遮。実ニ又名因行ト。深有其謂。久成ノ如来為未来所化経無数劫、始集无量行漸修漸進。是皆実心也、実事也。依其因、後有其果。何ソ不因行哉。且於因位為一人有捨身。其時所起捨身摂生、欣求仏果之心、即熏如其現行之種子。其无漏種子転斎至仏果ニ。雖在果位、行相是因行也。而果満後以化身。若有可捨身摂生之事者、従彼ノ舊種始生現行。雖上品種子現行、行相是実ニ因行也。以之、名菩薩道也。（中略）……仏位有如此不思議ノ

用。其徳亦不同汎爾化身。以之思之、化修因行皆随果性示其相。従因種子、生其心也。化身ノ邊ハ雖无実心、自受用ノ四智ノ中ニ皆起彼化身所起ノ事根本心也。若爾仏位ニ修菩薩ノ道。既是実行也。若観此門、因而非果ニ。又常期後ノ果證。依此義永不成仏也。宗家ノ諸釈、皆在実義、云不成仏。而依成仏ノ傳偏謂化現。恐失此深旨歟。

答う。（中略）仏果所修の菩薩の道に、一門有り二名有り。実に是れ果徳と云うことをば遮せざる所なり。実に又た因行と名づく。深く其の謂われ有り。久成の如来は未来の所化の為めに無数劫を経て、始めて無量の行を集めて漸修漸進す。是れ皆な実心也、実事也。其の因に依り、後に其の果有り。何ぞ因行にあらざる哉。且らく因位に於いて一人の為めに身を捨てること有り。其の時に起こす所の捨身摂生は、仏果を欣求するの心にして、即ち其の現行するが如きの種子を熏ず。其の無漏種子は転斉して仏果に至る。果位に在りと雖も、行相は是れ因行也。而るに果満後は化身を以てす。若し身を捨てて生を摂す可きの事有らば、彼の旧種従《よ》り始めて現行を生ず。上品種子の現行すると雖も、行相は是れ実に因行也。之れを以て、菩薩道と名づくる也。（中略）仏位に此の如き不思議の用有り。其の徳は亦た汎爾の化身と同じからず。之れを以て之れを思うに、化して因行を修するは皆な果性に随いて其の相を示せり。因の種子従り其の心を生ずる也。化身ノ辺は実心無しと雖も、自受用の四智の中に皆な彼の化身所起の事の根本心を起こす也。若し爾らば仏位に菩薩の道を修す。既に是れ実行也。若し此の門を観ずれば、因にして果に非ず。又た常に後の果証を期す。此の義に依り永く成仏せざる也。宗家の諸釈、皆な実義を存し、不成仏と云う。而るに成仏の伝に依らば偏えに化現ありと謂う。恐らくは此の深旨を失する歟。(24)

といい、同じく一身二門は説くものの、菩薩は示現ではなく実身であるとし、果後の菩薩行を実行と説いている点、大きく異なる。すなわち、仏果所修の菩薩道が「果徳」であると同時に「実の因行」であるとし、仏の化身とは異なる点をまず明らかにしているのである。あくまでも「果後の菩薩行」を実行と捉えている点にその特色が存する。したがって、実の因行である以上、再び仏果を欣求する心を生じ、再度また上品無漏種子の現行を見て仏果に至ることになる。これは、慈恩所説の「示現」という観点を否定し、「果後の菩薩」を実心・実事・実行と解釈している点で明らかに慈恩を超えており、また義賓をも超越するものである。この考え方は、同時代の『同学鈔』にはまったく見られないものであるから、「大悲闡提成仏伝」の中に記されてはいるが『尋思別要』における貞慶独特の見解であったと見てよいであろう。事実、前の引用文の後半において、「宗家の諸釈、皆な実義を存し、不成仏と云う。成仏伝に依らば偏に化現という。恐らくは此の深旨を失する歟」といっているから、それ以前の成仏説では慈恩・義賓以来の「久成」「示現」の説が多く用いられていたのではないかと考えられるのである。

この「果後の菩薩行は実行なり」という見解は、いうなれば『尋思別要』所説の成仏説の骨子をなすものであり、この後さらに詳細な見解が示されていく。そこでは、もはや明確に「実に成仏」「実に菩薩」と述べられており、「成仏伝」の箇所に書かれてはいるが、明らかに貞慶が両三人と談義して練り上げた貞慶自義の「成不成仏論」そのものであったといってよい。すなわち、『尋思別要』「大悲闡提成仏伝――観音文殊等成仏事――」には、およそ次のように記されているのである。すなわち、

末云、以維摩経大師為普賢等成仏証。其所説分斎、実雖為応化ノ事、仏ノ実意ハ深顕闡提ノ菩薩ノ成仏不成仏ノ二門ヲ也。若不爾、弥勒等ノ菩薩昔、豈无示現成仏事哉。諸教、何ソ不説之。至浄名文殊観音等闡提菩薩、或時ハ示現成仏事、或時ハ常ニ称菩薩ト。爰ニ知ヌ、此皆実事也。成仏而非成仏。菩薩而又非菩薩。為示此不思議、説文殊三世成仏〔註1〕等也。故宗家深得此旨、以之為久成證。不知此深旨人、以三世化現事ヲ輒会之、皆為應化。恐失仏意及宗家ノ実義歟。但度々成仏ノ中ニハ、以最初成道為実。西明、作二釈中正釈也。

〔註1〕身延山本の「以」を大谷本・龍谷本により「仏」に改める。

末に云わく、『維摩経』を以て大師は普賢等の成仏の証《あか》しと為す。其の所説の分斉は、実には応化の事を為すと雖も、仏の実意は深く闡提の菩薩の成仏不成仏の二門を顕す也。若し爾らざれば弥勒等の菩薩は昔、豈に示現成仏の事無き哉。諸教は何ぞ之れを説かざるや。浄名・文殊・観音等の闡提菩薩に至りては、或る時は成仏の事を示現し、或る時は常に菩薩と称す。爰《ここ》に知んぬ、此れ皆な実事也ということを。成仏にして成仏に非ず。菩薩にして又た菩薩に非ず。此の不思議を示さんと為《し》て、文殊三世の成仏等を説く也。故に宗家は深く此の旨を得て、之れを以て久成の証と為す。此の深旨を知らざる人は、三世化現の事を以て輙《たやす》く之れを会し、皆な応化と為す。恐らくは仏意及び宗家の実義を失する歟。但し度たび成仏する中には、最初の成道を以て実と為す。西明、二釈を作《な》す中の正釈也。(25)

と述べている。すなわち、ここで貞慶は「成仏も真実、菩薩もまた真実」と説いて、闡提菩薩に成仏・不成仏の二門あることをまず明確に示したのである。そして、浄名・文殊・観音等の闡提菩薩が、ある時は成仏の姿を示し、ある時は菩薩の姿を示すが、これらは化現ではなく皆すべて真実であると論じ、「不思議」に言及する。最晩年の病床で口述筆記された貞慶最後の書である『観心為清浄円明事』にも「仏宝法宝の不思議」と記されているように、貞慶は深く「不思議」に帰依した人物でもあったが、闡提菩薩の箇所でも「実に如来、実に菩薩」という「不思議」を説いたのである。そこで、「大悲闡提成不成仏事」の冒頭には、

末云、成不成仏可有二門。若依大智門可成仏。依上求菩提之願行ニ、因円果満。是法爾道理。菩薩種姓莫不熟〔註1〕故。若〔註2〕大悲不成仏。依下化有情之願行、常住因位。意楽未満足、所作無休息。大智門者智悲倶可成仏。若大悲未満者、可不仏果。所有ノ功徳皆至上品、四智究境シ万徳円満故也。若大悲門ニハ者、悲智倶ニ在因界。若智既ニ成仏シテ、悲独難留。一聚心心所勢力同カ故。

〔註1〕身延山本の「然」を大谷本・龍谷本により「熟」に改める。
〔註2〕身延山本には「若」が欠落していたので、大谷本・龍谷本により補う。

末に云わく、成不成仏に二門有る可し。若し大智門に依らば成仏す可し。上求菩提の願行に依り、因円果満せり。是れ法爾の道理なり。菩薩種姓に熟せざること莫きが故に。若し大悲ならば成仏せず。下化有情の願行に依り、常に因位に住せり。意楽の未だ満足せざれば、所作に休息無し。大智門は智悲倶に成仏す可し。若し大悲未満ならば、仏果にあらざる可し。所有の功徳の皆な上品に至るは、四智究竟して万徳円満するが故也。若し大悲門ならば、悲智倶に因界に在り。若し智の既に成仏せば、悲のみ独り留め難し。一聚の心心所の勢力は同じきが故に。[26]

といって、その成・不成が「大智門によれば成仏」「大悲門によれば不成仏」であることを明示するわけである。ここで、「久成」「示現」の立場で説かれた義賓らの一身二門の解釈が、「実成」「実菩薩」の立場で明確に示されてくることになる。したがって、大智門においては智・悲ともに成仏するが、大悲門においては悲・智ともに成仏しないという不思議の事態に立ち至るのである。これは、いうなれば成仏の相も菩薩の相も、いずれも真実であると見たからこそいえることである。そして、大悲門であっても智が成仏すれば、一聚の心心所であるから悲もまた成仏すると結んでいる。したがって、貞慶の「成不成論」は結局のところ大悲闡提成仏論を根幹に据えたものであったことが知られるのである。

そこで、『尋思別要』は次に、このようなあり方は決して特別なものではなく菩薩の通相というべきものである、と強調していく。すなわち、

……………………答。菩薩種姓ハ法爾具足深廣大悲。廣トハ者、謂遍一切有情故。深者、謂衆生不異自身故。若為菩薩不發盡生界願者、無有此處。故普賢願云、若世界盡ハ衆生界盡。虚空盡ハ我願モ盡ム。而世界ト衆生界ト虚空界ト不盡故、我願モ亦无窮尽。＊十願中可有此文＊普賢道者、是一切菩薩ノ通相ノ行願也。若爾ハ、於諸菩薩ニ有大智大悲ノ二門。誓願皆悉真

実也。若一門成シ一門不成者、智悲ノ二徳成有虚実。既不一類ノ別種姓ニ。何責之。全不同余相。雖一身二門、意実有不成之邊。是又諸菩薩法爾種姓也。為顕一徳開シテ為一姓、成道以後現為菩薩ト、列仏会之時、衆会仰之為闡提類。

答う。菩薩種姓は法爾に深広の大悲を具足せり。広というは、謂わく一切の有情に遍ねきが故に。深というは、謂わく衆生は自身に異らざるが故に。若し菩薩と為りて尽生界願を発さざれば、此の処《ことわ》り、有ること無し。故に普賢の願に云わく、「若し世界尽くれば衆生界も尽く。虚空尽くれば我が願も尽きん。而るに世界と衆生界と虚空界と尽きざるが故に、我が願も亦た窮尽すること無し」と。＊十願の中に此の文有る可し＊普賢の道というは、是れ一切の菩薩の通相の行願也。若し爾らば、諸の菩薩に於いて大智と大悲の二門有り。誓願は皆な悉く真実也。若し一門成じて一門成じざれば、智悲の二徳に虚実有るに成りぬ。既に一類の別種姓にあらず。何ぞ之れを責むるや。全く余の相と同じからず。一身二門と雖も、意《こころ》は実に不成の辺に有り。是れ又た諸の菩薩の法爾種姓也。一徳を顕さんが為めに開いて一姓と為し、成道以後に現じて菩薩と為り、仏会に列するの時、衆会は之れを仰いで闡提の類と為す(27)。

といって、尽生界の願は菩薩の通願であるとして、普賢の行願を示すのである。『華厳経』等に説かれる「普賢の十願」は種々に説かれるが、今回の当該文としては十地品に説かれる次の文が相当する。すなわち、何等をか十と為すや。所謂ゆる衆生界尽、世界尽、虚空界尽、法界尽、涅槃界尽、仏出現界尽、如来智界尽、心所縁界尽、仏智所入境界界尽、世間転法転智転界尽なり。若し衆生界尽くれば、我が願も乃ち尽く。若し世界、乃至、世間転法転智転界尽くれば、我が願も乃ち尽く。而るに衆生界は尽くる可からず、乃至、世間転法転智転界も尽くる可からざるが故に、我が此の大願善根は窮尽有ること無し(28)。

とあるもので、『尋思別要』に指摘されるとおり菩薩の通願として尽衆生界の願が示され、しかも衆生界の尽きる時がないから普賢の大願も窮尽する時がないと明確に示されている。これを根拠として『尋思別要』は、「大智門は成仏、大悲門は不成仏」とする従来の見解を継承しながら、「誓願はいずれも真実」である点に着目し、菩薩であれば法爾無漏種子が有るので本具の願いにしたがって皆すべて成仏するが、その一方で「不成の辺」もまた真実であるとし、その一徳を顕して一姓としたものが大悲闡提菩薩であると論じたのである。そして、このような菩薩を大衆が仰いで闡提と称したと述べ、具体的な菩薩の名を示して、次のように論じたのである。すなわち、

答。无垢称経三十三ケノ菩薩難修ノ所行、即通因果ニ。其中、雖得仏道轉於法輪、而不捨於菩薩之道、文。＊古譯＊ 大師引之、證観音普賢久已成之義。如経文者、雖八相

化現、以之ヲ為実ト。方知、成仏之後以化身行ヲ即為実行、亦名菩薩、亦名如来ト。浄名文殊普賢観音等、皆是過去如来也。他方ノ諸仏也。准之可知、本師世尊亦趣他方、及于将来常称菩薩、猶如彼諸菩薩。願非究竟故。言未満者、所謂此事也。

答う。『無垢称経』に「三十三箇の菩薩難修の所行は、即ち因果に通ず。其の中、仏道を得て法輪を転ずと雖も、而るに菩薩の道を捨てず」と、文《いえ》り。＊古訳なり＊大師は之れを引き、観音・普賢の久しく已に成ずるの義を証《あか》す。経文の如くならば、八相化現すと雖も之れを以て実と為す。方《まさ》に知んぬ、成仏の後に以てする化身行をば即ち実行と為し、亦た菩薩と名づけ、亦た如来と名づくと。浄名・文殊・普賢・観音等、皆な是れ過去の如来也。他方の諸仏也。之れに准じて知る可し、本師世尊も亦た他方に趣き、将来に及んで常に菩薩と称すること、猶し彼の諸菩薩の如し。願は究竟に非ざるが故に。「未満」と言うは、所謂ゆる此の事也。[29]

といって、『無垢称経』（『維摩経』）を根拠に「仏陀として法輪を転じても菩薩の道を捨てない者」のいることを示し、それが浄名・文殊・普賢・観音等であると論じているのである。また、この観点より釈迦如来にも言及し、今は他方の仏国におもむいて菩薩となって菩薩行を行じていると述べ、もって闡提菩薩が汎爾の菩薩種姓であることを強調したのである。そして、

問。果後修行亦至成道耶。答。必可究竟。文殊観音皆受成仏記。当来普光功徳山王仏等、是其証也。

問う。果後の修行も亦た成道に至る耶。答う。必ず究竟す可し。文殊・観音は皆な成仏の記を受く。当来の普光功徳山王仏等、是れ其の証《あか》し也。(30)

といい、果後の菩薩行も必ず究竟すると説く。これもまた、一身二門だからこそいえることであり、まさしく仏智の不思議に他ならないのである。諸仏は皆、こうした不思議の闡提の願を必ず発すわけであり、これについてさらに、

問。闡提ノ願、何時發之。答。初在因位皆雖發趣、成道之後必重可發。

問う。闡提の願は何れの時にか之れを発すや。答う。初めは因位に在りて皆な発趣すると雖も、成道の後に必ず重ねて発す可し。(31)

といい、闡提尽生界の願は最初発心の時と成道の後に発すものであると論じている。

『尋思別要』に示される大悲闡提の成仏・不成仏の見解は以上のようであるが、最終的には一身二門の立場よりいずれも真実とし、「如来も真実、菩薩も真実」という不思議を説いた。その上で、尽生界の願

の成就する時がないから果後の実身として菩薩身を現じ、それを大衆が闡提菩薩であるといっているにすぎないとした。ここに貞慶教学の特色があったといってよいであろう。では、貞慶はなぜに大悲闡提を法爾（通常）の菩薩としなければならなかったのであろう。それは、権大乗と謗られる唯識の教えが大乗仏教であることを証明するものが、すなわち「大悲の仏道」だったからである。また、自らが大悲の行を実践するにあたって、一闡提の大悲闡提であったならば、仏道を完遂することができない。そのような不安を行者に与える要素が、大悲闡提の所説にはあったのである。しかし、菩薩となるならば「一切衆生を救い尽くさなければ仏にはならない」という究極の悲願をもって仏道を歩みたいと考えた貞慶は、この難問を従来からの一身二門の説を継承してさらに工夫することによって解決したといってよい。ここに、『尋思別要』七十余条の最初のテーマとして掲げ、かつ大部の紙数を割いて貞慶が論証した理由があったのである。

すでに指摘したように、一闡提には⑴断善闡提、⑵大悲闡提、⑶無性闡提の三類があった。この内、前二者の畢竟成仏はここに確定し、しかも大悲闡提のあり方が法爾の菩薩のあり方であるとして、不安なく仏道を歩む道も示された。残るは無性闡提である。残念ながら、貞慶が最も苦慮した無性闡提の会通については、現存する『尋思鈔』に記載がない。ところが、この問題を明記した書を貞慶はまた、別に作成していた。それが、『心要鈔』と『法相宗大意名目』である。また、その背景となる論義テーマ「約入仏法」については現存する『尋思鈔』にも収録されているので、次にはこれらを用いて、貞慶による無性闡提の会通について検証していくことにしたい。

註

（1）大正四三・六一一・上。
（2）大正四三・六一〇・下。
（3）大正一六・五二七・中。
（4）大正四三・七二九・上～中。
（5）大正四五・四〇九・中～下。
（6）卍続蔵四九・五六・下。これには「三義」とあるが、「二義」しかない。『本文抄』（大正六五・四一五・上）によって「二義」に改めた。
（7）卍続蔵四九・二〇七下～二〇八上。これには「無成以斯」とあるが、『本文抄』（大正六五・四一四下～四一五上）によって「無成仏期」「余皆増」と改めた。
（8）身延山本『尋思別要』第一冊・三丁表～三丁裏。
（9）身延山本『尋思別要』第一冊・八丁・裏。
（10）身延山本『尋思別要』第一冊・九丁・表。
（11）身延山本『尋思別要』第一冊・九丁裏～一〇丁表。
（12）身延山本『尋思別要』第一冊・三二丁・裏。
（13）この書は現存しない。『本文抄』（大正六五・四一六・上）によった。なお、近年発見した蔵俊撰『仏性論文集』にも別の箇所が引用されており、この書のあり方が少し明らかになってきた。詳しくは、楠淳證・船田淳一編『蔵俊撰『仏性論文集』の研究』（法藏館、二〇一九年）を参照のこと。
（14）『本文抄』（大正六五・四一六・上～中）に、「解節三云護命」として、この文が収録されている。しかし、護命には「解節」とつく書物が少なくとも九つある。内容的な面から考えて、おそらくは『枢要解節記』ではないかと考えられる。

(15) 大正六六・二九・上。
(16) 龍谷大学図書館蔵「法相関係論義書」の中の一冊。未翻刻。
(17) 身延山本『尋思別要』第一冊・二二丁・裏。
(18) 身延山本『尋思別要』第一冊・一九丁・表。なお、引用文中の『成唯識論』の当該文は、大正三一・五六・中である。
(19) 身延山本『尋思別要』第一冊・二〇丁裏〜二一丁表。
(20) 身延山本『尋思別要』第一冊・一七丁裏〜一八丁表。
(21) 身延山本『尋思別要』第一冊・一二丁表〜一三丁表。
(22) 大正三四・八四八・下、大正三四・八五二・下。『維摩詰所説経』（無垢称経）の文は、大正一四・五四五・下。
(23) この書は現存しない。『本文抄』（大正六五・四一六・上）によった。
(24) 身延山本『尋思別要』第一冊・一五丁表〜一六丁表。
(25) 身延山本『尋思別要』第一冊・二四丁表〜二四丁裏。
(26) 身延山本『尋思別要』第一冊・二五丁裏〜二六丁表。
(27) 身延山本『尋思別要』第一冊・二六丁表〜二六丁裏。
(28) 大正一〇・一八二・中。
(29) 身延山本『尋思別要』第一冊・二九丁裏〜三〇丁表。二二丁表には、「文殊は過去に龍種上智尊王仏、現在は観喜蔵摩尼宝積仏、未来に普見如来となる」ことが記されている。
(30) 身延山本『尋思別要』第一冊・三〇丁・表。
(31) 身延山本『尋思別要』第一冊・三一丁・裏。

第六節　無性闡提会通論

さて、法相教学では仏道の階位に十住・十行・十回向・十地・妙覚の四十一位を立てるが、十住位の初にあたる発心住を開くと、そこに十信のあり方が示されている。仏道は仏法を信受するところから始まるが、その信心が発心において語られているのである。この点についてまず、『成唯識論同学鈔』（以下『同学鈔』）収録の論義「約入仏法」を見ると、「無性闡提への不安の払拭」の一環として本論義テーマが用いられていることが知られる。すなわち、

> 問う。『本疏』の中に信の心所を釈するに、『対法論』の文を引いて「楽欲の所依をば業と為す」と、文《いえ》り。爾らば一切の信の心所に通ず可き耶。（中略）進んで云わく、『本疏』の中に「仏法の初首に入るに約して論を為すなり」（約入仏法初首為論）と、云々。之れに付いて、世出世の境の上に先ず信忍を起こし、之れを以て因と為して数《さくさ》く楽欲を生ず。設い未だ仏法に入らざるの先なるも、設い已《すで》に仏法に入るの後なるも、一切の信の業用は未だ此の分斉を過ぎず。『対法』の「楽欲所依為業」の文、何ぞ仏法の初首に限らん耶。（中略）
>
> 答う。此の義に於いて粗《ほ》ぼ異説有り。此の故に二意を出だし申すと雖も、且らく『本疏』の所釈に任す。『対法論』の「楽欲の所依をば業と為す」の文は、入仏法初首の信を説く也。（中略）一切の善心

に信の心所無きに非ずと雖も、仏法の初首の信心は稍《や》や堅固にして頗る余の善心を超えたり。初発心住に殊に十信を開くは、蓋し以て此の謂い歟。(1)

といい、信の心は仏法に入らない前にも入った後にも発すものなのに、どうして『対法論』は信の義を仏法の初首に限るというのかという難に対して、異説はあるものの慈恩大師（六三二―六八二）の『成唯識論述記』（本疏）の解釈にしたがい、「入仏法初首の信」を説いたものと見るべきである。なぜならば、最初に発起した信は余の善心に超えて勝れているからであり、そこで最初発心住を開いて特に十信位を立てるのである、と答えている。この論義テーマの短釈は二十四も現存しているから、法相学侶にとって、「仏道」という観点から重要な問題であったことが知られるのである。

そのことがより明確になるのが、貞慶撰『論第六巻尋思鈔通要』「約入仏法」に見られる次のような文である。すなわち、

問う。『対法論』の中に信の心所を明かして「楽欲の所依をば業と為す」と、云々。爾らば大師は何に釈し給う耶。進んで云わく、『疏』に云わく、「仏法に入る初首に約して論を為す」と、云々。之れに付いて可愛可欣の境の於《うえ》に信の心所を起こす時、此れを以て依と為す。亦た、楽・欲を生ず。是れは一切時の事也。何ぞ仏法の初首に入るに限る耶。（後略）

本に云わく、「仏法に入る初首に約さんと為《し》て論を為す」の釈は、唯だ『本疏』に釈するのみに非ら

ず。『対法抄』の中に且らく、其の意《こころ》有り。（中略）末に云わく、『対法論』の中に信の心所を釈するに、「清浄を忍可し、希望を体と為し、楽・欲の所依をば業と為す」と、云々。今の文は、仏法に入る初門に付いて信の業用を明かす也。只し『本疏』の釈には非らず。『対法抄』の「此れをば入法発起の所因と説く」の釈、其の意も又た同じき也。之れに依りて彼の『論』の第十巻を勘うるに、八断行に依りて四神足を修習し、信・欲・精進を以て加行の体と為す。爰《ここ》に知んぬ、初より遠く仏果の資糧を修するには、信の心所を以て其の因と為すということを。信の業用は此れに限らずと雖も、且らく勝に依りて初を挙げ後を摂する也。（後略）(2)

と。「本云」は蔵俊（一一〇四―一一八〇）の説、それを受けて貞慶（一一五五―一二一三）の「末云」が展開するのであるが、その中で『対法論』の「信」の記述を「仏法に入る初門」と位置づけ、「信」こそが遠く仏果を成じるためのさまざまな資糧を積集する初因であると考えていたことが知られるのである。そして、これが次に無性闡提への不安の払拭に用いられたところに、貞慶の一大特色があったといってよい。すなわち、『心要鈔』の問答においてまず、貞慶は次のように述べている。

問う。自ら未だ性を了せざれば、豈に輙《たやす》く趣求せんや。若し仏性無くば、設い求むるとも益無し。

答う。仏を除いて以外は、詳らかに知ること能わず。滅後の諸の衆は誰に依りて印可せん。若し知らざるをもって修せずんば、遺教も何の益有らん。（中略）亦た聞くことを得るとも、多くは信受せざるなり。『法華』に云わく、「若し比丘有りて実に阿羅漢を得て、若し此の法を信ぜざれば、此の処《ことわ》り、有ること無し。仏滅後に現前に仏無きをば除くなり」と。我等は福智微劣にして、人中に下賤也。若し宿習無くば、無上の法に於いて万が一にも信じ難し。今、仏語に於いて既に疑謗無し。愚なるを以て還りて知んぬ、大乗の性有ることを。猶し趣寂にあらず。況んや無性為《た》らん耶。亦た設《も》し、「仏性の闕具は甚深の境界なり、法爾として疎遠なり、思惟す可からず」と聞くことを得るとも、我等、恒時に論談し決択して、教を引き理を推《お》すに、種姓地の中に、既に堪能有り。龍子は幼《いとけ》なしと雖も、何ぞ怯弱なることを得ん。故に『法華』に云わく、「若し法を聞くこと有らば、一として成仏せずといふこと無し」と。『般若』に亦た説かく、「一たび其の耳を経れば定んで菩提を得ん。信根具足せば、久しからずして必ず成ぜん」と。中道の教えは普く五乗の者の無我の道理の為めなり。人天の戒善等は一分の義也。未だ必ずしも具さには開かず。或いは異解を生ず。若しくは阿陀那の教の甚深の義趣をば疑わざるを機と為す。生死の源底に名を聞くに、已《すで》に足りぬ。況んや此土は是れ如来の記する所なり。東北方の国の諸の菩薩乗の人、般若に帰信して、受持し、読誦し、書写し、供養すと。機感相応して、現に悉地を得る。仏性を具足すること、何ぞ疑惑せん耶。大綱は一途に滞ることを恐れ、初行を導かんが為めに、甘露の門を開く。(3)

といい、福徳と智慧が未だ微劣な人中下賤の我が身であるにもかかわらず「仏語を聞いて疑謗がない」事実をもって大乗の種姓である証拠とし、自己が趣寂でも無性闡提でもないと結論づけているのである。なぜか。それは一闡提が「信不具足」といわれていたからである。そして、その教証として示されたのが『法華経』と『般若経』であった。なお、文中に「常時に論談し決択して教を引き理を推すに」とあるから、「無性闡提か否か」の大問題について常日頃から何度も論談していたこと、および経典を引き道理より推量して自分たちに菩薩種姓あり（堪能）とすでに感じ取っていたこと等が知られる。とはいえ、教証は二つのみであり、理証も一つしか示されていない。これに対して、『心要鈔』（建久六年成立）とほぼ同じ時期の作と考えられる『法相宗大意名目』には、より詳細な教証と理証が示されている。すなわち、

問。種姓有無難知。未知、我等ハ佛種姓ハ有哉無哉。若佛種姓無者、設雖求無益乎。〔答〕。種姓ノ不同ハ佛ニ非ハ誰得知是。恐機下、終誰人發趣セン。但、我等ハ佛種姓也トハ、教ト理トヲ以テ可知。経ニ佛性アリト信スルカ是菩薩也ト説ケリ。我等既信ス。知、菩薩也。亦瑜伽論説、無姓有情ノ相中ニ生死ノ衆多ノ業患ヲ聞トモ、一念モ不猒涅槃〔註1〕。無邊功徳ヲ聞トモ一念モ不欣説リ。我等、雖機《ツタナシ》ト、欣猒ノ心ナリ。三寳ヲ信シ、佛語ヲ憑ミ、據■〔註2〕ヲ流レ、身ノケヲタツ。知ヌ、無姓ニハ非ス。慈恩大師云、謂念信熏習在心、功徳當熟能破無邊

廣大生死、云々。此文、可憑。般若経云、一経其多善根力故定得無上正等菩提、云々。法花経云、若有聞法者無一不成佛、云々。阿毘達磨経解深密経等ニ、阿陀那教ヲハ定姓無姓ニハ不開演。勝者菩薩開演ト説ケリ。我等阿陀那識ノ名ヲ聞テ深細義趣ヲハ雖不知、無疑心。知、菩薩也。慈恩釈指事、尤可憑。亦、般若経云、般修トノ行菩薩乗釈ヲ[redacted]スニ、東北方ノ五ノ百歳ノ人出セリ。東北方日本國等也。五ノ百歳、此時也。他宗ノ人師釈云、日本国圓機深熟セリト云。自宗古徳説モ多是同也。亦、和光同塵ノ霊神アトヲタレ、奇瑞ハシヲヽシ。我等既此事ヲ見聞リ。何ソ怯弱センヤ。亦我等福智微劣也。人中下賤也。若宿習ナクハ、無上ノ法ニヲヰテ万ニ一モ難信。愚ヲ以テ還テ知ル、大乗姓アリト云事。五種姓ノ道理ハ、大聖慈尊、ユカ論ノ中廣ク説給。西天ノ大論師皆傳テ此義ヲ、東漢ニ弘ム。三蔵以前古徳ハ、未タユカ論ヲ見法花涅槃等ノ顕ナル文ヲ、平テ皆成仏道ト習也。

〔註1〕「涅槃」は「煩悩」の誤字。

〔註2〕「念」は「一念」の誤り。

問う。種姓の有無は知り難し。未だ知らず、我等に仏種姓の有る哉無き哉を。若し仏種姓無くんば、設《たと》い求めると雖も益無き乎。

〔答う〕。種姓の不同は仏に非ずば誰か是れを知るを得ん。機の下なるを恐るれば、終《つい》に誰人ぞ発趣せん。但し我等は仏種姓也というは、教と理とを以て知る可し。『経』に「仏性ありと信ずるが是れ菩薩也」と説けり。我等すでに信ず。知んぬ、菩薩也ということを。亦た、『瑜伽』に説かく、「無姓有情の相の中に生死の衆多の業患を聞くとも一念も煩悩を厭わず。無辺の功徳を聞くとも一念も欣《ねが》わず」と説けり。我等、機《つたなし》と雖も、欣厭の心あり。三宝を信じ、仏語を憑み、挹■を流すに身のけをたつ。知んぬ、無姓には非ずということを。慈恩大師の云わく、「謂わく一念の信の熏習して心に在らば功徳当熟して能く無辺広大の生死を破す」と、云々。此の文をば憑む可し。『般若経』に云わく、「一経の其の多善根力の故に定んで無上正等菩提を得る」と、云々。『法花経』に云わく、「若し法を聞くこと有らば一として成仏せざる無し」と、云々。『阿毘達磨経』『解深密経』に、「阿陀那の教えをば定姓・無姓には開演せず。勝れたる者たる菩薩に開演す」と説けり。我等は阿陀那識の名を聞きても深細の義趣をば知らずと雖も、疑心無し。知んぬ、菩薩也ということを。

慈恩釈の『指事』、尤も憑む可し。亦た、『般若経』に云わく、般修行菩薩乗釈を[redacted]するに、東北方の五の百歳の人をば出だせり。東北方とは日本国等也。五の百歳とは、此の時也。他宗の人師の釈して云わく、「日本国は円機深熟せり」と云えり。自宗の古徳の説も多くは是れに同じき也。亦た、和光同塵の霊神あとをたれ、奇瑞はおおし。我等は既に此の事を見聞せり。何ぞ怯弱せんや。亦た、我等は福智微劣也。人中の下賤也。若し宿習なくんば、無上の法において万に一つも信じ難し。愚を以て還りて知んぬ、大乗の姓ありと云う事を。五種姓の道理は、大聖慈尊、『瑜伽論』の中に広く説き給う。西天の大論師も皆な此の義を伝えて、東漢に弘む。三蔵以前の古徳は、未だ『瑜伽論』を見ずして、『法華』『涅槃』等の顕なる文のみを見て、平《な》べて「皆な仏道を成ず」と習う也。[4]

と。『心要鈔』の文言と酷似しているが、より詳細なものとなっている。まずは全体の主張を論理展開にしたがって整理して示すと、およそ次のようになる。

(1) 種姓（無漏種子）の不同は如来しか知り得ないが、如来の説かれた教え（経）とその道理（理）に照らせば、仏種姓のあることは明らかである。

(2) 経典に「仏種姓ありと信ずるのが菩薩である」とあり、すでに我々は仏種姓のあることを信じているので、すでに仏道を歩む菩薩である。

(3) 『瑜伽師地論』（以下『瑜伽論』）に「無姓有情は一念たりとも煩悩を厭わないし功徳を欣わない」

とあるが、我々にはすでに厭欣の心があり、三宝を信じ仏語を深く憑んでいる。したがって、無姓有情ではない。

(4) 慈恩大師（慈恩釈の指事）は「一念の信が熏習されていれば功徳が熟して無量の生死を破す」と述べている。

(5) 『大般若波羅蜜多経』（以下『般若経』）に「一経典の持つ多善根力によって必ずや無上正等菩提を得るであろう」と述べられている。

(6) 『妙法連華経』（以下『法華経』）に「法を聞けばただの一人も成仏しないものはない」とある。

(7) 『阿毘達磨経』『解深密経』等に「阿陀那の教え（唯識）は定姓二乗や無姓有情に対して説かれたものではなく、勝れた者たる菩薩に対して説かれた教えである」と記されている。すでに我々は阿陀那識の教えを聞いて疑いがない。したがって、仏種姓を有した菩薩であることは明らかである。

(8) 『般若経』に、「東北方の五百歳」すなわち今のこの時の日本において般若の菩薩行が実践されることが示されている。これは他宗の人師も自宗の古徳も等しく説くところである。事実、わが国（日本）には和光同塵の霊神の垂跡の奇瑞が多く、そのことを我々はよく目にし耳にしている。日本は『般若経』が流布する大乗国である。弱気になる必要はない。

(9) 我々は福智微劣な愚者である。そんな者が無上の教えを信じることなどできないはずなのに深く信じている。それは宿習によるものであり、我々に大乗の姓（仏種姓）のあることは明らかである。

(10) 五姓各別の道理は、弥勒慈尊が『瑜伽論』の中で広く説かれた真理である。インドの大論師もみなこれを伝え、中国に弘まった。玄奘三蔵以前の人師は『瑜伽論』を見なかったし、『法華経』や『大般涅槃経』（以下『涅槃経』）に出る明文を知らなかった。そこで、誰もが平等に仏道を成ずることができるという一乗思想が展開されたのである。

と。『心要鈔』では二箇の教証と一箇の理証が示されたにすぎなかったが、上記を整理すると、七箇の教証と五箇の理証の示されていたことが知られる。すなわち、本書で示される教証とは、❶「経」❷『瑜伽論』❸「慈恩釈指事」❹『般若経』別文❺『法華経』同文❻『阿毘達磨経』❼『解深密経』の七点、理証としては①すでに仏種姓ありと信じていること、②無姓有情は厭欣の心がないが我々は三宝を信じ仏語を憑んでいること、③一念の信のあること、④菩薩種姓に対して説かれた阿陀那識の教え（唯識）を聞いて疑いのないこと、⑤凡愚であるにもかかわらず仏語を信じているのは宿習力によること、の計五点である。その中でも貞慶は❸に出る慈恩大師釈の「指事」を「尤も憑むべし」として最大の拠り所としたが、それは「たとえ一念の信のみであっても熏習して身にあれば必ず当来には成熟して無量広大の生死を破することができる」という点にあった。実は、この文は『金剛般若経』を注釈した慈恩大師の『金剛般若経賛述』に出るものである。当該文を示すと、およそ次のようになる。

述して曰く、此れ第二文也。無著・天親は義に随いて前の如く科判す。謂わく、若し此の経句に於いて一念の信を生ずること有らば、尚お曽《かつ》ての無量諸仏を供養すると説く。況んや多念を起こすをや。

乃至、受持・聴聞すること等は、曽て集めた善根より更に多し。若し実想を生ずれば曽ての善より又た多し。何が故に爾なる耶。謂わく、此の生に於いて一念の信の熏習して身に在ると雖も、当来に成熟して能く無量広大の生死を破すが故也。(5)

とあるように、「一念の信の熏習」によって「当来には無量広大の生死輪廻を破す」ことができると指摘しているのである。貞慶は、この文を根拠とした慈恩大師の「指示」を最も拠り所とした。また❶の「仏性ありと信ずるが是れ菩薩なり」の経文であるが、これは『涅槃経』の意を取った文である。すなわち、

大乗を信受し読誦・解説す。是の故に我も今即ち是れ菩薩なり。一切衆生に悉く仏性有り。（中略）其の心、実に有仏性を信ぜず。利養の為めの故に文に随いて説く。是の如く説く者を名づけて悪人と為す。（中略）若し一闡提に仏性有りと信ずれば、当に知るべし、是の人、三悪に至らず。是れをば亦た闡提と名づけざる也。自ら仏性有りと信ぜざるを以ての故に、即ち三悪に堕す。三悪に堕するが故に一闡提と名づく。(6)

と。これを最初に置いたところに、「信」をもって仏種姓ありとする貞慶の思いが濃厚に見て取れる。また、❷❻❼はいずれも唯識系経論であり、「我々はすでに煩悩を厭い功徳を欣う厭欣の心を持っているのであるから無姓有情ではない」し、また「定姓二乗や無姓有情には開演されなかった阿陀那（唯識）の教

えを聞信しているので間違いなく菩薩種姓である」と主張するために引いたものである。すなわち、唯識の教えを相承する法相学侶の優位性を高唱するものといってよい。一方、❹❺の『般若経』と『法華経』は、一般的大乗経典を用いて行なった論証であり、菩薩種姓の教証が決して唯識系経論のみに見られるものではないことを示すものであった。ちなみに、貞慶は引用していないが、『涅槃経』には、

一闡をば信と名づく。提をば不具と名づく。信を具せざるが故に一闡提と名づく。(7)

とあるように、一闡提を「信不具足」と説いていた。これをもって、源信の『一乗要決』等を初めとして数多くの註書には一闡提を信不具足とする見解が示されるに至る。したがって、貞慶が「信」を重視した背景には今一つ、このような仏教界での常義としての「一闡提信不具足論」があったものと考えられるのである。

さて、以上のような論義研鑽（教学）によって練り上げられた論理構築（思想）によって貞慶は種々の講式（信仰実践の書）を作成するのであるが、貞慶撰『誓願舎利講式』には、

我が信心を催し、深く加被を垂れて、真実堅固の道心を発《おこ》せ令めたまえ。（中略）仰ぎ願はくは、舎利よ、十方に往来して六趣に経歴して機に随いて益を施し皆なを菩提に導き、三途八難においても苦を離れて楽を得、発心修行して当に解脱を得べきことを。(8)

といい、「発心修行して解脱・成仏を得る」ための前提となる「信心の加被」を求めていたことが明記されている。この点では貞慶撰『法華講式』においても、

深義を講釈して以て恵解を開き、功能を讃嘆して以て信心を発す。信をば入法の初基と為し、恵をば究竟の幻術と為す。（中略）一たび聞きて信を生ずれば菩提を退かず。(9)

とあるから、貞慶が論義研鑽（教学）による理論化（思想）に基づいて信仰（仏道）を展開させていたことが明了に知られるのである。これは明らかに「信を以て仏道に入る」あり方を理論化したものであるが、同時に仏法を信受することが「信不具足の一闡提」ではないことを示すものでもあった。そこで、貞慶撰『舎利講式』（五段式）では、

誰か此の所を弥離車の境と謂わん。知る可し、大乗善根の国土なることを。誰か我等を一闡提の類と謂わん。恐らくは宿願成就の菩薩なり。(10)

とあり、日本国が大乗善根の国土であり、信ある我が身を一闡提ではなく、「宿願成就の菩薩」であると論じたのである。まさしく、貞慶の仏道論は「信」を根幹にすえたものであったことが知られるのである。

註

（1）大正六六・三四〇・中～下。
（2）龍谷大学蔵『論第六巻尋思鈔通要』六丁表～裏、および七丁裏。蜷川祥美「『論第六巻尋思鈔別要』（写本龍谷大学蔵）中の「約入仏法」について」（中西智海先生喜寿記念文書刊行会『人間・歴史・仏教の研究』永田文昌堂、二〇一一年）三八七～三九〇頁を参照のこと。ただし、訓読は筆者。
（3）拙著『心要鈔講読』（永田文昌堂、二〇一〇年）九八～一〇〇頁。
（4）東大寺蔵。未翻刻。墨付二六丁裏～二八丁裏。原典には「答」の文字がないが私的に補った。
（5）大正三三・一三四・上～中。
（6）大正一二・四一九・上、同・五一九・中。
（7）大正一二・五一九・上。
（8）山田昭全・清水宥聖編『貞慶講式集』八頁・九頁。訓読は筆者。
（9）前掲『貞慶講式集』一七八頁・一八五頁。訓読は筆者。
（10）前掲『貞慶講式集』二二二頁。訓読は筆者。

第七節　むすび

法相教学の特色は、「五姓各別」と「三祇成道」にある。いずれも理事の不即不離によって立てられた教義であり、これをいかに理論づけるかが法相学侶に問われるところであった。特に、天台一乗家から殊更に「権大乗」の誇りを受けたのは、五姓説が不成仏種姓である定姓二乗と無姓有情を立てていた点と、三祇説が兆載永劫の修行を論じていたからである。したがって、貞慶（一一五五—一二一三）も自己の仏道論を構築するために五姓と三祇の両説の会通に心をくだいたので、本研究書では数年後に刊行する予定の『貞慶撰『唯識論尋思鈔』の研究——教理篇——』に先立ち、この二つの問題をまずは重点的に取り上げることにした。

『尋思別要』の五姓説に関する貞慶の注釈態度は、一見すると単なる会釈にすぎないのではないかと読み誤る人もいるかもしれないが、決してそうではない。読み進めていくと、明らかに五姓各別説を絶対的な真理であると確信した上で執筆していたことが知られるのである。その確信は、建久六年（一一九五）に著した『心要鈔』にあったものと思われる[1]。すでに指摘したように、『心要鈔』には「仏語を信じて疑謗がないので無性闡提ではない」という確固たる確信が示されているが、それは「恒時に論談し教を引き理を推した結果」であるというから、貞慶の長年にわたる研鑽の成果であったといってよいであろう。この情報を前提に『尋思別要』を見ると、まず最初に「大悲闡提の成不成」のテーマが掲げられていた。すでに「自己は菩薩種姓である」という絶対の確信があったからこそ、「大乗菩薩の行の中核となる大悲行を実践しながら仏にならないなどということがあっていいのか」との疑念のもと、三祖の釈や古師の義、あるいは根本となる経論の教説等をもとに、大悲闡提菩薩の成仏を論証していったのである。大乗の菩薩道を歩むことを目指している貞慶にとって、これが最も知りたいことであったといってよいであろう。その上で、五姓説が正義説であることを絶対的確信の中で論証していったのが『尋思別要』であった。

筆者はあえてこれを逆に論じた。貞慶の五姓説についての見解をまず明らかにしておく必要があったからである。筆者があえて論証の冒頭に持ってきた「一乗五姓了不了義」は、貞慶が天台宗の一乗義を「偏向している」と否定し、より高次元の理の観点から一乗義を解釈するものであった。根元をなす理の一乗が釈迦如来の金口より語られた時、三乗の教えとなったにすぎず、その本質は皆な「一乗」であるとする点に、貞慶の勝れた会通解釈がある。その観点から、「一乗も三乗も共に真実」であるとして、「真実の一乗、長時の五姓」と論じたのであり、ここに『尋思別要』の五姓説の大きな特色があったといってよい。これが『法相宗初心略要続編』では「三性即三無性」による「五姓即一乗」の主張となって展開していくことになるのである。

かくして、貞慶は次に不成仏種姓である定姓二乗と無姓有情についても、いずれも真実であるとの立場に立って論を進めていく。この段のみ見ると、単なる五姓説の主張にすぎないと誤解されるであろうが、右の流れの中で見れば五姓正義の確信の元で論を進めていたことが知られるのである。

そもそも、日本における一三権実論争は、天台宗の最澄と法相宗の徳一を嚆矢とするが、天台宗の源信が『一乗義私記』を著して以降、強烈な反論を行なった法相学侶が菩提院蔵俊（道南房）であり、かつ解脱房貞慶であった。いずれも玄奘三蔵の新訳を根拠に、勝れた反証を繰り広げた。しかし、注目すべきは両者ともに、不毛の諍いを実は忌避していた点にある。「仏説はいずれも真実」であるにもかかわらず、一向相即に偏して五姓を否定する天台一乗家のあり方を両者ともに嫌ったのである。とはいえ、天台一乗家からの批判がある以上は対応しなければならない。それが蔵俊においては『法華玄賛文集』や『仏性論文集』となり、かつ貞慶においては『唯識論尋思鈔』（以下『尋思鈔』）や『法華経開示鈔』等となった。

また、同時代に編纂された良算篇『成唯識論同学鈔』「種姓義」においても、単なる問答の収録に終わらない一定の意思を感じ取ることができる。

『成唯識論同学鈔』（以下『同学鈔』）を編纂したのは、周知のごとく貞慶の親授の弟子であった聖覚房良算であった。元は貞慶と同門であったが、身分差があったためか直接に会うこともなく、晩年になって貞慶の名声を慕って弟子となった。その良算が編纂した論義抄が『同学鈔』である。最も古い奥書が建久五年（一一九四）正月、最も新しい奥書が建保五年（一二一七）五月であるから、およそ二十数年かけて『同学鈔』は編纂されたことになる。その中、「種姓義」二十七論題はその奥書に、

種姓義の御沙汰の次いでに、古抄物等を引き合わせ、粗《ほ》ぼ大概を記す。（中略）時に建久八年四月二十八日、之れを草し了んぬ。(2)

とあるから、良算が建久八年（一一九七）に編纂したものである。建久八年といえば、貞慶が『尋思鈔』の編纂を企てた年でもある。すなわち、『論第一巻尋思鈔』の奥書に、

去んぬる建久八年丁巳《ひのとみ》閏六月二十八日、『唯識論』に就いて聊か愚抄を企つ。元より微功無し。随いて又た廃亡し、漸くに四年を送る。何ぞ緩怠無からん。但し同門の良公、常に登りて臨するの間、粗《ほ》ぼ余の愚を示して、悉く本書の大意を抄せ令む。(3)

とあるから、良算が『同学鈔』の「種姓義」を編纂した二ヶ月後に、貞慶も『尋思鈔』の撰述を企図し、その頃から良算が貞慶の元を訪れるようになったことが知られる。したがって、貞慶が無姓闡提の疑念を払拭した後に撰述した『尋思鈔』とは、必然的に編集意図が大きく異なっていたのである。

そのことを明らかにするため、『同学鈔』「種姓義」収録の二十七論題（大正六六・二六～四五）を筆者独自の視点で整理してみると、およそ次のようになる。

一　五姓各別の根拠を問うもの（瑜伽五姓）
二　三乗と一乗について問うもの（摂論十義・勝鬘四乗・五姓一乗）
三　理性行性について問うもの（涅槃拠理性・無性真理）
四　定姓二乗について問うもの（衆生界増減・若有無漏・無余廻心・一乗一道・根未熟故・定性比量）
五　不定姓について問うもの（聞大乗経・荘厳不定・楞伽声聞乗性）
六　無姓有情について問うもの（無性真理・五難六答・第七常没・雖復発心・無性発心・毛道生・無姓比量）
七　無姓有情の中の断善闡提について特に問うもの（瑜伽断善・果成因不成）
八　無姓有情の中の大悲闡提について特に問うもの（大悲闡提）
九　無姓有情の中の無性闡提について特に問うもの（楞伽第五無性・荘厳畢竟）

これを見ると、五姓説を了義説として主張した上で、その際に一乗家より受けるであろう論難について、特に定姓二乗・不定姓・無姓有情の三種姓に関しての論理を整理して編集していたことが知られる。

すでに指摘したように、五姓各別とはいいながらも大きく分けると、菩薩グループ（定姓菩薩・不定姓菩薩・断善闡提・大悲闡提）・二乗グループ（定姓二乗・不定姓二乗）・無性闡提の三種となるので、『同学鈔』の「種姓義」は二乗と無姓有情に対する会通に重点を置いて編集されていたことが知られるのである。要するに、単なる五姓説の主張を行なおうとして編集したのではなく、唯識行者が定姓二乗でも無姓有情でもなく菩薩種姓であることを示し、もって「唯識行者の抱く不安を払拭」しようとの意図のもとに編集されていた点に、『同学鈔』「種姓義」の特色があったと考えられるのである。(4) この点、自らが菩薩種姓であると自覚した上で『尋思鈔』を撰述した貞慶の立場とは大いに異なるものであったといってよいのである。

以上のように、同じく論義抄であるとはいっても、編纂意図に相違のあったことが明確となった。この当時、他に良算の『愚草』、興基の『興問答』、英弘の『知足鈔』等の論義抄が相次いで作成された。多くは散逸しているが、興基の『興問答』の一部が『同学鈔』に補逸編混入しており、また良算の『愚草』もかなりの数が現存している。貞慶の法孫にあたる良遍（一一九四―一二五二）にもまた、『観心覚夢鈔』があった。この書も筆者が論義研究している過程で、実は論義抄であったことが明らかとなった。今後は、これらの論義抄や数多くの短釈をもとに、法相論義の研究を更に進展させていかなければならないと考えている。

千百有余の論題数を誇る法相論義であるが、その根幹には五姓説と三祇説とをいかに護持するかがあったといってよい。したがって、この二つの論義テーマを避けて通ることはできない。そこで、「教理篇」を作製する前に、貞慶の根幹的見解を明らかにすべく「仏道篇」を作成することにした。次章では、貞慶が三祇説をどのように受け入れたかについて、明らかにしていきたいと考えている。

註

（1）拙著『心要鈔講読』（永田文昌堂、二〇一〇年）序論第二章（五七～七二頁）参照のこと。

（2）大正六六・四五・下。

（3）龍谷本『論第一巻尋思鈔』奥書。本研究書二頁に写真あり。

（4）二〇一八年五月十三日に開催された国際シンポジウム「日本仏教と論義」において発表した内容であり、二〇一九年度中には同名書が刊行され、拙稿「法相論義と仏道――仏性義の展開と一闡提の会通――」も収録されるので、参照されたし。

第二章　三祇成道論の展開

第一節　はじめに

周知のように、法相教学では「三祇成道」を正義説とする。華厳宗のように「初発心時便成正覚」とはいわないし、真言宗のように「即身成仏」とも説かない。また、禅宗のように「即心是仏」とは論じないし、浄土真宗のように「往生即成仏」とは主張しない。あくまでも三阿僧祇劫の修行を「実行」と見、その成果としての成道を主張するのである。たしかに法相教学においても、十信の菩薩が八相を現じることや、超劫についての異義も若干論じられる。しかし、総じては「三祇成道」を正義説とするのであり、「速疾成道」を論じることはないといってよい。

そもそも、三阿僧祇劫の成道については『増一阿含経』『撰集百円経』『蓮華面経』『仏説弥勒大成仏経』『菩薩瓔珞本業経』『優婆塞戒経』『菩薩地持経』『菩薩善戒経』『大智度論』『阿毘曇毘婆沙論』『瑜伽師地論』『鞞婆沙論』『摂大乗論』『摂大乗論釈』『入大乗論』『大乗起信論』『無量寿経義疏』等、枚挙に暇のない程に説かれてきた。例えば『優婆塞戒経』には、菩薩摩訶薩は是の業を修し已《おわ》るを名づけて満三阿僧祇劫と為し、次第して阿耨多羅三藐三菩提を獲得す。善男子よ。我れ往昔の宝頂仏所に於いて第一阿僧祇劫を満足し、然灯仏所にて第二阿僧祇劫を満足し、迦葉仏所にて第三阿僧祇劫を満足す(1)。

とあるように、釈迦如来が宝頂仏のみもとで第一阿僧祇劫を満足し、燃灯仏のみもとで第二阿僧祇劫を満足し、迦葉仏のみもとで第三阿僧祇劫を満足し、阿耨多羅三藐三菩提を獲得して仏陀となったあり方が明瞭に説かれている。また、『大乗起信論』には、

而るに実に菩薩種性根等の発心は則ち等しく、所証も亦た等し。超過の法有ること無し。一切の菩薩は皆な三阿僧祇劫を経るを以ての故に(2)。

とあるように、一切の菩薩は皆、三阿僧祇劫を経ることが明記されている。また、弥勒説の『瑜伽師地論』には、

云何んぞ名づけて諸仏出世と為すや。謂わく、普ねく一切の有情の類に於いては善利益増の上なる意楽を起こし、多千の難行苦行を修習し、三大劫阿僧企耶を経て、広大なる福徳智慧の二種の資糧を積集し最後上妙の身を獲得し、無上なる勝菩提座に安坐すること一なること有るが如し。（中略）時は

長遠なるが故に。謂わく、極勇猛をもって三大劫阿僧企耶を経て、方《まさ》に成満するを得るが故に。(3)

とあるように、一切の有情は善利益増の意楽を起こして長遠なる三大阿僧企耶（三阿僧祇劫）において難行苦行して無漏智を生ずるための福徳（利他）と智慧（自利）を積み集め、ついに仏陀となって勝菩提座に坐する次第が説かれている。また、無著（三九五—四七〇頃）の『摂大乗論』（玄奘訳）には、

復た次に、凡そ幾《いくばく》の時を経て修行し、諸地に円満を得る可きや。五の補特伽羅有りて三無数大劫を経る。謂わく、勝解行補特伽羅は初の無数大劫を経て修行円満す。清浄増上意楽行補特伽羅及び有相行・無相行補特伽羅は、前六地及び第七地に於いて第二無数大劫を経て修行円満す。即ち此の無功用行補特伽羅は、此れ従《よ》り已上、第十地に至りて第三無数大劫を経て修行円満す。(4)

とあるように、十地を円満するにあたって、勝解行地にある者は初の無数大劫（初阿僧祇劫）を経て修行円満し、次に清浄増上意楽行および有相行・無相行の位地に至った者は第二無数大劫（第二阿僧祇劫）を経て修行円満し、無功用行の位地に至った者は第三無数劫（第三阿僧祇劫）を経て修行円満する次第が示されている。これを註釈した世親（四〇〇—四八〇年頃）の『摂大乗論釈論』（玄奘訳）にも、

釈して曰わく、五補特伽羅有りて三無数大劫を経るというは、謂わく勝解行補特伽羅は解行地中に於

いて初の無数大劫を経て修行円満す。既に円満し已《おわ》りて真如に通達するが故に、清浄増上意楽行補特伽羅と成りぬ。此の清浄増上意楽行は十地中に遍ねし。此れ六地に在るをば有相行補特伽羅と名づく。第七地に在るをば無相有功用行補特伽羅と名づく。此れ第二無数大劫を経て修行円満す。第八地に入るをば無功用行補特伽羅と名づく。此の無功用行は猶し未だ成満せず。若しくは第九・第十地中に至りて無功用行、方《まさ》に成満するを得る。此れ第三無数大劫を経て修行円満す。是の如く唯だ一の補特伽羅に位差別あるが故に五種を建立す。(5)

とあるように、一つの有情において三阿僧祇劫にわたって十地の行を円満していくあり方が明瞭に説かれている。同じく世親の『中辺分別論』（真諦訳）にも、

何者か長時無比なるや。一一の処に三阿僧祇劫をば修習して成ずるを得るが故に。(6)

といい、十二種の無比行を説く中で三阿僧祇劫にわたる「長時無比」が説かれているから、唯識教学の大成者である無著・世親においては、三阿僧祇劫の修行円満による成道が等しく論じられていたと見てよいであろう。そこで、世親の『唯識三十論』の注釈書を糅訳した法相宗の根本論典である『成唯識論』においても「四果円満転」を解釈するに際して、

四果円満転というは謂わく究竟位なり。三大劫阿僧企耶に修集せし無辺の難行・勝行に由り、金剛喩定をもって現在前時に永く本来の一切の麁重を断じ、仏果円満の転依を頓証し、未来際を窮めて利楽無尽なり。(7)

といい、三大劫阿僧祇企耶（三阿僧祇劫）の修行によって仏果円満の転依を頓証する道が示されている。さらに、法相宗の開祖と位置づけられる慈恩大師（六三二―六八二）も『成唯識論述記』において、

無上菩提を証得するに三大劫を経る。(8)

といい、第二祖に位置づけられる撲揚大師慧沼（六四八―七一四）もまた『金光明最勝王経疏』の中で、

三大劫に修する所の万行をば菩提の資糧と為す。(9)

といい、いずれも三阿僧祇劫にわたる成道を論じたのである。そこで、法相宗では三阿僧祇劫の修行による成道を本義とするのであり、この点について良算（?―一一九四―一二一七―?）が編纂した『成唯識論同学鈔』収録の論義「地上超劫」の答文には、

答う。凡そ宗家の意は、一切の菩薩は必ず三阿僧祇劫を経る[10]。

と明言するに至るのである。

そもそも、仏道の行位について『菩薩瓔珞本業経』は五十二位説を立てているが、法相教学においては四十一位説を立てる。いわゆる、十住・十行・十回向・十地・妙覚である。このうち十住・十行・十回向の間に一阿僧祇劫を要し、初地より第七地までに一阿僧祇劫、第八地より第十地の満位までにさらに一阿僧祇劫を要するとされる。この間、遍計所執の妄相を虚と遣り、依他・円成を実と存する観法を実践するのであるが、このような実践が本格化し、実を結ぶのが初地以降である。初地の位に至った菩薩は無漏智を得、真実の唯識観の実践によって真如（我法二空の理）の一分を発得し、一地一地ごとに一の波羅蜜（計十波羅蜜）を実践し、一の真如を悟り一の重い障りを断つ。かくして、さらなる錬磨を重ねることによって煩悩・所知の二障の現行はもとより、その種子や習気をも断じ、最後に残る仏果障をも断じた菩薩はついに、上品の無漏種子の現行を見て仏果を成じるのである。その間、菩薩は多仏に繋属し、見仏聞法を重ねて、智慧と慈悲（自利と利他）の実践を行なうと説かれてきた。したがって、三阿僧祇劫にわたる修行実践は、まさしく大智と大悲を実践する菩薩の王道であったといってよい。しかし、三阿僧祇劫もの修行は同時に、行者に「怯弱の心」を懐かせた。これに対して、「速疾成道」（一念成道）のあり方は「怯弱の心」をなくさせたので、「一切皆成」と同様に多くの人師の受け入れるところとなった。その根拠にまた理事の相即相入があったため、貞慶（一一五五―一二一三）は菩薩の王道を守るため、「速疾成仏」のあり方を批判したのである。

また、貞慶の祖父師であった蔵俊（一一〇四―一一八〇）の時には「三乗方便」を主張する一乗家のみが論敵であったが、貞慶の時には加えて「弥陀一仏帰依」のもと「凡入報土論」を主張する法然が現れた。周知のように「凡入報土論」とは、菩薩が一阿僧祇劫もの修行を積んで漸く知見（往生）することのできる世界に、未だ菩薩となっていない未発心愚鈍の凡夫が本願を信じて念仏することによって一足飛びに往生することができるという理論であり、いわば凡夫を対機とした究極的な速疾成道論というべきものであった。したがって、これをも貞慶は斥ける必要があったのである。

以上のように、一乗家の「一切皆成論」には常に「速疾成道論」が付随していたので、三祇成道を主張する法相宗では恒常的に、これを会通する必要に迫られていたのである。この点、貞慶もまた同様であった。そこで、本章では「五姓各別説」と共に法相教学の中核をなす「三祇成道論」を取り上げ、特に「摂在一刹那」「一仏繋属」の二つの論義テーマを中心にして、貞慶が三祇の修行を実行とする如何なる仏道論を構築していったかも検証してみることにしたい。

註

（1）大正二四・一〇三九・上。
（2）大正三二・五八一・中。
（3）大正三〇・三九六下、七五三中。
（4）大正三一・一四六・上。

(5) 大正三一・三六〇・中。
(6) 大正三一・四六〇・下。
(7) 大正三一・五四・下。
(8) 大正四三・五三八・中。
(9) 大正三九・二二七・下。
(10) 大正六六・二一六・中。

第二節　「摂在一刹那」と仏道

第一項　摂在一刹那論の概要

鎌倉初期の唯識学侶であった良算（?—一一九四—一二一七—?）の編纂した論義抄に、『成唯識論同学鈔』（以下『同学鈔』）がある。その中に収録されている「摂在一刹那」の論義を見ると、この論題の立てられた根拠となる論典の名が明記されている。すなわち、無著の『摂大乗論』（以下『摂論』）を注釈した無性（四五〇—五三〇年頃）の『摂大乗論釈』である。周知のように無著の『摂論』は、法相宗所依の論典の一つであるが、その中の伽陀に、

勇猛に疾《と》く徳の海岸に帰せよ。(1)

という文があり、これを注釈した瑜伽行派の無性の『摂大乗論釈』には、

疾というは速也。無量劫を経て乃ち仏果を成ず。時は既に長久。云何ぞ疾と言うや。此の義、然らず。時劫の長遠なるは、唯だ分別の故なり。有る頌に「夢に処して年を経ると謂《おも》う。寤《さめ》れば即ち須臾頃なり。故に時は無量なりと雖も一刹那に摂在す」と言うが如し。又た、仏の精進は極めて熾然の故に、多劫を経ると雖も、而るに少時と謂《おも》う。有る頌に「愚の修するは少時と雖も怠心は疑いて已《すで》に久しという。仏は無量劫に於いて勤勇するも須臾と謂《おも》えり」と言うが如し。勇猛と言うは、即ち智慧力なり。無分別と後得の智を成ずるが故に、怯《おび》え憚《はばか》る所無きが故に、勇猛と名づく。(2)

と述べられていたのである。この中で無性は、「仏果を成ずるには無量劫という長久の時がかかる。どうして『摂論』の文に疾と説かれているのか」という疑義に対して、「時が長遠だと思うのは分別のはたらきであり、そのような夢のありようから寤れば須臾のことにすぎない。時は無量であるが、それも結局は一刹那に摂在するのである」と論じている。これが三祇成道を正義とする法相の学侶に、議論の一石を投じることとなり、「摂在一刹那」の論義テーマが生まれることになったのである。

良算が実際になされた当時の論義を集め、これに談義の問答と自己の「愚案」を付して編集した『同学鈔』には、およそ千百有余もの論題が収録されているが、「摂在一刹那」は『論第九巻同学鈔第二』に収められている。概要を知るために、まずは『同学鈔』「摂在一刹那」の内容を先に確認してみると、まず

最初の問答において、

問う。宗家の意、刹那速疾の成道を許す可き耶。
答う。許さざる也。(3)

とあるように、「刹那速疾の成道を許さない」という端的な回答の示されていたことが知られる。宗家とは、法相宗の場合は慈恩大師基（六三二―六八二）のことを指すから、問者は慈恩大師が刹那速疾の成道を認めているか否かを問い、答者は認めていないと答えたことになる。そこで次に、

問う。菩薩の根機は万差也。何ぞ刹那に万行を積み、速疾に正覚を唱える類、無き耶。就中《なかんづ》く『摂大乗論』の説を見るに、「夢に処して年を経ると謂《おも》う。寤れば即ち須臾頃なり。故に時は無量なりと雖も一刹那に摂在す」と、云々。此の文の如くならば、三大僧祇は夢中の妄境、刹那速疾は覚前の真智也。之れに依り龍猛所造の『論』の中に「父母所生の身にて速やかに大覚位を証す」と、云々。如何ぞ。(4)

と再度、問者は問うたのである。これをもって問者は「三阿僧祇劫は夢中の妄境ではないか」と論難したのであるが、その際に用いられたのが前に示したインドの瑜伽師であった無性の『摂大乗論釈』の文と、龍樹（一五〇―二五〇頃）の『発菩提心論』の文であった。これを見るかぎり、実際に他宗からの論難の

あったことが推測され、それに対処して展開した論義テーマであったことが知られる。ことに無性の文は「摂在一刹那」という論題（科文）の根拠ともなる重要な文であり、瑜伽論師であった無性の言葉であれば、避けては通れない一文であった。一方、八宗の祖師とされる龍樹の『発菩提心論』は偽撰の疑いが濃いものであり、実際のところ当該の文章も見当たらない。そこで答者は、

龍猛の釈に至りては、真言の『発菩提心論』歟。彼の『論』は先徳に疑い有り。弘法和尚は真言依憑の説と為《す》ると雖も、真偽は未だ定かならず。『釈摩訶衍論』の如し。何ぞ強いて劬労を致すや。(5)

といって無視する姿勢を示した。したがって、「摂在一刹那」の論義に関しては、常に無性釈の文が問題になっていたと考えればよいであろう。では、『同学鈔』収録の論義において答者は、何と答えたのであろうか。これについて答者はまず、

三祇の時量は、経・論の説に出づ。劫石・芥城、誰か之れを疑わん耶。大果の心は万行に酬ゆ。万行は定んで大果を期す。塵数の法門、無辺の行願、何ぞ一刹那に之れを備え、之れを積まん耶。(6)

といい、三祇を実とし、三祇成道が正義であることを強く強調した。しかし、その次に、

但し大乗の意《こころ》は、一切の諸法に定相有ること無し。色心等に於いては如幻虚仮なり。日夜の劫数も、豈に定執ならん耶。故に長短の時行は心の定むるところと解せば、劫数の多少は偏に心の所作なり。若し三祇をば実と執して刹那に摂せざれば、須弥をば芥子に摂し、海水をば毛吼に湛《たた》う。大小寛狭、其の義如何ぞ。彼は既に大小相入し寛狭融通せば、大小相入すと雖も小大を壊せず。長短は思いに随うと雖も、短長も亦た失せず。若し爾らば、三祇は一念に摂すとも、三祇は尚し長遠なり。一念に三祇を摂すとも、一念も亦た短時なり。彼の列子の夢中の三生は覚前の刹那なり。夢中の三生は覚前の刹那を壊せず。覚前の刹那は夢中の三生を壊せず。自心に謂いつる所、長短の異なりありと雖も、諸法は不思議にして、彼此互いに相い摂す。『摂論』に述べるところは、蓋《けだ》し此の意歟。[7]

といい、三祇を三祇のまま一刹那に摂在する「諸法不思議」のあることを指摘している。すなわち、三祇成道を真実としながらも、「三祇が一念に摂在する」ことについては認めているのである。換言すれば、速疾成道は三祇成道を宗義とする法相宗においては決して認められないことではあるが、無性の示した「摂在一刹那」は「如幻虚仮の道理によって三祇が一刹那に摂在する」という意味であるとして会通し、宗義を護持したことが知られる。ここに「摂在一刹那」の基本姿勢があったといってよい。ちなみに、世親（四〇〇―四八〇年頃）の『摂大乗論釈』（玄奘訳）には「摂在一刹那」という言葉は用いられず、

勇猛疾帰徳海岸というは、謂わく諸の菩薩の無分別智及び後得智の巧方便に由《よ》るが故に、速やかに仏

果功徳の海岸に趣けり。是の如き五頌をば総じて義を略さば、謂わく第一頌は資糧道を顕し、第二の初半は加行道を顕し、後半第三は見道を顕し、第四の一頌は修道を顕し、第五の一頌は究竟道を顕せり。(8)

といい、これを菩薩の無分別智（根本智）と分別智（後得智）による善巧方便であるとし、さらに伽陀の五頌を資糧道から究竟道に至るものと略説しているので、世親は三祇成道を根幹に据えた解釈を行なっていたことが知られる。したがって、この論義テーマは本来的に宗内のものとしては成立しえないから、やはり外部からの論難に対処したものであった考えられるのである。これについて、貞慶（一一五五―一二一三）はどのような見解を示したのであろうか。すでに指摘したように、法相宗は理事の不即不離の論理によって、一乗を認めながら現実的な五姓をも説いた。ここに大きな特色があった。『同学鈔』の「如幻虚仮の道理によって三祇が一刹那に摂在する」という論理もまた、これに類するものといってよい。原則として、『同学鈔』の問答は公になされた実際の論義問答を収録したものであるから、この論理は一宗の常義となっていた可能性がある。この点も含めて、貞慶の見解を次に明らかにしたい。

なお、貞慶の「摂在一刹那」に関しては、建仁元年（一二〇一）に撰述した『論第九巻尋思鈔通要』収録の「摂在一刹那」以外に、笠置寺般若臺の草庵での談義録である『般若臺談抄』の「摂在一刹那」も存する。『般若臺談抄』「摂在一刹那」は奥書に、

建久九年四月十八日、笠置山般若臺に於いて相伝し了んぬ。同年二十五日酉、之れを尅記す。　良算(9)

とあるように建久九年（一一九八）の作なので、『尋思通要』に先立って撰述された書であったことが知られる。しかし、両書を比較検討すると、明らかに『般若臺談抄』をもとに『尋思通要』の「摂在一刹那」が撰述されていたことが知られるのである。もっとも、表現が微妙に変えられたところもあるので、次項以降では両書をもとに包括的に貞慶の摂在一刹那論を検証したいと思う。

第二項　『般若臺談抄』と『唯識論尋思鈔』の関係

薬師寺所蔵の『般若臺談抄』「摂在一刹那」は、良算撰述の『愚草』「摂在一刹那」と合冊して伝えられており、そこでは「談抄」とのみ記されている。[10]しかし、室町時代の興基（一四一〇―一四八〇）の『摂在一刹那』には、

般若臺談抄の義に符合すと、云々。[11]

と記されているから、正式に流通していた名称は『般若臺談抄』（以下『談抄』）であったことが知られる。そもそも、般若臺とは兜率上生の大願のために書写した『大般若経』六百巻を納めるために、貞慶が建久六年（一一九五）に笠置寺に建てた六角堂およびそれに付随する僧坊の名前である。この般若臺に貞慶は、承元三年（一二〇九）加茂の海住山寺に移住するまでの十四年間、起居することになる。その間、彼は仏道の実践（教学研鑽や信仰実践など）に努めたわけであるが、同時にまた、弟子の育成を行ったのもこの

間のことであった。第一部で論じたように、『唯識論尋思鈔』（以下『尋思鈔』）の撰述は貞慶が建久八年（一一九七）六月二十八日に思い立ったものであるが、実際に「両三人」の弟子と撰述のための談義を始めたのが正治二年（一二〇〇）の十二月のことで、翌正治三年（改元されて建仁元年）の一月に七十余条の『尋思別要』が成立する。「摂在一刹那」が収録されている『尋思通要』については、同年六月一日より九月上旬にかけての百ケ日あまりをかけて撰述されたものであるから、建久九年（一一九八）成立の『談抄』「摂在一刹那」は、『尋思鈔』撰述の準備のために貞慶が自義を講じたものではなかったかと考えられる。

実際のところ『談抄』の文章運びは、談義調で始まる。まず「尋云」と問いが発せられ、これに対して「師匠上人云」以下の文で答えていく。そして、最後の奥書に至って「笠置山般若臺に於いて相伝し了んぬ」の文で締め括くられる。これらを総合して勘案すると、『談抄』は笠置寺般若臺で良算が受けた「師匠上人貞慶」の「講義録」に他ならず、いわば貞慶が『尋思鈔』を撰述するための準備段階的な書物であったと考えられるのである。[12] この推論はあながち間違いではない。なぜならば、『談抄』の記述のほとんどがそのまま、『尋思鈔』の「摂在一刹那」に使用されているからである。そのあり方を特によく示す箇所を抜き出して一覧にすると、およそ次のようになる。

『唯識論尋思鈔』	『般若臺談抄』
答。古今ノ学者ノ云多途アリ。	師匠上人云。上古以降有其ノ多ノ義。

有云。一切諸法ハ無辺定相、謂ヘハ短ト則短、謂ヘハ長ト則長ナリ。仏果一念ノ智ノ前ニ三祇所有一切ノ所行則似一念ニ宛然トシテ而現。則是随心ノ行解ニ。三祇似刹那ニ而現。故摂論云。又仏精進極熾然故雖經多劫而謂少時云云。神廓釈云。一切境相随心而現謂長即長謂短即短ト云云。

有云。仏果一念ノ智ノ反三祇長遠ノ相分故云摂在一念ニ。故大般若云。前際後際、劫数長短、皆一刹那、心相應故云云。請邁尺似タリ其心、為言。

有云。時ハ不相應故長短相入無ト遣コト云。

今云。案此等ノ義皆恐不可然。初ノ義ハ猶違疏ノ意ニ、謂ヘハ一刹那ト雖似テ一念ニ現ト実ニ所經多時也。寧答スル何日成仏ノ問ヲ本意ナラム乎。次義摂在ノ道理質相分ニシテ非質ニ。一念ノ智ノ前ニ三祇ノ相分宛然シテ雖現スト本質ハ實ニ經ル多時ヲ故。又寄テ相分ニ成此義ヲ者凡夫縁過去ノ長時又有此義。何為仏果ノ勝事

或云実ニハ雖三祇ナリト謂ヘハ小時即小時也。故摂論云又仏精進極熾然故雖経多劫而謂小時文。又云急修スレハ雖小時怠心疑已久。仏於无量劫勤勇謂須臾文。神廓疏云、一切境義随心ニ而モ現謂ヘハ長ト即長ナリ。謂ヘハ短ト即短ナリ文。

或云多時所経之事一念ノ心ノ前に忽然トシテ憶念。大般若云前際後際劫数長短皆一刹那ノ心ト相応スルカ故文。請邁ノ釈此意歟。

或云時ハ是レ不相応ノ假法ナルカ故无シ定量。亦長時亦短時也。

今見ルニ此等ノ義ノ皆有證拠但雖経多劫ヲ而謂小時トイハ者以多劫ヲ為実。誠雖有此事而モ猶不疏ノ本意ニ。皆一刹那。心相応故トイハ者是唯識三世。依相分ニ非本質ニ。第三ノ義恐ハ無実理。能依設ヒ雖不相応ナリト所依ハ是依他ノ実法也。念有多少豈暗廃セハ其相ヲ耶。

ト乎。後義亦難思。時ハ雖不相應ト所依ハ実法。猶不失縁起ノ相ヲ。念〃相続不可廃之。
依之可云実ニ以長遠ノ三祇ヲ摂在短時ノ一念也。摂在之字聊有其意。凡諸法躰義互存故雖不可ト失大少長短等相ヲ。其性如幻ナルカ故多時ヲ摂在ス刹那ニ。例ハ方丈ノ室ノ中ニ容スル一万大床ヲ不シテ促四万由旬ノ量而容ス方丈ノ室ノ中ニ。室モ如先。方丈ノ床モ不シテ改廣大ナルカ。長短時量摂在之義亦以如此。

今試案多少共ニ実ニシテ一念措置多念也。摂在之字其意分明ナリ。彼方丈ノ室中モ容三万ノ床。室実ニ是方丈ノ室ナリ。床皆四万由旬。室ハ如ク本ノ小也。床モ如ク実ノ大也。其小室ノ中ニ容大床。大小宛然トシテ互不ヲ失其相ヲ。无垢称ノ疏ニ有多ノ釈。皆許此ノ義ヲ。是雖神通ノ境ナリト神通即能ク了如幻。順法ノ相ニ現ス此ノ事ヲ。維摩ニハ名ク不思議解脱ト。此ノ論ニハ称心自在ト。皆是依他縁生如幻虚假ノ道理也。依他ノ法ノ中ニ非无ニ大小而言テ大小ト无真実相。故亦ハ大亦ハ小ナリ。大モ不違小ニ。多少ノ時節准彼可知。若シ一念定テ是レ一念シテ非長時ニ者縁生ノ法猶有一実相。豈離言義无碍之相ナラム哉。

両書を比較してみると、酷似していることは一目瞭然である。両書ともまず、「摂在一刹那」について多義のあることを認めている。次にその「多義」なるものを列挙して説明するのであるが、いずれも三種の異義を同じような論理展開で並べている。『大般若経』や「神廓」等の文を引くなど、その論証の仕方はほとんど同じといってよい。そして次に、『談抄』は「今云」としてこれらの三義を批判して自己の見解へとつなげ、一方『尋思鈔』も「今見ルニ」と受けて、それぞれの義に証拠のあることを認めつつも、三義を批判して自己の見解へと続けていく。流れはまったく同じである。その結果示された解答はといえば、『談抄』は「長遠の三祇をもって短時の一念に摂す」といい、『尋思通要』は「一念即多念なり」と論じている。その際に示される「方丈の譬え」もまったく同じように使用されている。この文章の後に、『談抄』も『尋思鈔』も五問答を掲載するのであるが、その内の二問答についてはまったく同じテーマが用いられている。これらを総合して勘案すると、『尋思鈔』の「摂在一刹那」は明らかに『談抄』の展開を踏まえて作成されたものであったことが知られる。おそらく当時、般若臺では貞慶を中心に『成唯識論』についての談義が盛んになされ、それを良算が記録して「般若臺談抄」という論義書として作成していったことが知られるのである。そして、『尋思鈔』を撰述するに際しては、貞慶・良算らがこの書を参考にしつつ、大著『尋思鈔』を作成していった経緯がおぼろげながら察せられるのである。やはり『尋思鈔』は一朝一夕に出来上がったものではなく、このような背景を有していたといってよいであろう。これは『尋思鈔』の奥書だけではわからない展開であり、この点『談抄』の発見は大きな意義を有するものであったということができる。

もう一点、指摘しておきたいことは『同学鈔』「摂在一刹那」に「尋思鈔云々」の記述が見られないことである。良算編纂の『同学鈔』を見ていると、しばしば「さらに別義あり、尋思鈔の如し」「さらに東山（貞慶）御義あり、尋思鈔の如し」等の割注が登場する。これは良算が『尋思鈔』の撰述に参画して以降のことであり、『尋思鈔』に別義のある場合はしばしばこのような割注が施されたようである。ところが、今回の摂在一刹那の項には「更に別義あり、別紙に之れを記すがごとし」といい、「尋思鈔云々」の記述が見られない。これは『同学鈔』収録の摂在一刹那が、『尋思鈔』成立の建仁元年（一二〇一）以前に作成されたものであることを示唆している。その点からすれば、『談抄』が『同学鈔』の割注に付された「別紙」である可能性は非常に高い。確かに良算には『愚草』という論義抄があり、これが「別紙」に相当する場合が比較的多かった。しかし、今回はどうやら違うようである。なぜならば、『談抄』と一緒に合冊された『愚草』は文集のみだからである。唯一、『愚草』の解釈をほのめかす興基草『摂在一刹那』においても、

談抄云
愚草ニ四ケノ義アリ。
談抄に云わく
愚草に四ケの義あり。(13)

とした「愚草」の右肩に「談抄云」と記されているから、今回の摂在一刹那に見られる「別紙」は『談抄』であった可能性が非常に高いのである。では、『談抄』と『尋思鈔』において、貞慶は「摂在一刹那」の義をどのように解釈していたのであろうか。次には、この点について明らかにしていきたい。

第三項　『般若臺談抄』の摂在一刹那論

さて、『談抄』の冒頭は、明らかな談義形式で始まる。論義はおおむね「問」「答」で進められていくが、談義は「尋」「答」の形式を取ることが多い。ここでは、「尋云」の問いを「師匠上人云」の答えで受けるという形で問答が進められ、さらに以下、五問五答が示される。およそ、論義や談義において、その論争の方向性が示されるのは最初の問難であるといってよいが、『談抄』では、

尋ねて云わく、『摂論』に云わく、「夢に処して年を経ると謂《おも》う。悟らば乃ち須臾の項なるが故に、時は無量なりと雖も一刹那に摂在せり」と、云々。爾らば、三祇と一念は倶に実にして、而も三祇を以て一念に摂する乎。将《はた》三祇は妄にして刹那は覚なるが故に、一刹那の中に三祇を摂する乎。若し先の如くならば、夢覚の譬喩は符順せず。又た、『疏』の意に違す。『疏』に云わく、「此の時、長遠なれば何れの日にか成仏せん。夢に処して多年と謂《おも》う。『摂論』に広く説くが如し」と、云々。一念は是れ実なるが故に、長遠の思いを遮すと見えたり。若し後の如くならば、三祇曠劫無辺の行願は豈に皆な妄ならん。況んや初地已去は無漏の真解なり。何ぞ夢の境に類せん乎。(14)

といい、『摂大乗論釈』に出る「摂在一刹那」の文意を解釈することに主眼の置かれていたことが知られる。すでに見た『同学鈔』の問難では、刹那速疾の成道を許すか否かが問われ、その方向性に即して論義

が進められていた。ところが、『談抄』では『摂大乗論釈』に説かれる「摂在一刹那」の義がいかなるものであるかを明らかにする点に、その主眼があったのである。すなわち、摂在一刹那の意味が「三祇は真実でありながら一念に摂せられる」ということなのか、あるいは「三祇は虚妄だから一念に摂せられる」ということなのか、まさに三祇が「真実か虚妄か」という点を問うていたのである。そして、論義の形式にのっとり、このいずれに対しても難を立てる。すなわち、前者のように三祇を真実であるとするならば「夢境」の譬喩は妥当ではないし、慈恩大師の『成唯識論述記』の文にも違背する。また、後者のように三祇を虚妄であるとするならば、三祇にわたる修行や誓願は虚しいものとなり果ててしまうし、初地以降において得られる無漏智の対境は真如であって決して虚妄ではない。いかがかと問うのである。

これに対して『談抄』は、「師匠上人云」として貞慶の講説を記載し、答えとしている。ここで注意すべきは、

師匠上人の云わく、上古より以降《このかた》、其の多の義有り(15)。

と述べている点である。すなわち、「摂在一刹那」という語義解釈をめぐって、上古より幾つもの義が立てられていたことが知られるのである。そこで『同学鈔』の割注に「更に別義あり、別紙に之れを記すが如し」と述べたのであろう。では、摂在一刹那の語義解釈をめぐって、どのような異義・異説が展開したのであろうか。これについて『談抄』には、三つの異説のあったことが示されている。それによると、

有るが云わく、一切諸法は辺なる定相無し。短と謂《おも》えば則ち短、長と謂《おも》えば則わち長なり。仏果の一念の智の前に三祇所有の一切の所行は則ち一念に似て宛然として現ず。則ち是れ心の行解に随い、三祇は刹那に似て現ず。故に『摂論』に云わく、「又た仏の精進は極めて熾然の故に多劫を経ると雖も而も少時と謂《おも》う」と、云々。神廓の釈して云わく、「一切の境相は心に随いて現ず。長と謂《おも》わば即ち長、短と謂《おも》わば即ち短」と、云々。有るが云わく、仏果の一念の智の三祇長遠の相分を変ずるが故に、一念に摂在すと云う。故に『大般若』に云わく、「前際・後際の劫数の長短も皆な一刹那なり。心相応の故に」と、云々。請邁の釈も其の心に似たり、と言わんとす。有るが云わく、時は不相応の故に長短相入して違すこと無し、と云々。(16)

といい、三つの「有説」が示されている。すなわち、第一の有説は一切の諸法に定相がないことを論拠としつつ、「三祇は実であるが仏果の一念の智の前に三祇の間になしたあらゆるものが一念のことのように現ずる」のであり、「心の行解によって長遠の三祇も刹那の一瞬のように現ずる」と解釈するものである。第二の有説は仏果の一念を強調するもので、「仏果に至ったときの一念に三祇長遠の相分を変ずるので長遠の三祇も一念に摂在す」と説くものである。第三の有説は「時」が不相応行法（色心の分位仮立の法）である点に着目したもので、「時は分位仮立の法であるから実体がないとして長遠の三祇と短時の一刹那の相入を説く」ものである。これらの三つの異説に対して『談抄』は、今云わく、此れ等の義を案ずるに皆な恐らくは然る可からず。初の義は、猶し『疏』の意《こころ》に違す。一刹那と謂《おも》えば一念に似て現ずと雖も、実に経る所は多時也。寧《なん》ぞ「何れの日にか成仏せん」の問いに答える本意ならん乎。次の義は、摂在の道理は相分にして質に非ず。一念の智の前に三祇の相分宛然として現ずと雖も、本質は実に多時を経る。故に又た相分に寄せて此の義を成ずれば、凡夫は過去の長時を縁ずるに、又た此の義有り。何ぞ仏果の勝事と為《せ》ん乎。後の義も亦た思い難し。時は不相応と雖も所依は実法なり。猶し縁起の相を失せず。念々相続して、之れを廃す可からず。(17)

と答えている。要するに貞慶は、この三義のいずれもが誤りであると判じているのである。すなわち、第一義は「心の行解によって三祇を一刹那である」と思っても、実際には三祇という「多時」を経る。三祇が実であるならば、慈恩大師が『成唯識論述記』において「時が長遠ならば何れの日にか成仏せん」とわざわざ示された意図に背くことになると、貞慶は難じているのである。慈恩大師の『述記』の記述とは、

此の時、長遠ならば、何れの日にか成仏せん。夢に処して多年と謂《おも》う。『摂論』に広く説くが如し。(18)

というもので、菩薩道の五位ならびに三大阿僧祇劫について解説した後に、「時が長遠ならば何れの日に成仏するのか」といい、三祇が仮そめであることを慈恩が示した言葉である。貞慶は、三祇を実としながら心の行解にしたがう第一の有説では、『述記』のこの記述に背くことになると批判しているのである。

次に貞慶は、第二の有義は仏智の一念を強調して立てられた理論ではあるが、摂在されるのは三祇の影像相分であって、三祇の本質相分は間違いなく多時を経ると難じている。そして最後に、第三の有説は時が色心の分位仮立の法（不相応行法）であるとして立てられた説ではあるが、しかし時がいかに仮立の法であるとはいえ所依である色心の法は実法であるから、この理論をもって長短の相入を論ずることは適当ではないと難じている。そして、

之れに依り、実に長遠の三祇を以て短時の一念に摂在すと云う可きなり。摂在の字、聊《いささ》か其の意《こころ》有り。凡そ諸法は体義互いに存す。故に大少長短等の相を失せざると雖も、其の性は如幻なるが故に多時を刹那に摂在す。例えば方丈の室の中に三万の大床を容るるが如し。四万由旬の量を促せずして、而るに方丈の室の中に容るる。室も先の如し。方丈の床も改めずして広大なるか。長短の時量摂在の義も亦た、以て此の如し(19)。

と自らの見解を明らかにしていくのである。すなわち、諸法は如幻仮有の仮そめのものであるから大小長短の相を失することなく相入するという理論をもって、長遠の三祇も短時の一念に摂在すると説き、これを「摂在一刹那」の義であるとしたのである。これは、『同学鈔』の答説と非常によく似ている。相入を説く点などそっくりといってよい。事実、興基の『摂在一刹那』には、

永秀得業云同学鈔ハ如幻摂在ノ義也唯識摂在ノ義也ト者不可然。東院ノ御所傳如此、云云。般若臺談抄義ニ符合スト云云。

永秀得業の云わく、『同学鈔』は如幻摂在の義也。唯識摂在の義也といわば然る可からず。東院の御所存、此の如しと、云々。『般若臺談抄』の義に符合すと云々。[20]

といい、『同学鈔』の義は如幻摂在の義であり、『般若臺談抄』の義とよく符合することが指摘されている。しかし筆者は、両説に若干の差異があると考えている。それは、『談抄』が「唯識如幻」を根幹に据えて「現在の一念に摂在する」と説いたところにある。確かに、『同学鈔』の説もすでに指摘したように相入の義によって三祇を一念に摂すると述べてはいる。しかし、その一念がどのような一念であるのかという点になると、『同学鈔』はすこぶる曖昧である。ところが、『談抄』では第一問答において、

問う。彼は神通の力也。大小も長短も実の摂在に非ざる也。誰か神通不思議の事を以て法体の実に相入すと云う義を成ずる乎。

答う。神通勝能も亦た是れ唯識転変の義也。是《ここ》を以て『維摩』には「不思議解脱」と云う。『唯識』には「心自在」と云う。是れ皆な唯識に悟入し如幻を了達するなり。能く法体の実有に非ざることを知れば、大少も長短も互いに以て融通す。若し大少一多定まれば、縁生に猶し一の定まれる相有る可き歟。[21]

といい、まず「唯識転変」「不思議解脱＝心自在」「悟入唯識了達如幻」と説いて、大小長短の相入を明らかにする。これは「唯識転変」を根幹に据えた「如幻摂在論」といってよく、明らかに『同学鈔』の義とは異なっていると考えられる。このことをまず承知しておく必要がある。次いで第三問答において、

問う。大少は同じく是れ現在なり。大を小に摂む其の義は、且らく信許有る可し。三祇は、時劫は既に是れ過去なり。何ぞ現在の一念に摂する乎。若し強《ことさ》らに相入せば、寧《なん》ぞ無を以て有に摂する乎。又た『花厳』の九世相入の義に同じ。

答う。九世相入の義は杜順・法蔵の私に案立するに非ず。源は『華厳経』の説に出でたり。故に彼の『経』に云わく、「一念則ち無量念なり、無量念則ち一念なり」と、云云。若し強《ことさ》らに九世相入の義に非ずといわば、則ち成ずるに仏説を用いず。（中略）他宗は一向相入して縁起の相を顧みず。凡・聖をば混同し、迷・悟不二なり。自宗は如幻虚融の義に寄せて、長短の相入を論ずと雖も、法体は宛然として其の相を廃せず。三祇をば刹那に摂すとも、有漏・無漏の自利・利他の修行、念々相続して其の体乱れず。不一不異の不一、不即不離の不即なり。然るに大乗の因果は深妙離言なり。現在の法の酬引曽当の義を観得して、随いて曽因当果を説く。所以《ゆえ》に、且《しばら》く一の第六識の中に三祇昿劫を経、生滅相続して遂に仏果に至る。仏果の一念の智の前に能く因果不離の義を知りぬれば、僧祇念々の行も現在の一念に摂在す。当果を引く力は現在の位に在りき。故に曽有の因を以て現在の果に摂す。凡そ因果は一物にして更に別体にあらず。現在の分位を論ずれば、前後の義は異なりと雖も、彼此の法体

を談ずれば因果の自性は是れ一なり。凡そ護法家には、因果理事等の法門に於いて皆な不則不離の義を立つ。二門倶に実にして各おの仮説に非ず。故に因果不二の門に依りて三世相入の義を立つ。又た、過去の因を以て現在の果に摂在す。(22)

と述べ、華厳宗等の「一向相入」の理論を否定し、自宗（法相宗）の「如幻虚融」の義をもって会通していく。すなわち、仏果一念の智によって因果不離の道理を悟れば、三阿僧祇劫にわたる一念一念の修行も、現在の今の我が一念に摂在しているとして、あくまでも過去・現在・未来の三世にわたる三阿僧祇劫の長遠の修行を実行とし、不即不離の二門をもって三世が現在の一念に摂在すると論じたのである。

この論を展開するにあたって貞慶が用いたのが因果論であった。すなわち、過去の因によって現在の果があり、現在の因によって未来の果がある。過去・現在・未来の因によって終極の仏果が引かれるのであるから、因果は不二である。したがって、三世もまた不二である。その因果を引く力が現在の一念にあるのであるから、現在の一念に三世が摂入するというのが摂在一刹那の義であると説いたのである。このことによって、時の壁に阻まれた三世の行が実行となって現在の一念に摂在し、未来の果を引く。菩薩の行が決して虚しい妄業ではなかっことが明白にされたのである。いわば、三阿僧祇劫（三世）の着実な修行によって仏果を得る菩薩の王道が、ここに明瞭に示されたといってよい。この点に、貞慶の摂在一刹那論の意義と特色があったのである。

なお、この論理はよくよく考えてみると、世親の『摂大乗論釈』の論理と変わらないことがわかる。すでに指摘したように、世親は「勇猛疾帰徳海岸」という『摂論』の言葉を解釈して「諸の菩薩の無分別智及び後得智の巧方便による速疾の道」であるとしながら、資糧道・加行道・見道・修道・究竟道の五位をもって偈頌を解釈した。要するに菩薩の実行を重視したのである。貞慶もまた、三世の修行を実行として現在の一念に置くことで、速疾成仏ばかりに眼を向ける傾向を否定し、無性の『摂論釈』に示される摂在一刹那の難を会通したのであった。

しかし、これに対して第四問答においては、三祇も一念も実ならば「夢覚の比喩」に背くことになるという例の難が示され、また因果不二を悟って多時を一念に摂在するあり方は仏果だけに限ったことかという問難も立てられたのである。この問難に対して『談抄』では、

答う。十地の間に分々に此の義有る可し。然《しか》而るに仏智の前に能く因果不二の相を悟り、延促劫智に於いて究極自在を得るが故に、此の位に於いて摂在の義を説けり。況んや懈怠緩緩の衆生は三大僧祇の修行を説くを聞きて、更に怯弱を生じて発趣すること能《あた》わず。彼が為めに仏果の得易きことを説くが故に、尤も仏果に摂在す可し。（中略）次に三祇の行に於いて二門有る可し。一つには実に長時なり、二つには一念に摂在すと云う義の二門、倶に存して一辺を失せず。其の中、懈怠の類に対して摂在の門を説く。故に長遠の門を以て、夢中の妄境に譬うる也。或いは凡夫等は久しく虚妄に境を熏習して、しばしば心を惣《くるし》む。所以《ゆえ》に一向に長遠なりと謂《おも》い、一念に摂在するの門を願わず。「夢に処して年を経ると謂《おも》う」とは、此れ譬喩也。已《すで》に仏果に至りて延促劫智を得畢《おわ》れば、長遠の時を以て亦

た一念に摂す。一念に摂すと雖も、因の中の多劫を願わざるに非ず。「悟れば乃ち須臾の項」というは、此れ譬喩也。覚悟の時は夢中の多時を知らざるに非ず。故に法喩、相い順ずる歟。「故に時は無量なりと雖も一刹那に摂在す」というは、無量の時劫を壊せずして、一念に摂在するの意《こころ》也。之れを思う可し。(23)

といい、十地においても因果不二の相を悟ることはあるが、仏果に至れば自在に劫（時間）を伸縮することのできる延促劫智を得るので、因果不二の相（三世相入＝摂在一刹那）を悟るには仏果が最も適しているとまず指摘する。その上で、三阿僧祇劫と聞いて怯弱心を生じる凡夫のために仏果に至れば一念であると説いて仏道への発趣を促し、長時と一念の二門併存を示して懈怠の凡夫のために一念摂在の義が説かれたと論じた。いわば、慈恩大師の「夢に処して多年と謂《おも》う」という言葉は、怯弱心を起こす凡夫に対してのものであると論破したことが知られるのである。そして、仏果に至って延促劫智を得ればまさに長遠の三祇を一念に摂することになるとしたが、ここで肝要な点は「因の中に多劫を説き、覚悟の時には多時を了知している」と論じた点にある。不一不異の中道をもってするからこそ、長時も一念も共に併存するのであり、まさしく「無量の時劫を壊せずして一念に摂在する」義がここに成立したのである。これをもってして貞慶はまた、三祇長遠の修行を実行として、しかも悟れば一念であると示して、怯弱心を抱く行者を仏道に向かわしめようとしたことが知られるのである。そして、その「怯弱の衆生」の一人が他ならぬ貞慶自身であった点に、我々は留意しなければならない。「底下の異生」「常没の凡夫」と自らを厳しく見つめた貞慶であったからこそ、三祇長遠に対して怯弱の心を持つ凡夫のあり方を深く理解し、自らを含めた唯識行者に三祇長遠の修行を励まし、かつ勧めるために、「摂在一刹那」の会通がなされたと考えられるのである。

以上のように、因果の道理をもって三世相入を示し、現在の一念に三世の菩薩行のあることを示した上で貞慶は、仏果の一念における摂在をも説いて怯弱心を抱く行者を導こうとした。なるほど、「即心是仏」や「即身成仏」等の速成の道は、行者にとっては魅力的である。しかし、それによって着実な菩薩行の実践（仏道）がなされないことには、法滅を招いてしまう。これが現実になってくるのが法然浄土教の展開であった。この点については本章の第二節に譲るが、要するに菩薩行の実践の根幹は他でもなく三祇説にあったことが明らかにされたのである。この『談抄』のあり方をそのまま継承し、整備したものが『尋思通要』の「摂在一刹那」に他ならなかった。次項では『尋思通要』の「摂在一刹那」の義を確認しつつ、貞慶の見解をさらに明らかにしていきたい。

第四項　『尋思通要』の摂在一刹那論

『尋思通要』の「摂在一刹那」は、龍谷大学図書館に伝えられるものしか現存していない。その冒頭に「本云」「末云」の記述がいきなり登場する。「本云」とは貞慶の祖父師であった菩提院蔵俊（一一〇四―一一八〇）の説、「末云」は貞慶の自説である。すなわち、本に云わく、且《しばら》く一の会釈を作《な》して云わく、過未をば現在の上に立つ。現在は一刹那なり。一刹那の上に立つるが故に、三祇は一刹那也。＊末に云わく、此の義は深奥也。末案の文は都《すべ》て此の義勢也。別に記すが如し。[24]＊

とあるように、貞慶が『談抄』で論じた「三祇を現在の一念に摂在する」という見解が蔵俊相伝の義であったことが示されている。これを「深奥」であると讃えた上で、「末案の文は都べてこの義勢也」と述べているので、貞慶の摂在一刹那の見解が蔵俊の説に依拠して展開したものであったことが知られる。いわば、蔵俊説を敷衍して展開したものが貞慶の「摂在一刹那」会通論だったのである。

ところで、第三部の翻刻読解研究を見れば明らかであるが、末説には『談抄』と同様に三義が示されるものの、第二義のみ「多時は一念の憶念心の前に現れ一刹那の心と相応する」と述べて「仏果の一念」という見解を微修正して「一念の憶念心」を強調した以外、ほぼ同じ展開が示されている。なぜ微修正したかといえば、他宗が三祇長遠を虚妄と見て、凡夫の憶念心の上に現れる刹那生滅の相にすぎないと批判していたからであろう。そこで『尋思通要』では、『談抄』と同様にこれらの三義をすべて否定した後、

今、試みに案ずるに、多も少も共に実にして、一念即多念也。摂在の字、其の意《こころ》分明なり。彼の方丈の室の中に三万の床を容《い》るるも、室は実に是れ方丈の室なり。床は皆な四万由旬なるも、室は本の如く小也。床も実の如く大也。其の小室の中に大床を容るる。大と小と宛然として互いに其の相を失せず。『無垢称』の疏に多の釈有るも、皆な此の義を許す。是れ神通の境なりと雖も、神通は即ち能く

如幻を了す。法の相に順じ、此の事を現ず。『維摩』には「不思議解脱」と名づく。此の『論』には、「心自在」と称す。皆な是れ依他縁生如幻虚仮の道理也。依他の法の中に大と小と無きに非ず。而るに大小と言いて真実の相無きが故に、亦たは大、亦たは小なり。大も小に違せず。多と少の時節も、彼に准じて知る可し。若し一念は定んで是れ一念にして長時に非ずといわば、縁生の法に猶し一実の相有り。豈に言義を離れた無碍の相ならん哉。(25)

といい、「一念即多念」と説いた。あくまでも如幻縁生虚仮の道理をもって「定相の執」を否定し、「方丈の譬え」をもって大小や長短に執われることの誤りを指摘し、三祇の長遠（多時）が現在の一念に摂在することが摂在一刹那の意であると論じ、他宗の非難を退けたのである。

このような貞慶の理論は、その後の五問答において「相入論」としてより明確化されていくのであるが、その第一答においては、およそ次のように述べている。すなわち、

答う。『法華』の「神力を現ずる時は百千歳を満たす」が等《ごと》きは、是れ其の証《あか》し也。『法華』は是れ五年の説なりと雖も、其の神力一品の間に百千歳を満たすが故に。＊『玄賛』に三の釈有り。皆な其の長短を許す＊(26)

といい、五ケ年という短時で説かれた『法華経』の中の神力品一つが「百千歳を満たす」ものであったことをして、長短相入の証拠の一つとしたのである。これは実は『談抄』の第二問答でもすでに論じられて

いたものであるが、明らかに一乗家の中でも天台宗を念頭に置いて立てられた問答であったことが知られる。次いで第二問答では、

> 答う。（中略）九世相入の義は自宗に於いて許不許の二門有る可し。彼の相入の宗は、杜順・法蔵の私の案立に非ず。『華厳経』に云わく、「一念即無量念なり、無量念即一念なり」と、云々。＊経の前後に此の如き文、多々ある也＊既に如来の誠言也。自宗も豈に信ぜざる哉。但し其の不許というは、彼の宗は円融無碍一多相即を以て、其の本義と為す。諸法の体用、常に定相無し。凡聖をば混同し、迷悟不二にして、一断一切断、一成一切成等、之れを以て実義と為す。中宗は一門に依り皆な彼の理を許すと雖も、万法宛然として常に体用を失せず。二諦微妙にして猶し性相を分かつ有り。不一不異の不一、不即不離の不即なり。凡聖も事理も之れに依りて能く成ずれば、如幻の理の中に猶し拘《とど》める所有り[27]。

といい、『華厳経』に出る「一念即無量念」を根拠に、九世相入の義は華厳宗の祖師である杜順や法蔵（六四三―七一二）が創始した説ではなく、もともとは法相宗の所依の経典の一つでもある『華厳経』に出るものであるから法相宗でも立てるのであると指摘する。その上で、華厳宗は円融無碍・一多相即に偏向するあまりに、凡聖や迷悟を混同して「一断一切断・一成一切成」などと説く誤りを犯している。これに対して法相宗（中宗）の相入論は、不一不異・不即不離の中道の観点より説かれるものなので、凡聖も事理も乱れることはないと述べている。これもまた、すでに引用した『談抄』の第三問答で論じられている

ものであり、『尋思通要』にそのまま用いられたことが知られる。ただし、ここで注目したいのは同じ一乗家の中でも華厳宗の誤謬に対して批判がなされているという点である。真如を所依体とする法相宗では真如は随縁しないが、真如を当体体と見た華厳宗では真如が随縁して諸法となり、「一向相即の混交」が生じると貞慶は難じているのである。これらを見るかぎり、摂在一刹那に対する他宗の難は、主に天台宗と華厳宗からなされたものであったことが推測されるのである。

次なる『尋思通要』の第三問答は、真如の理法についての不一不異を論ずるもので、『談抄』にはない問答といってよい。すなわち、

> 問う。何を以て如幻の法は互いに其の体用を具するを知るや。非一非異等は是れ遮詮門なり。其の定異を遮すと雖も、未だ是一を表さず。若し此の如き義ならば、色は即ち縁慮心にして亦た質碍なる耶。答う。依他の体用の不一不異は、源は理性に依る。彼此の諸法の実性は、理に於いて亦た、不一不異なり。然るに諸法の上に各自に理有りというは、不一也。理は一にして二無きが故に亦た共相と名づく可しというは、不異也。色心王所等、猶し定異にあらず。何に況んや一の第六識等の三世の性に於いてを耶。性を以て相を推すに、知る可し、不異の義なりと。＊此の義勢、処々に之れを記す。処に臨んで察す可し＊(28)

とあるように、第二問答で示された相入論を補足するための問答となっている。それによると、縁起の事

法（依他起性）は縁起の理（円成実性）のままに現れたものであるから、源を尋ねれば理性である。理は中道であるから不一不異に他ならないが、真如が随縁して一々に理があると執すれば不一に堕するし、理は唯一絶対のもので皆が懐く共通の相であると固執すれば不異に堕する。しかし、三世の諸法の本性である理性そのものは不一不異である。したがって、円成の理のままに現れる色心の諸現象（事相）にも、不一のみならず不異の面がある。一切諸法は如幻虚仮の不一不異のものであるから、三世相入するのである、ということになるであろう。まさしく『尋思通要』は、摂在一刹那の義を理の観点から補足する論理を展開していたことが知られるのである。

次なる第四問答は、一念に三世を摂するあり方について問うもので、ここでも『談抄』にはない論理が示されている。すなわち答文に、

答う。仏果の第六識は是れ三僧祇の念々の現行の無量無辺の第六識也。其の過去無辺の念、還りて現在の一念と同体也。凡夫及び浅位の時は、体に依りて此の義を具すると雖も、未だ自在ならざるが故に、其の性に了達すること能《あた》わず。仏智の前の現在処にて過去無量劫の相、宛然として現ずる也。今の智に付いて所縁の境ありと雖も、境の義に依りて論ずるにあらず。只だ、其の本法に付いて如幻虚仮・自在無碍にして三世不一不異の故に、彼此摂入する也。(29)

といい、現在の第六識（意識）の一念に三世を摂すと端的に答えている。その上で、凡夫や浅位にある菩

薩も本来的には現在の一刹那に三世（三祇）を摂在しているが、まだ自在力を得ていないので、そのことを証知することができない。そこで仏果において「摂在一刹那」が語られることになるとしている。その際、「境の義によって論ずるにあらず」としたが、実はこれは本質相分（依他起）による道理三世の摂在一刹那義を否定した言葉に他ならなかった。

そもそも、道理三世による摂在一刹那義というのは本質相分（第八識所変の境）による会通論に他ならない。この点について『尋思通要』にはさらに、

彼の道理の三世は、種子の自類相生に依りて論ずと雖も、現行も又た同じき也。道理の三世は、即ち唯識の所観なりと雖も、心に対して唯識三世と名づく。＊相分に於いて之れを論ず＊其の本質の自ら具する所の義は是れ道理の三世也。然らば、無量劫の所詮の時分をば凡夫は偏に長時と為す。漸くにして勝位に昇り、漸くにして悟らば、其の長短の非一非異は仏果究竟に至りて既に解了す。延促劫智等、即ち此れに依りて悟る也。若し摂在一刹那の実の道理無くば、「此の時は長遠なり、何れの日にか成仏せん」と問うに、豈に『摂論』を引きて、其の答えと為す耶[30]。

といい、凡夫は本質相分に心を惑わされて三祇を長時と見るが、仏果に至れば如幻虚仮を悟って三世の不一不異および長短の非一非異を知ることになるとし、仏果の現在の一念に過去無量劫の相が宛然として現ずるあり方こそが本来の摂在一刹那であると重ねて論じたのである。そしてさらに、

凡そ、一多相即・大小無碍の義は『華厳経』の大旨也。前後に盛んに普賢の十願を説くは、専ら其の道理也。而るに我が宗の末学、円融の義を以て偏に香象等の私の案立と謂《おも》えり。恐らくは仏意の許すにあらざる歟。『大宋高僧伝』に云わく、「釈法蔵は名僧義学の選びに応じて、奘師の訳経に属して、始めて其の間に預かる。後に筆受証文義の潤文の見識不同に因《よ》りて訳場を出る。天后の朝の伝訳に至りて首に登りたり」と、文《いえ》り。見識不同というは、三蔵の義解に乖《そむ》くこと有る歟。其の事、暗《そら》に難ず許《ばか》りと雖も、彼の宗は『深密』等を以て始教大乗と為す。三蔵は既に究竟了義と為せり。両聖の所立、定んで不同有る歟。然りと雖も、華厳の普応の門は三蔵の許さざるに非ず。『唯識論』等に皆な、其の意《こころ》有る歟。但し、依他如幻・法性無碍を談ずるに、実に相入の義有りと雖も、若し法相を論ずる時は常に不異の異を談じ、無相の相を立つ。彼の宗は偏に円融を以て本と為し、『深密』等の阿陀那の教えを以て浅権不了の説と為す。是の故に大いに我が宗の意に乖く。自宗の後学、其の四教を嫌うに依りて、亦た彼の円融を以て混じて邪義と為す。諸宗の諍論、皆な此の如き因縁より起こるなり。恐る可し、悲しむ可し。今、愚案を廻らすは、只だ彼の宗に朋《とも》なうに非ず。宗家の解釈の中に炳然として其の証《あか》し有るが故也。近代は多く彼の経文等を会して神通の前の事を談じ、「実の法相に非ず」と、云々。今、案ずらく、神通の境は法相にあらずといわば、是れ所謂ゆる唯識を弁《わきま》えず、如幻を信ぜざる也。已《すで》に心自在を証得すと謂わば、欲に随いて転変する地等、皆な境と成る。若し実有ならば如何ぞ変ず可しといわば、寧《なん》ぞ唯識の誠証に非ず耶。凡夫と二乗は未だ如幻を了せざるの前、猶し分に随いて転変等の事有り。是れ則ち法体自ずから是れ虚幻にして意解・思惟等に順ずるが故に。又た定通を修得せば、分に漸く境を以て心に従う。『瑜伽論』に説かく「身を万億に変じて共に毛の端に立つが等《ごとき》は神通なり。曽《むかし》、人間に於いて数々《さくさ》く資し熏じ磨し、其の心を瑩《てら》す」と、云々。欲界の汎爾の散心に対して、彼は猶し唯識観に相い近し。何に況んや地上の深位、乃至、仏果の一切の神通、皆な是れ心自在の唯識観の力也。余は准じて知る可し。(31)

と述べて、あらためて「円融の義」を華厳宗の法蔵の私案であると固執して摂在一刹那義を否定している自宗（法相宗）の末学者を批判するのである。そもそも、「一多相即・大小無碍の義」は法相宗の所依とする六経の中の一つである『華厳経』に説かれるものであることを、貞慶は冒頭で明言している。そして、『大宋高僧伝』を根拠に、当初は玄奘の訳経に参画していた法蔵が「見識不同」により訳場を去ったことをもって、「玄奘三蔵の義解に乖く」考え方を持っていたと指摘している。実は、この「見識不同」については『談抄』の追記でも見られるものであるが、そこでは簡単にしか触れられていない。今、引用すると、およそ次のようになる。すなわち、

『大乗高僧伝』に云わく、「釈法蔵は名僧義学の選びに応じて、奘師の訳経に属して、始めて其の間に預かる。後に筆受証義の潤文の見識不同に因《よ》りて訳場を出ず。天后の勧むる伝訳に至りて首に登りたり」と、云々。上人の云わく、すでに見識不同と。則ち九世相入等の義、自宗の意《こころ》に背く歟。彼の宗の心は、『深密』等を以て始教大乗と為す。自宗は之れを以て至極の教えと為す。教相安立は一なる

も、甚だ扞指《かんし》なるを以て、是れをば見識不同と云う歟。[32]

と。『大宋高僧伝』をもって問う弟子に対して貞慶（上人云）は、華厳の九世相入が自宗（法相宗）の義に背くこと、および法相宗至極の『解深密経』を華厳宗が大乗始教としていることをもって「見識不同」と述べているのである。これによって前掲の『尋思通要』第四答を見てみると、「華厳宗は偏に円融を本義として『解深密経』等の唯識の経論に説かれる阿陀那の教えを浅権不了の説とすることは大いに法相宗の意に乖くものである」と指摘した後、このような思いに固執した後世の法相学侶が円融の義を批判したが、我が宗（法相宗）も実は「依他如幻・法性無碍を談ずる相入の義」をもって不異（不離）なる一面を説いている。しかし、縁起の諸法（法相）を論ずるに際には「不異の異」「無相の相」を立て、中道の観点から不一（不即）を論ずるのであると、より詳細な見解を示していたことが知られる。そして、このような偏執によって諍論が起こることを嘆き、その上で『瑜伽論』等に説かれる「神通」まで持ち出して、心の願い（欲＝希望の心）にしたがって境相の変じられることを如幻の証拠としているのである。この見解は「土石を変じて金と為す」という第八地以上の大力菩薩の示す神通力について説く論義「転換本質」に通じるものがあり、[33]「十地の深位の菩薩や仏陀の示す一切の神通は皆な心自在の唯識観の力である」と結んでおり、たいへん興味深いものを感じる。

このような貞慶の摂在一刹那の会通論は、最後の第五問答において最後の疑念を取り除く形で終了している。すなわち、問う。我が宗の意《こころ》、決定して前後還りて一念なりと云うの理《ことわり》を許す可きや。如何ぞ。
答う。因自《よ》り果を生ずる能生・所生の前後に次第有り。義の前後有りと雖も、還りて是れ同時也。同時と為すと雖も、未だ前後を廃せず。一念の中の生・住・異・滅の四相の前後等、皆な此の義也。之れを以て之れを思う可し。過・現・未来の三世の有無は前後に似たりと雖も、未だ必ずしも同時の辺を遮さざる也。深く之れを思う可し。(34)

といい、現在の一刹那に過去・現在・未来の三世が同時に摂在することをあらためて強く強調して見せたのである。

以上のように、貞慶が摂在一刹那を「心自在の如幻論」より論じたのは、過去・現在・未来の三世の仏行が現在の一刹那に摂在することをもって、三阿僧祇劫にわたる修行実践を確かな実行とするためであった。再度指摘するが、ここに貞慶による「摂在一刹那」論展開の意義があったのである。

なお、余談になるが後世の学侶である好胤（生没年代不詳・江戸時代）の『摂在一刹那義』に、知足院良遍（一一九四―一二五二）の短釈を引いて摂在一刹那義に五義のあったことが示されている。すなわち、

知足院御草ニ大綱。於摂在有五義見タリ。
知足院の御草に大綱あり。摂在に於いて五義有ると見えたり。(35)

と。残念なことに、良遍の短釈は現存していないが、その内容を好胤が的確に整理しているので示してみると、およそ次のようになる。すなわち、

随心ノ義　　　　唯識三世義　　　　道理三世義

一ニハ唯識故随心ノ思ニ也。一ニハ現在一念前ニ多劫ニ所経事現也。一現在一念立三世故三祇ヲ摂一念。

時不相應義　　　　　　　　　　（如幻の義）

一時不相應故長短無定量。故長時又短時也。一諸法如幻故一念多念皆無実相也。

（唯識如幻の義）

此外、唯識三世寄如幻義、在之。此如幻義常ノ事也。別ノ事ハツカウヘカラス。

一つには唯識の故に心の思いに随う也（随心の義）。一つには現在の一念の前に多劫に経る所の事を現ずる也（唯識三世の義）。一つには現在の一念に三世を立つが故に三祇を一念に摂するなり（道理三世の義）。一つには時は不相応の故に長短に定量無し。故に長時も又た短時也（時不相応義）。一つには諸法如幻の故に一念も多念も皆な実相無き也。此の外《ほか》、唯識三世を如幻の義に寄せること、之れ在り。此の如幻の義こそ常の事也。別の事はつかうべからず。(36)

といい、摂在一刹那についての五義と「此の外の義」（唯識如幻の義）が示されている。「此の外の義」ま

で含めると六義となるが、好胤は「此の外の義」を第五義に含まれるものと見ていたようである。これを一覧にして示すと、およそ次のようになる。いわゆる、

①　随心の義――一切唯識の道理より、時もまた心に随うとする見解。
②　唯識三世の義――現在の一念に多劫を摂するという見解。すなわち、過去・現在・未来の三世は現在の心識の相分にすぎないとする唯識転変の三世観。
③　道理三世の義――現在の一念に已滅の過去と未生の未来を立てるので三祇を一念に摂するという見解。すなわち、現在の一念の上に因果の道理によって三世を立て、三祇を一念に摂する見解。
④　時不相応の義――時は不相応行法なので仮立の法であるという観点より長時を短時に摂する見解。
⑤　如幻の義――諸法は因縁和合によって生起した依他如幻の法であるという観点より諸法の如幻虚融を説き、一多相入を説いて、一念・多念に拘泥することを否定した見解。

である。そして、この五義の内、好胤は第五の「如幻の義」こそが「常の事」であると指摘している。それこそまた、貞慶の義であった。すなわち、貞慶が示した如幻の義（唯識に寄せた如幻義）が当時の法相学侶の間で「常義」とされ、伝えられていたことが知られるのである。この如幻義について好胤はさらに、

三祇モ一念モ実ナリ。実ニ長遠ノ三祇トシテ摂在一念也。此則諸法ハ不一不異ナリ。故不異ノ邊ニハ又三祇一念各別ニ可談之ヲ也。（中略）迷情ノ前ニハ起カ定別ノ執ヲ故、彼此隔歴シテ無長短相入之義。悟證ノ前ニハ了達カ如幻ヲ故、彼此融通シテ有相入義。

三祇も一念も実なり。実に長遠の三祇として一念に摂在する也。此れ則ち諸法は不一不異なり。故に不異の辺には又た三祇と一念は各別に之れを談ず可き也。（中略）迷情の前には定別の執を起こすが故に、彼此隔歴して長短相入の義無し。悟証の前には如幻を了達するが故に、彼此融通して相入の義有り(37)。

と非常に簡明な解説をしている。すなわち、有為の諸法は如幻虚仮で定相がないので、互いに融通し、かつ互いに摂しあう。そこで、長遠の三祇も一念に摂在することになると説いているのである。この理論の裏付けとなったのが「諸法の不一不異」論であった。すなわち、諸法は「不一不異」であるから、三祇も一念もいずれも「実」のまま、長遠の三祇が短時の一刹那に摂在するというのである。ところが、迷いの深い凡夫は不一の面にのみ執われるから、三祇が一念に摂在する道理がわからない。これに対して悟りを開いたものは如幻の道理を知るから、長時の三祇と短時の一念の融通・相入を証知することができる、と説いている。これを見ると、後世の常義であった如幻論が貞慶の学説によるものであったことが、より明らかに知られるであろう。まさに、これこそが如幻の義であり、鎌倉・室町期の法相学侶の「常義」だったのである。しかし、このような摂在一刹那論には、一念即証論を引き起こす危うさが秘められていた。

そこで、『同学鈔』では速疾成道についての問答も収録し、速疾成道の懸念を払拭しようとしたのである。
この点、好胤の短釈にも、

自宗ノ意不許刹那速疾之成道ヲ候。（中略）無上ノ大果ハ依三祇長遠ノ修因ニ得ルテ之候間、何トテ刹ナノ間ニ修シテ無辺ノ因行ヲ、輒スク得ト二転ノ妙果ヲ云事、候ヘキソ。サレハ釈文ニモ云、大果難感故経五位トモ（中略）自宗ノ意ハ専談因果ノ道理候間、何トテ依刹那ノ因行ニ至ルト具ル無辺ノ万徳ヲ二転ノ覚位ニ云事ハ候ヘキソ。故ニ必ス依三祇昿劫修因答テ無辺ノ因行ヲ至ル無上正等覚ノ位ニ候。サ候程ニ設極上利根ノ菩薩テ御座候トモ、刹ナニハ因行難ク修シ候間、速疾唱ルト正覚ヲ云事ハ有ルマシイテ候。

自宗の意は刹那速疾の成道を許さざる候。（中略）無上の大果は三祇長遠の修因に依りて之れを得るで候間、何とて刹那の間に無辺の因行を修して、輒《たやす》く二転の妙果を得ると云う事、候べきぞ。されば釈文にも云わく、大果は感じ難きが故に五位を経るとも、（中略）自宗の意《こころ》は専ら因果の道理を談じ候間、何とて刹那の因行に依りて無辺の万徳を具うる二転の覚位に至ると云う事は候べきぞ。故に必ず三祇昿劫の修因に依り無辺の因行に答えて無上正等覚の位に至り候。さ候程に設《たと》い極上利根の菩薩で御座候とも、刹那には因行をば修し難く候間、速疾に正覚を唱うると云う事は有るまじいて候。(38)

といい、刹那速疾の成仏を認めないということが、摂在一刹那についてのもう一つの「常義」であったことを明確に指摘している。したがって、法相宗においては三祇成道が正義説であり、現在の確実な一行一行の積み重ねが成仏への最速にして着実な道であると論じられていたことが知られるのである。そのあり方を強力に押し進めた学侶の一人が貞慶であったことが、明らかになったものと思われる。ところが、この速疾成仏について貞慶在世時に、新たに別の問題が生じた。それが「法然の凡入報土論」であった。

註

（1）大正三一・一四三・下。
（2）大正三一・四一九・上。
（3）大正六六・五三一・上。
（4）大正六六・五三一・上〜中。
（5）大正六六・五三一・中。
（6）大正六六・五三一・中。
（7）大正六六・五三一・中。
（8）大正三一・三五四・上〜中。「一刹那」という言葉は玄奘訳の世親撰『摂大乗論釈』には出て来ないが、真諦訳の世親撰『摂大乗論釈』には出て来る。すなわち、「論に曰わく、此の如き時を以て一刹那刹那と為すと。釈して曰わく、或いは三阿僧祇劫を合して一刹那と為す。或いは三十三阿僧祇劫を合して一刹那と為す。故に再び刹那と称す。此の如く、一刹那従り無量刹那に至る。一日一月、乃至、一阿僧祇劫と為す。一阿僧祇従り三十三阿僧祇に至り、方に成仏を得る」（大正三一・二一八・上）と。これらが日本では同時に用いられているので、法相宗の人師の会通にも影響を及ぼしたものと考えられる。

(9) 本研究書五〇一～五〇二頁。薬師寺蔵（堯宗写）。以下同じ。
(10) 本研究書四七五頁。
(11) 薬師寺蔵興基草『摂在一刹那』・二丁裏。
(12) もっとも、今に残る『般若臺談抄』は薬師寺所蔵の『摂在一刹那』と興福寺所蔵の『精進三根』『貪無漏縁』の計三点しか確認できていない。興福寺所蔵の論義草『精進三根』の奥書には、「師匠仰せに云わく、此の義は尤も然る可しと云々。悦びと為ん、悦びと為ん。建久十年（一一九九）四月十二日の夕べ、沙汰し了んぬ。同十六日般若臺談義の重ねての精談、此の如し。十七日の朝に仰せられて云わく（後略）」（『興福寺典籍文書目録』第一巻・五六頁上段／訓読は筆者）とあり、また同『貪無漏縁』の奥書には「建久十年（一一九九）四月十一日、沙汰し了んぬ。同十八日の朝、般若臺の談義にて、愚僧、答者として申し述ぶる上の案を立て了んぬ。師匠の御意趣の大旨も之れと同じ。其の上に加え所れる仰せ有り。仍りて後日、之れを記し、同月二十四日巳の刻に抄し了んぬ。沙門釈良算」（『興福寺典籍文書目録』第二巻・三八五頁上段／訓読は筆者）とあるので、般若臺での日を重ねた談義を踏まえて後日、著述されたものであったことがわかる。また、『精進三根』に出る「十七日の朝に仰せられて云わく」の文言からして、貞慶が翌日に気づいたことを追って講釈していたことも知られる。
(13) 薬師寺蔵興基草『摂在一刹那』・墨付二丁裏。弘治三年（一五五七）に堯宗が書写したもの。
(14) 本研究書四七八頁。
(15) 本研究書四八二頁。
(16) 本研究書四八二～四八三頁。
(17) 本研究書四八三頁。
(18) 大正四三・五五八・中。
(19) 本研究書四八三頁。
(20) 薬師寺蔵興基草『摂在一刹那』・墨付一丁表。

(21) 本研究書四八七頁。
(22) 本研究書四九二～四九三頁。
(23) 本研究書四九六～四九七頁。
(24) 本研究書五〇五頁。
(25) 本研究書五一一～五一二頁。
(26) 本研究書五一五～五一六頁。
(27) 本研究書五一九頁
(28) 本研究書五二二～五二三頁。
(29) 本研究書五二六～五二七頁。
(30) 本研究書五二七頁。
(31) 本研究書五二七～五二八頁。
(32) 本研究書五〇三頁。
(33) 「転換本質」は、『論第七巻同学鈔』巻四八（大正六六・四二二・下～四二三・中）に収録される論義テーマであり、第八地以上の大力菩薩が「土石を転じて金と為す」不思議を性相学の観点より論じたものである。第八地以上の大力菩薩による転換本質は、土石の種子・現行を止めて金の種子・現行を生ずる実用として会通されている点に特色がある。これについては、西山良慶氏が「論義「転換本質」の研究」（『仏教学研究』第七四号、二〇一八年）で詳細に論じているので参照されたい。なお、筆者はこのような不思議がすでに第八地以上の菩薩においてもなされるからこそ、仏陀による浄土世界の示現が現実的意義を帯びてくるものと考えている。そのことが註(31)の引用文に「何に況んや地上の深位、乃至、仏果の一切の神通、皆な是れ心自在の唯識観の力也」という言葉で明らかになったものと思われる。この点、「転換本質」が貞慶の『尋思鈔』から欠け落ちていることが非常に惜しまれる。
(34) 本研究書五三一～五三二頁。

(35) 薬師寺蔵光胤草『摂在一刹那』・一〇丁表。貞享二年（一六八五）の懐尊の奥書あり。
(36) 右に同じ。
(37) 薬師寺蔵光胤草『摂在一刹那』・八丁表〜八丁裏。
(38) 薬師寺蔵光胤草『摂在一刹那』・五丁裏〜六丁裏。

第三節　「多仏繋属」と仏道

第一項　はじめに

三祇の修行を実行として尊重した貞慶（一一五五―一二一三）は、「一向相入」による速疾成仏の道を否定した。それは、即身成仏や信満成仏を説く天台宗や華厳宗に代表される一乗家への批判であったといってよい。ところが、さらに大きな問題が持ち上がった。それが法然（一一三三―一二一二）の説く「弥陀一仏信仰」より派生した「凡入報土論」であった。

周知のように、法然浄土教の特質は「弥陀一仏帰依」を説き、凡夫の報土往生を説く点にあるといっても過言ではない。そのため、門流の中には諸仏・諸菩薩を否定し、かつまた諸行・諸善を忌避するものまで現れるに至った。それは決して法然の本意ではなかったが、しかし法然浄土教のもたらす弊害であったことは間違いない。これに対して「多仏繋属論」を構築して「一仏繋属」を否定し、「三祇成道論」をもって「凡入報土論」を退け、かつ「魔界法滅論」を展開して「専修念仏の停止」を訴えたのが他ならぬ貞慶であった。

すでに第一部第三章において論じたように、貞慶もまた当初は熱心な弥陀浄土信仰者であった。法相教学に基づく浄土信仰の理論を構築し、仏道実践の観点から弥陀の極楽浄土を願生した。また、釈迦の霊山浄土、弥勒の知足浄土、観音の補陀落浄土への往生をも願った。いわば、これら四尊の浄土信仰にこそ、貞慶の具体的な仏道実践のあり方が示されていたといってよい。なかでも、前半生をついやして願生した弥陀浄土への思いはことのほか強く、自らの「愚迷」を自覚して断念し、観音の浄土への往生を願うに至った折りにも『観世音菩薩感應抄』に、

若し西方の紫雲に乗ずれば、直に安養界の宝池に生ず。南海の青波を渡れば、且く補陀山の石室に住す。[1]

といい、なおも弥陀浄土への「未練」を示していたことでも、その思いの強さを知ることができる。

貞慶が弥陀浄土信仰の理論を構築した書として筆者はすでに、貞慶撰『安養報化』（撰述年不詳、一一九二年以前か）を翻刻読解して紹介したが、[2]これを基本にすえつつ阿弥陀仏に関連する記載が見られる『発心講式』（建久三年＝一一九二年撰述）、『心要鈔』（建久六年＝一一九五年撰述）、『論第十巻尋思鈔別要』「西方有異義」（建仁元年＝一二〇一年撰述）、『観心為清浄円明事』（建暦三年＝一二一三年口述筆録）等を順次に確認していくと、そこに同じく西方願生者であった貞慶の「法然浄土教に対する教学批判の本質」が浮か

び上がってくるのであり、それが元久二年（一二〇五）における『興福寺奏状』の激烈な批判となったと考えられるのである。

『興福寺奏状』には、九箇条の批判が展開されているが、筆者はその本質をすでに指摘した以下の三点にあると見ている。すなわち、

(1)　凡入報土に対する批判
(2)　魔界法滅に対する批判
(3)　一仏繫属に対する批判

の三点である。この内、(1)は弥陀の本願のはたらきによって凡夫が一足飛びに三界（輪廻界）を出過した弥陀浄土（報土）に往生することができるとする法然の教説を批判したもの、(2)は八宗を覆滅する法然の教えを「魔界・魔風」として批判したもの、(3)は阿弥陀仏一仏のみへの帰依を説く法然の教説を批判したものである。これらはいずれも本願解釈の相違に基づくものであるが、三つの批判内容の中心は本節で明らかにする(3)の一仏繫属にあるといっても過言ではない。なぜならば、弥陀一仏への帰依から派生して凡入報土、そして魔界法滅に対する批判が生じているからである。では、なぜ貞慶は一仏繫属を批判したのであろうか。これについては、前節の「摂在一刹那論」を見れば明らかであるが、菩薩は三阿僧祇劫にわたって菩薩行（智慧・慈悲）を実践する過程で、必然的に諸仏に歴事することになるからである。だから

こそ、各宗の行者は諸尊を広く仰信し、「広業」と呼ばれる諸行の実践を篤実に行なってきたのである。この点では、長らく諍ってきた天台宗や華厳宗等の一乗家の僧侶も同様である。ところが、このような諸仏帰依（多仏信仰・多仏繋属）の道理を壊したのが、他ならぬ法然の一仏信仰（一仏繋属）であった。ここに、論義「一仏繋属」をもって法然浄土教を批判する貞慶の基本的姿勢があったといってよい。では、貞慶の多仏繋属の論理とは如何なるものだったのであろうか。この点について本節では、『唯識論尋思鈔』（以下『尋思鈔』）を元に明らかにしていきたいと考えている。

なお、貞慶の「一仏繋属」については、身延山大学図書館所蔵の『尋思別要』のみならず、東大寺図書館所蔵の『尋思通要』においても論じられており、貞慶の関心の高さを感じさせるものとなっている。本節では、『尋思通要』と『尋思別要』の記述をもとに貞慶の多仏繋属論を検証し、もって貞慶による法然浄土教批判の背景に確固とした教学（論義）のあったことを明らかにしていきたい(3)。

第二項　一仏繋属の伝統説

法相論義「一仏繋属」は、最初発心の時から成仏得道に至るまでの間に、一仏のみに繋属し続ける菩薩がいるのか否かを問う論義である。法相宗の論義を集大成した良算（?―一一九四―一二一七―?）編纂の『成唯識論同学鈔』（以下『同学鈔』）では、論第十巻の五（大正六六・五九三・上～下）に収録されている論義テーマ（論題・科文）である。二問答二談義よりなるが、その第一答を見ると、

答う。二伝有り。一つには、此の類有りと云う。二つには、之れ無しと云う。(4)

とあるから、認める説と認めない説の二つが併存していたことがわかる。そして、第二答に至ると、

答う。菩薩に於いて不共の類ある可き也。凡そ宗家の意《こころ》、無始法爾種姓を立つるに、種姓不同の故に、智増・悲増は其の性、元《もと》より別なり。定姓・無姓は其の類、性として分かつ。例えば菩薩に於いて法爾繫属の然らし使《し》むるところ、不共の類有る可き也。（中略）各おのの本縁に随いて所属を為す。（中略）若し爾らば、菩薩に一仏に属する類有るの旨、経論の誠説に分明なる者歟。但し、菩薩の意楽は広大なるが故に必ず多仏に属す可しと云う難は、爾らず。菩薩種姓ならば利他を先と為《す》ると雖も、智増上の類は法爾として有り。例えば、菩薩の意楽は縦《たと》い広大なりと雖も、繫属は然ら令む。一仏に属する種姓、何ぞ之れを許さざる哉。但し四依の供仏に至りては、法爾の繫は自受用に約して之れを論ず。実の報仏、所化の為めに二十六恒の身土を現ずるの時、所現の諸仏を供養するが故に、歴事諸仏の義無きに非ざる也。(5)

といい、「各々の本縁にしたがって一仏に繫属する菩薩あり」とする説を展開すると共に、その繫属を報身仏の上に見ている。すなわち、報身仏が所化の衆生を化益するために二十六恒河沙の身土を現ずる際に歴事諸仏の義も生じるが、それは報身仏の化身であるとして一仏繫属の義を主張しているのである。『同

学鈔』のこの見解は、当時の一般的学説の一つであったと考えられるが、良算自身の談義の答文（ここでは愚案）では、

以下は愚案、之れを加う。（中略）諸仏は互いに一身土を変じ、共に一類を化するが故に、形状相似の義有り。此の義辺は既に成立し畢んぬ。（中略）若し一向不共ならば既に共の義無し。何ぞ形状相似の義門を許す哉。（中略）菩薩は必ず歴事諸仏の行有るが故に、其の中、定んで共の類有る可し。(6)

といい、一仏繫属の者も多仏繫属の者も共にありと平等に認める立場こそが正しいと論じ、「菩薩には必ず歴事諸仏の行あり」として、答文とは異なる「菩薩の多仏繫属」のあり方を強調している。実は、この「共に認める立場」こそが法相宗の伝統的なあり方であり、それを一仏繫属寄りに解釈するか多仏繫属寄りに解釈するか、あるいは五種姓全体にわたって見るか菩薩種姓のみに限って見るかで、種々の見解の相違が生じたようである。

そもそも、ことの発端はといえば、法相宗が重視する論典の一つである『仏地経論』にあった。すなわち、

又た諸経の中、処処に能化所化の相属決定を宣説す。是の故に諸仏の所化は不共なりと。実義の如きは、共も不共も有り。無始の時より来《このか》た、種性は法爾に更に相い繫属す。或いは多の一に属し、或い

は一の多に属す。(7)

とあるように、「種姓」において「属一属多」（共不共）のあることが「実義」であると示されると同時に、諸経典の中には「仏と衆生（種姓）との相属関係が自ずと確定している（不共）」と説くものもあったことが指摘されているのである。そこで経典を精査したが、現存する経典では唯一『大乗本生心地観経』に、

各おのの本縁に随いて所属を為す。或いは一菩薩多仏化、或いは多菩薩一仏化なり。(8)

とあるばかりであった。なるほど、「各おのの本縁に随う」とは記されてはいるものの、この経典の結論は「一菩薩が多仏の化を受ける場合もあれば、多菩薩が一仏の化を受ける場合もある」という「菩薩の共不共」論にあったといってよい。しかし、この経文に出る「本縁に随う」ことをもって相属決定を主張した者がいたためか否か、『仏地経論』ではあえて難を立てた上で、「一仏に繋属する者（不共）もいれば多仏に繋属する者（共）もいる」とあらためて論じたと見てよいであろう。いわば『仏地経論』の記述は、一部にある一仏繋属論への偏向修正であると同時に、対象を菩薩とはせずに五種姓全体に広げた立場にあったと考えられるのである。これを受けてか、法相宗の根本論典である玄奘三蔵（六〇二―六六四）が訳出した『成唯識論』には、

自性身土は、一切如来の同じき所証の故に、体に差別無し。自受用身及び所依の土は、一切の仏の各おの変じて不同なりと雖も、而るに皆な無辺にして相い障礙せず。余の二身土は諸の如来の所化の有情に随いて共と不共と有り。所化の共というは、同処同時なり。諸仏は各おの変じて身と為《な》り土と為る。形状相似して相い障礙せず。展轉相雜して増上縁と為り、所化の生をして自識に変現し、一土に於いて一仏身有りて為めに神通を現じて説法・饒益すと謂《おも》わ令む。不共に於いては、唯だ一仏の変なり。諸の有情の類は、無始の時より来《このか》た、種性法爾に更に相い繫属せり。或いは多の一に属し、或いは一の多に属するが故に、所化の生に共と不共と有り。爾らざれば、多の仏の久しく世間に住して各おのの事を劬労すとも、実に無益と為る。一仏は能く一切の生を益するが故に。(9)

といい、三身三土を論ずる中で、種姓論を根底にすえた「共不共」論が説かれるに至った。なお、ここで論じられる共なる所化の衆生の同処同時論は、同処同時に諸仏が浄土を示現して衆生を摂取しているにもかかわらず、愚鈍な衆生はこれを「一土一仏身」と思い込んでいるとするもので、いわば「共」の不思議を論ずるものと見てよい。また、不共なる所化については「唯だ一仏の変」であるという不思議が示されており、結局のところ、いずれをも認めるという立場が法相宗の根本論典である『成唯識論』には示されていたのである。そこで、法相宗の開祖と位置づけられる慈恩大師基（六三二―六八二）はまず、『大乗法苑義林章』の中で、実義の如きは共と不共と有り。『成唯識論』も亦た是の説を作《な》す。所化の共というは、同処同時なり。諸仏は各おの変じて身と為《な》り土と為る。形状相似して相い障礙せず。展転相雑して増上縁と為り、所化の生をして自識に変現し、一土に於いて一仏身有りて為めに神通を現じて説法・饒益すと謂《おも》わ令む。不共に於いては、唯だ一仏の変なり。諸の有情の類は、無始の時より来《このか》た、種姓法爾に更に相い繋属せり。或いは多の一に属し、或いは一の多に属す。故に所化の生に共と不共と有り。爾らざれば、多の仏の久しく世間に住して各おのの事を劬労すとも、実に無益也。一仏は能く一切の生を益するが故。此の義は広く仏地等に説くが如し[10]。

といい、『成唯識論』と『仏地経論』を拠り所として、有情（種姓）の「共不共」を実義とする論を展開し、かつまた『説無垢称経疏』においても、

『成唯識』に云わく、其の法性土は一切如来の同じき所証の故に、体に差別無し。自受用土は、一切の仏の各おの変じて不同なりと雖も、而るに皆な無辺にして相い障礙せず。余の二仏土は諸の如来の所化の有情に随いて共と不共と有り。所化の共というは、同処同時なり。応《よろし》きに随いて、諸仏は各おの土を変為す。形状相似して相い障礙せず。展転相雑して増上縁と為《な》り、所化の生をして自識に変現し、一土に於いて一仏身有りて為めに神通を現じて説法・饒益すと謂《おも》わ令む。（中略）不共に於いては、唯だ一仏の変なり。諸の有情の類は、無始の時より来《このか》た、種姓法爾に更に相い繋属せり。或いは

多の一に属し、或いは一の多に属す。（中略）所化の生に共と不共と有り。爾らざれば、多の仏の久しく世間に住して各おのの事を劬労すとも、実に無益と為る。一仏は能く一切の生を益するが故に。(11)

といい、『成唯識論』の身土の文を土のみに改変しながら、端的に共不共のあり方を示したのである。これを受けて法相宗第三祖の智周（六七七―七三三）も、その主著の一つである『成唯識論演秘』において、

一切如来の所化の有情は、共不共と為す。有る義は皆な共、一一の仏は皆な一切を度するを以てなり。（中略）有る義は不共、仏の所化の諸の有情の類は本《もと》より相属せるを以ての故に。（中略）実義の如きは共と不共と有り。若し所化の生、一向に共ならば、何ぞ多仏を須《ま》たん。一仏、能く一切の生を化すが故に。若し所化の生、一向に不共ならば、菩薩は応に弘誓の願を発して多の仏に歴事して大乗を修学すべからず。諸仏は応に已《すで》に所化を以て後の仏に付属すべからず。(12)

と論じ、所化の有情（種姓）について、「多仏繫属」と「一仏繫属」のいずれをも認める見解を示したのである。その説くところによれば、もし化益する衆生が共通するなら多仏の現れる必要性はなく、一仏のみで救済できる。一方、もし化益する衆生が共通しないなら多仏に歴事して大乗の行を修学していくというあり方がなくなってしまう。したがって、共の衆生もいれば不共の衆生もいると見るべきである、という点にある。ちなみに、前者が一仏繫属、後者が多仏繫属の立場からの論難である。したがって、所化の

有情（種姓）に多仏繋属と一仏繋属の者がいずれもいるからこそ、一切衆生を化益する諸仏のはたらきがまっとうされるのであるとして、両者を共に認める立場にあったのが法相宗の伝統的なあり方であったといってよい。

ところが、『同学鈔』の答文の立場は、対象を菩薩に限定した上で一仏繋属を正義とし、兼ねて多仏繋属を認めるという立場にあった。良算はこの説をあえて収録した上で、次のような割注を付した。すなわち、

東山の仰せに云わく、一仏繋属の菩薩無し。尋思抄の如し。（中略）時に建仁二年十一月十日の午の時、之れを記す。(13)

と。「東山」とは貞慶をさし、「尋思抄」とは建仁元年（一二〇一）に撰述された貞慶の論義抄である『尋思鈔』をさす。その編纂に深く関わっていたのが良算であり、その翌年の建仁二年に『同学鈔』の当該論義を編集したことが、右の文より知られる。要するに良算は、前年に成立した貞慶の『尋思鈔』の内容を熟知していたので、貞慶の見解が『同学鈔』収録論義の答文とは異なり、「一仏繋属菩薩」の存在を徹底的に否定する立場にあったことを、割注をもって付記したことになる。

では、『同学鈔』の割注が指摘する貞慶撰『尋思鈔』の見解とは、具体的にいかなるものだったのであろうか。実は、貞慶撰述の『尋思鈔』は「通要」と「別要」の二書構成を取っており、当該の「一仏繋

属」については『論第十巻尋思鈔別要』「菩薩種姓一仏繫属有無」に、

末に云わく、菩薩の中には此の類（一仏繫属の類）無し。問う。根性は万差也。何ぞ此の類を遮せんや。（中略）答う。法爾の種姓は五乗をば本と為す。五性の中に、菩薩及び不定姓は、法爾として多仏に属す可きの類也。（中略）菩薩種姓の中に、誰人か無数の仏土に詣でざる、無尽の法門を受けること無らん。（中略）故に必ず多仏に繫属す可し。是れは其れ、菩薩法爾の種姓也。(14)

と論じられている。すなわち、貞慶は『同学鈔』の割注に示されているように、「菩薩においては一仏繫属の者はなく必ず多仏に繫属する」という立場にあったことが確認できるのである。

第三項　「一仏繫属菩薩」否定の新展開

すでに指摘したように、『尋思鈔』は「通要」と「別要」の二書構成を取っている論義抄である。重要な案件については『尋思別要』で論じ、通じての案件は『尋思通要』で論じられた。もっとも、「別要」という言い方は弟子の良算がすでに使用していたが、「通要」という言い方は良算以降に用いられた呼称である。(15) 両書には共通するテーマもあるが、大谷本・龍谷本の『尋思通要』には「一仏繫属」の名は見られない。ところが、近年になって東大寺図書館の蔵書を調査する中で、『第十巻抄尋思抄』なる書物を見い出した。本書の表紙には、

第十巻抄　　尋思抄　　三身成道　意業非身　一仏繋属(16)

とあるので、本書が『尋思鈔』の三論義を抜き書きしたものであったことは明白である。そのことはまた、祖父師であった菩提院蔵俊（一一〇四―一一八〇）の説を「本云」、自己の説を「末云」として引く『尋思鈔』独特の記述スタイルを本書も採用していることで確認できる。しかし、その中の「一仏繋属」を確認すると、その内容は既知の『尋思別要』のものとはまるで異なっていた。したがって、本書収録の「一仏繋属」は現存する『尋思通要』にはない「散逸問答」の一つであったことが知られるのである。しかし、この発見は貞慶の「一仏繋属否定」の論理を確認するにあたって、大きな価値を有していた。なぜならば、『尋思通要』と『尋思別要』とを比較検証することによって、貞慶の学説が祖父師蔵俊の学説を超えるものであったことが確認できたからである。

もともと、貞慶は『尋思鈔』を作成するにあたって、当代一流の学匠であった菩提院蔵俊の撰述した『菩提院抄』を「規模」とした。要するに規範としたのである。しかし、規範としたとはいっても、決して蔵俊の学説をすべて正義説として丸飲みしたわけではなく、これをきびしく峻別し、自己の見解を展開させた。それが『尋思鈔』であった。本節の「一仏繋属」もまた例にもれず、両者の解釈には興味深い相違が認められるのである。すなわち『尋思通要』には、

本に云わく、今、一仏繋属の有無を案ずるに、二義有り。(17)

といい、まず「本云」として蔵俊がこのテーマに関して一仏繫属（前義）と多仏繫属（後義）の両説あることを指摘した事実を示している。この点、『同学鈔』収録の問答と同じである。では、蔵俊が示した「前義の立場」とはどのようなものだったのであろうか。これについて『尋思通要』には、

一つには云わく、此の類有る也。（中略）故に正義を述べて云わく、「種姓法爾にして更に相い繫属す。或いは多の一に属し、或いは一の多に属す」と、云々。若し一向に共ならば、法爾種姓無きに似たり。故に初師に此の難有り。若し法爾種姓有らば、一仏繫属有る可し。故に正義に此の釈有り。故に知んぬ、五姓法爾差別の宗は、此の類有るを許すと。応に是れ正理なるべし。(18)

とあるように、法相宗は五姓法爾差別を説く宗であるから、一仏繫属の者がいることこそ正義であるという前義の見解を示している。次いで、「後義の立場」について蔵俊は、以下のように述べている。

一つには云わく、二十六恒供仏を説くの文は、是れ属多の類を説く也。属一の人に非ざる也。或いは属多の前に、諸の有縁の仏は同処同時に各おの身土を変ず。形状は相似して相い障碍せず。受相は和雑して増上縁と為る。所化の生をして自識に変現せしめ、一土に於いて一仏身のみ有りと謂《おも》わ令む。所有の諸仏をば皆な釈迦と名づけ、乃至、皆な慈氏と名づく。其の属一の者、此の釈迦に於いて所属の一仏を見る。但だ慈氏に属する属一の者は、但だ慈氏の釈迦を見て、釈迦の釈迦をば見ず。亦た説

法をも聞かず。但だ釈迦に属するの者は、但だ釈迦の釈迦を見て、釈迦の慈氏を見ず。亦た其の説をも聞かず。『論』に云わく、「無縁の仏に於いては化を受くるを肯《がえん》ぜず。亦た見聞せず」と、云々。故に、属一に約して多人をば合して論ずれば、多仏をば汎じて一仏と為す也。故に釈迦にのみ属せる属一の人は、西方に往きて弥陀に向うの時に、但だ弥陀の中の釈迦を見て、弥陀の弥陀をば見ず。乃至、東方に生ずるも亦た以て爾なり。其の余の一の類も、皆な以て是の如し。而《しか》るに、其の所化の人には、我れ西方に往きて弥陀仏を見る、乃至、浄瑠璃に生じて薬師仏を見ると謂《おも》わ令む。属多の者に一の土に於いて一の仏身有りと謂《おも》わ令むるが如き也。＊『論』に云わく「所化の共というは同処同時なり。諸仏は各おの変じて身と為り土と為る。形状相似せり。所化生をして自識に変現し、一土に於いて一仏身有りと謂《おも》わ令む」と、云云。之れを以て此の義を知る可き也＊。此れ乃ち不可思議境界にして、唯識道理の然ら使《し》む也(19)。

と。これを見ると、多仏繋属が真実である中、一仏繋属のあり方も起きていると指摘している。すなわち、二十六恒河沙もの諸仏を供養するという文(20)は、明らかに多仏繋属を意味する。しかし、諸仏は同処同時に形状相似の身土を変現し、しかも互いに障碍することがないので、属一と思う人たちは自識に一仏一仏土しか変じない。したがって、実際には諸仏の化を受けているにも関わらず、釈迦に帰依する人は釈迦のみを見、弥陀に帰依する人は弥陀のみを見、薬師に帰依する人は薬師のみを見る。そして、「一仏繋属」であると思っているにすぎないと、蔵俊は後義説の見解を解説しているのである。そして、この論理が『成唯識論』の説を根拠とするものであることを合わせて指摘し、「不可思議の境界」であるという。そして、之れに由《よ》り、但だ釈迦に属するの者は、四依の間、二十六恒の各別の仏を供養するの時、諸仏の中の釈迦一仏を供養する也。其の能化の釈迦は、所化の生をして十方界に往きて二十六恒の諸仏を供養すと謂《おも》わ令む。余の一仏に属するの類も、之れに准じて知る可し。是れ則ち、所化をして供養諸仏の願を成弁せ令むる也。其の所化の生も亦た、二十六恒の各別の仏を供養するの功徳を得る。信力は畢竟じて等しきことを知るが故也。一の釈迦なりと雖も、其の釈迦に於いて二十六恒の諸仏の名有る也。是の故に其の名の各別なるに随わば、併《な》べて所化の謂《おも》いに依りて属一の者をも、二十六恒の仏を供養すと云う也。(21)

といい、「一の釈迦に二十六恒河沙の諸仏の名あり」「所化の思いによって属一の者もまた二十六恒河沙の諸仏を供養す」などと述べ、ついに多仏繫属の中に一仏繫属をも認める「共中不共」の見解を示すに至るのである。その上で蔵俊は、

此の二義の中、後義を用う可し。(22)

といい、後義を用いるべきであると説くのである。

しかし、この見解は多仏繫属を原則としながらも、詳細に検討すると「多仏繫属」の立場に立ちながら「一仏繫属と思う人の存在」を認める「共中不共」の解釈であった。一見すると、すべてが丸くおさまる

巧妙な会通のようではあるが、しかしこれでは属一を肯定することになるので、一仏繋属論者（属一）の跋扈を許すことになる。そこで貞慶は『尋思通要』において、

末に云わく、菩薩には一仏繋属無き歟。但し、繋属の義は更に別門有り。別に記すが如し。(23)

と述べ、菩薩には一仏繋属の義のないことを明言した上で、その見解を「別記」に譲ったのである。かくして別に著されたものが、『尋思通要』より先に撰述された『尋思別要』収録の「菩薩種姓一仏繋属有無」であった。

『尋思別要』の「菩薩種姓一仏繋属有無」には、すでに紹介した文章の後に、次のような見解が示されている。すなわち、

諸の有情の中に繋属の多・少、所化の共・不共あり。其の中の共の辺は三乗に亘り、不共の辺は二乗を談ず。何の過《とが》か有らん。何に況んや繋属に於いて多重有り。観音大士は最初発心自《よ》り別願有りて、弥陀に繋属する等也。無諍念王の発心せる時、太子も同じく発心す。宝蔵仏、記をば太子に授くるに、「大王成仏せし時、汝は補処と為りて、次に当に成仏すべし」と、云々。即ち、弥陀如来と正法明如来、其の因縁也。又た、釈尊の多くの弟子の中、阿難尊者は世々に必ず侍者と為《な》る。此の如き繋属は一仏に在りと雖も過無し。（中略）各おのの本縁に随うとは、弥陀観音父子の本縁等也。(24)

と。これは蔵俊が示した「後義」に対する貞慶の反論と見てよい。すなわち、その冒頭において貞慶は、不共（一仏繫属）は「二乗に限る」と明言した。なるほど五種姓をよくよく見れば、定姓二乗・不定姓二乗の「二乗グループ」と、定姓菩薩・不定姓菩薩・断善闡提・大悲闡提の「菩薩グループ」、そして「無性闡提」の三つに分かれる。このことはすでに第二部第一章で指摘した通りである。これをもって貞慶は「種姓法爾」という『成唯識論』等の文言を解釈するにあたって、無漏種子（種姓）を有する者のみを取り上げ、「不共は二乗、共は菩薩」という見解を示したことが知られるのである。その上で、蔵俊のいう「本来は多仏に属する属一の者」（共中不共）というあり方は菩薩種姓の本義ではなく、あるとすればそれは弥陀と観音、釈尊と阿難などのような「特別な本縁ある場合に限る」という解釈を付加したのである。

実は、この貞慶の解釈には前提があった。それが『同学鈔』の談義に示されている。すなわち、

尋ねて云わく、（中略）伝に云わく、「論に云わく所化共というは同処同時に諸仏は各おの変じて身と為《な》り土と為る。形状は相似せり。所化の生をして自識に変現し、一土に於いて一仏身有りと謂《おも》わ令む」と、云々。之れに准ずれば、所化共は二十六恒の諸仏を供養す。即ち又た二十六恒の一仏を供養すというは、之れを以て知る可し、所化共とは供養する所の二十六恒の諸仏も、実には是れ一仏也と。且らく、釈迦一仏に属する者の西方に往き弥陀に見《まみ》えるの時、諸仏は各おの身土を変ずるも形状相似せるが故に、釈迦も亦た弥陀身土を変ず。釈迦に属するの人、即ち弥陀の中の釈迦を見て、実の弥陀を見ざる也。(25)

と。これによると、蔵俊の示した「同処同時」「形状相似」等の論は、法相宗相承の「伝」であったことがわかる。その大元が『成唯識論』であったことはすでに確認した通りであるが、その論調は多仏繋属を前提とする「共中不共」を論ずる蔵俊とは異なり、明らかに不共（一仏繋属）のみを強く主張するものであった。もはや多仏繋属を前提とはせず、「二十六恒河沙も実にはこれ一仏なり」といいきり、「一仏繋属こそが正しい」という論理を強く示したのである。その背景には、『同学鈔』の答文で示された「実の報仏・化現の化仏」説のあったことが知られる。すなわち、すべての小化仏・大化仏は皆、報身仏の化現であるから一体であるという見解である。いわば、これが当時主流をなしていた伝統的な「弥陀中釈迦」による一仏繋属論であったと考えられる。この理論が背景にあったので貞慶は、「本来は多仏に属する属一の者」（共中不共）という蔵俊説は用いず、「一仏繋属は特別な本縁に限る」「一仏繋属（不共）は二乗に限る」等と述べ、菩薩における一仏繋属を徹底的に否定したのであった。

これは実に画期的な展開であった。多仏繋属（共）と一仏繋属（不共）を共に認める伝統学説に対して種々の異義が立つ中、貞慶は「五種姓」という広い観点から「不共」は特別な本縁ある者を除いては二乗に限られるとし、菩薩種姓は常に多仏に繋属する「共」の存在であって、決して「不共」ではないと明言したのである。これは明らかに祖父師蔵俊の見解を超える新展開であった。なぜそれほどまでに貞慶は、一仏繋属（不共）の否定にこだわったのであろうか。実は、その背景に「すべての人々が弥陀一仏の悲願によって救われる」と説いた法然浄土教の存在があったのである。

この時代、法然浄土教は畿内や七道に「燎原の火の如く」弘まっていた。法然の教えを受けた者は、阿弥陀仏の本願によってどんな悪人でも救われ、三界を出過した勝れた報土に往生することができる（凡入報土）と信じ、心ない者によっては「破戒を宗とし魔界に堕ちる所業」等をなす者まで現れ、まさに「八宗都滅」の危機に陥っていた。(26)しかも、『黒谷聖人語灯録』を見ると法然は、

一つには一仏多仏というは、（中略）世尊、已《すで》に自証知見を以て勧進するに、而るに衆生の猶し之れを信ぜざるを恐る。故に他方の諸仏の勧進を引き、物をして信を生ぜ令むる也。二つに共化と不共化というは、『唯識論』に曰わく、「諸の有情の類は、無始の時より来《このかた》、種姓法爾に更に相い繫属せり。或いは多の一に属し、或いは一の多に属するが故に、所化の生に共と不共と有り」と。「或いは多の一に属す」というは、謂わく多衆生の一仏に繫属せる也。「或いは一の多に属す」というは、謂わく一衆生、多仏に繫属せる也。＊繫属というは有縁を言う也＊今、此の意《こころ》に依りて諸仏の証誠を釈さば、或いは衆生有りて東方恒沙の諸仏の証明を聞くに由りて疑惑を断ず可し。又た或いは二方三方、乃至、十方も亦復た是の如し。此れ、共不共の意に依りて証《あか》しを引いて勧進せる也。(27)

といい、『成唯識論』に説かれる「或いは多の一に属す」とあるものが一仏繫属を意味するものであるとして、弥陀の六方証誠（ないし十方）は多仏が弥陀一仏繫属を証明するものに他ならないと論じたのである。おそらくは「南都遊学」の折りに、『同学鈔』収録の答文のような法相宗の一仏繫属論を知ったからこその論旨ではなかったかと思われる。しかし、それによって「八宗都滅」の危機がおとずれた。そこで

貞慶は、菩薩においては一仏繋属のものは存在しないと否定することで、法然教学の誤りを徹底して是正しようとしたのである。ここに、伝統学説を超えた貞慶の教学的新展開があったといってよいであろう。では、法然浄土教を批判した『興福寺奏達状』および『興福寺奏状』には、一仏繋属に対する具体的な批判がどのような形で展開されたのであろうか。次はこの点について検証してみたい。

第四項　『興福寺奏達状』『興福寺奏状』に見られる「弥陀一仏繋属」批判

世に広く伝えられた『興福寺奏状』（以下『奏状』）には、その草稿本ともいうべき『興福寺奏達状』（以下『奏達状』）があった。もっとも、その名称を正伝しているのは、龍谷大学禿氏文庫所蔵本、およびその複写本である龍谷大学図書館所蔵の別本の計二本があるのみである。その他、その姉妹本が龍谷大学図書館に二本と大谷大学図書館に一本、所蔵されているが、この三本はいずれも「興福寺奏状」の名で伝えられている(28)。

もともと、『奏達状』と『奏状』とは明らかに異なる「異本」であるが、混在して伝えられて来た。両書ともに法然浄土教を批判する内容とはなっているものの、『奏達状』の方がはるかに語調が厳しい。ところが、ここに朝廷（天皇ならびに有力貴族）の意思がはたらき、一部、法然を擁護する文章に書き改められた。それが『奏状』である(29)。

では、一仏繋属に関する箇所が両書ではどうなっているかをまず確認すると、その第一条において、一代の聖教は弥陀一仏の称名に帰し、恒沙の法門は悉く西方極楽の往生に在る哉。（『奏達状』）若し夫れ浄土念仏を以て別宗と名づくれば、一代の聖教は唯だ弥陀一仏の称名を説くや。三蔵の旨帰、偏に西方一界の往生に在る歟。（『奏状』）(30)

とある。すなわち、『奏達状』『奏状』のいずれにおいても、法然浄土教の主張する「弥陀一仏帰依」という「一仏繋属」の論理を明確に否定していたことが知られるのである。また、法然の弥陀一仏帰依から派生する諸問題についても、摂取不捨曼陀羅（第二条）・釈尊軽視（第三条）・万善廃亡（第四条）等の厳しい論難が示された。すなわち、摂取不捨曼陀羅については、『奏達状』『奏状』の第二条（ほぼ同文）において、

上人の言わく、「念仏衆生摂取不捨とは経文也。我に全く過《とが》無し」と、云々。此の理、然らず。偏に余善を修め、全く弥陀を念ぜざる者は、実に摂取の光に漏る可し。既に西方を欣《ねが》い、亦た弥陀を念ず。寧《なん》ぞ余行を以ての故に大悲の光明を隔てん哉。（『奏達状』）(31)

といい、余善・余仏を認めない法然の解釈を誤りであると名指しして批難した。また、専修念仏者の釈尊軽視の在り方については、同じく第三条（『奏達状』も『奏状』もほぼ全同）において、

夫れ三世の諸仏の慈悲は均しと雖も、一代の教主の恩徳は独り重し。心有るの者は誰か之れを知らず。爰《ここ》に専修の「身に余仏を礼せず」「口に余号を称せず」と云うは、即ち釈迦等の諸仏也。専修よ専修、汝は誰が弟子ぞ。誰が彼の弥陀名号を教え、誰が其の安養浄土を示したるか。憐れむ可し、末世に本師の名を忘るとは。（『奏状』）[32]

と痛烈に批判しているのである。また、第四条（『奏達状』と『奏状』では文章が異なるが趣旨は同じ）においても、弥陀一仏を憑むあまりに大乗仏教の説く万善諸行を否定する専修念仏者のあり方を痛烈に批判し、

大乗を謗る罪は、無垢友の五舌の出生を爬《か》き、阿鼻に陥いるが如し。（『奏達状』）
大乗を謗る業は、罪の中の最大なり。五逆罪と雖も、復た及ぶこと能わず。（『奏状』）[33]

といい、阿鼻地獄に陥る罪業であり、五逆罪さえも及ばない最大の罪であると述べている。実は、第二部第三章で詳説するように、貞慶には「五逆愚迷」「誹謗正法」への深い自覚があり、そのため西方願生を断念した経緯があるからこその批判であったといってよい。

貞慶が「誹謗大乗の罪」を掲げたのは、実は「専修念仏者による法滅の懸念」に深く根ざすものでもあった。すでに指摘したように、貞慶には法然の「魔界法滅」のあり方に対する批判が濃厚に存した。この「法滅の難」が明瞭に認められるのが、『奏達状』『奏状』の第五条・第八条・第九条である。そこに一貫

して強調されているのは、「法然の専修念仏義が仏法を滅ぼす因になる」という「法滅」への懸念である。実はこれは、専修念仏者が既存の教団を批判して「魔界に堕ちる」と難じたことに起因している。このことが第五条に明瞭に認められる。すなわち、

彼の念仏の輩、永らく神明を異にす。権迹実類を論ぜず。宗廟大社を憚《はばか》らず。纔《わず》かなりと神明に臨む者は皆な魔界に堕つと、云々。（中略）伝教（中略）・智證（中略）・慈覚（中略）・行教阿闍梨（中略）・弘法大師（中略）。上の如き諸匠、皆な法然に劣ると為《せ》んや。魔界に堕つと為んや。（『奏達状』）念仏の輩、永らく神明を別にす。権化実類を論ぜず。宗廟大社を憚らず。若し神明を牒《しる》せば必ず魔界に堕つと、云々。（中略）伝教（中略）・智證（中略）・行教和尚（中略）・弘法大師（中略）。是れ皆な法然に及ばざるの人歟。魔界に堕つ可きの僧歟。（『奏状』）(34)

とあるように、専修念仏の人々が先に、「神々を拝することは魔界に堕ちる所行である」と謗っていたことが知られるのである。

「魔界」とは、聖道を歩む者たちが時として堕ちる世界であり、真摯な行者であったからこそ、かえって仏法に仇なす存在になるという。聖道門の行者を謗るこのような妄言が生じた背景には、根本的に法然の「弥陀一仏帰依」（一仏繫属）の思想があったことは歴然としている。元久元年（一二〇四）に比叡山の大衆が専修念仏の停止を求めて座主真性に（一一六七―一二三〇）訴えた動きに対して、法然が門弟の連

署を添えて同年十一月七日付で制定した『七箇条起請文』を見ると、『奏達状』『奏状』に上げられる行状の数々が、すでに明記されていることに気づく。すなわち、

一、未だ一句の文をも窺わずして、真言止観を破し奉り、余の仏菩薩を謗ずることを停止すべき事。（中略）

一、無智の身を以て有智の人に対し、別行の輩に遇いて好んで諍論を致すことを停止すべき事。（中略）

一、別解別行の人に対し、愚癡偏執の心を以て、当に本業を棄置すべしと称し、強《あなが》ちに之れを嫌い嗤《わら》うことを停止すべき事。（中略）

一、念仏門に於いては戒行無しと号し、専ら淫酒食肉を勧め、適《たま》ま律儀を守る者を雑行人と名づけ、弥陀の本願を憑《たの》む者は造悪を恐るること勿れと説くを停止すべき事。（中略）

一、未だ是非を弁《わきま》えざる癡人の、聖教を離れ師説に非ざるに、恣に私義を述べ、妄に諍論を企てて智者に咲《わら》わ被れ、愚人を迷乱することを停止すべき事。（中略）

一、愚鈍の身を以て、殊に唱導を好み、正法を知らず、種々の邪法を説きて、無智の道俗を教化することを停止すべき事。（中略）

一、自ら仏教に非ざる邪法を説きて正法と為して、偽《いつわ》りて師範の説なりと号することを停止すべき事。

（以下略）[35]

と。これを見る限り、南都北嶺の僧侶たちが「本願を憑むあまりの邪説・邪行」に走る専修念仏の人々に対して怒っていたことが知られるのである。しかし、これを厳しく戒めた法然に、「聖道を歩む人たち」を進んで貶めるような思いがあったとは到底、考え難い。では、なぜ「魔界に堕つ」などという聖道門批判を専修念仏者たちは行なったのであろうか。おそらくは、魔界についての法然の解釈を誤解もしくは曲解したからではなかったかと思われる。そこで、法然の「魔界」に関する記述例を調べてみると、弥陀の来迎を解釈するにあたって、次のような文言が『黒谷上人語灯録』にあることがわかった。すなわち、

又た、魔事を対治せんが為めの来迎というは、古《いにしえ》に曰わく、道の高ければ魔も高し。仏道修行に必ず魔障の難有る也。真言宗の中に云わく、誓心決定せば魔宮振動すと。天台止観四種三昧を修行せば、十種の境界の発する中、魔境の来たると云う。又た、菩薩の三祇百劫の修行の既に成って正覚を唱える時、魔王の来たりて種々の障礙を至す。何に況んや凡夫具縛の行者は、設い往生の行業を修すと雖も、魔障の難を対治せざれば、往生の素懐を遂げること難き也。然るに阿弥陀如来は、無数の化仏菩薩と囲繞して、光明赫奕《かくやく》として行者の前に現ず。此の時、魔群、近前に障礙すること能わず。然れば則ち、来迎引接は魔障を対治せんが為め也。(36)

と。これを見ると法然は、真言宗・天台宗・法相宗（三祇の修行）の人師が仏道修行をする際にしばしば「魔障」に襲われることを指摘した上で、阿弥陀仏の来迎は「魔障」をよく対治するものであると説いて

いたことが知られる。これを誤解もしくは曲解すれば、「聖道門の修行は魔界に堕ちる行である」という妄言も生まれることになる。『奏達状』および『奏状』の第五条は、明らかにこれを受けたものであったと見てよいであろう。そこで、貞慶も魔界について深く語ることになる。すなわち、貞慶の手になる『魔界廻向事』には、

『心地観経』に云わく、「或いは菩薩有り。諸の天魔を以て而も恐怖と為す。天魔の眷属は欲界に充満して修道の人を障《さ》う。菩提を退せ令むるが故に」と、云々。末代の僧徒の深く恐る可きは此の事也。若し夫れ上根人の宿善淳熟して行願清浄の人ならば、魔王魔衆も憂悩すること能《あた》わず。仏子の如き等は、恣《ほしいまま》に出離を欣い仏法を受くると雖も、戒定恵の中に都《すべ》て一分の功も無く、身口意の間に未だ衆多の失を離れず。常に世俗のことを念じて、名をば阿蘭若に仮《か》る。内と外と相応せず。名利に多く汗することとあり。（中略）抑も我が朝の中古より以来《このかた》、顕密修学の人、有徳有功の輩、粗《ほ》ぼ魔界に堕して法を妨げ、人を悩ます。嗚呼《ああ》、如意の珠を投げて徒《いたず》らに名利の直《あたい》と為し、甘露の薬を嘗《な》めて剰え煩悩の病を増す。昔は行徳を以て魔軍を伏しき。今は何ぞ其の伴党と為らん。昔は智力を以て法城を守れり。今は何ぞ其の怨讎と為らん。哀しき哉、凡夫の心は掌を変ずと雖も、何れの日にか何れの生にか方《まさ》に不退に住せん。大象の尾にて窓に拘《とら》われ、師子の虫の身を食しめんも、蓋し此の謂い歟。(37)

とあり、顕密修学・有徳有功の者たちが魔界に堕ちると、かえって仏法に讎なすことが記されている。

『魔界迴向事』を見るかぎり、『心地観経』を引用した上で「常に世俗のことばかり考えて阿蘭若(森林などの寂静処)に身を置く修行者の顔をしているが名利に執われる愚者である」と述べているから、貞慶の魔界思想はもともとは自己の迷妄(魔)に対しての記述が主であったと見てよい。しかし、その中にすでに右のような「法滅への怖畏」もまた明確に示していた。引用文がないため、「法滅への怖畏」を「魔軍」と見た貞慶の見解が何によるものなのかは今一つ定かではないが、しかし『大般涅槃経』には次のような記述が存する。すなわち、

是の一闡提の悪比丘の輩は阿蘭若処に住し、阿蘭若法を壊し、他を見て利心を得て嫉妬を生じ、是の如きの言を作《な》す。「所有ゆる方等大乗経典は悉く是れ天魔波旬の所説なり」と。(38)

とあるように、一闡提の悪比丘が仏道修行の場である阿蘭若に紛れ込み、大乗の諸経典を天魔波旬(魔王)の説であると批難するというのである。「阿蘭若」や「名利」「魔界に堕して法を妨げ」等々、『魔界迴向事』と一致するところが多い。恐らく、貞慶の「法滅への怖畏」の根拠は、『涅槃経』ではなかったかと思われる。なお、興味深いことに、この見解は『心要鈔』「一心門」にも一部登場する。すなわち、

練若の仮名は誑を招くこと尤も多し。(39)

というくだりである。筆者は『心要鈔講読』（永田文昌堂、二〇一〇年）の解説文において、「これは貞慶自身の深い自己反省に他ならない。（中略）なお、この言葉はまた比叡山をおりて吉水に隠棲した法然のあり方をも念頭においたものではないかとも考えられる」（二二七頁）と述べたが、今でも妥当な見解ではなかったかと考えている。なぜならば、『奏達状』ならびに『奏状』の第八条・第九条において、激烈な「魔界」批判が展開されているからである。すなわち、第八条においてまず貞慶は、

専修は「圍碁・雙六は専修に乖かず。耽女肉食も往生を妨げず。末世の持戒は是れ市中の虎也」と言うは、噫《あ》あ特に戦慄す可き、嫌憎す可き者なり。「若し人、罪を怖れ、辱を憚《はばか》るは、是れ仏を憑《たの》まざるの人也」と。彼の麁毒の如き、若し国土に流れ衍《はびこ》ること有らば、則ち是れ正法の怨讐、焉《こ》れに逾《こ》えるもの莫し。（中略）魔風、日に熾《さか》ん。専修の僧尼、都鄙《とひ》に徘徊し、北陸・東海、充満せざる莫し。斯の時に当たり、緊《きび》しく勅宣を垂れて以て過《とが》を禁じざれば、則ち群国、皆な魔民に陥ん。天奏の趣、純《もっぱ》ら此に存り。（『奏達状』）

専修の云わく「圍碁・双六は専修に乖かず。女犯肉食も往生を妨げず。末世の持戒は市中の虎也」と。恐る可し悪《にく》む可し。「若し人、罪を怖れ、悪を憚るは、仏を憑まざるの人なり」と。此の如き麁言をば国土に流布し、人の意を取らんと為し、還りて法怨と成る。（中略）剰え破戒をば宗と為し、道俗の心に叶う。仏法の滅する縁、此れより大なるは無し。洛辺近国、猶し以て尋常なり。北陸東海等の諸国に至りては、専修の僧尼、盛んに此の旨を以てすと、云々。勅宣ならざる自《よ》りは、争《いか》でか禁遏す

ることを得ん。奏聞の趣、専ら此れ等に在る歟。
（『奏状』）(40)

といい、専修念仏の教えが「正法の怨讐」「魔風」そのものであり、「仏法の滅する縁」に他ならないから、群国の民が魔民に陥ちないよう「禁遏」を求めて上奏したのであると、上奏の趣旨を明確に示しているのである。さらに、その禁遏の対象となった「魔風」について、『奏達状』ならびに『奏状』の第九条には、

法滅の因縁、将に来たること測り叵《がた》し。斯の事を思う毎に、三百の鉾を以て其の胸を刳《さ》すが如し。是れを以て天威を懼《おそ》れず。泣血は額《ひたい》を朱にす。恐惶敬悰して、天聴に奏達す。（中略）五畿七道の群国の稀《ねが》う所は、沙門源空の専修念仏の邪義を糺糾し、魔民鬼卒の囲《かこみ》を免れ令めんことにあり。
（『奏達状』）

法滅の因縁の将に来ること測り難し。此の事を思うが為めに、天聴に奏達す。（中略）七道諸国を仰いで、沙門源空の専修念仏の宗義を糺改されんことは、世尊付属の寄にして、弥《いよい》よ法水は舜海の浪に和み、明王照臨の徳、永く魔雲を兗山の風に払わん。
（『奏状』）(41)

といい、「沙門源空の専修念仏の邪義」「沙門源空の専修念仏の宗義」とそれぞれ記され、法然の名前が名指しされているのである。したがって、『奏達状』および『奏状』は、教学的には法然の一仏繫属論に基づく「販新図像」「軽侮釈尊」「廃万善」「乖背神霊」「惛昧浄土」「謬軼念仏」の誤りを批判し、政治的に

は仏法の滅縁となるような反社会行為を繰り返す専修念仏者を「濫損釈衆」「乱壊国家」をもって糾弾し、「沙門源空の専修念仏の宗義」の糾改と停止を朝廷に求めた書であったということになるのである。

以上のように、『奏達状』『奏状』はともに法然の説き勧めた「弥陀一仏帰依」（一仏繋属）が諸悪の根源的な問題であったことを指摘し、厳しく批判するものであった。法然が弥陀一仏への帰依を説いたからこそ生じた諸問題であったといってよい。ここに、法相論義「一仏繋属」において貞慶が徹底して一仏繋属菩薩の存在を否定し、多仏繋属を主張した理由があったと考えられるのである。その批判の中で、さらに大きな比重を占めたものが、弥陀への一仏繋属から派生した法然の凡入報土論であった。

周知のように、法然教学の一大特色はといえば、「凡入報土」を説く点にある。これについて『拾遺黒谷上人語灯録』には、

我れ浄土宗を立つるの元意は、凡夫の往生報土を顕示せんが為め也。且らく、天台宗の如きは、凡夫の往生を許すと雖も、其れ浄土を判ずること卑浅なり。法相宗の如きは、其れ浄土を判ずること亦た高深なりと雖も、凡夫の往生を許さず。凡そ諸宗の所談は、其の趣き異なると雖も、総じて之れを論ずれば凡夫の往生報土を許さず。是の故に、我は善導の釈義に依り宗門を建立し、以て凡夫の報土に生まれるの義を明かす也。(42)

とあるように、法然は「凡夫の報土往生を明らかにするため浄土宗を立てた」と端的に述べている。さら

に右の文では、天台宗と法相宗の浄土義についての法然の見解が示されている点も興味深い。すなわち、天台宗では凡夫が弥陀浄土に往生することは認めているが、その浄土は凡聖同居の「卑浅」な世界である。これに対して法相宗では、阿弥陀仏の浄土を三界を出過した「高深」な報土と判じているが、凡夫の報土往生は認めていない。そこで法然は、両宗の浄土義を共に否定して、善導教学を継承した阿弥陀仏の本願による「凡入報土」の義を明らかにしたのである。これによって、仏道を志求することが困難な凡夫にも、大きな光明が差し込むことになった。しかし、唯識の教義によって真摯に仏道を追い求めている貞慶にとっては、法然の教説は世の人々を誑惑し、種々の悪業をもたらすものと映った。それが一仏繫属によって生じた種々の廃善・悪業であり、かつ『七箇条起請文』に記される「本願を憑むあまりの邪説・邪行」の数々だったのである。このような法然の教説を貞慶は、すでに指摘したように「魔風」「魔界」と表現したのである。そこで貞慶は『奏達状』ならびに『奏状』の第六条において、法然の「凡入報土」に対する難を示した。すなわち、『奏達状』には、

而るに近代の人、剰え本を忘れて末に付き、劣を馮みて勝を欺むく。寧《なん》ぞ仏意に契わん乎。彼の帝王、政を布くの庭に、天に代わって官を授くるの日、賢愚は器に随い、貴賤は家を守る。至愚の者は、縦《たと》い他に風積の繢《せん》ありと雖も、非分の職に任ぜず。下賎の輩は奉仕の勛《いさお》を積むと雖も、卿相の位に進み難し。大覚法王の国、凡聖来り輳するの門、彼の九品の階差を授くるに、各おの先世の徳因を守る。分に随い自ら得す。其の理《ことわり》、必然也。而るに偏えに仏力を頼んで涯分を測らず。是れ即ち愚癡の過《とが》也。(43)

とある。『奏状』もほぼ同文である。その言わんとするところは、「至愚の者は非分の職に任ぜず」「下賎の輩は卿相の位に進み難し」という譬えをもって、「近代の人」たる法然の「涯分を測らざる凡入報土論」を批判したのであった。そこには、「阿弥陀仏の報土は一阿僧祇劫もの修行を積んで初地に登った菩薩が無漏智を生じて真如の一分を発得することによって初めて知見することのできる世界である」という論義研鑽によって形成された貞慶教学の浄土義が厳然としてあった。これについて建久六年（一一九五）撰述の『心要鈔』「覚母門」には、

造悪の凡夫は本《もと》より因果に暗し。最後の臨終に始めて善知識の語るを聞く者は、弥陀如来の不可思議威神の功徳に於いて、忽ちに決定の信を生ず。若し十念を具すれば、必ず浄土に生じ、必ず仏道を成ず。此くの如きの一一の所説に於いて、総じて疑惑無し。語に随いて信ずるが故に。（中略）本より邪見無きも、今、正念も無し。此くの如きの人、臨終に自ら仏号を唱えて、数《さく》く十返を過ぐるも、定んで三界を過ぎて浄土に生ずべきや否耶。他人をば知らず。己に於いては信じ難し。愚度の如き者は、多く人天に生ず。宿習力の故に。重ねて善縁に値いて、漸く勝心を発して、二三生等に宿願を果たし遂げん。是れ猶し勝事なり。人、悦ばずんばある可からず。而るに平生の願を看《み》て、兼ねて此くの如きを知るも、昔は是れ猶預す。然れば是れ長時なり。(44)

と述べており、貞慶自身にも仏語に随って弥陀の本願を信ずる思いは強くあったものの、法然が説く臨終

十念による凡入報土の理論は経典にも論典にもないものであり、三祇成道を本義とする法相学侶であった貞慶にとっては到底、信じ難く、かつ受入れ難いものであったことが知られる。なお、「勝事とされる二三生等往生論」は貞慶が理論化した性相学に則った凡入報土論であり、自らの弥陀信仰の理論から鑑みて、法然の凡入報土論は造悪の凡夫を誑惑し、真摯に仏道を志求する心を妨げるものと映っていたことも確認できる。まさしく、阿弥陀仏の本願による「凡入報土」を説く法然の教説は、貞慶からすれば「涯分を測らざる愚癡の過」に他ならなかったのである。

ちなみに、「涯分を測らず」という表現は、かつて貞慶自身が自らに向けた言葉であった。すなわち、建仁元年（一二〇一）の撰述と考えられる『観世音菩薩感應抄』「第四当来値遇」「第五往生素意」の段に、

就中《なかんづ》く、凡夫の所生は変化土にして、唯だ是れ有漏なり。無漏の辺無きが故に。若し又た浄土は我が機に応ずといわば、大師の釈に云わく「他方浄土は分に越えたる望みなり」と。又た云わく、「故に当に已《おの》れの行なるべし。此の業を修す可し」と、云々。「此の業とは兜率の業也」と、云々。当に知るべし、分に越えたるの事は、修す可からず。所得の果、能感の業、量定の分斉、宜《よろし》く希望に及ぶ。譬えば、世の人の官を望み職を求めるが如し。但し、此の意は大師の釈を以て証《あか》しと為す。都《すべ》て安養を嫌わずして兜率を欣《ねが》えり。只だ分に超えたる望みを遮するなり。（中略）夫れ、諸教の讃ずる所は、弥陀の本願也。衆賢の欣う所は、西方の浄土也。小僧、涯分を量らずして、久しく願望を係く。(45)

とあるように、貞慶は『奏達状』にも出る官職の譬えを用いて「分に超えたる望みを否定」した上で、世間のあり方にしたがって西方浄土を欣求していた過去のあり方を「涯分を測らず」と自嘲しているのである。その四年後に『奏達状』と『奏状』が起草され、その表現が今度は法然に対して用いられたのであった。

したがって、貞慶の法然教学批判は、同じく仏道を歩む者としての純粋な立場より起こされたものであり、終始一貫したものであった。決して、『奏状』を上奏する際に限られた政治的一過性のものではなかったのである。それが明瞭に知られる文が、示寂間際に口述筆記された『勧進為清浄円明事』に存する。すなわち、

西方往生は、機は劣にして土は勝れ、因は軽くして果は重し。然《しか》而るに現に往生の事有り。世を挙げて疑わず。是れ只だ弥陀の本願の威力也。而して本願を立てたもう時、五劫思惟して、其の思惟に之れを計る。即ち能く不思議を知りたもう故に歟。爾らざれば、争《いかで》か彼の希有の願を発す乎。随いて又た、有行・無行・善人・悪人に、軽微の業因を以て聖衆の来迎を勧む。聖衆の已《すで》に現ずれば、往生は疑い無し。但し真実浄土の業の成就は、多くは彼の聖衆摂取暫時の間に在り。爾らざれば争か最下の凡夫、麁浅の縁を以て忽ちに微妙の浄土に生じ、永く不退転の利を得ん乎。是れ則ち不思議中の不思議也。予、深く西方を信ずるが故に竊《ひそか》に此の案を廻らす。学者性相の疑いに同じからず。又た、世の人の一向の信に同じからず(46)。

とあるように、「世の人」たる法然等の専修念仏者の勧める偏った信（一向の信）とは異なるものであると述べた新たな見解を示しているが、その新義さえもまた法然の説く凡入報土を否定する点では一貫するものであった。すなわち、貞慶が最晩年に示した凡入報土の案は、弥陀の本願を信ずるところより立てられたものであり、「聖衆摂取暫時の間に真実浄土の業を成就する不思議が起こる」ことによってなされるものであった。これを貞慶は「不思議中の不思議」と述べた。阿弥陀仏の救済は不思議以外のなにものでもないので、貞慶もこのような会通を試みたのである。そして、

恐らくは一期の所作に於いて、以前の称念等は仏を感じること大なりと雖も、多くは猶し疎因也。真実の正因正業は瑞相を見ての後に希有の心を発《おこ》す。或いは略法を開き、或いは所被に依り、暫時と雖も大乗心に住す可し。然る後、正しく浄土に生ず可き也。其の瑞相不思議、併《しか》しながら是れ仏宝・法宝の不思議也(47)。

といい、自らの新義の詳細を示す。すなわち、瑞相不思議である来迎を見ることによって発す希有の心（大乗心・菩提心）が真実の正因・正業となり、略法を開くなどして浄土に往生することができると述べているのである。確かにこれは、第二部第三章で詳述する貞慶構築の「極速三生論」等とは異なる新見解であるといってよい。では、「略法」とは何であろう。これについて『勧誘同法記』には、

当に知るべし、唯心の行者は因果二位に常に此の道を以て衆生に開示す。而るに、此の一心の法は略要にして行じ易し。(48)

と述べているので、「すべてのものは心を離れては存在しない」という「一心の法」、すなわち「唯識の道理」をさすことは明らかである。このような不思議が臨終時に起こって初めて、凡夫は阿弥陀仏の浄土に往生しうるのであるが、その浄土とは他受用報土ではなく、あくまでも変化浄土（化土）であると見ていたことが、「暫時と雖も大乗心に住して浄土に生ず」と述べている点より推測できる。したがって、最晩年の会通においても、貞慶は「世の人」である法然の凡入報土論を否定していたことが知られるのである。

以上のように、法相教学展開の中で案出された「菩薩種姓の一仏繫属論」は、法然においては弥陀一仏論を支える基盤となり、それが法然門下では諸仏・諸菩薩の否定、諸行・諸善の廃捨となって現れ、「八宗都滅」の様相を呈したのである。これを正すには、法然が用いた法相教学の一仏繫属のあり方を是正する必要が生じた。ここに、貞慶による論義テーマ「一仏繫属」研鑽の意義があると共に、法相宗の三祇成道論に適った多仏繫属論の展開をもたらすに至ったのである。

貞慶の論義研鑽に仏道論の内在していたことは、すでに第二部第一章・第二章において順次に論証してきたが、本節の対法然浄土教に対するあり方は、より実際的であったといってよい。このような仏道論を内在して『尋思鈔』が作成されていたことを念頭に、次作の『貞慶撰『唯識論尋思鈔』の研究――教理篇――』の作成をも進めたいと考えているが、その前に第三章において具体的な仏道実践となる貞慶の浄土信仰について、『尋思通要』の翻刻読解をもとに解明することにしたい。

註

(1) 東大寺蔵。新倉和文「貞慶著『観世音菩薩感応抄』の翻刻並びに作品の意義について――阿弥陀信仰から観音信仰へ――」(『南都仏教』第九二号、二〇〇八年)二三頁。訓読は筆者。
(2) 拙稿「貞慶撰『安養報化』(上人御草)の翻刻読解研究」(『南都仏教』第九五号、二〇一〇年)。
(3) 第二部第一章より第二章にかけて明らかになってきたように、貞慶の論義研鑽は単なる学問に終始して終わるものではなく、何らかの仏道上での意図あるいは意義を有するものであった。そのことが「一仏繋属」では法然浄土教という対立構造によって明らかにされている点、非常に興味深いものがある。
(4) 大正六六・五九三・上。
(5) 大正六六・五九三・上〜中。
(6) 大正六六・五九三・中〜下。
(7) 大正二六・三二七・上。
(8) 大正三一・三〇五・中。
(9) 大正三一・五八・下。
(10) 大正四五・三六九・上。
(11) 大正三八・一〇三〇下〜一〇三一上。
(12) 大正四三・九七八・上。
(13) 大正六六・五九三下・五九五中。
(14) 本研究書五六六〜五六七頁。
(15) 「別要」の呼称については、すでに良算の『同学鈔』に見られる。すなわち、『同学鈔』収録の論義「成事非真」

の末尾割注に、「上の如く成じ了んぬ。更に東山御義有り。『尋思別要』の如き也」（大正六六・五八〇・下）と出る。一方、「通要」の呼称は室町期の諸短釈に広く出る。例えば、わかりやすいところでは、薬師寺所蔵『且就有躰事』（論第六巻論義短釈）の表題下に「尋思通要」と記されている。

(16) 本研究書五九八頁。

(17) 本研究書五七九頁。

(18) 本研究書五八〇頁。

(19) 本研究書五八〇〜五八一頁。

(20) 「二十六恒河沙」の文は、管見する限り慈恩の『法華玄賛』に二箇所しか確認できない。すなわち、「此に世尊は三大劫を経て二十六恒河沙の仏を供養するを顕かす」(大正三四・六九八・上)等と明記されている。ちなみに、六恒河沙・七恒河沙・十恒河沙・十二恒河沙・三十六恒河沙・七十二恒河沙・八十恒河沙などの表記が経論には多数見られる。

(21) 本研究書五八一頁。

(22) 本研究書五八一頁。

(23) 本研究書五八四頁。

(24) 本研究書五六七頁。

(25) 大正六六・五九三・中。

(26) 『興福寺奏達状』『興福寺奏状』の第八条・第九条において指摘されている。詳しくは拙稿「龍谷大学図書館禿氏文庫蔵『興福寺奏達状』について――『興福寺奏状』の草稿本もしくは今一つの「奏状」――」（大取一馬編『典籍と史料』龍谷大学仏教文化研究所、二〇一一年）の翻刻文三一九〜三二〇頁を参照のこと。

(27) 大正八三・一二九・下。

(28) 龍谷大学図書館禿氏文庫所蔵の『興福寺奏達状』は、江戸時代に新潟県高田の浄興寺より流出した稀覯本である。明和二年（一七六五）に歓喜庵権律師釈秀啓が書写し、更に翌明和三年になって出羽村上郡高楯の鬼目山了広寺の九世臨全が書写したものである。全く同じ書がもう一本、龍谷大学図書館に所蔵されている。この二つの書は行数・文字数のみならず、ルビや送り仮名および朱書に至るまでそっくりであるが、後者には三箇所の朱書ミス等の計十三箇所の相違があるので、明らかに後者は禿氏文庫本の複写本であったことがわかる。一方、大谷大学本は浄興寺本を書写して保持していた元常律師の持本を明和元年になって湖月釈暁了が書写したもので、明らかに龍谷本の姉妹本である。さらに、洛西松尾華厳寺の宝蔵より流出し、堀川書林の又三郎が伝えたとする姉妹本がもう二本、龍谷大学図書館には収蔵されている。一本は寛政十二年（一八〇〇）の写本、一本は享和元年（一八〇一）の写本である。詳細は、前掲拙稿「龍谷大学図書館禿氏文庫蔵『興福寺奏達状』について――『興福寺奏状』の草稿本もしくは今一つの「奏状」――」の三〇二～三〇八頁を参照のこと。なお、「奏達状」の名称は第九条に出る「奏達天聴」の文から来ており、『奏状』に書き改めた際も第九条の「奏達天聴」の四文字はそのまま残された。前掲論文三二〇頁の両書比較の箇所を参照のこと。最後にもう一点。ごく最近になって大谷大学に「奏達状」名を持つ写本がさらに一書発見された。これについては浅井尚希氏が、二〇一九年六月一日に中近世宗教研究会拡大例会シンポジウム「後鳥羽院政期の事件として建永の法難――歴史と思想から考える――」において、「『興福寺奏状』に関する諸問題」と題して発表する中で指摘した。

(29) 筆者は、前掲拙稿「龍谷大学図書館禿氏文庫蔵『興福寺奏達状』について――『興福寺奏状』の草稿本もしくは今一つの「奏状」――」において朝廷の介入を疑ったが、新倉和文氏の論文「澄憲と貞慶による法然の凡入報土説批判」（『仏教学研究』六六、二〇一〇年）では天皇が関わっていたことが示唆されており、興味深い。

(30) 前掲拙稿「龍谷大学図書館禿氏文庫蔵『興福寺奏達状』について――『興福寺奏状』の草稿本もしくは今一つの「奏状」――」三一〇頁。

(31) 同・三一一頁。ほぼ同文なので併記は略した。詳しくは上記を参照のこと。

(32) 同・三一一頁。ほぼ同文なので併記は略した。詳しくは上記を参照のこと。

(33) 同・三一二頁。

(34) 同・三一三頁。
(35) 『昭和新修　法然上人全集』七八七〜七八九頁。
(36) 大正八三・一三九・中。
(37) 大正七六・七二八・中〜下。ただし、『心石集』所収の『魔界廻向法語』と対校して一部修正した上で訓読した。なお、清水宥聖「貞慶の魔界意識をめぐって」（斉藤昭俊教授還暦記念論文集刊行会編『宗教と文化』こびあん書房、一九九〇年）に大正大学図書館蔵『心石集』「魔界廻向法語」の翻刻がなされているので参照されたい。また、文中の「大象の尾」については『往生要集』（大正八四・七八・下）にも出る。
(38) 大正一二・四一九・上。
(39) 拙著『心要鈔講読』二二四頁。
(40) 前掲拙稿「龍谷大学図書館禿氏文庫蔵『興福寺奏達状』について――『興福寺奏状』の草稿本もしくは今一つの「奏状」――」三一九頁の上下段。
(41) 同・三二〇頁の上下段。
(42) 大正八三・二四一・上。
(43) 前掲拙稿「龍谷大学図書館禿氏文庫蔵『興福寺奏達状』について――『興福寺奏状』の草稿本もしくは今一つの「奏状」――」三一六頁の上段。
(44) 拙著『心要鈔講読』（永田文昌堂、二〇一〇年）三八五〜三八六頁。
(45) 前掲新倉和文「貞慶著『観世音菩薩感応抄』の翻刻並びに作品の意義について――阿弥陀信仰から観音信仰へ――」二四〜二六頁。
(46) 日蔵六四・二三下〜二四上。
(47) 日蔵六四・二四・上。
(48) 日蔵六四・一二・下。

第四節　むすび

三祇成道論の終極を論ずる論義テーマは、「仏果障」である。仏果を障える最後の微細な煩悩のことである。仏果の一念においては三祇も一刹那に摂せられるとはいえ、我われ凡夫の前には不相応行法（色心の分位仮立の法）である時が仮設されており、「長時の修行」が現実のものとして展開されていく。これを他宗は劣事であるとして否定するのであるが、貞慶（一一五五―一二一三）は三祇昿劫の修行を「実行」であると位置づけ、大乗菩薩道の真骨頂を守ったといってよい。その最後に「仏果障」が登場する。

いうまでもなく仏道は、自利と利他、すなわち智慧と慈悲の実践につきる。菩提心を発して修行する十住・十行・十回向の菩薩は、一阿僧祇劫にわたって有漏の自利行・利他行を積み重ね、福徳（利他）と智慧（自利）を積集する。そして、ついに第十回向の満位である加行位（四善根位）において能取・所取を遮遣する空観を実践し、初地での本格的な空観実践に備える。かくして初地に登って見道位に入った菩薩は、福慧の資糧の積重によって環境が整ったことにより、先天的に依附してきた無漏種子（下品）が初めて現行して無漏智を得る。この無漏智によって菩薩は、空観を実践して真如（我法二空）の一分を分証するのである。以降、中品の無漏智が現行して、一地一地に一の重障を断じ、かつ一の真如を証することになる。この断惑の面を無間道断といい、証理の面を解脱道証と呼ぶが、本来は一体の無漏智の力用に他ならない。こうした「智」による断・証の二道は、これ以降の修道位（十地位）において、更にいかんなく論じられていく。すなわち、見道位を出て修道位に入るや、下品無漏種子は転じて中品無漏種子となり、もとからあって熏増されてきた中品無漏種子とともに、中品の無漏智を現行するに至る。この中品の無漏智によって菩薩は、地々に一の重障を断じて一の真如を証得するのである。いわゆる、初地において異生性障を断じて遍行真如を証し、ないし第十地において諸法中未得自在障を断じて業自在等所依真如を証するのである。十地のいずれにおいても無間と解脱の二道があって「自地の断惑・証理」がなされると説かれるのであるが、では第十地に至ってすべての煩悩が断滅し尽くされるかといえば、決してそうではない。まだ最極微細の煩悩が残っている。これが「仏果障」である。そして、この微細の煩悩を断ずる行が、第十地位の満心においてなされる金剛喩定である。かくして、中品無漏種子は上品無漏種子となり、十地の間に熏増されてきた元々からある上品無漏種子と共に現行し、仏果に証入して菩薩は仏陀となると、法相教学では説いている。いわゆる、三阿僧祇劫にわたる断惑修善の道（智慧と慈悲）を断惑寄りに語ったものである。しかし、この論理はわかりやすいものであった。輪廻の過程で幾重にも積み重ねてきた悪業煩悩の深重なるあり方を思えば、どのようにして煩悩を断除して悟りを開くかを掌を開くかのように理路整然と説く法相教学は、まさしく行者に一筋の道（仏道）を明確に示したといってよいであろう。

ところが、最後の仏果障をめぐってまた、他宗からの論難が生じた。自地断という観点からすれば、仏果障も仏果において断ずべき障りではないかと指弾され、それを裏付ける『勝鬘経』や『解深密経』の証文ならびに浄影大師慧遠（五二三—五九二）の解釈等が示されたのである。これに対して法相教学の立場は一貫して否定の立場にあった。『法勝寺御八講問答記』も『菩提院抄』も『唯識論尋思鈔』も『成唯識論同学鈔』の論義問答や談義問答も、みな一様にこれを否定しているのである。そして、練り上げられた見解はついに、「金剛心仏果無間道」の語となってあらわれた。もっとも、この語は蔵俊（一一〇四—一一八〇）の段階では単に「金剛心無間道」としか示されていない。すなわち、

本云、金剛心断仏果障也。若仏果断者、仏果可有無間道。若爾、与第二念解脱道劣故、可有勝劣過。解脱道無断惑義故也。因位有無間解脱二道。故、以自地故障也。佛果無々間道故、不断障也。

本に云わく、金剛心にて仏果の障《さわ》りを断ずる也。若し仏果の断なれば、仏果にも無間道有る可し。若し爾らば、第二念の解脱道より劣るが故に、勝劣の過《とが》有る可し。解脱道には断惑の義無きが故也。因位には無間と解脱の二道有り。故に、自地の故障を以てする也。仏果には無間道無きが故に、障りを断ぜざる也。(1)

とあるように、金剛心（金剛喩定）において仏果障を断ずるとはしているが、仏果には解脱道がないと明言している。なぜならば、仏果に解脱道があると、仏果障を未だ断じていない如来と断じた如来の勝劣が生じてしまうからである。法相教学に準じた正答論であるといってよい。ところが、これを受けた貞慶は

更に一歩踏み込んで、「仏果解脱道にとっての無間道が金剛心である」と論じたのである。すなわち、貞慶撰『尋思通要』「仏果障」において、

末云、仏果障決定障金剛心。若不障者、何及能所依。但名因位障之難、一往似疑実無過。先金剛心為仏果無間道故。故亦可属仏果。以余地為例、而仏果最上品智品無勝劣、故強分無間道、属因位也。以二道生起、是属解脱之道也。是以先断障種了。次念断其障習気。障与習気是一具法也。無間与解脱又一具道也。十障外立第十一障、為仏果起断道、近除其障、次除其習、證其滅也。

末に云わく、仏果障は決定して金剛心を障《さ》う。若し障えざれば、何ぞ能所依に及ばんや。但し因位の障りと名づくる難には、一往は疑に似たりといえ実には過《とが》無し。先に金剛心をば仏果無間道と為すが故に。故に亦た仏果に属す可し。余の地を以て例と為すも、而るに仏果は最上品智品にして勝劣無し。故に強《し》いて無間道を分かちて因位に属す也。二道の生起を以てせば、是れ解脱の道に属す也。是れをば以て先に障種を断じ了んぬ。次念に其の障の習気を断ず。障と習気とは是れ一具の法

也。無間と解脱も又た一具の道也。十障の外《ほか》に第十一障を立て、仏果の為めの断道を起こす。近く其の障を除き、次に其の習を除き、其の滅を証する也。(2)

といい、第十地位の段階で残された微細の煩悩（＝仏果障）を取り除く行としての金剛喩定が、仏果解脱道（智証）のための無間道（智断）に相当すると論じたのである。「障を除き」とは現行法を除くことであり、「習を除く」とは種子を除くことであり、これによって滅を証するに至るあり方も明示している。蔵俊に比して詳細である。かつ、蔵俊よりも一歩踏み込み、十障（十地の障り）以外に立てられた第十一障が「仏果障」であるとしていること、かつまた仏果（解脱道）に属すべき断惑（無間道）の面をあえて分立したものが「金剛心仏果無間道」であるとしているところに、貞慶教学の面白みがある。これは明らかに蔵俊の見解をそのまま受け継ぎながら、よりわかりやすく、かつ明確に説いたものといってよい。その意義は、まさしく「諸仏の優劣」を起こす性相の濫融を防ぎ、王道である三祇成道の断惑論を護持・完結させるところにあった考えられるのである。

ちなみに、室町期の四天王の一人である興基（一四一〇―一四八〇）草の『仏果障事』（薬師寺所蔵）には、

天台宗ニ於テ因智ノ断、三井寺ハ果智断、聲《おし》ヘテヨムト云々。
天台宗に於いては因智の断、三井寺は果智の断と声えてよむと云々。(3)

とあり、因智断が天台宗山門派（延暦寺）、果智断が天台宗寺門派（園城寺）の見解であったことが知られる。また、訓営（一三八六―一四二〇―?）の短釈には更に、

凡此題事ハ、亘四家ノ大乗難シタル事テアリケニ候。天台ニハ、因智ヲ以テ断スト云、果智ヲ以テ断スト云、或不思議智ヲ以テ断スト云、三ケノ義勢、相分レ候。花厳宗ノ意ハ、依始教終教不同、因智断、果智断ノスカタ異ナル様ニ見エテ候。三論ノ意ナラハ無余儀。因智断テアリケニ候。当宗ノ意モ三論ニ等ク、因位ノ智ヲ以テ断スト云事、定レル性相テ候間、如何様ノ難義候トモ、改動アルマシテイ候。

凡そ此の題事は、四家の大乗に亘り難じたる事でありげに候。天台には、因智を以て断ずと云い、果智を以て断ずと云い、或いは不思議智を以て断ずと云い、三ケの義勢、相い分かれ候。花厳宗の意《こころ》は、始教と終教との不同に依り、因智断と果智断のすがた異なる様に見えて候。三論の意ならば余儀無し。因智断にてありげに候。当宗の意も三論に等しく、因位の智を以て断ずと云う事、定まれる性相にて候間、如何なる様の難儀候とも、改動あるまじいて候(4)。

といい、仏果障義が天台宗・華厳宗・三論宗・法相宗の大乗四家において、常に諍論されてきた実態が示されている。その内容は、天台宗では因智断・果智断・不思議智断の三説が、華厳宗では因智断・果智断の二説がそれぞれ展開したのに対して、三論宗と法相宗の二宗においては因智断の義のみが論じられたと

明確に述べられている。ことに法相宗においては、因智断の義が「定まれる性相」であり、どのように難じられても「改動あるまじき」ことと説かれており、性相を濫すことのない法相宗の義を改動してはならないと戒めている点に興味深いものがある。

三祇成道に関して波及する論題は、論義テーマ「地上超劫」や「約入仏法」「漸悟悲増」「乃是実身」「見者居穢土」「故起煩悩」「釈迦超劫」「伏煩悩時」「円満真如」「直往菩薩得二涅槃歟」「転識得智」「能熏勝種」「報仏常無常」「安養報化」「変化長時浄土」「葉即三千」等々、枚挙に暇がない。それは、論義テーマのすべてが三祇成道という仏道に関わるものだったからである。次章では、この中から特に浄業の実践による行道論を展開した貞慶の浄土成道論（信仰実践論）に関わるものを取り上げて論じたいと考えている。

註

（1）薬師寺所蔵『尋思通要』「仏果障」。拙稿「『唯識論尋思鈔』における仏果障義と『成唯識論同学鈔』」（『龍谷大学論集』第四六三号、二〇〇四年）五六〜五七頁。
（2）前掲拙稿、五九〜六〇頁。
（3）薬師寺所蔵興基草『仏果障事』三丁表。
（4）薬師寺所蔵訓営草『仏果障』一丁表〜裏。

第三章　浄土成道論の展開

第一節　はじめに

法相宗の実践行は、唯識観である。法相宗では、教相門・法相門・観心門の綱格三門を立て、それぞれの門において「教判」「教義」「実践」を論じてきた。すなわち、教相門においては初時有教・第二時空教・第三時中道教の三時教判を立て、仏陀一代の教説の中で非有非空の中道を説く第三時の教え（唯識）こそが最も釈尊の説示したかった真実の教えであると判じた。そして、法相門において縁起の法である依他起性と真理の法である円成実性を分析した五位百法説を立て、次いで依他起の上に浮かべた妄相である遍計所執性を虚妄であるとして遮遣し、依他と円成を智慧によって観察する観心門が示されたのである。この「遍計を虚と遮《や》り依円を実と存して終《つい》には円成の真理に悟入する観法」が他ならぬ唯識観であった。

我われ凡夫は「ものなり」という法執のもとで我が身に強く執われ、我執のみならず我所有の執まで起こし、人と諍いを起こしては苦悩し、輪廻している。なぜ我執を起こすかといえば、深層の第七末那識が第八阿頼耶識（正式には阿頼耶識の見分）を見て我と誤認するからである。このため、第七の末那識は我癡・我見・我慢・我愛の四煩悩を引き起こして寝ても覚めても「我なり」と強く思い続け、それが表層の第六意識の上に大きな影響を及ぼし、我執に染め上げられた暮しを送ることになるのである。そうなると何をするにつけても自己中心的になり、すべてのものを自分寄りに歪めて見てしまう。かくして相（すがた）を現したのが依他起の上に浮かべられた遍計所執の妄相であった。この妄相に執われて凡夫は、貪・瞋・癡・慢・疑・悪見の六種の根本煩悩、および忿・恨・悩・覆・嫉・慳・誑・諂・害・憍・無慚・無愧・掉挙・惛沈・不信・懈怠・放逸・失念・散乱・不正知の二十種の随煩悩を次々に引き起し苦悩し、苦界（六道）を輪廻する。これが凡夫の輪廻の構造に他ならなかった。このようなあり方を転換して穏やかな暮しを送り、六道輪廻から解脱する道に衆生を入らしめるために説かれた教えが「唯識」であった。すなわち、唯識三性観を実践することによって遍計所執の妄相を捨て去り、真如（円成実性）の一分を発得して依他起の法をあるがままに見ることによって、終には仏陀となる道である。

このような唯識三性について世親（四〇〇―四八〇年頃）の『唯識三十論』にはもともと、次のように説かれていた。

彼彼《ひび》の遍計に由《よ》りて種種の物を遍計す。此の遍計所執の自性は所有無し。依他起の自性の分別は縁に生ぜらる。円成実は彼が於《うえ》に常に前を遠離せる性なり(1)。

と。すなわち、依他起の法の上に浮かべた妄相を遍計所執性といい、この妄相を空じたところに顕われる真理が円成実性に他ならないとあるので、三性とは本来的に唯識観を用いる際の観法の対象を分析したものであったといってよい。この点では、右の『唯識三十論』に対する十師の釈を、護法説を正義説として糅訳した法相宗の根本論典である『成唯識論』にも、

唯識の性に略して二種有り。一つには虚妄、謂わく遍計所執なり。二つには真実、謂わく円成実性なり。（中略）復た二性有り。一つには世俗、謂わく依他起なり。二つには勝義、謂わく円成実なり。(2)

とあるように、観心の対象としての唯識（所観唯識）として、「虚妄なる遍計所執性」「世俗なる依他起性」「真実なる円成実性」の三性の次第がやはり明確に示されていたのである。

この中の依他起性が縁起の法である一切法に他ならない。すなわち、第八の阿頼耶識に熏習された種子を因として現行する一切法を依他起性と呼んだ。「他」とは衆縁のことで、具体的には親因縁・増上縁・等無間縁・所縁縁の四縁を指し、これらの四縁が和合して諸法が生起する点より、「他に依って生起するものがら（自性）」との観点から依他起性と称したのである。この依他起の上に浮かべた妄相が遍計所執性に他ならない。自己の迷いの心が依他起の法を実有であると思い計って、勝手に描き出した虚妄のすがたである。そこで、「周囲にある遍きもの（依他起性）を思い計って実有と執したものがら（自性）」という点より遍計所執性と称したのである。一方、依他起の法の実性であり、依他を依他たらしめている真理を円成実性（真理）という。真理は、「円満・成就・真実の法」だから円成実と呼ばれる。したがって、

唯識三性はあくまでも認識される対象である一法を三つの視点より分析したものであったと見てよい。

このような唯識三性説（観）が中国に伝わるや、これを中国的に改変して「五重唯識の観法体系」を作り上げたのが、法相宗の開祖として位置づけられる慈恩大師基（六三二―六八二）であった。慈恩は、遍計所執性・依他起性・円成実性の三性が一法の上の三つの相である点より、認識対象である所観の唯識を「遣虚存実識・捨濫留純識・摂末帰本識・隠劣顕勝識・遣相証性識」の五段階に分け、これを浅から深へと観察する五重の観法体系を提示したのである。すなわち、遣虚存実の唯識観によって実有と執する遍計所執の相を虚と遣《や》り、実と存した依他・円成について第二重から第四重の観をもって観察し、一切諸法は唯だ識（一心）より転変したものであると証知する。そして更に、その心さえも空じる第五重の遣相証性の唯識観を実践して円成の真理に悟入するのである。(3)このような「五重唯識」についての研鑽は日本では論義を通して深められることとなるが、これをさらに唯識中道の理論を用いて「依詮・廃詮の二重の唯識観」として組み替えたのが他ならぬ貞慶（一一五五―一二一三）であった。すなわち、貞慶は『勧誘同法記』の「第三修習門」において、

一つには依詮の故に。真性は微妙にして言慮は既に絶えたり。初心の行者の観解は及び難し。而るに衆相を離れるに依り、仮に空寂と名づく。空を以て門と為すは、其の方便也。是れをば依詮顕実門と名づく。（中略）二つには廃詮の故に。慮を忘れ念を息《や》め、外に向いて求めず。不念の念は是れ妄を絶つの利剣、不観の観は則ち真を見るの明眼なり。(4)

といい、空を門として真理を慧解する方便依詮の唯識観（依詮観）、および妄を絶ち真を見る真実不念の唯識観（廃詮観）という二重の観法体系を提唱したのである。これをもとに依詮・廃詮の二重の唯識観を組織づけたのが、貞慶の法孫にあたる良遍（一一九四―一二五二）であった。その説くところは、依詮の唯識観の実践によって三世の諸法を一念に帰せしめ（三世の観）、さらに一念の法を心の自体に摂し（唯心の観）、それによって一切諸法の空なることを知り（如幻の観）、その空相をも残さず空じ（無相の観）、終に廃詮不念の唯識観を実践して言亡慮絶の境地に至るとするものである。良遍は、その作法までことこまかに論じた(5)。したがって、インド以来の唯識三性観は中国において五重唯識観となり、さらに日本においては依詮・廃詮の二重の観となって、より具体化されたといってよい。決して学問的なあり方に終始して了《お》わるのではなく、あくまでも行者の実践行として位置づけられていったところに、唯識観の真骨頂があったといってよいであろう。そして、唯識観の実践によって行者（菩薩）に智慧の「まなこ」が開かれると、依他起の相である「悲苦の衆生」の存在が明らかとなる。ここに、限りない大悲が振り向けられる大乗菩薩道（仏道）の本格的な展開が生じたのである。これが唯識三性の観法によって展開する智慧と慈悲の実践の構造であったといってよい。そこで、貞慶は『修行要抄』において、

問う。出離の最要は何事ぞ耶。
答う。自宗の意《こころ》は、只だ唯識観に在り(6)。

といい、唯識観こそが出離解脱の要道であると明言したのである。かくして、認識対象を分析した三性を観ずる唯識観が唯識行者の実践行の王道となっていった。そして、今一つ重要な点は、このような唯識観こそが他ならぬ念仏行であり、かつまた浄土を知見していく浄業でもあると見られていたということである。これについて貞慶の『心要鈔』には、

念仏三昧は即ち是れ唯識観也。（中略）仏の境界は不可思議にして、之れに触れ之れに近づかば、必ず妄染を除く。譬えば秋月の纔《わず》かに其の光に向かわば、心身清涼にして寂静安楽なるが如し。況んや如来の浄妙法身・甚深境界・慈悲福智・難思威力に於いてをや。（中略）仏界に親近すること称念に如かず。(7)

とあるから、念仏三昧を唯識観と見、念仏三昧の力で妄染（煩悩）を除き、仏界（浄土）に親近する道を説いていたことが知られるのである。

周知のごとく、念仏には観念・憶念・称念の三種の別があるが、念仏三昧は憶念もしくは称念から禅定の境地へと入り、浅位の行者（内凡とも三賢とも呼ばれる十住・十行・十回向位にある菩薩）が慧解（観念・観解）を生じる道であるといってよい。すなわち、記憶する心である「念」が生ずれば精神集中する「定」の心を生じ、「定」が「慧」を引く。これが法相教学で説かれる「念・定・慧による止観実践」の構造であった。この実践を通して唯識三性の道理を慧解した行者は、すでに指摘したように救済すべき依他

起の衆生の存在を知り、智慧のみならず慈悲をも実践したのである。しかし、浅位愚鈍の行者には三性を観じる勝れた唯識観の実践は困難であった。そこで、貞慶は念仏三昧と唯識観とが同じであると位置づけ、さらに『心要鈔』に次のようにも述べたのである。すなわち、

念仏三昧は専ら末世の為めなり。心意は散乱して根機は転《うた》た劣れり。若し念仏に非ずんば仏を見ることを得ず。末法万年、余経は悉く滅すれども、弥陀一教のみ利物、偏に増す。況んや像法の季《とき》、聖教悉く存す。豈に成ずることを得ざらん耶。(8)

と。要するに、心意の散乱した末世の行者は行じやすい念仏三昧を実践すれば仏を見、諸仏の加護を得て仏道を歩むことができるというのである。ここに唯識三性を観ずる行が諸仏の資助を受けて浄土に生ずるための行へと変化し、それまでの往生浄土の仏道体系と結びつき、さらに末法の時代の衆生利益の最も有益なものとして阿弥陀如来の利益が語られるに至った。

『心要鈔』は、貞慶が弥陀信仰を断念した頃に書かれた書物である。そのため随所に阿弥陀仏への未練が濃厚に残されている。右の引用文もその一つであるが、しかし右の二文によって知られることは、貞慶が念仏三昧を諸仏の加護を受けて行なう実践しやすい唯識観と位置づけていたということである。換言すれば、唯識三性観という伝統的な行を浄土往生の行に転換し、諸仏の加護を受けて行なう、より実践しやすい行体系として意義づけたところに、貞慶教学の特色の一つがあったといってよいのである。このよう

な視点をも加味しながら、貞慶の諸信仰をあらためて見てみると、第一部第三章で述べたように弥陀・釈迦・弥勒・観音の四尊の浄土への往生を願う浄土信仰に信仰の主点のあったことが知られる。それはすべて見仏聞法のためであり、唯識に悟入して成仏得道するために他ならなかった。そのためのさまざまな理論を貞慶は、論義研鑽（教学）を経て構築した。第一部第三章ではあえて講式を中心に信仰の特質を論じたが、本章では教学・思想の書を中心に考証を進め、具体的な信仰実践の裏付けとして構築された教学理論のあり方を明らかにしていきたいと思う。

註

（1）大正三一・六一・上。
（2）大正三一・四八・上～中。
（3）拙稿「法相と唯識観」（『日本仏教学会年報』第五七号、一九九二年）、および後藤康夫「貞慶の五重唯識説の特色――『遺相証性』翻刻研究を中心として――」（『仏教文化研究所紀要』第四四集、二〇〇五年）を参照のこと。
（4）日蔵六四・八下～九下。
（5）北畠典生『観念発心肝要集』（永田文昌堂、一九九四年）を参照のこと。
（6）日蔵六三・一八・下。
（7）拙著『心要鈔講読』（永田文昌堂、二〇一〇年）二九三頁・三二五頁。
（8）同・二七六頁。

第二節　多重浄土論と一四天下論

貞慶（一一五五―一二一三）には弥陀・釈迦・弥勒・観音・地蔵・春日大明神等の講式類が多数存するので、あらゆる仏・菩薩・神祇等への信仰を今生において有していたかのように見るむきもあるが、実際はそうではない。たしかに三大阿僧祇劫にわたっては「一切の諸仏に歴仕」する多仏信仰を有してはいたが、今生において名を挙げた尊者はごくわずかである。しかも、第一部第三章において検証したように、その中核は「弥陀・釈迦・弥勒・観音」の四尊の浄土への往生を求める浄土信仰に置かれていた。ではなぜ、浄土への往生を望むのか。それは、浄土への往生が見仏聞法をもたらし、仏の教えにしたがって仏道実践することで心が浄化され、知見すべき世界（仏国土・浄土）が拡大し、ついには第八識が純浄無垢識となって真実の清浄世界を顕現し、仏陀となる道が開かれてくるからであった。

そもそも、法相宗においては四身四土を立て、仏陀が示現した仏身仏土を衆生が知見していく道が示されていた。すなわち、法相宗の根本論典である『成唯識論』を見ると、

是の如きの三身は、皆な無辺の功徳を具足すると雖も、而るに各おの異なり有り。謂わく、自性身は唯だ真実の常楽我浄有るのみ。諸の雑染を離れ、衆善の所依、無爲の功徳にして、色心等の差別の相用無し。自受用身は無量種の妙色心等の真実の功徳を具す。若しくは他受用及び変化身は唯だ無辺の

似色心等の利楽他用の化相功徳を具す。又た自性身は正しく自利の摂なり。寂静安楽無動作なるが故に。亦た利他を兼ぬ。増上縁と為りて諸の有情をして利楽を得せ令むるが故に。又た受用及び変化身の与《た》めに所依止と為る。故に倶利の摂なり。自受用身は唯だ自利に属す。若しくは他受用及び変化身は唯だ利他に属す。他の為めに現ずるが故に。又た、自性身は法性土に依る。（中略）自受用身も還りて自土に依る。謂わく円鏡智相応の浄識の昔《むか》し修する所の自利無漏純浄仏土の因縁の成熟に由《よ》り、初めて成仏して従《よ》り未来際を尽くして相続して純浄仏土を変為す。（中略）他受用身も亦た自土に依る。謂わく平等智の大慈悲力の昔し修する所の利他無漏純浄仏土の因縁の成熟に由り、十地に住する菩薩の所宜に随いて浄土を変為す。或いは小、或いは大、或いは劣、或いは勝、前後改転せり。（中略）若しくは変化身も変化土に依る。謂わく成事智の大慈悲力の昔し修する所の利他無漏浄穢仏土の因縁の成熟に由り、未登地の有情の所宜に随いて仏土を化為す。或いは浄、或いは穢、或いは小、或いは大、前後改転せり。仏の変化身は之れに依りて住す。能依身の量も亦た定限無し。自性身土は一切の如来の同じき所証の故に、体に差別無し。自受用身及び所依の土は一切の仏の各変不同なりと雖も、而るに皆な無辺にして相い障礙せず。余の二身土は諸の如来の所化の有情に共不共有るに随う。所化共というは、同処同時なり。諸仏は各おの変じて身と為《な》り土と為る。形状相似して相い障礙せず。展転し相い雑《まじ》わりて増上縁と為り、所化の生をして自識に変現し、一土に於いて一仏身有りて為めに神通を現じ法を説き饒益せんと謂《おも》わ令む。不共に於いては唯だ一仏の変なり。諸々の有情の類は無始の時より来《このか》た、種性法爾に更に相い繫属せり。或いは多の一に属し、或いは一の多に属す。(1)

とあり、仏身に自性身・自受用身・他受用身・変化身の四身を立て、また四身の居坐する世界にそれぞれ法性土・自受用土・他受用土・変化土の四土を示し、自利と利他の摂を明らかにする中で衆生のために変現された世界として他受用土と変化土のあることを示していたのである。すなわち、仏陀になって転識得智すると、如来の第八浄識相応の大円鏡智は自受用身・自受用土を現じて自ら法楽を受用するが、第七浄識相応の平等性智は大慈悲力をもって他受用身・他受用土を現じ、十地に住する菩薩のために浄土を示現するという。また、如来の前五浄識相応の成所作智は大慈悲力をもって変化身・変化土を現じ、未登地の菩薩（十地以前の十住・十行・十回向位にある三賢菩薩）や二乗・異生（異類の生を輪廻する未発心の凡夫）のために浄土を現じ、また穢土に姿を現すという。この時、諸仏の化益する所化の衆生に共と不共が生じるが、その詳細は第二章第二部で論じたとおりである。

このような『成唯識論』の記載を受けて、法相宗では独自の仏身仏土論を構築していった。そこで、これを法報応の三身をも含めて図示すると、およそ次のようになる。

三身
- 法身―自性身（理）―法性土―真如の妙界（純浄土）
- 報身―受用身（智・悲）
  - 自受用身（智）―自受用土―唯仏与仏の世界（純浄土）
  - 他受用身（悲）―他受用土―十地菩薩の世界（十重の報土）
- 応身―変化身（悲）―変化土―未登地衆の世界（大・小・浄・穢）

と。通仏教で説かれる三身が名を変えて四身に開かれ、理と智（自利）と悲（利他）に配分して示されていることが知られる。そこで法相宗の開祖と位置づけられる慈恩大師基（六三二―六八二）は、主著の一つである『大乗法苑義林章』（以下『義林章』）において、

『成唯識論』の第十巻に説かく、仏身に四仏土有りて亦た爾り。一つには自性身、法性土に依る。『称讃大乗功徳経』に「是の薄伽梵は法界蔵に住して彼の経典を説く」と言うは、法性土に住する也。二つには自受用身、自受用土に依る。三つには他受用身、他受用土に依る。『仏地経』に「最勝光耀十八円満に住する也」と云う。四つには変化身、変化土に依る。此の『経』に云う所、広厳城に住すと也。初の三身土は唯だ浄にして穢に非ず。後の変化土は浄及び穢に通ず。十地菩薩の為めに身及び土を現ずるは、穢に非ず、唯だ浄なるのみ。地前の菩薩と二乗衆の為めに現ずるは、浄及び穢に通ず。(2)

といい、『成唯識論』で説くところは結局のところ四身四土であり、法性土・自受用土・他受用土の三土は唯浄土であるが、変化土のみは浄土と穢土に通じることを明確に示したのである。そこで貞慶も、『論第十巻尋思鈔別要』「諸仏本願取浄穢二土差別」において、

知る可し、其の浄土の願に多重有りと。一つには報化の対、二つには化中の大小の対、三つには小中の共不共の対、四つには共中の浄穢の対也。此の多重に於いて皆な劣を以て穢と名づく。受用に

対しては化をば称して穢と為すと為《す》と云うが如き也。(3)

といい、諸仏の浄土本願のあり方に基づいて、多重の浄土世界が示されていることを明らかにしたのである。すなわち、諸仏の浄土は大きく報土と化土に分けられる。化土の中には小化土と大化土の浄土世界が存するが、これは資糧位菩薩と如行位菩薩とが見る穢と不共なる浄土世界である。その一方で、諸仏は煩悩の穢悪熾盛なる凡夫に対しても浄土を示現され、摂取の慈悲を示された。それが三乗の者が等しく往くことのできる共穢の浄土である。一方、かつての釈迦如来のように、化身仏（応身）が穢土に出現する場合もある。これを共中の穢土としたのである。この見解は、薬師寺所蔵の『安養報化』になるとさらに徹底されるようになり、

『同性経』中に報化二土相対し、報土をば浄土と名づけ、化土をば穢土と名づく。何を以ての故にとならば、報土は空壊等の三災を離る。又た雑穢の種子も久しく已《すで》に亡ず。能化も所化も清浄なるが故也。変化土は、之れに翻ずるが故に、設《たと》い長時の浄土なりと雖も、化土は必ず三界の所摂に随う。又た未だ雑穢の種子を亡ぜざるが故に、束ねて穢土と名づくる也。(4)

といい、報土と相い対した時は長時の浄土である化土も穢土にすぎないと述べるに至った。したがって、凡夫の目線と行者の目線（未登地の三賢菩薩と十地の聖者菩薩）のそれぞれにおいて多重の浄土のあること

を、貞慶が認識していたことが確認できるのである。

とはいえ、これだけではまだ多重世界のあり方が明瞭になったとはいえない。そこで、慈恩大師は『義林章』において『華厳経』等を引き、次のように述べた。すなわち、

『花厳』等に説かく、初地菩薩は百仏国を見る。一国は即ち是れ一大千界なり。一界に一の釈迦化身有り。一の四天下に各おの一の化身あり。一界に即ち一の大釈迦有り。四善根の所見なり。百億の小釈迦は余の三乗所見なり。初地に自ずから百大千界の一の盧舎那を見る。阿弥陀仏量は是れ此の所見なり。是の如く二地に千を見る。三地には万等なり。数を積みて応に知るべし。乃至、十地金剛心菩薩の将に成仏せん時、色究竟天上の大宝蓮華相の現じて周円せること、十阿僧祇百千三千大千世界微塵の数量の如し。此の一微塵が一大千界なり。菩薩は之れに坐して正覚を成ず。彼の所見の仏身の量は知り難し。自受用身をば彼は見ざる所なり。『法花経』等に阿難の成仏せし国土の量を説くは、此の仏身に准ずれば、他受用の摂なり。何なる地の所見も理に准じて応に悉《つく》すべし。其の変化身は地前衆を化す。資糧・加行の二位の見は別なり。(5)

と。これを見ると、一須弥界（一の四天下）を一小世界とする仏教の世界観を前提に、一小世界を小化土、一小世界が百億集まった三千大千世界を大化土とし、それぞれに一の小釈迦と一の大釈迦が現れると説き、化土（変化浄土）に二重の別のあることを示した。また、初地に登った菩薩は無漏智によって真如の一分

を発得するので知見がさらに広がり、百億の仏国の集まった三千大千世界（一葉世界）の百倍にあたる報土世界を知見していくあり方が示されている。この報土世界を知ろしめす仏陀が報身仏（他受用身）であり、世に広く知られる阿弥陀仏は初地菩薩のために現れた報身仏であるとも論じている。以下、第二地の菩薩のためには千葉世界の報土が、第三地の菩薩のためには万葉世界の報土が、乃至、第十地の菩薩のためには十阿僧祇劫もの百千三千大千世界の報土が示現されるとして、菩薩の行位と密接なあり方の中で浄土知見論を展開しているのである。これを受けて貞慶もまた『法相宗初心略要』において、

他受用身土に十重有り。初菩薩の為めに現ずる所は百葉臺上。第二地菩薩の為めに現ずる所は千葉臺上也。乃至、第十地菩薩の為めに現ずる所は不可説葉臺上なり。（中略）変化身土は或いは浄土、或いは穢土也。其の浄土に於いて略して二重有り。加行位の為めに現ずる所は三千大千世界を以て量と為す。此れ則ち他受用浄土の蓮花の一葉量に当たる。資糧位の為めに現ずる所は一四天下を以て量と為す。是れ則ち加行土の百億分の一分に当たる。(6)

といい、十重の報土（他受用土）と二重の化土（変化土）のあること、ならびに資糧位の菩薩が我われ凡夫（外凡）と同じく、一の四天下（一須弥界・一小世界）しか知見できないことをも明らかにしたのである。元来、菩提心を発して以降の十住・十行・十回向の三十心位にある菩薩（資糧位菩薩）はいまだ福慧の資糧を積集する過程にあるので無漏智を起こさない。したがって、見るべき世界も「一の四天下」（一小化

土）に限られる。次いで四善根を実践する加行位の段階に至ると、能取・所取を空じるため、見るべき世界が三千大千世界（百億の仏国）を知ろしめす大化身の世界にまで拡大する。次いで初地に入ると無漏智が現行して二空真如の一分を発得するので更に視野が拡大し、三千大千世界が百もある報土世界（百葉世界）を知見するに至る。以下、『義林章』にも示されていたように、第二地では千葉世界、第三地では万葉世界、乃至、第十地では不可説葉量もの膨大な世界を見るに至る。もちろん「臺上」とあるから、蓮華の臺《うてな》の上にましますの報身仏を知見し、仏国土を浄める行（浄仏国土行）を実践することになる。かくして菩薩は、小化土（一小世界＝資糧位菩薩所見の浄土）から大化土（三千大千世界＝加行位菩薩所見の浄土）、そして百葉世界（初地菩薩所見の浄土）、千葉世界（第二地菩薩所見の浄土）、万葉世界（第三地菩薩所見の浄土）、乃至、不可説葉量世界（第十地菩薩所見の浄土）を順次に知見し、上品の無漏智の現行をもって仏果を証するのである。このように、浄土知見と仏道とは非常に密接な関係にあるので、『論第十巻尋思鈔別要』「変化長時浄土有無」の「不共門」では、

答う。浄と穢の差別は因に依り相に依る。因とは業因、相とは器界の相貌也。未だ分別の二障を除かざるの時の所作の業をば雑穢の業と名づく。若し其の雑穢を除き了《おわ》らば浄業名を得る。除障に伏断の二位有り。断とは是れ地上成熟の無漏の浄業なり。＊設い断相有りと雖も、従えて浄と名づく＊真浄土を感得す。伏とは地前成熟の有漏の浄業なり。変化相似浄土を感得す。(7)

といい、分別起の煩悩障と所知障による行ないを「雑穢の業」と呼び、地前の菩薩（資糧位・加行位）はこれを伏することによって諸仏の変化相似浄土を感得（知見）し、地上の菩薩（十地）はこれを断ずることによって他受用の真浄土を感得すると論じた。すなわち、貞慶は唯識観（念仏三昧）の実践による断惑によって雑穢の業を伏・断し、これによって浄土を知見する道を明瞭に示したのである。

しかも、その浄土は同時同処に存在した。この点については、第二部第二章の「一仏繋属」の所でもすでに指摘したように、三千大千世界の百億の小化土は次元をずらして併存している。しかし、我われの第八識は一の器世間しか変現することができないから、浄土を知見する際にも、一の小化土しか知見することができない。しかし、これを如来の視点から見た時にはどうなるのであろう。この点について貞慶撰『安養報化』には、次のように記されている。すなわち、

尋ねて云く、此の義の如くならば、他受用と変化の二土も同処に在る歟。
答う。爾る也。化土は、報土の中の葉上葉中の土なり。然りと雖も、自心の差別に随いて、下は上を見ず。機見不同なりとも、如幻の境界は互いに障碍せざる也。(8)

といい、化土が報土の中の葉上・葉中の土であることを指摘している。すなわち、諸仏の国土は本来的に一体の世界でありながら、能力の違い（機根の優劣）によって見るべき世界にも異なりが生じ、資糧位菩薩は小化土を、加行位菩薩は大化土を、十地菩薩は報仏土を見るのであり、これらは本来的に一体かつ同

処にあるというのである。ところが、下位にある菩薩は上位の世界を見ることができないため、そのことを識知することができない。しかし、悟りの高見から見れば、報土と化土とは同時同処にあるのであり、しかもそれらの世界はあくまでも「如幻」であるから、互いに碍《さまた》げあうことがない。依他起の世界を「如幻なり」と悟りきった叡智より見れば、広大なる他受用報土も一小世界である娑婆界の中に現ずる。まさに報土と化土とは同一処にある一体の世界であり、報化の二土が碍げあうことなく存在していると、貞慶はいうのである。この如幻の道理は「摂在一刹那」においても用いられていたことは、第二部第二章で詳説したとおりである。

これらを総合して考えると、貞慶に「浄業の実践」による浅から深の浄土を知見する仏道論のあったことは明白である。このことは、『観世音菩薩感應抄』「第三臨終加護」の段において、

凡そ因果の道に、大小の相あり。浅自《よ》り深に至るの大旨に方便に順ずる有り。教文は其の説、区《まちま》ちなりと雖も、真に性相を見れば、其の理《ことわり》、知んぬ可し。菩薩位を得て諸の仏身を見るに、初めは小化身を見、次に大化身、後に臺上の舎那なり。其の報仏身に云わく、又た十重有りと。(9)

といい、浅より深へ至る因果の道（仏道）について、小化身から大化身、そして臺上の十重の盧舎那仏（報身）を見る次第を明記しているから、貞慶の根幹的な教学理論となっていたことが知られる。そこで、初発心の行者たらんことを願う貞慶にあっては、まずは「一の四天下」の国土量を有する小化身の浄土へ

の往生を欣求するに至った。それが、弥陀・釈迦・弥勒・観音の示現する小化土だったのである。しかも、初心の行者は「一の四天下」（一小化土）しか知見できないという唯識の道理に順ずれば、四尊の浄土を同時に欣求することは不可能であった。そこで、四尊の浄土への往生は望むものの、その比重が時々によって移ることになったのである。しかし、最終的に資糧位所見の浄土に命終往生できれば、そこから仏道が始まり、三阿僧祇劫にわたって無量の諸仏に歴事していく道が開かれてくる。そこで、承元三年（一二〇九）の『観音講式』では、

　以釈迦弥勒観音、仰為三尊。彼三尊所居、殊所欣求也。

　釈迦・弥勒・観音を以て、仰いで三尊と為す。彼の三尊の所居、殊《こと》に欣求する所也。[10]

といい、三尊の浄土（奥書前の本段では弥陀浄土への未練も示されている）に望みをかけた。しかし、「一の四天下」の難があったため、臨終時には最終的に観音一尊の浄土への往生を求めたのである。そこで、『解脱上人行状記』に、

　ご臨終の式を示され、同月三日、西南の方に向かい奉って端座し入滅したもう。[11]

といい、また『山城名勝誌』にも、

建暦元の三、海住山に在りて、観音の宝号を唱えて入滅したもう。(12)

と記されているように、貞慶は最終的に観音の浄土への往生を願う臨終式を行なったのであった。したがって、貞慶の信仰は教学理論に裏打ちされた仏道実践の中で捉えるべきものであり、弥陀・釈迦・弥勒・観音の四尊の浄土のいずれかに往生することを願う複合型の浄土信仰であった点に特色を有するものであったという認識を持っておかねばならないのである。

註

(1) 大正三一・五八・中〜下。
(2) 大正四五・三六九・中〜下。
(3) 本研究書六四〇頁。
(4) 薬師寺蔵。拙稿「貞慶撰『安養報化』(上人御草)の翻刻読解研究」(『南都仏教』第九五号、二〇一〇年) 三八〜三九頁。
(5) 大正四五・三六八・下。
(6) 日蔵六三・三八五・下。
(7) 本研究書六二三頁。
(8) 薬師寺蔵。前掲註(4)拙稿「貞慶撰『安養報化』(上人御草)の翻刻読解研究」七九頁。
(9) 東大寺蔵。新倉和文「貞慶撰『観世音菩薩感応抄』の翻刻並びに作品の意義について――阿弥陀信仰から観音信仰へ――」(『南都仏教』第九二号、二〇〇八年) 二三頁。一部、誤翻刻文を訂正。

(10) 興福寺蔵『観音講式』奥書。未翻刻。
(11)『大日本史料』第四編之一二・二六七頁。
(12) 同・三二一頁。ただし、「建暦元三」は誤りである。

第三節　弥陀浄土信仰展開の諸理論

第一項　弥陀浄土信仰断念の理由

貞慶（一一五五―一二一三）はこうした複合型信仰にあって最初期、どのような理論を構築して弥陀浄土を願生していったのであろうか。これについてまず、建久六年（一一九五）に撰述されたと考えられる『心要鈔』「覚母門」を見ると、次のような興味深い記述に出会う。すなわち、

末代の多くは、仏には弥陀・弥勒と云い、経には『法華』『般若』と云い、行には念仏・転経と云い、生には安養・知足と云う。十の八九は相応す可しと雖も、余は必ずしも知らず。(1)

とあるように、「末代の風潮」の中で「十の八九は相応するもの」と見て、弥陀・弥勒を選び、安養・知足を欣求したことが信仰の原点にあったことが知られるのである。このことは『観世音菩薩感應抄』（以下、『感應抄』）にも、

凡そ近代の習い、道俗賢愚の我れと云い人と云い後生を思う者は、極楽を欣《ねが》い兜卒を欣う。(2)

とあるから、「近代の習い」によって極楽・兜率を欣求していたことがさらに確認できるのである。貞慶の弥陀浄土信仰がいつの頃からのものであったかは今一つ判然とはしないものの、少なくとも建久三年（一一九二）七月二十日に撰述された『発心講式』には、

但だ、世尊の恩に依り、慈氏の化を受け、知足天上の安養浄土院に於いて、且く弥陀に奉仕し、慈尊一代の末の円寂双林の暮れに、永く極楽に生まれて不退転に至らん。愚意をもて望む所は、蓋《けだ》し以て此の如し。(3)

とあるから、笠置遁世以前の建久三年には少なくとも帰依していたことは明白である。ところが、建久六年（一一九五）に撰述したと考えられる『心要鈔』(4)になると、

問う。今、何なる仏をか念ぜん。答う。弥勒仏を念じたてまつるべし。命終りて兜率の内院に生ずるを得。是れ正しく我が願いなり。(5)

と述べているから、この頃、貞慶の複合型信仰の中心は、明らかに兜率上生を欣求する弥勒浄土信仰に移

行したと見てよいであろう。しかし、随所に弥陀浄土信仰への未練が色濃く残っているのも『心要鈔』の特色である。

ではなぜ断念するに至ったのか。これについては、東大寺所蔵の『感應抄』「第四当来値遇」の段に、

大師の釈して云わく、「他方浄土は分を越えたるの望みなり」と。（中略）当に知るべし、分を越えたるの事は修するも不可なり。所得の果も能感の業も量るに分斉を定め、宜しく希望に及ぶべし。譬えば世の人の官を望んで職を求むるが如し。但だ、此の意《こころ》は大師の釈を以て証《あか》しと為し、都《すべ》て安養を嫌わずして兜率を欣《ねが》う。只だ分を超える望みを遮《しゃ》するのみ。（中略）所居の器界は設《たと》い三界を出過するの浄土にあらざるも、所感の身形は設い相好具足の身にあらずとも、出離に於いて妨げ無し。(6)

といい、「分を越える望み」について言及している。そこに記される官職の譬えは、第二部第二章で検証した『興福寺奏達状』『興福寺奏状』では法然に向けられたものであったが、その四年前に著されたと考えられる『感應抄』(7)では、自己に向けた真摯な求道者の言葉として示されていた。後半には「三界出過の浄土」（報土）という言葉も出てくるので、「分を超えたるの望み」というのが凡入報土の難であったことが知られる。なお、この点については『感應抄』「往生素意」にも、

夫れ諸教の讃ずる所は弥陀の本願也。衆賢の欣《ねが》う所は西方の浄土也。小僧、涯分も量らず、久しく願

望を係《か》く。(8)

といい、「自らの分も量らず長らく阿弥陀仏の浄土を欣求してきた」事実を述べているから、年を経て重病にもなり、自己の能力の限界を強く感じたところに生じた「転換」であった可能性が高い。このような「愚迷の嘆き」については、世に広く知られた『愚迷発心集』においても、

弟子、五更の眠《ねむり》より寤《さ》めて、寂寞たる床上にて双眼に涙を浮かべ、倩《つらつ》ら思い連ぬること有り。其の所以は何んとなれば、夫れ無始より輪転してより以降《このかた》、此に死し彼《かしこ》に生ずるの間、或る時は鎮《しず》みて三途八難の悪趣に堕し、苦患に礙えられ発心の謀《はかりごと》を失す。或る時は適《たま》ま人中天上の善果を感ずるも顚倒・迷謬し、未だ解脱の種を殖《う》えず。（中略）仏前仏後の中間に生まれて、出離解脱の因縁も無し。粟散扶桑の小国に生まれて、上求下化の修行にも闕《か》けたり。悲しみても悲しきは、在世に漏れたるの悲しみ也。恨みても恨めしきは、苦海に沈めるの恨み也。（中略）過去に未だ発心せざるが故に、今生は既に常没の凡夫と為《な》る。今生も若し空しく送らば、後は弥《いよい》よ悪趣の異生と為らん。(9)

といい、自らを「常没の凡夫」「悪趣の異生」と嘆いているので、貞慶の根幹的な思いであったことが知られる。しかし、それだけではない。『感應抄』「第二滅罪生善」の段を見ると、

現世の勝利は人に随いて要《もと》むと雖も、愚僧の所望は滅罪の功力也。而るに『経』に説くは、「若し衆生有りて諸の重罪を造り、悪化を習い行い、賢聖を毀辱し、正法を誹謗せば、当に無間大地獄の中に堕ち、無数劫を経て諸の劇苦を受くべし」と。諸の仏・菩薩・独覚・声聞も神通を具すと雖も、彼を救うこと能《あた》わず。若し此の神呪の『心経』を聞かば、能く悔愧を生じ、終《つい》に更に造らず。（中略）復た当に無間地獄に堕ちるべからず。（中略）重罪の中、無間の業は尤も深重也。無間の業の中、正法を誹謗するは最極麁猛也。彼の五逆と雖も復た弥陀の悲願に及ぶこと能わずして、捨て救わず。今、此の呪に依るに、忽ちに消滅を得る。豈に奇特にあらず乎。(10)

といい、阿弥陀仏は「五逆愚迷・誹謗正法」の者を捨てて救わないが、観音は「五逆愚迷・誹謗正法」の者を救い取って捨てることはないとし、観音へと帰依の理由の一端を示しているのである。『感應抄』を書いた頃より貞慶は観音浄土信仰を中核に据えていくのであるが、右の言葉から推測するに、貞慶にも「五逆愚迷」の嘆きがあり、かつまた「誹謗正法」への危惧さえも有していたことが知られる。前者については前掲の『愚迷発心集』を見れば一目瞭然であるが、後者については第二部第一章で検証した天台等の一乗家との諍論などが想定される。したがって、貞慶が弥陀浄土信仰を断念した背景には、自らの「五逆愚迷」と「誹謗正法」を深く恥じ、そのような者が阿弥陀仏の来迎にあずかって極楽浄土に往生できるはずなどないと深く受け止めるようになったところに真因があったものと考えられるのである。では、貞慶は最初期、どのにような理論を構築して弥陀浄土信仰を展開させたのであろうか。以下、その瞠目すべき理論の数々を検証していきたい。

第二項　安養通化論の構築

法相論義において頻繁に諍論されたものの一つに、論義テーマ「安養報化」がある。いわゆる、「阿弥陀仏の浄土が唯だ報土のみか化土も存するのか」という点について論じるもので、現存する同名短釈は管見するかぎり六篇[11]にのぼるが、他の短釈で「大帖」と呼ばれ尊重されていたのが薬師寺所蔵の貞慶草『安養報化』（上人御草）であった。また、「小帖」と呼ばれたのが、別出された『論第十巻尋思鈔別要』「西方有異義」ではなかったかと筆者は見ている。この両書には、阿弥陀仏の浄土にも化土のあることが論証されており、貞慶にとって大きな問題を秘めた論義テーマであったことが知られる。

そもそも、「安養報化」の論題が立てられた背景は何かといえば、法相宗の開祖として位置づけられる慈恩大師基（六三二―六八二）が『大乗法苑義林章』「仏土章」において、

此れに二義有り。一つには云わく、『摂大乗』等に准ずれば、西方は乃ち是れ他受用土なり。『観経』に自ら言わく、「阿鞞抜致不退菩薩の方に生《まさ》ずるを得るが故に。少善根の因縁を以て生ずるを得るに非ざるが故に」と。無著と天親の『浄土論』に言わく、「女人根欠二乗種等は皆な生ぜざるが故に」と。『摂大乗』に云わく、「唯だ願に由りて方に乃《すなわ》ち生ずるを得るに非ず。別時意の故に。一銭の貨を以て千銭を得るが如く、別時に方に得る。今、即ち得るに非ず。十念往生も亦復《ま》た是の如し。（中略）

又た、阿弥陀仏身量を説くに「豪相は五須弥の如し」と。他受用に非ざれば、何ぞ容《い》ることと乃ち爾なるや。又た『観音授記経』に言わく、「阿弥陀仏の滅度の後に観音菩薩の次いで当に処を補うべし。十地の大形をば当補処と説く。他受用に非ざれば、是れ何なる仏なる耶。二つに云わく、西方は報・化二土に通ず。報土の文証は、前の所説の如し。化土の証《あか》しは、『鼓音王経』に云わく、「阿弥陀仏の父をば月上と名づけ、母をば殊勝妙顔と名づく。子有り、魔有り。亦た調達有り、亦た王城有り」と。若し化身に非ざれば、寧《なん》ぞ此の事有らん。故に『観経』に九品生を説く中、「阿羅漢・須陀洹等有り」と。故に彼に生ずる者は通じて三乗有り。其の土も通じて是れ報・化二土なり。若し前の解に依らば、此れは是れ他受用身の示現なり。亦た父母王国有るも、実には即ち之れ無し。実には女人悪道怖等無し。九品生の中の阿羅漢等は、彼の名を借りて説くも、実に是れ菩薩なり。二釈あるも情に任せて取捨すること随意なり(12)。

といい、唯報・通化の二釈を共に示した後、「情に任せ取捨すること随意なり」といって判断を後学の者にゆだねたところに問題の発端が存する。そこで、慈恩の説いた右の「唯報釈」をまず整理して示すと、およそ次のようになる。すなわち、

(1)『観無量寿経』(以下『観経』)に阿鞞抜致不退菩薩が往生し、少善根の者は往生しないとある。

(2)『浄土論』に女人・根欠・二乗種等は生じないとある。

(3)『摂大乗論』に凡夫の十念往生は別時に生ずるの意であると説かれる。
(4)『観経』に弥陀の毫相が五須弥の如しとある。
(5)『観世音菩薩授記経』に等覚の菩薩である観音が弥陀の補処として示されている。

の五点である。次いで、「通化釈」の根拠を整理すると、次の二点となる。すなわち、

(1)『阿弥陀鼓音声王陀羅尼経』に弥陀にも父・母・子・魔・調達・王城等のあることが示されている。
(2)『観経』の九品生の中に二乗衆の名が見られる。

というものである。いずれの釈も確かな経証があるのであるが、阿弥陀仏の浄土が唯だ報土のみであると判ずれば、そこは凡夫がいかように望んでも往けない世界となってしまう。一方、化土もあると見れば、凡夫の摂せられる浄土が開かれてくるように思われるが、実はその変化浄土（化土）なるものは純浄報土に対しては穢土であって、真実の浄土ではない。結局のところ、阿弥陀仏の真実の世界ではないのである。このように考えれば、たとえ阿弥陀仏の世界に化土のあることを認めたとしても、あまり大きな意義を持たないように思われる。はたして、貞慶はこの点についてどのように考えたのであろうか。

これについてまず、建仁元年（一二〇一）に撰述された『論第十巻尋思鈔別要』「西方有異義」を確認すると、そこには次のように述べられていた。すなわち、

問う。極楽の所有《あら》ゆる功徳荘厳は皆な三界の分斉を超ゆ。何を以てか知んぬ、彼の界は共穢の土なりと云う事を。
答う。中品三輩は是れ二乗衆也。若し唯だ菩薩のみの不共浄土なりといわば、二乗は豈に住せん哉。加之《しかのみならず》、業因を説かば、世の三福業を挙ぐ。所謂ゆる、孝養父母・奉仕師長等也。其の因は、既に汎爾の業を超えず。所感の果報、豈に弥勒下生時と異なる哉。（中略）
安養報化は古《いにしえ》より来《このかた》諍《あらそ》うと雖も、化身の浄土に於いて、未だその相、詳しからず。古賢の達すと雖も、秘して記さざる歟。今、愚案に任す。眼は之れを穿鑿《うが》つ。恐る可し、痛むべし。但し、後に見るの人、思いて取捨せよ。(13)

とあるように、『観経』の九品に二乗衆のあることをもってのみ通化を論じていたことが知られる。慈恩大師の所説に比べると、あまりにも不十分といわざるをえない。ところが、興味深いことには、その九年前の建久三年（一一九二）以前の撰述と推定される薬師寺蔵『安養報化』（上人御草）(14)には、文理（理証）と証文（経証）の二面より、かなり詳細な検討が示されているのである。すなわち、まず文理について、貞慶は次のように論じている。

答う。安養は化土に通ず可しと云う事、文理有りと云うは、弥陀如来因位の行時に十方仏土の彼々《ひび》の勝事を見聞して合集して願じて一仏土と為すと云う事、居を移す穢悪充満の娑婆界の受苦の衆生の為め也。而るに地上の菩薩は娑婆の住人に非ず。他受用土に居するが故に。又た、受苦の衆生にも非ず。雑穢の種子、久しくして已《すで》に亡じて、分に火宅を出ずるが故に。豈に因位の本誓に背きて忽《ゆるが》せにも地上の所居に限らんや。＊是れ一＊

又た、四十八願の中の第十八願に云わく、「十方造悪の一切の衆生の最後の十念に往きて救わざれば正覚を取らじ」と、云々。其の「往救」とは、来たりて西方浄土に迎うるなり。地上の菩薩に限らば、「造悪」とも「十念」とも云う可からず。＊是れ二＊

又た、此の如来をば娑婆有縁の仏と号する事は、深く此土の衆生を悲しみ、一子の慈悲を垂れ、浄刹に摂取するが故也。地上の菩薩ならば、何ぞ娑婆界に属する乎。又た、彼の浄土に引導せん。難思の誓願に非ざれば、何ぞ此の如来の勝事と為《せ》ん。＊是れ三＊

又た、変化土に浄土有る事は一定なり。而るに余仏のみに之れ在りて、弥陀に無くば、弥陀の悲願は浅きに成りぬ。若し之れを会して西方浄土の外《ほか》に弥陀の長時浄土有りといわば、何処ぞ乎。又た、何なる教文ある乎。＊是れ四＊

又た、何れの仏・菩薩か一念の称名なりと雖も、之の因縁を以て遂に深位に至るの時、之れを利せざる乎。而るに十念引摂を以て弥陀の勝事と為す。詞《ことば》のみ有りて、実事無きことに成りぬ。＊是れ五＊

又た、諸教の中に広く念仏往生の旨を明せり。若し地上の菩薩に限らば、隠密不了の説は弥陀の一教に過ぎたるは無し。一代の聖教をば不実と云う。何事ぞ之《かく》の如きぞ哉。若し一向に不了の説にして都《すべ》て異生無しといわば、誰か教文を守り、誰か現に教の力を憑《たの》むや。若し「異生の生ず」というは真実

に非ずといわば、恨みの中の恨み、何を以て之れを喩えん。＊是れ六＊
又た、諸伝記章疏に西方往生の人を烈ぬ。豈に皆な地上の菩薩なる哉。豈に又た悉く仮事なる乎。
＊是れ七＊
又た、『秘』師は西方往生を遂ぐ。設《たと》い権者と雖も実類に都て此の事無しといわば、何ぞ念仏往生の相を示すや。権は必ず実類を引かんと為《す》るが故に。＊是れ八＊
若し上の多の道理を会さば、諸仏方便を以て先に三乗を説き、漸く成仏の因と為す。若し左右無く長遠の仏果を説かば、欣求す可からざるが故也。此の如く、実には地上の菩薩の所生土なりとも、異生の生ずと説き、欣心を生ぜ令む。之れをば因縁と為して、別時に彼土に生ぜ令むるが故に、本願にも背かず諸文にも違せずというは、爾らず。実の宝所は別に之れ有りと雖も、都て中間に息む所化の城無きに非ず。遂には羊鹿二車に乗らず、且つは四果独証の義に背く。若し爾らば、「彼土に生ず可し」と訓《よ》んで、定んで報土の外に異生所生の処有る可し。若し都てに其の分無ければ、豈に仮論の誓願に非ず哉。(15)

といい、八種の証拠を示した上で「若し上の道理を会さば」として、文理八証の結語を示すのである。今、その文理八証を簡略に示すと、およそ次のようになる。すなわち、

(1)　阿弥陀如来の本願は、穢悪充満の娑婆界の受苦の衆生のために立てられたものであるから化土もあ

る。

(2) 四十八願の中の第十八願は「十方造悪の衆生」を救済する「十念往救の誓い」なので化土もある。

(3) 阿弥陀如来を娑婆有縁の仏という以上、化土もある。

(4) 変化土は諸仏にある。他の仏にあって阿弥陀仏にないのであれば、阿弥陀仏の悲願は浅いものとなる。そうではないので、必ず化土がある。

(5) 阿弥陀如来の十念引摂は勝事と説かれている。したがって、化土はある。

(6) 諸教に広く念仏往生の旨が説かれている。もし「異生が生じない」というのであれば、隠密不了の説となり果ててしまうが、そうではないので化土はある。

(7) 諸伝記や章疏に連ねられる「西方往生の人」は十地の菩薩ではないので、必ず化土はある。

(8) 『成唯識論演秘』を著した法相宗第三祖の智周（六六八―七二三）は西方往生を遂げた。方便で示したものとしても、それは必ず真実のあり方をもたらすので、必ず化土はある。

と。以上の八種の文理を示した上で貞慶は、阿弥陀仏の浄土は本来的に十地菩薩のために示現された世界ではあるが、「長遠の仏果に対して怯弱の心を生じる凡夫のために欣求の心を生じさせようとして異生が生じる世界を示した」と述べ、必ずや報土の外に異生所生の世界のあることを強く論じたのである。このあり方は、まさしく第二部第二章で論じた「摂在一刹那」にも相い通ずるものであったといってよいであろう。

次いで、貞慶は九つの証文を示し、さらに阿弥陀仏の世界に化土のあることを論証していくのである。すなわち、

次に証文は諸の経・律等の中に多く異生の安養に生ずる等を明かす也。報土を見るの文は極めて希《ま》れにして、化土を見るの文は甚だ多きが故に。＊是れ一＊

対法蔵の中には、天親の『往生論』に「浄未証浄菩薩、浄土に生ず」と、云々。未証浄とは、則ち地前の菩薩也。未だ真浄法界を証せざるが故に。枉《ま》げて之れを会する事有りと雖も、現文に叶わざる也。又た、龍樹の『智論』に云わく、「或いは仏土有り。菩薩と声聞と雑《まじ》りて以て僧と為《な》る。弥陀国の如し」と、云々。『十住毘婆沙論』も又た、之れに同じ。他宗の論蔵と為すと雖も、自宗にて用いる所の両論也。＊是れ二＊

又た、『唯識』第十に変化身土を明かすに、「浄穢土に居す」と、云々。秘師の釈の「浄土」の言には、「変化長時浄土に摂す」と、云々。若し爾らば、『唯識』を以て『瑜伽』等を思うに、返りて其の誠証有り。其の故は、『同性経』の中に報化二土相対して報土をば浄土と名づけ、化土をば穢土と名づく。何を以ての故にとならば、報土は空壊等の三災を離る。又た、雑穢の種子、久しくして已《すで》に亡じて、能化も所化の識も浄なるが故也。変化土は之れを翻ずるが故に、設い長時浄土なりと雖も、化土は必ず三界所摂に随うなりと。又た、未だ雑穢の種子を亡ぜざるが故に、束《たば》ねて穢土と名づくる也。『瑜伽論』には、即ち此の経文に依り、清浄と不清浄との二種の世界を立つ。清浄世界には唯だ報土のみ

と説くが故に、所生人を地上と云う。又た、異生の清浄世界に生ずと云う教文は、懈怠を対治せ遣《し》むる也。若し爾らば、残す所の不清浄世界の中に、設《たと》い穢土にまれ、設い浄土にまれ、変化の土とするものをば悉く之れを摂する也。則ち此の経論の廃立は、前の安養中の変化浄土の辺をば不清浄世界の中に置く。『荘厳』『対法』『摂論』等も又た皆な此の廃立を守り、浄穢二土を明し、別時意趣等の会釈を儲《もう》く。爰《ここ》に護法菩薩 *論二* は、初めには『瑜伽』等により、「凡應変浄」の難に報土を挙げて浄土と名づくとも、遂に第十巻に至りて委悉して三身の身土を明かす処に、変化身をば「浄穢土に居す」と、云々。此れ則ち不清浄界の中自《よ》り強《し》いて浄穢二土を開出したまう也。金剛界道の地は雑穢土には異なるが故也。若し此の論無くば、『瑜伽』を解するの大師の解釈も此れ等の理を存し難き歟。『唯識』を以て『瑜伽』『荘厳』等を思うに、難者の料簡は恐らく深趣を顧みざるか。『秘』師は能く此の旨を悟り、第十巻の文を守る。変化土に長時の浄土有るの釈を以て判じて正釈と為す也。若し爾らば、此の「居浄土」中の浄土には、必ず安養を摂すべし。爾らざれば、化身の長時浄土とは是れ何処ぞ乎。又た、何の仏ぞ乎。之れを以て返りて西方を見れば、西方は報化に通ずと云う事、専ら五分十支の誠説に出づ。*是れ三* 但し『花厳』『楞伽』等の説は、元自《よ》り報土の辺あるが故に、全く遮する所に非ず。之れに依り『章』に云わく、「西方は報化二土に通ず。報土の文証は前の所説の如し」と、云々。其の趣は、上に成ずるが如き也。

次に、変化土は界所摂なるが故に、八万大劫等には過ぐ可からず。而るに、西方は住寿無量なるが故に変化土に非ざるの難は、実に彼土にも変化身の辺には壊劫等の事有り。然《しか》るに、大智の誓願力と神通の方便力に依り、所生の類の寿命は無量なるが故に、他方に移るも之れを知ら令めざる也。譬えば、大乗を謗る業力をもて一地獄より一地獄に至るが如きは、此の土の壊空等の時也。然而るに、罪人は移住することを知らず。黒業、猶し爾なり。況んや浄白の善業に於いてを乎。所変の境に執すること猶し爾なり。況んや如幻開悟の所変の土に於いてを乎。或いは……（中略）。

次に、雑穢の種子、未だ亡ぜざる類は長時の浄土に生じ難しと云う難は、尤も難義也。但し、大聖の本誓悲願力 *増上縁力* に依り、自心の念仏の功徳力 *因縁分* に依り、作業決定して彼に生じ畢んぬる人は、法爾として然ら令め、必ず二障を伏し、永く不退を得る也。所謂ゆる、怨憎等の違縁無きが故に嗔忿等不退なり。万宝充満せるが故に貪欲等不退なり。昼夜朝夕に大聖の妙説を聞くが故に、愚癡不退なり。常途の衆生、難義を決するが故に、疑等不退也。慢邪見等も又又《ま》た此の如し。未だ二障の種子を断ぜずとも、永く之れを伏すること猶し阿羅漢僧の如し。都率内院に女人等の悪縁有りと雖も、常に大聖の説を聞くに依り、煩悩を退起せず。況んや安養には都《すべ》て此れ等の違縁無きをや。仍《よ》りて長時浄土を変ずる也。

次に、極楽の名言は初地の生所に当たると云う難あり。元自《よ》り土の本為は初地の所居なり。然而るに分々に皆な極楽の義あるが故に、地前の所居の辺に又た、此の名を立つる也。

次に、未廻心の二乗は浄土に生ず可からずと云うは、難義也。若し『観経』の義を用いざれば、見苦しきこと無し。然而るに『智論』等は声聞有る旨を明かす。況んや安養化土に通ずるの義は、悉く『観経』の文を捨てる可からず。少分は誦者・訳者の加増有りと雖も、変化土には声聞有る可きが故に。仍りて此の文は、金口の説自《よ》り起これり。且らく之れを会さば、中三品の輩は昔に菩提心を発し、見仏聞法の為めに安養の業を作し、彼の土に生じ畢んぬ。往生以後も菩提心を退せざる菩薩也。但し、二乗果を証する事は自心の欣楽に依らず、弥陀の善巧方便門の加被力に依る也。然る故は、彼の土に生ずる人には皆な悉く必ず、本願力を以て娑婆に往き最初に結縁する者を引摂するの思い有り。而るに浄土に於いては善友のみにして違縁無し。故に煩悩を退起せずと雖も、若し引摂せんが為めに娑婆を往還せば、未だ身中の煩悩を断ぜざるが故に、猶し退起の恐れ有り。仍りて早《すみや》かに娑婆に還りて有縁の者を利せ令めんと欲するが故に、大悲の方便を以てす。宝樹に苦・空・無常の音有り、宝池に智断証修の声有り、自ずから之れを聞き、尽衆生滅の悟りを開くとき、自ずから四果を得るを願ぜざる也。誠証は、『千手経』に有り。「常に此の咒を誦し、口中に絶えざれば、四沙門果は求めても自得するに非ず」と、云々。「況んや釈迦の仏弟子の中に廻心向大して当作仏授記を頂き乍《なが》ら、結集の座に烈せんが為めに応果を証す」と、云々。此れ則ち、別の因縁に依り、菩提心を帯し乍ら小果を得る事有る也。若し爾らば、中品の類は菩提心を帯び乍ら、別の意楽に依り、自ら加行して之れを得ること有る歟。＊此れらは少事と為すと雖も、之れを秘す可し＊　或いは……（中略）。

次に、『瑜伽』『対法』等の文は、上に既に其の意を述べ畢んぬ。返答は証文也。

次に、『上生疏』……（中略）＊上の如く下の如し＊

次に、『章』に返りて第二釈の証文を会す事は、全く相違せず。初釈は唯報土の義なるが故に、化土と見えたる文は皆な来たりて難を成ずべきが故に。両釈、未だ是非ならず。前《さき》には返りて前釈の意により、尤も之れを会す可し。第二釈は、報化二土に通ずるの義なるが故に、報と見る文は之れを取りて一片の証しと為す可し。仍りて返りて、之れを会す可きに非ず。「西方は報化二土に通ず」の報土の文証は、前の所説の解釈の如し。則ち之れに在り。「前の所説の如し」とは、二土に通ずる証文の中、報土の方の証文は初釈の下に引くが如し、と言わんとする歟。(16)

とあるように、かなり長々と論じている。今、その内容を簡略に記すと、およそ次のようになる。

(1) 経典・律典等には異生が弥陀の浄土に生ずる旨が記されている。報土に生じると説く文より、化土に生じると説く文の方が多い。したがって、阿弥陀仏の浄土にも化土がある。

(2) 天親（世親）の『往生論』に「浄未証浄菩薩は浄土に生ず」とあるが、未証浄菩薩というのは地前の菩薩を指す。また、龍樹の『大智度論』や『十住毘婆沙論』にも「菩薩と声聞とが雑居して僧となる弥陀国」の例が示されているから、阿弥陀仏の浄土には化土がある。

(3) 『成唯識論』には「浄穢土に居す」と出る。『大乗同性経』には報土に対して化土を穢土と呼んでいる。そこで、『瑜伽師地論』（以下『瑜伽論』）には清浄世界と不清浄世界の二種のあることが示され、十地の菩薩の生じる清浄世界（報土）が説かれる反面、懈怠の衆生の心を対治するための清浄世界（化土）も説かれるのである。『大乗荘厳経論』『対法論』（『大乗阿毘達磨雑集論』）『摂大乗論』等も皆、同じである。そこで智周は阿弥陀仏にも変化長時浄土があるという解釈を示したのである。阿弥陀仏の浄土に報土と化土のあることは、唯識の五分十支（『瑜伽師地論』『分別瑜伽論』『大乗荘厳経論頌』『弁中辺論頌』『金剛般若論頌』の五部、『大乗百法明門論』『大乗五蘊論』『顕揚聖教論』『摂大乗論』『大乗阿毘達磨雑集論』『弁中辺論』『唯識二十論』『唯識三十論』『大乗荘厳経論』『分別瑜伽論』の十支）の論典にも明らかである。そこで、慈恩大師も『大乗法苑義林章』（以下『義林章』）の中で「西方は報化二土に通ず」と述べたのである。

（4）阿弥陀如来の世界にも「壊劫等の事」があるが、知らしめないだけである。したがって、阿弥陀仏の浄土にも化土がある。

（5）菩薩は十地の位において不退転となって分別起の二障（煩悩障と所知障）を頓断し、倶生起の二障を二阿僧祇劫かけて順次に断じていく。しかし、阿弥陀如来の浄土には女人等の違縁がないので、未登地の菩薩もまた煩悩を伏して嗔恚等不退・貪欲等不退・愚癡不退を得る。経文に不退転と出るのはそのためである。したがって、阿弥陀仏の浄土にもまた化土がある。

（6）阿弥陀仏の浄土は、本来的に初地菩薩所見の極楽報土として説示されている。しかし、極楽の名は十地以前の者たちに対しても立てられているので、阿弥陀仏の浄土には化土もある。

（7）未廻心の二乗は浄土に生じることができないというが、『観経』を見れば浄土に生じることは明らかである。二乗往生は『千手経』にも説かれるものである。したがって、阿弥陀仏の浄土にも化土がある。

（8）『瑜伽論』『対法論』『弥勒疏』（『観弥勒上生兜率天経賛』）も皆、化土のあることを示している。

(9)『義林章』の唯報釈は通化釈を会通し難いが、通化釈は報土と化土とを共に許すので全く問題がない。

ということになろうか。ここで貞慶は、通常のものとは異なる阿弥陀仏の第十八願文を引いて、造悪とか十念とかあるのは通化の証しであるといい、十地の菩薩のための浄土（報土）以外にも造悪の衆生のために開示された変化浄土（化土）のあることを論じ、そのような造悪の衆生を引導するところにこそ、弥陀の本願が難思の誓願と呼ばれる「勝事」の由縁があると主張するのである。また、弥陀にもし化土がないのであれば、弥陀の悲願は浅いものになり果ててしまうとも述べ、その悲願があくまでも三界穢土の衆生のために誓われたものであることを重ねて強調していく。そして、阿弥陀仏の本願力を増上縁として弥陀の化土へ往生する道をも示したのである。いうまでもなくこれは、曇鸞（四七六―五七二）以来の浄土教で用いられてきた他力増上縁説を依用したものであり、「弥陀の本願力を増上縁として自心の念仏の功力を助長して不退転に至る」という理論を、貞慶はここで示したのである。ただし、貞慶がここで説く不退転はいわゆる初地における証不退ではなく、化土において得られる「煩悩不退起」の説である点に特色がある。すなわち、弥陀の他力増上縁力によって煩悩障と所知障の二障を伏して、三界穢土に仮設された阿弥陀仏の長時の浄土（化土）に往生する理論を構築したのである。

自らを「常没の凡夫」と深く内省していた貞慶にとって、浄土（化土）に迎摂して不退（煩悩不退起）に至らしめんとの誓いを立てたもうた弥陀の悲願こそが、この頃の貞慶にとっての唯一の救い（道）であったことが、右の理論からも確かめられるのである。換言すれば、「常没の凡夫」である貞慶の往生すべき世界として、阿弥陀仏の化土がなければならなかった。ここに貞慶が「弥陀の本願にかなった化土」の存在を論証しなければならない最大の理由があったといってよいのである。最後に貞慶は、化土の証文は数限りなくあるから唯報釈では通化釈を会通することができないが、報土も化土も共に認める通化釈には遺漏がないので、阿弥陀仏の浄土には報土も化土もあるとするのが正論であるとまとめている。

教義研鑽という観点からいえばそれだけのことであるが、すでに指摘したように、貞慶が『唯識論尋思鈔』を著したのは仏道実践のためであった。そう考えると、貞慶がこれほどまでに「通化」にこだわった理由が見えてくる。すなわち、阿弥陀仏の浄土に報土しかないのであれば、その世界は三界を出過した十地菩薩しか知見しえない純浄土となってしまい、凡夫の往くべき世界ではなくなってしまう。そうなれば「雑悪の衆生」を摂取しようとする阿弥陀仏の本願も虚しいものになり果てる。阿弥陀仏の本願が真実であるならば、化土がなければならない。この信念のもと、通化の理論を構築していったことが知られるのである。しかし、これだけでは不十分であった。なぜならば、貞慶もまた法然（一一三三―一二一二）と同じように、凡夫の報土往生を模索していたからである。そのために貞慶は、まず処々不定論を整理し、報化二土一体同処論を構築していくことになるのである。

第三項　処々不定論による報化二土一体同処論の構築

すでに第一項で論じたように、貞慶には多重浄土論があるが、これが阿弥陀仏の浄土についての処々不定論をもたらすことになる。もともと、処々不定は親光菩薩造の『仏地経論』に出るもので、そこでは次のように述べられている。すなわち、

是の如き浄土は、三界と同一と為すや処所に各別と為す耶。有る義は各別なり。有る所には浄居天上に在りと説く。有る所には西方等に在りと説くが故に。有る義は同処なり。浄土は周円にして辺際有ること無く法界に遍ずるが故に。如実義は、実に受用土は法界に周遍して処として有らざる無し。三界処を離ると言うと説く可からず。亦た、三界処に即すと説く可からず。若し菩薩の所宜に随いて現ずれば、或いは色界浄居天上に在り。或いは西方等、処所不定なり。(17)

と。不即不離・不一不異の中道義をもって唯報土も唯化土も否定し、処所不定と説いているのである。そこで貞慶も『安養報化』において、

「三悪趣に得る可し」の文は、変化土は一花百億の国にして、一国に一釈迦ある也。皆な五趣共変の南州也。長時浄土は万の一にして、西方の外《ほか》に未だ其の処を聞かず。故に多分に付かば大都は共変の土の三悪趣に於いて得る可き也。或いは、西方に悪趣の名字も無しというは、現行して成熟せる諸善に付いてなり。能生の種子を談ずれば、三悪道に得る可き也。雑穢の種子未だ亡ぜずといわば、即ち殊《こと》に三悪趣の種を指す也。未だ地上に入らざる人は、分別煩悩を断ぜざるが故に悪趣不生を得ず。仍《よ》

りて三悪趣に之れを得る可きの義有る也。或いは、西方浄土は実に十万億の西なるに非ず。一心清浄なれば、此処は則ち浄土也。若し爾らば、此処を去るに非ず。人間に即ち安養有り。乃至、無間大城の処にも極楽有り。故に「三悪趣に得る可し」と云う也。若し爾らば、此の文は未だ必ずしも変化浄土の辺を嫌わざる也。他受用土を「此所に定んで在り」と判ずれば、定んで色究竟天にも在り。実に処々不定にして西方あるいは霊山にも有り。変化身土は類に随いて応現するが故に、元自《よ》り散在して一処を定む可からず。地獄の衆生、忽ちに迎摂を蒙るも、地獄を去りて別処に往くに非ず。只だ、苦器を転換して浄妙楽具を成ずる也。＊第二義、好しき也[18]＊

と説くのである。「三悪趣に得る可し」の文は『瑜伽論』に出る文であるが、二つの解釈を示した後に貞慶は「第二義好也」といい、第二義を採用している。それが他ならぬ、処々不定論である。すなわち、阿弥陀仏の浄土を「西方」と決めつけず、浄業の成熟によって一心が清らかになれば今いる場所（此処）が阿弥陀仏の浄土（安養）に変じるので報土は色究竟天にも西方にも霊山にもあるといい、さらに変化土については随類応現のためさまざまな処に散在すると論じている。その一例として地獄を挙げており、地獄の衆生さえ阿弥陀仏の迎摂を受けるのであるが、その際にも地獄を去って別処に往くのではなく、地獄の苦器が転換されて浄土と成るあり方を示している。まさに転換本質である[19]。八地以上の大力菩薩にして漸く備わる力を如来は思うがままにふるい、地獄の本質相分を転換して浄土に変じてしまうのである。そのようなことができるのは、如来からすれば衆生の住む世界が報土の中の一小世界であり、地獄の衆生も自

己の化益の対象に他ならなかったからである。そこで、『安養報化』では更に次のような問答（尋答）を立てる。すなわち、

尋ねて云わく、西方浄土は実には此処にも在りと云う事、誰か之れを信ぜん。諸教の中には皆な悉く「十万億の外《ほか》に安養界有り」と、云々。何ぞ現文に背いて、此処に在りと云うや。況んや此界には三悪等有りて、安養には悪趣の名字なきを哉。又た、何の証文有らん哉。

答う。如幻の法の習いに、此に在り彼に在りの差別無し。何処ぞか安養と定む可きや。何処ぞか娑婆と名づくる可きや。只だ、座を動ぜずして浄穢一処に之れ在り。此の趣きは『仏地論』に出だ被る乎。但し、教に「十万億の外に西方有り」という中、恒河沙の外に歓喜世界在りというは、且らく因果の相を談ずるに、実には弥陀と薬師の土は一処に在る也。其の因とは、薬師は全てに「生住異滅にして縁起縁生なるの理」を観ず。為めに全てをば仏果の妙因に備え、永き月時年を尽くしての移転を示すが故に、因方に居すと。弥陀は果方にありて衆生を摂取し、居を安養に移せしむ。是れ則ち因位の昔、互いに夫妻と成り、或いは父母兄弟と成り、案立する所の契約也。故に十万億より西と云う。弥陀の土、猶し十万億の西に有る可し。十恒河沙の東なる阿閦土は猶し東に有る可し。但し、十万億と云い十恒河沙と云うは、離する所の塵垢を表す。実に所住の国土の数に非ざる也。＊此の事は深甚なり、深密唯識中宗の学侶なるべきもの、閑ずかに之れを学すべし[20]＊

といい、如幻の法には固定的な相はないので方処を定めるべきではないといい、第二部第二章でも用いられた「如幻」の論理をここでも用いて説明している。そして、西方の阿弥陀如来の安養世界、東方の阿閦如来の歓喜世界、同じく東方の薬師如来の浄瑠璃世界を本来的には「一処」なるものであるとし、それが個々のすがたを取るのは因位の昔の誓願の違いによるものであると述べた。また、「十万億」とか「十恒河沙」という表現も、距離を示すものではなく、煩悩（塵垢）の深さを表現したものであると会通したのである。

このような処々不定論は、『安養報化』より少なくとも十年は後の建仁元年（一二〇一）に著された『論七巻尋思鈔別要』「受仏位自在宮」においても、詳細に論じられている。すなわち、その中の「処々不定一言可有多義事」において、

末云、聖教中ニ、設於一ノ極楽世界有説処々不定。得其
意、可有多義。一者寛広ノ故説不定。二者一時在彼此
方所故。三者往来彼此所故。四者超過方所分別
故。初義者且西方ニ実有弥陀化身ノ穢土、其所ニ亦現
報土ノ浄土。＊是常途報化相続之相也。所謂大小化身大旨、属報土花葉等＊依此義教若説
極楽、在其世界中。＊以釈迦霊山浄等可准知之＊依実是可不定。穢土
狭少極楽不定。限此界分故。＊是一義＊第二義者穢土

十方遥遠ノ世界彼々ノ所居菩薩、各修観念随識見極楽ノ一界時、皆現其別不起本土。即可有見極楽。方知、極楽ハ処々不定也。一時在彼此所故。＊是二義＊ 第三義者、一菩薩自在修観念、或時観極楽在西方。此時実在西方可現。或時観在東方等、随観皆可現前。此事、敢不可妨。方ニ知、一極楽亦往〔註1〕生彼此所。＊東西別人〔註2〕前亦可有此義＊ 往来ノ証、則浄名菩薩。割取妙喜世界、置右手掌中、示〔註3〕時衆会。是妙喜世界、来娑婆世界中也。＊此中、或令他成福。此之相、実不必来此土哉。時又実来此無失。（後略）＊

第四義者、彼此方所者多是凡夫無始分別力故所現相也。地上菩薩証入法空、解了如幻畢後、未必成穢土在此。某土在東西近遠等分別。＊或時又成此分別自在故＊ 設又上位ノ前猶有方所想之時、猶不同凡夫ノ強分別。既ニ超過妄分別方所故、不為処々定。＊是四義＊ 重意云、第一義者対化穢土論之。次二義者、付浄土即体、而猶有方所ノ相時所論也。第四義者剋浄土自体超過方所ノ相所論也。

〔註1〕身延山本の「鉎」を大谷本・龍谷本によって「往」に改めた。

〔註2〕身延山本の「列五」を大谷本・龍谷本によって「別人」に改めた
〔註3〕身延山本の「亦」を大谷本・龍谷本によって「示」に改めた。

末に云わく、聖教の中に、設《たと》い一の極楽世界に於いて処々不定と説くこと有り。其の意《こころ》を得るに、多義有る可し。一つには寛広の故に不定と説く。二つには一時に彼此の方所に在るが故に。三つには彼此の所を往来するが故に。四つには方所の分別を超過するが故に。
初の義は且らく西方に実に弥陀の化身の穢土有りて、其の所に亦た報土の浄土を現ず。*是れ常途の報化の相続の相也。所謂ゆる大小化身の大旨は、報土の花葉等に属す* 此の義の教えに依り若し極楽を説かば、其の世界の中に在り。*釈迦霊山浄等を以て之れを准知す可し* 実に依らば是れ不定なる可し。穢土は狭少にして極楽は不定なり。此界の分に限るが故に。*是れ一義なり*
第二義は穢土の十方遥遠の世界の彼々《ひび》の所居の菩薩は、各おの観念を修して識に随いて極楽の一界を見る時、皆な其の別を現じて本土を起こさず。即ち極楽を見ること有る可し。方《まさ》に知んぬ、極楽は処々不定也ということを。一時に彼此所に在るが故に。*是れ二義なり*
第三義は、一菩薩の自在に観念を修するに、或る時は極楽は西方に在りと観る。此の時は実に西方に在りて現ず可し。或る時は東方等に在りと観る。観に随いて皆な現前す可し。此の事、敢えて妨ぐ可からず。方に知んぬ、一の極楽に亦た往生の彼此所ありということを。*東西は別人の前に亦た此の義有る可し* 往来の証《あか》しは、則ち浄名菩薩なり。妙喜世界を割きて取り、右手の掌中に置き、時の衆会に示す。是の妙喜世界、娑婆世界の中に来る也。＊此の中、或いは他をして福を成ぜ令む。此の相、実には必ずしも此土には来らざる哉。時として又た実に来たるも此れに失無し（後略）＊
第四義は、彼此方所は多くは是れ凡夫の無始よりの分別力の故に現ずる所の相也。地上菩薩は法空に証入し、如幻を解了し畢りて後は、未だ必ずしも穢土を成じても此に在るにあらず。某土は東西近遠等の分別に在り。＊或る時は又た此の分別自在を成ずるが故に＊設い又た上位の前に猶し方所の想有るの時も、猶し凡夫の強分別と同じからず。既に妄分別の方所を超過するが故に、処々定と為さず。＊是れ四義なり＊
重たる意《こころ》の云わく、第一義は化の穢土に対して之れを論ず。次の二義は、浄土の即体に付き、而も猶し方所の相有るの時に論ずる所也。第四義は浄土自体の超過方所の相を剋して論ずる所也。(21)

といい、処々不定の解釈に、(1)寛広の義、(2)彼此同時の義、(3)彼此往来の義、(4)方所分別超過の義の四義あったことを示して詳細に解説紹介している。それによると、(1)の寛広の義は西方にある化身土と同処に報土を現ずるという処々不定の解釈。(2)の彼此同時の義は、行者（菩薩）の観念によって同時に処々に極楽世界が現じられるという処々不定の解釈。(3)の彼此往来の義は、一人の行者（一菩薩）の観念によって彼此自在に極楽世界が現れるという処々不定の解釈。(4)の方所分別超過の義は、方所に執われる凡夫とは異なり、法空の一分を悟り如幻を解了した行者（菩薩）の前には妄分別による方処の執われがないので、処々不定に極楽世界が現れるとする解釈である。これらの四義はいずれが正しくいずれが誤りというものではなく、それぞれのあり方に応じて説かれるものであるという。すなわち、第一義は化身の穢土に対して説くもの、第二義・第三義は浄土そのものについて方処の相がある時に説くもの、第四義は浄土そのものに方処超過の義がある点について説くものであるという。これらをもって方処の執着を否定するのであるが、その背景には「西方」に執着していると映る法然浄土教の存在、その影響を受けて迷いを抱く初心の行者への教示があったと考えられる。事実、『論第七巻尋思鈔別要』にはさらに、

西方行者多以変化土謂出過三界土歟。生彼土人已離生死等、文。若報土者可有二門。離分段生死、未離変易生ヲ。若化土者全不離三界。如此性相初心行者未必分別歟。

西方行者の多くは変化土を以て出過三界の土と謂う歟。「彼の土に生ずる人は已《すで》に生死等を離る」と、文《いえ》り。若し報土ならば二門有る可し。分段生死を離れ、未だ変易生を離れず。若し化土ならば全く三界を離れず。此の如き性相をば初心の行者は未だ必ずしも分別せざる歟。(22)

とあるように、報土において出過三界を語るなら分段生死を離れたものの変易生死にあるのであるから「生死等を離る」とはいえないし、また化土においては三界出過を語ることができないと論じ、初心行者の迷いを晴らそうとしていることが知られる。

以上のように、貞慶は阿弥陀仏の浄土が西方にあるという固定観念を打破して処々不定と説いたが、その大きな利点が「報化二土一体同処論」を導き出したことにある。すなわち、『安養報化』において貞慶

はさらに、

尋ねて云く、此の義の如くならば、他受用と変化の二土も同処に在る歟。

答う。爾る也。化土は、報土の中の葉上葉中の土なり。然りと雖も、自心の差別に随いて、下は上を見ず。機見不同なりとも、如幻の境界は互いに障碍せざる也。

問う。若し爾らば他受用土は広大無辺なり。娑婆は極めて狭し。何ぞ娑婆の中に報土を変ずる乎。

答う。此の疑は、未だ如幻を悟らざる前の事也。龍畜は未だ如幻の悟りを開かざるとも、山水を以て縁と為し、広大なる種々の宮殿を変ず。業力、猶し爾る也。況んや如幻虚假の悟前に於いてを乎。況んや報土と化土とは同じく一処に有りと雖も、未だ寛狭の分斉も斉《ひと》し等とは云わず。今、論ずる所は三悪処にも、一処に報化の二土有り、と言わんとす。意《こころ》は、或いは苦器を見、或いは仏土を見、或いは報土を見る、と言わんとす。其の寛広は報土の分量にして、十方世界無量無数の娑婆界に亘る可き也。『要』に云わく、「然らば本由《よ》り十地菩薩の為めに現ずる浄土なるが故に、論じて化土と説くも、其の浄の言有り」と、云々。(23)


といい、報土と化土の一体を説くのである。すなわち、諸仏の国土は本来的に一体の世界でありながら、能力の違い（機根の優劣）によって見るべき世界にも異なりが生じ、資糧位菩薩は小化土（葉中世界）を、加行位菩薩は大化土（葉上世界）を、十地菩薩は報仏土（百葉世界から不可説葉了世界）を個々の地位にしたがって見ているが、これらは本来的に一体の世界であり、かつ同処にあるというのである。しかも、それらの世界はあくまでも「如幻」であるから、互いに碍げあうということがない。依他起の世界を「如幻なり」と悟りきった叡智より見れば、広大なる他受用報土も一小世界である娑婆界の中に現ずる。まさに報土と化土とは同一処にある一体の世界構造を有しており、地獄・餓鬼・畜生の三悪趣においてさえ、報化の二土が碍げあうことなく存在していると貞慶はいう。この如幻の道理が摂在一刹那においても用いられていたことは、第二部第二章で詳説したとおりである。かくして処々不定論を元にした報化二土一体同処論の構築により、いよいよ次には法然とは異なる貞慶独自の凡入報土論が展開していくことになるのである。

第四項　凡入報土論の展開

周知のごとく、浄土教は「弥陀の本願」によって成立する教えであるが、その第十八願に着目して「凡入報土論」を展開したのは、中国浄土教の大家である道綽・善導の二師であった。時を経て、この教えの要義を継承して「凡夫が報土に生まれることを示さん」として「浄土の宗」を立てたのが、他ならぬ法然であった。すなわち、法然の伝記の一つである『円光大師行状画図』（四十八巻伝）には、

上人或時かたりてのたまはく、われ浄土宗をたつる心は、凡夫の報土にむまるることをしめさんがためなり。（中略）もし法相によれば、浄土を判ずる事、ふかしといへとも、凡夫の往生をゆるさず。[24]

と記されている。これによれば、法然の浄土立宗の本意はまったくのところ「凡入報土」を論ずる点にあったことは明白であるが、同時に貞慶の属する法相宗の教えが「凡入報土」を許さない立場にあったことまで示されている。では、法相宗ではなぜに凡夫の報土往生を許さないのであろうか。それは、この宗の断惑論・修道論に負うところが大きいのである。

そもそも、法相宗では有漏雑染の種子の現行によって苦果が生じると説く。そこで、有漏の諸八識を転じて無漏の浄識相応の四智を成ずる道を示す転識得智論を展開した。また、その前提として惑障を断じて真理を証する無漏智についても論じられ、菩薩の修行位も整理された。これについてはすでに、第二部第一章および第二章で解説ずみであるが、再度、整理すると、およそ次のようになる。すなわち、菩提心を発して菩薩道を歩む行者の阿頼耶識には無漏智を生み出す無漏種子が先天的に依附している。しかし、この無漏種子が現行するまでには、何と一阿僧祇劫もの修行が必要となる。行者（菩薩）は菩提心を発して以来、観法実践の中で「一心の道理」を繰り返し思量し、一阿僧祇劫にわたって自利と利他の二利の行を実践することによって福慧の資糧を積集してきた。この位を資糧位という。この間、菩薩は分別起の二障を伏す実践を行ない、いよいよ空観を練習する加行の位に到達する。そして、初地入見道の時、長らく依附してきた下品の無漏種子が現行し、下品の無漏智が生じる。この下品の無漏智によって真実の唯識観を実践したとき、分別起の二障（煩悩障と所知障）は悉く断じられ、真理（我法二空）の一分を発得するに至るのである。以降、中品の無漏智によって初地より第十地に至るまでの各地において、一の重障が断じられ、一の真如が証せられる。断じられる惑障は倶生起の所知障であり、最後にはより断じやすい倶生起の煩悩障もまた第十地において頓断される。そして、菩薩は第十地の満位において金剛喩定を実践し、最後の微細な煩悩である仏果障を断じ尽くし、次念に上品の無漏智を生じて仏果を証するのである。その間、三阿僧祇劫もの膨大な時を要するという。このような法相宗の断惑修道論においては、「超劫」は認められていない。わずかに十信位の菩薩が八相を現ずることや十地位の菩薩の超劫が若干論じられている程度で、三阿僧祇劫の修行をあくまでも実行と見るのが法相宗の立場である。そのような法相教学において、阿弥陀仏の浄土は一阿僧祇劫もの修行を積んで初地の位に至った菩薩にして初めて知見できる浄土であると考えられてきた。しかし、それでは「常没の凡夫」「悪趣の異生」の自覚を持つ貞慶の欣求するところとはなりえない。しかし、「仏語を信じる貞慶」にとって、『無量寿経』に説かれる阿弥陀仏の本願は真実以外の何ものでもなかった。そこで、すでに指摘した通化の八種の文理の中において、

豈に因位の本誓に背いて忽《ゆるが》せに地上所居に限る乎。*是れ一* 又た四十八願の中の第十八願に云わく、「十方造悪の一切の衆生の最後の十念に往きて救わざれば、正覚を取らじ」と、云々。其の往救とは来たりて西方浄土に迎うる也。地上菩薩に限らば、造悪とも十念とも云う可からざるが故に。[25]

といい、阿弥陀仏の本願が造悪の衆生に懸けられた尊い願いであることを論じてみせた。『興福寺奏達状』「第七謬軼念仏奥儀」において貞慶は、この第十八願を「至深信行」と呼んだ。すなわち、

弥陀の本願の念仏往生は第十八願なり。正しく至深信行等と言う。口称の義、有るにあらず。大いに念仏の奥旨の行儀を失し、偏に専修の行を倡《とな》う。其の過《とが》、此に在るのみ。(26)

と。至心信楽の願とまではいっていないが、信心に着目した呼応を示している点では法然より親鸞（一一七三―一二六二）に近い。すでに第二部第一章で指摘したように、貞慶は自己が無性闡提でない証しを「信」に求めた。それは、一闡提が「信不具足」とも訳されていたからである。『無量寿経』もまた尊い「仏語」に他ならず、その仏語（阿弥陀仏の本願）を深く信じたところに、貞慶の弥陀浄土信仰展開の根源があったのである。

この点を基盤にして貞慶は、多重浄土論から処々不定論、そして報化二土一体同処論を構築し、これをもとに『安養報化』において次のように述べた。すなわち、

況んや碑文を見るに、「西方浄土院に一所の仏殿あり。五間七架の殿内に、阿弥陀仏と観音・勢至の五十二菩薩、諸化の音楽、鳥獣三百有余の事を造る。遂に西方を見て七宝蓮華の立床に至る有り」と、云々。既に西方を欣《ねが》い、兼ねて霊検を感ず。釈《す》る所、定んで「安養は化土に通ず」の義を存す可し。設い大権化身と雖も、権は必ず実類を引かんと為る也。既に凡夫相を示し乍《なが》ら、猶し顕わに往生あるを欣求すれば、豈に化土に通ずるに非ず乎。(27)

と。ここで貞慶は、とある「碑文」を用いながら二つのことを示した。一つは凡夫が最初に往生する世界は化土であって報土ではないということ、今一つは阿弥陀仏の化土から報土に生まれる道のあることの計二点である。もし、阿弥陀仏の浄土に報土しかないのであれば、その世界は三界を出過した十地菩薩しか知見しえない純浄土であるということになるから、凡夫には望みえない。ところが、本願に偽りはないと見たとき、凡夫の生ずる化土がなければならなくなる。それが兜率天にある四十九院の中の安養浄土院（西方浄土院）であると貞慶は指摘したのである。そして、安養浄土院より西方極楽世界の七宝蓮華に生まれたという霊験がすでに「碑文」には見られるのであるから、まずは化土に生まれて報土への往生を望むべきだという。その論理によれば、化土は大権化身の世界ではあるとはいっても真実浄土（報土）の方便世界であるから、やがては必ず報土に生まれる身（実類）となれると力説するのである。これは報化二土一体同処論が構築されていなければ、まずはいえない論理である。したがって、貞慶の通化論構築には「化土の先に報土を見る」あり方が間違いなくあったものと見てよいであろう。しかし、これだけでもまだ十分ではない。どうすれば凡夫が勝れた阿弥陀仏の報土に往生できるのか。ここで貞慶が着目したのが「極速三生」の理論であった。

そもそも、法然の凡入報土論の主旨は、一言でいえば「凡夫の弥陀報土への即得往生」（順次往生）にあったといってよいが、貞慶は「二三生等を経て後の報土往生」を案出していた。すなわち、『心要鈔』「覚母門」において、答う。仏界は甚深なり。輒《たやす》く推知し難し。今、自行に於いて纔《わず》かに思慮を致すに、造悪の凡夫は本《もと》より因果に暗し。最後の臨終に始めて善知識の語るを聞く者は、弥陀如来の不可思議威神の功徳に於いて、忽ちに決定の信を生ず。若し十念を具すれば、必ず浄土に生じ、必ず仏道を成ず。此の如き一々の諸説に於いて、総じて疑惑無し。語に随いて信ずるが故に。（中略）本《もと》より邪見無し。今、正念も無からん。此くの如きの人、臨終に自ら仏号を唱えて、数《さくさ》く十返を過ぐるに、定んで三界を過ぎて浄土に生ずべき耶否や。他人をば知らず。己に於いては信じ難し。愚か度《はから》いの如き者は、多く人天に生ずべし。宿習力の故に。重ねて善縁に値いて、漸く勝心を発して、二三生等に宿願を果たし遂げん。是れ猶し勝事なり。(28)

と述べているように、貞慶は「二三生等を経て後の報土往生」を「猶し勝事なり」と受け止めていたことがわかる。法然と貞慶は、いずれも阿弥陀仏の本願に依拠した凡入報土論を理論化したものの、法然の「即得往生」を貞慶は完全に否定し、自らは「二三生等往生」を取っていたということが右の文によって知られるのである。では、何を根拠に貞慶は、「二三生等往生」を案出したのであろうか。これについて『安養報化』の第四談義・第五談義の中に、

又た、中三品の一は曰わく、斎戒をもて彼に生じ、花開いて須陀洹果を得ると云うが故に、極速三生の性相に違す。（中略）豈に極速三生、豈に一大阿僧祇劫の修行、虚説ならん乎。(29)

とある点に注目したい。「極速三生」という言葉は、もともとは『大毘婆沙論』に出る言葉であり、

善根未熟の者は、謂わく仏法に依り極速三生にして方《まさ》に解脱を得る。第一生中に解脱分を種《う》え、第二生中に修して成熟なら令め、第三生中に既に成熟し已《お》え、聖道を引起して能く解脱を証す。(30)

と説かれている。これを受けて世親の『倶舎論』にも、

論に曰わく、順決擇分をば今生に起こす者は、必ず前生に順解脱分を起こす。諸有に創《はじ》めて順解脱分を殖え、極速三生にして方《まさ》に解脱を得る。謂わく、初生に順解脱分を起こし、第二生に順決択分を起こし、第三生に入聖し、乃至、解脱を得る。(31)

と記されている。要するに、善根未熟の者は最も速い者でも三生を経なければ聖者とはなれないと記されているのである。今これを大乗に当てはめて検討すると、極速三生によって初地の菩薩（聖者）に成るという解釈もまた生じる。あるいは、極速三生によって「化土の中に報土を見る」という解釈もまた展開しうるのである。法相教学では通常、一阿僧祇劫もの超劫を認めてはいないが、一方で「極速三生の性相の理」による会通可能理論もまた存在していたということになる。しかし、それは同時に法然の主張する「凡夫の即得往生」を完全に否定するものでもあった。そこで、貞慶は『心要鈔』において、一阿僧祇劫

もの超劫を論じる法然に対して、「重ねて善縁に値い、漸く勝心を発し、二三生等に宿願を果たし遂げん。是れ猶し勝事なり」と徹底した批判を展開したのである。こうした貞慶の立場を充分に理解した上で、『発心講式』の奥書を再度確認してみると、その意図がよくわかる。そこには次のように記されていたのである。すなわち、

修行の門の広略は、帰依の誠に随いて宿縁をば自ら感ずるなり。予が如きは未だ専修の行を得ず、又た広学の望みも無し。蒙々緩々として、生涯は将に暮れなんとす。但だ、世尊の恩に依り、慈氏の化を受け、知足天上の安養浄土院に於いて、且く弥陀に奉仕せん。慈尊一代の末たる円寂双林の暮に、長く極楽に生じ、不退転に至らん。愚意をもて望む所は、蓋し以て此の如し(32)。

と。兜率内院の四十九院の一つである安養浄土院はいうまでもなく化土である。したがって、次に出る「極楽」は報土ということになる。貞慶はすでに指摘したように『安養報化』において弥陀の化土における「不退転」を煩悩不退起と解釈していたが、ここでは三界出過の不退転地の意味で用いていることは、前後の文章ならびに『心要鈔』の文意からしても明らかである。そして、ここにまさしく「極速三生」が示されている。すなわち、第一生を今生もしくは安養浄土院、第二生を安養浄土院もしくは円寂双林、第三生を円寂双林もしくは極楽に当てはめると、そこに貞慶の主張する「二三生等往生」の理論が忽然として現れるのである。これこそ、貞慶が「三界出過の難」を会通し、自らの凡入報土論を構築した最大の理

論であった。もちろん、その前に多重浄土論・一四天下論・本願信心論・処々不定論・報化二土一体同処論等があってこその極速三生論ではあるが、これらがすべて教学理論として整えられて初めて、貞慶の凡入報土論は完成を見たのである。

およそ、貞慶が本宗とする法相教学ほど、性（理性）と相（現象）を詳細に分析して、道理を追求した教えはないといってよい。貞慶もしばしば「唯識の習い」（観音講式）とか「性相の理」（安養報化）とか「定まれる性相」（安養報化）などといった言葉を信仰関連の書において多用しているから、必然的に自らの信仰においても法相教学（性相の理）に準拠した理論化が必要となり、時には道理（性相の理）に基づく会通をも行なったと考えるべきであろう。換言すれば、貞慶にとって「性相の理に違す信仰理論」は信仰理論とはいえず、「仏教を誤る邪義」でしかなかったことになる。かかる観点よりすれば、法然の凡入報土論は貞慶にとって「三界出過の難」を解決せずに弘められた邪義にすぎなかったということになる。ここに貞慶の法然浄土教批判の本質があったといってよいであろう。ところが、その難が再び自らに還って来た。なるほど、『安養報化』を著した前後の時点では、右記の理論を駆使して凡入報土論を案出し、それにしたがって極楽を願生していたのであるが、本節冒頭で示したように「五逆愚迷」「誹謗正法」の自覚が深まるようになり、阿弥陀仏の化土にさえ往生できない悲痛な思いから弥陀浄土信仰を断念するに至ったのである。かくして次に展開したのが霊山浄土への往生を期す釈迦浄土信仰、あるいは兜率浄土への上生を願う弥勒浄土信仰、さらには補陀落浄土への往生を欣求する観音浄土信仰であった。次節では、これらの信仰について、貞慶がどのような理論構築をなしたかを検証していきたい。

註

（1）拙著『心要鈔講読』（永田文昌堂、二〇一〇年）三八四頁。
（2）新倉和文「貞慶著『観世音菩薩感応抄』の翻刻並びに作品の意義について――阿弥陀信仰から観音信仰へ――」（『南都仏教』第九二号、二〇〇八年）二四頁。
（3）山田昭全・清水宥聖編『貞慶講式集』（山喜房佛書林、二〇〇〇年）五九～六〇頁。
（4）前掲拙著『心要鈔講読』五七～七二頁を参照のこと。
（5）前掲拙著『心要鈔講読』二七七頁。
（6）前掲新倉論文二四～二五頁。
（7）拙稿「貞慶の観音信仰再考――新資料『観世音菩薩感應抄』を中心として――」（『日本仏教綜合研究』第八号、二〇一〇年）を参照のこと。
（8）前掲新倉論文二八頁。
（9）『日本思想体系　鎌倉旧仏教』三〇六～三〇七頁。
（10）前掲新倉論文一九頁。
（11）専継草『安養報化』（龍谷大学蔵）、私草『安養報化』（大谷大学蔵）、顕範草『安養報化』（大谷大学蔵）、専継草『安養報化』（薬師寺蔵）、隆順草『安養報化』（薬師寺蔵）、貞慶草『安養報化』（薬師寺蔵）の六篇。
（12）大正四五・三七一・中～下。
（13）本研究書六五一～六五二頁。
（14）撰述年については、拙稿「貞慶の弥陀浄土信仰再考――本願念仏臨終来迎論と報化一体同処論による凡入報土の展開――」（『南都仏教』第九三号、二〇〇九年）を参照のこと。
（15）拙稿「貞慶撰『安養報化』（上人御草）の翻刻読解研究」（『南都仏教』第九五号、二〇一〇年）三五～三七頁。
（16）同・三七～四四頁。

（17）大正二六・二九三下～二九四上。
（18）前掲拙稿「貞慶撰『安養報化』（上人御草）の翻刻読解研究」五八～五九頁。
（19）西山良慶「論義「転換本質」の研究」（『仏教学研究』第七四号、二〇一八年）を参照のこと。
（20）前掲拙稿「貞慶撰『安養報化』（上人御草）の翻刻読解研究」七六～七七頁。
（21）身延山本『論第七巻尋思鈔』・墨付三四丁右～三五丁右。
（22）同・墨付四〇丁左。
（23）前掲拙稿「貞慶撰『安養報化』（上人御草）の翻刻読解研究」七九～八〇頁。
（24）『浄土宗全書』第一六巻・一六六頁・下。
（25）前掲拙稿「貞慶撰『安養報化』（上人御草）の翻刻読解研究」三五頁。
（26）拙稿「龍谷大学図書館禿氏文庫蔵『興福寺奏達状』について――『興福寺奏状』の草稿本もしくは今一つの「奏状」――」（大取一馬『典籍と史料』龍谷大学仏教文化研究所、二〇一一年）三一七頁。
（27）前掲拙稿「貞慶撰『安養報化』（上人御草）の翻刻読解研究」二三頁。一部誤翻刻を修正した。
（28）拙著『心要鈔講読』（永田文昌堂、二〇一〇年）三八五～三八七頁。
（29）前掲拙稿「貞慶撰『安養報化』（上人御草）の翻刻読解研究」六四頁・七三頁。
（30）大正二七・一二八・中。
（31）大正二九・一二一・上。
（32）前掲『貞慶講式集』（山喜房仏書林、二〇〇〇年）五九～六〇頁。

第四節　釈迦・弥勒・観音の三尊浄土信仰の展開

第一項　釈迦浄土信仰展開の理論

すでに第一部第三章で論じたように、貞慶（一一五五—一二一三）にとっての釈迦如来は、娑婆世界の最も有縁の「教主」「本師」であり、時には「発遣釈迦・来迎弥陀」の役割を有し、時には「入涅槃の後に弥勒となる」現在仏として救済主でもあった。また、常に貞慶を加被する守護神といってよい春日大明神の本地仏でもあり、弥勒浄土・観音浄土への往生を資助する尊者としても崇敬されていた[1]。これらは皆、釈迦如来の資助的側面を期待するものであるが、主体的な側面としては釈迦如来独自の霊山浄土への往生論を展開した点にあるといってよいであろう。

貞慶の釈迦浄土についての教学的分析は、『論第十巻尋思鈔別要』「諸仏本願浄穢二土差別」に詳しく、そこでは計三問三答がなされている。すなわち、第一問答において貞慶は、

問う。弥陀の本願の「浄土成覚」と釈迦の本願の「渇世成道」とは、実に差別有らん。弥陀に穢土無く、釈迦に浄土無き歟。設《も》し爾らば、諸仏の功徳に勝劣ある可き哉。『智度論』の中に、「弥陀に穢土有り、釈迦にも亦た浄土有り」と、云々。

答う。此の事、量り難し。但し、因位の間に起こす所の願は、種々にして同一ならず。菩薩、何ぞ通

じて浄穢二土の願を起さざる哉。若し爾らば成道の時、国土も亦た二類有る可し。出世の界の辺の故に。其の中、穢土成道の辺に於いては、先ず穢土に別して生ずるの願を以て本と為す也。釈迦の娑婆に於ける昔の穢土の願等を指す也。仍《よ》りて、二土の本願は相い濫《みだれ》ず。実には亦た、通じて二種の願を起こす。『智度論』はその実義を顕わす歟。(2)

と述べ、弥陀の「浄土成覚」の本願と釈迦の「渇世成道」の本願をもってして、「弥陀に穢土はなく釈迦に浄土はないのか」という問難を立て、その答文において「諸仏には必ず浄穢二土の本願があるので弥陀にも穢土があるし釈迦にも浄土がある」と主張するのである。この論理の要点は、諸仏は共通して浄穢二土の願を起こすが、いずれが衆生に広く認知されているかの違いにすぎないという点にある。では、弥陀の穢土および釈迦の浄土とは、いったい、いかなるものであろうか。これについて、第二問答において貞慶は次のように述べている。すなわち、

問う。浄土に於いて仏と作《な》る願とは、若しくは菩薩の不共土を指す歟、将《は》た三乗等の共用の好世の土を指す歟。

答う。二類に通ず可き也。顕らかに指す所は共土也。実に指す所は不共土也。其の中、共土中の浄穢を以て二種の願差別と為す可き歟。(3)

と。これを見ると、諸仏には穢と不共なる純浄土（不共土）と穢土中に示現された国土（浄土と穢土）があるが、本願の差別については諸仏の共中の浄穢土において理解すべきであると述べていることが知られる。すなわち、本章ですでに明らかにしたように諸仏には多重浄土が存し、阿弥陀仏についても安養報土と安養化土（安養浄土院等）とがあった。前者が不共の純浄土であるのに対して、後者は浄土とはいえ不共土に対しては穢土となる。一方、釈迦の穢土とはかつて釈迦が出現した娑婆世界に他ならず、その中でも釈迦の居坐する霊山は好世土（三乗同見の共穢浄土）、また菩薩が浄仏国土の行によって浄めたところに現れるのが不共の霊山浄土に他ならなかった。この問答を見るかぎり、そのように貞慶が見ていたことが類推されるが、その類推を確定に変えるのが次の第三問答である。すなわち、

問う。並《なら》べて二門を存し、巧みに難を遣《や》ると雖も、実義無きに似たり。就中《なかんづ》く、好世の土を以て浄土と為すといわば、既に不退の義無し。何の勝徳有らん哉。是《ここ》を以て『観経』等に説く所の浄土は、其の相、既に三界を超過し、能化の仏身も六十一億那庾多由旬等也。弥勒の娑婆好世に於けるは真実に非ず。形をもて土を求むる可きが故に、是れ雑土也。(4)

とまず問いを立てる。要するに、聖者と凡夫が雑居する弥勒世界とは異なり、阿弥陀仏の世界は三界を出過した純浄土（報土）のみではないか、そうでないと不退転となるような勝事は起こらない、と難じるのである。これに対して答文では、

答う。本願は同じからずして、所化の機欲に随う。未だ当来の所化の根性を知らずと雖も、法爾に其の願を発こす。釈迦の所化は、娑婆界中の五濁の衆生にして、法爾として繋属するが故に、初心においても亦た、穢土成仏の願を発《おこ》す也。弥陀の本願は之れを返す。知る可し、其の浄土の願に多重有り。一つには報化の対、二つには化中の大小の対、三つには小中の共不共の対、四つには共中の浄穢の対也。此の多重に於いて皆な劣を以て穢と名づく。受用に対して化をば称して穢と為すと云うが如き也。(5)

といい、諸仏の本願は繋属する衆生の願いによって立てられるものであり、釈迦は所化の衆生が娑婆界の人なので、釈迦については「渇世成道」が世に広く知られた。一方、弥陀は十地の菩薩のために現れます仏陀であることを本義とするので、「浄土成覚」をもってした。しかし、諸仏は一様に「浄土の願」を起こすのであり、これに多重ありとして四重の相対が示されたのである。すなわち、(1)報化対、(2)化中大小対、(3)小中共不共対、(4)共中浄穢対の四種である。これをもって貞慶は、弥陀には安養報土という純浄土があるとともに穢土（未登地以下の一切の凡位の世界）もまたあることを示したのであるが、このことは釈迦にもまた当てはまることになる。それが(4)の共中の浄穢である。では、釈迦の霊山浄土への往生について、貞慶は何と述べていたのであろうか。

これについて、『尋思鈔』には管見するかぎり霊山浄土の考証は見られない。しかし、建久七年（一一九六）に撰述された『欣求霊山講式』「第二述浄土相属」の段には、第一部第三章ではあえて紹介しなかった次のような一文が存するのである。すなわち、仏、霊鷲山に於いて『大般若経』を説きたもう時、「其の土は忽ちに変じて瑠璃の地と為《な》る。八功徳水と七宝の階《きざはし》とありて、花菓草木は咸《ことごと》く法輪を説く。唯だ菩薩のみ有りて、十方自《よ》り来る。衆宝の蓮花は車の車輪の量の如し。則ち此の如来処の大衆会を見て、菩薩衆の為めに其の深法を説きたもう」と。＊已上は経文をば略して抄す＊　是れは只だ暫時の化現に非ずして、已《すで》に此土の本相を見せ令む也。故に光徳天子は歓喜して仏に白さく、「如来の所居は即ち是れ浄土なり。有情は薄福にして浄を見ず穢を見る」と、文《いえ》り。又た『法花経』には「常住の浄土」と説き、祖師は之れを刻して報土と為すと雖も、今の般若会の所楽は分量既に広博に非ず。即ち当に化身の浄土なるべし。凡夫と異生の尤も欣求するに足りぬ。知る可し、臺上葉中の浅深多重なるを。如幻の妙理は、方域、定まらず。心浄の処は即ち浄土なりと雖も、機に対して相を示すに、豈に又た空しと為《せ》んや。是《ここ》を以て『仏地論』には、「受用と変化の二土は同処なり」と説く。『唯識論』には、「他方と此界の諸の浄妙土」（大正三一・一〇・下）と述ぶ。三界を出過するは誠に是れ仏化の常理也。(6)

といい、霊山浄土を変化浄土であるとまず述べた後に、「臺上葉中の浅深多重」ならびに「如幻の妙理」、更には「報化二十一体同処論」をも示しているのである。すべては弥陀信仰の折りに構築された理論ばかりであったといってよい。いわば、阿弥陀仏の浄土への往生を断念せざるをえなくなった貞慶が、それまでは「発遣釈迦」あるいは「資助往生」の役割を期待していた釈迦如来に対して、「仏道を歩むための浄土」を願って展開させたものが釈迦浄土信仰だったのである。しかも、釈迦の霊山世界はもともと娑婆界

にあり、これほど往きやすい浄土はなかった。そこで、貞慶は『欣求霊山講式』「第一述釈尊化縁」の段においてさらに、

而るに仏は阿僧祇劫に霊鷲山に常住せり。（中略）是《ここ》を以て生を此界に受くるの者の専ら仰ぐ可きは、釈尊の引摂也。本師を懸け恃《たの》む人の深く欣《ねが》う可きは、霊山の仏土也。之れに依りて、普賢の行者は一の宝道を修し、別願の有無を論ぜずして、必ず霊山の浄土を見たてまつる。一代の釋子、誰か無縁と謂わんや。(7)

といい、「阿僧祇劫にわたって霊鷲山に常住する釈迦如来」と説くことで、釈迦の本体は報身仏であり、その世界も本来的には報土であるが、報土中の化土としての霊山浄土を娑婆世界の衆生に示したと位置づけ、菩薩の行（普賢の行）を実践するものは特別に願わなくても必ず霊山浄土を見ることができるともいい、強く欣求したのである。ここに教学的裏付けを伴った貞慶の釈迦浄土信仰が構築され、承元三年（一二〇九）の『観音講式』では、

大聖境界不隔不紛安養都率、殆如一所。（中略）以釈迦弥勒観音仰為三尊。彼三尊所居、殊所欣求也。
大聖の境界は安養都率と隔てず紛れず、殆ど一所の如し。（中略）釈迦・弥勒・観音を以て仰いで三尊と為す。彼の三尊の所居、殊に欣求する所也。(8)

とあるように、晩年に至るまで四尊の浄土信仰の一角を占めるに至ったのである。なお、右の引用文では、諸尊の浄土が「一所の如し」と説かれており、ここにも「如幻の理」「不即不離の義」が根底にあったことが知られ、興味深いものがある。すでに断念せざるをえなかった阿弥陀仏の浄土もまた、「如幻の理」「不離の義」からすると「一所」なのであるが、「不即の義」からすると極楽・霊山・兜率・補陀落の別および報化大小浄穢の別が生じるのである。その点からすると、「常没の凡夫」の自覚を有する貞慶にとって、同じ娑婆世界にある釈迦如来の浄土は往生しやすい世界だったということができる。

以上のように、貞慶の釈迦浄土信仰展開の背景には、「四重相対論」「報化二土一体同処論」「如幻論」「不即不離論」のあったことか知られるのである。

第二項　弥勒浄土信仰展開の理論

貞慶の釈迦浄土信仰がどの時点から始まったかは明らかではないが、少なくとも建久七年には「報化二土一体同処論」等による霊山欣求のあり方のあったことは、前項において確認することができた。では弥勒浄土信仰はどうかというと、すでに第一部第一章で論じたように、「上生内院・見仏聞法」のための『大般若経』書写を養和二年（一一八二）十一月二十七日から建久三年（一一九二）十一月二十七日までの十一年間をかけて行なっているので、かなり早くからあったものと推測される。もっとも、この頃はまだ理論化された中核をなす浄土信仰ではなく、阿弥陀仏の浄土に生じるための資助的信仰であった。そのことは、図らずも建久三年の『発心講式』の奥書に、但だ、世尊の恩に依りて慈氏の化を受け、知足天上の安養浄土院に於いて且く弥陀に奉仕せん。慈尊一代の末の円寂双林の暮れに、長く極楽に生じて不退転に至らん。愚意をもて望む所は蓋《けだ》し以て是の如し。(9)

と述べて、弥陀浄土への往生を資助するあり方を示していたことでも明らかである。ところが、病を得たことが一つの機縁となって「涯分」を量った結果、貞慶は建久六年（一一九五）に弥陀信仰を断念して弥勒の兜率浄土を願生するようになるのである。その次第について『小島記注』には、およそ次のように述べられている。すなわち、

建久六年正月十日、（中略）上は世尊の恩徳に報い、中は弥勒の値遇を得、下は春日大明神の加護を蒙る。臨終正念の大事を遂げんと欲し、暫く念仏の単修を抑えて、再び稽古の広業を交える。是非の間、進退測り難し。(10)

と。臨終正念の時に弥勒に値遇することに比重が動いているから、明らかに兜率浄土を願生するあり方に変わったことが確認できる。しかし、浄土とは本来的に三阿僧祇劫の修行を積んで仏陀となった尊者の四智が変現する世界であり、衆生のために浄土を示現できるものは仏陀に限られていた。では、世に広く菩薩として認知されている弥勒が衆生のために浄土を示現するにあたって、貞慶はどのような理論を構築し

たのであろうか。

これについて、その理論の一端を窺うものに『論第十巻尋思鈔別要』所収の「三身成道同時歟」という問答がある。三身とはいうまでもなく法身・報身・応身をいい、これを法相教学では自性身・受用身・変化身と呼び、かつまた開いて自性身・自受用身・他受用身・変化身の四身および法性土・自受用土・他受用土・変化土の四土として開示したことは、すでに本章において詳細に論じたとおりである。本論義テーマは、一の仏陀に備わる三身（一仏三身）が兜率天より降誕して示す「八相成道」時の成道相において同時になされるものか否かを問うものであった。

そもそも、八相成道説は『大般若経』巻五六八（大正七・九三一中～九三二上）に説かれるもので、長文にわたる『大般若経』の所説を慈恩大師は『大乗法苑義林章』において取意し、次のように述べた。すなわち、

仏の変化身は能く八相を現ず。天宮現没・受生・受欲・踰城出家・修諸苦行・証大菩提・転大法輪・入大涅槃なり。『大般若経』五百六十八にも亦た八相を説く。一には従天没、即ち入胎相。二つには嬰児、即ち受生相。三つには童子、即ち受欲相。四つには苦行。五つには成道。六つには降魔。七つには転法輪。八つには入涅槃、となり。(11)

と。これを見ると、『大般若経』では「入胎・受生・受欲・苦行・成道・降魔・転法輪・入涅槃」が説か

れているとして名称を立てて示した上で、慈恩は別に「天宮現没・受生・受欲・踰城出家・修諸苦行・証大菩提・転大法輪・入大涅槃」という表現をも用いていたことが知られる。その後、日本における法相論義が種々に展開する中、兜率天に今現在まします弥勒のあり方が問題視され、三身の成道は降誕して後の第五相の成道時に同時になされるか否かが問われることになったのである。それが、論義テーマ「三身成道」であった。これについて『尋思別要』「三身成道同時歟」には、次のような問難がまず記されている。すなわち、

有云、定同時也。有云、法身自受用同時成仏。他受用変化必後時成仏。有云、権実成仏前後不定也。
問。若前後不定者、三身果徳同時ニ可円満。若闕具不定者ハ、仏果ニ可有勝劣。（中略）
若必同時者、自他根縁其類、不一。准随二利ノ遅速可唱権実成道。何況、化身成道者八相中第五ノ相也。而八相皆成所作智所現者、世親無性等ノ説也。知、自受用者唱智処城覚畢後、化身始唑樹下〔註1〕
他受用／准之 加之、仏地論中六年苦行成所作智現菩提果化也、云々。如何。

〔註1〕　身延山本の「生樹二」を大谷本により「唑樹下」に改めた。

有るが云わく、定んで同時也。有るが云わく、法身と自受用は同時に成仏す。他受用と変化は必ず後時に成仏す。有るが云わく、権実の成仏は前後不定也。

問う。若し前後不定ならば、三身の果徳は同時に円満なる可し。若し欠具不定ならば、仏果に勝劣有る可し。若し必ず同時ならば、自他の根縁は其類、一にあらず。二利の遅速に准随して権実の成道を唱う可し。（中略）何に況んや、化身の成道は八相の中の第五の相也。而るに八相は皆な成所作智の所現なりというは、世親・無性等の説也。知んぬ、自受用は智処城の覚を唱え畢わりて後に、化身は始めて樹下に坐したもう。＊他受用も之れに准ず＊　加之《しかのみならず》、『仏地論』の中に「六年苦行して成所作智は菩提の果の化を現ずる也」と、云々。如何ぞ。(12)

と。『尋思別要』では、まず冒頭に「三身成道同時歟」のテーマに対する「三身同時成仏」「法身・自受用身同時成仏、他受用身・変化身後時成仏」「権仏・実仏で前後不定」の三つの有義のあったことを示した上で、各説に対する問難を展開していくが、よく見ると、結局は「同時」か「異時」かで諍われていたことがわかる。もし第二説や第三説のように三身の成道が前後（異時）するならば、三身の果徳は同時に円満するはずだから道理に合わない。また、同時であったり異時であったりと個々まちまちならば、三身の一分を欠く仏陀と円満具足した仏陀とが存在することになり、仏陀に優劣が生じるではないか等と難じるのである。一方、同時に限るならば、さまざまな根縁の衆生に対処できないことになる。そこで、仏陀の智慧と慈悲の成就に遅速が生じる点より、衆生化益の権仏成道と三祇修行の実仏成道とを分け、自受用身が智処城で正覚を成じた後に、変化身が八相の第五相において樹下の成道を示すのではないか、と難じたのである。これに対して答文では、「末云」として貞慶の自説を掲載している。すなわち、

末云、自受用成道ノ時、法身ニ立成道ノ名ヲ。顕証ノ義ハ必縁智品生起故也。法報二身円満之後、促八相化ヲ。八相之中ノ第五相ヲ名テ為化身成仏ト。知、定メテ前後也。不随テ仏ニ有参差。実ハ先権ハ後チ其理決定セルカ故。無着摂論、変化身者且依法身。従都史多天宮現没受生、受欲踰城出家、往外道所修諸苦行、証大菩提転大法輪、入大涅槃、云々。世親無性解釈皆此意也。是以上生疏云、道円上果欲履下因祈覚運生仮称菩薩、云々。補処住天、猶既果満所現也。何況於八相哉。但、雖未坐樹下ニ、化身既具セリ。依体是仏也。何有三仏欠減ノ失。何況功能。若備設雖不正ク現其身、全非仏果勝劣。若強疑之者成所作智間断之時、招此過哉。

末に云わく、自受用成道の時、法身に成道の名を立つ。顕証の義は必ず智品生起を縁ずるが故也。法報二身円満の後、八相の化を促す。八相の中の第五相をば名づけて化身成仏と為す。知んぬ、定んで前後する也と。仏に随いて参差《しんしゃ》有るにあらず。実には先の権は後に其の理の決定せるが故に。無着の『摂論』に、「変化身は且らく法身に依る。都史多天宮従《よ》り現没受生し、受くるに踰城にて出家せんと欲し、外道所に往きて諸の苦行を修し、大菩提を証しては大法輪を転じ、大涅槃に入る」（大正三一・一四九・上）と、云々。世親・無性の解釈も皆な此の意《こころ》也。是《ここ》を以て『上生疏』に云わく、「道円上果のため下因を履み覚を祈り生を運ばんと欲するをば仮に菩薩と称す」（大正三八・二七二・下）と、云々。補処は天に住し、猶し既に果満の所現也。何に況んや八相に於いてを哉。但し、未だ樹下に坐せずと雖も、化身既に具せり。体に依らば是れ仏也。何ぞ三仏欠減の失有らんや。何に況んや功能をや。若し備うるに設《たと》い其の身を正しく現ぜずと雖も、全く仏果の勝劣に非ず。若し強《あなが》ちに之れを疑わば成所作智の間断するの時、此の過《とが》を招く哉(13)。

と論じているのである。すなわち、三阿僧祇劫の修行の後に仏陀となるということは真如を証して自受用身（報身）が成道することに他ならず、このとき真如身である法身（自性身）もまた成道する。かくして法身と報身が成道円満した後、変化身による八相作仏の化が示されるのであり、その第五相を化身成仏という。したがって、三身の成道は必ず前後すると論じたのである。その変化身の化用は法身を所依としてなされるものであることを無著の『摂大乗論』を引いて示し、また『観弥勒上生兜率天経賛』を引いて兜率天にある弥勒は仮に菩薩と呼ばれているにすぎないとも指摘した。そして、兜率天にある弥勒は八相成道相は示していないといってもすでに化身であるから、仏果の勝劣の生じようはずもないと重ねて論じたのである。なお、強いていえば、変化身・変化土は成所作智の大慈悲力によるものであるが、それが一時に間断する過失を招くことが考えられるが……と結んでいる。いずれにせよ、建仁元年（一二〇一）に撰述された『尋思別要』においては、三身成道異時説を立てたのが、貞慶のあり方であったといってよい。この論義テーマが実に、兜率天にある弥勒を仏と見るか菩薩と見るか、はたまた兜率天を浄土と見るか穢土中の好世土と見るかの相違をもたらすこととなった。ここに貞慶は重要な価値を見出していたのである。

そもそも、弥勒信仰は貞慶の諸信仰の中でも中核を占める四尊の浄土信仰の一つである。その世界は欲界の兜率天にあるので、もしこれが浄土ならば変化浄土となる。そうなれば、最初発心の行者である貞慶の志求するところとなり、貞慶の仏道理論によく適うことになるのである。そこで『論第十巻尋思鈔別要』「知足内院浄穢義」において、

答う。知足も亦た浄穢二土に通ず。浄土の辺は唯だ菩薩のみの所居なり。上に准じて知る可し。『大般若』の中に説かく、「般若修行菩薩は覩史多天宮を相い厳浄す」と、云々。「厳浄」の言、豈に穢土ならんや哉。但し、自界の中なれば、外道・異生等、本《もと》より来《このか》た共なるを知る。仏、設《たと》い説いて浄土と名づくとも、輙《たやす》く信受し難し。故に浄を隠して穢を顕わせり。是れ又た別益有り。易生の想を成じ、欣求す可きが故に。重ねて意《こころ》の云わく、穢土の分斉なりと雖も、猶し人間に対して殊勝なるが故に、

欣求すること有る可し。疑う類は、設い浄土の辺を顕わすと雖も、自界の故に信じ難し。是の故に、亦た共土の一辺を顕して誘引するは、応に此の一類なるべき也。安養世界は、実に共穢の辺有ると雖も、亦た浄を欣う可き機の為めに、劣を隠して勝を顕わす。二土の勝劣、定んで執す可からず。[14]

といい、兜率天（知足）にも浄土の辺があり、その世界は菩薩のみの世界であるとして、資糧位菩薩所見の浄土であると論じた。その根拠として貞慶は、『大般若経』に出る般若波羅蜜を修する菩薩による「厳浄覩史多天宮」（大正五・四〇・上）の文を示し、穢土ではなく浄土であることを論証した。そして、愚かな凡夫は兜率天が自己の所属する欲界内の世界である点より穢土であると固く誤認しているにすぎないが、これにも「往き易い」という思いを懐かせる別益があるとも述べた。その上で阿弥陀如来の安養世界と比較し、いずれにも浄穢二土があるのであり、衆生のあり方にしたがって兜率天は穢土として示されるものの、仏道を歩む行者（菩薩）にとっては化身の浄土（資糧位所見の浄土）に他ならないことを重ねて論じたのである。

この点については、建久六年（一一九五）に撰述された『心要鈔』の「念仏門」においても、次のように記載している。すなわち、

弥勒仏を念じたてまつるべし。（中略）『経』に説かく、「等覚は仏の所得の如きをば、之れを得る。況んや弥勒の実身は既に成道したまえり。[15]

とあるように、「弥勒仏」と明確に述べ、「弥勒の実身は成道している」ともいい、兜率天を変化身如来の浄土であると暗に示しているのである。これによって、貞慶の弥勒浄土信仰は理論化されたのであり、ここに一つの大きな工夫があったといってよいのである。しかし、貞慶は次に弥勒浄土信仰から観音浄土信仰へと信仰の比重を移していくことになる。なぜであろう。結論を先にいえば、仏道実践の要である「大悲実践」をいよいよ進めるためだったといってよいのである。

第三項　観音浄土信仰展開の理論

貞慶が観音の実身について論じた理論書として上げられるのは、すでに第二部第一章で紹介した『唯識論第一巻尋思鈔別要』「大悲闡提」である。この中で貞慶は、一身二門説をもって観音の「実に成道、実に菩薩」論を展開していた。すなわち、

問。今、所成者皆任胸臆。宗家釈中、何不述此義耶。
答。无垢称経三十三ケノ菩薩難修ノ所行、即通因果ニ。其中、雖得仏道轉於法輪、而不捨於菩薩之道、文。*古譯* 大師引之、証観音普賢久已成之義。如経文者、雖八相化現、以之ヲ為実ト。方知、成仏之後以化身行ヲ即為実行、亦名菩薩、亦名如来ト。浄名文殊普賢観音等、皆是過去如来也。他方ノ諸仏也。（中略）
問。果後修行亦至成道耶。

答。必可究竟。文殊観音皆受成仏記。当来普光功徳山王仏等、是其証也。

問う。今、成ずる所は皆な胸臆に任す。宗家の釈の中、何ぞ此の義を述べざる耶。

答う。『無垢称経』に「三十三箇の菩薩難修の所行は、即ち因果に通ず。其の中、仏道を得て法輪を転ずと雖も、而るに菩薩の道を捨てず」と、文《いえ》り。＊古訳なり＊大師は之れを引き、観音・普賢の久しく已《すで》に成ずるの義を証《あか》す。経文の如くならば、八相化現すと雖も、之れを以て実と為す。方《まさ》に知んぬ、成仏の後に以てする化身行をば即ち実行と為し、亦た菩薩と名づけ、亦た如来と名づくと。浄名・文殊・普賢・観音等、皆な是れ過去の如来也。他方の諸仏也。（中略）

問う。果後の修行も亦た成道に至る耶。

答う。必ず究竟す可し。文殊・観音は皆な成仏の記を受く。当来の普光功徳山王仏等、是れ其の証し也。(16)


とあるように、観音は過去にすでに成道して仏（正法明如来）となり、現在は実なる菩薩身を現じ、当来には再び成仏して普光功徳山王如来となると論じている。したがって、観音は「実に仏、実に菩薩」なのである。これは不一不異の一身二門説より導き出されたものであるが、これによって貞慶は同時に、補陀落山を初心の行者の見るべき資糧位菩薩所見の浄土と位置づけていく理論化をも行なおうとしていたことが知られるのである。そこで、『尋思鈔』と同じく建仁元年（一二〇一）の作と見られる『観世音菩薩感應抄』（以下『感應抄』）「第三臨終加護」「第四当来値遇」の段を見ると、凡そ因果の道に、大小の相あり。浅自《よ》り深に至るの大旨に方便に順ずる有り。教文は其の説、区《まち》ちなりと雖も、真に性相を見れば、其の理《ことわり》、知んぬ可し。菩薩位を得て諸の仏身を見るに、初めは小化身を見、次に大化身、後に臺上の舎那なり。其の報仏身に云わく、又た十重有りと。之れを以て之れを案ずるに、菩薩に値遇することは尚し仏身より易し。（中略）爰に臨終の時を以て弥陀降臨して聖衆囲繞すること、感得甚だ難し。観音一身の沙門の行相は、彼に対して以て易し。（中略）当に知るべし、分を越えるの事は修して望む可からずと。（中略）大師の釈を以て証《あか》しと為すに、都《すべ》て安養を嫌わずして兜卒を願う。只だ分を越えたる望みを遮する也。（中略）所居の器界は設《たと》い三界を出過するの浄土にあらず、所感の身形は設い相好具足の身にあらざれども、出離に於いて妨げ無し。何ぞ必ずしも恨みとせん。先ずは観音の国土を以て我が住所とせん。大聖の一身を以て能化とせん。（中略）三界を出でざると雖も亦た、凡鄙を超えること有り。(17)

といい、すでに論証した「多重浄土論による浄土知見」を語る中で、観音の国土は分を越えた「三界出過の報土」ではなく、また「観音一身沙門の行相」は感得しやすく、「出離の道（仏道）において妨げなし」として、その意義を明確にしたのである。また、承元三年（一二〇九）に著した『観音講式』には、

今、就近依易、且欲生補怛山。（中略）夫三界九地之中同界也、同地也。四州五趣之間一州也、一趣也。下機当分受生無疑。大聖境界不隔不紛安養知足。殆如一所。況於弥陀観音之所居哉。然唯識之習、

謂近則近。凡夫之心、聞易実易。欣求励思、豈不至要乎。

今、近きに就き易きに依り、且《しばら》く補怛山に生ぜんと欲す。（中略）夫れ三界九地の中の同界也、同地也。四州五趣の間の一州也、一趣也。下機は分に当たりて生を受くること疑い無し。大聖の境は安養・知足と隔てず紛れず。殆ど一所の如し。況んや弥陀・観音の所居に於いてを哉。然るに唯識の習い、近しと謂えば則ち近し。凡夫の心、易しと聞かば実に易し。欣求して思いを励ますは、豈に至要にあらず乎。[18]

といい、「弥陀観音所居一体論」を示している。もっとも、ここには裏付けとなる教学理論は示されていないものの、それが「如幻の理」および「報化二土一体同処論」に基づく展開であったことは「殆ど一処の如し」と述べていることでも明らかである。また、「唯識の習い」にも言及しているが、これは「多重浄土論における順序だった浄土知見」のあり方を意味し、かつ補陀落山は娑婆世界の同界同地にあるので、凡夫に往きやすい思いを懐かせる等とも述べている。したがって、貞慶が補陀落山を安養浄土と一体と見、かつ仏道の起点となる穢土中の浄土と見ていたことは明らかである。そこで『感應抄』にまた、

若し西方の紫雲に乗ずれば、直に安養界の宝池に生じ、南海の青波を渡れば、且く補陀山の石室に住す。（中略）此の念をば成就せば苦海流転は其の時、永く断つ。覚えずして観音の花臺に移り扈従す。世尊の法を信じ、後に花開の相に託生す。見仏聞法の徳なり。九品は定め難く、具に説くことを得ず。[19]

といい、観音「扈従」の後に「花開の相」を示して弥陀浄土に託生したいという未練をも示すのである。阿弥陀仏の浄土は三界出過の報土であり、その化身土もまた「五逆愚迷」「誹謗正法」の自己には知見し難いとして、いったんは断念したはずの浄国であったにもかかわらず、また再び観音の補陀落浄土を介して往生しようとする見解を示すに至ったのである。非常に興味深い展開である。

かくして、貞慶は観音が示現した穢土中の浄土を欣求していくことになるのであるが、諸尊の中でなぜ観音かという点については、『感應抄』「第一帰依因縁」の段に、次のように述べられている。すなわち、

『唯識論』に「種姓は法爾に相を受け（ただし原文は「更に相い」）繫属す。或いは多にして一に属し、或いは一にして多に属す」と、云々。能化所化の機縁は皆な法爾種姓に依る。或いは多（にして一に属し、あるいは一にして多に属す）。属には互いに甚深の因縁あり。未だ知らず、仏子は誰に於いて縁有らん。爰《ここ》に釈尊は〔此界の教〕主にして恩徳は已《すで》に重し。弥勒は当来の導師にして、付属をば疑わず。（中略）又た、阿弥陀如来の如きは如来の導師なれば、往昔の因縁、此土の衆生に契重なり。（中略）又た、旧《ふる》くより娑婆に住する諸大菩薩の本願は他に勝れ、十悪の塵を承受し、大悲は重く、心は常に五濁の鱗を救う。其の体は、所謂ゆる観音・地蔵・文殊なり。王土の照分《ママママ》を案ずれば、其の中、是れ観音大士は娑婆世界の中に独り施無畏者と号す。（中略）当に知るべし、此界に於いて、弘誓、他に超ゆということを。（中略）過現を以て未来を思うに、憑《たの》む可きは只だ観音の本誓なり。恃《たの》む可きは又た不空の神呪なり。漸く暮春に及び、始めて決智を生ず。是れ寂化の過《とが》ありと雖も、又た思惟

の徳有り。知る可し、皆な是れ大聖の加被也、先世の宿習也ということを。倩《つらつ》ら思うに、数《さくさ》く案ずるに、悦ばざる可からず。(20)

と。まず気づくことは、第二部第二章で論じた「多仏繫属論」「一四天下論」に基づいて「観音一尊帰依」が明瞭に示されているという点である。すなわち、釈迦を「此界の教主」、弥勒を「当来の導師」、弥陀を「如来の導師」、観音・地蔵・文殊を「娑婆有縁の菩薩」とし、その中でも観音の本誓こそ最も憑むべきであると宣言しているのである。そして何よりも瞠目すべきことは、観音信仰への転入が「大聖の加被」「先世の宿習」によってなされた「思惟にもとづく決智」の結果であったとしている点である。「暮春に及び」とあるから人生の暮れ方である。承元三年（一二〇九）の奥書には、

観音値遇者建仁比。粗略記三段。其後懈怠。
観音の値遇は建仁の比《ころ》。粗《ほ》ぼ略して三段を記す。其の後は懈怠なり。(21)

とあるから、「建仁の比」に「観音値遇」という不思議のあったことが「決智」へとつながったと考えられる。そして、「粗ぼ略して記された三段の書」が他ならぬ、建仁元年（一二〇一）九月中旬撰述の『観音講式』であった。では、何を略したか。それが『感應抄』だったと考えられるのである。ちなみに、三段式の『観音講式』にも、

弥陀は是れ観音の本師。観音はすなわち極楽の補処なり。必ず聖衆と共に来迎し、自ら蓮台を捧げて我らを引摂したもう。願う所は只だ此の事に在り。設い行業の未だ熟さずして往生に滞りあらば、先ず補陀落山に住す可し。(22)

とあるように、観音を介した弥陀浄土への往生が説かれるが、これなども前掲の『感應抄』の内容（註の（19））によく似ているのである。しかも、承元三年（一二〇九）の『観音講式』には三段式の講式への言及しかなく、『感應抄』についてはまったく触れられていない。それは、一つには『感應抄』が自己の思いを赤裸々に記した「秘文」だったからであろう。そして、似通っている部分のある点からして、おそらくは同年に成立したものと推測される。この建仁元年という年はまた、貞慶が『尋思鈔』を作成した年でもあった。あるいは『尋思鈔』作成の過程で、四十七歳の「暮春」を迎える貞慶に「決智」が生じ、それに基づいて『感應抄』と『観音講式』を作成したとも考えられる。いずれも推論ではあるが、検討の余地はあるものと思われる。いずれにせよ、貞慶の観音浄土信仰は、弥陀浄土をなおも秘そかに恋慕する中で案出されたものであり、それまでの浄土理論をすべて充てて構築したものであったと考えられるのである。

しかし、貞慶が観音の浄土への往生を望んだのは、もちろんそれだけではない。「大悲行の実践」への思いが大きな原動力となっている。この点について、承元三年の『観音講式』には、

夫大悲法門者《ハ》観音行願也。争仕彼尊得ム学ナフコト此ノ道ヲ。而大士勧テ言ハク彼當ニ生テ我カ浄佛刹一ニ与

我《ワレト》同ク修菩薩ノ行ヲ、文。

夫れ大悲法門は観音の行願なり。争《いか》でか彼の尊に仕え、此の道を学することを得ん。而るに大士勧めて言さく「彼れ当に我が浄仏刹に生じ、我れと同じく菩薩行を修すべし」と、文《いえ》り。[23]

といい、大悲法門が観音の行願であること、そして「我が浄仏刹に生じて我れと同じく菩薩行を修せん」と観音自身が勧めていたことを指摘している。この点については建仁元年の『観音講式』にもまた、

観音自ら行者に勧めて云わく、「彼れ当に我が浄仏刹に生じ、我れと同じく菩薩行を修すべし」と、云々。（中略）其の菩薩行とは観音の本願大悲の法門也。我等、今生の父母親族より始めて先世の恩愛知識に至るまで、共に彼の山にて同じく仏道を修せん。[24]

といい、菩薩行を共に修する対象を「今生の父母親族から先世の恩愛知識」にまで拡げている点が異なるものの、基本的には承元三年の『観音講式』とまったく同じであったといってよい。いずれも『四十華厳』に出る、

彼れ当に我が浄仏刹に生じ、我れと同じく菩薩行を修すべし。我が大悲観自在に由り、其の一切をば皆な成就せ令む。[25]

という一文を引用し、自らの大悲行の実践を願っているのである。この傾向は実は、『感應抄』「第四当来値遇」「第六利他方便」にもまた見られた。すなわち、

人をして我が如くに皆な観音に近づけ令め、共に大悲法門を修し、無上仏道に入らん。（中略）我れ若し願の如くに大聖に近づくを得ば、大悲を以て衆生を利益せん。(26)

といい、「共に大悲行を実践したい」との思いを語っているのである。たしかにこの点は同じであるが、『四十華厳』の文は見られない。その取意ともいうべき「共に大悲法門を修し」という言葉があるばかりである。これは何を意味するものなのか。唯一考えられることは、『感應抄』の記述の方が原初形態であり、後に『四十華厳』の当該文を明示して形を整えたということではないか。もしそうだとすれば、『感應抄』の撰述はやはり建仁元年撰述の『観音講式』より早いということになる。興味の尽きないところである。

以上のように、「弥陀観音所居一体同処論」および唯識の習いである「多重浄土論」にしたがって観音浄土信仰は理論化され、さらに「大悲行の実践」という仏道の根幹をなす理論が今一つ加えられ、貞慶の観音信仰は展開していったと考えられるのである。

註

（1）「教主」については『貞慶講式集』所収の『舎利講式』（三頁）、『弥勒講式』（七七頁）、『地蔵講式』（一〇一頁）、『観音講式』（一六一頁）、『法華講式』（一七七頁）、『春日権現講式』（二〇五頁）等にあり、「本師」については同じく『誓願舎利講式』（七頁）、『欣求霊山講式』（一二一頁）等に見られる。また、「発遣釈迦・来迎弥陀」については『渓嵐拾葉集』「仏舎利身常可奉安置事」（大正七六・五四四・上）に見られ、釈迦弥勒一体については『別願講式』に『仏地論』を根拠とした記述が見られる（平岡定海『東大寺宗性上人の研究並史料』下巻・二一七頁）。また、釈尊を春日大明神の本地とすることは『春日権現講式』（『貞慶講式集』二〇八頁）にあり、弥勒や観音の浄土への往生に対する資助については『春日大明神発願文』（日蔵六四・三一頁）や『仏舎利観音大発願文』（日蔵六四・三二頁）に出る。

（2）本研究書六三九頁。

（3）本研究書六三九頁。

（4）本研究書六三九〜六四〇頁。

（5）本研究書六四〇頁。

（6）山田昭全・清水宥人編『貞慶講式集』（山喜房仏書林、二〇〇〇年）一一四〜一一五頁。訓読は筆者。

（7）同・一二三頁。訓読は筆者。

（8）興福寺所蔵『観音講式』。

（9）『貞慶講式集』五九〜六〇頁。

（10）『大日本史料』第四編之一一・三〇五頁。

（11）大正四五・三六五・上。同じ表現が慈恩大師の『法華玄賛』（大正三四・六九八・下）に見られる。また、憬興の『三弥勒経疏』では「一上天・二入胎・三住胎・四出胎・五出家・六成道・七説法・八滅度」（大正三八・三二一・下）となっており、遁倫の『瑜伽論記』では「一住都史多天・二下生入胎・三住胎・第四初生・第五出家・第六成道・第七轉法輪・第八大般涅槃」（大正四二・五五六・下）と出る。名称等に相違があり、多くは第六相を成道相としていたことがわかる。
(12) 身延山本『論第十巻尋思鈔』二九丁裏～三〇丁裏。
(13) 身延山本『論第十巻尋思鈔』三〇丁裏～三一丁表。
(14) 本研究書六四七頁。
(15) 拙著『心要鈔講読』二七七頁・三〇〇頁。
(16) 身延山本『尋思別要』第一冊・二九丁裏～三〇丁表。
(17) 東大寺蔵。新倉和文「貞慶撰『観世音菩薩感応抄』の翻刻並びに作品の意義について――阿弥陀信仰から観音信仰へ――」（『南都仏教』第九二号、二〇〇八年）二三～二六頁。一部、誤翻刻文を訂正。
(18) 興福寺蔵『観音講式』の「序文」ならびに「第二明方処」の段。
(19) 東大寺蔵。前掲新倉論文二三～二四頁・二九頁。
(20) 同・一六～一八頁。判読困難な文字が含まれていたが、類推できるものを〔　〕で囲って示した。
(21) 興福寺蔵『観音講式』の「奥書」。
(22) 大正八四・八八七・上。
(23) 興福寺蔵『観音講式』の「序文」。
(24) 大正八四・八八七・上。
(25) 大正一〇・七三四・中。
(26) 東大寺蔵。前掲新倉論文二八～二九頁。

第五節　むすび

貞慶（一一五五―一二一三）の講式類を見ると、まず目につくのが「臨終正念」「臨終来迎」に関する記述である。これについて第一部では講式中に見られる「臨終正念」「臨終来迎」に関する記述を提示したが、貞慶の他文献にも多々存する。例えば、『渓嵐拾葉集』に収められた「仏舎利身常可奉安置事　解脱上人製」と題する一編には、

仏子、殊《こと》に値遇の別願を発し、常に垢穢の胸間に安ず。願わくは日日に舎利の威光に触れ、漸漸に我が身の濁闇を破さん。凡そ此の因縁を以て永く其の加被を仰ぎ、生生世世に悪縁を遠離し、在在処処に喜心を発《おこ》せ令む。近くは則ち命終の時、悪縁に遇わず妄念を起こさず、勝境をば感じて善心を顕わし、直義を開発し、釈尊の発遣により必ず弥陀の迎接に預らん。敬いて白す。(1)

というくだりがあり、ごく初期の「発遣釈迦・来迎弥陀」を頼んでいた頃から、臨終時に妄念を起こすことなく弥陀の来迎を受ける「臨終正念・臨終来迎」の思想を有していたことが知られるのである。

そもそも、「臨終来迎」は諸経典に広く説かれるものであり、特に阿弥陀仏の来迎がよく知られていた。すなわち、『仏説無量寿経』には、

設い我れ仏を得たらんに、十方の衆生、菩提心を発《おこ》し、諸の功徳を修して、至心発願して我が国に生ぜんと欲せん。寿終わる時に臨んで、仮令《たと》い大衆と囲繞して其の人の前に現ぜずば、正覚を取らじ。(2)

といい、また『仏説観無量寿経』には、

上品上生というは、(中略)阿弥陀仏は、大光明を放ちて行者の身を照らし、諸の菩薩と与《とも》に手を授けて迎接したまふ。(中略)上品中生というは、(中略)此の行者、命終わらんと欲する時、阿弥陀仏は観世音及び大勢至・無量の大衆と眷属に囲繞せられて、紫金の臺《うてな》を持たしめて、行者の前に至る。(中略)上品下生というは、(中略)彼の行者、命終わらんと欲する時に、阿弥陀仏及び観世音并びに大勢至は諸の眷属と与《とも》に金の蓮華を持たしめて、五百の化仏を化作して此の人を来迎す。(中略)下品下生というは、(中略)此《かく》の如き愚人、悪業を以ての故に応に悪道に堕し、多劫を経歴して苦を受くること窮まり無かるべし。此の如きの愚人、命終わらん時に臨みて、善知識の種々の安慰して、為めに妙法を説き、教えて念仏せ令むるに遇わん。(中略)命終わるの時、金蓮花を見るに、猶し日輪の如くして其の人の前に住せん。(3)

とあり、『仏説阿弥陀経』にも、

舎利弗よ、若し善男子・善女人有りて、阿弥陀仏を説くを聞きて、名号を執持すること、若しは一日、若しは二日、若しは三日、若し四日、若しは五日、若しは六日、若しは七日、一心に乱れざれば、其の人、命終の時に臨みて、阿弥陀仏は諸の聖衆と現じて其の前に在しまさん。是の人終わらん時、心顚倒せずして、即ち阿弥陀仏の極楽国土に往生することを得。(4)

と述べられている。また、阿弥陀仏以外の尊者の来迎としては、例えば『仏説観弥勒菩薩上生兜率天経』に、

若し弥勒菩薩摩訶薩の名を聞くを得る者有りて、聞き已《おわ》りて歓喜・恭敬・礼拝せば、此の人、命終りて弾指の如き頃に即ち往生を得る。（中略）未来世中の諸の衆生等、是の菩薩の大悲の名称を聞きて、造立形像・香花衣服・絵蓋幢幡・礼拝繫念せば、此の人、命の終わらんと欲するの時、弥勒菩薩は眉間の白毫大人相の光を放ち、諸の天子と与に曼陀羅花を雨らし、此の人を来迎したもう。此の人、須臾にして即得往生す。(5)

と弥勒の来迎が記されている。また、『仏説観仏三昧海経』には、

拘留孫仏も亦た光明を放ちて行者の前に住したもう。（中略）此の仏を見たてまつれば、常に浄国に

生じ、胞胎に処せず。命終に臨む時、諸仏世尊は必ず来迎し接したもう。[6]

とあるように、拘留孫仏や諸仏世尊の来迎までもが説かれている。この点では、『仏説観薬王薬上二菩薩経』にも、

命の終わらんと欲するの時、十方の諸仏は皆な悉く来迎し、随意に他方浄国に往生す。[7]

とあるように十方の諸仏の来迎による他方浄土への往生が謳われており、臨終来迎思想は広くインド・中国において「実事」として受け入れられていたことが知られるのである。それは禅定瞑想者に負うところ大ではなかったかと考えられる。

元来、臨終正念・臨終来迎の思想は、十二縁起説を転用した中有輪廻思想を前提になされるものであった。すなわち、世親（四〇〇―四八〇頃）の『阿毘達磨倶舎論』（以下『倶舎論』）の頌には、

是の如き諸縁起の十二支は、三際にして、前後の際は各おの二なり。中（際）は八なるも円満に拠る。（中略）宿惑の位は無明にして、宿の諸業をば行と名づく。識は正しく生を結ぶ蘊なり。六処の前が名色なり。眼等の根を生ずる従《よ》り三の和する前は六処なり。三受の因の異なりに於いて未だ了知せざるを触と名づく。婬愛の前に在るは受なり。資具と婬とを貪るは愛なり。諸の資具を得んが為めに、

遍く馳せ求めるをば取と名づく。有とは正しく能く当有の果を牽く業を造るを謂う。当有を結ぶをば生と名づく。当の受に至るまでをば老死とす。[8]

とあるように、十二支縁起をもって過去・現在・未来の三世にわたる輪廻の縁起が説かれた。これを三世両重の縁起という。これに対して、大乗唯識は二世一重の縁起を説いた。すなわち、法相宗の開祖と位置づけられる慈恩大師基（六三二―六八二）の『成唯識論述記』を見ると、二重の因果を説く小乗の見解を示した後に、

今、之れを破するに、我が如きは十二をば一重因果をもってするに、生死輪転を顕わすに足る。[9]

といい、二世一重の縁起説を展開したのである。かくして、十二支縁起は輪廻を説明する構造に作り変えられていくのであるが、そのあり方に大きな影響を与えたのが、禅定瞑想者による「四有」の知見の披瀝であった。

そもそも、四有輪廻説は『阿含経』を初めとする多数の経典に説かれる思想であり、いわゆる中有・生有・本有・死有という四つの生存形態が繰り返されることをいう。これについて小乗部派の教説を「理長為宗」の立場より論じた『倶舎論』には、およそ次のように記されている。すなわち、

総じて説くに有の体は是れ五取蘊なり。中に於いて位別をば分析して四と為す。一つには中有。義は前《さき》に説くが如し。二つには生有。謂わく、諸趣に於いて結生する刹那なり。三つには本有。生の刹那を除く死の前の余位なり。四つには死有。謂わく、最後の念なり(10)。

と。これを見ると、「有」とは五蘊により構成された存在そのものを示す言葉であり、結生の刹那を生有、死の前までを本有、死の瞬間の最後の念を死有というと示されている。また、中有については本頌に、

死生二有の中の五蘊を中有と名づく。未だ応に至るべき処に至らざる故に、中有は生じたものに非ず。（中略）此れは一業の引なるが故に、当の本有の形の如し。（中略）同と浄なる天眼とに見らる。業通ありて疾《はや》し。根を具す。無対なり。不可転なり。香を食す。久しく住するに非ず。倒心をもって欲の境に趣く。湿と化とは、香と処とに染す。天は首をば上にし、三は横なり。地獄は頭をば下に帰す。（中略）中有の相続に由《よ》りて胎に入ること灯焔の如し。引くが如くに次第に増して相続し、惑と業とに由りて更に余世に趣く。故に有の輪は初め無し(11)。

といい、死有と生有の中間にある五蘊のことであると明記する。また、中有の存在は一業の引であるから当生の本有と同じ形をとり、同じく中有にある者および清浄なる天眼を持った者にしか見えない。あるいは、業によって得た神通力によって速疾に虚を自在に駆け、五根を具備し、どんな対礙（さまたげ）もな

く、香を食し、顚倒の心によって往くべき趣に必ず生じる、等々と記されている。かくして四有による輪廻が繰り返されるのであり、それは惑と業のなすところであると結ばれている。この点では弥勒説と伝えられる『瑜伽師地論』（以下『瑜伽論』）も同様であるが、『瑜伽論』には禅定瞑想を行なった瑜伽師たちによる、より具体的な中有についての解説が付加されており、興味深いものがある。すなわち、

又た諸の衆生、将に命終せんとする時、乃至、未だ惛昧想位に到らざるとき、長時に習う所の我愛、現行す。此の力に由るが故に、我れは当に無なるべしと謂《おも》い、便ち自身を愛す。此れに由りて中有の生報を建立す。（中略）而るに此の中有には必ず諸根を具す。悪業を造る者の得る所の中有は、黒羺光或いは陰闇夜の如し。善業を作す者の得る所の中有は、白衣光或いは晴明夜の如し。（中略）又た、中有の眼は猶し天眼の如く障礙有ること無く、唯だ生処に至るのみ。趣く所にも礙《さわ》り無く、神通を得るが如く、亦た唯だ生処に至るのみ。又た、此の眼に由《よ》り、已れと同類の中有の有情を見る。及び自身の当の所生の処を見る。又た、悪業を造る者は眼は下に視て、浄《きよ》きには面を伏せて行く。天趣に往く者は上、人趣に往く者は傍らなり。又た、此の中有は、若し未だ生縁を得ざれば七日を極めても住す。生縁を得ること有らば、即ち決定せず。若し七日を極めて未だ生縁を得ざれば、死して復た生じ、七日を極めても住す。是の如く展転《ちんでん》して未だ生縁を得ざれば、乃至、七七日住し、此れ自《よ》り已後、決して生縁を得る。（中略）又た此の中有に種種の名有り。或いは中有と名づく。死と生の二有の中間に在りて生ずるが故に。或いは健達縛と名づく。（中略）又た、余の鬼・傍生・人等及び欲色

界の天の衆同分の中に於いて、将に受生せんとする時、当の生処に於いて、己れと同類の可意の有情を見る。此れに由り、彼に於いて其の欣欲を起こし、即ち生処に往き、便ち拘礙せ被る。死生の道理、前《さき》の如く応に知るべし。(12)

と説くのである。これを見ると、人は死を目前にすると、我が身を愛おしむあまり「死にたくない」「死んだら無になるのか」と恐怖することで、かえって速やかに死して中有の存在になってしまう、とまず指摘されている。おそらくは、死を恐怖することで心と身体が疲弊してしまうからであろう。次いで、中有の存在は五蘊による諸根を具備しているが、悪業を造る者の中有は黒く穢れており、善業をなす者の中有は白く清らかであるとも記されている。これなど、禅定瞑想した者でないとわからない世界である。また、自在に生処に往くことや往き方の記述は『倶舎論』と軌を一にしており、これらが禅定瞑想者の共に見たすがたではなかったかと思わせるものがある。また、四十九日の中陰の根拠が示されている点でも興味深いものがある。すなわち、中有（中陰ともいう）の存在は早い者で七日、どんなに遅い者でも四十九日経つと生処に赴くと記されており、これが中陰法要の元となったのである。では、中有の存在が次の生処に趣く最大の要因は何か。この点について『瑜伽論』は「同類の可意の有情」の存在にあったと述べた。これについて『瑜伽論』にはさらに、

彼れ即ち中有処に於いて、自ら己れと同類の有情の嬉戯等を為すを見て、所生の処に於いて希趣の欲

を起こす。彼れ爾の時に於いて、其の父母の共に邪行を行じ、出だす所の精血を見て、顛倒を起こす。顛倒を起こすとは、謂わく父母の邪行を為すを見るの時、父母の行は此れ邪行なりと謂《おも》わず。乃ち倒覚を起こして、己れの自行なりと見る。自行なりと見已《おわ》りて便ち貪愛を起こす。若し当に女と為らんと欲すれば、彼れは即ち父に於いて便ち会貪を起こす。若し当に男と為らんと欲すれば、彼れは即ち母に於いて貪を起こすこと、亦た爾り。乃ち往きて趣に逼《せ》まる。（中略）此の欲を生じ已《おわ》らば、或いは唯だ男を見るのみ、或いは唯だ女を見るのみ。如如に漸くに彼の処所に近づく。是の如く是の如く漸漸に父母の余分を見ず。唯だ男女の根門のみを見、即ち此の処に於いて便ち拘礙せ被る。死生の道理、是の如く応に知るべし(13)。

といい、当生の父母のあり方を見て欲著するからであると述べている。すなわち、当生の父母のあり方を見て欲著し、男女のあり方に強く執われるので、男となり、女となるのだと記されている。少し話はそれたが、要するに我愛（自体愛）を起こすことで中有の存在に移行し、当生愛（境界愛）を起こすことで次生に生まれる輪廻の次第を禅定瞑想者たちが文字として遺したものが『瑜伽論』であり、それらをもとに著されたものが『倶舎論』等であった考えられるのである。

このようなインドでのあり方を継承し、自体愛と境界愛について言及したのが、法相宗の第二祖に位置づけらる唐代中国の淄州大師慧沼（六四八—七一四）であった。すなわち、慧沼は主著『成唯識論了義灯』（以下『了義灯』）の中で、問う。潤生の位に於いて中有と生と殊《こと》なれり。又た、愛を起こし、自身と境とを縁ず。別して二位に於いて倶に二愛を起こさんと為すや、爾らずと為す耶。

答う。中有を潤ずるには、自体愛を起こす。生有を潤ずるには、境界愛を起こす。死有に於いて中有を見ざるを以て「我れ有ること無し」と謂《おも》い、自体愛を起こす。中有の位に於いて生処を見るが故に、境界愛を起こす。故に『瑜伽』の第一に云わく、「我愛現行す。此の力に由るが故に、我れ当に無と謂《おも》い、便ち自体を愛す。此れに由《よ》りて生報の自体を建立す」と。乃至、云わく、「自ら彼業所得の生処に於いて、還りて是の如き種類の有情を見、喜楽して馳せ趣く。即ち、生処境色の礙《さ》うる所に於いて、中有は遂に滅して生有の続いて起こる」と。(14)


と述べ、『瑜伽論』を根拠として、現生から中有に移行するのは自体愛を起こすからであり、中有から当生に移るのは境界愛を起こすからであると述べた。このようなインド・中国での中有輪廻説を受けて、輪廻の連鎖から離れるには仏道の流れに入ることが至要であるとして展開したのが、臨終正念・臨終来迎の思想だったのである。

貞慶の臨終正念の思想は、『論第六巻尋思鈔別要』「命終心相」に詳しい。また、別に『命終心事』ならびに『臨終之用意』をも著しており、いかに貞慶が並々ならぬ関心を寄せていたかが知られる。ちなみに、「命終心相」という論義テーマは千百有余もの法相論義を収録する良算編纂の『成唯識論同学鈔』には見当たらない。『尋思鈔』だけに存する論義テーマなのである。それほどに貞慶は関心を寄せていたといっ

てよい。すなわち、冒頭にまず「本有の末心」と「中有の末心」についての分析を示して、

本有の末心。

『灯』に云わく、「中有を潤ずるには自体愛を起こす」と、云々。『瑜伽論』第一に云わく、「我愛の現行なり。此の力に由《よ》るが故に、謂《おも》いて我は当に無なるべしと。便ち自体を愛す。此に由り、（中有の）生報の自体を建立す」と、云々。『灯』に引く也。

末に云わく、「謂《おも》いて我れは当に無なるべし」とは、辺見中の断見歟。「便ち自体を愛す」とは我見なり。前後の間に起こる歟。

中有の末心。＊『倶舎』に云わく、「此れは一業の引なるが故に当の本有の形の如し」と。『瑜伽』等は之に同じ。故に一切の中有は必ず当生処の形也＊

『灯』に云わく、「生有を潤ずるには境界愛を起こす」と、云々。『瑜伽』に云わく、「自ら彼の業の所得の生処に於いて還りて是の如き種類の有情を見て、喜楽して馳せ趣く。即ち、生処の境界の色に礙《さ》えられて、中有遂に滅し、生有続いて起く」と、云々。＊已上の大旨は、欲界内受生の相を説く也＊

意《こころ》の云わく、且《しばら》く人中に生ず可きの類は、人の男女の和合するを見て、喜楽して其の所に趣く。＊女に於いて愛を生ずれば男身を受く。女身は之れを返すなり＊　若し趣の身をば即ち其の所に留むれば、境界色に礙えらると云う。此の時、即ち生有の身を成ずるなり(15)。

といい、『瑜伽論』と『了義灯』に基づいて、自体愛が起ることで中有に移行し、境界愛が起ることで当生へ移ると記している。貞慶独自の解説としては、「我れは当に無なるべし」と思うのは「便わち自体を愛す」という我愛によって生じる辺見中の断見によるものであるとしている点と、当生の父母を見て欲著して留まれば当生界の境界色に礙えらて生を受けると述べている点であろう。そして重要な点は、

本有命終心
起す所の煩悩必ずは上界繫也。潤生の意《こころ》也。当生地の惑の故に。
問う。此の時、若しくは上界の我見を起す乎。起さば、寧《なん》ぞ上界の我見なるに欲界身を計る乎。若しくは起さざれば自体愛位は、豈に我見無き乎。
答う。我見を起す可き也。所謂ゆる「未来生を縁ずとは即ち是れ自地を縁ずるなり」というは、是れ也。当生の上界の勝身を縁じて我愛を起す可し。即ち中有の身を潤ずる也。（中略）
中有命終心
大都は本有に同じ。但し、全く下地の我見を起す可からず。中有は是れ当生の上界身の故に、此の時、当生の宮殿等のみ現前し、彼に於いて境界愛を起す可し。其の前後は設《たと》い我見を起すと雖も、皆な是れ上地の見也。(16)

とあるように、下界より上界へ生じる際の命終心について言及し、命の終わる時に「上界の勝身」や「当

生（上界）の宮殿等」を縁じて我見を起こすことによって上界に生まれることができるとしている点であろうか。しかし、実際には厳しいものがあった。そこで、貞慶は別に『命終心事』を著し、次のように説いた。すなわち、

命終心に於いて総じて三重有り。初めには麁相現行位、明了意識にして三性不定なり。＊若し方便を論ずれば又た五識に通ず＊次には細相現行位、不明了意識にして微細に現起し、我愛と相応す。其の性は定んで染汚也。＊有覆無記なり＊三つには悶絶位＊悶絶とは狂乱に非ず＊唯だ七八の二識のみ有り。已《すで》に前六識は悉く皆な滅尽す。之れを無心悶絶に摂す[17]。

とまず述べ、命終心とは結局、明了の意識、不明了の意識、および七・八の二識であることを明らかにした上で、

一切の凡夫は、或いは設い内院に詣で、若しくは浄土に生ずとも、後の二位の其の相は必然也。今、欣う所の正念とは、第一の麁想現行位なり。三性不定の中、不善と無記を離れ、明了の善心に任せんと欲す[18]。

といい、善・悪・無記（三性）の性質が定まらない麁なる意識こそが臨終時の心であり、この心は意思の

力で善性なる正念に変えることができると指摘し、「正念に住すること」の重要性を力説したのである。これによって、好処である兜率天にも初心の浄土にも往くことができる。そんな心が我々に残されていることを貞慶は論理的に示したのである。さらに貞慶は説く。

凡そ聖教に命終心と名づくるに亦た二位有り。所謂ゆる、本有自《よ》り中有に向かうものと中有自り生有に向かうものにして、各おの末後心なり。其の中の本有の命終心は多分に自体愛を起こす。一期をば既に極めて、身命を顧恋するが故に。中有の命終心は多分に境界愛を起こす。当生の父母等を見て、男女の身に於いて愛と恚とを生ずるが故に、境界愛を起こす。（中略）悶絶の位は染汚の末那の微細に起きると雖も、潤生の縁にあらず。故に置いて論ぜず。細想現行位は有覆無記の意識なり。正潤生なりと雖も、決定して之れを起こす。変化浄土知足内院等は皆な彼に依りて生を結ぶが故に、遮止することと能わず。今は只だ本有麁想現行位に於いて、善業成就するが故に、三宝加被するが故に、正念に安住して、願いの如く終わりを取るなり(19)。

といい、凡夫であるからこそ「最期のときの明了意識時の正念」にしか道はないことを再度示唆しつつ、このとき善業を成就して三宝の加被を受けることによって、願いのままに今生を終えることができると論じたのである。換言すればこれは、臨終時に正念に住することができれば衆生は願いのままに順次の生を手に入れることができると、貞慶は述べたことになる。本来ならば、なした悪業と臨終時に起こす渇愛

（自体愛・境界愛）のために、欲界内の苦海に堕ちるはずであった輪廻必定の衆生が、臨終正念によって善心に住し、「信仰する仏」のもとに生まれて見仏聞法することができるのである。このように考えれば、仏道を願う「か弱き凡夫」にとって、臨終正念は最終的かつ不可欠な「寄る辺」であったということになる。ここに、貞慶が「臨終心」に着目した最大の理由があったといってよいのである。そこで貞慶は、「大聖の加被力」というものに着目し、麁相現行位にさらに三重の次第あることを示す。すなわち、

六識皆な起きる時、其の心は殊《こと》に明了なり。眼には仏像を見、耳には法音を聞く。自他和合して互いに覚悟有り。五識は漸くに滅して意識独り起きる時、設い仏を念じ法を聞くとも、余の人の知り難し。殆ど無心の如し。凡夫・善知識も随分に其の益有りと雖も、狂乱の時には敢えて其の命に随わず。無心の位は、総じて其の声を聞くこと無し。大聖の化身に至りては、神通方便不可思議也。肉眼をば設い掩《おお》い、聾験をば隔つと雖も、観音の形声は歴々と心に当たる。魔界に寧《なん》ぞ狂わんや。業障の覆《おお》うと雖も、権化の教誡にて念々に開悟す。(20)

といい、六識がみな起きている時は仏像を見たり法音を聞いたりして覚悟ができるが、末期に狂乱する人は善知識等の教誡を聞くこともできない。また、前五識が滅して意識だけがはたらく段階になると、覚悟の人たちも善知識等の声が聞こえなくなり、ほとんど無心のようになる。そして、その次には本当の無心位に入ってしまうのであるが、こんな我々に対して大聖の加被力は絶大であり、眼も見えず耳も聞こえな

い状態でありながら、善知識に代わって大聖の形声が歴々と心に至り届き、その教誡によって念々に開悟することができるのである、と論じている。

このような貞慶の命終心に対する分析がより現実的に開陳されたのが、もう一篇の臨終正念の書といってよい『臨終之用意』である。「今まさに死に往かんとする人に対して、残される者はどう対処すればよいのか」という観点より、人の臨終時のあり方を詳細に論じているのである。それによると、

人の命不定なり。平生なをたのみがたし。況や病中をや。よりより油断無く、臨終正念をねがうべきなり。最後の妄念は悪道の業。一切世間の事、殊更に病人の執心す可き事、腹立つ可き事、貪愛す可き事等、かたるべからず。看病人互いにかたるべからず。総て家内に声をたこうすべからず。但し病人の問事あらば、心にさわらざるように語るべし。語り終りなば、何事も皆皆夢也。神呪忘れ給うなとすすむべきなり。又病人の心とどむべき資財など、ちかづくべからず。魚鳥を食し酒に酔い、葱韮《ねぎにら》など食したらん人をば、いかにしたしき人なり共、門の内にも入るべからず。天魔たよりを得て、心乱れて悪道におつるゆえなり。又、病人の心に違ひたる人ゆめゆめ近づくべからず。総じて問来人の出入一一に病人にしらすること、返す返すも故実に無き事也。（中略）病人の居どころには、何にても信仰の仏をすえ奉り、常によき沈香をたき、病人余念と見つけば、約束にまかせて神呪にても宝号にても観にてもあれ、すすむべきなり。家内に魚をやきなどして、病人の処に香気を及ぼす事なかれ。(21)

といい、渇愛（貪愛・妄念）を起こさせるものは財産・知友に至るまで近づけさせてはならないことを明確にしている。これなどは、明らかに『瑜伽論』を継承した『別要』「命終心相」の記述に準拠したものであるといってよいであろう。また、

まさしく唯今と見ゆる時は、本尊を病人の目の前にむかえ、耳のかたわらによりて、臨終只今也。来迎の聖衆光明かくやくとして、ここに来たり給えり。神呪唱え給へと、病人の息に合わせて、早から ず遅からず、神呪をとのうべきなり。既に終わりて後に、一時ばかりは耳に唱えいるべきなり。おもては死する様なれども、そこには心あり。或いは魂さりやらずして、死人のほとりにありて、称名きぬれば、かれ悪道に入るべきものなれ共、中有よりあらためて浄土に生まるる也。(22)

といい、臨終正念の心構えを説いている。もともと、我われ凡夫は悪道に堕ちる身である。ところが、神呪や念仏を唱えることによって、信仰する仏の功徳を受けて中有より身を改めて浄土に生まれることができると述べているのである。すでに指摘したように、諸仏如来は我われのために大慈大悲をもって多重浄土を示現して下さった。しかし、凡夫であるがために唯識観等の王道の行を実践する力もない。だからこそ、諸仏はまた大慈悲力をもって臨終時に来迎し、凡夫を摂取して下さるのである。そのためには臨終時に妄念を起こさず、正念に住して来迎を待つ他ない。ここに、臨終の行儀が整えられ、「臨終正念」による「臨終来迎」が勧められたのである。貞慶もまた、初心の行者のために示現された浄土に生まれて仏道

を歩み出すために、四尊の浄土行を語るにあたって必ず「臨終正念」「臨終来迎」を論じたのであった。ここにまた、貞慶の浄土信仰の特色があったといってよいのである。

註

(1) 大正七六・五四四・上。
(2) 大正一二・二六八・上〜中。
(3) 大正一二・三四四下〜三四六上。
(4) 大正一二・三四七・中。
(5) 大正一四・四二〇・中。中国撰述の偽経であると見られている。
(6) 大正一五・六九三・中〜下。中国撰述の偽経であると見られている。
(7) 大正二〇・六六一・中。中国撰述の偽経であると見られている。
(8) 大正二九・四八上〜四八中。
(9) 大正四三・五二八・下。
(10) 大正二九・四六・上。
(11) 大正二九・三一三下〜三一四上。
(12) 大正三〇・二八一下〜二八二中。
(13) 大正三〇・二八二・下。
(14) 大正四三・七五九・下。
(15) 本研究書六八一頁。
(16) 本研究書六九三〜六九四頁。
(17) 日蔵六四・二四・下。

(18) 日蔵六四・二四・下。
(19) 日蔵六四・二四下～二五上。
(20) 日蔵六四・二五・上。
(21) 日蔵六四・二五下～二六上。原文は仮名交じりの日本文である。ただし、安居の講本であることに鑑み、現代仮名遣いに改めた。
(22) 日蔵六四・二六・上～下。同。

第三部　『唯識論尋思鈔』の翻刻読解研究

第三部　凡　例

一、第三部の各章は、第二部で用いた『唯識論尋思鈔』の主要論義テーマ四点について翻刻読解したものである。数年後に刊行予定の『貞慶撰『唯識論尋思鈔』の研究――教理篇――』において「別要」の全翻刻読解をめざしているので、本研究書では今回の研究に関係する四篇のみに限定した。その各章の構成は、「はじめに」と「むすび」を加え、【翻刻】【訓読】【註記】【解説】【原典】よりなる。

一、【翻刻】は、以下の要領で行なった。

・小見出しの【翻刻】の下部に添付の原典の丁数を記載した。
・旧字体はそのまま翻刻した。
・異体字や略字は、原則として通行の字体（常用漢字）に改めた。
・仏教用語の特殊な省略体も、正式な表記に改めた。
・虫損等で判読不能の文字は■とした。
・割注はポイントを落し、＊を付した。「云々」「文」「為言」などの割注でない文字は、通常ポイントで表示した。
・返り点として「一」点がふられているものは、そのまま表記した。また、「二」点に相当するものが「有㆒」などのように真横に付くものも、そのまま表記した。

一、【訓読】は、以下の要領で行なった。

・訓読文は原則として常用漢字・現代仮名遣いを用いた。ただし「證」と「証」は異体字や略字の関係ではなく本来別字であるが、一般的に使用頻度の高い「証」に統一したなど、一部に例外もある。
・翻刻文に付された「送り仮名」には誤りもあるため、筆者独自に訓読した。
・出来るだけ原文の漢字を残す方針を採ったため、助詞・助動詞以外は基本的に漢字のまま残した。よって、原文の「也」もそのまま残るかたちとなっているが、個人的に終尾辞の「なり」を補って訓んだ場合には、平仮名の「なり」と表記し区別している。
・「数数《さくさ》く」「文《いえ》り」「皆《み》な」「又《ま》た」など、読み仮名・送り仮名を補って読みやすくした。

・割注はポイントを落し、＊を付した。「云々」「文」「為言」などの割注でない文字は、通常ポイントで表示し、訓読した。
・訓読文は、原典通りの追い込みとはせず、文脈を重視して、適宜改行を行なっている。
・経典などの書名には、すべてに『　』を付した。
・経論疏などからの引用文は、「〈　〉」の順で括った。
・難解であると判断した漢字や熟語にはルビを付した。
一、【註記】は、以下の要領で行なった。
・引用出拠と用語註に限って付した。
・引用出拠使用テキストの略号は、次のようにした。
　大正＝『大正新脩大蔵経』（大蔵出版）
　日蔵＝『増補改訂日本大蔵経』（鈴木学術財団）
・引用箇所を示す場合は前項の略称を用い、次のような表記で統一した。
　〔例〕大正一二・六一九・中（『大正新脩大蔵経』、第一二巻、六一九頁、中段を意味する）。
一、【原典】は、各章の末尾に一括して掲載した。『尋思通要』ならびに『尋思別要』は、身延山本・龍谷本・東大寺図書館本を用いた。また、『般若臺談抄』は薬師寺所蔵本を用いた。

第一章「摂在一刹那」の展開

第一節　はじめに

第一部第二章ですでに論述したとおり、『唯識論尋思鈔』（以下『尋思鈔』）は貞慶（一一五五—一二一三）が弟子「両三人」との談義を通して撰述した論義抄であり、「別要」と「通要」の二書構成よりなる。本書の奥書には、

去んぬる建久八年丁巳《ひのとみ》閏六月二十八日、唯識論に就いて聊か愚抄を企つ。本《もと》より微功無し。随いて又た廃亡して漸くに四年を送る。何ぞ緩怠無からん。但し同門の良公、常に登りて臨するの間、粗《ほぼ》予の愚を示して、悉く本書の大意を抄せ令む。＊即ち『摩尼抄』一部三十二巻なり＊去んぬる冬の末より今春の始めの五十余日、両三人と巻々の大事を談じ、筆を馳せ、七十余条を記し了んぬ。六月一日自《よ》り九月上旬に至る首尾百日許《ばか》り、重ねて先度の余残を継ぐ。其れ以て故上綱の『変旧抄』等に就き取略して拾う。亦た、第二巻より始めて第一巻にて終わる。■■巻、本文に於いては別に之れを抄せ令む。

（中略）

時に建仁元年辛酉《かのととり》秋九月十一日、笠置山般若臺の草菴に於いて之れを記す。　沙門　釈貞慶(1)

とあるので、貞慶が『成唯識論』についての抄物を作成しようと思い立ったのは建久八年（一一九七）であったことがわかる。ところが、「緩怠」の心が生じて日々をいたずらに明かす中、同門であった良算（?―一一九四―一二一七―?）が頻繁に訪れるようになり、自らの構想（余の愚）の概略を示してまず作成させた書が『摩尼抄』一部三十二巻であった。それをもとに、「去んぬる冬の末」とあるから正治二年（一二〇〇）の十二月頃より「今春」すなわち建仁元年（一二〇一）の初めにかけての五十余日をついやして、「両三人」の弟子たちと談義を重ね、まずは七十余条の問答を綴った抄物を作成したという。しかし、本書はいまだ未完成であり、さらに検討を要する論義テーマが残されていた。そこで貞慶は、同年六月一日より九月上旬までの百日ほどをかけて、残余の問答を収録した抄物を作成した。かくして出来上がった書が『尋思鈔』であり、前者を特に「尋思別要」と称し、後者を「尋思通要」と呼び分ける風潮が生じた。この点については、すでに第一部第二章で論じたとおりである。

なお、この『尋思鈔』撰述のために作成された本文集が今に残る『成唯識論本文抄』（以下『本文抄』）であるが、この書の作者はかつて蔵俊（一一〇四―一一八〇）ではないかと見られてきた。しかし、『本文抄』の中に「摩尼抄の如し」という記述がしばしば見られる点と、「良算の本文抄」という言葉が諸写本に見られる点等より、『本文抄』もまた良算の作成した書であることが明らかとなった(2)。したがって、貞慶は『成唯識論』についての論義抄を作成するにあたって、良算の助力を多大に受けていたことが知られるのである。

では、良算とはいかなる人物だったのであろうか。残念ながら彼の伝記史料は少なく、俗称・生国等についても明らかではない。ただ、多聞院英俊（一五一八—一五九六）の『多聞院日記』に、

胤継の語りて云わく、上人＊笠置＊は五十九才入滅＊二月三日＊（中略）良算聖覚房は四十七才にて入滅也しと、云々。[3]

という記述がある点より逆算して、「一一七〇—一二一八頃の人」という「定説」[4]ができた。ところが、筆者が発見した良算撰述の『愚草』「一法中道」には、

菩提院贈僧正云、（中略）。已上、彼師御草也。先師上人云、（中略）。承安元年夏比、記之。誠是掌中之秘説也。後日、奉問此年於宝積院権僧正御房之処、其口伝旨同之。三徳一同之義也。可存之。

菩提院贈僧正の云わく、（中略）と。已上、彼の師の御草也。先師上人云わく、（中略）と。承安元年の夏の比《ころ》、之れを記す。誠に是れ掌中の秘説也。後日、此の年に宝積院に於いて権僧正御房に問い奉るの処、其の口伝の旨も之れに同じ。三徳一同の義也。之れを存す可し。[5]

という記述があり、承安元年（一一七一）に『愚草』「一法中道」の原形文を著していたことが明記されていたのである。とすれば、良算は承安元年にはすでにある程度の年齢であったことが予想され、しかも『同学鈔』の奥書よりすれば少くとも一二一七年までは存命であったことが知られるから、従来の「定説」である四十七歳入滅説は誤りであることが明らかとなった。承安元年といえば、貞慶十七歳の年である。『愚草』「一法中道」の記述ぶりからすれば、良算もほぼ同年齢もしくは貞慶よりやや若い程度ではなかったかとも推測される。

また今一つ、室町期に著された好胤（生没年代不詳）の『唯識論聞書』に、「読師或時物語云」として、次のような伝承が紹介されているが、これも両者の上下関係を示すものとしてよく引かれてきた。すなわち、

読師、或る時の物語に云わく、聖覚房は上人の御門室に入る可き事を深く念願して、百箇日毎日祈請し、本望をば遂に満足して上人に謁申す。上人の云わく、何事をば尋ね被れんが為めに来臨する哉と。聖覚房の云わく、総じての学問は勿論也。殊《こと》にさしあたりては、安慧の宗義に就いて意得《こころ》ぬ節節、心より尋ね申さんが為めに参入すと、云々。(6)

というものである。これによれば、良算が貞慶の門下となったのは「殊に安慧の宗義を尋ね申さんが為め」であり、その門下となるために百日も祈請し、ついに本望を遂げたとある。これからすれば両者の人間関係は、それ以前は疎遠であったということになるが、大いに疑問を感じる。なぜならば、先に示した

『尋思鈔』の奥書に「同門の良公」とあるからである。貞慶自身が「同門」といっている以上、貞慶同様、覚憲（一一三一―一二一二）門下であったと見てよい。だからこそ良算は、前の引文に見られるように、一法中道についての「口伝」を宝積院権僧正覚憲より親しく受けることができたのであろう。しかも、「良公」と尊称していることから見て、貞慶と同世代の弟子ではなかったかとも推測される。決して「百箇日祈請」して念願かなって門下になったような仲ではなかったように思われる。だからこそ、貞慶も篤く信頼し、その能力を高く評価し、『尋思鈔』撰述の有力スタッフとしたのではないかと考えられるのである。とすれば、両者の邂逅時期は覚憲の門下となった入門時点にまで溯るものと見るべきで、貞慶が笠置へ退隠して以降も両者の交渉は継続されており、それが『尋思鈔』の撰述に発展したと考えるのが妥当であろう。そして、そのことを裏付けるものが、薬師寺所蔵の『般若臺談抄』には見られたのである。

貞慶が『尋思鈔』を作成した場所は、奥書によれば「笠置山般若臺の草庵」であったという。貞慶がこの山に転居したのは建久四年（一一九三）三十九歳の時であり、翌建久五年には般若臺の棟上を行なって永蟄居している。(7) 般若臺は、本来は貞慶が兜率上生の大願のために書写した『大般若経』六百巻を納めるために建てられた六角堂をさすが、これに付属して建てられた茅葺の僧坊をも含めて広く「般若臺」と称するようになった。『尋思鈔』はまさにこの草庵で、正治二年（一二〇〇）の十二月より建仁元年（一二〇一）の九月までかけて撰述編纂されたものであり、時に貞慶四十七歳であった。この他、貞慶は笠置時代に多数の撰述をなしたことが確認されているが、『尋思鈔』の他に論義に関わる書の存否は知られていなかった。ところが今回、『般若臺談抄』（以下『談抄』）と銘うった論義抄のあったことが判明したのである。

その一つである興福寺所蔵の『談抄』「貪無漏縁」の奥書には、

建久十年四月十一日、沙汰し了んぬ。同十八日の朝、般若臺の談義にて、愚僧、答者として申し述ぶる上の案を立て了《おわ》んぬ。師匠の御意趣の大旨も之れに同じ。其の上に加えられる仰せ有り。仍《よ》りて後日、之れを記し、同月二十四日巳の刻に抄し了んぬ。　沙門　良算(8)

とあるから、建久十年（一一九九）に記載された『談抄』は「般若臺でなされた貞慶と弟子たちの談義問答の記録」であったことが知られる。そこで『談抄』と称されたのであろう。そして重要なことは、右の奥書からして談義を行なったのは貞慶の門下生たちではあったが、そのすべてが貞慶の「教学指導」のもとでなされていたということである。いわば本書は、貞慶の教学思想を記録した談義の記録であったと見てよいのである。そのことを証明するもう一つの資料が今回、合わせて翻刻読解することにした建久九年（一一九八）記載の『談抄』「摂在一刹那」であった。その奥書には、

建久九年四月十八日、笠置山般若臺に於いて相伝し了《おわ》んぬ。同年二十五日酉、之れを尅記す。　良算(9)

とあり、「笠置山般若臺における相伝」であることが強調されているのである。なるほど、右の両談義は共に良算が草したものではあるが、しかし良算が撰述したものではない。あくまでも良算は記録者であり、

本書の見解の骨子はすべて師である貞慶のものであったと見るべきであろう。それを裏づけるかのように、『談抄』「摂在一刹那」の流れを追うと、最初に提起された「論難」に対して、「師匠上人云」として「答」の文が展開されていくので、明らかに本書は門下の談義をとおして、貞慶教学なるものを「形」にしていったものであったと見てよいのである。

そして重要な点は、右の二談義の記載された建久九・十年（一一九八・九九）という年は、貞慶が『尋思鈔』の撰述を企図した建久八年（一一九七）と実際に執筆に取りかかった正治二年（一二〇〇）のちょうど中間に位置していたということである。このことは『談抄』が『尋思鈔』撰述のための布石の一つではなかったかと思わせるものがある。そこで、現存する『尋思通要』と『談抄』の「摂在一刹那」を比較検討したところ、両書の論理展開および表記の文言の中に著しい共通性・一致性が認められたのである。今、特によく一致する箇所を抜き出して一覧にすると次のようになる。なお、比較対象しやすいように文章を区切ったが、いずれの文も本来は連続した文章であることを了解いただきたい。

『般若臺談抄』

師匠上人云。上古以降有其ノ多ノ義。有云。一切諸法ハ無邊定相、謂ヘハ短ト則短、謂ヘハ長ト則長ナリ。仏果一念ノ智ノ前ニ三祇所有一切ノ所行則似一念ニ宛然ニシテ而現。則是随心ノ行解ニ。三祇似刹那ニ

『尋思通要』

答。古今ノ学者ノ云多途アリ。或云実ニハ雖三祇ナリト謂ヘハ小時即小時也。故摂論云又佛精進極熾然故雖経多劫而謂小時文。又云急修スレハ雖小時怠心疑已久。仏於无量劫勤

而現。故摂論云。又仏精進極熾然故雖經多劫而謂少時云云。神廓尺云。一切境相随心而現謂長即長謂短即短ト云云。

有云。仏果一念ノ智ノ反三祇長遠ノ相分故云摂在一念ニ。故大般若云。前際後際、劫数長短、皆一刹那、心相應故云云。請邁尺似タリ其心、為言。

有云。時ハ不相應故長短相入無ト遣コト云云。

今云。案此等ノ義皆恐不可然。初ノ義ハ猶違充ノ意ニ謂ヘハ一刹那ト雖似テ一念ニ現ト実ニ所經多時也。寧答スル何日成仏ノ問ヲ本意ナラム乎。次義摂在ノ道理相分ニシテ非質ニ。一念ノ智ノ前ニ三祇ノ相分宛然トシテ雖現スト本質ハ實ニ經ル多時ヲ故。又寄テ相分ニ成此義ヲ者凡夫縁過去ノ長時又有此義。何為仏果ノ勝事ト乎。後義亦難思。時ハ雖不相應ト所依ハ実法。猶不失縁起ノ相ヲ。念〃相続不可廃之。

依之可云実ニ以長遠ノ三祇ヲ摂在短時ノ一念也。摂在

勇謂須臾文。神廓疏云、一切境義随心ニ而モ現謂ヘハ長ト即長ナリ。謂ヘハ短ト即短ナリ文。

或云多時所経之事一念ノ心ノ前ニ忽然ト〆憶念。大般若云前際後際劫数長短皆一刹那ノ心ト相応スルカ故文。請邁ノ釈此意歟。

或云時ハ是レ不相応ノ假法ナルカ故无シ定量。亦長時亦短時也。

今見ルニ此等ノ義ノ皆有證拠但雖経多劫ヲ而謂小時トイハ者以多劫ヲ為実。誠雖有此事而モ猶不疏ノ本意ニ。皆一刹那。心相応故トイハ者是唯識三世。依相分ニ非本質ニ。第三ノ義恐ハ无実理。能依設ヒ雖不相応ナリト所依ハ是依他ノ実法也。念有多少豈暗廃セハ其相ヲ耶。

今試案多少共ニ実ニシテ一念措置多念也。摂在之

之字聊有其意。凡諸法躰義互存故雖不可ト失大少長短等相ヲ。其性如幻ナルカ故多時ヲ摂在ス刹那ニ。例ハ方丈ノ室ノ中ニ容スル一万大床ヲ不シテ促四万由旬ノ量ヲ而容ス方丈ノ室ノ中ニ。室モ如先。方丈ノ床モ不シテ改廣大ナルカ。長短時量摂在之義亦以如此。

字其意分明ナリ。彼方丈ノ室中モ容三万ノ床。室実ニ是方丈ノ室ナリ。床皆四万由旬。室ハ如ク本ノ小也。床モ如ク実ノ大也。其小室ノ中ニ容大床。大小宛然トシテ互不失其相ヲ。无垢称ノ疏ニ有多ノ釈。皆許此ノ義ヲ。是雖神通ノ境ナリト神通即能ク了如幻。順法ノ相ニ現ス此ノ事ヲ。維摩ニハ名ク不思議解脱ト。此ノ論ニハ称心自在ト。皆是依他縁生如幻虚假ノ道理也。依他ノ法ノ中ニ非无ニ大小而言テ大小ト无真実相。故亦ハ大亦ハ小ナリ。大モ不違小ニ。多少ノ時節准彼可知。若シ一念定テ是レ一念シテ非長時ニ者縁生ノ法猶有一実相。豈離言義无碍之相ナラム哉。

右の比較はすでに第二部第二章において示したものであるが、再度これを確認してみると、酷似していることは一目瞭然である。明らかに、般若臺で行なった弟子たちとの談義をもとに、正治二年から建仁元年にかけて本格的に「両三人」の弟子と義を談じ続け、ついに『尋思鈔』を作成していった経緯が窺えるのである。これは『尋思鈔』の奥書だけではわからない展開であり、この点『談抄』の発見は大きな意義を有するものであったということができる。

そこで本章ではまず、「論第九巻」の談義の一つとして『談抄』の名で伝えられる「摂在一刹那」を翻刻読解し、その後に『論第九巻尋思鈔通要』「摂在一刹那」の翻刻読解を行ない、両書の読解研究を通して貞慶の「摂在一刹那」義を明らかにしたいと考えている。

註

(1) 龍谷大学蔵『論第一巻尋思鈔通要』奥書。原文は本研究書二頁。

(2) 拙稿「聖覚房良算と『唯識論尋思鈔』――『成唯識論本文抄』・『摩尼抄』・『般若臺談抄』をめぐって――」(『仏教文化研究所紀要』第三九集、一九〇〇年)参照。

(3) 『増補続史料大成・多聞院日記二』四三七頁・下段。

(4) 富貴原章信『日本中世唯識仏教史』(大東出版社、一九七五年)九五頁。

(5) 薬師寺所蔵。拙稿「愚草「一法中道」の研究（前）」(『龍谷大学論集』第四四八号、一九九六年)の六二頁(翻刻文)と六五頁(訓読文)。ただし、翻刻文には校正ミスがあり、原文の「承和元年」を「承和六年」と記載しているので訂正しておく。なお、訓読文は承和元年と正しく記載している。

(6) 大正六六・七一〇・中。

(7) 『讃仏乗抄』第八には「大般若経一部六百巻を書写し奉る。(中略)去んぬる養和二年正月一日(中略)建久三年十一月二十七日に至る。(中略)大功、将に終らんとする比《ころ》、一百日間、屢《しばし》ば社壇に詣す。其の年の春、漸く世累を遁れ、次の年の秋、永く蟄居す」(『大日本史料』第四編之一二・二九四頁)とあるので、建久四年(一一九三)に遁世、翌建久五年の秋(七月～九月)に永蟄居したことになる。何をもって永蟄居となすのか。これについて、

『讃仏乗抄』第八には続けて「板葺の六角三間の精舎一宇を建立し奉る。（中略）去んぬる年の八月、始めて棟梁を上げ、土木の構えは二年にして終わる。蓋《けだ》し善知識の力也。之れを般若臺と号す。（中略）茅葺五間の一面僧坊一宇を起工し奉る。右、方丈の室也。（中略）建久六年十一月沙門釈貞慶敬白」（『大日本史料』第四編之一二、二七四頁〜二九七頁）とあるので、八月に行なわれた般若臺の棟上げだったと見てよい。まさしく秋（七月〜九月）にあたる。その後に草庵も建築され、すべてが完成したのは建久六年の十一月であるから、般若臺での実質的生活は建久六年の冬からであったと考えられる。

（8）『興福寺典籍文書目録』第二巻（奈良国立文化研究所、一九九六年）三八三頁に出る「貪無漏縁」の奥書。

（9）本研究書五〇一頁。

第二節　『般若臺談抄』の「摂在一刹那」

第一項　首題および脚註

【翻刻】〈三丁・裏〉

摂在一刹那　　已下談抄也。後日、書入之、云云。

【訓読】

摂在一刹那　已下は談抄也。後日、之れを書き入ると、云云。

【解説】

薬師寺に収蔵されている『般若臺談抄』「摂在一刹那」は、『愚草』との合冊である。『愚草』は、すでに別稿において指摘したように良算撰述の論義抄である。ところが、薬師寺蔵の『愚草』「摂在一刹那」には問答部分がなく、文集しか見あたらない。はたして『愚草』であるのか否か。実は、本書には「述記」「無性摂論第七」「無性摂論第六」「大般若五百五十」「連義述文賛三」「法相要覧一」「法相雑要義章」「述記」「玄賛一」の計九点にも及ぶ証文が類聚されているが、その中に次のような文が存するのである。すなわち、

『法相雑要義章』云、以上本文抄。＊東院殿に之れ在り＊

『疏』云　＊秘書載之云々＊

『法相雑要義章』に云わく、以上本文抄なり。＊東院殿に之れ在り＊

『疏』に云わく、＊秘書に之れを載すと云々＊

と。これを見るかぎり、何者かが東院殿に所蔵されていた良算撰『本文抄』の証文七点を書写し、それに「秘書」に類聚されていた「述記」等の証文を付記して作成したものであったことが窺えるのである。それが誤って『愚草』名で伝えられ、良算撰『般若臺談抄』（以下『談抄』）の「摂在一刹那」と合冊されたものが本書であったと考えられるのである。合冊したのが誰かは不明である。しかし、弘治元年（一五五五）五月十日に本書を書写した薬師寺尭宗（生没年代不詳）の時には、すでに『愚草』として伝えられていたことは表題を見ると明らかである。また、「摂在一刹那」についての『愚草』の解釈をほのめかす興基（一四一〇―一四八〇）草『摂在一刹那』には、「愚草に四ケの義あり」として、その右肩に「談抄云」と記されているから、すでに良算没後二百余年たった頃には、本冊子が存在していたと考えられる。時代を経ると、このような混乱が生じることを証明する貴重な資料の一つであるといってよいであろう。

なお、筆者は当初、良算（?―一一九四―一二一七―?）による合冊と見ていたが、右に示した文集内の文章により見解を修正したことを付記しておく。

第二項　冒頭の論難

【翻刻】〈三丁裏～四丁表〉

尋云、摂論云、處夢謂經年。悟乃須臾項故、雖時无量、摂在一刹那、云云。爾者三祇一念倶ニ実ニシテ、而以三祇一ヲ

摂一念一ニ乎。将三祇ハ妄ニシテ刹那ハ覚カ故、一刹那中ニ摂三
祇一ヲ乎。若如先一者夢境《覚》ノ譬喩不符順一。又、違
疏ノ意一ニ。疏云、此時長遠何日成仏、處夢謂多年。如摂
論廣説一ト、云云。一念是実ナルカ故遮ト長遠ノ思一ヒヲ見タリ。若如後
者、三祇曠劫無邊ノ行願豈皆妄ナラン。況初地已去ハ無漏ノ
真解ナリ。何類夢ノ境ニ乎。

【訓読】

尋ねて云わく、『摂論』に云わく、「夢に処して年を経ると謂《おも》う。悟らば乃ち須臾[1]の頃なるが故に、時は無量なりと雖も、一刹那に摂在す[2]」と、云云。爾らば三祇[3]と一念[4]は倶に実にして、而も三祇を以て一念に摂する乎。将《は》た三祇は妄にして刹那は覚なるが故に、一刹那の中に三祇を摂する乎。
若し先の如くならば夢覚の譬喩[5]は符順せず。又た、『疏』の意《こころ》に違す。『疏』に云わく、「此の時は長遠なれば何れの日にか成仏せん、夢に処して多年と謂《おも》う。『摂論』に広く説くが如し[6]」と、云云。一念は是れ実なるが故に長遠の思いを遮すと見えたり。
若し後の如くならば、三祇曠劫無辺の行願[7]は豈に皆な妄ならん。況んや初地[8]已去は無漏の真解なり。何ぞ夢の境に類せん乎。

【註記】

［1］須臾……きわめて短い時間のこと。10のマイナス15乗（千兆分の一）にあたるとも言われている。

［2］摂論云……『摂大乗論』のこと。ここでは『摂大乗論釈』の偈頌が引用されている。当該箇所は、大正三一・四一九・上。

［3］三祇……三阿僧祇劫の略。発心より仏果に至るまでの非常に長い時間のことをいう。

［4］一念……ここでは、きわめて短い時間のことを指す。一刹那のこと。

［5］夢覚の譬喩……一切は唯識（唯識無境）であり、如幻仮有であると悟ることの譬喩。夢を見ている時は夢とわからず、夢から覚めた時に夢であったと追想するように、迷いの段階では唯識無境・如幻仮有が理解できず、真如の一分を悟って初めて、唯識無境・如幻仮有であったと自覚することをいう。

［6］疏云……『成唯識論述記』からの引用。当該箇所は、大正四三・五五八・中

［7］行願……智慧と慈悲の行を実践しようとする誓願のこと。

［8］初地……法相宗では仏道の階位に十住・十行・十回向・十地・妙覚の四十一位を立てる。その十地位の最初。一阿僧祇劫の修行を積んで無漏智を生じた菩薩が、一分の真如を発得する位。

【解説】

「尋云」で始まる談義の論難である。「摂在一刹那」という論題が立てられたのは、『摂大乗論』に出る「勇猛疾帰徳海岸」（大正三一・一四三・下）という偈頌を無性が注釈して、

疾とは速也。無量劫を経て乃《すなわ》ち仏果を成ず。時は既に長久。云何ぞ疾と言うや。此の義、然らず。時劫の長遠なるは、唯だ分別の故なり。有る頌に「夢に処して年を経ると謂《おも》う。寤《さめ》れば乃ち須臾頃なり。故に時は無量なりと雖も一刹那に摂在す」と言うが如し。又た、仏の精進は極めて熾然の故に、多劫を経ると雖も、而るに少時と謂《おも》う。（大正三一・四一九・上）

と述べたことによる。すなわち、「仏果を成ずるには無量劫という長久の時がかかるのに、どうして『摂大乗論』の文には〈疾〉と説かれているのか」という疑に対して、「時が長遠だと思うのは分別のはたらきであり、そのような夢のありようから寤《さめ》れば須臾のことにすぎない。時は無量であるが、それも結局は一刹那に摂在するのである」と釈した文をめぐって、この論義が展開することになった。そこで、これを受けて『談抄』は、摂在一刹那というのは「三祇は真実でありながら一念に摂せられる」という意味なのか、あるいはまた「三祇は虚妄であるから一念に摂せられる」という意味なのかを問うたのである。そして、いずれにも難があることを指摘し、前者の場合には夢覚の譬喩にも『成唯識論述記』の意にも背くことになると難じ、後者の場合には三祇の行願は虚妄ではないが、いかがかと難じたのである。

第三項　論難に対する貞慶の回答

【翻刻】〈四丁表～五丁表〉

師匠上人云、上古以降有其ノ多ノ義一。有云、一切諸法ハ無邊定相一。謂ヘハ短ト則短、謂ヘハ長一ト則長ナリ。仏果一念ノ智ノ前ニ三祇所有一切ノ所行則似一念一ニ宛然トシテ而現。則是随心ノ行解一ニ、三祇似刹那一ニ而現。故摂論云、又仏精進極熾然故雖經多劫而謂少時、云云。神廓釈云、一切境相随心レ而現。謂長即長、謂短レ即短ト、云云。有云、仏果一念ノ智ノ変三祇長遠ノ相分レ故、云摂在一念一ニ。故大般若云、前際後際劫数長短皆一刹那、心相應故、云云。請邁釈似タリ其心レ、為言。有云、時ハ不相應故長短相入無ト違コト、云云。今云、案此等ノ義皆恐不可然一。初ノ義ハ、猶違疏ノ意一ニ。謂ヘハ一刹那一ト雖似テ一念一ニ現一ト、実ニ所經レ多時也。寧答スル何日成仏之問ヲ本意ナラム乎。次義、摂在ノ道理相分ニシテ非質一ニ。一念ノ智ノ前ニ三祇ノ相分宛然トシテ雖現一スト、本質ハ實ニ經ル多時一ヲ。故又寄テ相分一ニ成此義一ヲ者、凡夫縁過去ノ長時レ、又有此義一。何為仏果ノ勝事ト乎。　後義亦難思一。時ハ雖不相應一ト所依ハ実法。猶不失一縁起ノ相一ヲ。念々相続、不可廃之一。依之一、可云実ニ以長遠ノ三祇一ヲ摂在短時ノ一念一也。摂在之字、聊有其意一。凡諸法躰義互存。故雖不ト失一大少長短等相一ヲ、其性如幻ナルカ故多時ヲ摂在ス刹那一ニ。例ハ如方丈ノ室ノ中ニ容スル三万大床一ヲ。不シテ促一四万由旬ノ量一ヲ、而容ス方丈ノ室ノ中一ニ。室モ如先一。方丈ノ床モ不シテ改一廣大ナルカ。長短時量摂在之義亦、以如此一。

【訓読】

師匠上人の云わく、上古より以降《このかた》、其の多の義有り。

有るが云わく、一切諸法は辺なる定相無し[1]。短と謂《おも》えば則ち短、長と謂《おも》えば則ち長なり。仏果の一念の智の前に三祇所有の一切の所行は則ち一念に似て宛然として現ず。則ち是れ心の行解に随い[2]、三祇は刹那に似て現ず。故に『摂論』に云わく、「又た仏の精進は極めて熾然の故に多劫を経ると雖も而も少時と謂《おも》う[3]」と、云云。神廓の釈して云わく、「一切の境相は心に随いて現ず。長と謂《おも》わば即ち長、短と謂《おも》わば即ち短[4]」と、云云。

有るが云わく、仏果の一念の智の三祇長遠の相分[5]を変ずるが故に、一念に摂在すと云う。故に『大般若』に云わく、「前際・後際の劫数の長短も皆な一刹那なり、心相応の故に[6]」と、云々。請遵の釈も其の心に似たり、と言わんとす。

有るが云わく、時は不相応の故に長短相入して違すこと無し、と云々。

今云わく、此れ等の義を案ずるに皆な恐らくは然る可からず。初の義は、猶し『疏』の意《こころ》に違す。一刹那と謂《おも》えば一念に似て現ずと雖も、実に経る所は多時也。寧《なん》ぞ「何れの日にか成仏せん[8]」の問いに答える本意ならん乎。次の義は、摂在の道理は相分にして質に非ず。一念の智の前に三祇の相分宛然として現ずと雖も、本質は実に多時を経る。故に又た相分に寄せて此の義を成ずれば、凡夫は過去の長時を縁ずるに、又た此の義有り。何ぞ仏果の勝事と為《せ》ん乎。

後の義も亦た思い難し。時は不相応と雖も所依は実法なり。猶し縁起の相を失せず。念々相続して、之れを廃す可からず。

之れに依り、実に長遠の三祇を以て短時の一念に摂在すと云う可き也。摂在の字、聊《いささ》か其の意《こころ》有り。凡そ諸法は体義互いに存す。故に大少長短等の相を失せざると雖も、其の性は如幻なるが故に多時を刹那に摂在す。例えば方丈の室の中に三万の大床を容《い》るるが如し。四万由旬の量を促せずして、而るに方丈の室の中に容るる。室も先の如し。方丈の床も改めずして広大なるか[10]。長短の時量摂在の義も亦た、以て此《かく》の如し。

【註記】

〔1〕定相……定まったすがたのこと。

〔2〕行解……心識が対象物を了解すること。

〔3〕摂論云……『摂大乗論釈』からの引用。当該箇所は、大正三一・四一九・上。

〔4〕神廓釈云……出拠不詳。『摂大乗論』の註釈書か。

〔5〕相分……唯識における四分（見分・相分・自証分・証自証分）の一つ。認識される対象のことで、相分には影像相分と本質相分とがあるが、ここでは影像相分のこと。

〔6〕大般若云……『大般若波羅蜜多経』からの引用。大正七・八三三・中。

〔7〕不相応……不相応行法のこと。唯識における五位百法のうちの五位の一つ。有為・無為の一切の法を百法に分類し、それを五つにまとめたものを五位百法というが、その中の不相応行法は色法と心法の上の分位仮立の法である。

〔8〕何日成仏……『成唯識論述記』からの引用。当該箇所は、大正四三・五五八・中。

〔9〕質……影像相分に対する本質相分のこと。第八阿頼耶識の所変。

〔10〕方丈の譬喩……支謙訳『仏説維摩経』と羅什訳『仏説維摩詰経』には「三万二千の師子座を苞容す」（大正一四・五二七・上および五四六・中）とある。玄奘訳『説無垢称経』では「三十二億の師子座を苞容す」（大正一四・五七〇・下）とある。当該の文はこの部分を引いたものであるが、師子座の数は虫損によって判別し難いが、「二」か「三」と読める。そこで、『説無垢称経疏』に基づき「三万」と翻刻した。また、『尋思通要』の「摂在一刹那」も「三万」となっていたことを付記しておく。

【解説】

笠置山般若臺の草庵における貞慶（一一五五—一二一三）の講説をもって「答」としている。先の問難部分も含め、このような談義が般若臺でなされていたことを窺わせる貴重な記録である。

このとき貞慶は三つの「有説」を示し、その一々を批判し、「実に長遠の三祇を以て短時の一念に摂在すと云うべきなり」と結論づけるのであるが、今その三つの有説ならびに貞慶の論破を整理して示すと、およそ次のようになるであろう。

第一の有説……一切の諸法には定まった相がないから、短・長も心の行解にしたがって現れるものであるとする説で、『摂論』および神廓の所説を証文として示す。

※貞慶の論破……心の行解にしたがって三祇を一刹那であると思っても、実際には三祇という多時を経る。三祇が実であるならば、慈恩大師がわざわざ『成唯識論述記』において示された「時が長遠ならば何時になったら成仏できるのか」という解釈に背くことになる。

第二の有説……仏果の一念の智の前に三祇の相分が現れるから、長遠の三祇も一念に摂在されるという説で、『大般若』および靖邁の所説を拠り所とする。

※貞慶の論破……仏果の一念の智の前に三祇の相分が現れるといっても、それは影像相分にすぎず、本質の三祇は間違いなく多時を経る。また、このような理論は凡夫にも適用できるから、仏果

の勝事とはいえない。

第三の有説……時間は不相応行法なので仮法であり、実体がないから長短相入しあうという説。

※貞慶の論破……時間はたしかに不相応行法であり、色・心の分位仮立の法であるから仮法である。しかし、その所依となる色・心の法は実法である。したがって、この理論をもって長短相入を語ることは適当ではない。

となる。そして、いずれにも難を認めつつ取った貞慶の結論が、「実に長遠の三祇を以て短時の一念に摂在すと云う可きなり」というものであったことは先に指摘したとおりである。すなわち、「方丈の譬え」を引き、諸法は如幻であるから大小長短の相を失うことなく相入するという理論を立て、もって長遠の三祇も短時の一念に摂在すると説いたのである。この「如幻の義」による解釈こそが、貞慶の摂在一刹那についての見解であったということができる。

第四項　第一問答

【翻刻】〈五丁表～裏〉

問。彼ハ神通之力也。非大少長短ノ実ノ摂在一ニ也。誰以神通不思議事一ヲ成法躰実ニ相入ル云義一ヲ乎。

答。神通勝能亦是唯識轉変之義也。是以維摩ニハ云不思議解脱一。唯識ニハ云心自在一。是皆悟入唯識二了達如幻一ヲ。能知レハ法躰非二コトヲ実有一、大少長短互以融通ス。若大少一多定者、縁生ニ猶可二有一ノ定レル相一歟。

【訓読】

問う。彼は神通の力也[1]。大小・長短の実の摂在に非ざる也。誰か神通不思議の事を以て法体の実に相入すと云う義を成ずる乎。

答う。神通勝能[2]も亦た是れ唯識転変の義也。是《ここ》を以て『維摩』には「不思議解脱[3]」と云う。『唯識』には「心自在[4]」と云う。是れ皆な唯識に悟入し如幻を了達するなり。能《よ》く法体の実有[5]に非ざることを知れば、大少も長短も互いに以て融通す。若し大小一多定まれば、縁生に猶し一の定まれる相有る可き歟。

【註記】

[1]　神通力……不可思議で自在な力のこと。

[2]　勝能……勝れたはたらきのこと。

［3］　不思議解脱……鳩摩羅什訳『維摩詰所説経』には神通力を述べるに際して「不思議解脱法門」（大正一四・五四六・中）と述べられる。

［4］　心自在……『成唯識論』には「心自在を証得した菩薩は神通力によって境を変為することができる」（大正三一・三九・上）とある。

［5］　実有……固定的・実体的にあるということ。

【解説】

この問答は、前の「師匠上人云」の文を受けたものであるから、「彼」とは方丈の譬喩であると見てよいであろう。すなわち、方丈の譬喩は神通力について述べたものであり、実際に摂在されるということではない。したがって、このような神通不思議を証拠として相入を論じることは不適当であると難じているのである。

これに対して答文では、神通力もまた唯識転変の範疇を出るものではなく、一切唯識と悟り、如幻のあり方に通達するならば、大小長短も融通し相入しあう、と論じている。

第五項　第二問答

【翻刻】〈五丁裏〉

問。大少相入既有其事一。長短摂在若有其證乎。
答。法花云、現神力時満百千歳、云云。法花ハ五ケ年ノ説也。
然、神力一品之間既經ル百千歳一。是豈非明ナル證一ニ乎。
玄賛有三釈一。可見之一。

【訓読】

問う。大小相入は既に其の事有り。長短摂在は若しくは其の証《あか》し有らん乎。
答う。『法花』に云わく、「神力を現ずる時は百千歳を満たす」[1]と、云云。『法花』は五ケ年の説也。然るに、神力一品の間に既に百千歳を経る。是れ豈に明らかなる証しに非ざる乎。『玄賛』に三釈有り[2]。之れを見る可し。

【註記】

［1］　法花云……『妙法蓮華経』からの引用。当該箇所は、大正九・五一・下。

［2］　玄賛有三釈……基撰『妙法蓮華経玄賛』からの引用。当該箇所は、大正三四・八四一下～八四二上。

【解説】

前問答を受けたもので、方丈の譬えに見られるような大小相入をひとまず認めた上で、長短摂在の証拠はあるのかと難じたものである。

これを受けて答文では、『法華経』「如来神力品」の「神力を現ずる時は百千歳を満たす」という文を証拠として提示し、『法華経』は五ケ年かけて説かれたものであるが、その中の「如来神力品」一つが説かれるだけで百千歳が経過しているという事実をもって、長短摂在の証拠としているのである。

第六項　第三問答

【翻刻】〈五丁裏～六丁裏〉

問。大少ハ同是現在ナリ。大摂ム小ニ其

義、且可有信許一。三祇ハ、時劫ハ既是過去ナリ。何摂現在ノ一念一。若強ニ相入セハ、寧以無一ヲ摂有一ニ乎。又、同花厳ノ九世相入之義一ニ。答。九世相入之義非杜順法蔵私案立一ニ。源出リ花厳經ノ説一ニ。故彼經云、一念則無量念、々々々則一念、云云。若強ニ非セハ九世相入之義一者、則成一不ルニ一用仏説一ヲ。依之一可云出九世相入之義一者、可有許不許ノ二邊一。他宗ハ一向相入シテ不ス顧ミ縁起ノ相ヲ一。凡聖混同シ、迷悟不二ナリ。自宗ハ寄テ如幻虚融之義一、雖論一ト長短ノ相入、法躰宛然トシテ不廃其相一ヲ。三祇摂トモ刹那一ニ、有漏無漏自利々他一修行、念々相続シテ其躰不乱。不一不異之不一、不即不離之不即ナリ。然、大乗ノ因果ハ深妙離言ナリ。観得シテ現在ノ法カ酬引曽当ノ義一ニ、随テ説一ク曽因当果一ヲ。所以、且一ノ第六識中ニ經三祇曠劫一、生滅相続シテ遂ニ至仏果一ニ。々々一念ノ智ノ前ヘニ能知ヌレハ因果不離ノ義一、僧祇念々行摂在ス現在ノ一念一。引テ当果一力ハ在キ現在ノ位一ニ。故以曽有之因一ヲ摂現之果一。凡因果一物ニシテ更不別躰一ニ。論レハ現在ノ分位一ヲ、前後義雖異一ナリト、談レハ彼此ノ法躰一ヲ因果ノ自性是一ナリ。凡護法家ニハ、於因果理事等ノ法門ニ皆立不則不離ノ義一ヲ。二門倶ニ実ニシテ、各非假説㆒ニ。故依テ因果不二ノ門㆒ニ立三世相入之義㆒。又、以過去ノ因㆒ヲ摂在現在ノ果㆒ニ。何有ラム以無㆒摂ル有㆒ニ失㆒乎。

【訓読】

問う。大小は同じく是れ現在なり。大を小に摂む其の義は、且らく信許有る可し。三祇は、時劫は既に是れ過去なり。何ぞ現在の一念に摂するや。若し強《ことさ》らに相入せば、寧《なん》ぞ無を以て有に摂する乎。又た、『花厳』の九世相入[1]の義に同じ。

答う。九世相入の義は杜順[2]・法蔵[3]の私に案立するに非ず。源は『華厳経』の説に出でたり。故に彼の『経』に云わく、「一念則ち無量念なり、無量念則ち一念なり[4]」と、云云。若し強《ことさ》らに九世相入の義に非ずといわば、則ち成ずるに仏説を用いず。之れに依り九世相入の義を出だすと云う可しといわば、許不許の二辺有る可し。他宗は一向相入[5]して縁起の相を顧みず。凡・聖[6]をば混同し、迷・悟不二なり。自宗は如幻虚[7]融の義に寄せて、長短の相入を論ずと雖も、法体は宛然として其の相を廃せず。三祇をば刹那に摂すとも、有漏[8]・無漏[9]の自利・利他の修行、念々相続して其の体乱れず。不一不異の不一、不即不離の不即なり。然るに、大乗の因果は深妙離言なり。現在の法の酬引曽当[10]の義を観得して、随いて曽因当果[11]を説く。所以に、且《しば》らく一の第六識中に三祇昿劫[12]を経、生滅相続して遂に仏果に至る。仏果一念の智の前に能く因果不離の義を知りぬれば、僧祇念々の行も現在の一念に摂在す。当果を引く力は現在の位に在りき。故に曽有の因を以て現の果に摂す。凡そ因果は一物にして更に別体にあらず。現在の分位を論ずれば、前後の義は異なりと雖も、彼此の法体を談ずれば因果の自性は是れ一なり。凡そ護法家[13]には、因果理事等の法門に於いて皆な不則不離の義を立つ。二門倶に実にして、各おの仮説に非ず。故に因果不二の門に依りて三世相入[14]の義を立つ。又た、過去の因を以て現在の果に摂在す。何ぞ無を以て有に摂する失有らん乎。

【註記】

［1］九世相入……過去・現在・未来の三世それぞれに、過去・現在・未来があるとし、そのすべてが融通相入して密接不離であること。

［2］杜順……中国の隋から初唐の僧侶。生没年は五五七―六四〇。華厳宗における祖灯説の初祖とされる。

［3］法蔵……中国の唐代の僧。生没年は六四三―七一二。華厳宗における祖灯説で第三祖とされる。第二祖の智儼（六〇二―六六八）に学び、華厳教学を大成した。著作に『華厳経探玄記』『華厳五教章』などがある。

［4］彼経云……引用内容は『華厳経』の処々に見られるもので、経典上の表現はそれぞれに若干異なる。

［5］一向相入……不即不離の不離、不一不異の不異を実とする偏った見解。ここでは華厳宗や天台宗といった一乗家を念頭に置いている。

［6］凡聖……凡夫と聖者のこと。

［7］如幻虚融……あらゆるものが縁起の法であり、一時の仮りそめのすがた（如幻）であるから実体性がなく、融通無碍であること。

［8］有漏……漏とは漏泄の意で煩悩のこと。すなわち、煩悩の汚れが有ることをいう。

〔9〕無漏……煩悩の汚れの無いことをいう。
〔10〕酬引曽当……現在の法は過去（曽）に酬じた結果のもので、また当来の果を引くものであるということ。
〔11〕曽因当果……過去（曽）の因が未来（当）の果となること。
〔12〕昿劫……遥かな無限に及ぶ時間をいう。
〔13〕護法家……護法正義の唯識説を標榜している法相宗のこと。
〔14〕三世相入……過去・現在・未来の三世が相入していること。

【解説】

前問答を受けて、さらに大小相入について疑難を呈したもので、三祇は過去であり、それを現在の一念に摂めるということは、無を有に摂めるに等しく、それでは『華厳経』の九世相入の義と同じではないかと難じているのである。

これに対して答文では、九世相入の義は杜順や法蔵が勝手に立てた説ではなく、もとは『華厳経』に説かれるものであるといい、これをひとまず肯定する。しかし、次に相入の理論は自宗と他宗とでは異なるという。すなわち、他宗では一向相入の立場に立つため、凡夫と聖者を混同し、迷と悟の不二を説いている。これに対して法相宗（自宗）では、一切諸法が縁起の法である点より、ものの本質を如幻虚仮と論じ、この虚融の義をもって長短の相入を論じている。したがって、自宗においては有漏と無漏にわたる自利と利他の修行を真実であるとするのであると、述べている。

これは、具体的には不一不異の不一、不即不離の不即をもととした展開であり、答文には自宗では不即不離の二門を説くが、この二門はいずれも真実である。そこで、仏果の一念の智の前には、因果の不二の道理があらわになり、この因果不二の観点より三世相入の義を説くのである、と述べている。

第七項　第四問答

【翻刻】〈六丁裏～七丁裏〉

問。三祇モ実ナリ。一念モ実ニシテ、而論ハ相入㆒、当不順夢覚ノ譬喩㆒。又悟テ因果不二㆒ヲ、多時摂一念㆒ニ者、十地ノ間非無此義㆒。何、唯於仏果㆒ニ、論之㆒。

答。十地之間分々ニ可有此義㆒。然而佛智前ニ能悟リ因果不二之相㆒ヲ、於延促劫智㆒ニ得究極自在㆒故、於此位説ケリ摂在ノ義㆒。況懈怠縵緩衆生聞説㆒ヲ三大僧祇ノ修行㆒ヲ、更生シテ怯弱ヲ不能發趣㆒ルコト。為ニ彼㆒カ説仏果易㆒コトヲ得故、尤可摂㆒在仏果一分《念》㆒ヲ。非謂十地之間無ト此義㆒。故疏問シテ此時長遠、何日成仏、云云。答ルニ之㆒指摂論文㆒。深有其由㆒。次於三祇ノ行㆒ニ可有二門㆒。一ハ実ニ長時ナリ、二ハ摂在一念㆒云義二門、倶ニ存シテ不失一邊一ヲ。其中、対シテハ懈怠ノ類一説摂在ノ門一。故以長遠ノ門一ヲ、譬夢中ノ妄境一ニ也。或凡夫等ハ久虚妄熏習シテ境、シハシハ惣ス心ヲ。所以ニ一向ニ謂長遠一ナリト、不願摂在一念一ニ門一ヲ。處夢謂經年ト者、此譬喩也。已至仏果一得延《促》。促劫智一ヲ畢レハ、以長遠ノ時一ヲ亦摂一念一ニ。雖摂一念一ニ、非不一ニ願因ノ中ノ多劫一ヲ。悟乃須臾項ト者、此譬喩也。覚悟時ハ非不ニ知一夢中ノ多時一ヲ。故法喩、相順歟。故時雖無量摂在一刹那ト者、不シテ懐〔註1〕無量時劫一ヲ、而摂在一念一ニ之意也。可思之一。

〔註1〕「懐」は「壊」の誤字か。

【訓読】

問う。三祇も実なり。一念も実にして、相入を論ずれば、当に夢覚の譬喩に順ぜず。又た、因果不二を悟りて、多時を一念に摂すといわば[1]、十地の間に此の義無きに非ず。何ぞ、唯だ仏果に於いてのみ、之れを論ずるや。

答う。十地の間に分々に此の義有る可し。然《しか》而るに仏智の前に能く因果不二の相を悟り、延促劫智[2]に於いて究極自在を得るが故に、此の位に於いて摂在の義を説けり。況んや懈怠緩緩[3]の衆生は三大僧祇の修行を説くを聞きて、更に怯弱[4]を生じて発趣[5]すること能《あた》わず。彼が為めに仏果の得易きことを説くが故に、尤も仏果の一念に摂在す可し。十地の間に此の義無しと謂うに非ず。故に『疏』に問いて「此の時は長遠なれば何れの日にか成仏せん[6]」と、云云。之れに答ずるに『摂論』の文[7]を指す。深く其の由《よし》有り。次に三祇の行に於いて二門有る可し。一つには実に長時なり、二つには一念に摂在すと云う義の二門、倶に存して一辺を失せず。其の中、懈怠の類に対して摂在の門を説く。故に長遠の門を以て、夢中の妄境に譬うる也。或いは凡夫等は久しく虚妄に境を熏習[8]して、しばしば心を惣《くるし》む。所以《ゆえ》に一向に長遠なりと謂《おも》い、一念に摂在するの門を願わず。「夢に処して年を経ると謂《おも》う[9]」とは、此れ譬喩也。已《すで》に仏果に至りて延促劫智を得畢《おわ》れば、長遠の時を以て亦た一念に摂す。一念に摂すと雖も、因の中の多劫を願わざるに非ず。「悟れば乃ち須臾の項[10]」というは、此れ譬喩也。覚悟の時は夢中の多時を知らざるに非ず。故に法喩、相い順ずる歟。「故に時は無量なりと雖も一刹那に摂在す[11]」というは、無量の時劫を壊せずして、一念に摂在するの意《こころ》也。之れを思う可し。

【註記】

［1］　十地……法相宗では仏道の階位に十住・十行・十回向・十地・妙覚の四十一位を立てる。その菩薩の修行階位の初地から第十地までを一括して呼んだもの。

［2］　延促劫智……自在に時間を延ばしたり、縮めたり（促）することのできる仏の智慧の力用。

［3］　懈怠縵緩……懈怠とは怠りなまける心のこと。一切の法を分析して五位百法を立てる中の心所法に属する随煩悩の

一つ。仏道修行を怠け、励まない心のはたらき。

［4］怯弱……怖じ気づき、ひるむこと。

［5］発趣……仏道に趣くこと。仏道修行を始めること。

［6］疏問……『成唯識論述記』からの引用。当該箇所は、大正四三・五五八・中。

［7］摂論文……無性造『摂大乗論釈』の文。当該箇所は明示されていないものの、大正三一・四一九・上や大正三一・四二一・下の文である。

［8］熏習……日頃の習慣的行為が、種子（すべてのものを生じる力）となって第八阿頼耶識に植え付けられること。習慣性の気分（種子）を第八阿頼耶識に植え付けること。

［9］処夢謂経年……無性造『摂大乗論釈』にある偈頌。当該箇所は、大正三一・四一九・上。

［10］悟乃須臾頃……右に同じ。

［11］故時雖無量摂在一刹那……右に同じ。


【解説】

前問答では、三祇と一念を実とした上で相入が語られた。また、仏果の一念の智の前の因果不二が論じられ、三世相入が論じられた。そこで、三祇も一念もいずれも真実であるとするならば、夢覚の譬喩とまるで異なるではないか。また、因果不二を悟って多時を一念に摂在するというならば、十地の位においても同様のことがいいうる。どうして仏果のみに限るのか、と難ずるのである。

これに対して答文では、十地の間においても分々に同様のことがあるとまず認めた上で、仏果に至れば自在に劫（時間）を伸縮することのできる延促劫智を得るので因果不二の相（三世相入＝摂在一刹那）を悟るには仏果が最も適しているといい、その上で三阿僧祇劫と聞いて怯弱心を生じる凡夫のために仏果に至れば一念であると説いて、仏道への発趣を促すために摂在一刹那と説かれたのであると答えている。

次いで、三祇の修行について二つの立場のあることが示される。すなわち、一つは本当に長時間かかるという立場、今一つは三祇の修行も一念に摂在するという立場。この二つの立場を共に認めた上で、懈怠の衆生に対しては摂在の門を説いて長時の修行を夢中の妄境に譬えるのであるとする。そして、凡夫は一向に長遠であると思い込んで一念に摂在する門を願わないが、仏果に至れば長遠無量の時劫も一念に摂められると述べている。

第八項　第五問答

【翻刻】〈七丁裏～八丁表〉

問。依他ノ中、大少相入之長短摂在スル由何義一乎。
答。色心等ノ実性不一不異也。或諸法実性各別也。如云
然諸法上各自有理一ト。或色心等ノ性是一也。如云万法不離、
此理一無二故一ト也。長短大少等カ故、実性亦以如是一。性ノ中ニ
既有二門一。相ノ中、何限一義一。以性一推テ相一、可知一有此二門一而已。

此趣、處々記之。條處二可見之一。

【訓読】

問う。依他[1]の中、大少相入の長短の摂在するは何れの義に由る乎。

答う。色・心[2]等の実性[3]は不一不異也。或いは諸法の実性は各別也。「然るに諸法の上に各自に理有り」と云うが如し。或いは色・心等の性は是れ一也。「万法は不離にして、此の理は一にして二無きが故に[4]」と云うが如き也。長短・大小も等しきが故に、実性も亦た以て是くの如し。性の中に既に二門有り。相の中、何ぞ一義に限らんや。性を以て相を推《す》るに、此の二門有るを知る可きなるのみ。此の趣、処々に之れを記す。条処に之れを見る可し。

【註記】

［1］依他……依他起性のこと。衆縁（他）に依って生起する色心の諸現象をいう。

［2］色心……物質と心のはたらきのこと。

［3］実性……すべてのものの真実の本性である真如のこと。

［4］万法不離此理一無二故……『大乗法苑義林章』からの引用。当該箇所は、大正四五・二六一・中。

【解説】

前問答において、三祇と一念の相入が論じられたわけであるが、それなら時間（不相応行法）の所依である色・心の諸現象（依他起性）についても、大小長短の相入はありうるのかと問うている。これに対して答文では、諸法の実性である「理」は各別でありながら同時に一なるものである点を指摘し、実性でさえ不一不異なのだから色・心の諸現象（依他起性）もまた不一不異であるといい、これをもって相入の疑難に答えている。

第九項　奥　書

【翻刻】〈八丁表〉

建久九年四月十八日、於笠置山般若臺相傳了。

同月廿五日酉　尅記之　　良算

【訓読】

建久九年四月十八日、笠置山般若臺に於いて相伝し了んぬ。

同月二十五日酉、之れを尅記す。　良　算

【解説】

建久九年といえば、西暦一一九八年であり、良算の師である貞慶が四十四歳の年にあたる。この年はまた、『尋思鈔』撰述の二年前に相当する。この奥書を読むかぎり、四月十八日に笠置山般若臺の草庵で師の貞慶から教授された教えを同月二十五日に良算がまとめたものが本書であったことが知られる。これは、両者の深いつながりを記す貴重な資料であるといってよいであろう。

第十項　追　記

【翻刻】〈八丁表～裏〉

大乗高僧傳云、釈法蔵應《井ヨウ》ノ名僧義学之選《エラヒ》、属《シヨクシテ》奘《シヤウ》師譯經一、始預其間。後因テ筆受證義闕文《玄奘三蔵》一見識不同而出譯場。至天后勧傳首登〔註1〕一タリ、云々。上人云、既見識不同一。則九世相入等ノ義、背自宗ノ意一歟。彼宗心、以深密等一為始教大乗一。自宗ハ以之一

為至極教ト。々相案立一、甚以扞《ママ》指、是云見識不同
歟。

〔註1〕『宋高僧伝』には、「潤文」および「至天后朝伝訳首登」とある

【訓読】

大乗高僧伝に云わく、「釈法蔵は名僧義学の選びに応じて、奘師[1]の訳経に属して、始めて其の間に預かる。後に筆受[2]証義[3]の潤文　＊玄奘三蔵＊　の見識不同に因《よ》りて訳場を出ず。天后[4]の勧めに至りて首に登りたり[5]」と、云々。

上人の云わく、既に見識不同と。則ち九世相入等の義、自宗の意《こころ》に背く歟。彼の宗の心は、『深密』[6]等を以て始教大乗[7]と為す。自宗は之れを以て至極の教えと為す。教相安立は一なるも、甚だ扞指《かんし》なるを以て、是れをば見識不同と云う歟。

【註記】

[1]　奘師……玄奘三蔵（六〇二―六六四）のこと。
[2]　筆受……経典を漢訳する際に、訳者の言葉を聞いて筆記する役割のこと。
[3]　証義……経典を漢訳する際に、訳語の正否を判ずる役割のこと。

［4］天后……則天武后。在位期間六九〇—七〇五。

［5］大乗高僧伝云……『宋高僧伝』からの引用。当該箇所は、大正五〇・七三二・上。ただし、「闕」は「潤」の誤写、なので改めた。なお、「勧」は「朝」の誤字かと思われるが、意味がとおるので残した。

［6］深密……『解深密経』のこと。

［7］始教大乗……華厳宗の法蔵が立てた五教（小乗教・大乗始教・大乗終教・頓教・円教）の第二。これに空始教と相始教があり、法相宗は相始教に位置づけられている。


【解説】

「上人云」の記載があるから、良算が奥書をしたためて後に書き加えた「追って書き」であると見てよいであろう。冒頭には『宋高僧伝』所載の「法蔵伝」が掲載されているが、これを掲載した意図は華厳の九世相入の義と唯識のそれが根本的に異なるものであることを指摘しようとするところにある。明らかにこれは第三問答を補足したものといってよく、華厳の祖師である法蔵においてすでに、玄奘三蔵の唯識仏教とは立場が異なっていたことを指摘するもので、これをもって華厳の九世相入の義が自宗の義に背くことを指摘しているのである。注目すべきは、その見解が「上人云」として展開していることで、本書があくまでも貞慶の講説を記録する性格のものであったことを物語っているといってよいであろう。

第三節　『尋思通要』の「摂在一刹那」

第一項　「本説」および「末説」

【翻刻】〈五五丁裏〉

本云、且作一會釈二云、過末ヲハ立現在ノ上一ニ。現在ハ一刹那ナリ。々々ノ上立ルカ故、三祇一刹那也。＊末云、此義深奥也、末案／文都此義勢也、如別記＊

【訓読】

本に云わく、且《しばら》く一の会釈を作《な》して云わく、過末をば現在の上に立つ。現在は一刹那なり。一刹那の上に立つるが故に、三祇は一刹那也。＊末に云わく、此の義は深奥也、末案の文は都《すべ》て此の義勢也、別に記すが如し＊

【解説】

「本云」と「末云」が誰を指すかについては、すでに新倉和文氏が「貞慶著『尋思鈔』と『尋思鈔別要』

の成立をめぐって」（『仏教学研究』第三七号、一九八一年）において詳細に検討し、「本説は蔵俊、末説は貞慶」であるという結論を出している。氏は『論第六巻尋思鈔』とこれに該当する『菩提院抄』を比較して、『菩提院抄』の「答文」が『唯識論尋思鈔』（以下『尋思鈔』）に引かれる「本云」とよく一致する点を指摘し、右の見解を導き出した。また、室町時代の興基（一四一〇―一四八〇）の短釈『超越不還』の中に、本説を「菩提院御義」、末説を「上人御義」と注記している箇所のあることも有力な証拠とした。現在、これを否定する有力な根拠となる資料は現れていないし、また「本説を蔵俊、末説を貞慶」と見れば「故上綱の変旧抄等に就き取略して拾う」という『尋思鈔』の奥書ともよく符合することになるので、この解釈が最も妥当ではないかと考えられる。

そこで、これにしたがって右の文を見ると、貞慶（一一五五―一二一三）の「摂在一刹那」に関する末案は蔵俊（一一〇四―一一八〇）の本説を拠り所として立てられたものであることが明白となる。すなわち、三祇即一念は仏果において論ずべきものであるという見解がしばしば立てられてきたが、蔵俊はこれを現在の一念において論ずべきものであると主張し、この蔵俊の案を貞慶は「奥深い義」であると高く評価し、自己の末案を立てていった経緯が読み取れるのである。したがって、以下に続く問答はすべて「現在の一念において三祇即一念」を論じたものと見てよいのである。

第二項　「末説」の冒頭の論難

【翻刻】〈五五丁裏～五六丁表〉

末云、問テ云、以无量ノ時ヲ㆒摂一刹那㆒者《ハ》、若シ多時ヲハ為迷㆒、一念為悟㆒ト歟。将《ハタ》、長短共ニ実ニシテ一念之中ニ即摂多時㆒ヲ歟。若如ナリト前㆒者《イハヽ》、三祇ノ所行豈皆虚妄ナラン耶。无漏修行非迷乱㆒ニ故。若如後㆒者、夢覚之例不相順㆒。況疏問云、此時長遠何日成仏、文。為答此問㆒テ引摂論ノ頌㆒ニ意者、為ニ顕サンカ三祇実ニ不サル長遠㆒之義㆒ヲ也。不爾㆒、猶可未答先ノ問㆒ヲ。

【訓読】

末に云わく、問うて云わく、無量の時を以て一刹那に摂すといわば、若しは多時をば迷いと為すか、一念をば悟りと為す歟。将《は》た、長も短も共に実にして一念の中に即ち多時を摂する歟。

若し前《さき》の如きなりといわば、三祇の所行は豈に皆な虚妄ならん耶。無漏の修行は迷乱に非ざるが故に。

若し後の如きならば、夢覚の例は相い順ぜず。況んや『疏』に問うて云わく、「此の時長遠ならば何れの日にか成仏せん[1]」と、文《いえ》り。此の問いに答えんが為めに『摂論』の頌[2]を引く意《こころ》は、三祇は実に長遠にあらざるの義を顕さんが為め也。爾らざれば、猶し未だ先の問いに答えざる可し。

【註記】

[1]　疏問云……『成唯識論述記』からの引用。当該箇所は、大正四三・五五八・中。

[2]　摂論頌……『摂大乗論釈』にある偈頌のことを指している。当該箇所は、大正三一・四一九・上。

【解説】

これより末説、すなわち貞慶の立てた問答が展開される。その冒頭の論難のテーマは、無量の時が一刹那に摂せられるなら、三祇という長遠の時が迷いなのか真実なのかを問うところにある。貞慶が属する法相の宗義では、三祇成仏を正義説《しょうぎ》であるとしている。ところが、「摂在一刹那」ということが認められるなら、三祇の時劫は迷いにすぎないという説も成立しかねず、正義のあり方がくつがえされることになってしまうのである。そこで、摂在一刹那というのは、「三祇は迷いで一念の悟りしかない」ということを意味するものなのか、あるいは「三祇も一念も真実で、その真実の一念の中に真実の三祇を摂す」ということなのかの問題提起をしたのである。

そして、次に貞慶は問答形式に基づいて論難を進め、両方《りょうよう》の難（二つの立場のいずれにも難を立てる）のあることを指摘する。すなわち、前者については三祇が虚妄であるという難が立ち、後者においては『摂大乗論釈』に説かれる夢覚の譬喩に背くという難を示すのである。また、後者については「三祇は長遠ではない」とした慈恩大師（六三二―六八二）の『成唯識論述記』（以下『述記』）の見解にも背くことになると論じている。

なお、このような慈恩大師の『述記』の記述を受け入れる場合には「先の問いに答えなければならない」と最後に述べているから、やはり貞慶としては後者の見解に軸足を置いていたであろうことが推測される。いずれにせよ、この論難を受けて以下の問答が展開されるのである。

第三項　「末説」の冒頭の答文

【翻刻】〈五六丁表～五七丁表〉

答。古今ノ学者ノ云、多途アリ。

或云、実ニハ雖三祇一ナリト、謂ヲモヘハ小時一即小時也。故摂論云、又佛精進極熾然故雖経多劫而謂小時一、文。又云、急修スレハ雖小時一怠心疑已久一。仏、於无量劫勤勇謂須臾、文。神廓疏云、一切境義随心一ニ而モ現。謂《ヲモ》ヘハ長一ト即長ナリ。謂《ヲモ》ヘハ短一ト即短ナリ、文。或云、多時所経之事一念ノ心ノ前ニ忽然トシテ憶念。大般若云、前際後際劫数長短皆一刹那ノ心ト相應スルカ故、文。精《請》邁ノ釈此意歟。或云、時ハ是レ不相應ノ假法ナルカ故无シ定量一。亦長時、亦短時也。今、見ルニ此等ノ義ノ、皆有證拠一。但雖経多劫一ヲ而謂小時一トイハ者、以多劫一ヲ為実一ニ。誠雖有二此事而モ、猶不疏ノ本意ニ一。皆一刹那心相應故トイハ者、是唯識三世依相分ニ。非本質一ニ。第三ノ義、恐ハ无実理一。能依設ヒ雖不相應一ナリト、所依ハ是依他ノ実法也。念有多少一。豈暗廃セル其相一ヲ耶。今、試案、多少共ニ実ニシテ、一念即多念也。摂在之字、其意分明ナリ。彼方丈ノ室中モ容三万ノ床一、室実ニ是方丈ノ室ナリ。床皆四万由旬、室ハ如ク本一ノ小也。床モ如ク実一ノ大也。其小室ノ中ニ容大床一。大小宛然トシテ互不失其相一ヲ。无垢称ノ疏ニ有多ノ釈一、皆許此ノ義一ヲ。是雖神通ノ境一ナリト、神通即能ク了如幻一。順法ノ相一ニ、現ス此ノ事一ヲ。維摩ニハ名ク不思議解脱一ト。此ノ論ニハ、称心自在一ト。皆是依他縁生如幻虚假ノ道理也。依他ノ法ノ中ニ非无ニ大小一。而言テ大小一ト无真実相二故、亦ハ大亦ハ小ナリ。大モ不違小一ニ。多少ノ時節、准彼二可知。若シ一念定テ是レ一念シテ非長時一ニ者、縁生ノ法猶有一実相一。豈離言義二无碍之相ナラム哉。

【訓読】

答う。古今の学者の云わく、多途あり。

或るが云わく、実には三祇なりと雖も、小時と謂《おも》えば即ち小時也。故に『摂論』に云わく、「又た仏の精進は極めて熾然の故に多劫を経ると雖も而《しか》も小時と謂《おも》う[1]」と、文《いえ》り。又た云わく、「急に修すれば小時と雖も怠心の疑い已《すで》に久し。仏、無量劫に於て勤勇[2]するを須臾と謂う[3]」と、文り。神廓の『疏』に云わく、「一切の境・義は心に随いて而も現ず。長と謂《おも》えば即ち長なり。短と謂《おも》えば即ち短なり[4]」と、文り。

或るが云わく、多時をば経る所の事は一念の心の前に忽然として憶念す[5]。『大般若』に云わく、「前際と後際の劫数の長短は皆な一刹那の心と相応するが故に[6]」と、文り。請邁の釈[7]も此の意《こころ》歟。

或るが云わく、時は是れ不相応の仮法なるが故に定量無し。亦た長時、亦た短時也。

今、此等の義を見るに、皆な証拠有り。但し多劫を経ると雖も而《しか》も小時と謂《おも》わば、多劫を以て実と為す。誠に此の事有りと雖も、而るに猶し『疏』の本意にあらず。皆な一刹那の心相応なるが故にといわば、是れ唯識の三世[8]は相分に依る。本質に非ざるなり。第三の義は、恐らくは実理無し。能依は設《たと》い不相応なりと雖も、所依は是れ依他の実法也。念に多・少有り。豈に暗に其の相を廃せん耶。

今、試みに案ずるに、多も少も共に実にして、一念即多念也。摂在の字、其の意《こころ》分明なり。彼の方丈の室の中に三万の床を容《い》るるも、室は実に是れ方丈の室なり。床は皆な四万由旬なるも、室は本の如く小也。床も実の如く大也。其の小室の中に大床を容るる。大と小と宛然として互いに其の相を失せず[9]。『無垢称』

の『疏』に多の釈有るも、皆な此の義を許す。是れ神通の境なりと雖も、神通は即ち能く如幻を了す。法の相に順じ、此の事を現ず。『維摩』には「不思議解脱」[10]と名づく。此の『論』には、「心自在」と称す。皆な是れ依他縁生如幻虚仮の道理也。依他の法の中に大と小と無きに非ず。而るに大小と言いて真実の相無きが故に、亦たは大、亦たは小なり。大も小に違せず。多と少の時節も、彼に准じて知る可し。若し一念は定んで是れ一念にして長時に非ずといわば、縁生の法に猶し一実の相有り。豈に言義を離れた無碍の相ならん哉。

【註記】

［1］摂論云……『摂大乗論』からの引用。当該箇所は、大正三一・四一九・上。

［2］勤勇……勇み励み、仏道修行に勤めること。

［3］又云……『摂大乗論』からの引用。当該箇所は、大正三一・四一九・上。

［4］神廓疏云……神廓の『摂大乗論疏』の文であろうと推定されるが、本書は現存していない。

［5］憶念……念は記憶する心作用。ここでは過去を思い起こす心のはたらきのことをいう。

［6］大般若云……『大般若波羅蜜多経』からの引用。当該箇所は、大正七・八三三・中。

［7］請邁釈……不詳。

［8］唯識三世……三種三世の一つ。法相宗では過去・現在・未来の三世について道理・神通・唯識の三種の別を立てる。道理三世は、種子による因果論の道理より、現在の法の上に過去・未来の法が共に仮立されているという義。神通三世は、過去と未来は実体あるものではないが、宿命智によって過去を、生死智によって未来を、他心智によって

現在を観る義。そして、唯識三世では過去・未来を虚妄の法であるとし、現在法の相分が過去や未来の事物として心の中に顕現される義。すなわち、迷いの三世は唯識所変の現在法であると説くもの。

［9］彼方丈室～不室其相……支謙訳『仏説維摩経』と羅什訳『維摩詰所説経』には「三万二千の師子座を苞容す」（大正一四・五二七・上および五四六・中）とある。なお、玄奘訳『説無垢称経』では「三十二億の師子座を苞容す」（大正十四・五七〇・下）となっているから、当該の引文は『維摩経』であろうと考えられる。

［10］不思議解脱……支謙訳では「不思議門」、羅什訳では「不思議解脱法門」、玄奘訳では「不可思議解脱」となっている。

【解説】

まず、摂在一刹那の解釈をめぐっては「古今の学者に多途」のあることが示される。貞慶はこれを要約して三つに分類しているが、これは『般若臺談抄』（以下『談抄』）の分類とまったく同じであり、文章も大同小異といってよいほど酷似している。『談抄』をもとに作成されたことは一目瞭然である。そこで、三つの異義を整理して列挙すると、およそ次のようになる。

(1)　時劫の長短は心にしたがう。

(2)　多時は一念の憶念心の前に現れる。一刹那の心相応である。

(3)　時間は不相応行法（仮法）であるから定量がない。

このうち、『談抄』と若干ニュアンスの異なるものは⑵である。『談抄』では「仏果一念の智において三祇長遠の相分を変ずるので一念に摂在す」という前文があって『大般若』の引用等となっていた。ところが、『尋思鈔』では「仏果の一念」に関しての文章がまったくなく、ただ「多時を経ることは一念心の前に忽然として憶念する」ところに現れるものであるとしているばかりである。「仏果の一念」よりむしろ「一刹那の心相応」という点に論点を移したのが『尋思鈔』の第二説だったといってよい。

かくして三義を出した後、貞慶はこれをすべて批判する。すなわち、⑴については「多劫が実である」ことが無視されており、『述記』の文の会通もなされていないと説く。また、⑵については「一刹那の心相応」というものの、それは影像相分についてのみいえることであり、実際の三祇は本質相分であるから、この点の会通が不十分であるとする。そして、⑶については能依の時劫はなるほど仮法であるが、所依の色・心の法は実法であるから、この理論は根本的に不合理であると指摘している。

このように貞慶は三つの異義をすべて批判した上で、「今、試みに案ず」として、自己の見解を展開する。すなわち、三祇も一念もいずれも実体のある法であり、しかも一念即多念であると論ずるのである。このとき貞慶の根拠にした証例が、『無垢称経』に出る方丈の譬えであった。すなわち、神通力によって小さな方丈の室に四万由旬もある三万の床がすべて摂まる不思議が示されるのであるが、貞慶はたとえ神通力についていったものであるとはいっても、如幻・縁生の法（依他起性）であるからこそ、このような融通がなされるのであるといい、大や小の定まったすがたがあるわけでは決してないことを力説している。これをもって、一念も三祇も実法であるにもかかわらず、時に定量があるわけではないから、一念即三祇ということがいいうると主張したのである。この貞慶の見解は、三つの異義を否定しつつ、慈恩大師の『述記』の見解に背かぬよう、巧妙に会通したものといってよく、後にこの説は「如幻の義」として大いに尊重されるようになる。

第四項　第一問答

【翻刻】〈五七丁表〉

問。大小ノ相容、現ニ有リ其證一。多念ヲ一念ニ摂入スル有ル何ノ誠證一カ。夢ノ境非證二。彼ハ睡中ノ意識、前ノ獨影ノ假境ナルカ故。

答。法華ニ現神力一ヲ時満百千歳一等《コトキ》、是《コレ》其ノ證也。法華ハ是レ雖五年ノ説一ナリト、其神力一品ノ間ニ満百千歳一故。*玄賛有三ノ釈一、／皆許其ノ長短一。*

【訓読】

問う。大小の相容、現に其の証《あか》し有り。多念をば一念に摂入するは何の誠証か有る。夢の境は証しに非ず。彼は睡中の意識にして、前《さき》の独影の仮境[1]なるが故に。

答う。『法華』の「神力を現ずる時は百千歳を満たす[2]」が等《ごと》きは、是れ其の証《あか》し也。『法華』は是れ五年

の説なりと雖も、其の神力一品[3]の間に百千歳を満たすが故に。＊『玄賛』に三の釈有り[4]、皆な其の長短を許す＊

【註記】

［1］独影仮境……唯識教学では、認識対象を性境・帯質境・独影境の三つに分析している。たとえば前六識を例にとれば、性境は目の前に認識対象がある場合の認識、帯質境は目の前にはないが過去に認識した経験がある場合の認識、独影境はまったく経験したことのないものを自由に思い描く時の認識をいう。例えば兎角（角の生えた兎）や亀毛（毛の生えた亀）のような実体のないすがたをいう。

［2］法華……『妙法蓮華経』からの引用。当該箇所は、大正九・五一・下。

［3］神力一品……『妙法蓮華経』如来神力品第二十一のこと。

［4］玄賛有三釈……『妙法蓮華経玄賛』の三釈。当該箇所は、大正三四・八四一下～八四二上。

【解説】

本問答は『談抄』の第二問答に相当するもので、貞慶が結論づけた「長短相入」の証拠を問うものである。なお、「夢の境」は独影境であるから証拠にならないとあらかじめ述べている点からすれば、そのような理論を展開した学侶もいたのではないかと思われる。ともあれ、このような論難を受けて答文では、『法華経』「如来神力品」の「神力を現ずるとき百千歳を満たす」という文を証拠として提示し、『法華経』は五年もかけて説かれたものであるが、その中の「如来神力品」一つが説かれるだけで百千歳が経過しているという事実をもって長短摂在の証拠としているのである。

第五項　第二問答

【翻刻】〈五七丁表～五八丁表〉

問。大小雖不同一、彼此共ニ現在ノ有法ナルカ故ニ、相容可然一。過去未来ハ既ニ是レ都无ノ法也。豈以過去已滅ノ時分等一ヲ還テ摂入セハ現在一ニ哉。若許サハ此義一ヲ、既ニ同ナリ華厳宗ノ九世相入ノ意一ニ。豈是自宗ノ所許哉。

答。誰《タレカ》言フ過未定テ是レ都无ナリトハ。々ハ是雖无一ナリト、未違其有一ニ。未生已滅ハ即現在ノ法之過未ナルカ故。九世相入之義於自宗一ニ可有許不許ノ二門一。彼相入宗、非杜順法藏等ノ私ノ案立一ニ。華厳経云、一念即无量念ナリ、無量念即一念ナリ、云云。*経ノ前後ニ如／此文ノ多々也。*既ニ如来ノ誠言也。自宗豈不信一哉。但、其不許一者、彼宗ハ以テ円融无碍一多相即一ヲ、為其本義一ト。諸法ノ体用、常ニ无定相一。凡聖混同シ、迷悟不二ニシテ、一断一切断、一成一切成等、以之二為実義一ト。中宗依一門一ニ皆雖許彼理一ヲ、万法宛然トシテ常ニ不失体用一ヲ。二諦徴妙ニシテ、猶シ有リ分性相一。不一不異之不ス一、不即不離ニシテ之不ス即一。凡聖事理依之一能成ハ、如幻ノ理ノ中ニ猶シ有所拘一ハル。還テ可壊余ノ義一ヲ。但、過未之无ハ不離現在ノ有一ニ者、即中宗ノ所ノ立一道理ノ三世ナリ。觀シテ現在ノ法ノ有一ヲ引後用假テ立ッ當果一ヲ。對シテ説ク現因一ヲ等イハ者、現在ノ一世ニ假立三世一ヲ。其ノ三世即チ互ニ為タリ因果一。々々二法不一不異。可知、過去ノ因ハ即チ不離現在ノ果一。灯云、大乗ノ因果ハ深妙離タリ言一ヲ。觀テ當ヘキヲ生現一ヲ假テ説ク未来一ト。以深妙離言一作意ノ驚覚ノ用在現在世一ニ者、三世不一之義。寧非宗家ノ所許一ニ哉。

【訓読】

問う。大小不同と雖も、彼此共に現在の有法なるが故に、相い容るること然る可し。過去と未来は既に是れ都無[1]の法也。豈に過去已滅の時分等を以て還りて現在に摂入せん哉。若し此の義を許さば、既に華厳宗の九世相入の意《こころ》と同じきなり。豈に是れ自宗の許す所なる哉。

答う。誰か過・未定んで是れ都無なりと言うや。無は是れ無なりと雖も、未だ其の有に違せず。未生已滅は即ち現在の法の過未なるが故に。九世相入の義は自宗に於いて許不許の二門有る可し。彼の相入の宗は、杜順・法蔵等の私の案立に非ず。『華厳経』に云わく、「一念即無量念なり、無量念即一念なり」[2]と、云々。＊『経』の前後に此の如き文、多々ある也＊ 既に如来の誠言也[3]。自宗も豈に信ぜざる哉。但し、其の不許というは、彼の宗は円融無碍[4]一多相即[5]を以て、其の本義と為す。諸法の体用[6]、常に定相無し。凡聖をば混同し、迷悟不二にして、一断一切断、一成一切成等[7]、之れを以て実義と為す。中宗は一門に依り皆な彼の理を許すと雖も、万法宛然として常に体用を失せず。二諦[8]微妙にして、猶し性相を分かつ有り。不一不異の不一、不即不離の不即なり。凡聖も事理も之れに依りて能く成ずれば、如幻の理の中に猶し拘《とど》める所有り。還りて余の義を壊す可し。但し、過・未の無は現在の有に離れずといわば、即ち中宗の立つる所の道理三世[9]なり。現在の法の有を観じて引後の用を仮て当果を立つ。現因を説くに対して等といわば、現在の一世に仮に三世を立つ。其の三世は即ち互いに因果と為る。因果の二法は不一不異なり。知る可し、過去の因は即ち現在の果を離れずということを。『灯』に云わく[10]、「大乗の因果は深妙にして言を離れたり。当生を観じて現に仮に未来と説く」と。深妙離言を以て作意《さい》[11]の驚覚の用は現在世に在りというは、三世不一の義なり。寧《なん》ぞ宗家の許す所に非ざる哉。

【註記】

［1］都無……「都」は「すべて」と読み、何もないということ。

［2］一念即無量念無量念即一念……『華厳経』の全体に用いられる言葉で、意を取って述べている。

［3］誠言……真実の言葉。

［4］円融無碍……すべてのものが円かに融けあい、互いに妨げることがないこと。

［5］一多相即……一と多が相い即し、差別なく融けあっていること。

［6］体用……ものの本体と、その用（はたらき）のこと。

［7］一断一切断一成一切成……華厳宗で説かれる教え。一つの煩悩が断滅されれば、それによって一切の煩悩も断滅され、一人が成仏する時、それによって一切の人も成仏するということ。

［8］二諦微妙……二諦とは、俗世間の真理（俗諦）と俗世間の偏りを離れた真理（真諦）のことで、その微妙なさまをいう。なお、原典では「徴妙」とあるが誤写と思われる。

［9］道理三世……三種三世の一つ。法相宗では過去・現在・未来の三世について道理・神通・唯識の三種の別を立てる。神通三世は過去と未来は実体ではなく、宿命智によって過去を、生死智によって未来を、他心智によって現在を観る義。唯識三世は過去・未来は虚妄の法であり、現在法の相分が過去や未来の事物として心の中に顕現されるという義。道理三世は、種子因果論の道理より、現在の法の上に過去・未来の法が共に仮立されているという義。

［10］灯云……『成唯識論了義灯』からの引用。当該箇所は、大正四三・七二七・上。

［11］作意驚覚……認識する心を起こし対象へと向けるはたらきのこと。作意には「めざめさせる」という驚覚のはたらきを有しているため、「作意驚覚」と記されている。

【解説】

この問答は、過去・現在・未来の三世に焦点をあて、過去はすでに滅した時間であるのに、どうしてこのようなものを現在に摂入することができるのかを問い、摂在一刹那の義の詳細をさらに問う箇所である。ここで特に問題とされるのは、このような理論が華厳の九世相入の義とどう違うのかという点である。

これに対して答文で、現在の法との関連で過去と未来を考えるべきで、過去を都無と見てしまえば誤りになるという。過去あっての現在であり、現在あっての過去であり、そのような因果の関係の上で成り立っていることを指摘している。そして、華厳の九世相入については杜順や法蔵の私見ではなく、元は『華厳経』に出る教説であるから、法相宗においてもこれを否定しない。しかし、華厳宗ではこの教理を用いるに際して「円融無碍一多相即」を本義とするので、凡聖を混同し、迷悟も不二と説き、諸法の体用を失している。これに対して法相宗では、不一不異の二門より性相を論ずるので、このような偏りは生じない。このような観点より貞慶は、華厳宗の相入の立場と法相宗のそれとは画然として異なることを指摘し、今述べるところの摂在一刹那は「三世不一」の相入の理論より論じたものであり、慈恩大師も許容しているところであると結んでいる。

第六項　第三問答

【翻刻】〈五八丁表～五九丁裏〉

問。以何一ヲ知如幻ノ法互ニ具其体用一ヲ。非一非異等ハ是レ遮詮門。雖遮其定異一、未タ表是一一。若如此ノ義者、色即縁慮心亦質碍セウ耶。

答。依他ノ体用ノ不一不異ハ、源依ハ理性一ニ。彼此ノ諸法ノ実性、於理一ニ亦、不一不異ナリ。然諸法上各自有理トイハ者、不一也。理一无二故亦可名共相トイ、者、不異也。色心王所等、猶シ不定異一ニ。何況於テ一ノ第六識等ノ三世ノ性一ニ耶。以性一推相一、可知、不異義一ノ。　＊此義勢、処々記之、臨処可察＊

【訓読】

問う。何を以て如幻の法は互いに其の体用を具するを知るや。非一非異等は是れ遮詮門[1]なり。其の定異を遮すと雖も、未だ是一を表さず。若し此の如き義ならば、色は即ち縁慮心[2]にして亦た質碍[3]なる耶。

答う。依他の体用の不一不異は、源は理性に依る。彼此《ぴし》の諸法の実性は、理に於いて亦た、不一不異なり。然るに諸法の上に各自に理有りというは、不一也。理は一にして二無きが故に亦た共相[4]と名づく可しというは、不異也。色心王所等[5]、猶し定異にあらず。何に況んや一の第六識等の三世の性に於いてを耶。性を以て相を推《す》るに、知る可し、不異の義なりと。＊此の義勢は処々に之れを記す、処に臨んで察す可し＊

【註記】


［1］遮詮門……否定的観点より論ずる門。

［2］縁慮心……対象を認識する心のはたらき。

［3］質碍……妨げあって同一空間に存在することのない物質の特性。

［4］共相……他と共通するすがた。ここでは、諸法の上に共通してある「理」のあり方をいう。

［5］色心王所等……物質（色法）と心（心王・心所有法）のこと。


【解説】

前問答においては不異による相入の理論が語られたので、本問答ではこれを受けて、不異のみが強調されることになれば個々の違いが無視されることになり、色・心の諸法に混同・混乱が生じると難じている。これに対して答文では、依他の諸法の不一不異は理性のあり方を借りて論じたものであることを指摘し、相においても不一のみならず不異の義のあることを主張している。

第七項　第四問答

【翻刻】〈五八丁裏～六〇丁表〉

問。其ノ一念正ク摂メム三世一ヲ方如何。　答。仏果ノ第六識ハ是三
僧祇ノ念々ノ現行《観イ》无量无邊ノ第六識也。其過去无邊ノ念、
還テ与現在ノ一念同体也。凡夫及淺位ノ時ハ、依テ体ニ雖具一此ノ
義一ヲ、未自在一故、不能了達一コト其性ヲ。仏智ノ前ノ現在処過去无
量劫相、宛然トシテ現ス也。付今智雖所縁ノ境一アリト、不依テ境ノ義一而論。
只、付其本法一、如幻虚假自在无碍三世不一不異故、
彼此摂入也。彼ノ道理ノ三世ハ、依テ種子ノ自類相生一ニ雖論一、現
行又同也。道理ノ三世ハ、即雖唯識之所観一ナリト、對シテ心一ニ名ク唯識
三世一ト。＊於相分／論之＊　其ノ本質ノ自ラ所具スル一義ハ是レ道理ノ三世也。然者、
无量劫ノ所詮ノ時分ヲ凡夫ハ偏ニ為長時一。漸昇勝位、漸ク悟ハ、其ノ
長短非一非異一ヲ至仏果一究竟既解了。延促劫一ヲ智等、即
依此悟也。若シ无クハ摂在一刹那ノ実ノ道理一、問ノ此時長遠、何

日成仏一ト、豈引テ摂論、為其答レ耶。凡ソ一多相即大小无碍ノ義ハ華厳経ノ大旨也。前後盛リニ説普賢十願、専ラ其ノ道理也。而ニ我カ宗ノ末学、以円融ノ義一ヲ偏ニ謂《ヲモ》ヘリ香象等ノ私ノ案立一ト。恐不許仏意ノ歟。大宋高僧傳云、釈法蔵ハ應名僧義学之選、属奘師訳経ニ、始メテ預カル其間。後因筆受證文義潤文見識不同而於訳場。〔註1〕至天后朝傳訳首登、文。見識不同者、有乖クコト三藏義解一ニ歟。其事、暗《ソラ》ニ雖難シト許《ハカ》リ、彼ノ宗以テ深密等一ヲ為ス始教大乘一ト。三藏既為セリ究竟ノ了義一。両聖所立、定メテ有不同レ歟。雖然、華嚴普應之門三藏非不サルニ許。唯識論等ニ皆、有其意歟。但、談依他如幻法性无碍一ヲ、実ニ雖有相入ノ義一、若論法相一ヲ時、常ニ談シ不異之異一ヲ、立无相之相一ヲ。彼宗ハ偏ニ以円融一ヲ為本一ト、以深密等ノ阿陀那ノ教一ヲ為浅権不了ノ説一ト。是故大乖我宗ノ意ニ。自宗後学、依テ嫌フニ其四教一ヲ、亦以テ彼ノ円融一ヲ混為邪義一ト。諸宗ノ諍論、皆起如此レ之因縁一ヨリ。可恐一、可悲一。今、廻愚案一、非只朋《トモ》ナフニ彼宗一ニ。々家ノ解釈中ニ炳然トシテ有ルカ其證故也。近代多ク會彼経文等一ヲ談神通ノ前ノ事一ヲ、非実ノ法相一ニ、云々。今、案ラク、神通ノ境不法相レ者、是所謂不弁唯識一ヲ、不信如幻一也。謂已證得心自在者、隨欲轉変地等、皆成境。若実有如何可変イハ者、寧非唯識誠證一ニ耶。凡夫二乗未了如幻一之前《サキ》、猶シ隨ニ分一ニ有リ轉変等ノ事一。是レ則チ法体自是レ處幻ニシテ順スルカ意解思惟等一ニ故。又修得定通一ヲ、分ニ漸ク以テ境一ヲ従心一ニ。瑜伽論説、変シ身ヲ万億一ニ共ニ立ツカ毛ノ端一ニ等《コトキハ》神通ナリ。曽《ムカシ》、於テ人間数々資熏磨、瑩ス其心一ヲ、云々。對欲界汎爾ノ散心一ニ、彼猶シ相ヒ近唯識観一。何況地上深位、乃至、仏果ノ一切ノ神通、皆是心自在ノ唯識観ノ力也。余准テ可知一。

〔註1〕『宋高僧伝』には「出」となっている。

【訓読】

問う。其の一念に正しく三世を摂めん方は如何。

答う。仏果の第六識は是れ三僧祇の念々の現行の無量無辺の第六識也。其の過去無辺の念、還りて現在の一念と同体也。凡夫及び浅位[1]の時は、体に依りて是の義を具すると雖も、未だ自在ならざるが故に、其の性に了達すること能《あた》わず。仏智の前の現在処にて過去無量劫の相、宛然として現ずる也。今の智に付いて所縁の境ありと雖も、境の義に依りて論ずるにあらず。只だ、其の本法に付いて、如幻虚仮・自在無碍にして三世不一不異の故に、彼此《ぴし》摂入する也。彼の道理の三世は、種子[2]の自類相生[3]に依りて論ずと雖も、現行[4]も又た同じき也。道理の三世は、即ち唯識の所観なりと雖も、心に対して唯識三世と名づく。＊相分に於いて之れを論ずる＊ 其の本質の自ら具する所の義は是れ道理の三世也。然らば、無量劫の所詮[5]の時分をば凡夫は偏に長時と為す。漸くにして勝位[6]に昇り、漸くにして悟らば、其の長短の非一非異は仏果究竟に至りて既に解了す。延促劫智等、即ち此れに依りて悟る也。若し摂在一刹那の実の道理無くば、「此の時は長遠なり、何れの日にか成仏せん」[7]と問うに、豈に『摂論』を引きて、其の答えと為す耶。

凡そ、一多相即・大小無碍の義は『華厳経』の大旨也。前後に盛んに普賢の十願[8]を説くは、専ら其の道理也。而るに我が宗の末学、円融の義を以て偏に香象[9]等の私の案立と謂《おも》えり。恐らく仏意の許すにあらざる歟。『大宋高僧伝』に云わく、「釈法蔵は名僧義学の選びに応じて、奘師の訳経に属して、始めて其の間に預かる。後に筆受証文義の潤文の見識不同に因《よ》りて訳場を出る。天后の朝の伝訳に至りて首に登りたり」[10]と、文《いえ》り。見識不同というは、三蔵の義解に乖《そむ》くこと有る歟。其の事、暗《そら》に難ずる許《ばか》りと雖も、彼の宗は『深密』等を以て始教大乗と為す。三蔵は既に究竟了義と為せり。両聖の所立、定んで不同有る歟。然りと雖も、華厳の普応の門は三蔵の許さざるに非ず。『唯識論』等に皆な、其の意《こころ》有る歟。但し、依他如幻・法性無碍を談ずるに、実に相入の義有りと雖も、若し法相を論ずる時は、常に不異の異を談じ、無相の相を立つ。彼の宗は偏に円融を以て本と為し、『深密』等の阿陀那の教え[11]を以て浅権不了の説と為す。是の故に大いに我が宗の意に乖く。自宗の後学、其の四教を嫌うに依りて、亦た彼の円融を以て混じて邪義と為す。諸宗の諍論、皆な此の如きの因縁より起こるなり。恐る可し、悲しむ可し。今、愚案を廻らすは、只だ彼の宗に朋《とも》なうに非ず。宗家の解釈の中に炳然として其の証《あか》し有るが故也。近代は多く彼の経文等を会して神通の前の事を談じ、「実の法相に非ず」と、云々。今、案ずらく、神通の境は法相にあらずといわば、是れ所謂ゆる唯識を弁《わきま》えず、如幻を信ぜざる也。已《すで》に心自在を証得すと謂わば、欲に随いて転変する地等、皆な境と成る。若し実有ならば如何ぞ変ず可し[12]といわば、寧《なん》ぞ唯識の誠証に非ず耶。凡夫と二乗は未だ如幻を了せざるの前、猶し分に随いて転変等の事有り。是れ則ち法体は自ずから是れ虚幻[13]にして意解・思惟等に順ずるが故に。又た定通[14]を修得せば、分に漸く境を以て心に従う。『瑜伽論』に説かく、「身を万億に変じて共に毛の端に立つが等《ごとき》は神通なり。曽《むかし》、人間に於いて数々《さくさ》く資し熏じ磨し、其の心を瑩《てら》す[15]」と、云々。欲界の汎爾の散心[16]に対して、彼は猶し唯識観に相い近し。何に況んや地上の深位、乃至、仏果の一切の神通、皆な是れ心自在の唯識観の力也。余は准じて知る可し。

【註記】

［1］浅位……修行を始めて階位がいまだ低い菩薩の段階。資糧位（十住・十行・十廻向）の菩薩。

［2］種子……すべてのものを生じる力。

［3］自類相生……自らと同じ種類の種子を生じること。種子がそなえる六つの条件（種子六義）の一つ。

［4］現行……種子が縁によって現象を生じること。あるいは、生じた現象そのものを指す。

［5］所詮……言葉によって表されたこと。

［6］勝位……仏道を歩んで至った勝れた境地のこと。

〔7〕此時長遠何日成仏……『成唯識論述記』からの引用。当該箇所は、大正四三・五五八・中。
〔8〕普賢十願……普賢十願は種々説かれるが、ここでは『大方広仏華厳経』「普賢行願品」に説かれる普賢菩薩の十種の願のこと。
〔9〕香象……華厳宗の祖灯説において第三祖にあたる法蔵（六四三―七一二）のこと。
〔10〕大高僧伝云……『宋高僧伝』からの引用。当該箇所は、大正五〇・七三二・上。ただし、「出」が「於」と誤写されていたので改めた。
〔11〕阿陀那教……阿陀那は梵語 ādāna の音写で、阿頼耶識の別名。阿頼耶識の教えを開示した唯識の教えのこと。
〔12〕謂已証得～如何可変……『成唯識論』からの引用。当該箇所は、大正三一、三九、上。
〔13〕虚幻……「處幻」を「虚幻」に改めた。
〔14〕定通……禅定力による神通のこと。
〔15〕瑜伽論説……『瑜伽師地論』の説。ただし『成唯識論述記』中の『瑜伽師地論』の取意を引いたもの。『成唯識論述記』の当該箇所は、大正六五・五〇一・上～中。
〔16〕散心……散乱した心のこと。

【解説】

前問答において不異の論証がなされたので、本問答では一念に三世を摂めるというのは具体的にどういうことかと問うている。

これに対して答文では、現在の第六識の一念に三世を摂めると答えている。ただし、このようなことは凡夫や力の弱い菩薩においても本来はいいうるのだが、彼らはまだ自在を得ていないので仏果においてのみ「摂在一刹那」ということがいいうるのだとしている。冒頭の割注に明らかなように、貞慶は「現在の一念に三祇を摂在する」という蔵俊の釈に感銘を覚え、「末案」を作った。したがって、貞慶は現在の一刹那に三世を摂在する見解を有していたわけだが、凡夫や浅位の菩薩はいまだ自在を得ていない。そこで貞慶は、仏果の一念においてのみ摂在一刹那ということがいいうるとしたのである。

従来より論じられてきた道理三世は本質相分を主とした見方、また唯識三世は影像相分を主とした見方であるといってよい。凡夫は本質相分に心を惑わされて三祇を長時と見るが、仏果に至れば如幻虚仮を悟り、三世の不一不異、長短の非一非異を知ることになる。すなわち、仏果の現在の一念に過去無量劫の相が宛然として現ずるのであり、これを貞慶は摂在一刹那と理解しているのである。

このような見解は、いわゆる「相入」の理論より導き出されてきたといってよい。この点について貞慶は、一多相即・大小無碍の義はもとは『華厳経』に説かれるもので、法蔵らが勝手に考え出したものではないと論じている。そして、『宋高僧伝』の法蔵伝を取り上げてそのことを証明し、法相宗でも相入を論ずるが、それは法蔵らのものとは大いに異なり、中道の観点に立った相入説であることを強調し、慈恩大師の所説にも見られると論じている。このあたりの理論は『談抄』の追記文とよく一致しており、両者の密接な関係を裏付ける恰好の資料となっている。

なお、貞慶には晩年、「不思議」への傾斜が鮮明に見られるようになるが、ここでも「神通」に多大の関心を示していることが知られる。すなわち、「近代では神通云々というと実の法相ではないというものが多いが、これは唯識をわきまえず、如幻を信じないもののたわごとである。心に自在を得れば、願うところにしたがってみな境となるのであり、十地以上の深位の菩薩や仏陀の示す一切の神通はみな心自在の唯識観の力である」といい、相入論の裏付けとしているところに、貞慶教学の特色の一つがあるといってよいのである。

第八項　第五問答

【翻刻】〈六〇丁表～六〇丁裏〉

問。我ヵ宗ノ意、決定シテ可許前後還一念ナリト云㆓之理㆒ヲ。如何。

答。自因㆓生果㆒能生所生前后有次第㆒。雖有㆓義ノ前後、還テ是同時也。雖為同時㆒、未タ廃前後㆒ヲ。一念ノ中ノ生住異滅四相ノ前後等、皆此ノ義也。以之㆓可思㆓之㆒。過現未来ノ三世ノ有无雖似㆒タリト前後ニ、未タ必遮㆓同時ノ邊㆒ヲ也。深可思㆓之㆒。

【訓読】

問う。我が宗の意《こころ》、決定して前後還りて一念なりと云うの理《ことわり》を許す可きや。如何ぞ。

答う。因自《よ》り果を生ずる能生・所生の前後に次第有り。義の前後有りと雖も、還りて是れ同時也。同時と為すと雖も、未だ前後を廃せず。一念の中の生・住・異・滅の四相[1]の前後等、皆な此の義也。之れを以て之れを思う可し。過・現・未来の三世の有無は前後に似たりと雖も、未だ必ずしも同時の辺を遮せざる也。深く之れを思う可し。

【註記】

［1］生住異滅四相……すべてのものの、生じ、住《とど》まり、変異し、滅していく四つのすがたのこと。有為の諸法の無常であるすがた。

【解説】

前問答において現在の一刹那であることが論じられたが、ここでは「前後の三世が同時の一念である」ことを法相宗の宗旨では許しているか、と問うている。

これに対して答文では、因果は同時であるが、また前後の関係をまったく否定するものではないといい、生・住・異・滅の四相を例に出す。その上で、過去・現在・未来の三世も前後しているように見えて、同時である点を否定するものではないと論じ、熟考を促している。

第四節　むすび

『般若臺談抄』（以下『談抄』）ならびに『唯識論尋思鈔通要』（以下『尋思通要』）に示される貞慶（一一五五―一二一三）の摂在一刹那の見解は、如幻の義による相入論を用いたものであった。すなわち、『談抄』においては、

之れに依り、実に長遠の三祇を以て短時の一念に摂在すと云う可き也。摂在の字、聊《いささ》か其の意《こころ》有り。凡そ諸法は体義互いに存す。故に大少長短等の相を失す可からずと雖も、其の性は如幻なるが故に多時を刹那に摂在す。(1)

といい、「諸法は如幻であるから長遠の三祇も短時の一念に摂在する」という見解を示している。これは三祇も如幻であることを示しているから、実の三祇を実の一念に摂在するという理論展開であるといってよい。「時」を分位仮立の仮法であると見て、これを一念に摂在させようとしているわけではないのである。この点では『尋思通要』の論述の方がより明確であり、

今、試みに案ずるに、多も少も共に実にして、一念即多念也。摂在の字、其の意《こころ》分明なり。（中略）

皆な是れ依他縁生如幻虚仮の道理也。依他の法の中に大と小と無きに非ず。而《しか》るに大小と言いて真実の相無きが故に、亦たは大、亦たは小なり。大も小に違せず。多と少の時節も、彼に准じて知る可し。若し一念は定んで是れ一念にして長時に非ずといわば、縁生の法に猶し一実の相有り。豈に言義を離れた無碍の相ならん哉。(2)

と言い切っている。これによれば貞慶は、多の三祇も少の一念も共に依他縁生如幻虚仮の実法であると明確に述べている。そして、依他縁生如幻虚仮の実法であるからこそ、大や小、多や少などの定相がないと指摘し、これもって「一念即多念」と説き、長遠の三祇も短時の一念に摂せられると論じているのである。

こうした貞慶の理論は、その後の問答において「相入論」としてより明確化されていくことになる。すなわち、『談抄』では五問五答と追記において、また『尋思通要』においても五つの問答をとおして、そのことが明示されていくのである。そこでまず、『談抄』によってこれを追うと、すでに『談抄』の解説で論じたように、『談抄』の第一問答は、冒頭の答文に出る『維摩経』の方丈の譬喩を受けたものであった。すなわち、『維摩経』に出る方丈の譬喩は神通力であり、特殊なものではないかという難に対して、

答う。神通勝能も亦た是れ唯識転変の義也。是れを以て『維摩』には「不思議解脱」と云う。『唯識』には「心自在」と云う。是れ皆な唯識に悟入し如幻を了達するなり。能《よ》く法体の実有に非ざることを知れば、大少も長短も互いに以て融通す。若し大小一多定まれば、縁生に猶し一の定まれる相有る可

き歟。(3)

と答え、神通の勝能もまた唯識転変のはたらきであり、唯識を悟って如幻を証知するとき、大小・長短も融通するのであると論じている。そして、第二問答になると初めて「相入」という言葉を用い、長短相入の証拠を求めていくのであるが、ここで貞慶が示した証文は『法華経』「神力品」のものであった。すなわち、

答う。『法花』に云わく、「神力を現ずる時は百千歳を満たす」と、云云。『法花』は五ケ年の説也。然るに、神力は一品の間に既に百千歳を経る。是れ豈に明らかなる証《あか》しに非ざる乎。(4)

といい、五ケ年という短時で説かれた『法華経』の中の一品が「百千歳を満つ」ものであったことをもって長短相入の証拠としたのである。

このような相入の理論は、事事無礙を説く華厳教学においては広く用いられるものであったが、性相を決択することに重きの置かれている法相教学において、はたして相容れる理論か否か、問われるところであったろう。そこで貞慶は、第三問答において華厳宗で説かれる九世相入の義との同異を論じるのである。すなわち、その答文において、

答う。九世相入の義は杜順・法蔵の私に案ずるに非ず。源は『花厳経』の説に出づ。（中略）他宗は一向相入して縁起の相を顧みず。凡・聖をば混同し、迷・悟不二なり。自宗は如幻虚融の義に寄せて、長短の相入を論ずと雖も、法体宛然として其の相を廃せず。三祇をば刹那に摂すとも、有漏・無漏の自利・利他の修行、念々相続して其の体乱れず。不一不異の不一、不即不離の不即なり。(5)

といい、九世相入の義は華厳宗の祖である杜順や法蔵が立てた説ではなく、もとは『華厳経』に広く説かれるものであったことを明かし、法相宗でも相入論を立てることを主張する。ただし貞慶は、法相宗の相入論は華厳宗のそれと異なり、不一不異・不即不離の中道の観点に立った相入論であることを力説している。だからこそ、法の性相の乱れることもないわけで、三性即三無性の理論に立った相入説であったことが知られる。このような相入の理論を用いて多念即一念（三祇即一念）が語られるわけであるが、その際、貞慶は第四問答において、

況んや懈怠緩緩の衆生は三大僧祇の修行を説くを聞きて、更に怯弱を生じて発趣すること能わず。彼が為めに仏果の得やすきことを説くが故に、尤も仏果の一念に摂在す可し。（中略）三祇の行に於いて二門有る可し。一つには実に長時なり、二つには一念に摂在すと云う義の二門、倶に存して一辺を失せず。其の中、懈怠の類に対して摂在の門を説く。故に長遠の門を以て、夢中の妄境に譬うる也。(6)

といい、三阿僧祇劫もの修行をしなければならないことを知って怯弱の思いを生じる懈怠の衆生に対して、摂在の門が説かれたことを明らかにしている。これは実際に三阿僧祇劫の時がかかるが、仏果に至れば三祇も一念であるという『摂論釈』の記述にも符合した解釈であったということができる。

このような相入論による摂在一刹那の解釈は、『唯識論尋思鈔』（以下『尋思鈔』）にも受け継がれている。冒頭の問答の答文で「一念即多念」といいきった貞慶は、次の第一問答で『法華経』の「現神力時満百千歳」の文を示して「摂入」の証拠とし、第二問答および第四問答において『華厳経』の所説に基づく相入論を示しているである。その中で、貞慶は次のように説く。すなわち、

答う。仏果の第六識は是れ三僧祇の念々の現行の無量無辺の第六識也。其の過去無辺の念、還りて現在の一念と同体也。凡夫及び浅位の時は、体に依りて是の義を具すると雖も、未だ自在ならざるが故に、其の性に了達すること能わず。仏智の前の現在処にて過去無量劫の相、宛然として現ずる也。今の智有りて所縁の境ありと雖も、境の義に依りて論ずるにあらず。只だ、其の本法に付いて如幻虚仮・自在無碍にして三世不一不異の故に、彼此《ぴし》摂入する也。(7)

といい、仏果に至って自在を得て、初めて過去無量の念が現在の一念と同体であることがわかり、過去無量劫の相が宛然として現ずるのであるという。これは諸法の本性が如幻虚仮・自在無碍だからであり、このため三世の諸法は因となり果となり不一不異である。そこで、互いに相入するということがあるのだと

論じている。これが貞慶の相入論の骨子であるが、注目すべきは現在の一念に三世が摂在しているといいながら、特に「仏果の現在の一念」としている点である。なぜであろうか。もちろん、貞慶自身がいみじくも指摘しているように、凡夫および浅位の菩薩はまだ自在力を得ていないので、現在の一念に三世の摂在していることが理解できないということもあるであろう。しかし、貞慶がここであえて「仏果の現在の一念」を強調した理由は、その背景に「速疾成仏」への懸念があったからではないかと思われる。『成唯識論同学鈔』（以下『同学鈔』）ならびに鎌倉・室町期の諸短釈を見ると、摂在一刹那の論義には常に「速疾成仏」の議論が付帯して論じられていたようである。すなわち、『同学鈔』にはその冒頭に、

問う。宗家の意《こころ》、刹那速疾の成道を許す可き耶。答う。許さざる也(8)。

とあり、刹那速疾の義が論じられている。たしかに三祇即一念であるということになれば、三祇昿劫の修行を説く法相宗の立場はなくなる。そこで、摂在一刹那の論義が展開される過程で、いつしかこのことが付帯して論じられるようになったのであろう。ところが、『同学鈔』とほぼ同時期の『談抄』や『尋思鈔』には、このような理論展開はまったく見られない。貞慶が提示した既存の三説にも見当たらないから、おそらく『同学鈔』所収の当該論義は、『尋思鈔』撰述以降の新義ではなかったかと考えられる。しかし、そのような速疾成仏の義は摂在一刹那に根本的に付帯していたものといってよいから、それが貞慶においては「仏果の現在の一念」を強調する方向へとはたらき、未然に速疾成仏の義を否定することになったの

ではないかと考えられる。

では、本来の摂在一刹那の義には、いかなる理論展開が存したのであろうか。これについて好胤（生没年代不詳）の『摂在一刹那事』には、第二部第二章ですでに紹介したとおり、良遍（一一九四―一二五二）のまとめた「五義」が見られる。いわゆる、

(1)　随心の義……………一切唯識の道理より、時もまた心の思いに随うとする見解。

(2)　唯識三世の義……現在の一念（二念は誤字であろう）に多劫の事々を摂するという見解。すなわち、過去・現在・未来の三世は現在の心識の影像相分にすぎないという唯識転変の三世観。

(3)　道理三世の義……本質の三世を対象としながら、現在の一念に已滅の過去と未生の未来を立てるので、三祇を一念に摂するとする見解。

(4)　時不相応の義……時は不相応行法なので仮立の法であるという観点より、長時を短時に摂するという見解。

(5)　如幻の義…………法は因縁和合によって生起した依他如幻の法であるという観点より諸法の如幻虚融を説き、一念（一刹那）と多念（三祇）に拘泥することを否定した見解。

の五説である。この中で好胤が「常義」であるとしているのは、第五の如幻の義である。「常義」とは、

長い論義研究の積み重ねの中で「多くの学侶が常に支持する最も妥当とされる見解」のことをいい、「正義」とはまた区別して使用された用語である。つまり、好胤はここで「如幻の義」こそが他に比して最も妥当な見解であることを明示したことになる。

では、この義は誰によって立てられたものであろうか。それを断定する資料は残念ながら現存していないが、今回の二つの資料の発見によって、かなり確実性をもって推定することが可能となった。思い起こしていただきたい。貞慶はこの二つの資料において、従前の諸説を論破した。彼の挙げた諸説は、要するに随心の義・唯識三世の義・時不相応の義の三種であり、如幻の義の存在はまったく指摘されていなかった。この義は論破した後に初めて、貞慶が展開する見解である。もし、この義がそれ以前に展開していた「常義」であったならば、そのような指摘がなされていたはずである。ところが、それが『談抄』にも『尋思鈔』にもまったく見られないのである。そして、『尋思鈔』の冒頭の割注にはむしろ、

本に云わく、且らく一の会釈を作して云わく、過去をば現在の上に立つ。現在は一刹那なり。一刹那の上に立つるが故に、三祇は一刹那也。＊末に云わく此の義は深奥也、末案の文は都べて此の義勢也＊(9)

とあり、自己の立てた「現在の一念に着目した如幻義」が、蔵俊の見解を規範として発案されたものであったことを明示する記述が見られたのである。以上の点より勘案すれば、後世の学侶よって「常義」とされた如幻義が、貞慶の発案であったことは、ほぼ間違いのないところである。そこで、良算（？―一一九

四―一二二七―?）も『談抄』の奥書において、

笠置山般若臺に於いて相伝し了んぬ。(10)

と述べたのであろう。後に法相学侶によって「常義」として尊重され、大きな影響を及ぼす如幻義は、蔵俊の見解をヒントに貞慶が案出したものであったことが、これによって知られるのである。

註

(1) 本研究書四八三頁。
(2) 本研究書五一一～五一二頁。
(3) 本研究書四八七頁。
(4) 本研究書四八九頁。
(5) 本研究書四九二頁。
(6) 本研究書四九六～四九七頁。
(7) 本研究書五二六～五二七頁。
(8) 大正六六・五三一・上。
(9) 本研究書五〇五頁。
(10) 本研究書五〇一頁。

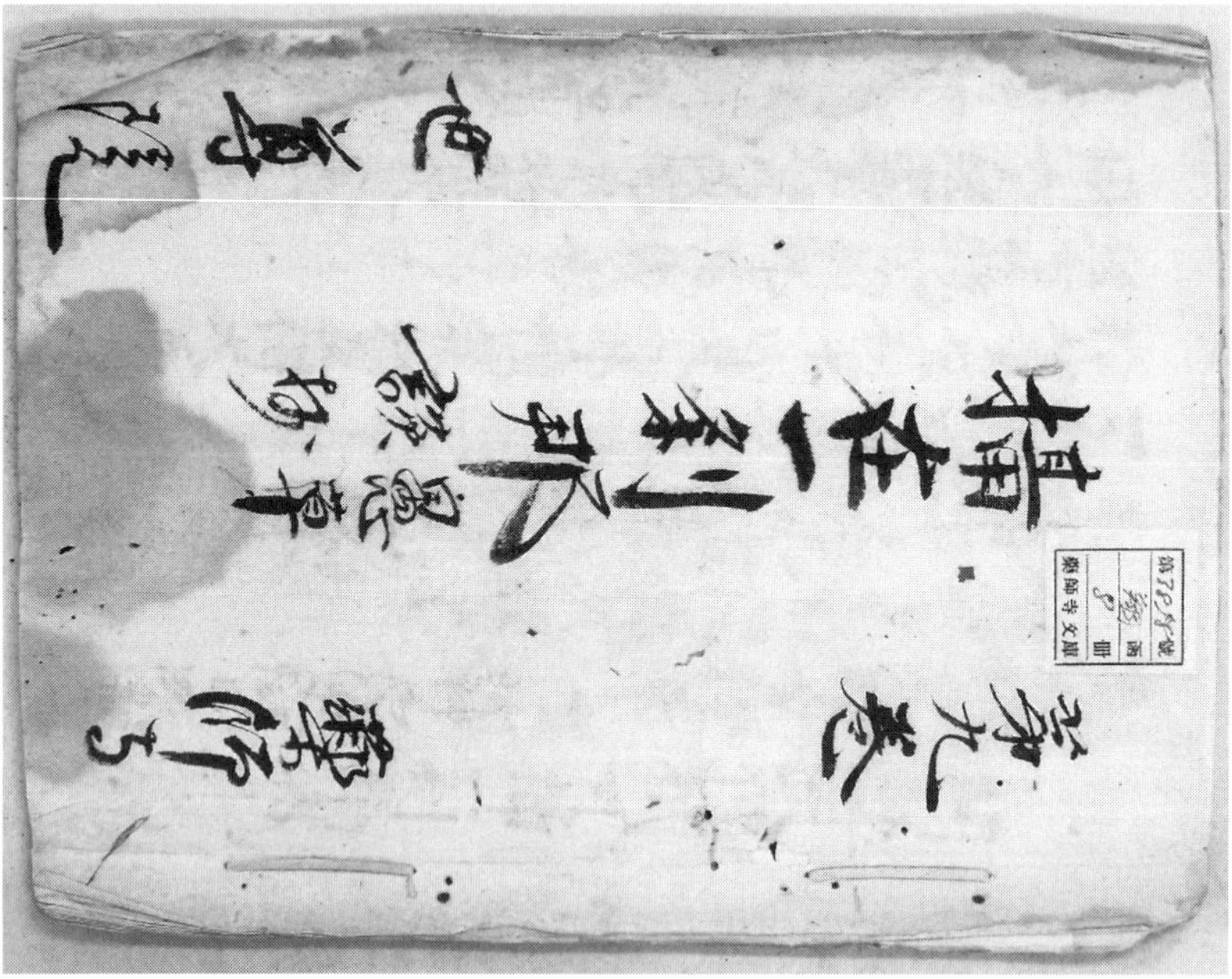

薬師寺蔵『般若臺談抄』

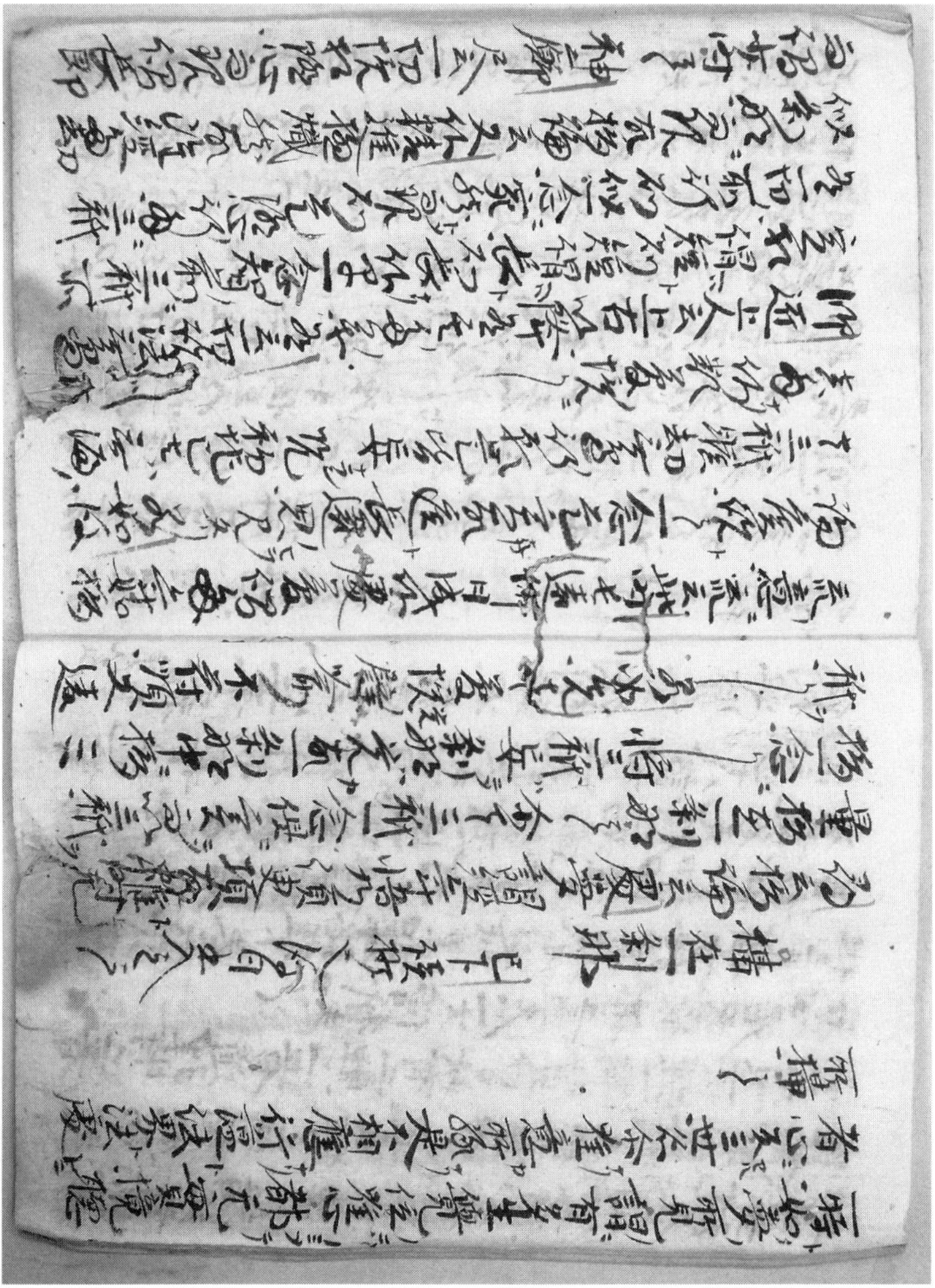

三丁裏〜四丁表（前三行は『愚草』の末尾）

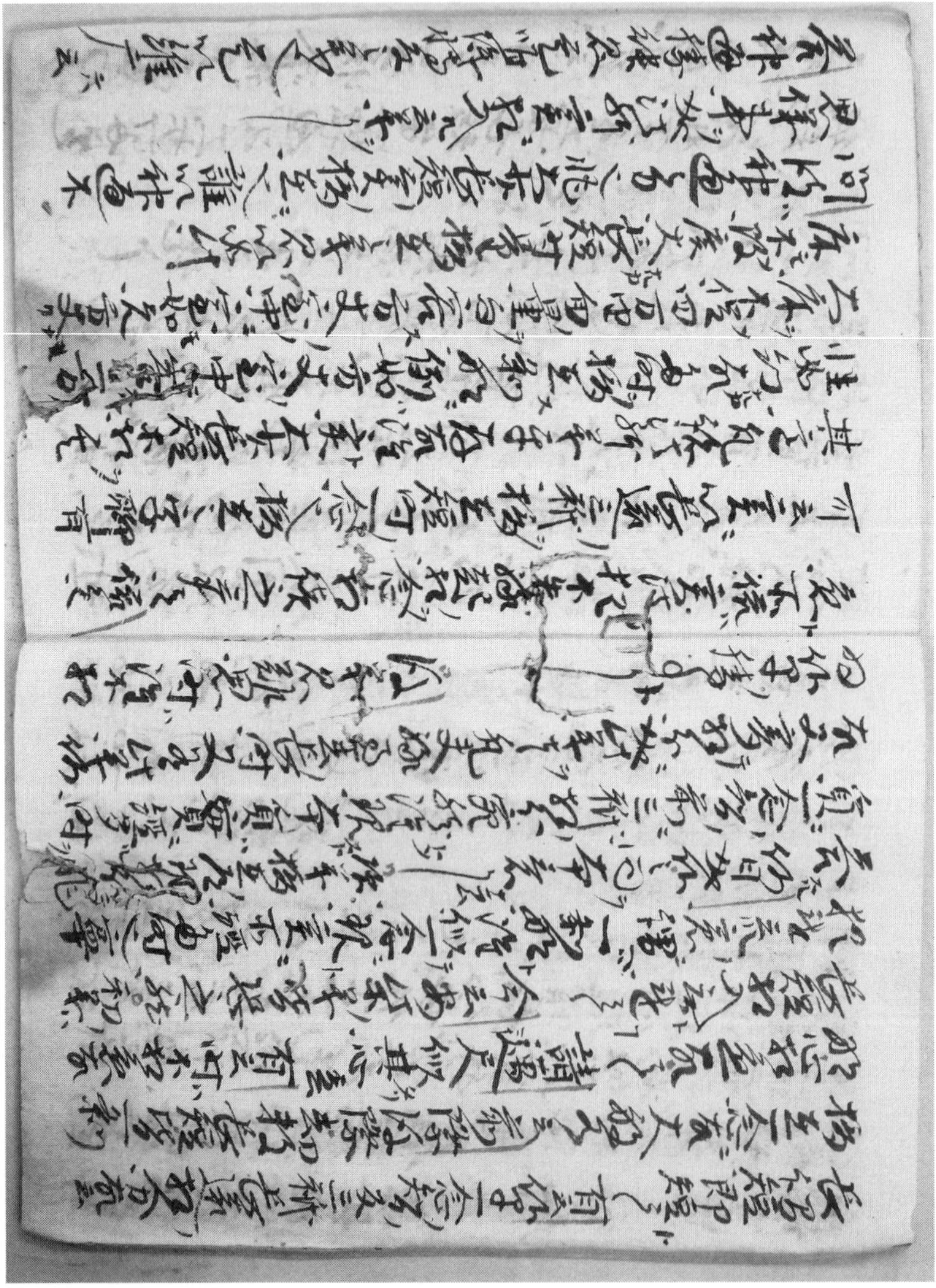

四丁裏〜四丁表

五丁裏〜六丁表

六丁裏〜七丁表

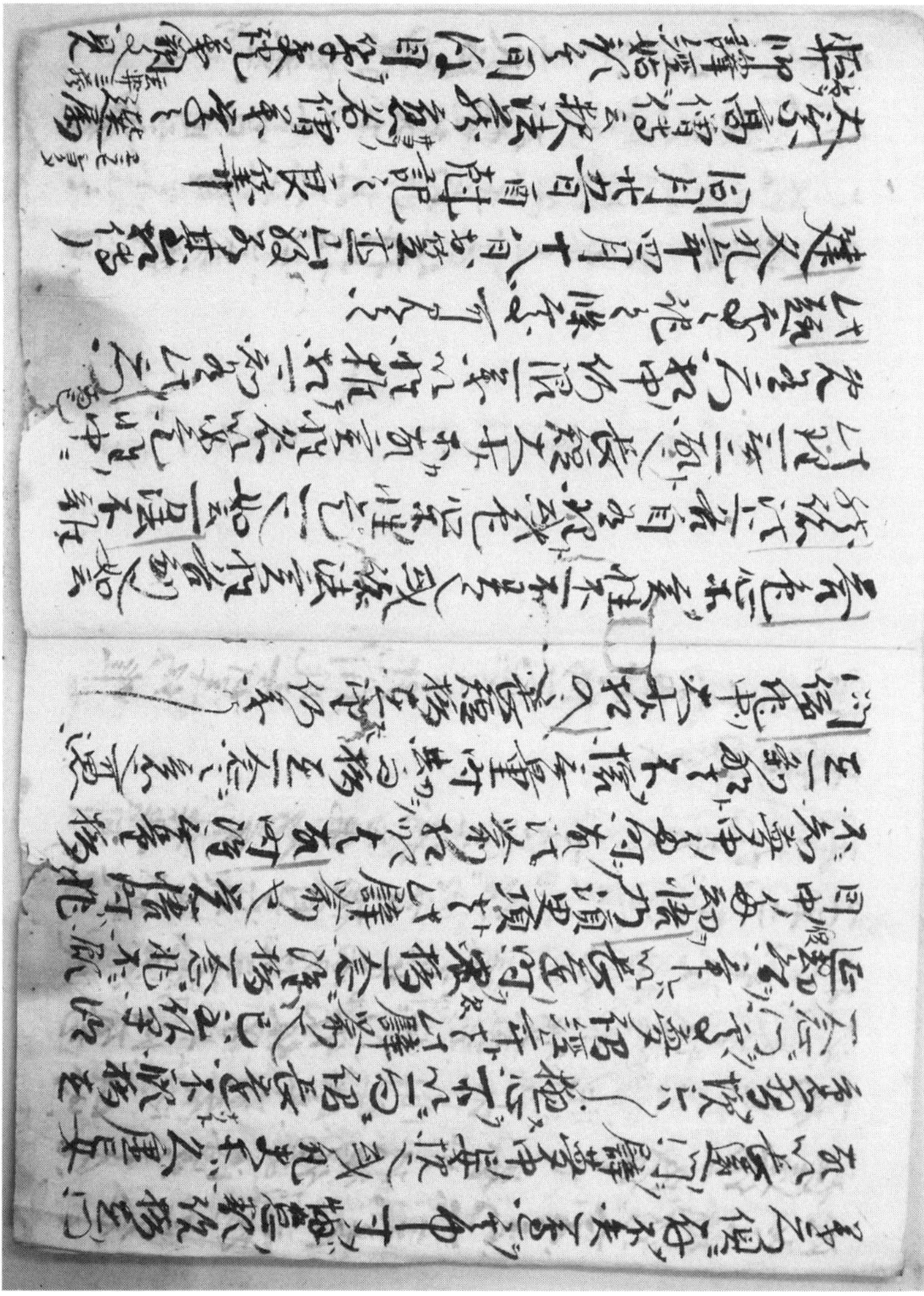

七丁裏〜八丁表

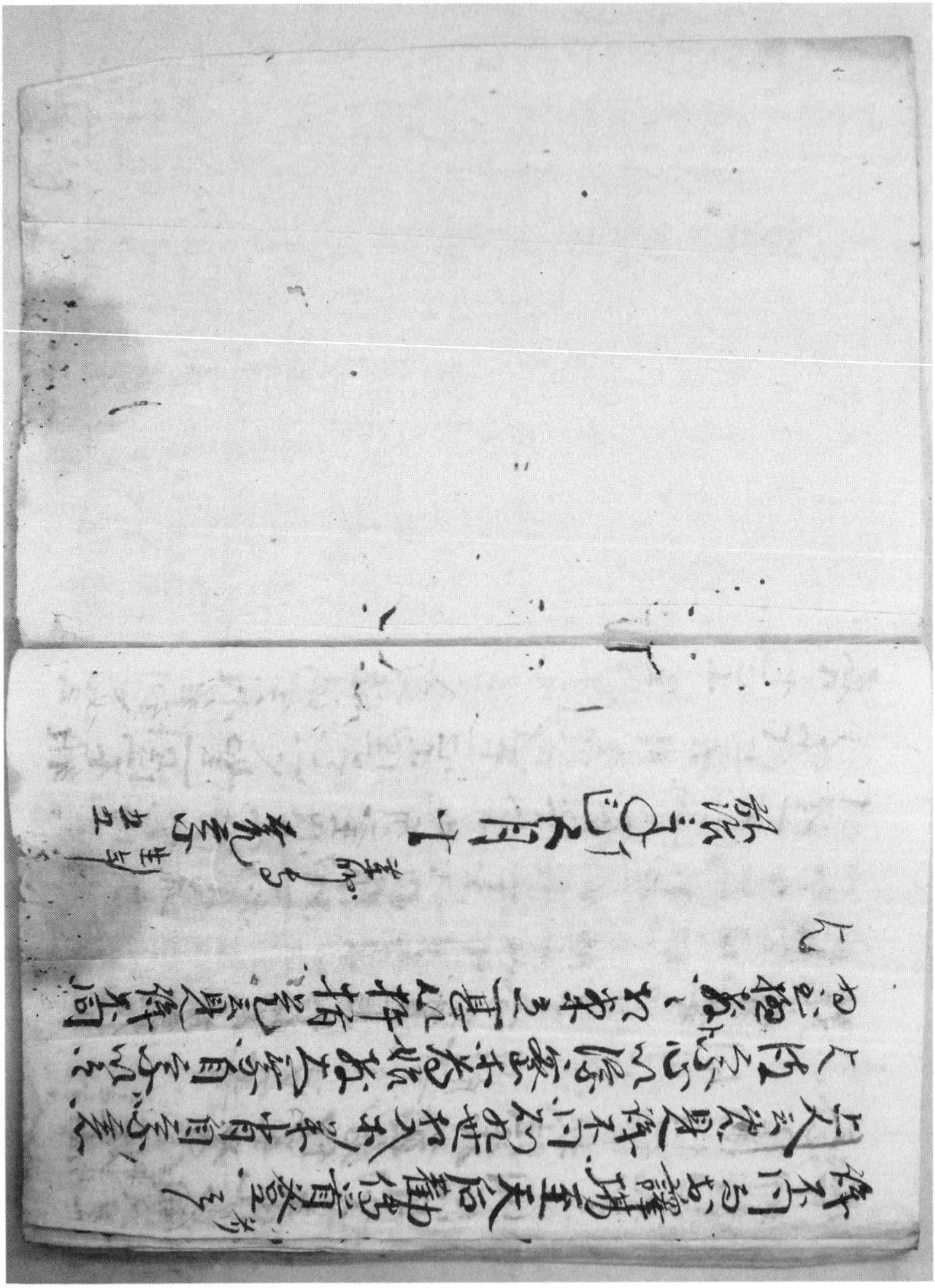

八丁裏〜九丁表

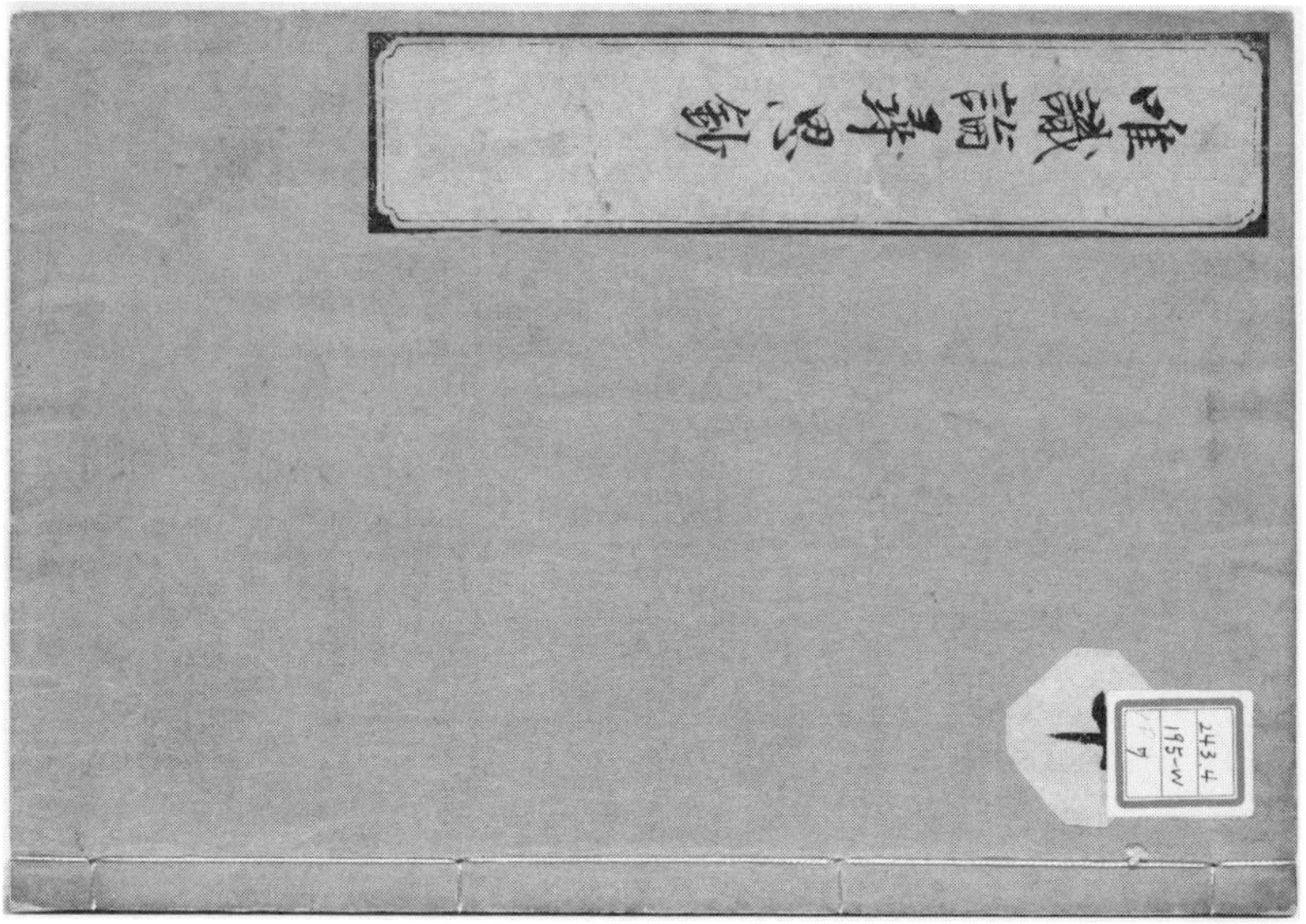

龍谷大学図書館蔵『唯識論尋思鈔』

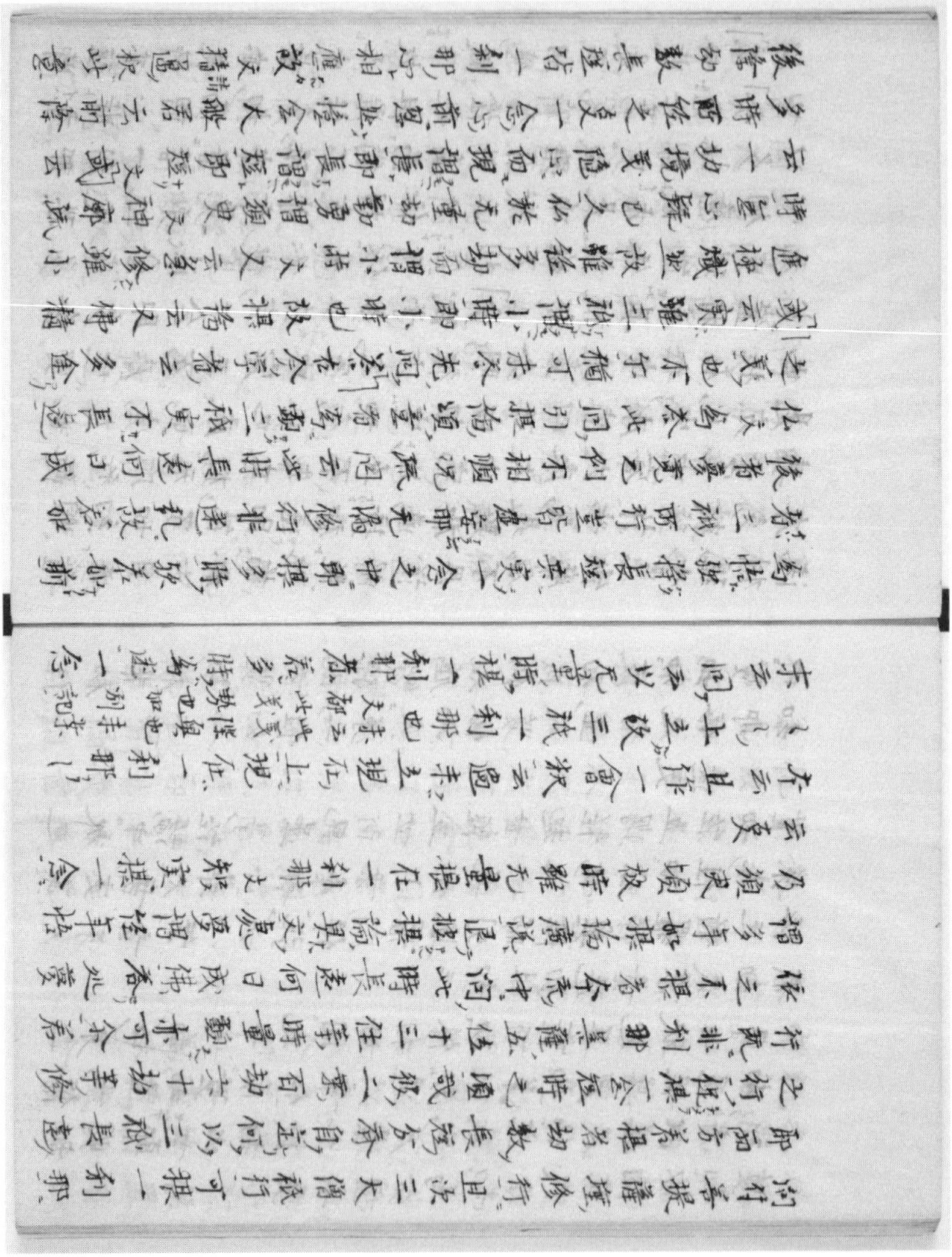

五五丁裏～五六丁表（五五丁裏九行目より翻刻）

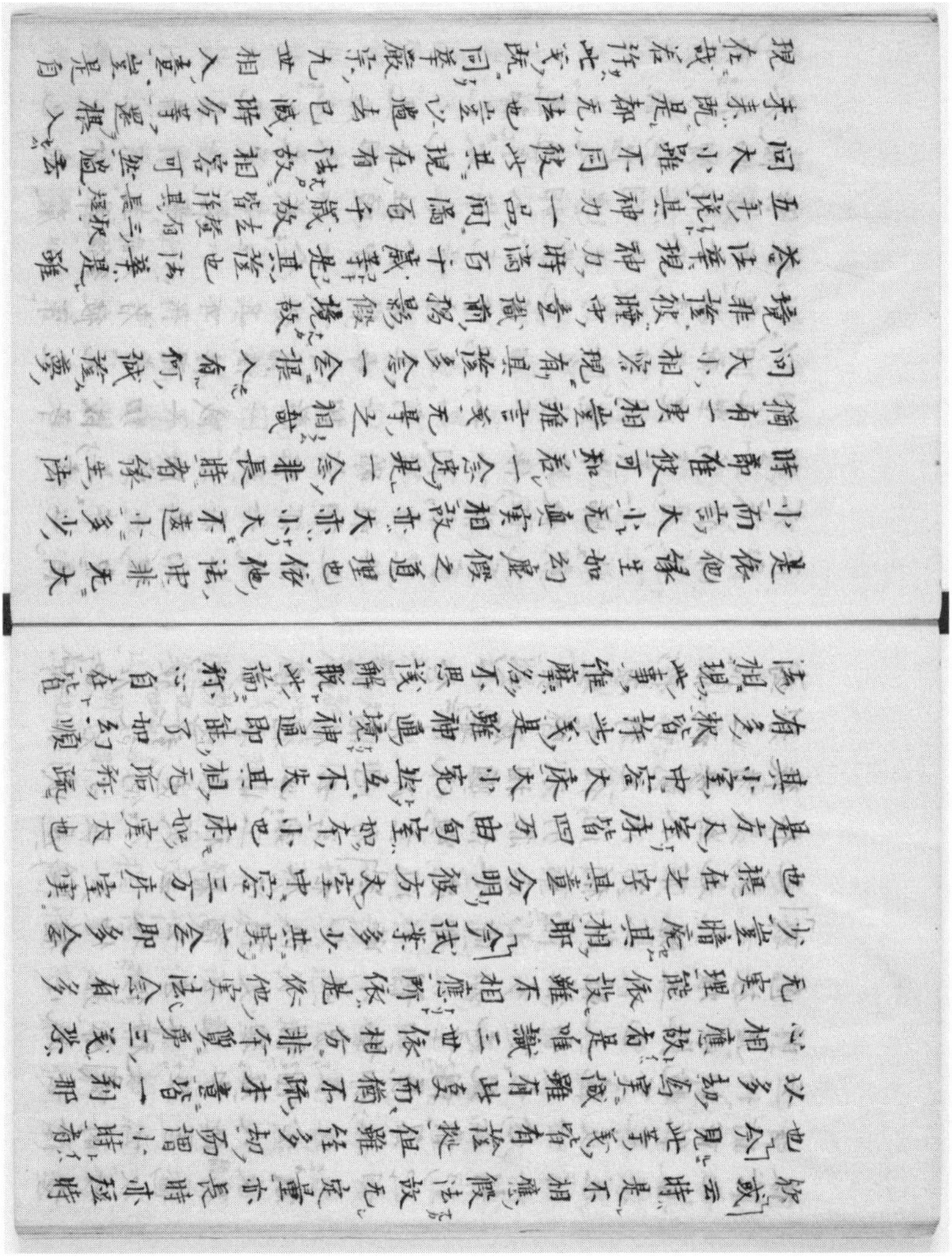

五六丁裏〜五七丁表

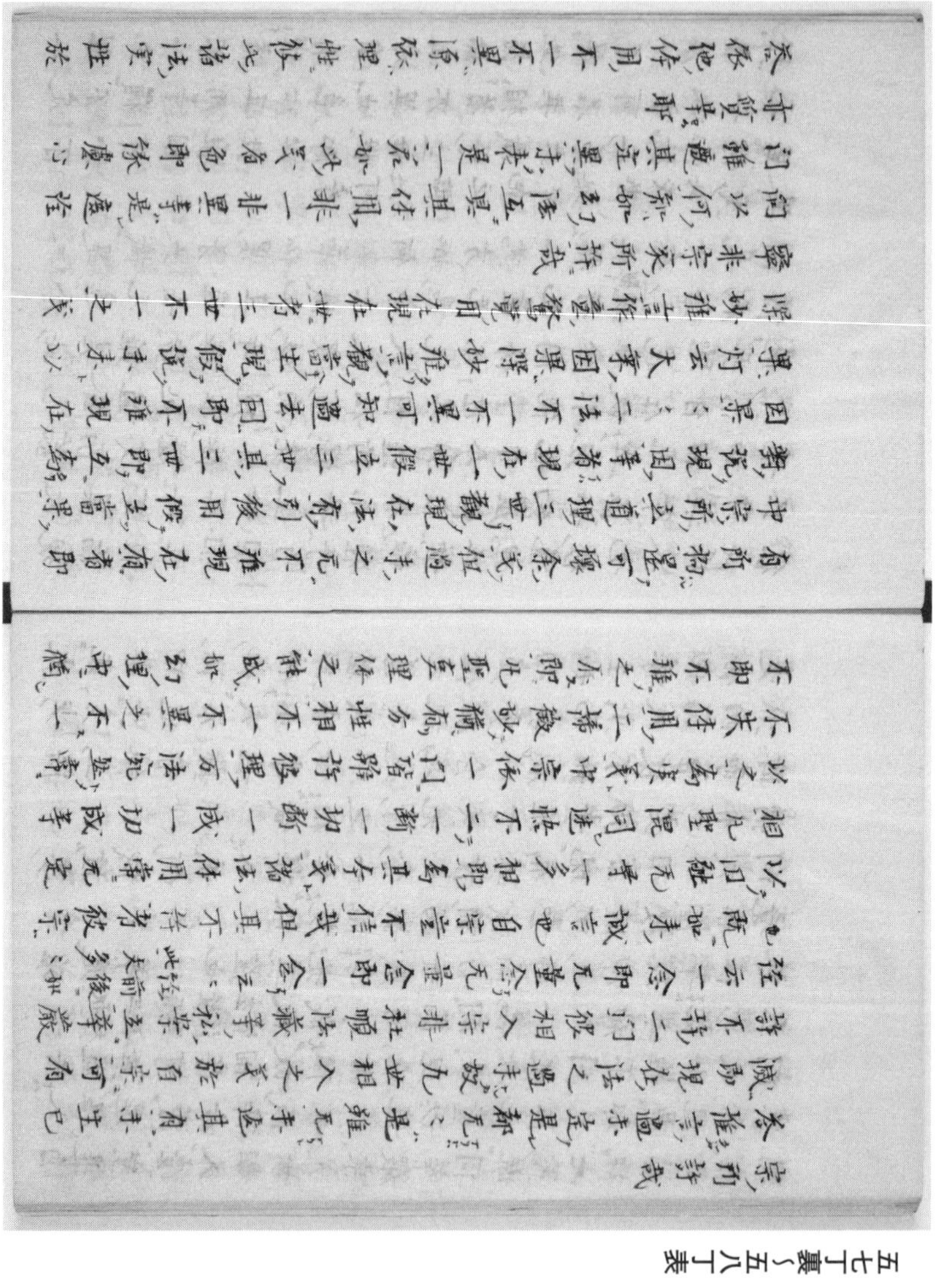

五七丁裏～五八丁表

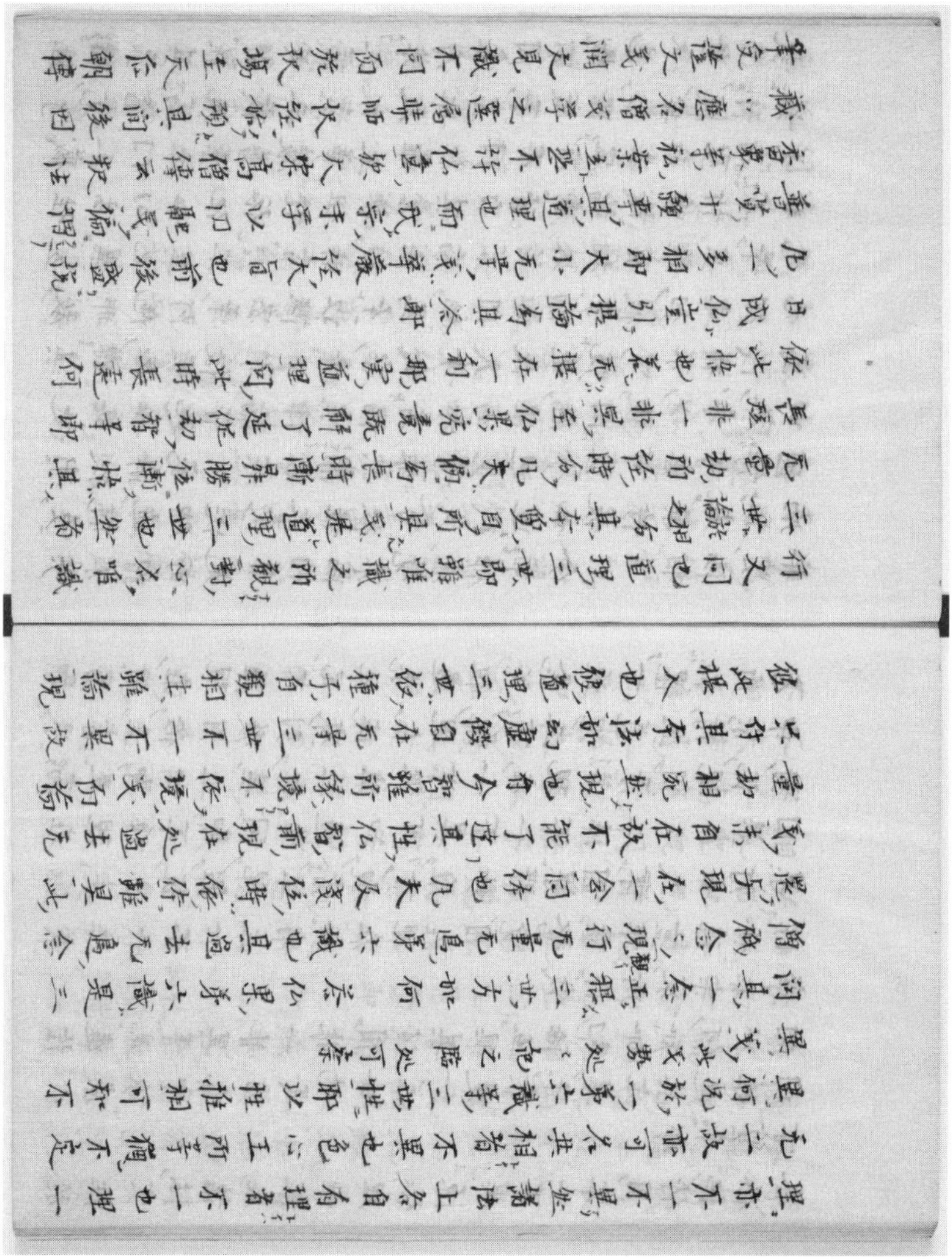

五八丁裏〜五九丁表

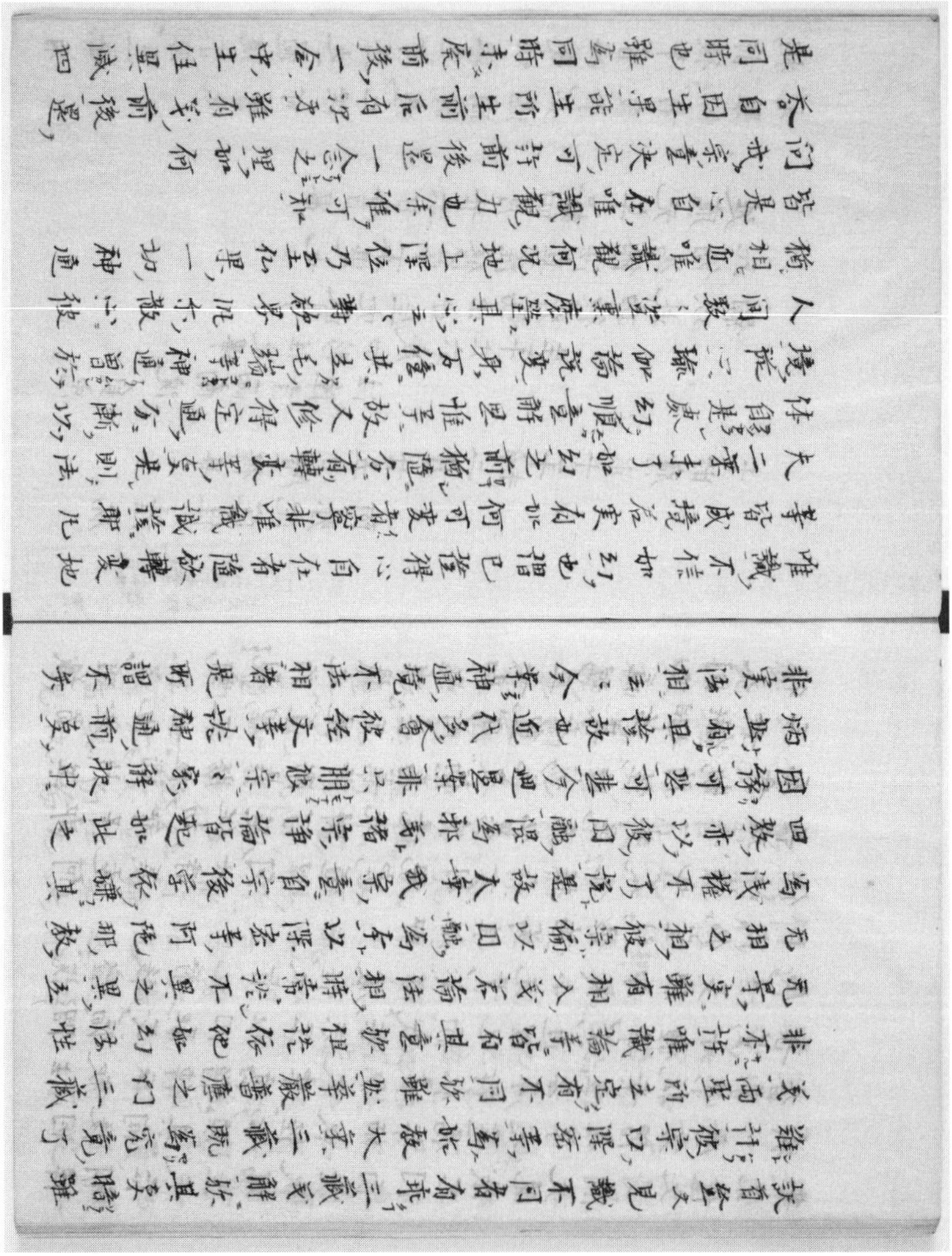

五九丁裏〜六〇丁表

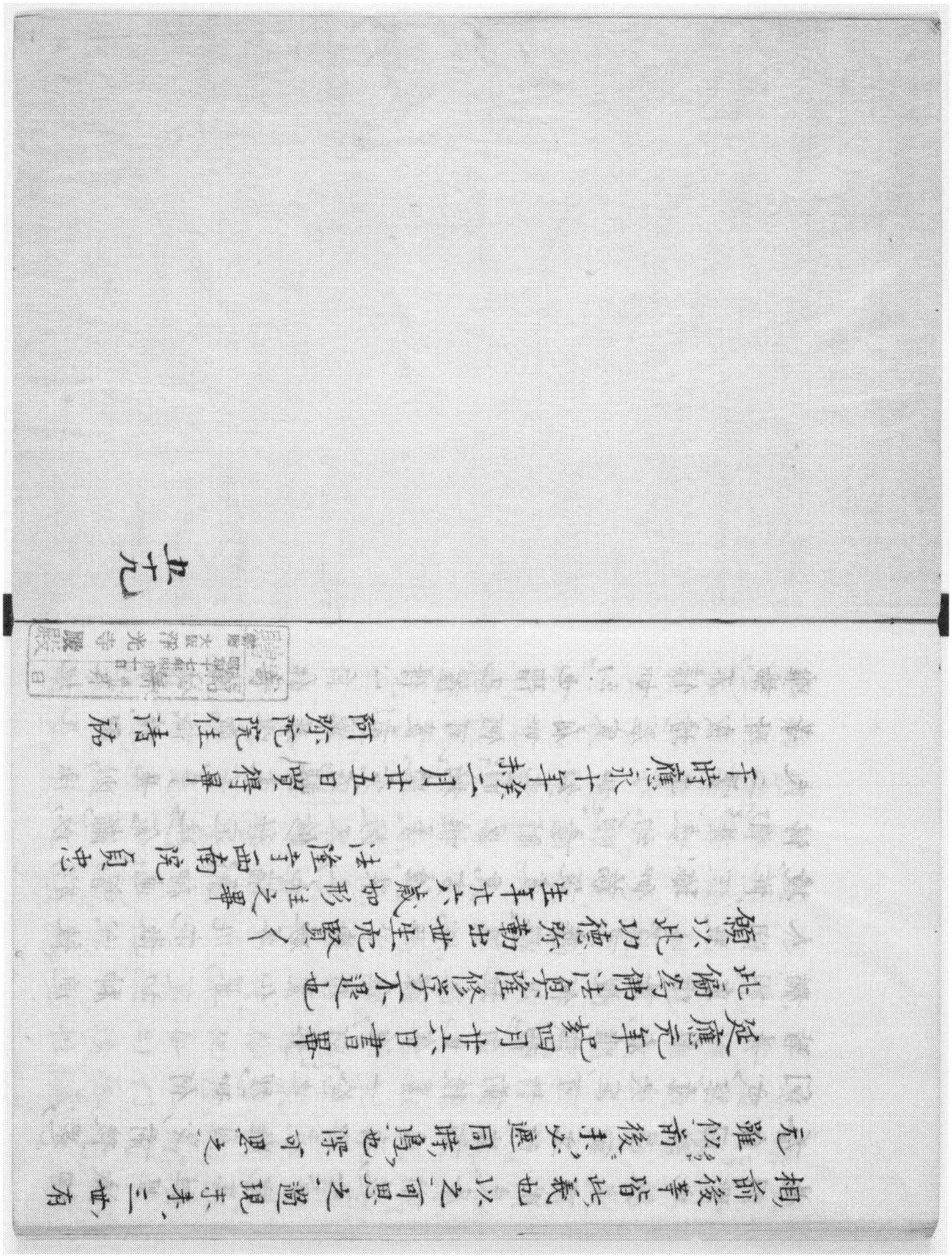
相前後等皆此義也以之可思之過現未未三世有
元雖似前後未必適同時為也深可思之
延應元年己亥四月廿六日書畢
此偏為佛法興隆修学不退也
願以此功徳祢勤出世生死賢々
生年廿六歳如形注之畢
法隆寺西南院貞忠
干時應永十年癸未二月廿五日買得畢
阿弥陀院住清祐
五十九

六〇丁裏

第二章 「一仏繋属」の展開

第一節 はじめに

鎌倉初期の唯識学匠であった解脱房貞慶（一一五五―一二一三）には、法然浄土教を批判した『興福寺奏達状』（以下『奏達状』）および『興福寺奏状』（以下『奏状』）が存し、今に伝えられている。全九箇条の過失が連ねられているが、その中でも注目すべきものの一つが次の第一条の文である。すなわち、

一代の聖教は弥陀一仏の称名に帰し、恒沙の法門は悉く西方極楽の往生に在る哉。（『奏達状』）

一代の聖教は唯だ弥陀一仏の称名を説き、三蔵の旨帰は偏えに西方一界の往生に在る歟。（『奏状』）(1)

と。第一条は、『奏達状』では「邪宗を立てるの罪」、『奏状』では「新宗を立てるの失」と罪過名が記さ

れているように、法然（一一三三―一二一二）が一宗を立てたことに対して「浅深・権実をわきまえず」と批判している箇所である。しかし、批判内容を見ると「弥陀一仏」「西方一界」とあるように、法然のスタンスが「一仏繋属」にあることを強烈に批判していることが知られるのである。従来、あまり注目されてこなかったが、「一仏繋属」か「多仏繋属」かというスタンスの違いこそが、全九条を貫く批判の根幹をなしていることに留意すべきであろう。

そもそも、貞慶は多仏信仰者である。なぜならば、「三阿僧祇劫にわたって諸仏の浄土に生まれて見仏聞法し、仏道を完遂して仏陀と成る」という点に、貞慶の信仰の根幹があったからである。しかし、同時に彼は「一尊帰依」のあり方も示す。それは、法相教学における浄土知見の理論において、初発心の行者には常に「一四天下の難」がつきまとっていたからである。いわゆる「一四天下の難」とは、菩提心を初めて発した菩薩の見るべき世界は一の須弥山世界（一小世界）のみであり、同時に多数の仏の国土（浄土）を知見することができないという難である。そのため貞慶は、諸尊を仰信するも、順次生に往くべき浄土としては一尊を選ばざるをえなかったのである。ここに、多仏信仰者でありながら最期には一尊の世界のみを欣求するという、貞慶の信仰形態が生じたのである。したがって、貞慶は弥陀・釈迦・弥勒・観音の四尊を中心とした複合型の浄土信仰を有してはいたが、その比重を変えつつ、最期には観音の補陀落浄土への往生を欣求して示寂した。そこには、すでに第一部第三章および第二部第二章で指摘したように、「多仏繋属の中での一尊帰依」という熟慮した末の論理展開が認められたのである。この観点より見たとき、貞慶にとって法然の「弥陀一仏」「西方一界」の思想には到底、容認しがたいものがあったのである。

元来、貞慶の属する法相宗においては実は、「多仏繋属」も「一仏繋属」のいずれも認められていた。これについて、法相宗の根本論典である『成唯識論』巻十を見ると、「多属一・一属多」を解釈して次のように述べている。すなわち、

諸の有情の類は、無始の時より来《このか》た、種性法爾に更に相い繋属せり。或いは多の一に属し、或いは一の多に属するが故に、所化の生に共と不共と有り。爾らざれば、多の仏の久しく世間に住して各おのの事を劬労すとも、実に無益と為る。一仏は能く一切の生を益するが故に。(2)

といい、多仏と一仏のはたらきを述べ、多仏繋属も一仏繋属も共に認める立場を明確に示したのである。これを受けた法相宗の開祖と位置づけられる慈恩大師基（六三二―六八二）は『大乗法苑義林章』の中で、

実義の如きは共と不共と有り。『成唯識論』も亦た是の説を作《な》す。所化の共というは、同処同時なり。諸仏は各おの変じて身と為り土と為《な》る。形状相似して相い障礙せず。展転《ちんでん》相雑して増上縁と為り、所化の生をして自識に変現し、一土に於いて一仏身有りて為めに神通を現じ、説法・饒益すと謂《おも》わ令む。不共に於いては、唯だ一仏の変なり。諸の有情の類は、無始の時より来《このか》た、種姓法爾に更に相い繋属せり。或いは多の一に属し、或いは一の多に属す。故に所化の生に共と不共と有り。爾らざれば、多の仏の久しく世間に住して各おのの事を劬労すとも、実に無益と為る。一仏は能く一切の生を益する

が故。この義は広く仏地等に説くが如し。(3)

といい、『成唯識論』と『仏地経論』を拠り所として、有情（種姓）の「共不共」を実義とする論を展開した。また、法相宗第三祖に位置づけられる撲揚大師智周（六七七―七三三）もまた『成唯識論演秘』において、

一切如来の所化の有情は、共不共と為す。有義は皆な共、一一の仏は皆な一切を度するを以てなり。（中略）有義は不共、仏の所化の諸の有情の類は本《もと》より相い属せるを以ての故に。（中略）実義の如きは共と不共と有り。若し所化の生、一向に共ならば、何ぞ多仏を須《もと》めん。一仏、能く一切の生を化すが故に。若し所化の生、一向に不共ならば、菩薩は応に弘誓の願を発《おこ》して多の仏に歴事して大乗を修学すべからず。諸仏は応に己が所化を以て後の仏に付属すべからず。(4)

といい、「如実義」として共（多仏繋属）と不共（一仏繋属）のいずれをも認める見解を示したのである。ところが、貞慶はそれをよく承知しながらも、菩薩においては多仏繋属であるという立場をあえて鮮明にした。すなわち、『論第十巻尋思鈔別要』「菩薩種姓一仏繋属有無」には、

末に云わく、菩薩の中には此の類（一仏繋属の類）無し。問う。根性は万差也。何ぞ此の類を遮せん

や。（中略）答う。法爾の種姓は五乗をば本と為す。五姓の中の菩薩及び不定姓は、法爾として多仏に属す可きの類也。（中略）菩薩種姓の中、誰人か無数の仏土に詣でざるや、無尽の法門を受くること無からん。（中略）故に必ず多仏に繫属す可し。是れぞ其れ、菩薩法爾の種姓也。(5)

といい、「菩薩種姓には一仏繫属はなく、必ず多仏に繫属する」という見解を鮮明に示したのである。ではなぜ、貞慶は「多仏繫属」にこだわったのであろうか。それは、一つには仏道を歩もうとする貞慶自身の基本姿勢に基づくものであったことは明白である。すなわち、『弥勒講式』には、

宿世の機縁に依り、既に上生を遂ぐ。見仏聞法、須《すべから》く勝位に進むべし。（中略）賢劫星宿、諸仏に歴仕し、住・行・向・地と漸次増進し、遂に花王の宝座に昇り、宜《よろし》く大覚の尊号を受くべし。(6)

とあり、三阿僧祇劫の修行の間（十住・十行・十回向・十地）に「諸仏に歴仕」するあり方が明白に示されていた。この観点より貞慶は「多仏繫属」を根底にすえ、弥陀・釈迦・弥勒・観音の四尊を中心とする複合型信仰を示し、まずは弥陀の極楽浄土、次いで釈迦の霊山浄土、あるいは弥勒の知足浄土、最後には観音の補陀落浄土を欣求したわけである。この点について、示寂する六年前にあたる承元三年（一二〇九）に著された『観音講式』には、

大聖の境界は、隔てず紛れず。安養と知足は殆ど一所の如し。況んや弥陀・観音の所居に於いてを哉。（中略）釈迦・弥勒・観音をば仰いで三尊と為す。彼の三尊の所居、殊《こと》に欣求する所也。(7)

とあり、釈迦・弥勒・観音の三尊それぞれの浄土を欣求するとともに、なお弥陀の浄土をも「一所の如し」と述べる見解を示しているので、貞慶の複合型信仰は末年まで続いていたと見てよいであろう。この点では、近年になって海住山寺の経蔵から『阿弥陀浄土曼荼羅』が発見されたが、これは「解脱上人所持」の裏書を有する『弥勒浄土曼荼羅』（現＊興正寺蔵）と対をなすものであったというから、貞慶の弥陀浄土への未練は尚も隠覆して続いていたものと考えられる。これは、貞慶が根本的に多仏繋属の立場にあったからであり、どの尊者でもよいからまず往生することが可能な浄土に生まれ、仏道の第一歩を踏み出したいと考えていたことが知られるのである。ところが、先に述べたように菩薩には「一四天下の難」があり、初発心の菩薩は三界内に仮託された一仏世界（浄土）しか知見することができない。そのため、貞慶の浄土信仰も年が経つにつれて比重を移したものと考えられるのである。

以上の事情については、特に第一部第三章・第二部第三章に詳述したので、ここでは第二部第二章に関わる「一仏繋属」の問答について明らかにしていきたい。用いる資料は、身延山本『唯識論尋思鈔別要』「一仏繋属有無」および東大寺図書館本『唯識論尋思鈔通要』「一仏繋属事」である。成立順にしたがい、『尋思別要』から『尋思通要』の順に翻刻読解し、法然浄土教批判の教学的基盤として貞慶が案出した「一仏繋属」の実態を解明したいと考えている。

註

（1）大取一馬編『典籍と史料』（龍谷大学仏教文化研究所、二〇一一年）三一〇頁。
（2）大正三一・五八・下。
（3）大正四五・三六九・上。
（4）大正四三・九七八・上。
（5）本研究書五六六～五六七頁。
（6）山田昭全・清水宥聖編『貞慶講式集』（山喜房佛書林、二〇〇〇年）八九～九〇頁。訓読は筆者。
（7）興福寺所蔵『観音講式』（承元三年）未翻刻。第二部第一章で翻刻文も一部示しているので参照されたい。

第二節　『尋思別要』の「菩薩種姓一仏繫属有無」

【翻刻】〈三八丁裏～四〇丁裏〉

菩薩種姓一佛繫屬有無

末云、菩薩ノ中ニハ無此類。問。根性万差也。何ソ遮セン此類。依テ之ニ今ノ論ニ、無始時来種姓法爾更相繫屬◯〔註1〕、云々。仏地論ノ如実義全同此文ニ。加之、心地観経或一菩薩多仏化或多菩薩一仏化、云々。如何。

答。法爾種姓五乗ヲ為ス本ト。五性ノ中ニ菩薩及不定姓ハ、法爾トシテ可属多仏之類也。故仏地論難所化一向不共師ヲ云、菩薩不應發誓願、〔註2〕歴仏諸仏、修学大乗、云々。　如次、挙所發ノ願、所供ノ仏、所修ノ法ヲ。既發廣大ノ弘願ヲ。莫シ善トシテ而不ストイフコト願求セ十方無数ノ諸仏ニ。各有リ不可思議惣別ノ功徳耳。豈於テ彼ノ因行果徳ニ不ス欣楽セ、不ラム勤学セ哉。依之、四依ノ之間供養ス二十六恒諸仏。＊或通實数等／如摂釈＊ 所供養ノ仏、豈不法爾ノ繫屬ニ哉。故ニ仏地論云、然諸有情於無縁仏亦不肯受化。亦不見聞、云々。　菩薩種姓中、誰ケ人カ不詣無数仏土ニ、無ラム受コト無盡ノ法門ヲ。菩薩ノ所化又周遍セリ十方仏土。若隔ヘタテハ縁ヲ於彼ノ土ニ、非ス只自行ノ闕少ナルノミニ、亦失ス利他ノ廣門ヲ。故必可繫屬ス多仏ニ。是其菩薩法爾ノ種姓也。但、両論ノ文惣テ見レハ、諸ノ有情ノ中ニ繫屬ノ多少、所化ノ共不共アリ。其ノ中ニ共ノ邊ハ亘ワタリ三乗ニ、不共ノ邊ハ談ス二乗ヲ。有何ノ過。何況於テ繫屬有リ多重。観音大士自リ最初ノ發心有テ別願、繫屬弥陀ニ等也。無諍念王發心ノ時、太子同ク發心。寶蔵仏、授記ヲ太子ニ、大王成仏ノ時、汝為補處、次ニ當ヘシ成仏、云々。即弥陀如来正法明如来、其ノ因縁也。又、釈尊ノ多ノ弟子ノ中ニ、阿難尊者ハ世々ニ必ス為タリ侍者。如此繫屬雖トモ在リト一仏ニ無過。今論文ニ、可會之ヲ。若爾ハ、二身土ノ文、通シテ攝菩薩。観音雖在リト報土ニ、唯属スルカ一仏ニ等也。心地観経ハ説ク此ノ門ヲ也。故ニ彼ノ文ニ、能化所化随地增、各随本縁、為所属。或ハ一菩薩多仏化、或ハ多菩薩一佛化、云々。各随本縁ニ、弥陀〔註3〕観音文子ノ本縁等也。若両論ノ文偏ニ説此ノ門ヲ者、違仏地論ノ不肯受化亦不見聞ノ説ニ。知ヌ、両論〔註4〕ノ説受化皆為繫屬、以テ此ノ門ヲ為本ト。於其ノ共ノ中ニ、更分属不属ヲ為傍義ト歟。

先案云、繫屬不繫屬ハ者、付テ重論別縁共不共者、論汎爾ノ有縁無縁ヲ也。今論、以繫屬分明。定知、有不共類、為言。故所化生有共不共、文。以上或多属一等為其故。知、以別繫屬、推惣ノ共不共也。

問。以惣ヲ可推別〔註5〕ヲ、別者其ノ義、重シ。難必許之故。

答。別繫屬、聖教ニ有明文。以之ヲ為證ト。二乗等ノ中ニハ、実於余仏全ク無縁者可有、為言。此義、旁有隠。但、猶難量。別縁繫屬ノ上ニ、猶シ可有ル多重。一世一時等ニ有縁無縁ノ

不同等也。彼ノ須達長者家老婢不受釈尊ノ教化ヲ。仏、告羅睺云、汝維可度。即随テ羅雲ニ雖證聖果、後即詣仏所。是等一段、別縁不同也。

〔註1〕○は引用した経論疏等の中略記号。写本によく用いられる。
〔註2〕歴仏→歴仕の誤りか。
〔註3〕弥陀観音文子→弥陀観音父子か。
〔註4〕大谷本より「説」を「論」に改めた。
〔註5〕大谷本より「推別」とした。

【訓読】

菩薩種姓[1]の一佛繫屬の有無

末に云わく、菩薩の中には此の類無し。

問う。根性[2]は万差也。何ぞ此の類を遮せんや。之れに依りて今の『論』には、「無始の時より来《このか》た種姓は法爾として更に相い繫属す[3]（中略）」と、云々。『仏地論』の如実義[4]も全く此の文に同じ。加之《しかのみなら》ず、『心地観経』には「或いは一菩薩多仏化、或いは多菩薩一仏化[5]」と、云々。如何ぞ。

答う。法爾種姓[6]は五乗[7]をば本と為す。五姓[8]の中の菩薩及び不定姓は、法爾として多仏に属す可きの類也。故に『仏地論』には所化[9]一向不共[10]師を難じて云わく、「（若し所化生一向不共ならば）菩薩は応に弘誓[11]の願を発し、諸仏に歴事し、大乗を修学すべからず[12]」と、云々。次いでの如く、所発の願、所供の仏、所修の法を挙ぐ。既に広大の弘願を発す。善として十方無数の諸仏を願求せずということ莫し。各おの不可思議の惣別の功徳有る耳《のみ》。豈に彼の因行果徳[13]に於いて欣楽[14]せず、勤学[15]せざらん哉。之れに依り、四依[16]の間は二十六恒[17]の諸仏を供養す。＊或いは実数等に通ず、『摂釈』の如し＊ 供養する所の仏、豈に法爾の繫屬にあらず哉。故に『仏地論』に云わく、「然るに諸の有情は無縁の仏に於いて亦た化を受くるを肯《うべ》なわず。亦た見聞せず[18]」、と云々。菩薩種姓の中、誰人か無数の仏土に詣でざるや、無尽の法門[19]を受くること無からん。菩薩の所化も又た十方仏土に周遍せり。若し縁を彼の土に隔てば、只だ自行の闕少なるのみに非ず、亦た利他の広門を失す。故に必ず多仏に繫属す可し。是れぞ其れ菩薩法爾種姓也。但し、両『論』の文をば惣じて見れば、諸の有情[20]の中に繫属の多・少、所化の共・不共あり。其の中の共の辺は三乗[21]に亘り、不共の辺は二乗[22]を談ず。何の過《とが》か有らん。何に況んや繫属に於いて多重有り。観音[23]大士[24]は最初発心[25]自《よ》り別願[26]有りて、弥陀に繫属する等也。無諍念王[27]の発心せる時、太子も同じく発心す。宝蔵仏[28]、記をば太子に授くるに、「大王成仏せし時、汝は補処と為りて、次に当に成仏すべし[29]」と、云々。即ち弥陀如来と正法明如来[30]、其の因縁也。又た、釈尊の多くの弟子の中、阿難尊者[31]は世々に必ず侍者と為る。此の如き繫属は一仏に在りと雖も過無し。今の『論』の文に、之れを会す可し。若し爾らば、二身土の文、通じて菩薩を摂す。観音は報土に在りと雖も、唯だ一仏に属す等也。『心地観経』は此の門を説く也。故に彼の文は、「能化[32]も所化も地増[33]に随い、各おの本縁[34]に随い、所属と為す。或いは一菩薩多仏化、或いは多菩薩一仏化[35]」と、云々。各おの本縁に随うとは、弥陀観音父子の本縁等也。若し両論の文に偏えに此の門を説かば、『仏地論』の「不肯受化亦不見聞[36]」の説に違す。知んぬ、両『論』に説く「受化」をば皆な繋属と為し、此の門を以て本と為すなりと。其の共の中に於いて、更に分属・不属をば傍義と為す歟。

先に案じて云わく、繋屬と不繋屬は、重ねて別縁の共・不共を論ずるに付かば、汎爾の有縁・無縁を論ずる也。今の『論』は、繋属を以てせること分明なり。定んで知んぬ、不共の類有りということを、と言わんとす。故に「所化の生に共と不共と有り」と、文《いえ》り。更に上の「或多属一[38]」等を以て其の故と為す。知んぬ、別繋属を以て、惣の共不共を推《す》る也と。

問う。惣を以て別を推る可し。別とは其の義、重し。難ずるに必ず之れを許すが故に。

答う。別繋屬は、聖教に明らかなる文有り。之れを以て証《あか》しと為す。二乗等の中には、実に余仏に於いて全く縁無き者有る可し、と言わんとす。此の義、旁《かたが》た隠有り。但し、猶し量り難し。別縁の繋属の上に、猶し多重有る可し。一世一時等に有縁・無縁の不同等也。彼の須達長者の家の老婢[39]は釈尊の教化を受けず。仏、羅睺[40]に告げて云わく、「汝は維《こ》れをば度す可し[41]」と。即ち羅雲に随いて聖果を証すと雖も、後に即ち仏所に詣ず。是れ等は一段、別縁不同也。

【註記】

［1］菩薩種性……仏の悟りを開く無漏種子（行仏性）を有するもの。

［2］根性……教化を受けるものの性質や能力のこと。

［3］無始時来種姓法爾更相繋属……『成唯識論』からの引用。当該箇所は、大正三一・五八・下。

〔4〕如実義……真実の見解。正しい解釈のこと。
〔5〕或一菩薩〜薩一仏化……『大乗本生心地観経』からの引用。当該箇所は、大正三・三〇五・中。
〔6〕法爾種姓……先天的に備わっている阿羅漢果・独覚果・仏果を悟る無漏種子のこと。無漏種子は現行するまで「種姓」と呼ばれるが、この種類によって五姓各別が立てられている。
〔7〕五乗……通常は菩薩乗・独覚乗・声聞乗・人乗・天乗をいうが、ここでは五姓のこと。
〔8〕五姓……衆生が有する無漏種子（種姓）の有無と種類の相違によって分析された五種類の有情のこと。具体的には、菩薩定姓（仏と成る無漏種子を有するもの）、独覚定姓（独覚果を悟る無漏種子を有するもの）、声聞定姓（阿羅漢果を悟る無漏種子を有するもの）、不定姓（仏果・独覚果・阿羅漢果を悟る無漏種子のうち二つもしくは三つすべてを有するため姓類が確定していないもの）、無姓有情（いずれの無漏種子をも有さないもの）の五つ。
〔9〕所化……仏や菩薩による教化を受けるもの。
〔10〕一向不共……一仏繋属のあり方。
〔11〕弘願……一切の衆生を救わんとする仏の広大な誓願のこと。
〔12〕菩薩不応〜修学大乗……『仏地経論』からの引用。当該箇所は、大正二六・三二七・中。
〔13〕因行果徳……因としての菩薩行と、それによって得られる果報としての仏徳のこと。
〔14〕欣楽……願い求めること。
〔15〕勤学……修行に励むこと。
〔16〕四依……四依菩薩の略。菩薩の階位の十信位を初依、十住位を第二依、十行・十回向位を第三依、十地・等覚位を第四依とする。
〔17〕恒……恒河沙の略。無限の数量を譬えていう。
〔18〕然諸有情〜亦不見聞……『仏地経論』からの引用。当該箇所は、大正二六・三二七・中。
〔19〕法門……仏の教えのこと。

[20] 有情……梵語 sattva の意訳。情識（こころ）有るもののこと。

[21] 三乗……衆生を悟りの世界へ運ぶ三種の教法を乗り物に譬えた言い方。ここでは声聞乗・独覚乗・菩薩乗のこと。

[22] 二乗……三乗のうち、特に声聞乗と独覚乗のことを二乗という。

[23] 観音……観世音・観自在等とも訳される。勢至菩薩と共に阿弥陀仏の脇侍として知られる菩薩であると同時に、単独の菩薩（大悲闡提菩薩）としても知られる。また、過去に成仏して正法明如来となり、今は菩薩となり、未来にはまた普功徳山王如来となる等とも説かれる菩薩。

[24] 大士……梵語 mahāsattva の意訳。音訳は摩訶薩。大士が付くと単なる菩薩ではなく、未来に仏となることが確定している尊者を意味する。

[25] 最初発心……初めて悟り（菩提）を得ようとする心を発すこと。この心を発すことによって菩薩としての道を歩み始める。なお、貞慶は一阿僧祇劫の修行の後に現行する無漏種子を真実の菩提心と見ている。

[26] 別願……仏菩薩がそれぞれ個別に立てた独自の誓願のこと。

[27] 無諍念王……『悲華経』「諸菩薩本授記品」（大正三・一八五・下）によれば、阿弥陀仏が転輪聖王（正法によって四天下を統一し治める王）であった時の名であるという。

[28] 宝蔵仏……宝海梵志の子が出家・成道した時の仏の名前。これも『悲華経』「諸菩薩本授記品」に出る。

[29] 無諍念王～次当成仏……『悲華経』「諸菩薩本授記品」（大正三・一八五下～一八六上）の取意。

[30] 正法明如来……観世音菩薩が過去世に仏であった時の名前。

[31] 阿難尊者……釈尊十大弟子の一人。釈尊のいとこで、常に釈尊に付き従い教説を聞いたことから「多聞第一」と称される。

[32] 能化……衆生を教化する仏や菩薩のこと。

[33] 地増……地地増進のことで、菩薩の階位である十地の各地を進んでいくこと。

[34] 本縁……根本的な縁。

［35］能化所化〜薩一仏化……『大乗本生心地観経』からの引用。当該箇所は、大正三・三〇五・中。

［36］不肯受化亦不見聞……『仏地経論』からの引用。当該箇所は、大正二六・三二七・中。

［37］別縁……個々の特別な縁のこと。

［38］或多属一……『仏地経論』からの引用。当該箇所は、大正二六・三二七・上
［39］須達長者……須達多のこと。梵語 Sudatta の音写。波斯匿王の大臣で釈尊に帰依し、祇園精舎を布施したことで知られる。

［40］羅睺……羅睺羅の略。梵語 Rāhula の音写。釈尊の実子。後に出家し、十大弟子の一人に数えられた。

［41］仏告羅睺……出拠不詳。

【解説】

法相宗の根本論典である『成唯識論』、ならびに法相宗の開祖として位置づけられる慈恩大師基（六三二―六八二）の『大乗法苑義林章』『説無垢称経疏』、あるいは第三祖として位置づけられる撲揚大師智周（六七七―七三三）の『成唯識論演秘』等においては、多仏繫属も一仏繫属も共に認めていたことはすでに「第一節　はじめに」において指摘したとおりである。ところが、貞慶（一一五五―一二一三）は「末に云わく」として自己の見解を示す中で、明確に「菩薩に限っては一仏繫属の者はいない」といいきった。これは「四依の間は二十六恒の諸仏を供養す」とあることからも知られるとおり、三阿僧祇劫にわたっては諸仏に歴仕することを前提とした見解であることがわかる。ちなみに「四依」とは四依菩薩の略で、菩薩

の十信位を初依、同じく十住位を第二依、十行・十回向位を第三依、十地・等覚位を第四依とするものに他ならない。したがって、貞慶の多仏繫属論は、明らかに三阿僧祇劫にわたる菩薩の一般的な繫属のあり方を前提として論じたものであったことが知られるのである。

ところが、『成唯識論』には「或多属一或一属多。故所化生有共不共」といい、『大乗本生心地観経』にも「或一菩薩多仏化、或多菩薩一仏化」とあるように、いずれにおいても多仏繫属と一仏繫属のあり方が共に認められていた。また、『仏地経論』にも実は、「所化生一向不共」（一仏繫属）に対する問難のみならず、「若所化生一向共者」（多仏繫属）についての問難も示されていた。したがって、『仏地経論』もまた多仏繫属と一仏繫属のいずれをも共に認める立場にあったことが知られるのである。ところが、貞慶は『仏地経論』の二つの証文を引いた後に、

菩薩種姓の中、誰人か無数の仏土に詣でざるや、無尽の法門を受くること無からん。菩薩の所化も又た十方仏土に周遍せり。若し縁を彼の土に隔てば、只だ自行の闕少なるのみに非ず、亦た利他の広門を失す。故に必ず多仏に繫属す可し。是れぞ其れ菩薩法爾種姓也。但し、両『論』の文をば惣じて見れば、諸の有情の中に繫属の多・少、所化の共・不共あり。其の中の共の辺は三乗に亘り、不共の辺は二乗を談ず。何の過《とが》か有らん。

（本研究書五六七頁）

といい、菩薩種姓に限っては多仏繫属であることを強く主張し、共と不共のあり方について、共（多仏繫

属）は三乗に亘るが不共（一仏繫属）は二乗に限るという画期的な会通を示したのである。そして、一仏繫属菩薩の例として「弥陀と観音」「釈尊と阿難」等を挙げ、特殊な「別縁菩薩」に限ることも併せて指摘したのである。

この論理展開を見ると明らかであるが、貞慶は菩薩の一仏繫属を許さず、巧妙な会通を施して仏道を歩む行者（菩薩）の多仏繫属を明確にしたといってよい。それまでの主たる伝統説の表現を会通して、一切の有情を対象にしたまま共と不共を語るのではなく、「共は菩薩、不共は二乗」と会通したのはなぜであったか。そこに法然浄土教の不穏な動きに対する貞慶の強い思いを感じ取ることができるのである。では、法然（一一三三―一二一二）はなぜに一仏繫属を主張しえたのであろうか。実は法然は南都遊学の折に蔵俊（一一〇四―一一八〇）に会っており、そこで一仏繫属のあり方を聞いた可能性が高い。そのことが念頭にあったのか否か、最初に著した『尋思別要』では明確に「菩薩の一仏繫属」を否定したが、次に作成された『尋思通要』では蔵俊説を用いながら会通し、その上で「別記」に譲ったのである。その「別記」が他ならぬ『尋思別要』であった。そこで、次は『尋思通要』の「一仏繫属」において如何なる展開がなされたかを検証することにしたい。

第三節　『尋思通要』の「一仏繫属事」

【翻刻】〈一一丁表～一四丁裏〉

一佛繫属事

問。従初發心至成佛時、繫属一佛一之者可有一乎。答。或有トモ
此類一、或云無之。問。付有此類二云傳一、宗家ノ意ハ四依間供養
二十六恒ノ諸佛一ヲ。若有一佛繫属類一者、豈無曆〔註1〕事諸佛ノ行耶。
若非繫属一ニ、無縁之佛ニハ猶シ隔見聞。況曆〔註2〕事哉。＊可見仏地／論＊ 付无之義、
法爾種姓差別ニシテ所化ニ分テ共不共ノ類一ヲ。無始繫属不同ニシテ、能化有化不化
別。何無繫属一佛一之者一乎。依之論云、諸有情類無始時来、種姓
法爾更相繫屬。或多屬一、或一屬多。故所化生有共不共、云云。
＊仏地論同之＊ 加之、心地観経倶亦説、或多菩薩一佛化。護法親光ノ釈深源
於契経ノ説乎。
本云、今、案一佛繫属有無、而有二義。一云、有此類也。有情種姓
不同ナリ。何皆属多佛一ニ。故立法爾種姓一宗ハ、要可許属一之類一也。

＊此事少可思之＊

由之破一向共師云、一佛之外ノ餘ノ衆生ヲハ、不應令趣大乘。但應化シテ彼令得二乘ノ寂滅、云々。此乃、若一向共ナラハ者種姓ノ差別モ不可有。故一切有情ヲシテ皆令ヘシトナリ得二乘果。若三乘ノ種姓異故非一切皆得二乘者、若爾種姓別故亦、可有一佛繫屬ノ者モ。故述正義云、種姓法爾更相繫屬。或多屬一、或一屬多、云云。若一向共者、似無法爾種姓。故初師有此難。若有ラハ法爾ノ種姓、可有一仏繫屬。故正義有此ノ釈。故知、五姓法爾差別之宗、許有此類。應是正理。但、於四依供佛ノ文者、會之亦有多義。一云、説二十六恒供佛之文ハ、是説屬多ノ之類也。非屬一之人也。或屬多之前、諸有縁佛同處同時各変身土。形状相似不相障碍。受相和雑シテ為増上縁ト。令所化ノ生ヲシテ自識ニ変現、謂於一土有ト一ノ佛身ノミ。所有諸佛皆名釈迦、乃至、皆名慈氏。其屬一ノ者、於此ノ釈迦見所屬ノ一佛。但、屬慈氏屬一之者ハ、但見慈氏ノ釈迦、不見釈迦々々ヲハ。亦不聞説法ヲモ。但屬釈迦之者ハ、但見釈迦ノ釈迦ヲ、不見釈迦ノ慈氏ヲ。亦不聞其説ヲモ。論云、於無縁佛不肯受化。亦不見聞、云々。故約テモ属一ニ多人合論スレハ、多佛汎シテハ為一佛也。故属セル釈迦ニノミ属一之人、往西方ニ向弥陀ニ時ニソ、但見弥陀中ノ釈迦、不見弥陀ノ々々ヲハ。乃至、生モ東方亦以爾。其餘一ノ類モ、皆以如是。而、其ノ所化ノ人ニハ、令謂我往テ西方ニ見モ弥陀佛、乃至、生テ浄ルリニ見ルト薬師佛ヲ。如属多者ニ令謂於一ノ土ニ有ト一ノ佛身也。＊論云、所化共者同處同時、諸佛各變為身為土。形状相似／令所化生自識變現、謂於一土有一佛身、云云、以之可知此義也＊

此乃不可思議境界、唯識道理之使然也。若不爾者、属一之者應不生十方佛土ニモ、亦應无供養諸佛ノ願モ。若許生スト十方浄土者、豈不見其土ノ佛哉。由之、但属釈迦之者、四依之間供養二十六恒ノ各別ノ佛時、供養諸佛ノ中釈迦一佛ヲ也。其能化ノ釈迦、令所化生シテ謂往テ十方界ニ供養スト二十六恒ノ諸佛。属餘一佛之類、准之可知。是則、令所化ヲシテ成弁供養諸佛之ノ願也。其所化ノ生モ亦、得供養シテ二十六恒各別佛之功徳。信力畢竟シテ知等コト故也。雖一ノ釈迦ナリ、於其釈迦有二十六恒ノ諸佛名也。是故随ハハ其名各別ナルニ、併依テ所化ノ謂ヒニ属一之者ヲモ、供養二十六恒ノ佛ト云也。成佛之時、三世諸佛智水灌頂者、准此義可知之。先徳云、二十六恒一佛化身者、蓋此意乎。＊此二義中／可用後義＊

問。佛地論云、於無縁佛亦不見聞、云云。何往テ十方ニ聞諸仏ノ名哉。

答。仏地論云亦不見聞者、不見色身、不聞説法ヲ云也。不云不ニハ聞其ノ名ヲサヘ也。入地已去ノ菩薩、豈不聞餘佛ノ名ヲ哉。

問。若爾、一向不共ノ師不可違曆事諸佛之義。〔註3〕何以テ曆事諸佛ヲ為難哉。二師會釈雖同、何異ニスルヤ愛憎哉。

答。正義ノ意ハ、二十六恒ノ名ト躰ト各別ナリ。所化共ノ者ニハ、能所化ノ邊ニ倶ニ名ト躰ト別ナリ。不共ノ者ニハ、所ニハ名ト躰ト別ナリ、能ニハ名ニシテ非躰ニ。聖教惣合此等ヲ、名二十六恒ト。

其ノ不共師ハ、二十六恒唯名ニシテ非躰故、就其躰而作難也。

二云。菩薩ノ種姓ハ悲願意楽倶足〔註4〕廣大ニシテ、曆事シ諸佛ニ修学大乗。是故、菩薩ノ中ニハ不可有一人トシテモ繫属スル一佛ニ之種姓ハ也。故佛地論ニ破不共ノ師ヲ、若所化生一向不共菩薩不應發弘誓願歴事諸佛、修學大乗、云々。既不共ノ師ニ菩薩ノ行願ヲモッテ而為其難ト。故知、二乗ニ有属一者、菩薩不許属一ノ者也。一仏繫属ノ者ハ約二乗説之事、源起レリ此文ヨリ歟。

佛地唯識ニ説不共ノ者、即是二乗等也。

問。論云、餘二身土随諸如来所化有情有共不共、云々。既約他受用ニ、許共不共別ナルコトヲ。故知、菩薩也。

答。論云餘二身土有共不共者、変化ノ共不共ト与他受用ノ共合云爾也。非他受用亦有不共。謂、為異セムヤ自性自受用ノ不ルニ随所化ニ。而、顕変化他受用ノ随所化ノ生㆓有共不共㆒義也。

問。心地観経云、能化所化随地増、各随本縁為所属。或一菩薩多佛化、或多菩薩一佛化、云々。既約菩薩㆒、弁属一属多㆓乎。答。

僧都御房云、心地観経約結縁ノ事㆓説也。即一地一位ニハ或結縁ト一佛㆒、或結縁多佛㆓也。各随本縁為所属者即其意也、云々。

燈釈事智間断スル故㆓云、互有所属故多間断、云々。他受用身所化若有属一之者㆒、可非不断常㆒（問也）ニハ。以之㆒方知、二乗ニ有属一者㆒菩薩ニハ（答也）無也。能々可案之。

尋云、佛地論云、若諸如来同一所化、何佛現前而化彼耶。諸佛皆有悲願力故、不可一化餘皆止息、云々。准之㆒、一切皆多佛所化者、一地一位ニモ但一仏ニ被化㆒之義、全不可有㆒也。諸佛皆有悲願力㆒。何共ニ有縁ナル佛ニヲキテ、而一佛ノミ化シテ餘仏ハ不化㆒哉。

　末云、菩薩無一仏繫属歟。但、繫属義更有別門。如別記。

南山仰云、菩薩根機廣大甚深須仕二十六恒諸佛必傍（本住）（依歟）無量無邊行願。是則法爾種姓也。若爾以種姓法爾、乃至、或多属一文、為難甚非也。

同日一拠了

〔註1〕暦は歴か。
〔註2〕暦は歴か。

〔註3〕　暦は歴か。
〔註4〕　倶は具か。

【訓読】

一仏繫属の事

問う。初発心[1]従《よ》り成仏の時に至るまで、一仏に繫属するの者有る可き乎。

答う。或いは此の類有りとも、或いは之れ無しとも云う。

問う。此の類有りと云う伝に付いて、宗家の意は四依の間は二十六恒の諸仏を供養するにあり。若し一仏繫属の類有らば、豈に諸仏に歴事[2]するの行無き耶。若し繫属に非ざれば、無縁の仏には猶し見聞を隔つ。況んや歴事を哉。＊『仏地論』を見る可し＊ 無の義に付いて、法爾種姓差別にして所化に共不共の類を分かつ。無始より繫属は不同にして、能化に化と不化の別有り。何ぞ一仏に繫属するの者無き乎。之れに依り『論』に云わく、「諸の有情の類は無始の時より来《このかた》、種姓法爾として更に相い繫属す。或いは多の一に属し、或いは一の多に属す。故に所化の生に共と不共と有り[3]」、と云々。＊『仏地論』も之れに同じ＊ 加之《しかのみならず》、『心地観経』にも倶に亦た説かく、「或いは多菩薩一仏化[4]」と。護法[5]・親光[6]の釈の源は、契経の説に於いて乎。

本に云わく、今、一仏繫属の有無を案ずるに、二義有り。

一つには云わく、此の類有る也と。有情の種姓は不同なり。何ぞ皆な多仏に属すや。故に法爾種姓を立つる宗は、要《かなら》ず一に属するの類を許す可き也。＊此の事、少し之れを思う可し＊。之れに由り一向共師[7]を破して云わく、「一仏の外《ほか》の余の衆生をば、応に大乗に趣か令めず。但し応に彼を化して二乗の寂滅[8]を得せ令む[9]」と、云々。此れ乃ち、若し一向共ならば種姓の差別も有る可からず。故に一切の有情をして皆な二乗の果を得せ令むべしとなり。若し三乗の種姓異なるが故に一切皆な二乗を得るに非ずといわば、若し爾らば種姓別なるが故に亦た、一仏繋属の者も有る可し。故に正義に述べて云わく、「種姓法爾にして更に相い繋属す。或いは多の一に属し、或いは一の多に属す[10]」と、云々。若し一向共ならば、法爾種姓無きに似たり。故に初師に此の難有り。若し法爾種姓有らば、一仏繋属有る可し。故に正義に此の釈有り。故に知んぬ、五姓法爾差別の宗は、此の類有るを許すと。応に是れ正理なるべし。但し、四依供仏の文に於いては、之れを会するに亦た多義有り。一つには云わく、二十六恒供仏を説くの文は、是れ属多の類を説く也。属一の人に非ざる也。或いは属多の前に、諸の有縁の仏は同処同時に各おの身土を変ず。形状は相似して相い障礙せず。受相は和雑して増上縁[11]と為る。所化の生をして自識に変現せしめ、一土に於いて一の仏身のみ有りと謂《おも》わ令む。所有の諸仏をば皆な釈迦と名づけ、乃至、皆な慈氏[12]と名づく。其の属一の者、此の釈迦に於いて所属の一仏を見る。但だ慈氏に属する属一の者は、但だ慈氏の釈迦を見て、釈迦の釈迦をば見ず。亦た説法をも聞かず。但だ釈迦に属するの者は、但だ釈迦の釈迦を見て、釈迦の慈氏を見ず。亦た其の説をも聞かず。『論』に云わく、「無縁の仏に於いては化を受くるを肯《がえん》ぜず。亦た見聞せず[13]」と、云々。故に属一に約して多人をば合して論ずれば、多仏をば汎じて一仏と為す也。故に釈迦にのみ属せる属一の人は、西方に往きて弥陀に向かうの時に、但だ弥陀の中の釈迦を見て、弥陀の弥陀をば見ず。乃至、東方[14]に生ずるも亦た以て爾なり。其の余の一の類も、皆な以て是の如し。而《しか》るに、其の所化の人には、我れ西方に往きて弥陀仏を見る、乃至、浄瑠璃[15]に生じて薬師仏を見ると謂《おも》わ令む。属多の者に一の土に於いて一の仏身有りと謂《おも》わ令むるが如き也。＊『論』に云わく「所化共というは同処同時なり、諸仏各おの変じて身と為り土と為る。形状は相似せり。所化生をして自識に変現し、一土に於いて一仏身有りと謂わ令む[16]」と、云々。之れを以て此の義を知る可き也＊　此れ乃ち不可思議境界にして、唯識道理の然ら使《し》む也。若し爾らざれば、属一の者は応に十方仏土にも生ぜず、亦た応に諸仏の願をも供養すること無かるべし。若し十方の浄土に生ずるを許さば、豈に其の土の仏を見ざる哉。之れに由《よ》り、但だ釈迦に属するの者は、四依の間は二十六恒の各別の仏を供養するの時、諸仏の中の釈迦一仏を供養する也。其の能化の釈迦は、所化の生をして十方界に往きて二十六恒の諸仏を供養すと謂《おも》わ令む。余の一仏に属するの類も、之れに准じて知る可し。是れ則ち、所化をして供養諸仏の願を成弁せ令むる也[17]。其の所化の生も亦た、二十六恒の各別の仏を供養するの功徳を得る。信力は畢竟じて等しきことを知るが故也。一の釈迦なりと雖も、其の釈迦に於いて二十六恒の諸仏の名有る也。是の故に其の名の各別なるに随わば、併《な》べて所化の謂《おも》いに依りて属一の者をも、二十六恒の仏を供養すと云う也。成仏の時、三世諸仏の智水[18]をば頂きに潅ぐというは、此の義に准じて之れを知る可し。先徳の云わく、「二十六恒の一仏化身というは、蓋《けだ》し此の意《こころ》なる乎」と。＊此の二義の中、後義を用う可し＊

問う。『仏地論』に云わく、「無縁の仏に於いては亦た見聞せず[19]」と、云云。何ぞ十方に往きて諸仏の名を聞く哉。

答う。『仏地論』に「亦不見聞[20]」と云うは、色身を見ず、説法を聞かざるを云う也。其の名をさえ聞かずと云うにあらざる也。入地已去の菩薩[21]、豈に余仏の名を聞かざる哉。

問う。若し爾らば、一向不共の師は歴事諸仏の義に違す可からず。何を以て歴事諸仏を難と為す耶。二師の会釈は同じと雖も、何ぞ愛憎を異にする哉。

答う。正義の意《こころ》は、二十六恒の名と体とは各別なり。所化の共の者には、能所化の辺に倶に名と体と別なり。不共の者は、所には名と体と別なり、能には名にして体に非ず。聖教は惣じて此れ等を合して、二十六恒と名づく。其の不共師は、二十六恒は唯だ名にして体に非ざるが故に、其の体に就いて難を作《な》す也。

二つには云わく、菩薩種姓は悲願[22]の意楽[23]を具足すること広大にして、諸仏に歴事し大乗を修学す。是の故に、菩薩の中には一人としても一仏に繋属するの種姓は有る可からざる也。故に『仏地論』に不共の師を破して、「若し所化の生の一向に不共ならば菩薩は応に弘誓の願を発《おこ》して諸仏に歴事し、大乗を修学すべからず[24]」と、云々。既に不共の師は菩薩の行願[25]をもって其の難と為す。故に知んぬ、二乗に一に属するの者有りて、菩薩には一に属するの者を許さざる也と。一仏繋属の者は二乗に約して説くの事、源は此の文より起れる歟。『仏地』『唯識』に不共の者を説くは、即ち是れ二乗等也。

問う。『論』に云わく、「余の二身土は諸の如来に随いて所化の有情に共不共有り[26]」と、云々。既に他受用[27]

に約し、共不共の別なることを許す。故に知んぬ、菩薩也ということを。

答う。『論』に「余の二身土に共不共有り[28]」と云うは、変化[29]の共不共と他受用の共をば合して爾云う也。他受用にも亦た不共有るに非ず。謂わく、自性・自受用[30]の所化に随わざるに異せんや。而《しか》るに、変化・他受用の所化の生に随いて共不共有るの義を顕わせる也。

問う。『心地観経』に云わく、「能化所化は地増に随い、各おの本縁に随い所属を為す。或いは一菩薩多仏化、或いは多菩薩一仏化[31]」と、云々。既に菩薩に約し、属一属多を弁ずる乎。

答う。僧都御房の云わく、「心地観経は結縁の事に約して説く也。即ち一地一位には或いは一仏と結縁し、或いは多仏と結縁せる也と。各おの本縁に随いて所属を為すとは即ち其の意也[32]」と、云々。『灯』に「事智[33]間[34]断するが故に」を釈して云わく、「互いに所属有るが故に多くは間断す[35]」と、云々。他受用身の所化に若し属一の者有らば、断常せざるには非ざる可し。之れを以て方《まさ》に知んぬ、二乗に属一の者有りて菩薩には無き也ということを。能《よ》く能く之れを案ず可し。

尋ねて云わく、『仏地論』に云わく、「(問い也)若し諸の如来の同一所化ならば、何ぞ仏は現前して彼を化する耶。(答え也)諸仏には皆な悲願力有るが故に、一化として余も皆な止息す可からず[36]」と、云々。之れに准ずるに、「一切は皆な多仏の所化なり」というは、一地一位[37]にも但だ一仏に化せ被るの義、全く有る可からざる也。諸仏には皆な悲願力有り。何ぞ共に有縁なる仏におきて、一仏のみ化して余仏は化せざる哉。

末に云わく、菩薩には一仏繋属無き歟。但し、繋属の義は更に別門有り。別に記すが如し。南山の仰せに云わく、菩薩の根機は広大甚深にして須らく二十六恒の諸仏に仕え、必ず無量無辺の行願に住す[38]」と。是れ則ち法爾種姓也。若し爾らば「種姓法爾、乃至、或多属一[39]」の文を以て、難と為すこと甚だ非也。

同日一捜了

【註記】

[1] 初発心……最初発心のこと。初めて悟り（菩提）を得ようとする心を発《おこ》すこと。この心を発すことによって菩薩となり、仏道を歩み始める。なお、貞慶は一阿僧祇劫の修行の後に現行する無漏種子を真実の菩提心と見ている。

[2] 歴事……次々に仏に事《つか》えること。歴仕に同じ。

[3] 諸有情類~有共不共……『成唯識論』からの引用。当該箇所は、大正三一・五八・下。

[4] 或多菩薩一仏化……『大乗本生心地観経』からの引用。当該箇所は、大正三・三〇五・中。

[5] 護法……梵語 Dharmapāla の意訳。六世紀中頃のインドの僧。唯識十大論師の一人。中国・日本の法相家の人師は、護法の教説を正義説とした。

[6] 親光……護法の門人と伝えられる。著作に『仏地経論』がある。

[7] 一向共……多仏繋属のあり方。

[8] 寂滅……梵語 nirvāṇa の意訳。音写語は涅槃。ここでは二乗の灰身滅智の境地をいう。

[9] 一仏之外余~二乗寂滅……『仏地経論』の取意。当該箇所は、大正二六・三二七・上。

[10] 種姓法爾~或一属多……『仏地経論』からの引用。当該箇所は、大正二六・三二七・上。

[11] 増上縁……四縁（因縁・等無間縁・所縁縁・増上縁）の一つ。因縁・等無間縁・所縁縁を除いたすべての間接原因

のこと。具体的には他の縁のはたらきを助長進展させ、また増大することを妨げない間接原因のこと。
〔12〕慈氏……弥勒菩薩の異称。
〔13〕於無縁仏～亦不見聞……『仏地経論』からの引用。当該箇所は、大正二六・三二七・中。
〔14〕東方……薬師如来の浄土である東方瑠璃光浄土のこと。
〔15〕浄瑠璃……浄瑠璃世界のこと。薬師如来の東方瑠璃光浄土の異称。
〔16〕所化共者～有一仏身……『成唯識論』からの引用。当該箇所は、大正三一・五八・下。
〔17〕成弁……成就・完成すること。
〔18〕智水……智慧のこと。煩悩を洗い流す水に譬えて智水という。
〔19〕於無縁仏必不見聞……『仏地経論』からの引用。当該箇所は、大正二六・三二七・中。ただし、大正蔵では「於無縁仏不肯受化」となっている。
〔20〕亦不見聞……『仏地経論』からの引用。当該箇所は、大正二六・三二七・中。
〔21〕入地已去菩薩……法相宗では仏道の階位に十住・十行・十回向・十地・妙覚の四十一位を立てる。このうち初地に入った十地以降の菩薩のこと。
〔22〕悲願……菩薩が大悲の心から発す、衆生済度の誓願をいう。
〔23〕意楽……何かをなそうと心に思い願うこと。
〔24〕若所化生～修学大乗……『仏地経論』からの引用。当該箇所は、大正二六・三二七・中。
〔25〕行願……有情済度の行を実践しようとする誓願。
〔26〕余二身土～有共不共……『成唯識論』からの引用。当該箇所は、大正三一・五八・下。
〔27〕他受用……他受用身のこと。法相教学においては、仏身に自性身・自受用身・他受用身・変化身の四種を立てる。他受用身は平等性智の大慈悲力によって十地の菩薩のために国土（他受用土）を示現する仏身。
〔28〕余二身土有共不共……『成唯識論』からの引用。当該箇所は、大正三一・五八・下。

〔29〕変化……変化身のこと。変化身は成所作智の大慈悲力によって地前の菩薩や二乗・異生のための国土（変化土）を現じる仏身。

〔30〕自性・自受用……自性身と自受用身のこと。自性身は真如身である。また、自受用身は大円鏡智相応の仏身であり、自らの修行の結果として得られた法楽を自ら受用する仏身。したがって、この二身は衆生のために説法等の利益は行なわない。

〔31〕能化所化〜薩一仏化……『大乗本生心地観経』からの引用。当該箇所は、大正三・三〇五・中。

〔32〕僧都御房〜即其意也……出拠不詳。ただし、「本云」の流れからして「僧都御房」とは菩提院蔵俊のことと考えられる。この点では、良算編纂の『成唯識論同学鈔』にもしばしば「菩提院僧都」（大正六六・三二一上、四二五中、四三五中、五一九中、五一九下、五八六下等々）と出る点からも、まず間違いないものと思われる。したがって、出拠不詳ではあるが、この文も『菩提院抄』の文、あるいは直接聞いた言葉であったと考えられる。

〔33〕事智……成事智のこと。成所作智ともいう。仏果に至った時に得られる四智（成所作智・妙観察智・平等性智・大円鏡智）の一つで、無垢となった前五識相応の智慧をいう。

〔34〕間断……途切れること。成所作智は未登地の有情のために変化身・変化土を示現する。変化身は、我われ凡夫にとって最も親しい仏陀である。しかし、当該の文によれば、有情にはそれぞれに所属があるので他の仏の成所作智がはたらかない場合のあることを「事智間断」と述べていることが知られる。

〔35〕互有所属故多間断……『成唯識論了義灯』からの引用。当該箇所は、大正四三・八一〇・中。

〔36〕若諸如来〜余皆止息……『仏地経論』からの引用。当該箇所は、大正二六・三二七・中。

〔37〕一地一位……ここでは仏道の階位それぞれの意。

〔38〕南山仰云……出拠不詳。南山とは「大原上人」と同様、当時、貞慶が懇意にしていた人物と考えられる。なお、脇註には「本は住、依か」とあり、本の「住」を採用した。

〔39〕種姓法爾〜或多属一……『仏地経論』からの引用。当該箇所は、大正二六・三二七・上。

【解説】

冒頭の短い第一問答では、一仏繫属の類が有るという説と無いという説のあることを端的に表示し、その上で有るという場合の難と無いという場合の難の両様（両方）を示しているが、これは論義の形式に基づいた難の立て方であるといってよい。すなわち、有るというならば「菩薩は三阿僧祇劫（四依の間）に二十六恒河沙もの諸仏に歴事する」という慈恩大師（宗家／六三二―六八二）の見解に反することになるが如何かと問い、また無いというならば『成唯識論』や『心地観経』等に共と不共のいずれもが説かれていることに反するが如何かと問うのである。この両様の難に対して『尋思通要』はまず、「本云」として今は失われている蔵俊（一一〇四―一一八〇）の説を提示するのである。

引用された蔵俊説は『菩提院抄』の説であり、「一仏繫属の有無を案ずるに二義有り」から始まり、蔵俊の示す有説と無説の見解が大きく二分して示されている。そのいずれにも『尋思通要』の問答が補足される形式がとられており、最後に「貞慶の末説」と「南山の仰せ」が示され、「一仏繫属の菩薩などいない」という結論が示されていくことになる。これが本談義問答の概要である。

では、なぜ問答のみが『尋思通要』のものといいうるのか。それは、「二つには云わく」の後に来る問答の第二答に「僧都御房」と記されていたからである。蔵俊は死後に僧正の位を贈られたので「贈僧正」と呼ばれることもあるが、一方で「僧都御房」とか「故上綱」などと呼ばれることも多々あった。例えば、かつては同じく蔵俊・覚憲（一一三一―一二一三）の門下であり、後に貞慶（一一五五―一二一三）の弟子となった良算編纂の『成唯識論同学鈔』（以下『同学鈔』）収録の論義「定性比量」には「故僧都御房の御相伝なる耳」（大正六六・三九・中）とあり、また論義「縁智已周」にも「此の義は僧都御房の一義也」（大正六六・四五二・中）などと記されており、蔵俊を指して「僧都御房」と呼称することは、当時の蔵俊・覚憲グループの人師たち（貞慶や良算など）の共通認識であったと見てよい。したがって、取ってつけたように付されている問答は、般若臺で両三人となされた談義問答を整理して挿入したものであったと考えられるのである。

そこで、最初に示される「一仏繫属が有る」という説を見てみると、蔵俊はこれを整理して二つの見解のあったことを明らかにしている。すなわち、

（1）五姓各別を立てる以上は種々の種姓がいるのは当然であり、したがって一仏に繫属する者も必ずいる。もし一向に多仏繫属ならば、五姓各別など意味をなさない。そこで、正義説である『成唯識論』には「或いは多の一に属し、或いは一の多に属す」といずれをも認めている。

（2）二十六恒河沙の供仏は属多についていったもので属一についていったものではない。そもそも諸々の有縁の仏は同処同時に身土を変じ、互いに障礙しあうことがない。そこで、有情は一の国土に一の仏身のみありと思い、属一の者は釈迦を見ても弥陀を見ても弥勒を見ても、自らの帰依する「仏のすがた」しか見ることはない。すなわち、釈迦に属する者は弥陀を見ても弥勒を見ても「釈迦のすがた」しか見ないのである。したがって、釈迦一仏に帰依する者は三阿僧祇劫の修行の間も結局

は釈迦一仏しか供養しないが、仏の不思議力によって二十六恒河沙の仏を供養したように思わされるのである。これが先徳も示した「二十六恒の一仏化身」の義である。

という二説である。その上で蔵俊は、「後義を用う可し」と決判した。その後に『尋思通要』は二問答を展開し、「仏道にある者は余仏の名を聞かないはずがない」「諸仏の名と体のあり方は能化・所化では異なるものの合して二十六恒としており、体は一であるものの名は別である」として、多仏繫属の立場からの批判を行なったのである。

次いで、蔵俊の見解を引いて「一仏繫属の者はいない」とする説が示される。すなわち、『仏地経論』をもとに「菩薩種姓は衆生済度の悲願の意楽を具足することが広大なので必ず諸仏に歴事して大乗の行を実践する」と述べ、「菩薩種姓は必ず多仏に繫属し、一仏に繫属する者はいない」と述べるのである。このとき蔵俊は「一仏繫属は二乗に約して説く」という伝統説のあったことを伝え、その根拠が『仏地経論』にあることを併わせて指摘した。そこで、続く第一問答において『尋思通要』は、「変化の共不共と他受用の共とを合して説く」と論じた。すなわち、他受用土は唯だ菩薩所見の世界であるが、変化土には菩薩所見の世界と二乗所見の世界とがある。これを合して整理すれば、共は菩薩所見の世界についてのみいったものであり、不共は二乗所見の世界に限って述べたものである、と会通したのである。次いで、第二問答において「すでに菩薩について属一属多を論じているのではないか」という難を示し、蔵俊（僧都御房）説に出る「本縁にしたがって多仏繫属の者も一仏繫属の者もある」の言葉、および慧沼（六四八―

七一四）の『成唯識論了義灯』に出る「事智間断」についての解釈を示し、他受用身の所化である十地の菩薩には属一の者がいないから「菩薩は共」であり、「不共なる属一の者は二乗に限られる」と論じた。

そして最後に、「尋ねて云わく」として新たな論難を起こし、『仏地経論』に出る「諸仏の悲願力」に言及する文を示して、諸仏の悲願力の前には化益されない者はいないと述べ、重ねて一仏繫属の義を否定したのである。その最終結論部分が貞慶の末説であり、「菩薩には一仏繫属の義なき歟」と結んでいる。この場合の「歟」は断定であるから、貞慶は「菩薩の一仏繫属」を明確に否定したことになる。さらに二十六恒の諸仏に歴事する菩薩のあり方を明示した「南山の仰せ」を引き、自説を裏付けたのであった。

以上のように、『尋思別要』で示された「菩薩が共（多仏繫属）、二乗が不共（一仏繫属）」という見解を『尋思通要』では「蔵俊の伝」を用いながら論証していったところに特色が存する。これを見るかぎり、「二乗を不共」とする説は伝統説の一つであったことが知られるが、『同学鈔』には「菩薩種姓に一仏繫属あり」との説が掲載されており、当時は『同学鈔』収録説の方が優勢であったと考えられる。また、貞慶は蔵俊の説を多仏繫属寄りに解釈しているが、よくよく見ると蔵俊は「一仏に結縁する者も多仏に結縁する者もいる」と述べているし、「一仏繫属あり」のところでは「後義を用う可し」とも割注して唯一の自解を示しているので、客観的に見る限り蔵俊は「菩薩種姓にも一仏繫属の者がいる」という立場にあったのではないかと思われる。

第四節　むすび

第二部第二章において、貞慶（一一五五―一二一三）の多仏繫属論は法然浄土教の流通によって生じた「法滅の危機」に対する理論武装の一つでもあったことを示したが、その根拠となる問答が右記の二つの文書にあった。元来は、「共と不共」すなわち多仏繫属と一仏繫属の両方を認める立場にあった法相教学の伝統において、「菩薩種姓は共、二乗は不共」という見解をもって徹底的に菩薩の一仏繫属を否定したのが貞慶であった。この説は「本云」として引用された『菩提院抄』の言葉によれば、「源は『仏地経論』の文より起こった」ものであり、古くからあった「伝」の一つであったことが明らかとなった。とはいえ、『成唯識論同学鈔』（以下『同学鈔』）には見られない「伝」であり、『尋思通要』においても蔵俊（一一〇四―一一八〇）の文しか示されていないから、あまり知られていない説であったと見てよい。しかし、貞慶はこれに着目し、本格的に整備し直して強固に打ち出した。なぜそういえるかといえば、当時の一般的な学説といってよい『同学鈔』収録の説とも蔵俊の説とも明らかに異なっていたからである。いわば、「新義」に近いものであったと見てよい。

そもそも、『同学鈔』「一仏繫属」は、収録問答では一仏繫属菩薩の存在を強調し、談義では多仏繫属菩薩の存在こそが本義であるとして共不共論を展開し、その末尾に割注して、東山の仰せに云わく、一仏繋属の菩薩無し。尋思抄の如し。[1]

といい、貞慶（東山）が明確に一仏繋属菩薩の存在を否定したことが記されている。そのどこにも「二乗不共」の論理は示されていない。しかし、『唯識論尋思鈔』には「別要」「通要」共に「二乗不共」の論理が用いられていた。したがって、この論理は貞慶のみが着目していたものであったことが知られるのである。また、すでに指摘したように蔵俊には「二乗不共」の伝を用いる意思はなく、一仏繋属をも共に認める立場にあった。したがって、「二乗不共」の伝をもってして、徹底的に一仏繋属菩薩の存在を否定したのは、当時の法相学侶の中では貞慶だけであったと考えることができるのである。なぜそこまでこだわったのか。その答えはすでに指摘したように、法然（一一三三―一二一二）にあった。

伝記史料によれば、法然は南都遊学の折りに蔵俊に会っており、[2]ここで一仏繋属のあり方を聞いた可能性が高い。なぜならば、第二部第二章で詳述したように、法然は弥陀一仏帰依の根拠に『成唯識論』を用いているからである。今でもそうであるように、南都・北嶺では多仏帰依が広く受け入れられている。当時の仏教界の人師も同様であったと推察される中、法然は一仏帰依を鮮明に示した。考えてみれば異常な展開である。しかも、その根拠は『成唯識論』にあった。誰が法然に教えたのか。蔵俊の可能性が高いのである。その結果、法然は弥陀一仏帰依を説き、法然自身には全く謗法の思いがないにもかかわらず、その門下による余仏余菩薩の否定および万善万行の廃捨という極端な「法滅のすがた」が世に現れることになった。このことを憂慮した貞慶が、論義「一仏繋属」を再検証し直して打ち出したのが、「一仏繋属の菩薩無し」という多仏繫属論だったのである。何とも興味深い展開である。

註

（1）大正六六・五九三・下。

（2）『西方指南鈔』所収の「源空聖人私日記」（大正八三・八七六・上）。

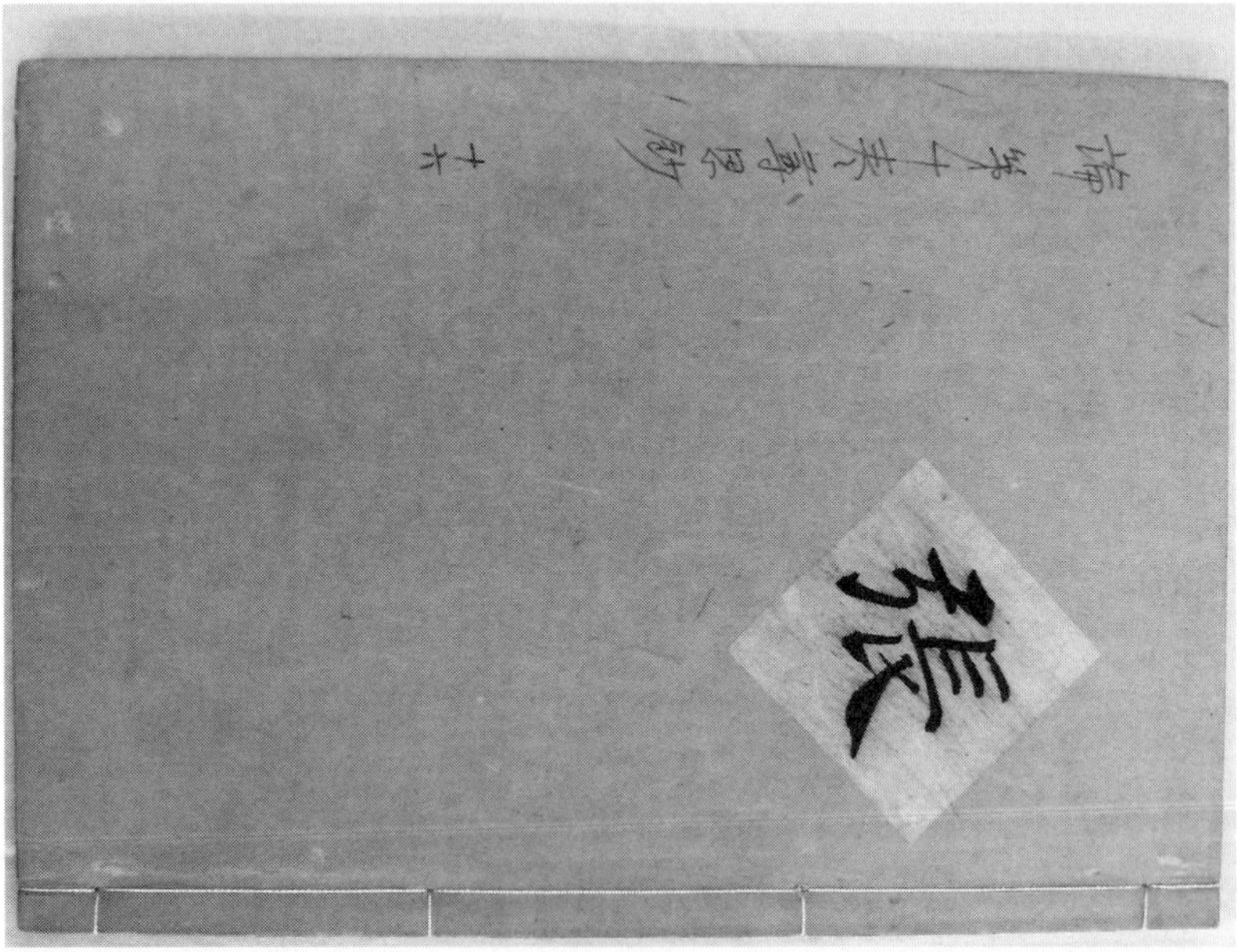

身延山大学蔵『論第十巻尋思鈔』

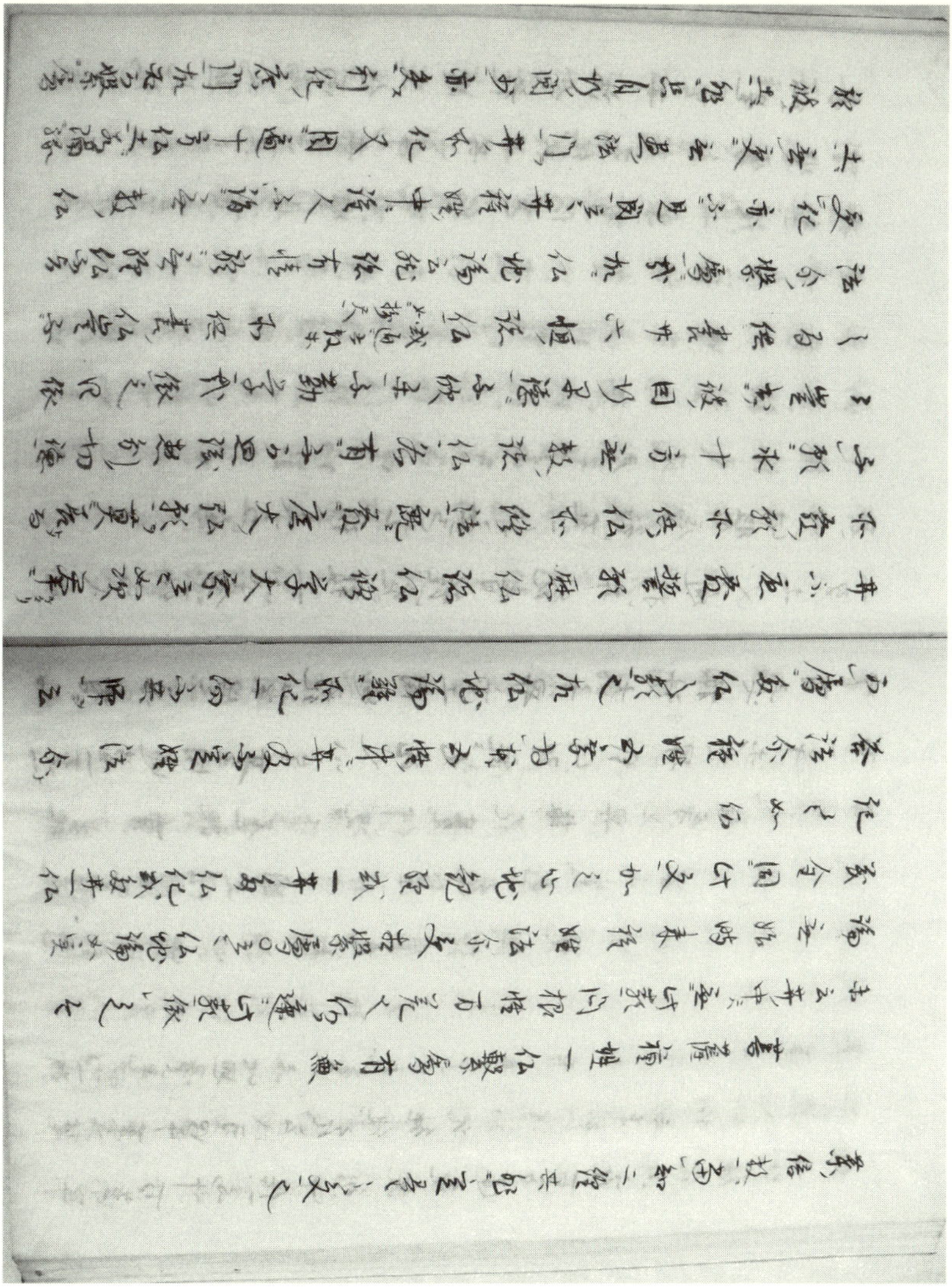

三八丁裏〜三九丁表

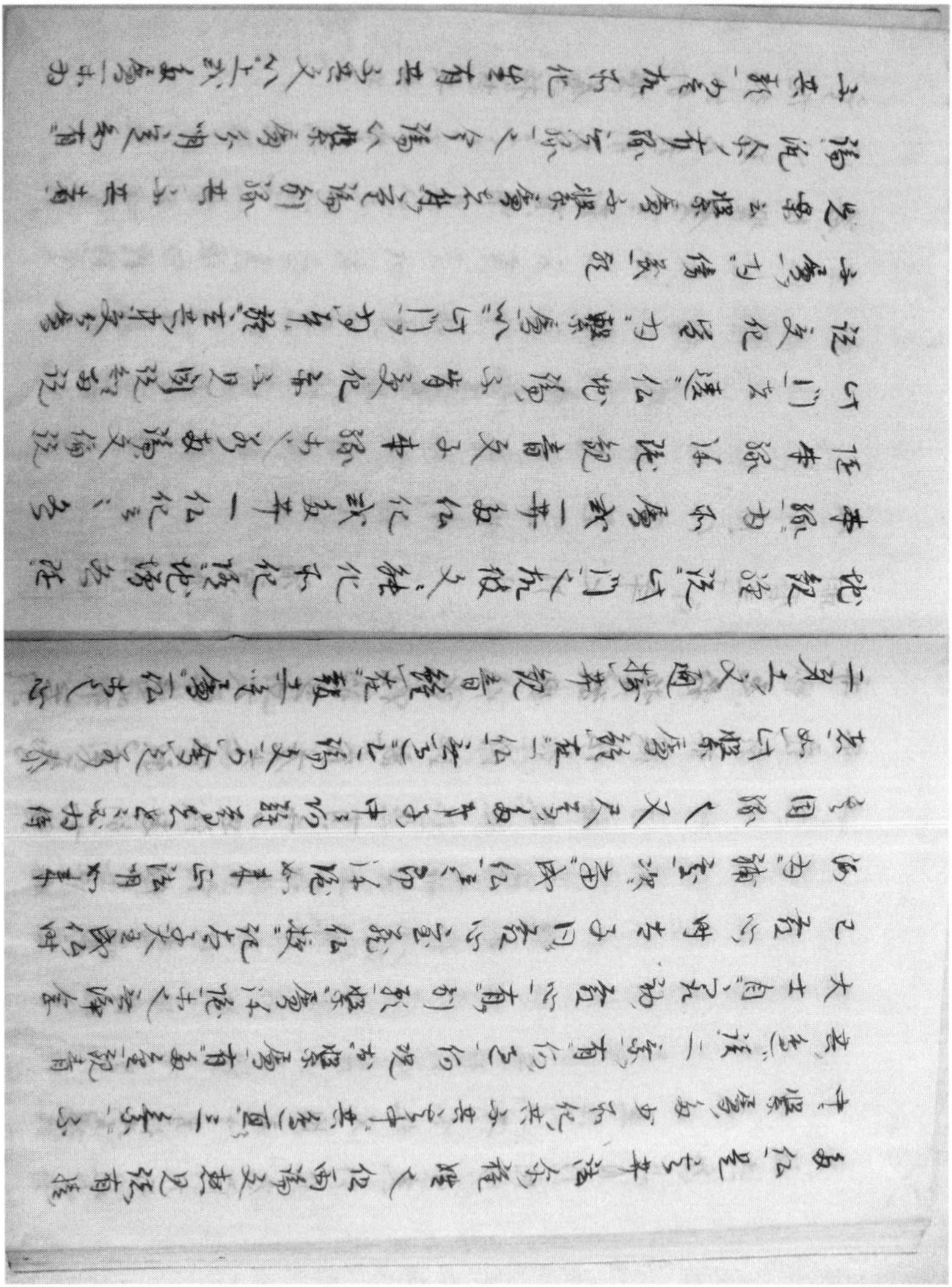

三九丁裏〜四〇丁表

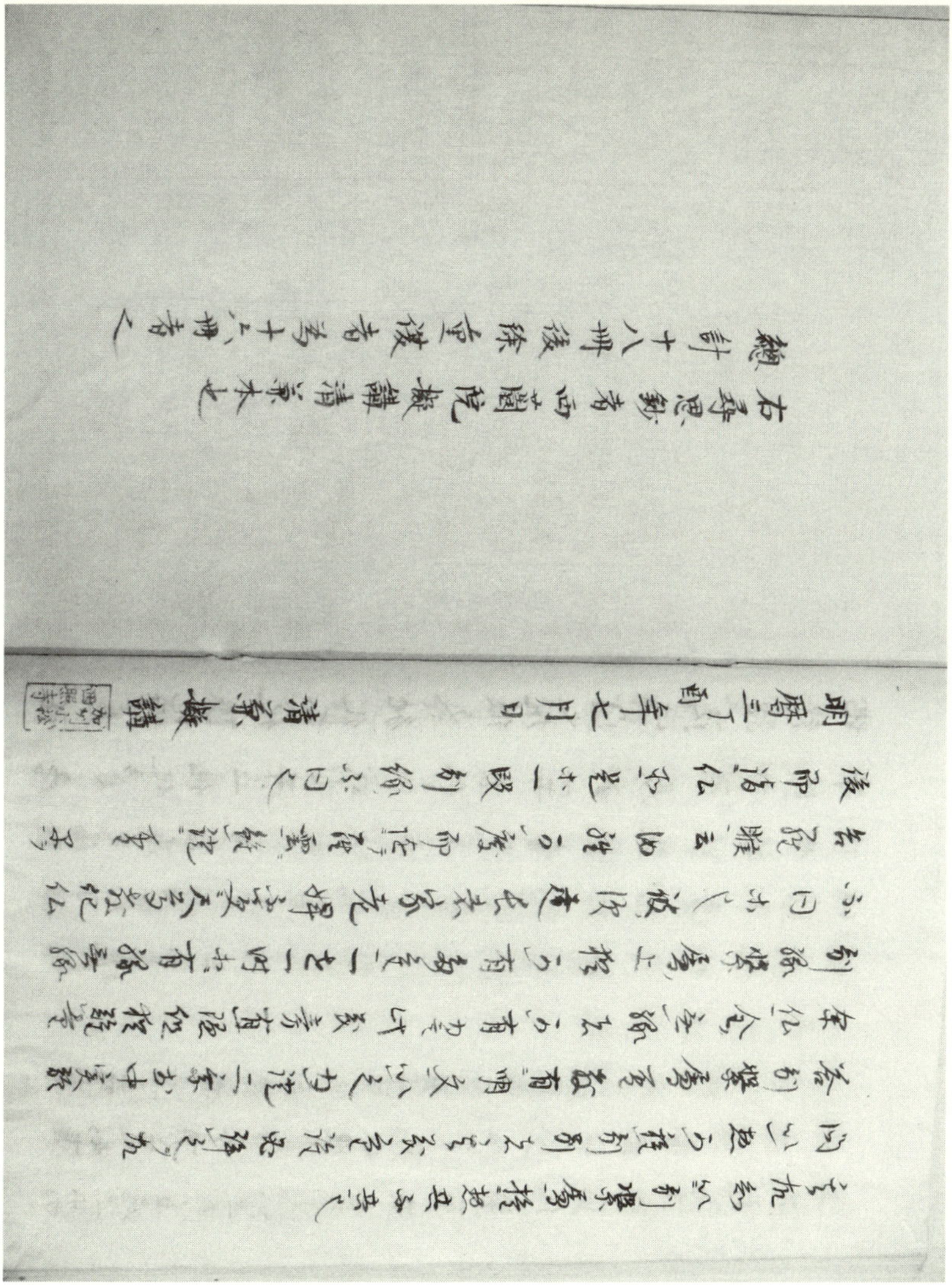

四〇丁裏〜四一丁表

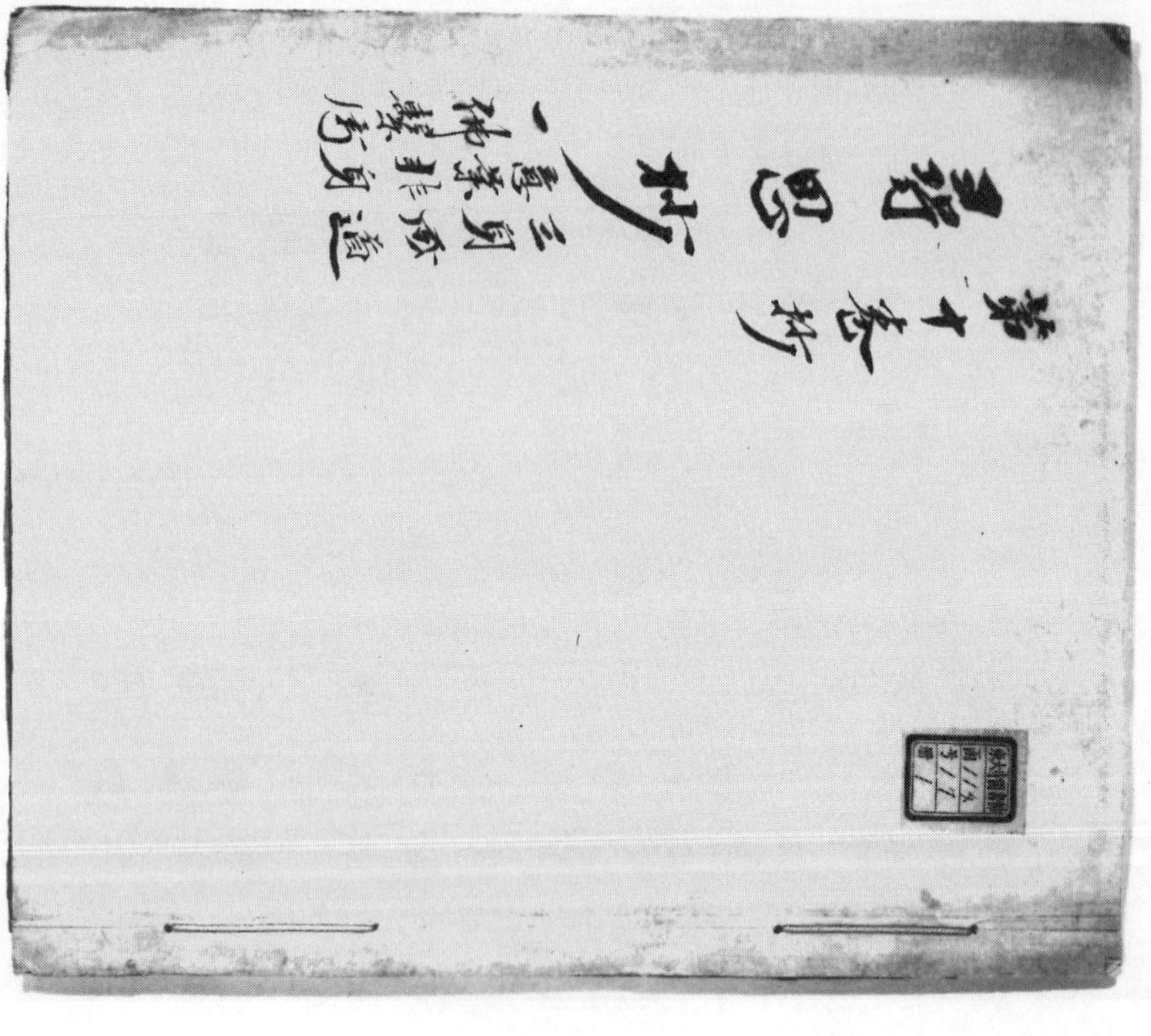

東大寺図書館蔵『第十巻抄尋思抄』

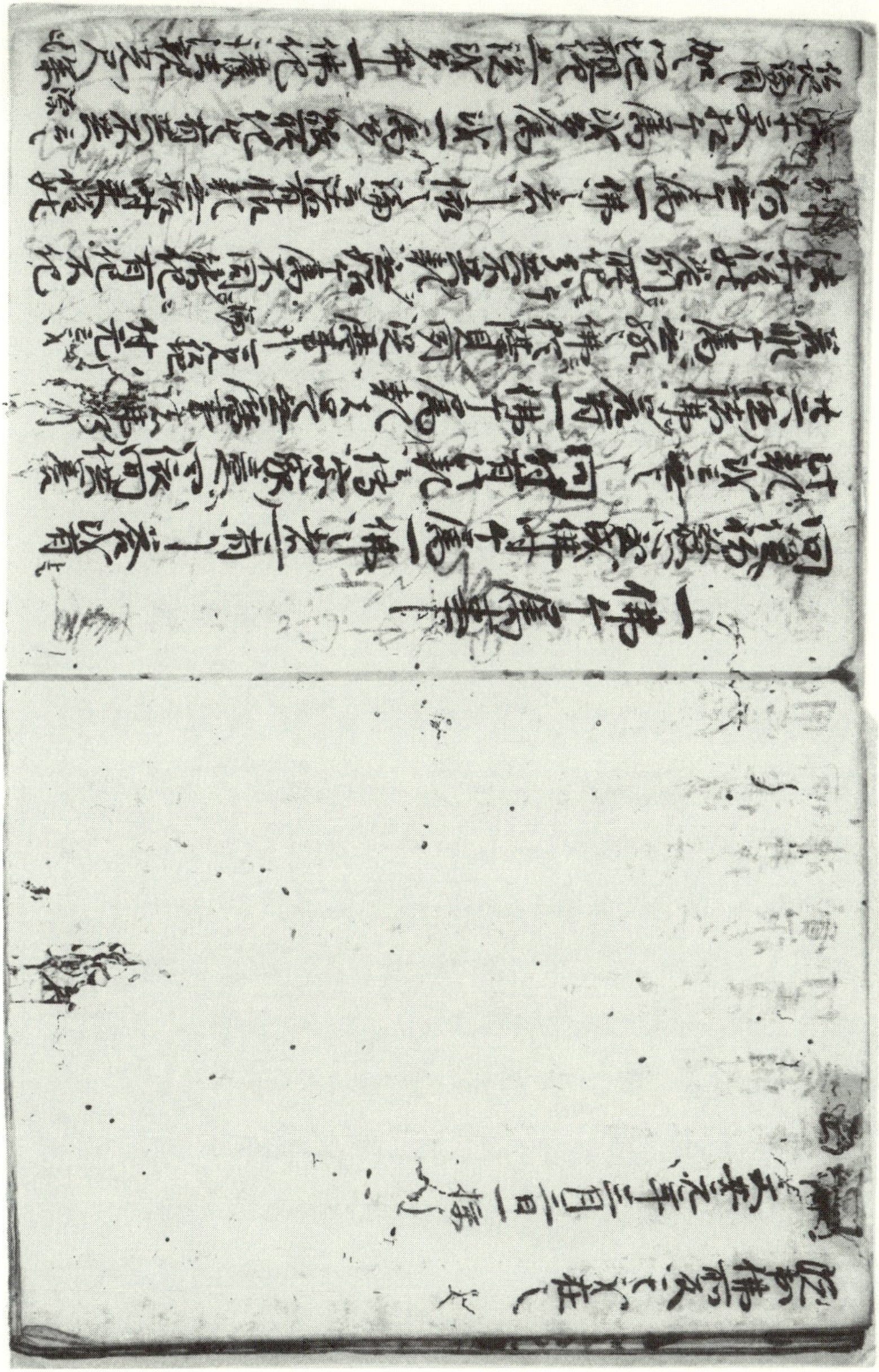

一〇丁裏〜一一丁表

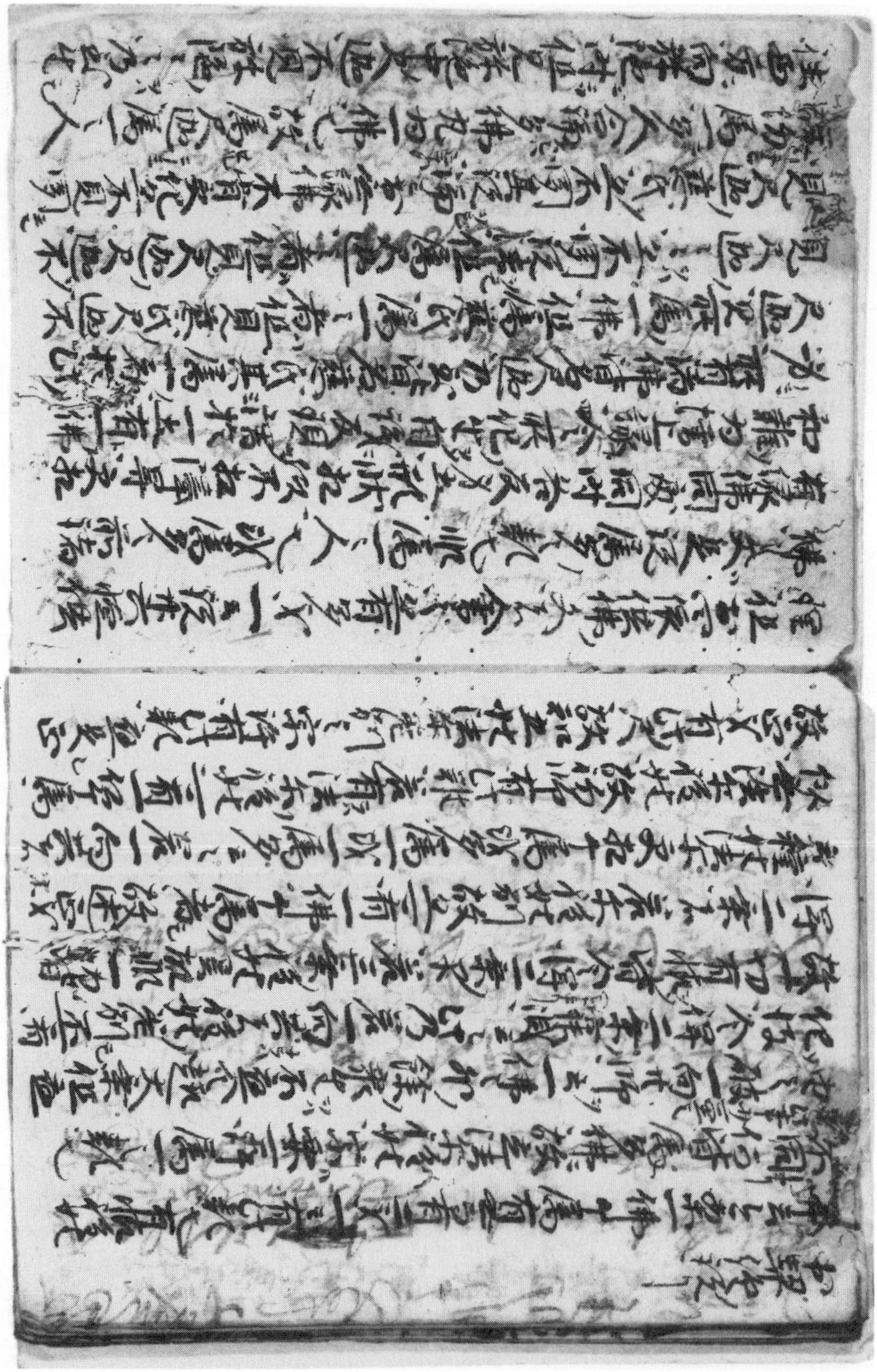

一一丁裏～一二丁表

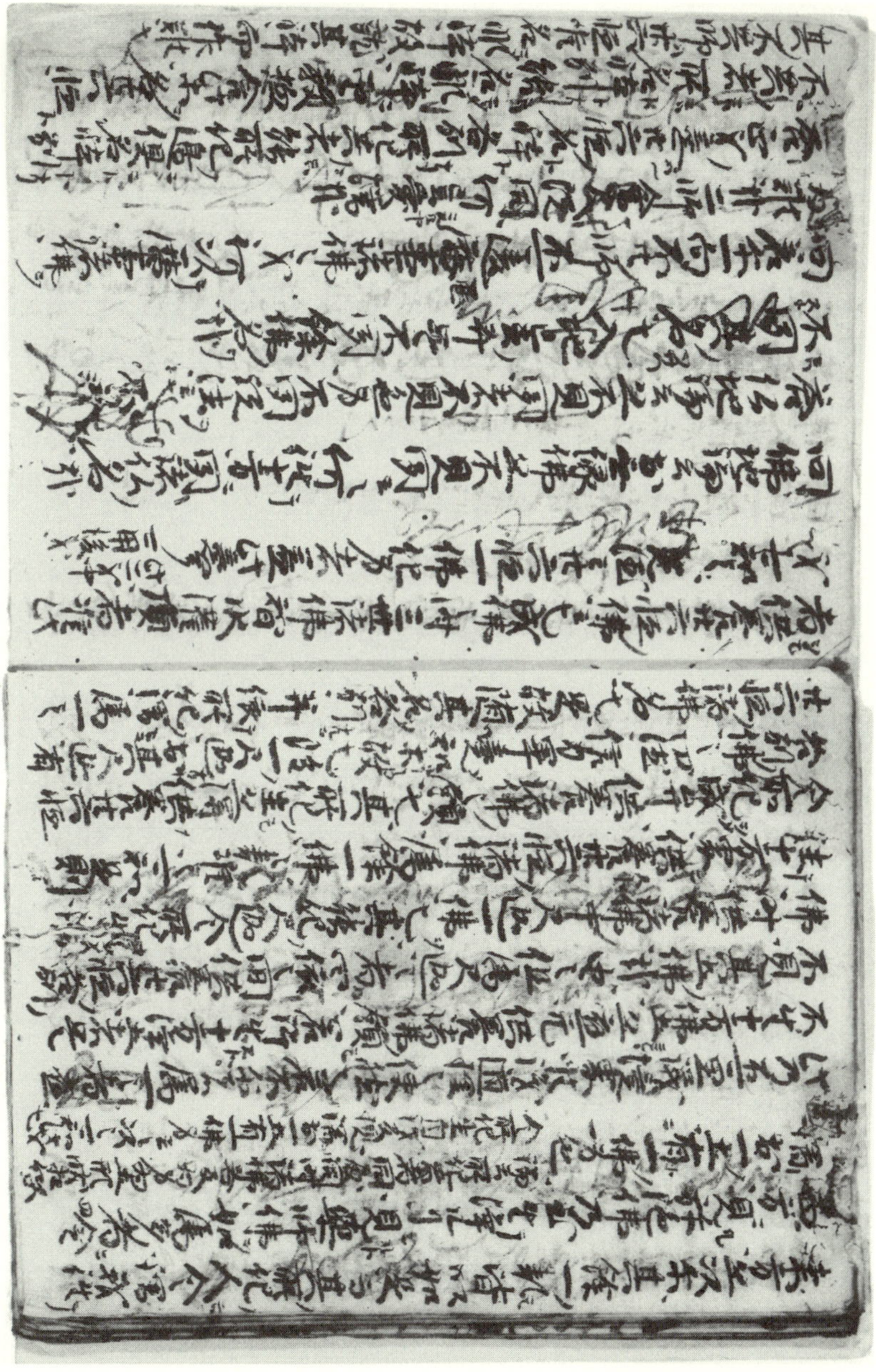

二二丁裏〜二三丁表

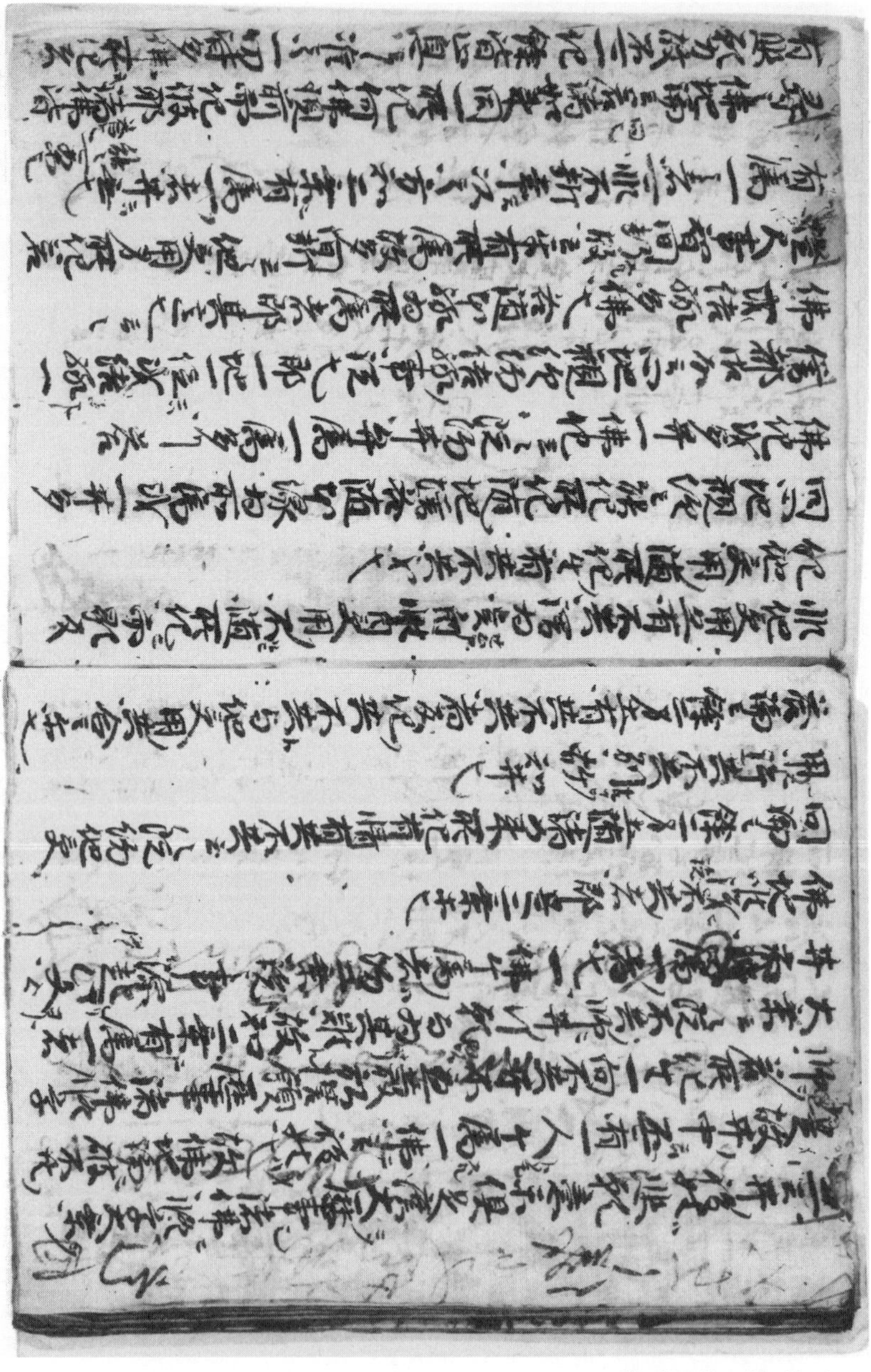

三丁裏～四丁表

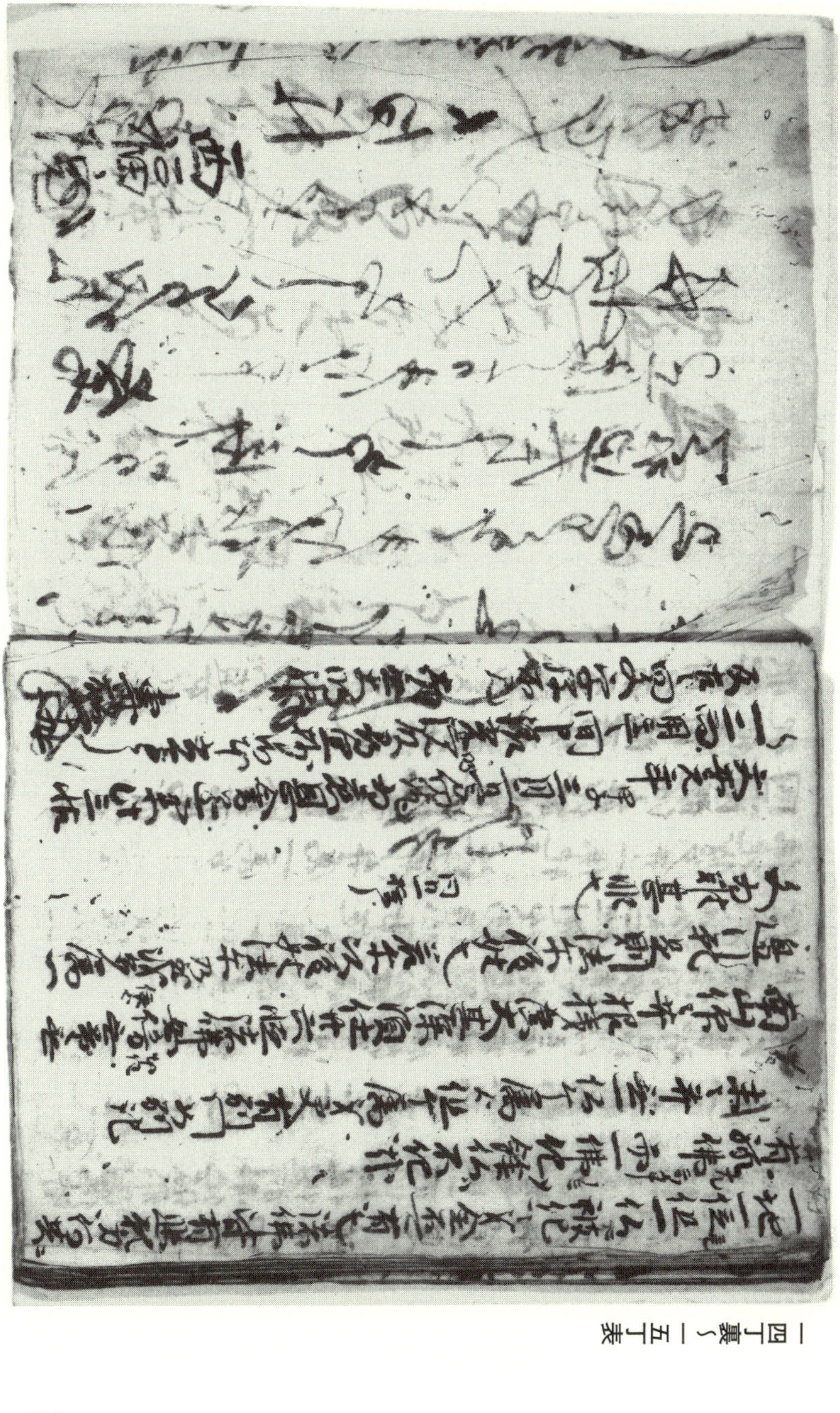

一四丁裏〜一五丁表

第三章　「変化長時浄土有無」の展開

第一節　はじめに

『論第十巻尋思鈔別要』には、貞慶（一一五五―一二一三）の浄土義に関する論題が複数にわたって収録されている。今回は特に、第二部第三章と関わりの強い「変化長時浄土有無」「諸仏本願浄穢二土差別」「知足内院浄穢義」「西方有異義」の四点について翻刻読解を進めたいと考えている。

すでに、第一部第三章ならびに第二部第三章で明らかにしたように、貞慶の信仰の特色は仏道実践と密接な関係にある浄土信仰にあった。すなわち、浄業（唯識観＝念仏三昧＝二利）の実践によって諸仏が未登地の有情のために化作された小化土と大化土の二重の浄土（変化浄土・化土）、さらには十地の菩薩のために示現された十重の浄土（他受用土・報土）を順次に知見し、ついには唯識の真性に悟入して仏陀となる唯識行者の仏道論が、そこには厳然として存在していた。すなわち、浄土とは元来、修行実践の結果として自己の第八識が純浄無垢となった時に現れる世界であるが、仏となった者は後進の菩薩や二乗・異生のために、真実の浄土に相い似た世界を変現する。それが資糧位菩薩所見の浄土（小化土）と加行位菩薩所見の浄土（大化土）、および十重の報土（他受用土）である。小化土の国土量は一四天下（一須弥界・一小世界）であるが、大化土は三千大千世界（百億の小化土＝一葉世界）に及び、さらに初地菩薩のために現れた報身仏の国土量は百葉世界、第二地菩薩のために現れた報身仏の国土量は千葉世界、乃至、第十地の菩薩のために現れた報身仏の国土量は不可説葉量に及ぶと、貞慶は法相教学の浄土義をもとに論じた。この点については、すでに第二部第三章で詳述したとおりである。したがって、初発心の菩薩の見るべき世界は一小化土となるが、この国土は我われ凡夫の住む世界に他ならないから、元来は穢土である。しかし、浄業の実践による心の浄化によって仏国土が浄められ、穢土の中に浄土が顕現することになる。この点について「変化長時浄土有無」の「共不共義」には、

問う。穢土の外に別に器界有る歟。
末に云わく、粗《ほ》ぼ文理を尋ぬるに、共・不共の二門有る可き也。不共と言うは、浄と穢と相い異なるなり。二乗・異生等の未だ浄業を修せざるの者は、受用すること能《あた》わざるが故に。共と言うは、能化の仏身は三乗同見を称えるが故に。所居の器界は必ず穢土に施設せるが故に。(1)

といい、穢土に託設された「三乗同見の共土」と、穢土を超え離れた「菩薩所見の不共土」の二つの国土のあることをまず指摘した。すなわち、釈尊在世当時は未発心の凡夫（異生）や仏弟子（声聞＝二乗）もまた仏陀のお姿や教えを見聞することができたが、その世界は「好世の土」ではあるものの穢土に他なら

なかった。ところが、教えを聞いて信受して菩提心を発した行者は菩薩となり、浄業を実践することで穢土中に仮託された変化浄土(小化土)を知見するに至る。この浄仏国土の行によって、まさしく世界が浄土に変わるのである。したがって、小化土は必ず三界穢土に施設されることになった。なぜならば、有漏位にある我われ凡夫の第八識が変現する世界はあくまでも穢土であり、穢土を輪廻する過程で漸くにして仏陀に遇う縁、あるいは仏説を聴聞する縁が必要だったからである。そこで、三乗同見の共穢の世界について貞慶は、さらに「変化長時浄土有無」の「共門」において、

明らかに知んぬ、一切の化土は皆な三界の穢土に託して変ずる所也。(中略)所居は必ず三千界の中の一の四天下の所摂にして、本《もと》より須弥大海等有り。其の中の一洲、時として厳妙なり。其の前後は皆な瓦礫土なり(2)。

といい、この娑婆世界(一須弥界＝一四天下)の一洲(南贍部洲)に仏陀が下生なさった短期間のみ厳妙化することを示した。この厳妙の世界を浄土と見る人たちは、真実の浄土に相い似た変化浄土(変化相似浄土)は暫変の世界であると考えた。そうなると、再び娑婆世界に仏陀が降臨する時に出遇わなければ変化浄土に生まれえないことになってしまう。ところが、貞慶は「変化長時浄土有無」の冒頭において、

故に知んぬ、化身の長時の浄土を許す可きなりと(3)。

と述べ、小化土にも長時の浄土のあることを指摘したのである。その世界は浄業の実践によって見ることのできる変化浄土であった。すなわち、「変化長時浄土有無」の「不共門」にはさらに続けて、

答う。浄と穢の差別は因に依り相に依る。因とは業因、相とは器界の相貌也。未だ分別の二障を除かざるの時の所作の業をば雑穢の業と名づく。若し其の雑穢を除き了《おわ》らば浄業名を得る。除障に伏断の二位有り。断とは是れ地上成熟の無漏の浄業なり。＊設い断相有りと雖も、従えて浄と名づく＊　真浄土を感得す。伏とは地前成熟の有漏の浄業なり。変化相似浄土を感得す。有漏の加行の見の分別智を以て二障を伏除し、深く唯識の理を信解せば、所変の境は斉《ひと》しく漸くにして方《まさ》に如幻たり。其の心に依り所感の土は業に随いて浄と名づく。是れ因浄の義也。相浄というは、人間四洲等は瓦礫荊棘充満の土地にして便痢臭穢も其の相は一に非ず。若し浄業所見の土に依らば此の穢相無きが故に浄土と名づく。(4)

といい、有漏の浄業の成熟によって分別起の二障（煩悩障・所知障）を伏することのできた地前の菩薩は変化浄土を感得し、唯識の理を信解することで如幻を知り、その結果、瓦礫・死満等の穢相が消えて浄土が顕現すると説いている。次いで、初地に至った菩薩には無漏智が現行して分別起の二障が断じられ、真浄土（他受用報土）を感得することができるとも説いている。ここに、仏道実践と浄土との深い関係が明確に示されているのである。したがって、変化浄土が釈迦在世時のみに顕現する世界であったならば、この仏道の連鎖は起こりえない。ここに、貞慶が変化浄土に長時の世界のあることを論証しなければならな

い理由があったのである。かくして、阿弥陀仏の浄土にも安養浄土院等の変化長時浄土があり、釈迦牟尼仏にも常住の霊山浄土という変化長時浄土がある等の理論化が次々になされていくことになった。
　かかる意義を有する論義テーマ「変化長時浄土有無」であるが、その論理は更に「諸仏本願取浄穢二土差別」で釈迦と弥陀の比較考証、そして「西方有異義」において弥陀と弥勒の比較考証へと発展する。それぞれの尊者の本願のあり方によって示現相は異なるものの、そのすべての尊者に変化長時浄土のあることが縷々、示されるのである。それでは、まずは冒頭の「変化長時浄土有無」から翻刻読解していくことにしたい。

註

（1）本研究書六一三頁。
（2）本研究書六一七頁。
（3）本研究書六一〇頁。
（4）本研究書六二三〜六二四頁。

第二節　変化長時浄土有無

第一項　総　論

【翻刻】〈二二丁表〉

問。化身ノ浄土者唯暫変歟、将有長時方處哉。

末云、演秘之中引相傳二説、詳曰今同前説。多経論中説生浄故等、云々。故知、可許化身ノ長時浄土。*対三変土田／許長時也*

【訓読】

問う。化身の浄土[1]は唯だ暫変[2]のみ歟、将《は》た長時の方処も有る哉。

末に云わく、『演秘』[3]の中に相伝の二説を引いて、「詳じて曰わく今は前説と同じ。多経論[4]の中に浄に生ずると説くが故に」等、と云々。故に知んぬ、化身の長時浄土を許す可きなりと。*三変土田に対して長時を許す也*

【註記】

［1］化身の浄土……変化身の不共浄土のこと。
［2］暫変……暫く一時的に変現されたの意。
［3］詳曰～故等……法相宗の第三祖に位置づけられる撲揚大師智周の『成唯識論演秘』からの引用。当該箇所は、大正四三・九七六・下。
［4］三変土田……『法華経』の「見宝塔品」に出るもので、十方にまします釈迦如来の分身仏が多宝塔を供養しようとして、それぞれ一菩薩を伴って霊鷲山にやって来た時、釈迦如来が神通力をもって三度、穢土を変じて浄土にしたという。この時の浄土が暫時であるところより、変化浄土に長時の浄土が有るか否かが諍われた。

【解説】

本論義テーマ「変化長時浄土有無」は、如来が成所作智の大慈悲力によって未登地の菩薩と二乗・異生等のために示現した変化浄土（化土）が長時にわたって存在するか否かを問うものである。『妙法蓮華経』（以下『法華経』）の「見宝塔品」には暫変のものしか示されていなかったが、そうなると誰も如来の変化浄土に往くことができなくなり、仏道を歩むことは不可能となる。そのため貞慶は、本論義テーマを立てることによって変化浄土（化土）にも長時の浄土のあることを確認し、自己の浄土成道論（仏道）の理論基盤の一つとしたのである。

総論部分なので、短く一問した後に「末云」として自説を示し、智周（六六八―七二三）の『成唯識論演秘』（以下『演秘』）に出る「多くの経論に浄土に生ずると説く」という文を引いて証拠としている。ちなみに『演秘』の文は、

『論』に「三変化身至諸利楽事等」というは、（中略）答う。伝に両釈有り。一つには、二乗異生も亦た生ずるが故にと云う。『観経』等は皆な誠説なるが故に。（中略）二つには、生ぜずと云う。『瑜伽』『摂論』には、以て自ら会するが故に。（中略）詳じて曰わく、今は前説と同じ。多経論の中に浄に生ずると説くが故に。（大正四三・九七六・下）

とあり、前説が「浄土に生ずる」という説、後説が「浄土に生じない」という説であり、貞慶は『演秘』の文をもって変化浄土にも長時の浄土のある証拠としたのである。

第二項　共不共義

【翻刻】〈二二丁表～二二丁裏〉

共不共義

問。穢土之外別ニ有器界歟。

末云、粗尋文理、可有共不共之二門也。言不共者、浄穢相異。二乗異生等未修浄業之者、不能受用故。言共ト者、能化ノ仏身称三乗同見故。所居ノ器界必託設穢土ヲ故。

【訓読】

共不共義

問う。穢土[1]の外《ほか》に別に器界[2]有る歟。

末に云わく、粗《ほ》ぼ文理を尋ぬるに、共不共の二門有る可き也。不共と言うは、浄と穢と相い異なるなり。二乗・異生[3]等の未だ浄業[4]を修せざるの者は、受用すること能《あた》わざるが故に。共と言うは、能化の仏身[5]は三乗同見[6]を称えるが故に。所居の器界は必ず穢土に託設するが故に。

【註記】

[1]　穢土……穢とは煩悩のことであり、煩悩の穢れがあるため苦悩する輪廻の世界のこと。

[2]　器界……器世界・器世間のこと。有情の住する環境世界をいう。

[3]　二乗・異生……二乗は声聞乗と独覚乗のこと。異生は異類の生を経る者の意で、輪廻する有情のことをいう。この

［4］両者もまた如来の成所作智の大慈悲力に包まれて変化土に往生する機類と見られている。

［5］浄業……心を浄める行業のこと。自利と利他の二利の行。『尋思別要』では、「雑穢の業を除く行」をいうとしている。

［6］能化の仏身……有情を済度するため様々な化益を示す仏身のこと。

三乗同見……菩薩しか知見できない仏身仏土ではなく、声聞乗の者も独覚乗の者も菩薩乗の者も共に見ることのできる仏身仏土をいう。


【解説】

諸仏に化土のあることを冒頭で指摘した貞慶は、本段ではすべての化土が穢土に施設されていると論じている。そもそも、諸仏が娑婆世界に姿を現す時、有情は穢土にある仏陀を見る。これが三乗同見の仏陀であり、「共」と称されるあり方である。したがって、未だ出家していない凡夫（異生）も出家した仏弟子（声聞＝二乗）も他方から集会する菩薩も、釈尊在世時と同様に、共に穢土に出現した仏陀を見ることができる。これは『成唯識論』に、

三つに変化身とは、謂わく諸の如来は成事智に由《よ》りて無量の随類の化身を変現したもう。浄穢土に居《こ》して、未登地の諸菩薩衆と二乗・異生の為めに、彼の機宜に称《かな》いて通を現じて法を説き、各おのをして諸の利楽の事を獲得せ令む。（中略）変化身も変化土に依る。謂わく成事智の大慈悲力の昔に修す

る所の利他無漏浄穢仏土の因縁の成熟に由り、未登地の有情の所宜に随いて仏土を化為す。或いは浄、或いは穢、或いは小、或いは大、前後改転せり。（大正三一・五八上と五八下）

とあるあり方をもとに論じられたものであり、化身の仏陀は釈尊のように穢土中に出現するので、そこは三乗同見の仏国土となる。しかし、浄業を実践することのできる菩薩は、さらに穢土にありながら浄土に居坐する仏陀を見ることができる。これが「不共」と称されるあり方であり、浄穢大小の中に「穢」が示されている点より、浄業を実践できない二乗・異生は不共なる浄土を見ることができないとしていたことが知られる。

以上のように、本段では『成唯識論』に説かれる文を具体化し、化土の「浄と穢」が何もので、かつ「未登地の菩薩と二乗・異生」が何を見るのかを明らかにしている点に意義があったといってよいであろう。ちなみに、「小と大」は資糧位菩薩所見の小化身と加行位菩薩所見の大化身のことであり、これについてはまた後に、貞慶は論じていく。

第三項　共　門

【翻刻】〈二二丁裏～二三丁表〉

共門

問。既分浄穢。何有共ノ義。若穢土ノ外ニ無別ノ方所故者、受用報土亦有不離ノ邊。豈云穢土哉。
答。章云、如弥勒土浄、釈迦土穢、云々。弥勒ノ出世則今ノ南贍部洲也。与釈迦ノ土前後一体也。大地敷金荘厳雖妙、男女雖〔註1〕居六趣、共変同一器界。大千皆共故。章云、化土必随三界處等、云々。明知、一切ノ化土ハ皆託シテ三界ノ穢土所変也。受生ノ業因亦必有共穢土之邊。是、以資糧位ノ能化ノ身三乗同見、如云変化唯是二乗仏宝也。＊大化身如下論＊所居必三千界中一四天下之所摂、本有須弥大海等。其中一洲、時而トシテ厳妙。其前後皆瓦礫土〔註2〕。設雖好世不受仏化〔註3〕云者、所居相状必厳妙、況地獄鬼畜共在此地。弥勒下生時皆有其事。如諸教説。

〔註1〕　大谷本は「誰」、誤写。
〔註2〕　大谷本は「礫等土」とあるので、「等」の字があった可能性が高い。
〔註3〕　大谷本は「地」、誤写。

【訓読】

共門

問う。既に浄と穢とを分かつ。何ぞ共の義有らん。若し穢土の外《ほか》に別の方所無きが故にといわば、受用報土[1]も亦た不離の辺有り。豈に穢土と云わん哉。

答う。『章』に云わく、「弥勒土は浄、釈迦土は穢なるが如し[2]」と、云々。弥勒の出世は則ち今の南贍部洲[3]也。釈迦の土と前後一体也。大地に金を敷いて荘厳すること妙なりと雖も、男女は六趣[4]に居すと雖も、共に同一の器界を変ず。大千[5]も皆な共なるが故に。『章』に云わく、「化土は必ず三界処に随う[6]」等と、云々。明らかに知んぬ、一切の化土[7]は皆な三界[8]の穢土に託して変ずる所也。受生の業因も亦た必ず共穢土の辺有り。是れ、資糧位[9]の能化の身の三乗同見なるを以て、変化[10]は唯だ是れ二乗の仏宝と云うが如き也。＊大化身[11]は下に論ずるが如し＊　所居は必ず三千界の中の一の四天下[12]の所摂にして、本《もと》より須弥大海等[13]有り。其の中の一洲、時として厳妙なり。其の前後は皆な瓦礫土なり。設い好世[14]なりと雖も仏化を受けずと云うは、所居の相状は必ず厳浄なるも、況んや地獄と鬼畜は共に此の地に在り。弥勒の下生時[15]も皆な其の事有り。諸教に説くが如し。

【註記】

〔1〕受用報土……法身・報身・応身の三身説が法相宗においては自性身・受用身・変化身と説かれ、その所居の国土を法性土・受用土・変化土と称した。『成唯識論』『大乗法苑義林章』等に説くところであり、さらに受用身受用土（報身報土）は智と悲の二面より自受用身自受用土と他受用身他受用土に分けて論じられた。この内、如来が平等性智の大慈悲力によって十地に住する菩薩のために示現した身土が他受用身土である。そこで受用報土と記されている。

〔2〕如弥勒土浄釈迦土穢……慈恩撰『大乗法苑義林章』からの引用。当該箇所は、大正四五・三七〇・下。

〔3〕南瞻部洲……須弥山を中心とする一小世界には、有情の住む四大陸（東勝身洲・南瞻部洲・西牛貨洲・北瞿盧洲）があるが、その内の一つ。我われの住む世界。

〔4〕六趣……輪廻する六つの世界。地獄・餓鬼・畜生・修羅・人・天。

〔5〕大千……三千大千世界の略。百億の仏国。

〔6〕化土必随三界処……慈恩撰『大乗法苑義林章』からの引用。当該箇所は、大正四五・三七二・中。

〔7〕化土……変化身の示現する仏国土（変化土）のこと。浄土と穢土とがある。

〔8〕三界……輪廻する世界。欲界・色界・無色界のこと。この三界に六道世界がある。

〔9〕資糧位……法相宗では仏道の階位に十住・十行・十回向・十地・妙覚の四十一位を立てているが、この内の十住・十行・十回向の三十心位は、無漏智を生み出すための資糧となる福慧を積み重ねる期間なので、資糧位という。

〔10〕変化……変化身と変化土のこと。

〔11〕大化身……変化身には、十住・十行・十回向の菩薩（資糧位）のために身土を示現する小化身と、第十回向位の満位に至った菩薩（加行位）のために身土を示現する大化身とがある。前者の国土量は一の四天下（一須弥界）に限

られるが、後者の国土量は三千大千世界（百億）にまで拡大する。

［12］一の四天下……須弥山を中心とする四大洲を擁する一小世界のこと。

［13］須弥大海等……須弥山と四大海、および八重の山々と海、太陽と月、須弥山にある天界、須弥山の上空にある天界、六道世界、水輪・金輪・風輪などのすべてを指している。

［14］好世……娑婆世界ではあるものの、仏陀が現れた世界は好ましい仏国土なので好世土と呼ばれる。

［15］弥勒下生時……今は兜率天にあって最後の一生を過ごしている弥勒菩薩も、五十六億七千万年後には我われの住む娑婆世界に下生し、龍華三会の説法を行なうと伝えられている。『弥勒下生経』や『大乗本生心地観経』などに出る。ここでは、将来仏である弥勒下生時もまた釈迦下生時と同様に穢土ではあるが、弥勒下生時には一時厳浄となることを指摘している。


【解説】

前段では化身の国土について、「穢土に託設された浄土」のあり方を明らかにし、浄土は穢土とは別にあるが別ではないという関係を「共不共」で表現した。本段では、「すでに浄土と穢土が別物ならば共義などないではないか」「もし不離の面を強調するなら受用報土も同様ではないか」と、さらに難を進める。

これに対して答文では、慈恩大師撰述の『大乗法苑義林章』（以下『義林章』）の二つの文を示し、弥勒下生時の清浄世界と釈尊在世時の梟穢世界とは同じ娑婆世界であるから、結局は娑婆世界は浄土でもあり穢土でもあると述べる。そして、化土は必ず三界処に託設されることを強調し、小化身の国土量は一の四天下に限られ、仏陀が現れました時のみ厳浄となるが、しかし地獄・餓鬼等の存する世界でもあるから、その厳浄世界は決して浄土としての厳浄ではないと論ずるのである。また、小化身の仏陀は本来的には資糧位菩薩のための能化身ではあるが、「三乗同見」であるため二乗や異生にも説法する。したがって、道を歩む二乗にとっての唯一の能化身である点より、「二乗の仏宝」と呼ばれるのであると解説している。なるほど、釈尊は在世中に仏弟子（声聞＝二乗）や在家者（異生）に説法されており、これらを背景にした解説であったということができる。

なお、大化身については「下に論ずる」という割注があるのみで、その詳細は後段に譲っている。また、本段では化身の国土量が「一の四天下」であることが強調されているが、これは慈恩大師の『義林章』の

『花厳』等に説かく、初地菩薩は百仏国を見る。一国は即ち是れ一大千界なり。一界に一の釈迦化身有り。一の四天下に各おの一の化身あり。一界に即ち一の大釈迦有り。（大正四五・三六八・下）

を受けたもので、貞慶撰『法相宗初心略要』においても、

資糧位の為めに現ずる所は一四天下を以て量と為す。是れ則ち加行土の百億分の一分に当たる。（日蔵六三・三八五・下）

とあるように、小化身の国土量を一四天下とする理論を明瞭化しており、明らかに本段の説を受けて論じ

たものと見てよいであろう。これにより、貞慶が順次生に往くべき世界、欣求すべき世界は最終的には一尊の浄土に限られることとなった。そのような見解がごく自然に論じられているのが本段の特色である。

第四項　不共門

【翻刻】〈二三丁表～二四丁裏〉

不共門

問。如今成者、偏ニ是穢土也。何称浄土哉。若以好世名浄土、増劫之時輪王出世皆有衆寶荘厳。豈無仏世亦名浄土哉。況欲色ノ諸天常浄妙也。何不立浄ノ名哉。

答。浄穢差別依因依相。因者業因、相者器界之相貌〔註1〕也。未除分別ノ二障之時所作ノ業名雑穢業。若除〔註2〕其雑穢了得浄業名。除障有伏断二位。断者是地上成熟無漏浄業。＊設雖有断相／従シテ名浄ト＊感得真浄土。伏者地前成熟有漏〔註3〕浄業。感得変化相似浄土。以有漏加行見分別智伏除二障、深〔註4〕信解唯識理、所変境斉漸方如幻。依其心所感之土、随業名浄。是因浄義

也。相浄者、人間四洲等瓦礫荊棘充満土地、便痢
梟〔註5〕穢其相非一。若依浄業所見土者無此穢相
故名浄土。但仏不出世好世国土相雖清〔註6〕浄無因浄義。
汎爾共業所感故也。＊是一＊於相亦不同。仏出世時、依諸
仏本願所現之土、依出世功徳、所現相状皆順〔註7〕出離
不同。汎爾欣楽事歟。＊是二＊況〔註8〕趣異生土、其相決定
全無如幻不思議相。全不可立浄土名。＊是三＊天上等無
無此等義。豈名浄土哉。
問。二乗聖者者既断分別煩悩障。可見浄土。地前菩薩
雖通伏二障、伏而不断。二乗雖単生空、断而超伏。
何不感浄土哉。
答。通二障雖立雑穢名、実不共ノ邊正ク可在法空。以
不得変易正可為例。凡菩薩不共ノ功力、皆除法執悟
法無我之力也。若二乗依生空智生浄土、可無入
無余涅槃之時。

〔註1〕　大谷本により「貌」に改めた。なお、大谷本は「貌」の略字。
〔註2〕　大谷本により「除」に改めた。

〔註3〕身延山本も大谷本も「断」とあったが、誤写と見て改めた。
〔註4〕大谷本により「深」に改めた。
〔註5〕身延山本は「自死」としているが、大谷本により「臮」に改めた。
〔註6〕大谷本は「稍」で、誤写。
〔註7〕大谷本により「順」に改めた。
〔註8〕大谷本により「汎土」を「趣」に改めた。

【訓読】

不共門

問う。今成ずるが如きは、偏えに是れ穢土也。何んぞ浄土と称する哉。若し好世を以て浄土と名づかば、増劫の時の輪王出世[1]には皆な衆宝の荘厳有り。豈に無仏世をば亦た浄土と名づくる哉。況んや欲色の諸天は常に浄妙也。何んぞ浄の名を立てざる哉。

答う。浄と穢の差別は因に依り相に依る。因とは業因、相とは器界の相貌也。未だ分別の二障[2]を除かざるの時の所作の業をば雑穢の業と名づく。若し其の雑穢を除き了《おわ》らば浄業名を得る。除障に伏断の二位有[3]り。断とは是れ地上成熟の無漏の浄業[4]なり。＊設い断相有りと雖も、従えて浄と名づく＊　真浄土を感得す[5]。伏とは地前成熟の有漏の浄業[6]なり。変化相似浄土[7]を感得す。有漏の加行の見の分別智[8]を以て二障を伏除し、深く唯識の理を信解せば、所変の境は斉《ひと》しく漸くにして方《まさ》に如幻[9]たり。其の心に依り所感の土は、業に随いて浄と名づく。是れ因浄の義也。相浄というは、人間四洲等は瓦礫荊棘充満の土地にして、便痢臭穢も其の相は一に非ず。若し浄業所見の土に依らば此の穢相無きが故に浄土と名づく。但し仏の出世せざる好世の国土の相は清浄なりと雖も因浄の義無し。汎爾の共業所感の故也。[10] ＊是れ一＊ 相に於いて亦た不同なり。仏出世の時、諸仏の本願に依りて現ずる所の土は、出世功徳に依り、所現の相状は皆な出離に順じて不同なり。[11] 汎爾の欣楽の事歟。＊是れ二＊ 況んや異生土に趣くに、其の相は決定して全く如幻不思議の相無し。全く浄土の名を立つ可からず。＊是れ三＊ 天上等にも此等の義無きこと無し。豈に浄土と名づくる哉。

問う。二乗の聖者[12]は既に分別の煩悩障を断ず。浄土を見る可し。地前の菩薩は二障を通伏すと雖も、伏して断ぜず。二乗は単生空[13]なりと雖も、断じて而も超伏す。何んぞ浄土を感ぜざる哉。

答う。二障に通じて雑穢の名を立つと雖も、実に不共の辺には正しく法空[14]を在す可し。変易[15]を得ざるを以て正しく例と為す可し。凡そ菩薩の不共の功力は、皆な法執を除き法無我を悟るの力也。若し二乗は生空智に依り浄土に生ずといわば、無余涅槃[16]に入るの時無かる可し。

【註記】

［1］　増劫の時の輪王出世……世界には生滅があり、四劫（成劫・住劫・壊劫・空劫）を推移する。住劫時に人寿が百年ごとに一歳ずつ増えて八万四千歳に達する増劫の時が来る。この間の人寿二万歳以上の時に出世するのが転輪聖王であり、身に三十二相を具足し、即位の時に天から輪宝を感得し、徳をもって国を統治するという。輪宝には金銀銅鉄の四種類あり、金輪王は四州を統治し、銀輪王は東西南の三州、銅輪王は東西の二州、鉄輪王は南瞻部州のみ

を統治すると伝えられる。なお、ここでは仏陀ではないが仏陀と同じく三十二相を具備する転輪聖王の世界もまた衆宝によって荘厳された厳浄世界であることを示している。

［2］分別の二障……有情には輪廻を重ねる間に身についた根深い倶生起の煩悩がある。また、生まれてより身につけた分別起の煩悩もある。これらの煩悩をさらに検証すると、より根深い所知障と表層の煩悩障の二つに分けることができる。最も根深いものは倶生起の所知障であり、次に倶生起の煩悩障、さらに分別起の所知障、分別起の煩悩障の順で軽くなる。したがって、菩薩は資糧位・加行位にある間はこれらを伏する努力をし、初地に入って無漏智を得ると分別起の二障を断じ、以降は重い倶生起の所知障を先に断ずる努力をし、仏果に至る直前において倶生起の煩悩障を頓断するとされている。そして、金剛位において仏果障を断じて仏陀となるのである。

［3］伏断の二位……煩悩を伏してコントロールすることしかできない位と煩悩を断じことのできる位。前者は資糧位・加行位にある菩薩のあり方であり、後者は無漏智という利剣を得た十地菩薩のあり方である。

［4］地上成熟の無漏の浄業……十地位の菩薩の無漏智によって成熟された煩悩の穢れのない浄らかな行業のこと。

［5］真浄土を感得……十地の菩薩となって真実の浄土を知見すること。ここでは、十地以前の菩薩の感得する浄土を相似浄土と見るので、真浄土といっている。しかし、真実の浄土は仏陀と成った時に第八識が純浄無垢識となって初めて現れるものであり、これに比すれば十地の菩薩が知見する浄土も真浄土とはいえないことが『成唯識論』や『大乗法苑義林章』には示されているので、注意を要する。

［6］地前成熟の有漏の浄業……十地の位に至る前の資糧位菩薩（十住・十行・十回向位）には未だ無漏智が現れていないので、有漏の慧心に基づいて浄行を実践している。これを有漏の浄業という。

［7］変化相似浄土……如来の第八無垢識相応の大円鏡智が変現する世界が真実の浄土である。このような世界を凡夫が知見することは不可能なため、如来は平等性智の大慈悲力をもって十地に住する菩薩のために他受用土（報土）を示現し、未登地の菩薩ならびに二乗・異生等のために変化土（化土）を示現する。これらはいずれも如来の浄土の化現であるが、同じく化現ではあるといっても他受用報土は無漏智をもって知見する世界なので真浄土と呼ばれ、

変化土の中の変化浄土は相似浄土であるとされる。

［8］如幻……一切の有為法は因縁によって生起する仮そめのものなので、「如幻」に譬えられる。ここでは、唯識の理を信解したところに如幻のあり方が悟られるとの意で用いられている。

［9］有漏の加行の見の分別智……分別智とは本来は真理を証する無分別智の対として用いられる言葉である。初地に入って現れる無漏智の表裏二面であり、分別智は世界のあり方をあるがままに知る力用を有している。ここでは、無漏智を得るまでの菩薩においても、第十回向位の満心である加行位の有漏の分別智によって二障を伏除することが示されている。もちろん「除」とあっても断除ではなく伏除である点、注意する必要がある。

［10］汎爾……一般的なこと。

［11］出離……三界六道輪廻の世界から出で離れること。ここでは仏陀の悟りの意。

［12］二乗の聖者……二乗の行者が見道以降に預流果・一来果・不還果・阿羅漢果の四果を得たあり方。

［13］二乗は単生空……二乗の行者の無漏智は生空（我空）しか証得しえないこと。

［14］法空……すべての有為法は因縁和合の仮そめの法であるということ。我われ有情には、「我なり」という我執と「法なり」という法執とがあって、これを元にさまざまに煩悩を起こして輪廻している。その輪廻の根源を空ずることが悟りなのであるが、二乗は我空のみを証悟し、菩薩は我法二空を証悟する。

［15］変易……有情の生死に分段生死と変易生死とがある。分段生死は寿命にも姿にも分限のある生死のことであり、変易は寿命にも姿にも分限のない生死のことである。前者は輪廻する衆生の生死であり、後者は無漏智を得て真如の一分を証得した三乗の聖者の生死である。ここでは法空を証していないので、変易を得ていないといおうとしている。

［16］無余涅槃……二乗の者が灰身滅智して悟る涅槃。もし浄土に生まれるならば灰身滅智を否定することになるのではないかと反論している。

【解説】

本段では、化身の仏陀のましまず世界は穢土であって浄土ではないという難が重ねて立てられている。凡夫であれば「命終往生」しか浄土に往く手段はないが、菩薩は観法（唯識観）の実践ひいては二利の実行によって、現時点で浄土を知見することも可能である。むしろ、三阿僧祇劫にわたる修行においては、この浄土知見こそが王道であったといってよく、本段ではこれを明らかにしようとしたと見てよい。

そこで、答文において貞慶は「因浄・相浄」の義を明らかにするのである。因浄とは、輪廻の業因である雑穢（煩悩）を伏断することによって浄土を感得するあり方をいう。すなわち、有漏の浄業しか実践できない地前の菩薩（資糧位・加行位）は変化相似浄土を感得（知見）し、無漏の浄業を実践することのできる地上の菩薩（十地＝見道位・修道位）は真浄土を感得（知見）するというのである。要するに、浄業の実践によって浄化された心が諸仏の変現したもうた浄土を感得することができる、というあり方が示されているといってよい。では、その時に国土はどうなるのか。この問題を明らかにしたものが相浄である。すなわち、娑婆世界は瓦礫荊棘充満の穢土の相を示しているが、浄業を実践することで浄化された行者の心はよく諸仏示現の浄土を見ることができるので穢相がないと述べている。これが相浄の義である。したがって、穢土である娑婆世界には別に浄土があると、貞慶はいうのである。

そもそも、有情には分別起の二障（煩悩障・所知障）と倶生起の二障とがあり、これが元で輪廻し苦悩している。これらを悉く断じきった境地が仏陀であるから、法相宗の仏道論では有漏の慧に基づく二利の行の実践によってまずは無漏智が生ずる環境を作ることが示される。その位の菩薩を資糧位（十住・十行・十回向）といい、第十回向の満位において四善根を実践することで菩薩の知見は一挙に広がり、三千大千世界を知ろしめす大化身を見ることができるようになる。この位を加行位という。したがって、加行位の菩薩の慈悲行の対象は一四天下の有情から三千大千世界の有情にまで拡大することになる。この期間は菩提心を発してから一阿僧祇劫に及び、菩薩はこの間、ひたすら煩悩を伏除するのである。なぜ断ずることができないかといえば、この間の菩薩は無漏智という利剣を身に備えていないからである。ところが、初地に登り見道位に入ると、無漏智が初めて現行する。これによって菩薩は、真如（我法二空）の一分を発得し、分別起の二障を頓断するに至る。以後は、一地一地ごとに一の真如を証得し、かつ一の重障を断除するのであるが、断じられる重障は倶生起の所知障である。断じやすい倶生起の煩悩障は後にまわし、断じにくい所知障から先に断じていくという。そして、最後に倶生起の煩悩障を頓断し、さらに残る微細の仏果障をも断じ尽くして、ついに仏果を証するというのが法相宗の仏道論であった。貞慶はこの仏道論に基づき、浄業の実践による浄土の感得を論じたのであった。

法然（一一三三―一二一二）・親鸞（一一七三―一二六二）等が阿弥陀仏の本願力による浄土教を展開するまでの日本においては、浄業の実践による浄土知見・浄土往生が常識であった。その理論を詳細に立てたのが法相宗であり、これを貞慶は継承しているので、貞慶の浄土信仰はまさしく実践を主とする仏道そのものだったのである。

第五項　共不共門

【翻刻】〈二四丁裏〜二五裏〉

共不共変義

穢土身器自他第八共変境也。化土既ニ随三界。可云共変。是以三災之時、随余有情所変浄土又可真〔註1〕不能猶留。但既分浄穢。豈無不共邊哉。彼鬼畜等ノ四趣所見不同。凡夫中猶有之。知、以菩薩所変対余ノ異生亦、可有不共変不共用之邊也。凡應変浄難大旨、付受用土ニ論之。

問。資糧所見浄土唯現一洲分量歟、将有寛廣義歟。

答。随所依但一四天下中南洲ノ分量歟。但土既不共也。漸亦如幻。其大小不必同〔註2〕余ノ類ノ所居。三十心等既ニ有階級、随應稍可有廣轉相。彼或輪王縁領十二那庾〔註3〕多世界等是也。彼龍神等在人間一池水等、其別業力故多変殊勝宮殿等。余許ノ眷属同得行止〔註4〕。其大小量未必依本河池等。然而若無水之處不能住。知、大小亦有随其本。彼此ノ業力有共力故也。小山中鬼神等多以如此。今三〔註5〕乗六趣共変器中有不共義事、専准彼可知。

問。諸教中、葉〔註6〕中化土皆属〔註7〕一四天下。是則弥勒居南洲等。此中猶有不共寛廣義者、有何證哉。

答。道理既惣成。何求別ノ證據。於釈迦雙林等土有種々機見。如像法決疑経等。過〔註8〕向菩〔註9〕提等者、誠不仏地之境界歟。

〔註1〕　大谷本により「真」に改めた。
〔註2〕　大谷本により「同」に改めた。
〔註3〕　大谷本により「庾」に改めた。
〔註4〕　大谷本は「遊止」であるが、身延山本の「行止」を採用した。
〔註5〕　「三」とも「云」とも読めるが、大谷本より「三」に改めた。
〔註6〕　大谷本により「葉」に改めた。
〔註7〕　身延山本は翻刻不可能であり、大谷本より「属」とした。
〔註8〕　身延山本は読解不可能であり、大谷本より「過」とした。
〔註9〕　身延山本は「界」、大谷本は「菩薩」。前後の文より「菩提」に改めた。

【訓読】

共不共変義

穢土の身器は自他の第八共変の境也[1]。化土は既に三界に随う。共変と云う可し。是《ここ》を以て三災[2]の時、余の有情の所変に随いて浄土も又た真に猶留すること能わざる可し。但し既に浄と穢とを分かつ。豈に不共の辺無き哉。彼の鬼畜等の四趣の所見[3]は不同なり。凡夫の中に猶し之れ有り。知んぬ、菩薩所変を以て余の異生に対して亦た、不共変・不共用の辺有る可き也ということを。凡応変浄の難[4]の大旨は、受用土に付いて之れを論ずるなり。

問う。資糧所見の浄土は唯だ一洲の分量のみを現ずる歟、将《は》た寛広の義[5]有る歟。

答う。所依に随わば但だ一の四天下の中の南洲の分量歟。但し土は既に不共也。漸くに亦た如幻たり。其の大小は必ずしも余の類の所居と同じからず。三十心[6]等には既に階級有りて、応《よろしき》に随いて稍《ようや》く広転の相[7]有る可し。彼の或る輪王は縁じて十二那庾多世界[8]を領する等は是れ也。彼の龍神等は人間の一池水等に在りて、其の別業力の故に多くは殊勝の宮殿等を変ず。余許の眷属も同じく行止するを得る。其の大小の量は未だ必ずしも本《もと》の河池等に依らず。然《しか》而るに若し水無きの処ならば住すること能わず。知んぬ、大小も亦た其の本に随うこと有り。彼此《ぴし》の業力に共力有るが故也。小山の中の鬼神等も多くは以て此《かく》の如し。今の三乗も六趣も共に器を変ずる中に不共義有る事、専ら彼に準じて知る可し。

問う。諸教の中には、葉中の化土は皆な一の四天下に属せり。是れ則ち弥勒の居する南洲等なり。此の中に猶し不共寛広の義有りといわば、何の証《あか》し有らん哉。

答う。道理は既に惣じて成じぬ。何んぞ別の証拠を求めん。釈迦の双林等の土[9]に於いて種々の機見[10]有り。『像法決疑経』[11]等の如し。過《とが》ありて菩提等に向かうは、誠に仏地の境界にあらざる歟[12]。

【註記】

[1] 自他の第八共変の境……我われのいる環境世界はすべての有情の第八識が共に変じた共通世界であり、かつ煩悩によって穢《けが》されているので穢土という。

[2] 三災……住劫の中の減劫時に起きる刀災・疾疫災・飢饉災（小三災）、もしくは壊劫の中の減劫時に起きる火災・水災・風災（大三災）のこと。小三災によって世が乱れ、大三災によって器世間が壊滅するといわれている。

[3] 鬼畜等の四趣の所見……唯識には人が各別の世界を見ていることを「一水四見」の言葉をもって例示している。いわゆる、水を見た際に「天人は瑠璃の大地、人は水、魚は住居、餓鬼は膿血」であると認識するという。これを用いた表現。なお、「地獄の亡者は炎と見る」という解釈も別にある。

[4] 凡応変浄の難……凡夫が応《よろしき》にしたがって浄土を変ずることを難ずるもの。

[5] 寛広の義……一の四天下の国土量よりも広いという義。

[6] 三十心等……十住・十行・十回向を三十心位（資糧位）ともいう。これに十地・妙覚位も含めて四十一位の仏道の階級を立てる。

[7] 広転の相……資糧位菩薩所見の国土量は一の四天下であるが、加行位で三千大千世界（一葉世界）、初地で百葉世界、第二地で千葉世界、乃至、第十地で不可説葉世界と、広大に転増すること。

[8] 十二那庾多世界……出拠不詳。那庾多は兆とか溝などとも訳されるが、数の単位として使用さる際には、兆も溝も

那庾多も別々に用いられた。ちなみに、兆は0が12、溝は0が32、那庾多は0が60も付く単位である。

［9］釈迦の双林等の土……釈迦牟尼仏の終焉の地である沙羅双樹林を含む釈迦有縁の地。

［10］機見……有情（機）のものの見方。

［11］像法決疑経……偽経と見なされているが、天台宗は『涅槃経』の結経とするなど、複数の註疏に名を見ることができる経典である。

［12］過向菩提～境界歟……過失があるにもかかわらず菩提に向かおうとしても、仏地の境界は現れないの意。


【解説】

この段は、貞慶の結論部分である。すなわち、前段までのあり方を受けて冒頭に、化身の仏陀の国土に穢土とは不共なる浄土のあることを明示した。その書き出しは、我われの住む娑婆世界は穢土であり、娑婆世界の住人のすべての第八識が共辺した共通世界であることが指摘されている。要するに、この世界は煩悩熾盛なる我が第八阿頼耶識が変現した世界であるから当然のことながら穢土であるが、同時に他の雑穢の有情の阿頼耶識が共通して変現する穢土世界でもある。そして、我われ有情は三界六道を輪廻するのであるから、そんな我われを救済しようとする化身の仏陀は、三界内に姿を現すことになる。問題は三災である。我われの世界は無常であるから、成劫・住劫・壊劫・空劫の順に生滅を繰り返す。その中の壊劫の二十小劫の初めの十九小劫において、地獄から順に餓鬼・畜生・修羅・人・天と壊れていき、最後の一小劫において火災・水災・風災の三災が起こって色界の第三禅天を破壊するという。次いで空劫に至るとすべてが壊滅する時がおとずれるが、空劫の終わりの有情の増上業力によって風が生じて世界を支える風輪となり、その上に水輪・金輪が生じて三界六道世界が再び生成する成劫の時を迎えることになる。今は、その後に来る住劫の時であり、寿命の長短が繰り返される時代である。本段で取り上げられたのは、この中の三災時に世界が壊れていく時、浄土もまた穢土に託設されているので同じように壊れていくが、それでも穢土とは別に浄土はあると論じようとしたものである。

この時、貞慶は「一水四見」の論理を用いた。一水四見とは、水を見た際に「天人は瑠璃の大地、人は水、魚は住居、餓鬼は膿血」などと異なって見ている有情のあり方をいったもので、それと同じように我われ有情は人々各別にすべてのものを異なった相《すがた》で見ていることを示し、もって穢土中に穢とは不共なる浄土の辺のあることを論じているのである。そして、「凡夫が応《よろしき》に随って浄土を変ずる」ことに対する難（凡応変浄の難）は、聖者しか知見できない他受用土（報土）において用いるものであるからふさわしくないと結んでいるので、そのような論難が当時はあったことが知られる。いずれにせよ、本段ではまず冒頭に娑婆に託設された変化浄土のあることを明確にした上で、二問二答によって貞慶の関心事がさらに究明されていくのである。

では、貞慶の関心事とは何であろうか。第一問答では、資糧位菩薩所見の浄土の国土量のことが問題視されていた。貞慶は確かに多仏信仰者であるが、それは第一部第三章および第二部第二章第三章で明らかにしたように、あくまでも三阿僧祇劫にわたって諸仏に歴事するという意味での多仏信仰であった。今生においても諸尊を仰信してはいるが、具体的な尊者の数はあまりにも少なく、そのすべては弥陀・釈迦・

弥勒・観音の四尊の浄土信仰を資助するものに他ならなかった。しかも、欣求する尊者の浄土も時として比重が移っていった。なぜかといえば、最初発心の行者（資糧位菩薩）の往くべき世界は「一の四天下」に限られていたからである。このことを確認するために立てられた問答が第一問答であり、加行位に至ると菩薩の知見する世界は広転するが、資糧位菩薩所見の浄土は一の四天下に限られることを明確に示したのである。これが法相教学における「真実の道理」であった。次いで第二問答では、当来の弥勒の居する世界を例にして資糧位菩薩所見の世界にも寛広の義があるのではないかという難を立て、「そんな過失の見解を抱えたままで仏道を歩もうとしても益はない」ことを明らかにしている。したがって、これらの問答もまた、両三人の弟子たちとの談義を整理して、教示・掲載したものであったことが知られる。

以上のように、貞慶は化身の国土には穢土（共）と浄土（不共）とがあり、穢と不共なる変化浄土は決して一過性のものではなく、長時にわたってある資糧位菩薩のために変現された世界であるという認識を示し、もって「仏道の初門」と位置づけていたことが知られるのである。これを基盤にして次に、弥陀・釈迦・弥勒に関する「諸仏本願取浄穢二土差別」「知足内院浄穢義」「西方有異義」を論じていくのである。

第三節　諸仏本願取浄穢二土差別

【翻刻】〈二八丁裏～三〇丁裏〉

問。弥陀本願浄土成覚釈迦本願渴世成道者、実有差別。弥陀無穢土、釈迦無浄土歟。設爾者、諸仏功徳可有勝劣哉。智度論中、弥陀有穢土、釈迦亦有浄土、云々〔註1〕。答。此事、難量。但、因位間所起願、〔註2〕種々不同一。菩薩、何不通起浄穢二土願哉。若爾成道時、国土亦可有二類。出世之界邊故。其中、於穢土成道之邊、以先穢土別生願為本也。釈迦於娑婆指昔穢土願等也。仍、二土本願不相濫。実亦、通起二種願。智度論顕其実義歟。

問。於浄土作仏願者、若指菩薩不共土歟、将指三乗等共用好世土歟。答。可通二類也。顕所指者共土也。実所指不共土也。其中、以共土中浄穢可為二種願差別歟。

問。並存二門、巧雖遣難、似無実義。就中、以好世土為浄土者、既無不退義。有何勝徳哉。是以観経等所説浄土、其相、既超過三界、能化仏身六十一億那庾多由旬等也。弥勒於娑婆好世非真実。可形求土故、是雑土也。

答。本願不同、随所化機欲。雖未知當来所化根性、法爾發其願。釈迦所化、娑婆界中五濁衆生法爾繋〔註3〕属故、初心亦、發穢土成仏願也。弥陀本願返之。可知、其浄土願有多重。一報化対、二化中大小対、三小中共不共対、四共中浄穢対也。於此多重皆以劣名穢。如云為対受用化稱為穢也。観経中説仏身事。当報仏国土通報化。業因分九品通二乗造悪。爰以、於仏身国土挙勝隠劣、為令生欣求也。於業因能居多挙劣隠勝、為令生易想也。是皆仏方便也。可知、於別時意趣亦可有多重。以十念等劣業、正可生好世共土。於出不共国土、設雖初心土、猶難生。未云如幻故、別時可生。若又、以資糧位業生大化土事、可在別時。〔註4〕如此、対報土一切凡位皆、別時意趣也。摂論等且依至極、対報土明別時意也。〔註5〕弥勒土等亦有勝徳。豈同釈迦濁世哉。依佛本願生其土者、皆成就共中浄業。豈不欲哉。西方又造悪等類、以暫時業受生。何必超弥勒土哉。若西方其土定勝其因定易者、豈弥勒願力不及弥陀哉。是以懐感禅師云、極楽業者、未離欲者以浄業生、已離欲者以不動業生、云々。此義、能叶我宗意。義燈内法異生以論、不動業生安養知足者、即此意也。

〔註1〕身延山本には「云々」はないが、大谷本によって補った。
〔註2〕身延山本では「願」がないが、大谷本によって補った。
〔註3〕身延山本は「繫故属故」であったが、大谷本により改めた。
〔註4〕大谷本により「事」を「時」に改めた。
〔註5〕同右。

【訓読】

問う。弥陀の本願の「浄土成覚[1]」と釈迦の本願の「渇世成道[2]」とは、実に差別有らん。弥陀に穢土無く、釈迦に浄土無き歟。設《も》し爾らば、諸仏の功徳に勝劣有る可き哉。『智度論』の中に、「弥陀に穢土有り、釈迦にも亦た浄土有り[3]」と、云々。

答う。此の事、量り難し。但し、因位[4]の間に起こす所の願は、種々にして同一にあらず。菩薩、何ぞ通じて浄穢二土の願を起さざる哉。若し爾らば成道の時、国土も亦た二類有る可し。出世の界の辺の故に。其の中、穢土成道の辺に於いては、先ず穢土に別して生ずるの願を以て本と為す也。釈迦の娑婆[5]に於ける昔の穢土の願等を指す也。仍《よ》りて、二土の本願は相い濫《みだれ》ず。実には亦た、通じて二種の願を起こす。『智度論』は其の実義を顕わす歟。

問う。浄土に於いて仏と作《な》る願とは、若しくは菩薩の不共土[6]を指す歟、将《は》た三乗等共用の好世の土[7]を指す歟。

答う。二類に通ず可き也。顕らかに指す所は共土也。実に指す所は不共土也。其の中、共土中の浄穢を以て二種の願差別と為す可き歟。

問う。並《な》べて二門を存し、巧みに難を遣《や》ると雖も、実義無きに似たり。就中《なかんづ》く、好世の土を以て浄土と為すといわば、既に不退[8]の義無し。何の勝徳有らん哉。是《ここ》を以て『観経』等に説く所の浄土は、其の相、既に三界を超過し、能化の仏身も六十一億那庾多由旬[9]等也[10]。弥勒の娑婆好世に於けるは真実に非ず。形をもて土を求むる可きが故に、是れ雑土也。

答う。本願は同じからずして、所化の機欲に随う。未だ当来の所化の根性[11]を知らずと雖も、法爾に其の願を発こす。釈迦の所化は、娑婆界中の五濁の衆生にして、法爾として繫属[12]するが故に、初心[13]においても亦た、穢土成仏の願を発《おこ》こす也。弥陀の本願は之れを返す。知る可し、其の浄土の願に多重有りと。一つには報化の対、二つには化中の大小の対、三つには小中の共不共の対、四つには共中の浄穢の対也。此の多重に於いて皆な劣を以て穢と名づく。受用に対して化をば称して穢と為すと云うが如き也。『観経』の中に仏身の事を説く。当に報仏の国土にして報化に通ずべし。業因をば分かちて九品[14]とするは二乗と造悪[15]に通ず。爰《ここ》を以て、仏身国土に於いて勝を挙げて劣を隠すは、欣求を生ぜ令めんが為め也。業因能居に於いて多く劣を挙げて勝を隠すは、易想を生ぜ令めんが為め也。是れ皆な仏の方便也。知る可し、別時意趣[16]に於いても亦た多重有る可きなりと。十念等の劣業を以て、正しく好世共土に生ず可し。不共国土を出だすに於いては、設《たと》い初心の土と雖も、猶し生じ難し。未だ「如幻」と云わざるが故に、別時に生ず可し。若しくは又た、資糧位[17]の業を以て大化土[18]に生ずという事も、別時に在る可し。此の如く、報土に対して一切の凡位は皆な別時意趣也。『摂論』等は且《しばら》く至極に依り、報土に対して別時意を明かす也。弥勒土等も亦た勝徳有り。豈に釈迦濁世に同じからん哉。仏の本願に依り其の土に生ずというは、皆な共中の浄業[19]を成就せばなり。豈に欲せざらん哉。西方には又た造悪等類、暫時の業を以て受生す。何ぞ必ずしも弥勒の土を超えん哉。若し西方は其の土定んで勝れ其の因定んで易しといわば、豈に弥勒の願力は弥陀に及ばざる哉。是れを以て懐感禅師[20]の云わく、「極楽の業は、未だ欲を離れざる者は浄業を以て生じ、已《すで》に欲を離るる者は不動業を以て生ず[21]」と、云々。此の義、能く我が宗の意《こころ》に叶う。『義灯』に内法異生[23]をば以て論ずるに、「不動業にて安養・知足に生ず[24]」というは、即ち此の意也。

【註記】

[1] 浄土成覚……諸仏は最後に道場に坐して（坐道場）正覚を成ずるが、浄土成覚は受用身の成覚を意味している。ここでは、釈迦如来の娑婆世界での成道に対比して阿弥陀仏の浄土成覚が述べられている。

[2] 渇世成道……釈迦牟尼仏が娑婆世界において正覚を成ずること。娑婆世界で成道する仏陀は変化身であり、八相成道の次第を必ず取るといわれている。その第五相（第六相ともいう）が樹下に坐す成道の相である。

[3] 智度論中……『大智度論』の取意。当該引用箇所は、大正二五・三〇二・下。

[4] 因位……仏果に至るまでの菩薩の修行過程のこと。法相宗においては資糧位・加行位・通達位・修習位を経て究竟位（仏果）に至ると説くが、この内の前四位を因位といい、究竟位を果位という。

[5] 娑婆……梵語 sahā の音写語。忍土とも意訳される。煩悩から抜け出せない衆生が苦しみを堪え忍んで生きる世界のことで、釈迦如来を初めとする化身の仏陀が降誕し教化する世界に他ならない。

[6] 菩薩の不共土……菩薩が浄業をもって初めて知見する穢土とは不共なる浄土世界のこと。

[7] 三乗等共用の好世の土……三乗の者が共に見る化身仏の厳浄の世界。この世界は浄土ではないが好ましい仏国土なので好世の土と呼ばれる。

[8] 不退……不退転のこと。仏道修行による功徳を失うことのない位のこと。十信位の信不退、十住位の位不退、初地の証不退などが説かれるが、ここでは三界を出過した阿弥陀仏の浄土との兼ね合いで述べられているので、証不退の功徳が好世の土にはないことをいおうとしたもの。

[9]　三界……衆生が輪廻する迷いの世界である欲界・色界・無色界のこと。

[10]　能化仏身六十一億那庾多由旬……能化とは主となって教えを説く仏陀のことで、『観無量寿経』には阿弥陀仏の仏身高が「六十万億那由他洹河沙由旬」（大正一二・三四三・中）であると出るので、別本があったのか誤写や誤解に基づくものかのいずれかと考えられる。なお、那庾他（nayuta）は一千万とも一千億とも称される数の単位であり、また由旬（yojana）は距離の単位で、牛車が一日に進む距離を一由旬とした。

[11]　根性……教化を受けるものの性質や能力のこと。

[12]　繫属……根縁あって属すること。

[13]　初心……最初発心のこと。初めて悟りを得ようとする心（菩提心）を発《おこ》すこと。この心を発すことによって仏道を歩み始める。貞慶は真実の菩提心を無漏種子であるとしている。

[14]　九品……『観無量寿経』に説かれる九つの往生の相。衆生の機根（資質・能力）によって差が生じ、上品・中品・下品のそれぞれに上生・中生・下生がある。

[15]　造悪……悪とは煩悩のことで、ここでは煩悩による諸悪業を造る者をいう。

[16]　別時意趣……仏の説法方便のあり方に四種（平等意趣・別時意趣・別義意趣・補特伽羅意楽意趣）ある中の一つ。遠い未来において得られる利益を即時に得られるかのように説く仏の方便説。

[17]　資糧位……法相宗では発心から仏果に至るまで資糧位・加行位・通達位・修習位・究竟位の五位を立てるが、資糧位は十住・十行・十回向の三十心位の菩薩をいう。

[18]　大化土……第十回向位の満心を加行位というが、この位の菩薩が知見する浄土のこと。

[19]　浄業……「変化長時浄土有無」で明らかにされたように、雑穢の業を除くおこない（業）をいう。

[20]　懐感禅師……唐代（七世紀頃）の僧。著書には『釈浄土群疑論』がある。

[21]　不動業……三業（福業・非福業・不動業）の一つ。三界（欲界・色界・無色界）の内、色界と無色界における善業のこと。色界と無色界では禅定に住しているために心が動揺しないことから、不動業という。

〔22〕　懐感禅師云～不動業生……『釈浄土群疑論』の取意。当該箇所は、大正四七・三三一・中。
〔23〕　内法異生……十信あるいは十住以降の菩薩のこと。
〔24〕　不動業生安養知足……『成唯識論了義灯』の取意。当該箇所は、大正四三・七八〇・中。

【解説】

貞慶（一一五五―一二一三）には、弥陀・釈迦・弥勒・観音の四尊の浄土信仰があった。『唯識論尋思鈔』の著わされた建仁元年（一二〇一）は極楽願生が隠覆され、霊山・兜率から補陀落へと願生の比重が移る時期であった。本段では弥陀と釈迦を取り上げ、「浄土成覚」と「濁世成道」を掲げる両尊の本願は大きく異なるように見られるものの、実は仏陀である以上は共に「二土の願」を起こし、共に「浄土と穢土に居す」と述べているのが第一の問答の趣旨である。

次いで、化身の仏陀に浄穢二土があるとするならば、浄土作仏の願は菩薩のみしか知見できない不共土なのか三乗同見の共土なのかと問い、共土の中の浄辺を「浄土成覚」、穢辺を「濁世成道」と見るべきであると答えている。もちろん、有情からすれば穢土はあくまでも穢土なのであるが、これを仏陀の側から見て、「浄土成覚」は共土中の浄土、「濁世成道」は共土中の穢土と論じているというのが第二問答である。

しかし、そうなると好世の土が浄土なのかという我われ凡夫から見た疑問が起きてしまう。化身の仏陀が出現した世界は確かに厳浄世界ではあるが、『無量寿経』『観無量寿経』『阿弥陀経』等に説かれるような三界出過の勝れた浄土ではない。能化の仏身高も丈六であり、六十万億那由多由旬もない。いかがか、と難ずるのである。これに対して答文では、諸仏の本願は未来において化益する繋属の有情の願い（機欲）によって立てられたものであるから本来各別であるといった後、貞慶の浄土信仰において非常に重要な四重相対の理論を示していく。すなわち、⑴報化対　⑵化中大小対　⑶小中共不共対　⑷共中浄穢対の四種である。これらの四重相対において、貞慶は勝劣をもって浄穢を論じていくのである。それによると、諸仏は必ず浄穢勝劣の世界を共に示すので、報土を顕示する報身仏にも化身仏の世界である化土があるものの、それは報土に対しては穢土となる。同様に、大化土を顕示する大化身にも小化身の世界があるが、それは勝れた大化土に対しては穢土となる。また、変化浄土を顕示する小化身にも、同時に劣れる穢土がある。また、娑婆濁世の成道を唱える仏陀のましず場所は浄土ではないものの厳浄であるのに対して、同じ娑婆世界の中でも仏陀のましまさない場所は穢土となる。このように、諸仏は勝劣二様の世界を常に示現しているので、たとえ阿弥陀仏に化土があったとしても、それは報土に対して穢土であると論じているのである。

また、勝を示すのは欣求の心を起こさせるためであり、劣を示すのは往き易いという易想を生じさせるためであるともいい、凡夫が阿弥陀仏の浄土に生じるというのは欣求心を生じさせる典型的な方便説であり、未だ如幻の理を証知していないので、明らかに別時意趣であると述べた。これは中国以来すでに論じられてきたことではあるが、報化の論述なので明らかに法然浄土教を意識したものであったと見ることができる。そして、弥勒土にも釈迦土にも勝徳があり、その本質を論ずれば弥陀の土と変わりないとまで述べている。これが第二問答のあり方である。

以上のように、貞慶は諸仏の浄土に勝劣が見られるのは衆生の願い（機欲）に応じた結果であり、その本質は平等であると見ていたことが知られる。これは、真理は一つであり、諸仏の悟りは一つだからである。高次元の理の観点から見れば、諸仏は平等であり、その世界（浄土）も平等である。どのように有情を救済するかで各別の現れ方をするが、それはあくまでも有情の願い（機欲）に応じたにすぎず、悟りの高見から見れば平等であるといってよい。ここに基軸を置きながら、有情の側より見れば好世土の上に資糧位所見の浄土、加行位所見の浄土、初地菩薩所見の浄土、第二地菩薩所見の浄土、乃至、第十地菩薩所見の浄土という十二重の浄土が示現されているのであり、これを仏道実践していく過程で漸次知見していく道がまた仏道そのものだったのである。そのような貞慶の浄土理論の一端がここに示されていたといってよいであろう。

第四節　知足内院浄穢義

【翻刻】〈三〇丁裏～三一丁裏〉

問。如今成者、知足亦可通浄土。宗家、何許穢土、対安養為劣土哉。

答。知足亦通浄穢二土。浄土邊唯菩薩所居。准上可知。大般若中説、般若修行菩薩相厳浄覩史多天宮、云々。厳浄之言、豈穢土哉。但、自界之中、外道異生等、本来共知ヌ。仏、設説テ名浄土、輙難信受。故隠浄顕穢。是又有別益。成易生想、可欣求故。重意云、雖穢土分齊、猶対人間殊勝故、可有欣求。疑類、設雖顕浄土邊、自界故難信。是故、亦顕共土一邊誘引、應此之一類也。安養世界、実雖有共穢之邊、亦為可欣浄之機、隠劣顕勝。二土勝劣、不可定執。是以上生疏中、二土相対判退不退、例令齊均、以位浅深論退不退。位未至不退、設雖何處何不退哉者、明於〔註1〕安養許共穢邊也。

〔註1〕身延山本は「出」であるが、大谷本により「於」に改めた。

【訓読】

問う。今、成ずるが如きは、知足も亦た浄土に通ず可し。宗家、何ぞ穢土と許して、安養に対して劣土と為す哉。

答う。知足も亦た浄穢二土に通ず。浄土の辺は唯だ菩薩のみの所居なり。上に准じて知る可し。『大般若』の中に説かく、「般若修行菩薩は覩史多天宮[1]を相い厳浄す[2]」と、云々。「厳浄」の言、豈に穢土ならん哉。但し、自界の中なれば、外道[3]・異生等、本《もと》より来《このか》た共なるを知りぬ。仏、設《たと》い説いて浄土と名づくとも、輙《たやす》く信受し難し。故に浄を隠して穢を顕わせり。是れ又た別益有り。易生の想を成じ、欣求す可きが故に。重たる意《こころ》の云わく、穢土の分斉なりと雖も、猶し人間に対して殊勝なるが故に、欣求すること有る可し。疑う類は、設い浄土の辺を顕わすと雖も、自界の故に信じ難し。是の故に、亦た共土の一辺を顕して誘引するは、応に此の一類なるべき也。安養世界は、実に共穢の辺有ると雖も、亦た浄を欣う可き機の為めに、劣を隠して勝を顕わす。二土の勝劣、定んで執す可からず。是《ここ》を以て『上生疏』の中に、二土相対して退・不退を判ずるに、「例令《たとい》い斉均《ひとし》くとも、位の浅深を以て退不退を論ず。位の未だ不退に至らざれば、設い何処と雖も何ぞ不退ならん哉[4]」というは、明らかに安養に於いても共穢の辺を許す也。

【註記】

[1] 都史多天宮……梵語 Tuṣita の音写語で、兜率や知足とも訳す。弥勒菩薩が住む兜率内院の宮殿（大摩尼宝殿・弥勒説法院）のこと。ちなみに四方に各十二天宮があり、本宮と合わせて四十九院という。その中に安養浄土院（西方浄土院）もある。

[2] 大般若～厳浄云々……『大般若波羅蜜多経』の取意。当該箇所は、大正五・四〇・上。

［3］　外道……仏教の教えを内道というのに対して、仏教以外の教えを外道という。
［4］　上生疏～何不退哉……『観弥勒上生兜率天経賛』の取意。その題序（上巻）部分には、阿弥陀仏の極楽浄土と弥勒の兜率天について往生の難易という観点からの比較がなされている。当該箇所は、大正三八・二七七・下。

【解説】

前段で弥陀・釈迦・弥勒の世界が本質的に一体のものであることを慧沼（六四八―七一四）の『成唯識論了義灯』に出る「不動業にて安養・知足に生ず」を引いて論証した。そこで次に、弥勒の住する兜率内院は欲界にあるために穢土とされ、阿弥陀仏の安養浄土と比較して常に劣る世界であるとされてきたが、はたしてこれは正しいのか否かと問うたのである。

この問難に対して答文では、兜率内院にもまた浄土と穢土があるといい、浄土は菩薩のみが知見する世界なので、穢と不共なる変化浄土が弥勒の世界にもあるとした。しかし、弥勒は一般的には菩薩である。たとえ等覚の大士であるとはいっても、菩薩である以上は浄土とはいえない。これに対して貞慶（一一五五―一二一三）は『大般若経』を引き、般若波羅蜜を修行する菩薩が兜率天宮を厳浄しているのであるから、兜率内院は不共の変化浄土であると論じたのである。この後に収録される論義テーマ「三身成道」では、受用身と法身はすでに成道しているという観点より、兜率天にある弥勒の本身は仏陀であるという理論を示したが、ここでは「厳浄」の言葉をもって変化浄土と断じたのである。

しかし、兜率天は我われの住む欲界内の天界であるため、なかなか浄土の辺のあることを有情は信じない。そこで、浄土の辺を隠して穢土の辺を示したのであるが、それでも人間界より勝れた世界なので「共の一辺」のみを顕わして誘引・欣求させようとしており、この点に兜率天の利点があるという。これに対して阿弥陀仏の安養浄土は、共穢の辺もまたあるものの、勝れた浄土に生まれたいと願う有情を導くために劣なる穢土の辺を隠して勝れたる浄土の辺を示していると論じている。重要なことは、慈恩大師（六三二―六八二）の『観弥勒上生兜率天経賛』（上生疏）を引いて退不退について言及している点にある。阿弥陀仏の浄土は初地菩薩のために変現された浄土であるから、そこに生じる者は皆な不退転に至るといわれる。法然（一一三三―一二一二）は凡夫が阿弥陀仏の本願力によって極楽浄土に往生して不退転になることを最大の功徳であると見ていたが、貞慶は仏道を着実に歩むことによって初めて不退転の境地に至るのであり、極楽世界に生まれたからといって自己にそれだけの実績がなければ弥陀の変化浄土に生まれるばかりで、不退転となることはないと論じているのである。この最後の文言は貞慶の信念であり、明らかに法然浄土教を念頭に置いたものであったと見てよいであろう。

第五節　西方有共義

【翻刻】〈三一丁裏～三二丁表〉

問。極楽所有ノ功徳荘厳皆超三界分齊。以何知、彼界共穢土云事。答。中品三輩是二乗衆也。若唯菩薩不共浄土者、二乗豈住哉。加之、説業因、挙世三福業。所謂、孝養父母奉仕師長等也。其因、既不超汎爾業。所感果報、豈是異弥勒下生時哉。

問。設雖證二乗果、何必退菩提心。依宿習力〔註1〕、聞苦空等法、暫時證小果。雖取小不退大心。如六十菩薩聞般若取小果也。

答。宗家釈〔註2〕ノ中、不退大行不取小果。若不欣無余、豈趣其果哉。若趣円寂、定可不菩薩意楽。設雖不愚法、正取果時、可住欣寂意楽也。暫変浄土、猶無取小果益〔註3〕。復穢之後、有小乗益。*無垢称/疏等* 但、六十菩薩是又定姓二乗歟。不定性人、聞大乗経不取小果故、依本所行名菩薩。是畢竟退類歟。設雖不定姓、猶退大心證小果故、不今難也。

安養報化古来雖諍、於化身浄土、未詳其相。古賢雖達、秘而不記歟。今、任愚案。眼穿鑿之。可恐、可痛。但、後見之人、思而取捨矣。

〔註1〕「皆」とあるが「習」の誤りと見て、改めた。
〔註2〕「人」とあったが大谷本より「釈」に改めた。
〔註3〕「答」とあるが大谷本より「益」に改めた。

【訓読】

問う。極楽の所有《あら》ゆる功徳荘厳は皆な三界の分斉を超ゆ。何を以てか知んぬ、彼の界は共穢の土なりと云う事を。

答う。中品三輩は是れ二乗衆也。若し唯だ菩薩のみの不共浄土なりといわば、二乗は豈に住せん哉。加之《しかのみならず》、業因を説かば、世の三福業〔1〕を挙ぐ。所謂ゆる、孝養父母・奉仕師長等也。其の因は、既に汎爾の業を超えず。所感の果報は、豈に是れ弥勒下生時と異なる哉。

問う。設い二乗の果を証すと雖も、何ぞ必ずしも菩提心を退かん。宿習力[2]に依り、苦空等の法を聞き、暫時に小果を証す。小を取ると雖も大心を退かず。六十菩薩[3]の般若を聞きて小果[4]を取るが如き也。

答う。宗家の釈[5]の中、不退の大行[6]は小果を取らず。若し無余[7]を欣わざれば、豈に其の果に趣かん哉。若し円寂[8]に趣かば、定んで菩薩の意楽[9]にあらざる可し。設い不愚なる法と雖も、正に果を取る時、寂を欣う意楽に住す可き也。暫変の浄土は、猶し小果の益を取ること無し。穢に復する後、小乗の益有り、と。＊『無垢称疏』等なり＊ 但し、六十菩薩は是れ又た定姓二乗[10]なる歟。不定姓[11]の人は、大乗の経を聞きて小果を取らざるが故に、本《もと》依り行ずる所をば菩薩と名づく。是れ畢竟じて退類なる歟。設《たと》い不定姓なりと雖も、猶し大心を退き小果を証するが故に、今の難にあらざる也。

安養報化は古《いにしえ》より来《このかた》諍《あらそ》うと雖も、化身の浄土に於いて、未だ其の相を詳しくせず。古賢は達すと雖も、秘して記さざる歟。今、愚案に任す。眼は之れを穿鑿《うが》つ。恐る可し、痛むべし。但し、後に見るの人、思いて取捨せよ。

【註記】

[1] 三福業……福徳をもたらす三つの善行のこと。世間の道徳を守る世福、仏の定めた戒律を守る戒福、自利利他の善根を積む行福の三種。

[2] 宿習力……宿世の過去より修習してきた力用のこと。

[3] 六十菩薩……『大般若波羅蜜多経』に説かれる、般若の教えを聞いて二乗の果を証する六十菩薩のこと。当該箇所

は、大正七・八二四・上や大正七・八九九・中。

〔4〕小果……声聞や独覚などの小乗の悟り。

〔5〕宗家……各宗の開祖をいう言葉。法相宗では慈恩大師基（六三二―六八二）の呼称の一つ。

〔6〕大行……大乗の菩薩行のこと。

〔7〕無余……身体をも滅した無余涅槃のこと。二乗の聖者は灰身滅智して無余涅槃（身体がなくなり生死の苦が滅した境地）に入ることを究極の目標としている。

〔8〕円寂……仏陀の入寂の境地。先の「無余」と同義。ただし、貞慶は『別願講式』において「当に知るべし、昔は閻浮の月の前に釈迦と称して涅槃の相を示す。今は知足雲上にて弥勒と為り、等覚の位に居す」（平岡定海『東大寺宗性上人之研究並史料』下・二一七頁）とも述べており、仏陀である釈尊の円寂を灰身滅智とは見ていない。

〔9〕意楽……何かをなそうと心に思い願うこと。

〔10〕定姓二乗……定姓の声聞と独覚のこと。我の空なることを悟り阿羅漢果および独覚果を得ることが確定している種姓。

〔11〕不定姓……声聞・独覚・菩薩の内、二種もしくはすべての種姓（種子）を併せ持つため、どの種姓になるか確定していない存在。なお、「不定姓は大乗の経を聞いて小果を取らない」ことがあっさりと書かれているが、貞慶の弟子である良算の編纂した『成唯識論同学鈔』では「聞大乗経」という論題（大正六六・二六中～二七上）で登場する。その際には、自己が不定姓の二乗ではないかという不安の払拭がはかられたが、貞慶は不定姓の二乗でないことを当たり前のこととして示しており、興味深いものがある。

【解説】

前段を受けて本段では、三界出過の報土として知られる阿弥陀仏の浄土に共穢の世界があるのか否かを第一問答で検証している。その答文によれば、『観無量寿経』に出る「中品三輩」が二乗衆である点、および世俗の三福業で往生すると説かれている点を示し、弥勒の下生時と異ならないから阿弥陀仏の国土にも共穢の世界のあることを論証している。

もっとも、この論証はかつて貞慶（一一五五―一二一三）が『安養報化』で行なったものより遥かに論点が少なく、すでに阿弥陀仏の浄土への往生を断念した後であることを思わせるものがある。詳しくは、第一部第三章および第二部第三章を参照されたい。

次いで、第二問答においては、二乗の果を証得して回心した菩薩が大乗の菩提心（大心）を退くことはないとして、『般若経』に説かれる六十菩薩を例に論難していく。答文では、無余涅槃を願わなければ小乗の果を取ることがないとして、小乗の果を取りながら仏道を歩むあり方を否定している。逆にいえば、小乗の果を取った者は大乗の菩薩ではなく、仏道を歩むことはないと述べていたこととなり、自己が大乗の姓類であることを確認する新たな論理を示していることに興味深いものがある。この点については、第二部第一章を参照されたい。

最後に、阿弥陀仏の浄土は唯だ報土のみか化土にも通ずるのかという論義「安養報化」の問題について、「長らく諍論がなされてきたが、古賢は解了しても秘して示してこなかった。今、愚案を示したが、先徳古賢も憚らず恐れ多いことである。後に見る人は取捨してほしい」と謙虚な姿勢を示している。それほどに、この問題は法相宗においては大きな諍論のテーマだったのである。

第六節　むすび

『興福寺奏状』についての教学的検討が十分になされていなかった昭和年代、貞慶（一一五五―一二一三）にこれほどまでに緻密な仏国土に関する教学理論のあったことはまったく知られていなかった。ましてや、薬師寺と東大寺より貞慶撰述の『安養報化』ならびに『観世音菩薩感應抄』（以下『感應抄』）が発見されるに及び、貞慶の浄土教学に関する理論の解明が急速に進んだといってよい。さらには、古くから存在が確認されながらも研究が放置されてきた龍谷大学ならびに大谷大学が所有する『興福寺奏達状』の検証も進み、全体像がかなり解明されてきた。

その中で、本章で翻刻読解した「変化長時浄土有無」「諸仏本願取浄穢二土差別」「知足内院浄穢義」「西方有共義」の四篇は、貞慶の体系づけた浄土教学を明らかにすると共に、貞慶の展開した浄土信仰を解明する貴重な文献でもあった。その主たる内容をいえば、終始一貫して「諸仏には共土と不共土がある」という点に集約されるであろう。このことを十分に理解せずに経典を生半可に読むから、「凡夫が麁浅の念仏一つで弥陀の報土という殊勝な世界に一足飛びに往生する」などという破天荒な異義が出るのだと、貞慶は本書で示したといってよい。

もっとも、法然（一一三三―一二一二）には法然独自の理路整然とした論理構築があるのであり、それは『選択本願念仏集』を読めば明らかである。しかし、貞慶の依って立つ基盤は法相宗であり、その学は性相学といわれる緻密で論理性の豊かな教学体系を有していた。これをもとに体系づけられた貞慶の浄土教学においては、まずは菩提心を発して資糧位菩薩所見の小化土（一須弥界）を知見し、一阿僧祇劫にわたる修行の後には第十回向位の満心において加行位菩薩所見の大化土（百億の須弥界＝一葉世界）を知見し、次いで初地に登って無漏智を得るや二阿僧祇劫の間に初地菩薩所見の百葉世界から第十地菩薩所見の不可説葉世界に至るまでの十重の報土を知見し、ついに上品の無漏智の現行を見て仏陀と成るや、第八の無垢識所変の真実の浄土（大円鏡智所変の自受用土）を証見するに至るとして、仏道と密接な浄土義を展開したのである。したがって、貞慶の浄土信仰は当時の道俗が願ったような安楽を求めての浄土信仰ではなく、あくまでも仏道実践としての浄土信仰だったといってよい。この点について『感應抄』「第三臨終加護」の段には、

凡そ因果の道に、大小の相あり。浅自《よ》り深に至るの大旨に方便に順ずる有り。教文は其の説、区《まちま》ちなりと雖も、真に性相を見れば、其の理、知んぬ可し。菩薩位を得て諸の仏身を見るに、初めは小化身を見、次に大化身、後に臺上の舎那なり。其の報仏身に云わく、又た十重有りと。(1)

と、仏身論の観点より「浅より深に至る知見の道」を明確に示しているので、これこそが貞慶の浄土教学

の根幹をなすものであったといってよいであろう。

このような「浅より深に至る知見の道」は、我われ凡夫のレベルに立って組み立てられたものであるが、これを如来の視点から見た時はどうなるのか。これについて貞慶が示したものが報化二土一体同処論であった。すなわち、薬師寺所蔵の『安養報化』に、

尋ねて云く、此の義の如くならば、他受用と変化の二土も同処に在る歟。
答う。爾る也。化土は、報土の中の葉上葉中の土なり。然りと雖も、自心の差別に随いて、下は上を見ず。機見不同なりとも、如幻の界は互いに障碍せざるが如き也。(2)

といい、報土と化土との関係を「報土の中に大化土と小化土がある」という一体論で示し、かつ「下は上を見ず」といって、凡夫には上レベルの世界が見えないだけであるとしたのである。もう少しこれを詳しく説明すると、初地菩薩のために現れた報身仏の知ろしめす報土世界には百の三千大千世界（百葉世界）があって百の大化身の仏陀が居坐し、また一の大化身の知ろしめす大化土（一葉世界＝三千大千世界＝百億須弥界）には百億の須弥界があって百億の小化身の仏陀が居坐する。したがって、報土と化土とは一体同処の世界であるにもかかわらず、我われ愚癡なる凡夫にはこのような多重浄土のあり方がわからず、上位レベルの世界を見ることができない、と論じていたことになる。この多重浄土理論は、もとは法相宗の開祖として位置づけられる慈恩大師基（六三二―六八二）の『大乗法苑義林章』に出るものであるが、貞慶

はさらに『仏地経論』をも用いて理論化した。それが『論第七巻尋思鈔別要』に収録されている「初往自在宮」であり、これをもって貞慶が「報化二十一体同処論」「処々不定論」を理論化するベースにしたことは、すでに第二部第三章で指摘したとおりである。

今回は、紙数の都合により『論第十巻尋思鈔別要』収録の論義テーマのみに限って紹介したが、数年後に刊行する予定の『貞慶撰『唯識論尋思鈔』の研究――教理篇――』では、貞慶の実践面（信仰）を裏付ける理論（思想）の数々が論義研鑽（教学）の中で培われていったことをさらに広い観点に立って検証していきたいと考えている。

註

（1）東大寺蔵。新倉和文「貞慶著『観世音菩薩感応抄』の翻刻並びに作品の意義について――阿弥陀信仰から観音信仰へ――」（『南都仏教』第九二号、二〇〇八年）二三頁。一部、誤翻刻文を訂正。

（2）薬師寺蔵。拙稿「貞慶撰『安養報化』（上人御草）の翻刻読解研究」（『南都仏教』第九五号、二〇一〇年）七九頁。

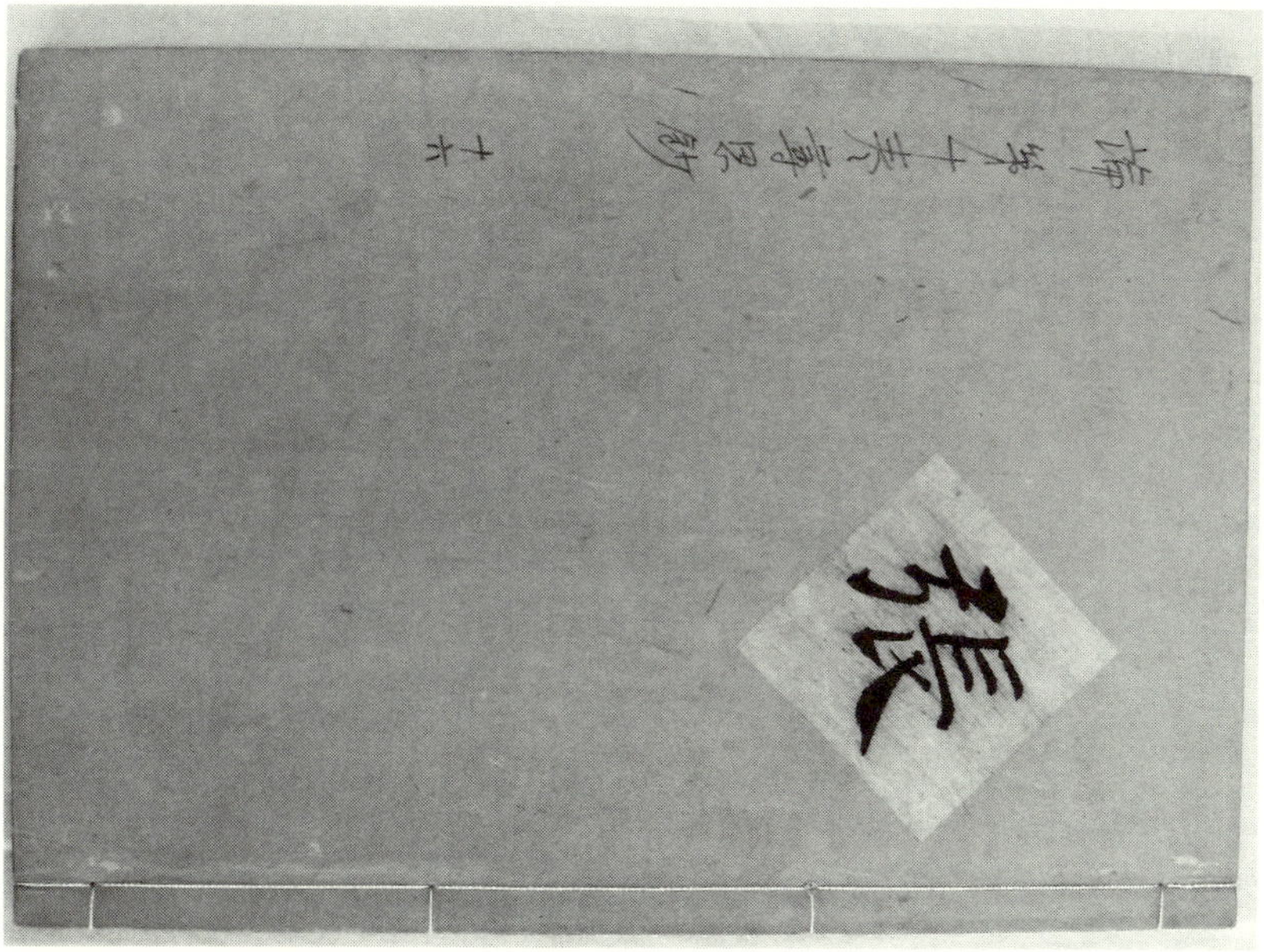

身延山大学蔵『巻第十巻尋思鈔』

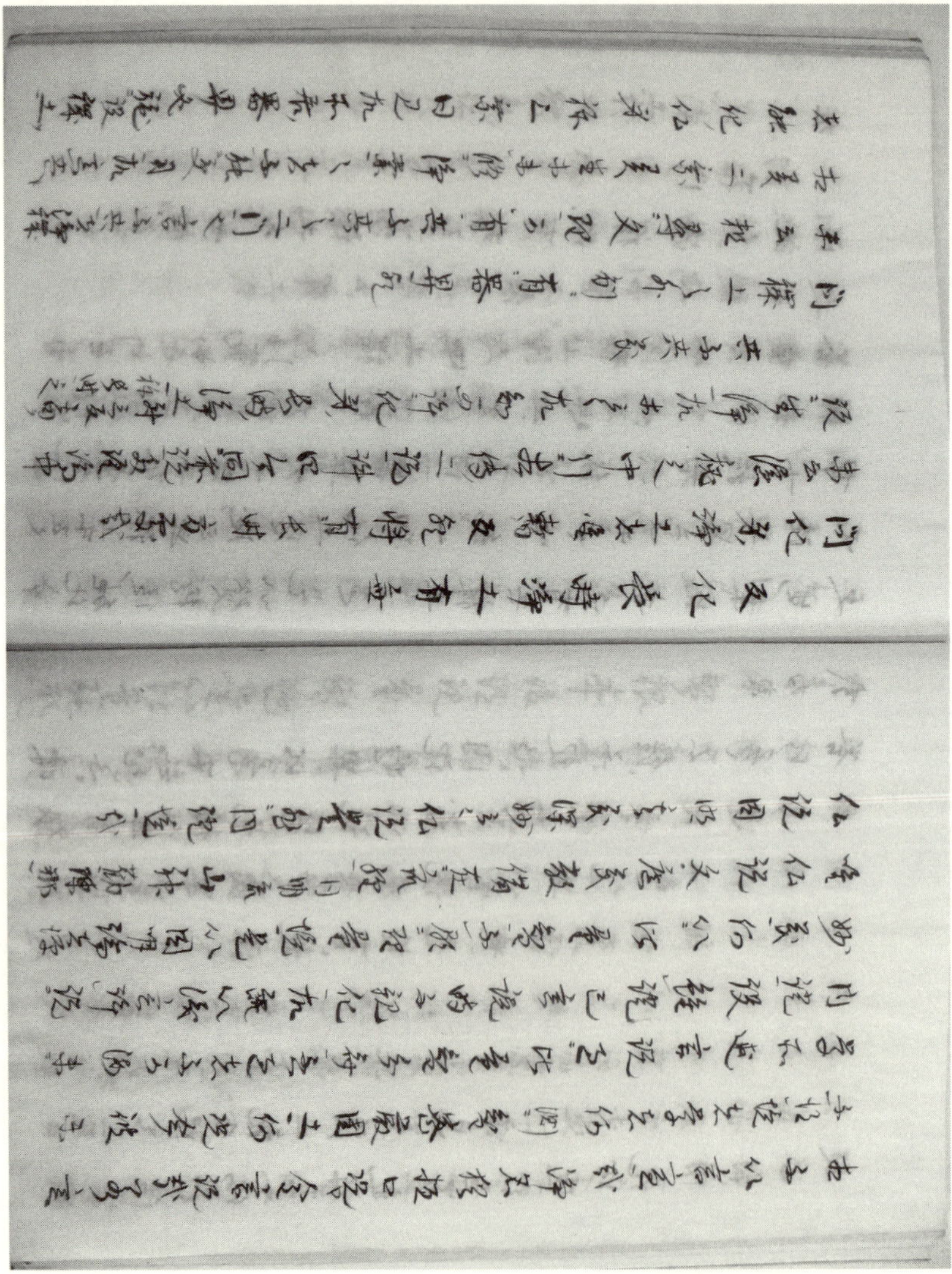

二一丁裏〜二二丁表

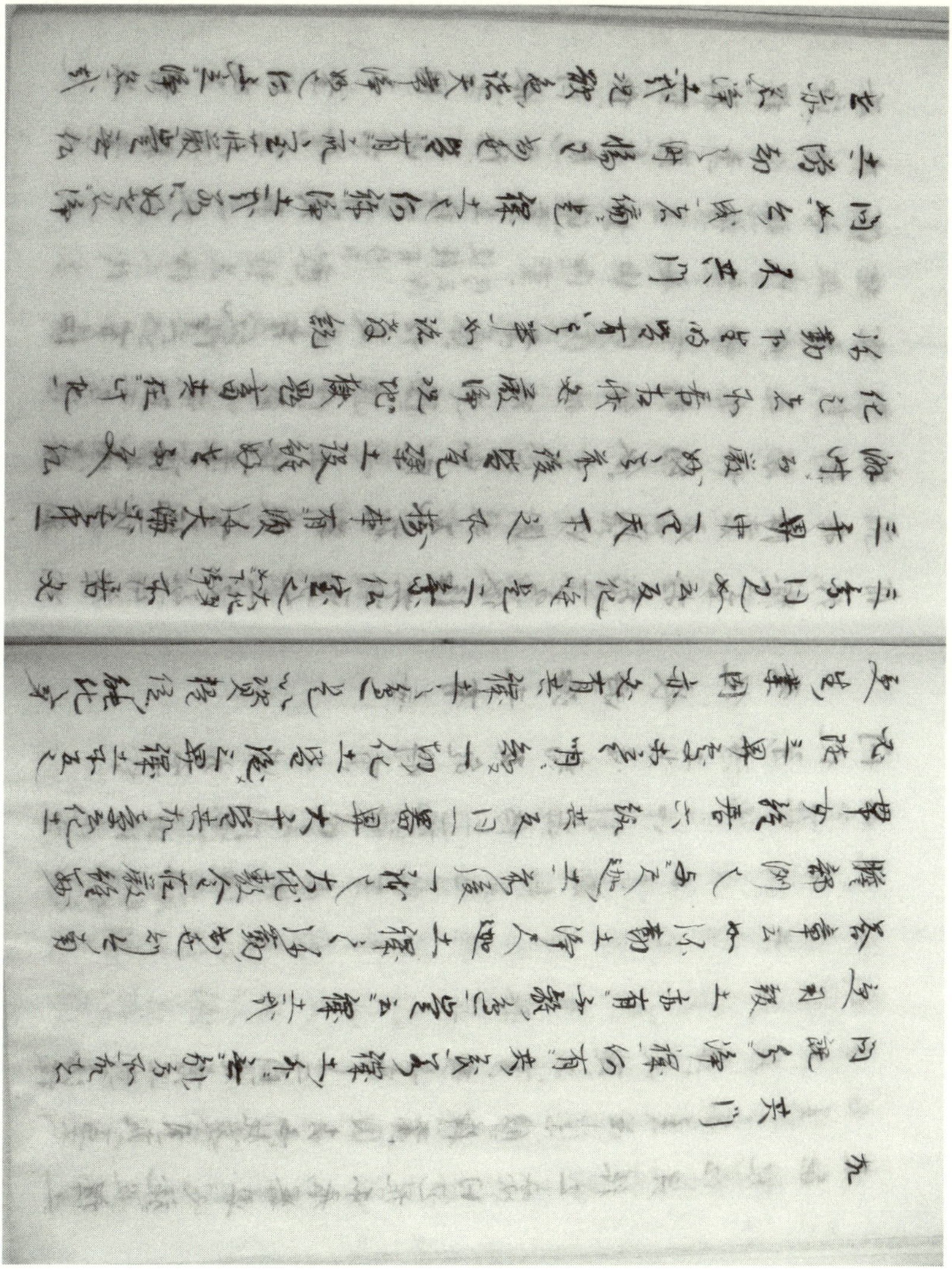

二二丁裏〜二三丁表

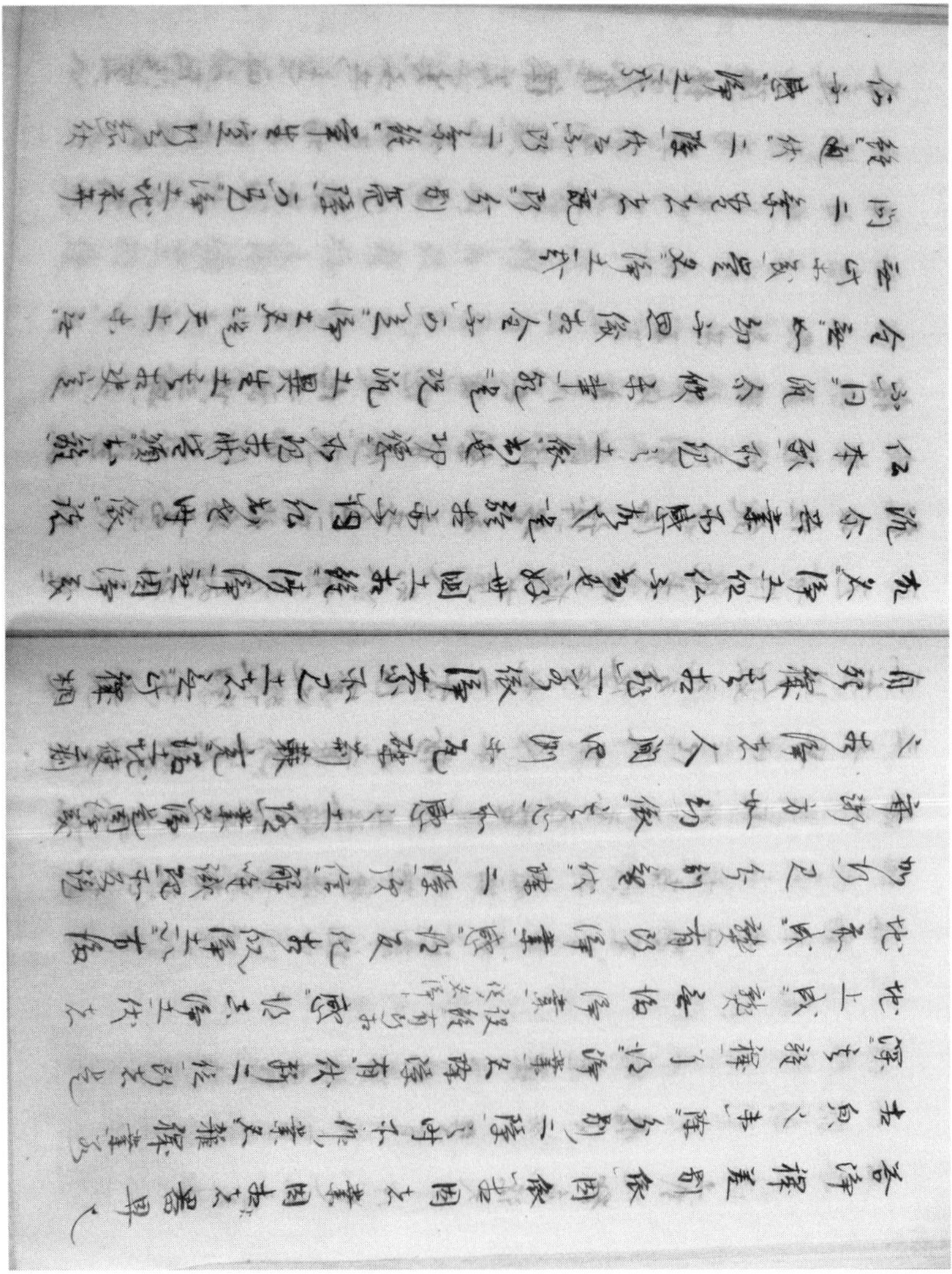

二三丁裏〜二四丁表

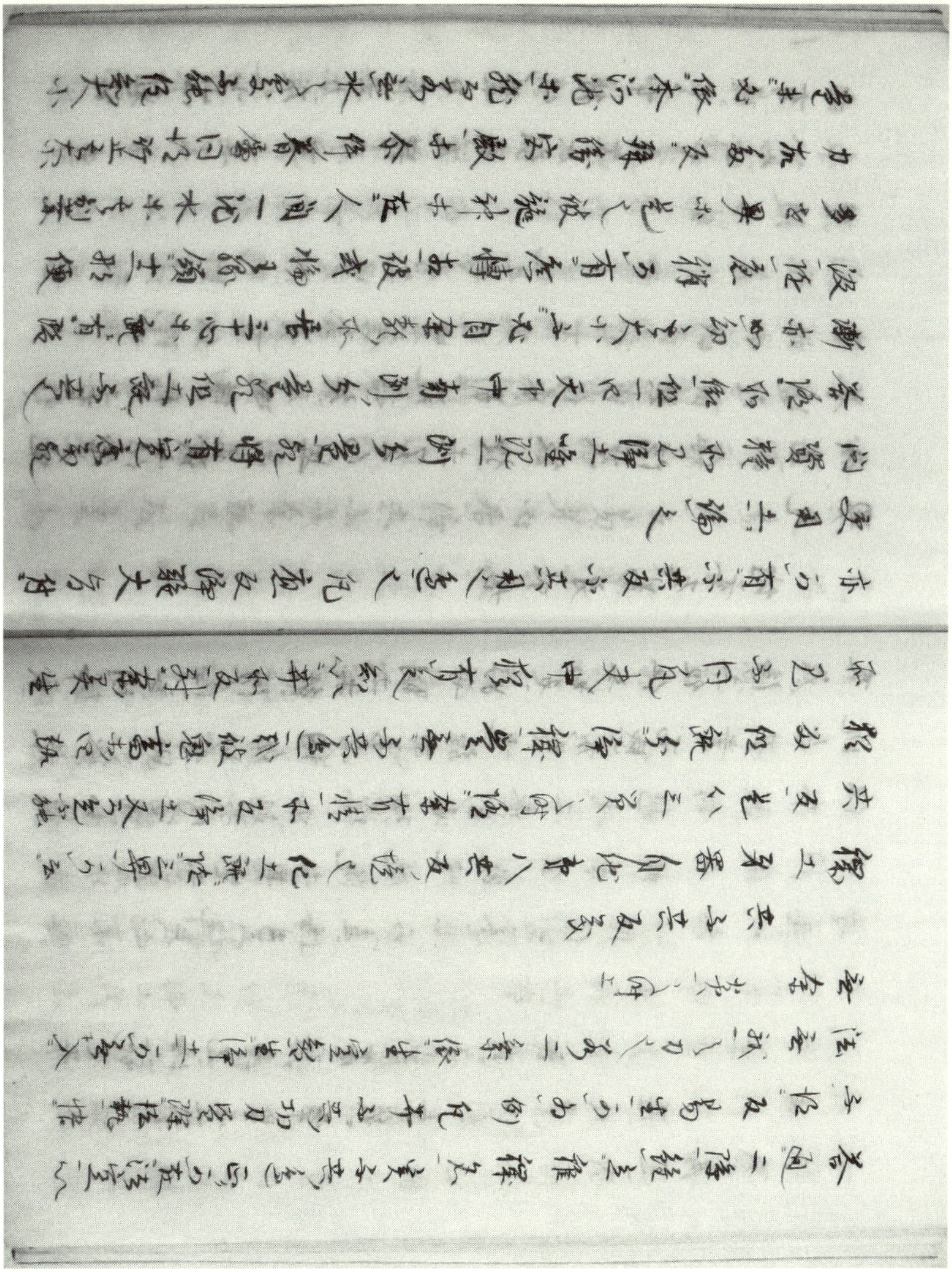

二四丁裏〜二五丁表

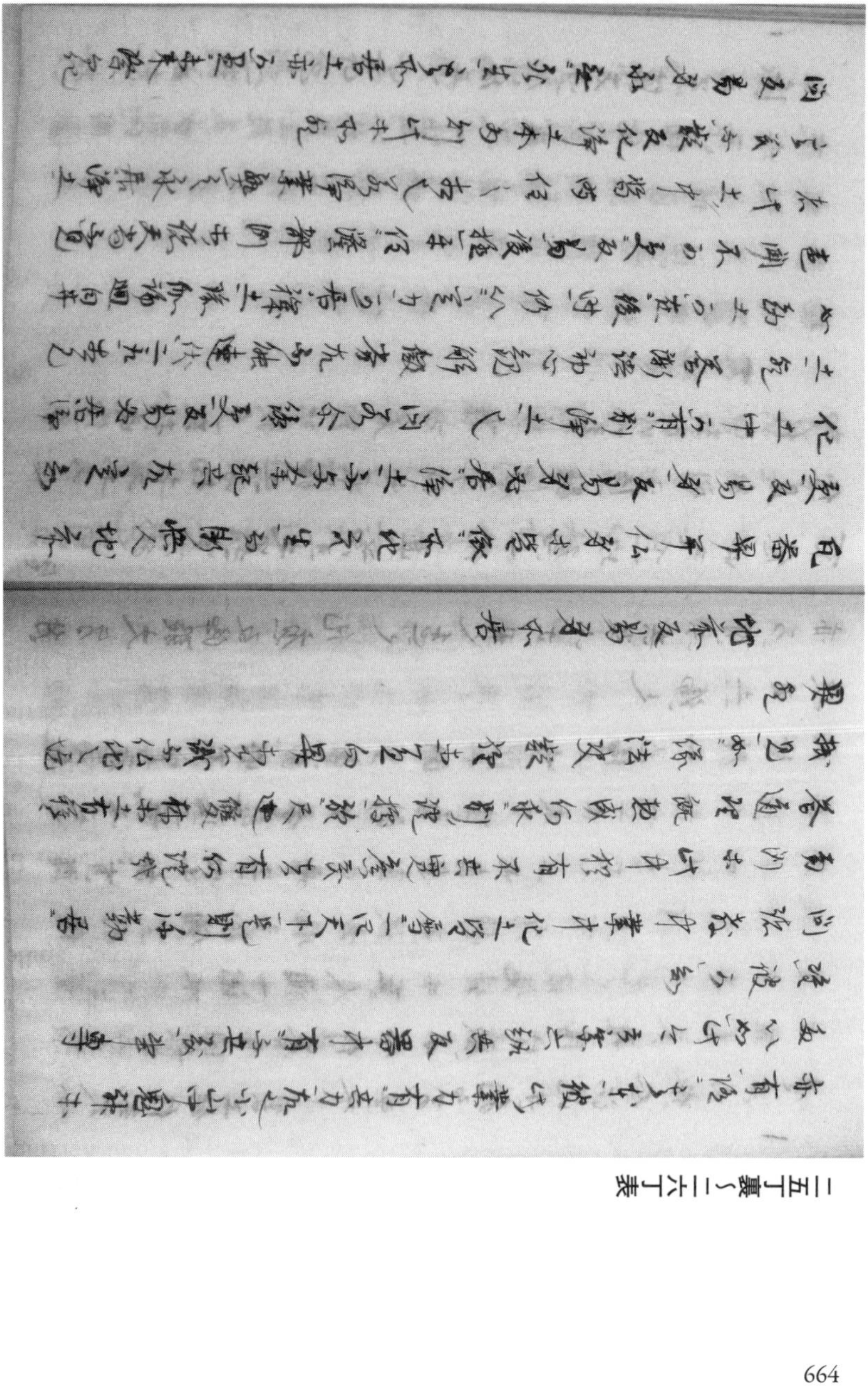

二五丁裏～二六丁表

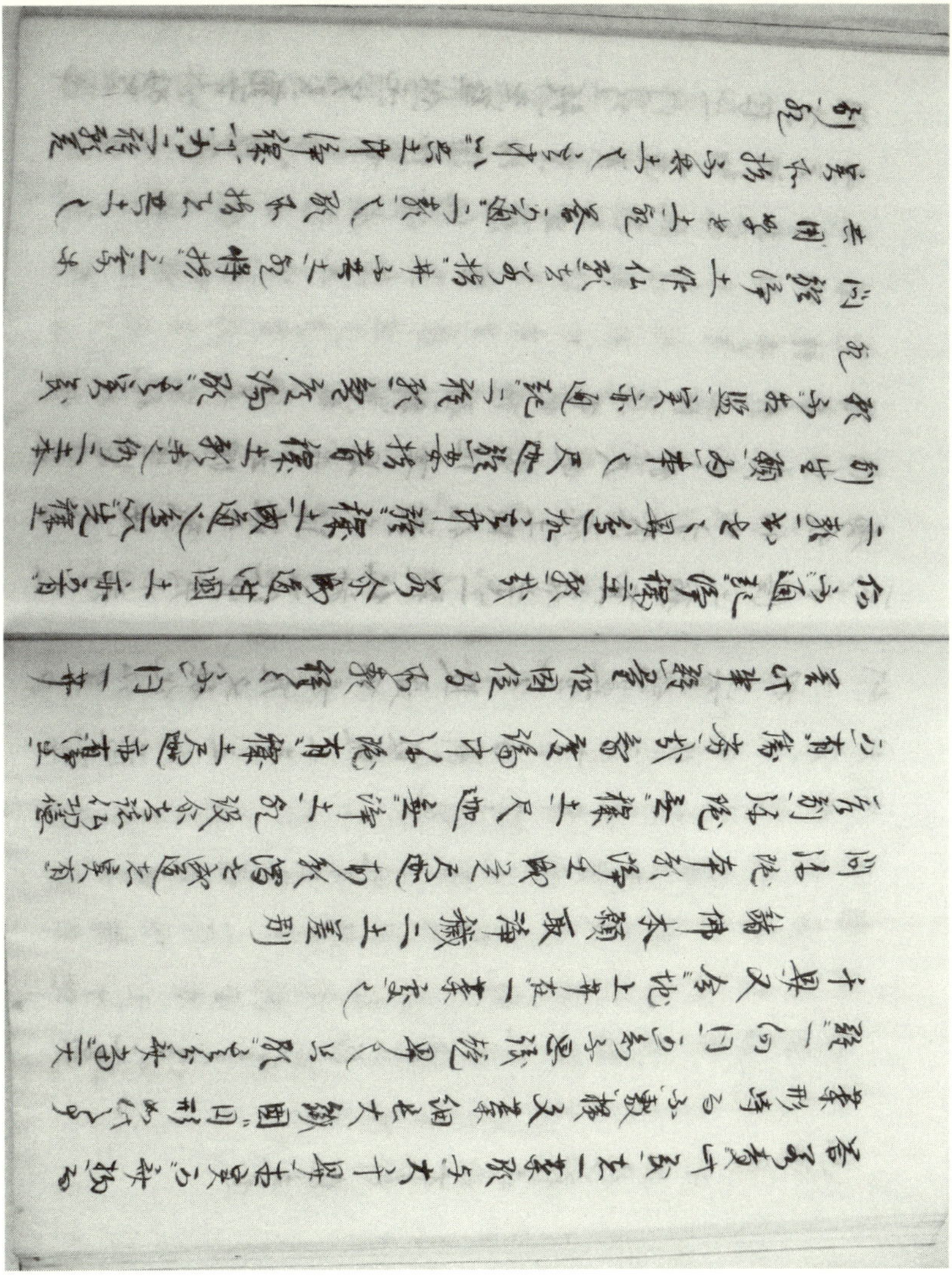

二八丁裏～二九丁表

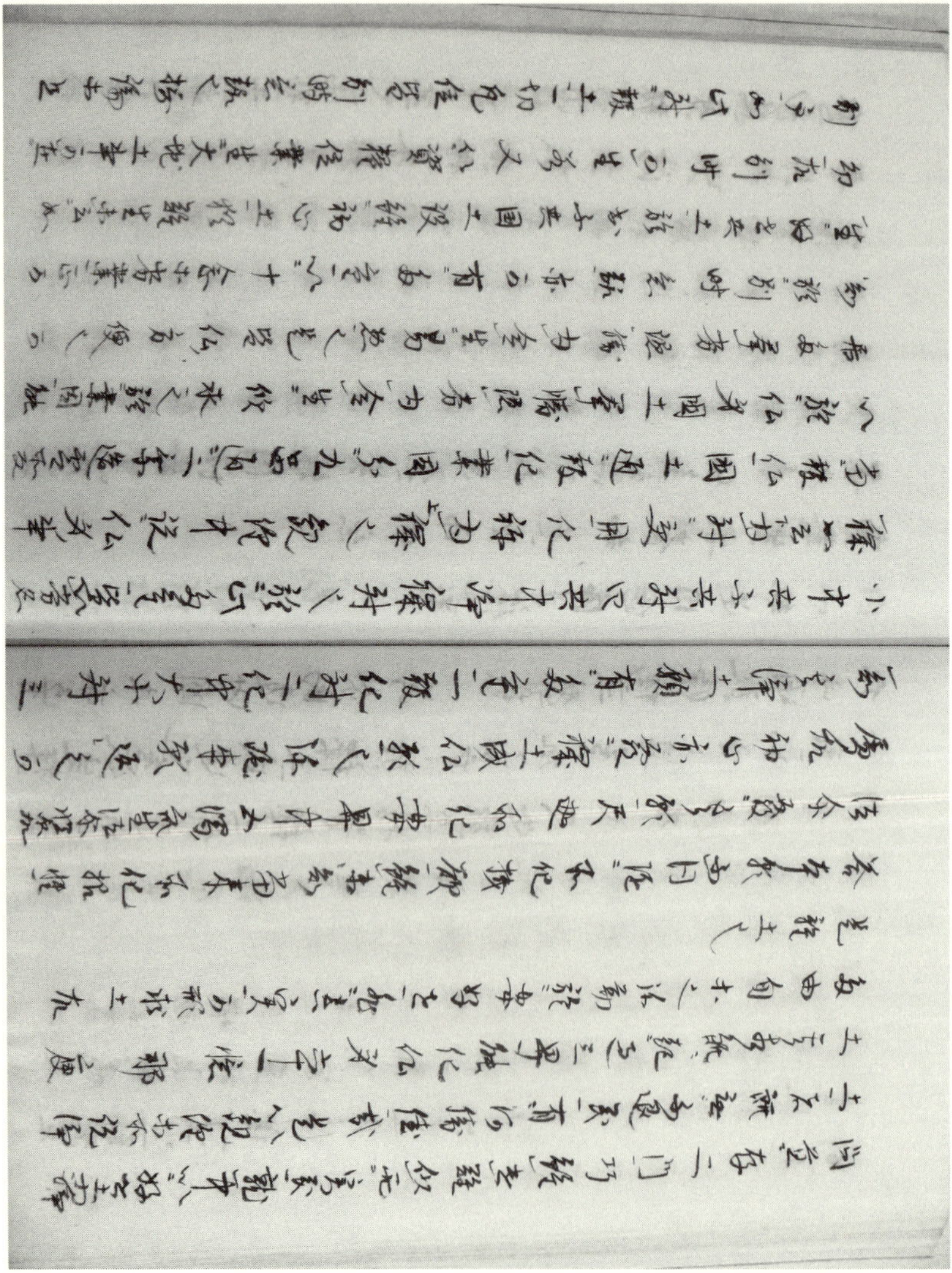

二九丁裏～三〇丁表

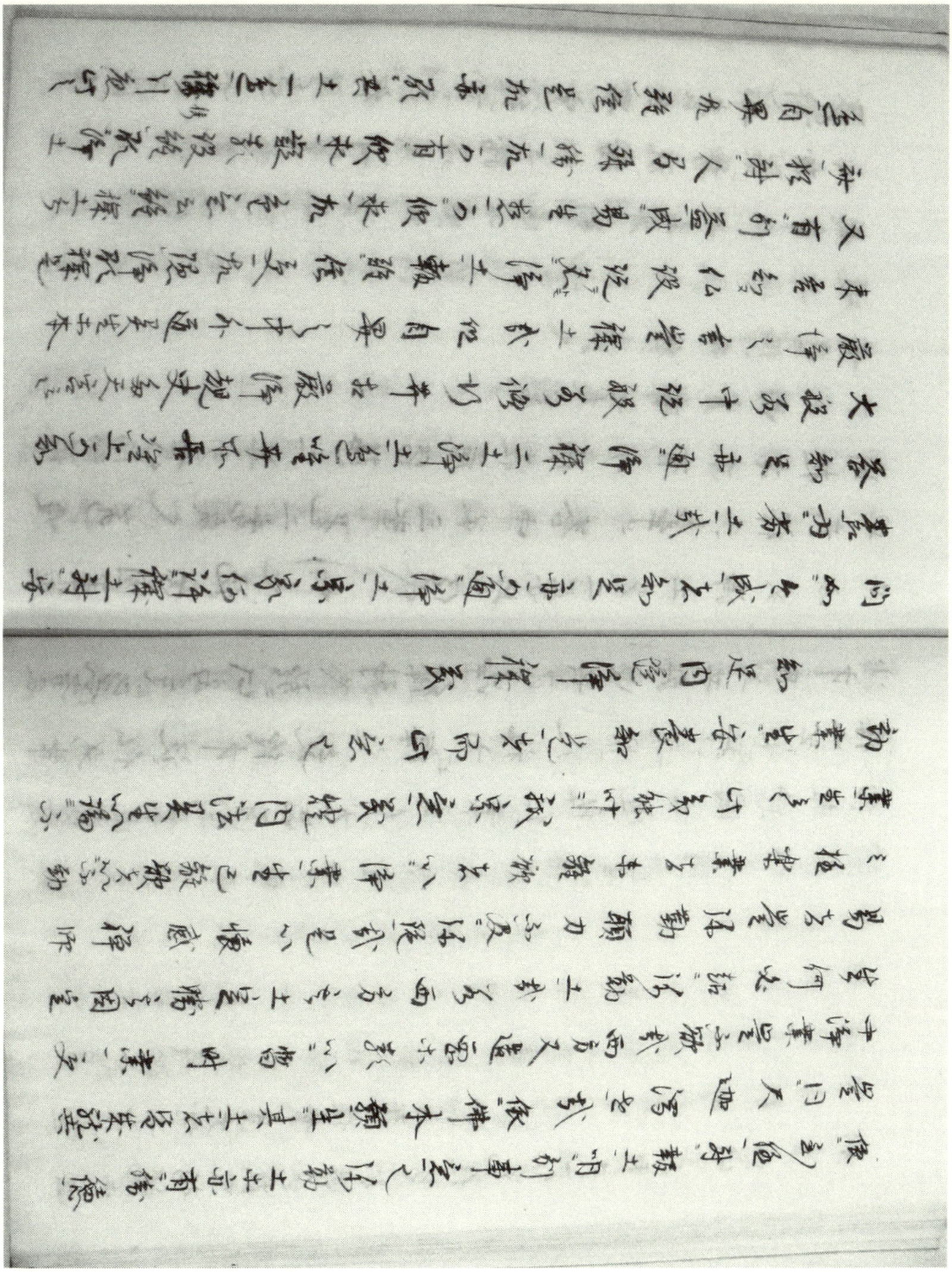

三丁裏〜三一丁表

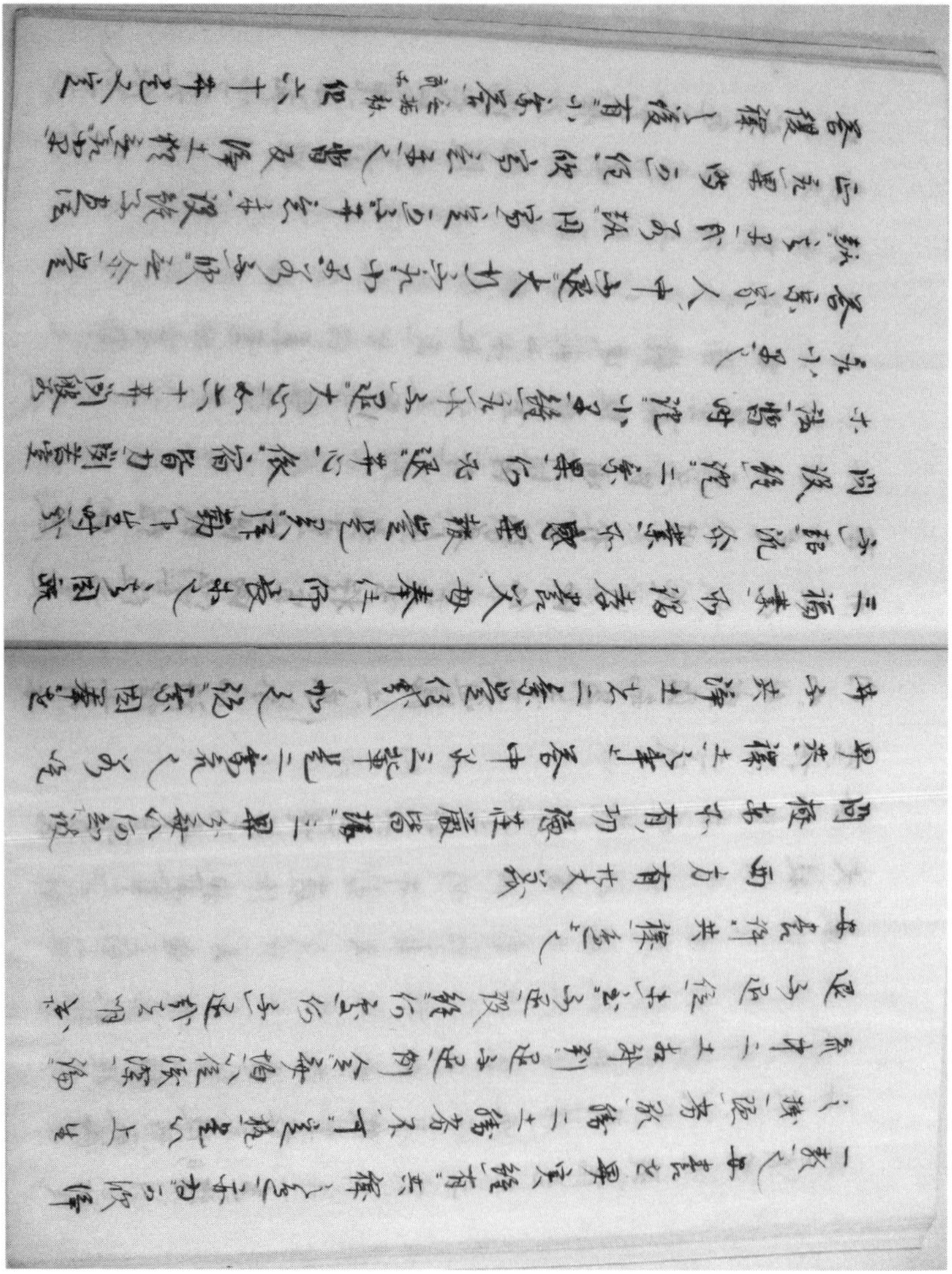

三一丁裏〜三二丁表

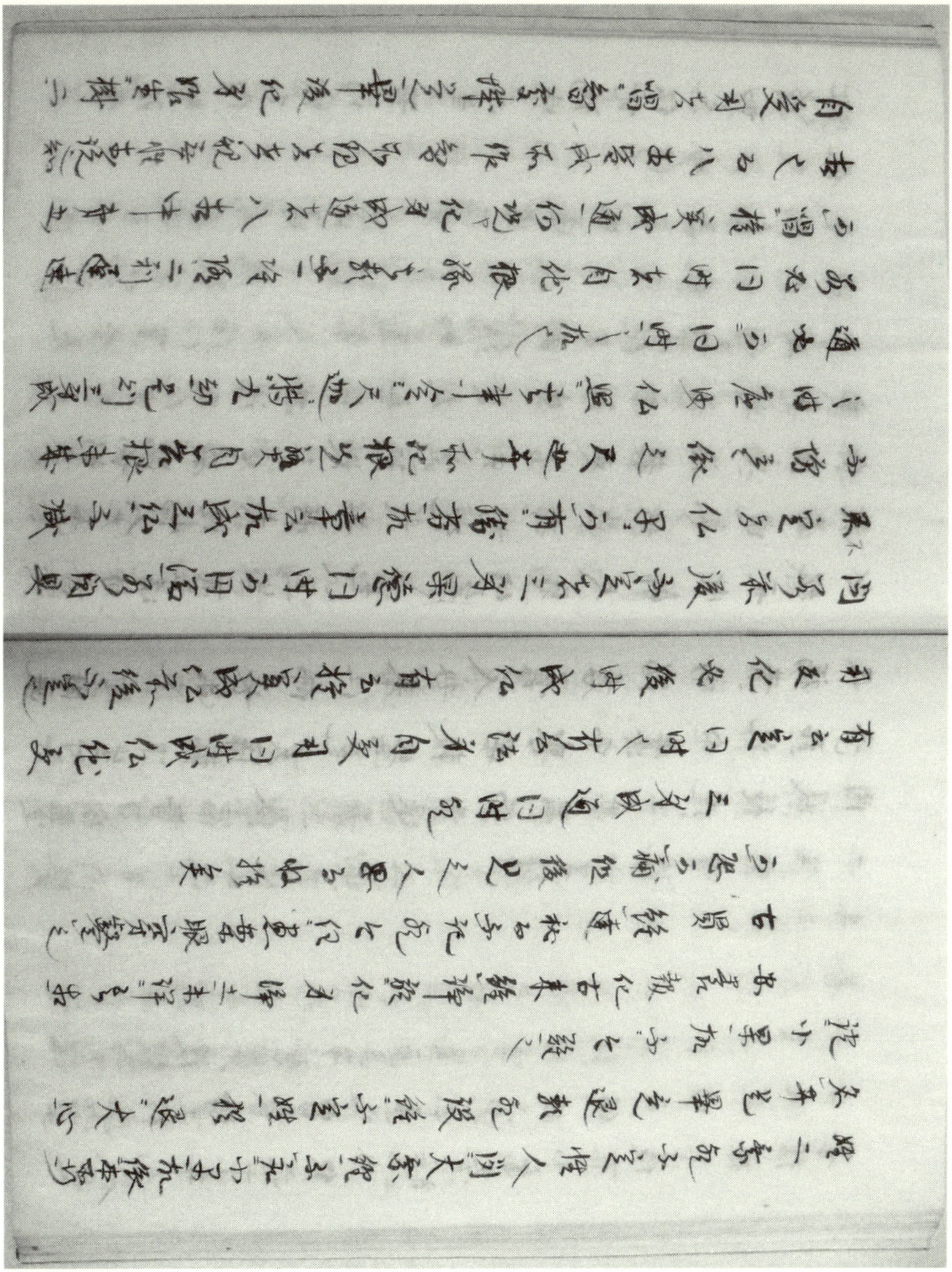

三二丁裏〜三三丁表

第四章　「命終心相」の展開

第一節　はじめに

今生での仏道実践も、臨終時に妄念を起こせば、すべてが虚しいものとなり果てる。今生を終えて後の順次生に、望む世界に生れうるか否か、この観点より古来「臨終正念」が重視され、臨終時に信仰する尊者の来迎を受けて浄土に生まれる「臨終来迎」のあり方が、しばしば論じられるに至った。古くは道宣（五九六―六六七）の『四分律行事鈔』や源信（九四二―一〇一七）の『往生要集』等に詳細に論じられたが、貞慶（一一五五―一二一三）もまた『命終心事』ならびに『臨終之用意』を著わして、「臨終正念」「臨終来迎」を論じた。両書はいずれも『解脱上人小章集』に収められている小篇であるが、前者の奥書には「海住山御草」とあり、後者の奥書には「笠置上人」とあるので、この文言を見るかぎり、『臨終之用意』の方が先に撰述され、次いで『命終心事』が作成されたと考えられる。内容的に見ても、世間の人のために書いたと思われる『臨終之用意』は笠置時代の作というにふさわしく、かつまた弥勒のまします知足内院を「浄土ではないが浄土に比肩すべき好妙土である」と論ずる『命終心事』は、弥勒浄土信仰

（笠置時代）から観音浄土信仰へと比重を移した海住山寺時代の作として、ふさわしいものといってよいであろう。したがって、両書の奥書にあるとおり、『臨終之用意』が先に作成され、次いで『命終心事』が撰述されたものと見て、まず間違いないものかと思われる。

　さて、このたび翻刻した『命終心相』は、建仁元年（一二〇一）に撰述された『論第六巻尋思鈔別要』の中に収録されているもので、前掲二書の間に位置する書と考えられる。しかし、前二書とは大きく異なり、論義研鑽の書として作成された性格上、教学的色彩が濃厚な点に特色がある。実は、この「命終心相」という論題（科文）は『成唯識論同学鈔』にはなく、その内容の一部が『論第三巻同学鈔』に「未臨命終」と題して収録されている程度であり、短釈類も管見するかぎり皆無であるといってよい。ところが、そのようなテーマが『唯識論尋思鈔』においては論題の一つとして立てられているのであるから、貞慶が本論義テーマに並々ならぬ関心を寄せていたことは明らかである。

　貞慶の「命終心相」を翻刻読解するにあたり、まず検討しておくべき書は、既存二書の内の『命終心事』であろう。なぜならば、「命終心相」の内容と関連する事項が幾つも見られるからである。まず、この書において貞慶は、命終心に「麁《そ》相現行位」「細相現行位」「悶絶位」の三重のあることを明確にしている。すなわち、

> 初めには麁相現行位、明了意識にして三性不定なり。＊若し方便を論ずれば又た五識に通ず＊　次には細相現行位、不明了意識にして微細に現起し、我愛と相応す。其の性は定んで染汚なり。＊有覆無記なり＊　三つ

> には悶絶位、＊悶絶とは狂乱に非ず＊唯だ七八の二識のみ有り。已《すで》に前六識は悉く皆な滅尽す。之れを無心悶絶に摂す（1）。

と述べ、この三位が結局は明了の意識、不明了の意識、および七・八の二識であると、貞慶は指摘するのである。さらに続けて、

> 一切の凡夫は、或いは設《たと》い内院に詣で、若しくは浄土に生ずとも、後の二位の其の相は必然也。今、欣《ねが》う所の正念とは、第一の麁想現行位なり。三性不定の中、不善と無記とを離れ、明了の善心に任せんと欲す（2）。

といい、三位あるとはいっても後の二位については自己の意思ではどうにもならないが、三性不定の麁なる意識については意思の力で善性に変えることができる、と貞慶はいうのである。そして重要なことは、この第一麁相現行位における「正念」こそが、いわゆる世にいう「臨終正念」であると明言している点であろう。このような分析をまず行った上で貞慶は、次に臨終時の命終心について論を進めていく。すなわち、

> 凡そ聖教に命終心と名づくるに亦た二位有り。所謂ゆる、本有自《よ》り中有に向かうものと中有自《よ》り生有

に向かうものにして、各おのの末後心なり。其の中の本有の命終心は多分に自体愛を起こす。一期をば既に極めて、身命を顧恋するが故に。中有の命終心は多分に境界愛を起こす。当生の父母等を見て、男女の身に於いて愛と恚とを生ずるが故に、境界愛を起こす。(3)

といい、命終心そのものに本有命終心と中有命終心との二種あることを指摘しているのである。そして、本有命終心において有情は身命を顧恋して「自体愛」を起こし、中有命終心において当生の男女身を愛恚して「境界愛」を起こす、と述べる。周知のように、仏教では中有・生有・本有・死有の四有説が立てられるが、本有の末後心において自体愛を起こして中有へと進み、中有の末後心において境界愛（当生の男女身に対して愛恚する）を起こして生有へと進むという、『瑜伽師地論』以来の伝統教学を踏まえた分析が、ここでなされているといってよいであろう。もっとも、このような「身命を顧恋」したり「男女身を愛恚」したりするのは欲界での事柄に限られるから、この記述は明らかに欲界から欲界に生じる際の自体愛と境界愛を指したものと見てよい。しかし、貞慶はさらに欲界から色界に生じる際の境界愛についても言及していく。すなわち、

又た色界に生ずるときは、宮殿等に於いて愛を起こし生を結ぶ。浄土の蓮臺も彼に准じて知る可し。(4)

と述べている。そもそも、色界の衆生は諸欲を離れ、男女の別もなく清浄である。このため、欲界から色

界に生じる際の境界愛は、当生の淫事を見て起こすのではなく、天界の勝妙なる宮殿や清らかな浄土の蓮臺を見て起こすのであると、貞慶はいうのである。その一方で、欲界内の天界については、

弥勒の宝宮も婬事無きが故に、蓮華に生ずるが故に、浄土に同じき也。自余の欲天は皆な化生すると雖も、父母に依りて生ずれば、尚お男女の愛を起こす可し。(5)

と述べ、弥勒の宝宮のある知足天（欲界第四天）を除いては、たとえ天界であるとはいっても男女の愛を生じて境界愛を起こす、と指摘している。

なるほど、このように見れば本有から死有へ、死有から中有へ、中有から生有へと進む一連の流れにおいて重要なものは、麁相現行位であるということになるが、残る二位は本当に考えなくてよいのであろうか。これについて貞慶は、まず悶絶位について次のように述べている。

悶絶の位は、染汚の末那の微細に起こると雖も、潤生の縁にあらざるが故に、置きて論ぜず。(6)

と。すなわち、悶絶位における染汚の末那は順次生を潤ずる縁にはならないので考えなくてもよい、と貞慶はいうのである。しかし、今一つの細相現行位については、

細想現行位は、有覆無記の意識にして正潤生と雖も、決定して之れを起すとき、変化浄土・知足内院等は皆な彼に依りて結生するが故に、遮止すること能《あた》わず。(7)

といい、このとき起こる有覆無記の意識は正潤生であり、これが起きることによって変化浄土や知足内院等に生を結ぶことになるから、細相現行位の不明了意識もまた、順次生を決定づける重要な因子となることは間違いないという。ただしさらに続けて、

今は只だ本有麁想現行位に於いて、善業成就するが故に、三宝加被するが故に、正念に安住して、願いの如く終わりを取るなり。(8)

といい、凡夫であるからこそ最期の時の明了意識時の正念にしか道がないことを再度示唆しつつ、このとき善業を成就して三宝の加被を受けることによって、願いのままに今生を終えることができると論じているのである。換言すればこれは、臨終時に正念に住することができれば衆生は願いのままに順次の生を手に入れることができると、貞慶は述べていたことになる。本来ならば、なした悪業と末期に起こす渇愛(自体愛)のために、欲界内の苦海に堕ちるはずであった衆生が、臨終正念によって「信仰する仏」のもとに生まれ、見仏聞法することができる。このように考えれば、仏道を願う凡夫にとって、臨終正念は最終的な「寄る辺」であったということになる。ここに、貞慶が「臨終心」に着目した理由が存するといっ

てよいであろう。このため貞慶は、麁相現行位においてさらに三重あることを示して、大聖の加被による臨終のあり方を強く論ずるのである。すなわち、

六識の皆な起きる時、其の心は殊《こと》に明了なり。眼には仏像を見、耳には法音を聞く。自他和合して互いに覚悟有り。五識は漸くにして滅し、意識のみ独り起きる時は、設《たと》い仏を念じ法を聞くとも、余の人の知り難し。殆ど無心の如し。凡夫には、善知識も随分に其の益有りと雖も、狂乱の時には敢えて其の命に随わず。無心の位は、総じて其の声を聞くこと無し。大聖の化身に至りては、神通方便不思議也。肉眼は設い掩い、聾験は隔つと雖も、観音の形声は歴々と心に当たる。魔界に寧《なん》ぞ狂わんや。業障の覆うと雖も、権化の教誡にて念々に開悟す。（中略）大聖の降臨、其の徳は幾計《いくばかり》ぞ。彼れ苾芻《びく》形ならば、若しくは迦葉・阿難等の証果の賢聖と為す歟。或いは又た、玄奘・慈恩等の有縁の祖師と為す歟。(9)

といい、六識がみな起きている時は仏像を見たり法音を聞いたりして覚悟ができるが、末期に狂乱する人は善知識等の教誡を聞くことができない。また、前五識が滅して意識だけがはたらく段階になると、覚悟の人たちも善知識等の声が聞こえなくなり、ほとんど無心のようになる。その次に、本当の無心位に入ってしまうのであるが、こんな我われに対して大聖の加被力は絶大であり、眼も見えず耳も聞こえない状態でありながら、善知識に代わって大聖の形声が歴々と心に至り届き、その教誡によって念々に開悟するこ

とができるのであると論じている。

このような記述は、確かな学問研鑽がなければ書けないことである。何が前提となったのかと考えている時に出くわしたのが、『論第六巻尋思鈔別要』に収録されていた「命終心相」であった。比較してみると、内容に一致するところが多く、「命終心相」があってこその『命終心事』であったことが明確となった。したがって、『命終心事』はやはり、建仁元年（一二〇一）以降の海住山寺時代の作と見てよいであろう。それを裏付けるかのように、右の引用文では弥勒浄土について「浄土に同じきなり」とやや後退した表現になり、一方で「大聖」を「観音」と特定するなど観音に対しては積極的になっていることが知られる。おそらくは、海住山寺に移って間もない頃の作ではないかと思われる。簡潔明瞭な勝れた書ではあるものの、しかし『命終心事』は確かな教学的裏付けを示した書ではない。したがって、貞慶の命終心思想を確認するためには、ぜひとも論義テーマ「命終心相」の解明が不可欠となるのである。そこで次に、『論第六巻尋思鈔別要』の「命終心相」について翻刻読解研究を進め、最後に『臨終之用意』等をも用い、貞慶の命終心思想について明らかにしていきたい。

註

（1）日蔵六四・二二四下。
（2）同。
（3）日蔵六四・二二四下～二二五上。

（4）日蔵六四・二五上。
（5）同。
（6）同。
（7）同。
（8）同。
（9）日蔵六四・二五上～二六下。

第二節　命終心相

第一項　総　論

【翻刻】〈一二丁裏～一三丁表〉

命終心相

本有末心。
燈云、潤中有ヲ起自躰愛、云々。瑜伽論第一云、我愛現行。
由此力故、謂我当ニ無。便愛自躰ヲ。由此、建立生〔註1〕報ノ自躰、云々。
燈引之也。

末云、謂我当無者、邊見中断見歟〔註2〕。便愛自体

者我見也。前後間起歟。

中有末心　*倶舎云、此一業引故如当本有形。ユカ等同之。故一切中有必当生處形也〔註3〕。*

燈云〔註4〕、潤生有起境界〔註5〕愛、云々。瑜伽云、自於彼業ノ所得ノ

生處ニ還見如是種類有情、喜楽馳趣ク。即、於生處ノ境ノ

色所礙、中有遂滅、生有続起、云々。*已上大旨説欲界／内受生相也*

意云、且可生人中之類、見人ノ男女和合、喜楽〔註6〕趣其所。

於女生愛受男〔註7〕／身、女身返之 若趣之身即留其所、云〔註8〕境界色所礙。

此時、即成生有身。

〔註1〕大谷本・龍谷本より「生」を補った。

〔註2〕身延山本の「便」を大谷本・龍谷本より「歟」に改めた。

〔註3〕大谷本より「生處形之也」を補った。

〔註4〕大谷本・龍谷本より「云」を補った。

〔註5〕大谷本・龍谷本より「界」を補った。

〔註6〕大谷本・龍谷本より「喜楽」に改めた。

〔註7〕大谷本・龍谷本より「男」に改めた。

〔註8〕大谷本・龍谷本より「云」に改めた。

【訓読】

命終心の相

本有[1]の末心[2]。

『灯』に云わく、「中有を潤ずるには自体愛を起こす[3]」と、云々。『瑜伽論』第一に云わく、「我愛の現行なり。此の力に由《よ》るが故に、謂《おも》いて我は当に無なるべしと。便ち自体を愛す。此れに由り、（中有の）生報の自体を建立す[4]」と、云々。『灯』に之れを引く也。末に云わく、「謂《おも》いて我は当に無なるべし」とは、辺見中の断見[5]歟。「便ち自体を愛す」とは我見也。前後の間に起こる歟。

中有の末心。＊『倶舎』に云わく、「之れは一業の引なるが故に当の本有の形の如し[6]」と。『瑜伽』等は之れに同じ。故に一切の中有は必ず当生処の形也＊

『灯』に云わく、「生有を潤ずるには境界愛[7]を起こす[8]」と、云々。『瑜伽』に云わく、「自ら彼の業の所得の生処に於いて還りて是の如き種類の有情を見て、喜楽して馳せ趣く。即ち、生処の境の色に於いて礙《さ》えられて、中有遂に滅し、生有続いて起く[9]」と、云々。＊已上の大旨[10]は欲界内受生の相を説く也＊意《こころ》の云わく、且《しばら》く人中に生ず可きの類は、人の男女の和合するを見て、喜楽して其の所に趣く。＊女に於いて愛を生ずれば男身を受く、女身は之れを返すなり＊若し趣の身をば即ち其の所に留むれば、境界色に礙えらると云う。此の時、即ち生有の身を成ずるなり。

【註記】

［1］本有……輪廻する生存の四つのあり方（四有）の一つ。四有には生まれる刹那である生有、死ぬ刹那である死有、生有から死有に至るまでの本有、死有から次の生有までの中有がある。

［2］末心……臨終時の心。

［3］灯云～起自体愛……『成唯識論了義灯』からの引用。当該箇所は、大正四三・七五九・下。

［4］瑜伽論第一云～生報自体……『瑜伽師地論』巻第一からの引用。当該箇所は、大正三〇・二八一・下。

［5］辺見の中の断見……辺見は辺執見ともいう。煩悩の心所である悪見を開いた五見（薩迦耶見・辺執見・邪見・見取見・戒禁取見）の一つで、極端な見解のこと。辺見には断見と常見の二種がある。断見とは自分の死後は無となる見解をいい、常見とは死後もあり続けるという見解をいう。心と身体を一つのものであると執われた人は断見を起こし、心と身体を別のものと執われた人は常見を起こす。

［6］倶舎云……『倶舎論』からの引用。当該箇所は、大正二九・四五・下。

［7］境界愛……中有において起こす順次生の境界に対する愛着をいう。

［8］灯云～起境界愛……『成唯識論了義灯』からの引用。当該箇所は、大正四三・七五九・下。

［9］瑜伽云～生有続起……『瑜伽師地論』からの引用。当該箇所は、大正三〇・二八二・中。

［10］欲界……三界（欲界・色界・無色界）の一つ。三界内に六道があり、これらが輪廻する世界である。

【解説】

人の死にいく時のすがたはいかなるものか。そのあり方（命終心相）を追求するにあたり貞慶（一一五五—一二一三）は、まず『瑜伽師地論』『倶舎論』『成唯識論了義灯』の三書を引き、「本有の末心」および「中有の末心」についての簡明な解説を行なっている。

周知のように、輪廻する有的存在について中有・生有・本有・死有の四有説がかねてより説かれてきたが、法相宗の正依の論典である『瑜伽師地論』（以下『瑜伽論』）にはこれをもって「補特伽羅がまさに命終せんとき」のあり方が論じられており、これが貞慶の論理的根拠の一つとなっている。その中に、衆生が命終を迎えつつも未だ昏昧状態に陥っていない時に、長年にわたって積み重ねてきた「我愛」が現れると説く箇所がある。貞慶の引用文の一つは、実にこれに続くものであり、「死有においては中有のあることを見ないので、我はまさに無なるべしと嘆じ、我愛によってただ現在身に深い愛着を持つに至る。これによって中有の果報を得ることになる」とそこには説かれているのである。この文を貞慶は引いて、「我当無」は断見であり、「便愛自身」はその後に来る我見であるとの見解を示し、『瑜伽論』等を踏襲して法相宗の第二祖とされる慧沼（六四八—七一四）が『成唯識論了義灯』（以下『了義灯』）において「中有に生ずるのは自体愛による」と明言したことを貞慶はあらためて明らかにしたのである。すなわち、本有の末後心において起す自体愛こそが中有潤生の直接的要因、換言すれば潤生の「呼び水」であることを貞慶は、『瑜伽論』や『了義灯』を根拠にして示したのである。

次いで、中有の末心について貞慶は解説していくのであるが、その冒頭において『倶舎論』の文をまず引いている。この文は、死有と生有の間には中有があるとする説一切有部の主張を受けたもので、「中有は当来の生有を引く業と同じ業によって引かれるから、中有の形は当生の本有の形に同じである」と説かれるくだりである。この文を引いた上で貞慶は、『了義灯』に「生有をもたらすのは境界愛である」という文章のあることを指摘する。そして、この文章が『瑜伽論』に基づくものであることを明らかにするのである。すなわち、『瑜伽論』には悪業を造る者の中有は「黒糯光・陰闇夜」のようであり、善業をなす者の中有は「白衣光・晴明夜」のようである。七日を極めて生縁を得る者から七七日（四十九日）に至ってようやく生縁を得る者まであると説いた後、悪業をなす者は那落迦を感得するとして、『瑜伽論』の文章を示すのである。その説くところは、「なしたる業によって得られる生処の有情等を見て喜び楽う心を起こし、馳せ趣こうとするとき、生処の境界色のために中有が滅して生有が生じる」というもので、まさに境界への愛着（境界愛）によってこそ生有の生じることが指摘されている。その例として貞慶は、順次生に人界に生まれる場合をあげ、説明している。すなわち、順次生に人界に生まれる者たちは、男女の愛し和合するさまを見て喜楽の心を生じ、いさんで人界に趣《おもむ》く。この時、人界の境界色のために中有のあり方が破られて生有に移行するのであるが、興味深いことに男性を愛好する者が女身を受け、女性を愛好する者が男身を受けるのだと、貞慶は解説している。これはもとは『瑜伽論』に出る説であるが、要するに欲界での境界愛とは端的にいえば男女愛にあることが示唆されているといってよい。かくして有情は、境界愛を呼び水として生有に移行するのであり、このことを貞慶は端的に示したのである。

なお、本項の解説は導入部としてなされたものであり、以降、貞慶は「同界から同界に生じる場合」「下界から上界に生じる場合」「上界から下界に生じる場合」の三つの視点より考察を進めていく。

第二項　同界より同界に生じる際の命終心相

【翻刻】〈一三丁表～一四丁表〉

従同界生同界。＊欲界中五趣互生、或生同趣。色界唯／有一趣一地中各別天等、互生等也＊

本有命終心

　多愛現在ノ自身故、燈云、以於死有不見中有、謂我無有、起自躰愛。＊若愛資具等外境、或愛妻子等他有情心、皆倶／潤生。略不説之歟＊

已上、皆能縁ノ煩悩所縁ノ境界是同地也。但於五趣ノ惑〔註1〕業苦、立定異因之門、猶可名当生處ノ煩悩歟。又、

　今所論雖潤生愛、此時必可有我見等歟。

問。其時〔註2〕我見者、若与愛相應歟、将前後歟。若相応者、潤生ノ愛者迷事ノ煩悩也。我見ハ迷理。何相應哉。故撲揚大師破有人ヲ之中、理事二惑前後間起、云々。彼ハ雖釈境界愛、自体愛又可准知。燈云、然正潤生不取二見、於此位起〔註3〕亦後無失、云々。位起者、遮〔註4〕同時ヲ也。若不相應者、我愛者同時必可有我見。如第七識等、云々。

答。未勘正文。但、自躰愛位我見相應、有何過乎。〔註5〕難者正潤生惑躰不取二見、為言。位者即同時義歟。

〔註1〕身延山本は「惑心」であるが、大谷本・龍谷本により改めた。
〔註2〕大谷本・龍谷本には「時」の字が脱落している。
〔註3〕大谷本・龍谷本は「故」だが誤字。身延山本が正しい。
〔註4〕身延山本には「遮」が脱落している。大谷本・龍谷本により「遮」を補った。
〔註5〕身延山本は「難云」だが、大谷本・龍谷本により改めた。

【訓読】

同界従《よ》り同界に生ず。＊欲界中の五趣[1]は互いに生じ、或いは同趣に生ず。色界[2]は唯だ一趣一地の中に各別の天等有りて、互いに生ずる等也＊

本有命終心

多くは現在の自身を愛するが故に、『灯』に云わく、「死有に於いて中有を見ざるを以て、我は有ること無しと謂《おも》い、自体愛を起す」[3]と。＊若しくは資具等[4]の外境を愛す、或いは妻子等の他有情を愛する心、皆な倶に生を潤ず。略して之れを説かざる歟＊

已上、皆な能縁の煩悩も所縁の境界も是れ同地也。但し五趣の惑・業・苦[5]に於いて、定異因[6]の門を立つは、猶し当生処の煩悩と名づく可き歟。又た、今の所論は潤生[7]の愛[8]なりと雖も、此の時必ず我見等[9]

有る可き歟。

問う。其の時の我見は、若しくは愛と相応する歟、将《は》た前後する歟。若し相応せば、潤生の愛は迷事の煩悩也。我見は迷理なり。何ぞ相応する哉。故に撲揚大師[10]は有る人を破するの中、「理事の二惑は前後の間に起こる」[11]と、云々。彼は境界愛を釈すと雖も、自体愛も又た准じて知る可し。『灯』に云わく、「然るに正潤生は二見を取らざるも、此の位に於いて起こすも、亦た後なるも失無し」[12]と、云々。「位起」というは、同時を遮する也。若し相応せざれば、我愛は同時に必ず我見有る可し。「第七識の如し」[13]等と、云々。

答う。未だ正文を勘《かんが》みず。但し、自体愛の位と我見と相応すること、何の過《とが》有らん乎。難は、正潤生の惑体は二見を取らず、と言わんとす。位は即ち同時の義歟。

【註記】

［1］五趣……地獄・餓鬼・畜生・人・天の五つの輪廻する世界。

［2］色界……迷いの世界である三界（欲界・色界・無色界）の一つ。浄妙な色によって構成される世界のことで、初禅天・第二禅天・第三禅天・第四禅天の四よりなる。

［3］灯云~起自体愛……『成唯識論了義灯』からの引用。当該箇所は、大正四三・七五九・下・九。

［4］資具……日頃使用する道具のこと。

［5］惑業苦……惑と業と苦のこと。惑とは貪瞋癡等の煩悩のこと。業は惑にもとづく善悪の業（善は有漏善）、苦はその業から引き起こされる苦しみのこと。

［6］定異因……因と果の関係が定まっている因のこと。

［7］潤生……輪廻の生を潤しもたらす煩悩のはたらきの一つ。煩悩には発業と潤生の二つのはたらきがある。発業は煩悩によって身・口の上に行為を起こすことをいい、潤生は雨が植物を潤すように煩悩が迷いの生を潤して輪廻の世界に生まれさせることをいう。

［8］愛……貪の本質である渇愛のこと。

［9］我見……四煩悩（我癡・我見・我慢・我愛）の一つ。自己が実在するという見解のこと。

［10］撲揚大師……法相宗の第三祖と位置づけられる智周（六六八—七二三）のこと。

［11］理事二惑前後間起……『成唯識論演秘』からの引用。当該箇所は、大正四三・九二三・下。

［12］灯云～亦後無失……『成唯識論了義灯』からの引用。当該箇所は、大正四三・七六一・中。

［13］如第七識等……『成唯識論了義灯』なら大正四三・七三一・下か。


【解説】

本項で貞慶は、有情が同界から同界へ生じる場合の命終心のあり方について推考していく。その冒頭において貞慶は、欲界にある時は引き起こした煩悩によって同界同趣に生じるのが常態であるが、色界においては天趣一地の中に複数の天界があるので、さまざまな天界に生じる可能性があると論じている。

周知のように法相教学においては、欲界・色界・無色界の三界を九地に分けて詳説している。そもそも、欲界とは淫欲と食欲と睡眠欲の三欲が熾烈な世界であり、色界は物的なものはあるがすべて浄妙な色法のみである世界、無色界は色法なく心識のみあって深妙な禅定に住することができる世界であるとされている。これを九地に分けるとき、欲界には地獄・餓鬼・畜生・人・天の五趣の違いがあるものの、いずれに生じてもその心は散心にすぎないので、合して一地とされる。その一方で、色界と無色界の二界はいずれに生まれても定心に住することができるので、それぞれを果報の違いにより四地ずつに分けて八地を立てる。いわゆる、色界の四地とは離生喜楽地・定生喜楽地・離喜妙楽地・捨念清浄地であり、無色界の四地とは空無辺処地・識無辺処地・無所有処地・非想非非想処地である。これらの八地に欲界一地を合して九地説を展開するのが、いわゆる法相教学のあり方である。

このような輪廻する三界九地の世界において、貞慶が特に本項を立てて問題としているのは欲界内の自体愛であるといってよい。人は死にいく時、現在身に強い愛着を起し、自己のさまざまな持ち物や妻子等に対しても愛着の心を起こす。これらは皆、能縁の煩悩が所縁の境界を見て起こすものといってよく、いずれも同界同地のはたらきである。しかし、五趣内において起す煩悩には当生処に対して起こす煩悩もあり、一定していない。もし、当生処に対して起す場合には、貪より生ずる我愛（自体愛）と悪見より生ずる我見とは共に相応して起こるのか否か、この問題を取り上げて展開していくのが本項の問答である。

それによれば、この二煩悩が相応するとした場合にも相応しないとした場合にも、それぞれに問題があるという。まず、相応するとした場合であるが、その際には性質の異なる「迷事の惑である我愛」と「迷理の惑である我見」とが同時に起きるとは考えがたい、という問題が生じる。また、撲揚大師も「前後して起きる」と述べており、相応するとは考えがたいと難ずるのである。一方、相応しないとするならば、第七識は我癡（癡）・我見（悪見）・我慢（慢）・我愛（貪）の四煩悩と相応して起きている。このような事実があるのだから、相応して起きると考えても何の問題もないと、難ずるのである。

これらの難に対して貞慶は、我見と我愛（自体愛）とは同時に起きると明確に答えている。すなわち、輪廻する普遍的自己に対して執著心（常見の我見）を持った時も、今生の現在身に対する自体愛はやはり同時に起こり、それが呼び水となって輪廻していくことに何の問題もないと、貞慶は指摘したことになる。これは、前項において「謂我当無」を断見、「便愛自身」を常見としたことをより詳細に説明したものであったといってよいであろう。

第三項　下界より上界に生じる際の命終心相

【翻刻】〈一四丁表～一五丁表〉

従下生上
本有命終心
所起煩悩必上界繫也。潤生定当生地惑故。〔註1〕問。此時、若
起上界我見乎。起者、寧上界我見計欲界身乎。
若不起者自躰愛位、豈無我見乎。〔註2〕答。可起我見
也。所謂縁未来生即是縁自地者、是也。縁当生上界ノ勝身
可起我愛。即潤中有身也。問。其時、上界亦有縁下地

身乎。若有者、已離欲界染。何還計下身ヲ為我、及〔註3〕起愛乎。若不縁者、上界ノ我見既起。豈於現在身全無縁義乎。

答。亦有此義故、疏六云、縁欲界身計有我。亦是我見。縁他地起、云々。＊此疏文ハ両邊ニ答問中一邊詞也。或本有答字。但不叶文相歟。／況次下然有義者、乃至、此義、應思、云々＊

又三本云、問〔註4〕◯如在欲界命終生上〔註5〕。此潤生ノ愛是上地繫。依欲界身縁欲界身。仍、相分中所変相分是上界繫。随見分説。第七縁第八相分亦然。何故不如等、云々。此文所引之例、許上界繫我見。愛縁下身。我見亦可同。但雖離染、猶現在ノ自身故、任縁為我。若不爾者、潤生我愛専縁現在ノ身是常相乎。＊是一＊ 倶生微劣也。任運也。難〔註6〕縁当来身。＊是二。以上雖成此類、猶不常途。於／潤生位者、以縁現身可為本故＊ 上界分別ノ我見、離染後、現起可有縁現在ノ自身。知、不必妨離染地歟。＊是三＊ 顕輪集廣〔註7〕成之。可見。＊忘而不記之＊

中有命終心

大都〔註8〕同本有。但、全不可起下地ノ我見。中有ハ是当生ノ上界身故、此時当生宮殿等現前、於彼可起境界愛。

其前後設雖起我見、皆是上地ノ見也。
問。上界ノ中有ニ既有起下煩悩。何嫌我見乎。答。彼
謗滅ノ時也。其位、唯起邪見嗔癡ノ三〔註9〕惑。＊於我見者無由起之歟〔註10〕＊

〔註1〕身延山本の「定也当生地惑故」を大谷本・龍谷本により改めた。

〔註2〕身延山本「前見」を大谷本・龍谷本により改めた。

〔註3〕身延山本「為」を大谷本・龍谷本より改めた。

〔註4〕身延山本の中略記号「〇」は判読しにくいものであったが、大谷本・龍谷本によって確認した。

〔註5〕身延山本の「生生」を大谷本・龍谷本により「生上」に改めた。

〔註6〕身延山本の「雖縁」を大谷本・龍谷本により改めた。

〔註7〕大谷本では「廣識」であったが、身延山本の「廣成」を採用した。

〔註8〕身延山本の「問」を大谷本・龍谷本により改めた。

〔註9〕身延山本には「三」はないが、大谷本・龍谷本により補った。

〔註10〕身延山本の表記を大谷本・龍谷本により改めた。


【訓読】

下従《よ》り上に生ず。
本有命終心
起こす所の煩悩は必ず上界繋也。潤生の意《こころ》也。当生地の惑の故に。

問う。此の時、若しくは上界の我見を起す乎。起さば、寧《なん》ぞ上界の我見なるに欲界身を計る乎。若しくは起さざれば自体愛位は、豈に我見無き乎。

答う。我見を起す可き也。所謂ゆる「未来生を縁ずとは即ち是れ自地を縁ずるなり」[1]というは、是れ也。当生の上界の勝身を縁じて[2]我愛を起す可し。即ち中有の身を潤ずる也。

問う。其の時、上界も亦た下地の身を縁ずること有る乎。若し有らば、已《すで》に欲界の[3]染を離る。何ぞ還りて下身を計りて我と為し、及び愛を起す乎。若し縁ぜざれば、上界の我見は既に起く。豈に現在身に於いて全く縁ずるの義無き乎。

答う。亦た此の義有るが故に、『疏』の六に云わく、「欲界身を縁じて我有りと計る。亦た是れ我見なり。他地を縁じて起こるなり」[4]と、云々。＊此の『疏』の文は両辺に問いを答ずる中の一辺の詞《ことば》也。或る本に答の字有り。但し文相に叶わざる歟。況んや次下は「然るに有る義は、乃至、此の義、応に思うべし」[5]と、云々＊ 又た『三の本』に云わく、「問う。（中略）欲界に在りて命終わりて上に生ずるが如し。此の潤生の愛は是れ上地繋なり。欲界の身に依りて欲界の身を縁ず。仍《よ》りて、相分中[6]に変ずる所の相分は是れ上界繋なり。見分に[7]従うと説けり。第七の第八を縁ずる相分も亦た然り。何が故に如かず」[8]等と、云々。此の文の引く所の例は、上界繋の我見を許す。愛は下身を縁ず。我見も亦た同じかる可し。但し染を離ると雖も、猶し現在の自身の故に、縁に任せて我と為す。若し爾らざれば、我愛を潤生して専ら現在の身を縁ずるは是れ常相なる乎。＊是れ一＊ 倶生[9]は微劣也。任運也。当来の身を縁じ難し。＊是れ二。以上は此の類を成ずと雖も、猶し常途にあらず。潤生の位に於いては、現身を縁ずるを以て本と為す可きが故に＊ 上界分別の我見は、染を離るるの後、現起して現在の自身を縁ずること有る可し。知んぬ、

必ずしも染地を離るるを妨げざる歟。＊是れ三＊『顕輪集』[10]に広く之れを成す。見る可し。＊忘れて之れを記さず
＊

中有命終心

大都は本有に同じ。但し、全く下地の我見を起す可からず。中有は是れ当生の上界身の故に、此の時に当生の宮殿等のみ現前し、彼に於いて境界愛を起す可し。其の前後は設《たと》い我見を起こすと雖も、皆な是れ上地の見也。

問う。上界の中有に既に下の煩悩を起すこと有り。何ぞ我見を嫌わん[11]乎。

答う。彼は滅を謗るの時也。其の位には、唯だ邪見と瞋と癡の三惑を起すのみ。＊我見に於いては之れを起すに由《よし》無し＊

【註記】


［1］縁未来生即是縁自地……『成唯識論述記』からの引用。当該箇所は、大正四三・四〇三・中。

［2］我愛……四煩悩（我癡・我見・我慢・我愛）の一つ。自己を愛おしく思う心。貪のはたらき。

［3］染……煩悩のこと。同音の善（よきぜん）と区別して「そめぜん」と呼ぶ。

［4］疏六云～縁他地起……『成唯識論述記』からの引用。当該箇所は、大正四三・四四八・下。

［5］就有義者乃至此義應思……『成唯識論述記』からの引用。当該箇所は、大正四三・四四八・下。

［6］相分……四分（相分・見分・自証分・証自証分）の一つ。認識される対象。本質相分を写し取った心内の影像相分。

［7］見分……四分（相分・見分・自証分・証自証分）の一つ。認識する心。自証分は心の本体であるので自体分ともいうが、この自体分が見照するはたらきである見分と見照されるはたらきである相分とになって、認識が成立する。見分は相分を直接的に認識する心であり、この認識を確認するはたらきが自体分にはある点より自証分とも呼ばれる。また、自証分の確認のはたらきをさらに確認するはたらきが証自証分である。その証自証分のはたらきをさらに自証分が確認し、認識が完結する。これが四分をもって分析された認識構造である。

［8］三本云～故不如等……『成唯識論述記』からの引用。当該箇所は、大正四三・三二三・中。

［9］倶生……倶生起の二障（煩悩障・所知障）のこと。煩悩には、所知（真理）を隠覆する根深くて細やかな所知障と、表に明確に現れてくる麁《そ》なる煩悩障とがある。また、これらの二障は生まれながらの先天的なものと、生まれてから身につける後天的なものとがある。前者を倶生起の二障といい、後者を分別起の二障という。

［10］『顕輪集』……守千（生没年不詳）の著作。

［11］三惑……ここでは邪見・瞋恚・愚癡のこと。邪見は悪見（薩迦耶見・辺執見・邪見・見取見・戒禁取見）の一つであり、狭義には因果の理法を否定する見解、広義には他の四見を除くさまざまな邪な見解をいう。また、瞋恚は三毒煩悩の一つで怒りの心、同じく愚癡は真理に暗い心をいう。貪（我愛）については語ってきたので、ここでは邪見・瞋恚・愚癡を三惑として論じている。

【解説】

前二項において欲界内を輪廻する我われ凡夫のあり方を明らかにした貞慶は、本項では論を一歩進めて「下界より上界に生ずる際の本有命終心相と中有命終心相」について論じている。いわゆる、欲界から上二界の天界に生じていく場合の有情のあり方を明らかにした箇所が、本項であるといってよい。これを論ずるにあたり、まず貞慶は「下界から上界に生ずる際の煩悩」は皆、当生地（次に生まれる世界）に生ぜしめる煩悩であるから、すべて上界に繋属する煩悩であることを明らかにしている。これらの煩悩の種子はすべて第八阿頼耶識に一生かけて熏習されてきたものであり、それが上界繋であるために、順次生において上界に生まれることになるのは自明の理である。いわば、同じく三界迷苦の世界を輪廻する者が、なぜ欲界に生まれ、また色界や無色界に生まれるのかという問題は、実に煩悩の界繋問題にあったということが知られる。

この観点より貞慶は、以下に二つの問答を展開していく。すなわち第一問答は、上界の我見を起こすなら上界の身を縁じるはずなのに、なぜ下界（欲界）の現在身を縁じて我愛を起こすのか、と問うものである。これに対して貞慶は、上界に生ずる者は上界の勝身を縁じて我愛を起して中有に入るのであると答えた。そこで次に第二問が設定され、それならば上界における我愛は今の我が身である下地の身をも縁ずることがあるのか否かと、重ねて難を立てるのである。これに対して貞慶は、端的に「ある」と答え、『成唯識論述記』（以下『述記』）等の文を例証として引いた後、上界の我見は下界の染（欲界の煩悩）を離れているといっても、よく現在身を縁ずるものであると論じていく。

これらの二問答は、輪廻する有情が中有に移行する際の呼び水となる自体愛が、上界に生まれる場合にはどうなるのかを論ずるものであったといってよい。周知のように、法相教学では「二世一重の縁起」を説く。すなわち、無明のままの生存を続けてきた有情の阿頼耶識には、輪廻の因となる悪業の種子が蓄積されており、これが愛・取という渇愛煩悩によって潤生され、順次生の苦果を受けるという輪廻の流れが説かれている。このとき示される愛・取（麁と細の二レベルの渇愛煩悩）こそが、自体愛や境界愛といわれる渇愛煩悩そのものであり、直接的には自体愛が呼び水となって中有に移行し、境界愛が呼び水となって生有に移行するわけである。しかし、この「二世一重の縁起」説では、下界から上界に行く有情がどうなるのかまでは、わからない。貞慶はこの点を明らかにしたのであり、上界繫の煩悩を持つ有情は上界の殊勝身（神々の姿）を縁じて我愛（自体愛）を起こして中有に移行することを明らかにしたのである。しかし、このような有情は同時に現在身をも縁じ、これに対しても我愛（自体愛）を起こすことも合せて指摘した。したがって、下界から上界に生じる有情は、まず第一に順次生の殊勝身を縁じて自体愛を起こし、また第二に現在身をも縁じて自体愛を起こし、中有に移行していくことになるのである。

次いで貞慶は、このような有情が生有へ移行する時にはどうなるのかを論じている。それによると、おおよそは本有の時と同じだが、中有から生有に移行する時には「下地の我見」は起きないという。なぜならば、中有はすでに当生の上界身に属しているからであり、この前後に起こす有情の我見はすべて上界の我見に限られるという。そのような有情の眼前に上界の宮殿等が姿を現し、有情はこれに対して境界愛を起し、ついに生有に移行していくことになるのである。

このあと貞慶はさらに一問答を設けて、上界へ移行する直前の中有において下の我見を起こすのは自己が滅することを悔やみ謗る時であり、その時には邪見・瞋恚・愚癡の三惑が現れるが、我見を起こすことはないと重ねて論じている。これは要するに、中有は当生に属する存在であるから上界の中有においては最早、下界の我見が尾を引いて影響を与えることのないことを明らかにするものであったと見てよいであろう。

第四項　上界より下界に生じる際の命終心相

【翻刻】〈一五丁裏～一七丁表〉

従上生下。

本有命終心

起下当生地ノ煩悩潤生。此有四惑。一我見、二我愛、三慢、四無明也。問。彼我見縁何為境。不可縁上ノ身。倶生ノ我見、不計他地現行ヲ為我故、為言〔註1〕。答。下地我見於上地起時、計上界身可為我。本有命終心起自体愛、謂我当無便愛自体故也。於欲界劣身〔註2〕、猶愛〔註3〕之。況〔註4〕自上界没轉堕下地乎。但、惣縁我見故、惣縁現在身為我無過。＊准上＊

今、所疑者、有義意也。而疏、於上起下惑挙六惑。我見其一也。演秘成其意畢〔註5〕テ、潤生我見據惣縁説〔註6〕、云々。但本疏起下六釈、不必正義歟。故演秘結文、故五六〔註7〕釈、取捨任情、云々。已雖引有義破所々釈ヲ、猶不捨起五之義。爰知、計他地現行之義、雖有之事、惣尋之、倶生我見縁他地現行者、〔註8〕違対法論文云〔註9〕、不見世間縁他地現行、執為我故云々。又、疏云釈惣縁諸行執我々所ノ文意〔註10〕、和雑自体惣計為我。即上界種子等、此也。不計現行故也。知、瑜伽論和雑自体文〔註10〕、僅計〔註11〕汎隠種子云事。況枢要〔註12〕、於過現行為境、顕能縁随彼繫種子。境汎隠、能縁繫不随、云々。計現行旨、諸文所不許也。如何。

答。対法論者、依別縁我見、談之也〔註13〕。要釈所出過、不必盡理。設雖何道理、豈以異界煩悩、責随所縁繫他界乎。

別尋云、離染之人、起下地第九品迷理我見耶〔註14〕。若起者、修得天眼耳根者、起其我見時、可縁上界二根。倶生我見、豈縁他地ノ現行法耶〔註15〕。若不起者、迷理ノ我見既ニ非世道ノ所伏。何不起之耶〔註16〕。依之先徳 *尊應* 許起之、設會之哉。

末云、此事難計。但難起歟。已伏伴類迷事ノ惑。我見獨雖残、其身甚羸劣也。大伏下染ヲ之身中獨現起、其甚難有。況付起既有疑。不如云不起也。〔註17〕彼超越不遠見道智下、〔註18〕進断我見。是依伴類故也。方知、雖未伏我見自体、其力猶萎竭云事。〔註19〕〔註20〕

〔註1〕大谷本・龍谷本は「如上」であったが、身延山本を採用した。

〔註2〕身延山本の「当身」を大谷本・龍谷本により改めた。

〔註3〕大谷本・龍谷本は「愛猶」であったが、身延山本を採用した。

〔註4〕大谷本により「況」を補った。

〔註5〕大谷本・龍谷本は「心」。

〔註6〕大谷本は「随」、龍谷本は「證」であるが、誤写。

〔註7〕身延山本は「五六人」であるが、大谷本・龍谷本により改めた。

〔註8〕身延山本は「付」であるが、大谷本・龍谷本により改めた。

〔註9〕身延山本は「云々」であるが、大谷本・龍谷本により改めた。

〔註10〕身延山本は「和離自体」であるが、『瑜伽論』により改めた。なお、大谷本・龍谷本には「即上界～離自体文」までが欠落している。

〔註11〕大谷本は「説」であるが、身延山本・龍谷本の「計」を採用した。

〔註12〕大谷本は「捨義」であるが、身延山本を採用した。

〔註13〕身延山本は「青諸」であるが、龍谷本により改めた。

〔註14〕大谷本は「乎」、龍谷本は「哉」であった。

〔註15〕大谷本は「乎」、龍谷本は「哉」であった。

〔註16〕大谷本・龍谷本は「乎」であった。

〔註17〕身延山本は「也」であるが、大谷本・龍谷本により改めた。
〔註18〕身延山本は「還」であるが、大谷本により改めた。
〔註19〕身延山本は「身」であるが、大谷本により改めた。
〔註20〕大谷本は「婁」であるが、身延山本を採用した。

【訓読】

上従《よ》り下に生ず。

本有命終心。

下の当生地の煩悩を起こして潤生す。此れに四惑有り。一つには我見、二つには我愛、三つには慢、四つには無明也。

問う。彼の我見は何を縁じて境と為すや。上の身を縁ず可からず。倶生の我見は、他地の現行を計りて我と為すにあらざるが故に、と言わんとす。

答う。下地の我見をば上地に於いて起こす時、上界の身を計り我と為す可し。本有命終心は自体愛を起こすというは、「我れは当に無かと謂《おも》いて便ち自体を愛する」[1]が故也。欲界の劣身に於いて、猶し之れを愛す。況んや上界自《よ》り没して転じて下地に堕するにおいてを乎。但し、惣じて我見を縁ずるが故に、惣じて現在身を縁じて我と為すに過《とが》無し。＊上に准ず＊

今、疑う所は、有る義の意《こころ》也。而《しか》るに『疏』に、上に於いて下の惑を起こすに六惑を挙ぐ。我見は其の一也。『演秘』に其の意を成じ畢りて、「潤生の我見は惣縁に拠りて説く[2]」と、云々。但し『本疏』の「下の六を起こす[3]」の釈は、必ずしも正義にあらざる歟。故に『演秘』の結文に「故に五と六の釈、取捨すること情に任せよ[4]」と、云々。已《すで》に有る義の破する所々の釈を引き、猶し五を起こすの義を捨てず。爰《ここ》に知んぬ、他地の現行を計るの義、之の事有りと雖も、惣じて之れを尋ぬれば、「倶生の我見は他地の現行を縁ず」というは、『対法論』の文に「世間を見ずして他地の現行を縁じ、執して我と為すが故に[5]」云々と云うに違す。又た、『疏』に云う釈の「惣じて諸行を縁じて我・我所と執す[6]」の文意は、和雑して自体をば惣じて計りて我と為すなり。即ち上界の種子等、此れ也。現行を計ざるが故也。知んぬ、『瑜伽論』の「和雑自体[7]」の文、僅かに汎隠種子を計ると云う事を。況んや『枢要』に、過の現行を境と為すに於いて、顕らかに能縁をば彼の繋の種子に随えんとす。「境は汎隠なれど、能縁の繋には随わず」と、云々。現行を計る旨は、諸文に許さざる所也。如何ぞ。

答う。『対法論』は、別して我見を縁ずるに依り、之れを談ずる也。『要』の釈に出だす所の過《とが》は、必ずしも理を尽くすにあらず。設《たと》い何の道理なりと雖も、豈に異界の煩悩を以て、所縁に随えて他界に繋ぐことを責む乎。

別に尋ねて云わく、染を離るるの人は、下地の第九品の迷理の我見を起す耶。若し起こさば、天眼耳根[8]を修得する者ありて、其の我見を起こすの時、上界の二根を縁ず可し。倶生の我見、豈に他地の現行法を縁ずる耶。若し起こさざれば、迷理の我見は既に世道の伏する所に非ず。何ぞ之れを起こさざる耶。之れに依り先徳 *尊応*、之れを起こすを許すは、設《も》しや之れを会する哉。

末に云わく、此の事は計り難し。但し起き難き歟。已《すで》に伴類の迷事の惑を伏す。我見独り残ると雖も、其の身は甚だ羸劣也。[9] 大いに下染を伏するの身中に独り現起するとは、其れ甚だ有り難し。況んや起きるに付いては既に疑い有り。起きずと云うに如からざる也。彼は超越して遠からず見道智[10]の下、進んで我見を断ず。是れ伴類に依るが故也。方《まさ》に知んぬ、未だ我見自体を伏さずと雖も、其の力は猶し萎竭[11]すると云う事を。

【註記】

[1] 謂我当無便愛自体……『瑜伽師地論』からの引用。当該箇所は、大正三〇・二八一・下。

[2] 潤生我見拠惣縁説……『成唯識論演秘』からの引用。当該箇所は、大正四三・九二三・下。大正では「惣」を「総」としている。

[3] 起下六……『成唯識論述記』からの引用。当該箇所は、大正四三・四五四・上。

[4] 故五六釈取捨任情……『成唯識論演秘』からの引用。当該箇所は、大正四三・九二三・下。

[5] 不見世間縁他地現行執為我故……『阿毘達磨雑集論』からの引用。当該箇所は、大正三一・七二三・上。大正では、「現行」を「諸行」としている。

[6] 惣縁諸行執我……『成唯識論述記』からの引用。当該箇所は、大正四三・四五四・上。

[7] 和云離自体……『瑜伽師地論』からの引用。当該箇所は不明。

[8] 天眼耳根……超人的な眼や耳の知覚機能を指す。要するに、天眼は思うがままに見通す能力、天耳は思うがままに聞く能力である。

［9］　羸劣……力が弱く、劣っていること。
［10］　見道智……菩薩の修行階位の初地の位において得られる真如の一分を証得する無漏智のこと。
［11］　萎竭……萎え尽きること。

【解説】

本項では、上界の有情が下界に生じる際の本有命終心のあり方が述べられている。なぜ上界の者が下界に生じてしまうのか。もちろんそれは、上界でなした悪業の結果に他ならないが、実際に下界に生じるという際にはやはり、当生地の下界の煩悩を引き起こし、これが呼び水となって中有を潤生する、と貞慶は指摘している。このとき引き起す下界の煩悩は、今まで論じられてきた我見と我愛の他に、慢と無明とがあるという。要するにこの四つは、第八阿頼耶識を見て我と執する第七の末那識と共に起こるとされる四煩悩に他ならない。その中でも本有から死有、死有から中有へと移行するときに重要な役割を持つのは、やはり我見と我愛（自体愛）であったといってよい。

そこで貞慶は第一問答において、そのとき起こる我見は何を縁じるのかという問いを立てたのであるが、これに対する答えは端的明瞭なものであった。すなわち、下地の我見であったとしても、その我見は上界の現在身を縁じて我となすというのである。そして、欲界の劣身に対してさえ有情は強い自体愛を起すのであるから、上界の殊勝身に対してはなおのこと強い自体愛を起すことになると、貞慶は指摘しているのである。

上界から下界へ輪廻する際の命終心相については、この一問答によってすべて説明し尽くされたといってよいが、その後、貞慶は『述記』や『成唯識論演秘』に見られる「四惑」ならぬ「六惑」の表記をめぐっての問答と、天眼・天耳を修得する者に迷理の我見が起こるか否かの問答の二つを展開している。前者においては能縁の煩悩が他界繫であることに何の問題もないと指摘し、後者においてはたとえ伏しないといっても羸劣な迷理の我見がひとり起きることはなく、このような我見は見道智において断じられるべきものであると述べている。

第三節　むすび

貞慶（一一五五―一二一三）は早くから同朋と結縁して「臨終正念の大事」を心がけて弥陀浄土への往生を欣求してきたが、(1)「五逆愚迷」「誹謗正法」の思いから弥陀浄土信仰を断念するに至った。その時の思いを『小島記注』に、次のように記している。すなわち、

建久六年（一一九五）正月十日（中略）上は世尊の恩徳に報い、中は弥勒の値遇、下は春日大明神の加護を蒙る。臨終正念の大事を遂げんと欲し、暫く念仏の単修を抑えて、再び稽古の広業を交える。是非の間、進退測り難し。(2)

と。これを見る限り、貞慶にとって「臨終正念」は人生を懸けた一大事であったことが知られるのである。その貞慶が諸講式で繰り返して臨終正念の大事を述べた後に、あらためて「命終心」についての教義的見解をまとめたものが『論第六巻尋思鈔別要』「命終心相」だったのである。したがって、本篇の構成が(1)総論、(2)同界より同界、(3)下界より上界、(4)上界より下界、の四項目よりなるとはいっても、その中心はあくまでも「欲界内にある我が身の命終心」にすえられていたことはいうまでもないことである。

そもそも、有情が輪廻していくとき、第八の阿頼耶識に熏習された善悪の業種子の助けをかりて無覆無記の阿頼耶識が現行して順次の生を結ぶことは、インドの昔より縷々、説かれてきたことである。唯識説が大成される以前の論書である世親の『倶舎論』を見ると、すでに部派仏教の時代において、釈尊の自内証の法門である十二縁起を解釈して、「三世両重の縁起説」を展開していたことが知られるし、また四有説や四生・五趣などの諸説によっても、有情輪廻のあり方を深く考察していたことが知られる。これらを受けて大乗唯識説では、「二世一重の縁起説」を展開し、さらに四有説をも用いて阿頼耶識を中核に据えた輪廻のあり方を論ずるようになった。いわゆる二世一重の縁起説とは、無明より有までを過去世（もしくは現在世）の因と見、生・老死を現在世（もしくは未来世）の果と見るものである。すなわち、「無明」のままに行なった「行為」は業種子として阿頼耶識に熏習される。その一方で、阿頼耶識には当生の阿頼耶識自体を生ぜしめる親因縁の名言種子が内在している。これが十二有支でいうところの「識」である。同様に、阿頼耶識には当生の異熟の果報（生・老死）を生ずべき「名色」から「受」までの五支の名言種子もまた、内在している。しかし、これらの種子の力は非常に弱く、現行するためには必ず善・悪の業種子の資助を受けなければならない。しかし、その業種子は極論をいえば無明による行為によって熏じつけられたものばかりであり、そのため悪業深き我われ有情は、輪廻のその時に地獄等の三悪道に生じてしまう結果となり果てるのである。(3)

では、輪廻への移行はいつ起こるのであろうか。右の二世一重の縁起説によれば、有情が命終の時を迎えると、「愛」「取」が起こるという。いわゆる、「愛」とは第六識相応の倶生起の「麁」の貪愛のことであり、「取」とは第六識相応の倶生起の「細」の貪愛ならびに他の一切の煩悩のことである。これらが、今まさに命終せんとする有情の第六意識に起こるのであるが、その折りの意識について貞慶は『命終心事』において、細相現行位と麁相現行位のあることを指摘した。いわゆる、細相現行位は不明了の意識のことであり、麁相現行位は明了の意識のことである。前者は唯染汚（悪性）であり、後者は善・悪・無記の三性に通じるという。したがって、細相現行位の意識においては細の貪愛および余の一切の煩悩が並起するから、有情には為す術がないということになる。これに対して、後者の麁相現行の意識においては麁の貪愛も起こるが、善や無記の心も起こる状態にある。したがって、麁相現行の意識こそが、有情輪廻のあり方を左右する要になると貞慶は見たのである。そこで、笠置時代に著した『臨終之用意』には、

人の命不定なり。平生なをたのみかたし。況や病中をや。よりより油断無く臨終正念をねがうべきなり。最後の妄念は悪道の業。一切世間の事、殊更に病人の執心す可き事、腹立つ可き事、貪愛す可き事等、かたるべからず。(4)

といい、臨終正念こそが重要であると説いた。そして、最後の妄念は悪道に堕ちる業となるので、執心や忿怒・貪愛などを起さないよう家人は注意しなければならない、とまで諌めている。また、

病人の心とどむべき資財など、ちかづくべからず。魚鳥を食し酒に酔い、葱韮《ねぎにら》など食したらん人をば、いかにしたしき人なり共、門の内にも入るべからず。天魔たよりを得て、心乱れて悪道におつるゆえなり。総じて問来人の出入一一に病人にしらすること、返す返すも故実に無き事也。(5)

といい、資財や他有情への貪愛をも戒めているが、この点などはまさしく「命終心相」に説かれる記述にも適っているといってよい。さらにまた、

病人の問事あらば、心にさわらざるように語るべし。語り終わりなば、何事も皆皆夢也。神呪忘れ給うなとすすむべきなり。（中略）病人の居どころには、何にても信仰の仏をすえ奉り、常によき沈香をたき、病人余念と見つけば、約束にまかせて神呪にても宝号にても観にてもあれ、すすむべきなり。（中略）まさしく唯今と見ゆる時は、本尊を病人の目の前にむかえ、耳のかたわらによりて、臨終只今也。来迎の聖衆光明かくやくとして、ここに来たり給えり。神呪唱え給へとて、病人の息に合わせて、早からず遅からず、神呪をとのうべきなり。既に終わりて後に、一時ばかりも耳に唱えいるべきなり。おもては死する様なれども、そこには心あり。或いは魂さりやらずして、死人のほとりにあり

て、称名をききぬれば、かれ悪道に入るべきものなれ共、中有よりあらためて浄土に生まるる也。(6)

といい、今まさに死なんとする人の居所には信仰する仏を据え、常に神呪や宝号などを勧め、その時が来たら「只今だ」と知らしめて、病人の息に合わせて一緒に神呪を唱えよと教えている。また、表面的には死去したように見えても心はまだあるので、絶やすことなく称名を続けよ。そうすれば、信仰する仏の功徳によって悪道に堕ち入ることなく、中有より浄土に生ずることができるであろう、と論じている。そもそも浄土とは、煩悩を断じ尽くして仏陀となった者の第八の浄識が変現する世界であるが、諸仏如来は大慈大悲のはたらきをもって真実の浄土に相い似た勝れた清浄世界を有情のために示現する。そのような勝れた世界に地獄必定の凡夫が生まれるということは、まさしく諸仏如来の広大な恩徳、加被の勝力のたまものであるといってよい。そのような不思議が、臨終の行儀による「臨終正念」によって生じるのであると、貞慶は教示したのである。書写者の奥書に「笠置上人の御誡なり(7)」とあるから、本書は海住山寺へ移住する前の作とは考えられるが、しかし建仁元年（一二〇一）に「命終心相」を著して命終心思想を理論化した後か前かについては、残念ながら判然とはしない。とはいえ、すでに確かな理論と知識の裏付けをもって、第三者へ「御誡」していたことは明らかである。

このように、「臨終正念」は順次生に輪廻苦悩の世界に堕ちるか、あるいは浄土に生まれて仏道を歩むことができるかの大いなる分かれ目であった。まさに正念場だったのである。現在の我われとは異なり、当時の僧侶の中には行を実践する者が多く、不思議を見た話は枚挙に暇のない時代であった。彼らは地獄の世界も浄土の世界も熟知していた。もし輪廻すれば地獄に堕ちる。それが現実として目の前にあったのである。『瑜伽論』には、禅定瞑想した人たちが遺した「命の輪廻する姿」が記されている。今生に仏法に遇いながら、この千載一遇の機会を逸してしまうと、再び仏法に出遇うことができるのか否か。そのような不安を貞慶は『愚迷発心集』の中で、次のように述べている。すなわち、

> 弟子、五更の眠りより寤《さ》めて、寂漠とした床上に双眼に涙を浮かべて倩《つらつ》ら思い連ぬること有り。其の所以は何《いか》んとならば、夫れ無始より輪転してより以降《このかた》、此に死し彼《かしこ》に生ずるの間、或る時は鎮《しず》みて三途八難の悪趣に堕ち、苦患に礙《さえ》られ既に発心の謀《はかりごと》を失う。或る時は適《たま》ま人中天上の善果を感ずるも、顚倒迷謬して未だ解脱の種を殖えず。（中略）仏前仏後の中間に生まれて、出離解脱の因縁無し。粟散扶桑の小国に住して、上求下化の修行に闕《か》けたり。悲しみても又た悲しきは在世に漏れたるの悲しみ也。恨みても更に恨めしきは、苦海に沈めるの恨み也(8)。

と。おのれの愚かさに対する深い悲しみと憤りを感じると共に、仏道へのあまりにも強い願いを感じ取ることができる。しかし、仏道の流れに乗るためには、諸仏の浄土に生まれなければならない。そのための学問修行であるにもかかわらず、堅固な大菩提心を発すこともままならない身。また、たとえ今生で学問修行を行ないえたとしても、臨終時に正念に住することができなければ来迎に遇うことができず、結局は六道を輪廻しなければならない。ここに貞慶の大いなる懊悩があった。なぜ人は輪廻するのか。この点に

ついて貞慶は、あらためて「命終心相」において次のように述べた。すなわち、

> 多くは現在の自身を愛するが故に、『灯』に云わく、「死有に於いて中有を見ざるを以て、我は有ること無しと謂《おも》い、自体愛を起す」と。＊若しくは資具等の外境を愛す、或いは妻子等の他有情を愛する心、皆な倶に生を潤ず。略して之れを説かざる歟[9]＊

と。凡夫は愚かなばかりに自己のみならず財産や家族等の外境に対しても貪着して強い自体愛を起こしてしまい、それがもとで中有に移行してしまうというのである。これを二世一重の縁起論より見ると、臨終時にひとたび自体愛に支配されるや有情は、「識」から「受」までの羸劣な名言種子とこれを資助する強勢な業種子とを潤生してしまい、順次生に苦果を引く「有」の状態に移行する、ということになるであろうか。この「有」こそが、中有に他ならない。かくして有情において、母胎に託生して遂には老死に至る未来当生の一期が始まることになるのである。

そもそも、中有という概念はもとは説一切有部が説いたものであり、四有の一つ、生存の一形態であった。いわゆる四有とは、有情が生を受ける瞬間の生有、生きている間の本有、死にゆく瞬間の死有、次の生を結ぶまでの間の中有をいう。この概念の存否については、かつて部派仏教内でも分別論者（大衆部・説出世部・鶏胤部・化地部など）との間で論争があったというが、しかし『瑜伽論』が成立した頃にはすでに中有の存在は広く容認されており、早いもので七日、遅いもので四十九日の中有の時を経て、生有へ移

行すると説かれるようになった。では、中有の形とはどのようなものだったのであろうか。これについて『倶舎論』には、

此れは一業を引くが故に、当の本有の形の如し(10)。

と述べられている。要するに、同じ業によって引かれるので当生の本有の形を既にしていると、論じているのである。この中有の時を経て、有情は境界愛を起こして生有へと移行する。有情がまさに死にいかんとする時は、自体愛を起さないように細心の注意をし、信仰する諸仏への結縁を遂げれば来迎を受けて浄土へ往生することも可能であった。ところが、ひとたび自体愛を起こしてしまうとすぐさま中有へと移行し、今度は否も応もなく境界愛を起こしてしまうことになる。この必然性を貞慶は、「命終心相」において縷々述べたのである。すなわち、同界より同界へと輪廻する場合の具体例を人趣に求め、

意《こころ》の云わく、且く人中に生ず可きの類は、人の男女の和合するを見て、喜楽して其の所に趣く。*女に於いて愛を生ずれば男身を受く、女身は之れを返すなり* 若し趣の身をば即ち其の所に留むれば、境界色に礙えらると云う。此の時、即ち生有の身を成ずるなり(11)。

といい、男女の和合するさまを見て喜楽して趣き、男性が好きなものは女性となり、女性が好きなものは

男性の身を受けることになると論じたのである。この記述は、「当生の父母等を見て男女身において愛と恚を起すことによって境界愛を生じる」としか記していない『命終心事』に比して、より具体的である。おそらくは弟子達への「御誡」の意をも込めたものだったからであろうが、それだけに学問研鑽の中で貞慶自身がどのように受け止めていたかが知られる。すなわち、有情が欲界に生を受ける最も直接的な要因は男女愛という境界愛にこそあったと、貞慶が理解していたことが知られるのである。このように考えると、出家の戒に不淫戒が設けられている、もう一つの意義も明らかになるのではなかろうか。

『尋思別要』の「命終心相」には、さらに欲界から上二界へ輪廻する場合と上二界から欲界へ輪廻する場合の二つのあり方が説かれ、その際にも自体愛と境界愛が起こることが指摘されている。これらもまた、貞慶による詳細な研鑽の成果であるが、しかし欲界にあって悪業を造る凡夫にとっては、あまり意味をもたないといってよいであろう。なぜならば、凡夫のあり方は常に悪業を作り続けるからであり、その悪の業種子の資助を受けて順次の生があるからである。極論すれば、凡夫の輪廻の実態は欲界内の悪世界においてのみ、行われるといっても過言ではないのである。この連鎖を断ち切るものは、大聖仏陀の加被力以外にない。そこで貞慶は、『命終心事』において「正念安住」と共に「大聖加被」を力説し、仏道実践のために浄土への往生を願ったのであった。

註

（1）　新倉和文「笠置寺に見られる結衆（契約を結んだ同法）について――華厳宗尊勝院の十二人の結衆と貞慶の結衆

——」（『岐阜聖徳学園大学仏教文化研究紀要』第一一号、二〇一一年）を参照のこと。
(2)　『大日本史料』第四編之一二・三〇五頁。
(3)　本研究書第二部第三章を参照のこと。
(4)　日蔵六四・二五・下。
(5)　同・二六・上。
(6)　同・二六・上〜下。
(7)　同・二七・上。
(8)　『鎌倉旧仏教』（日本思想大系一五、岩波書店、一九七一年）。
(9)　本研究書六八六頁。
(10)　大正二九・四五・下。
(11)　本研究書六八一頁。

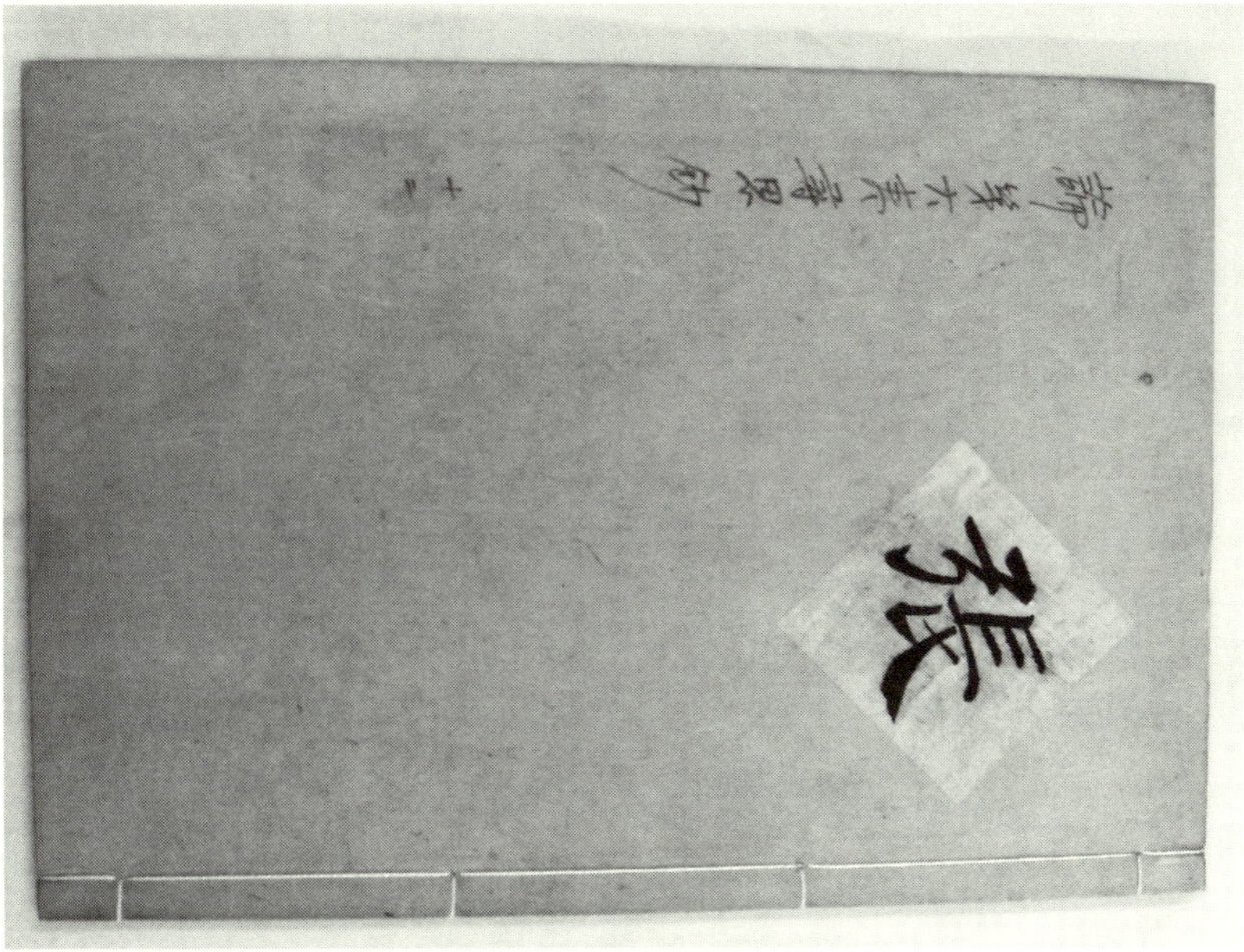

身延山大学蔵『論第六巻尋思鈔』

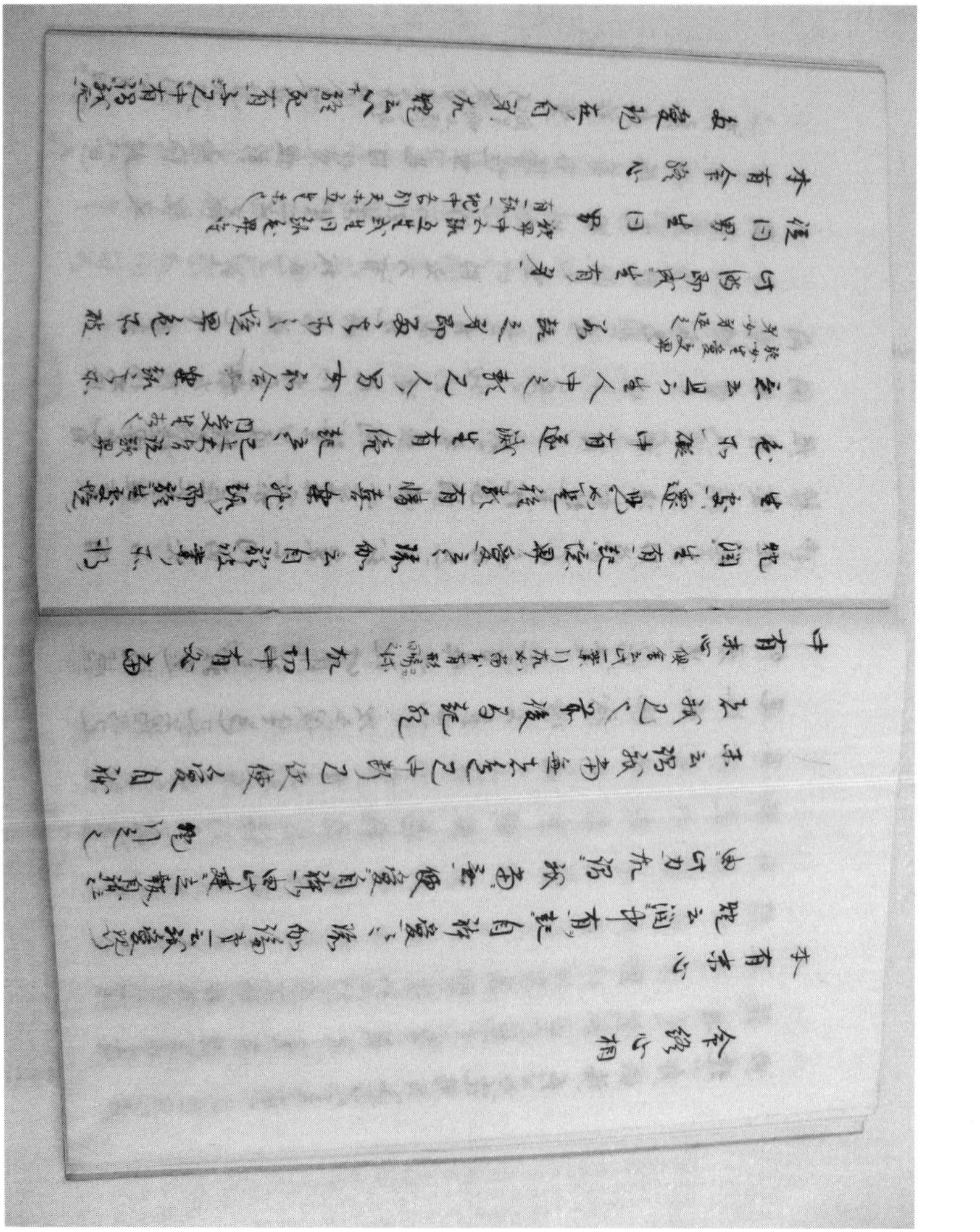

二二丁裏〜二三丁表

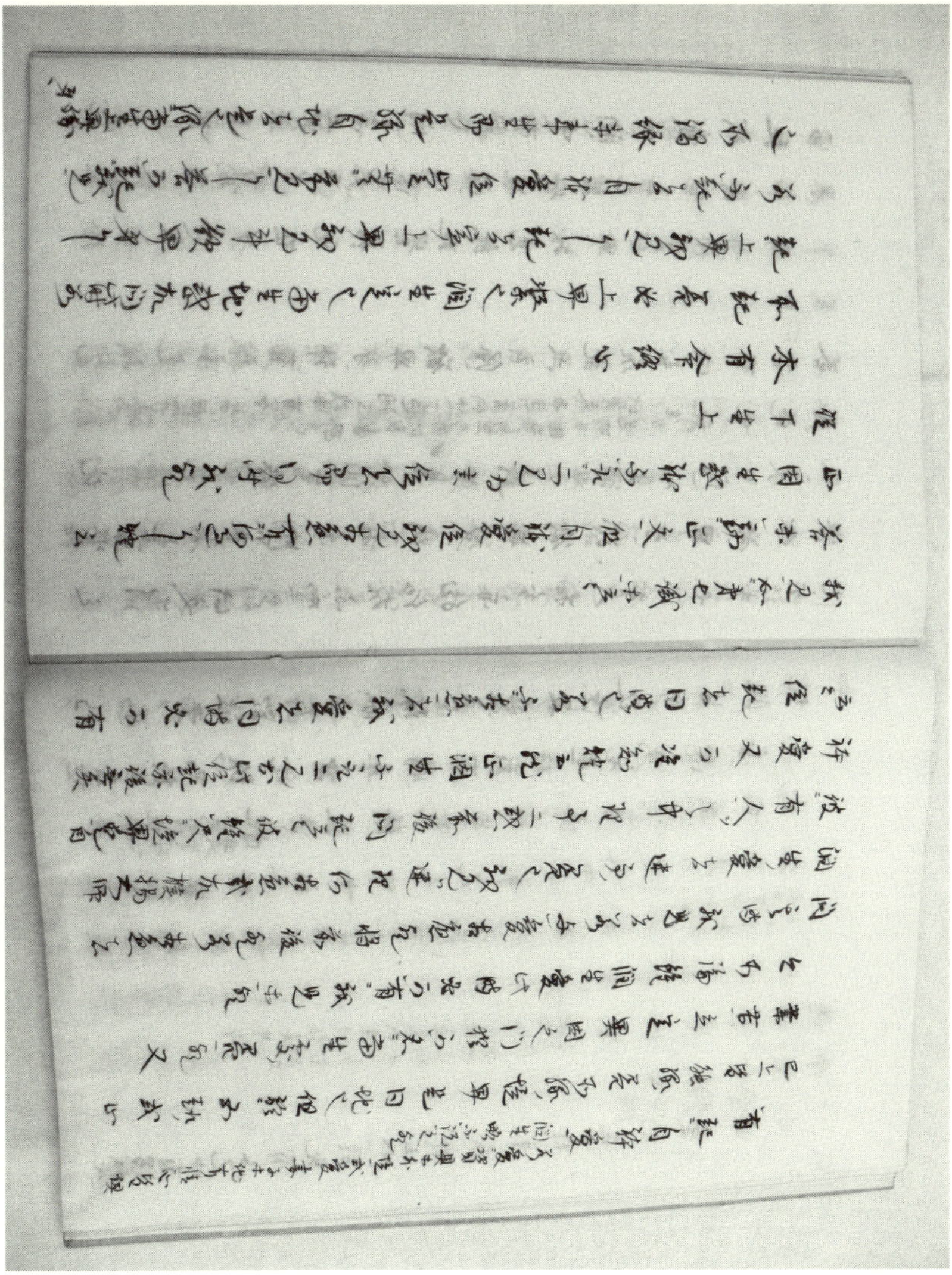

一三丁裏〜一四丁表

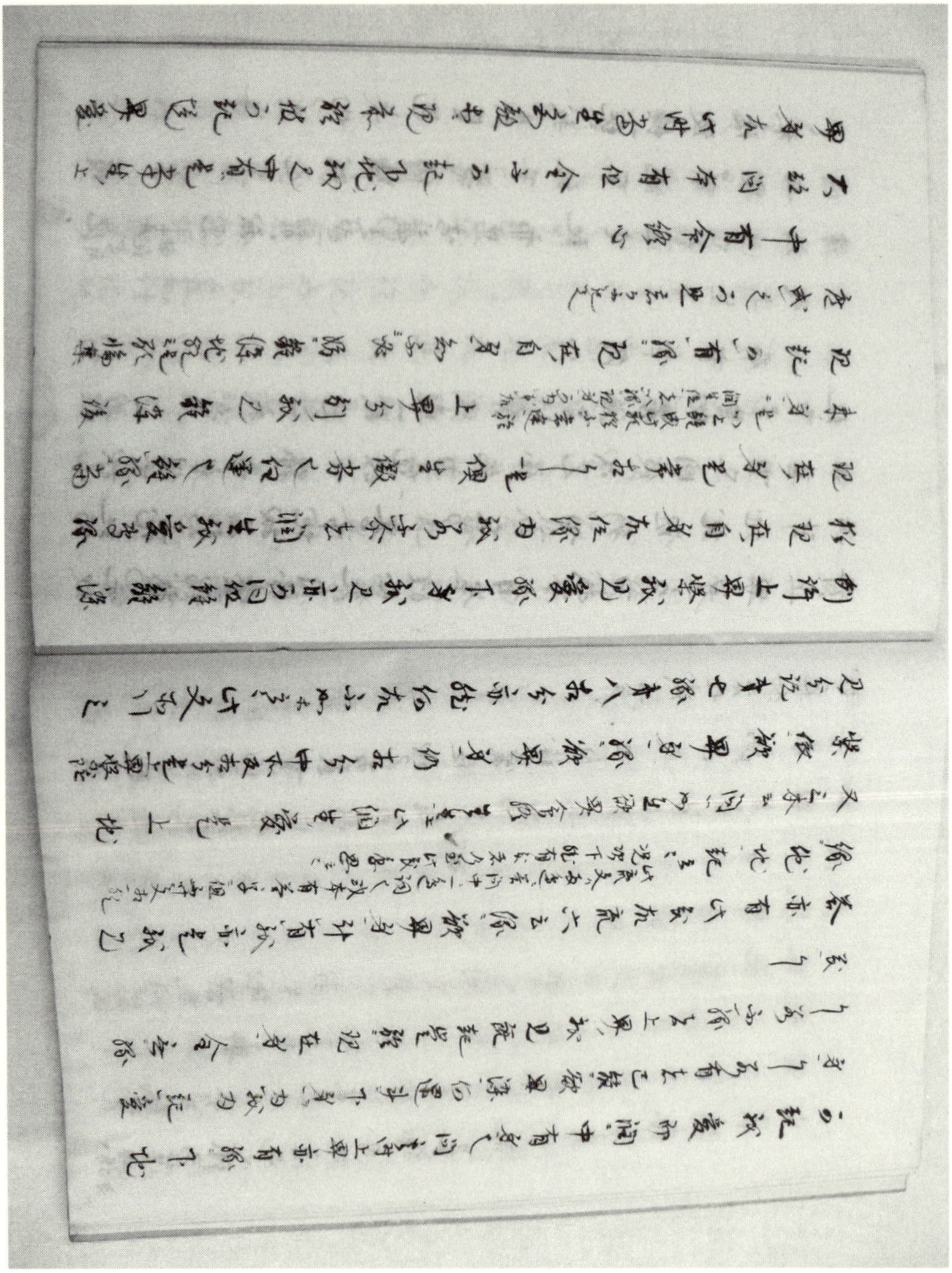

一四丁裏〜一五丁表

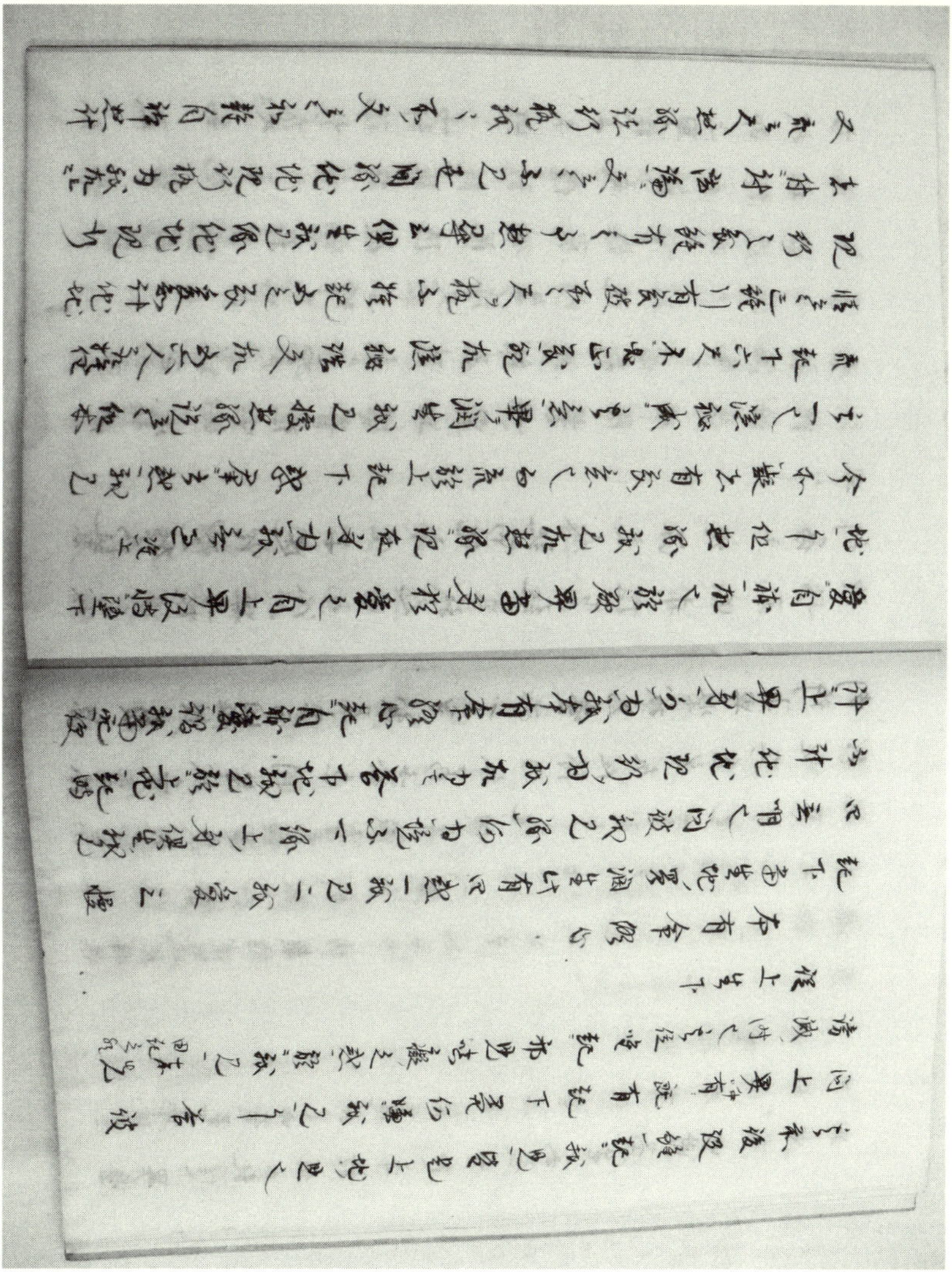

一五丁裏〜一六丁表

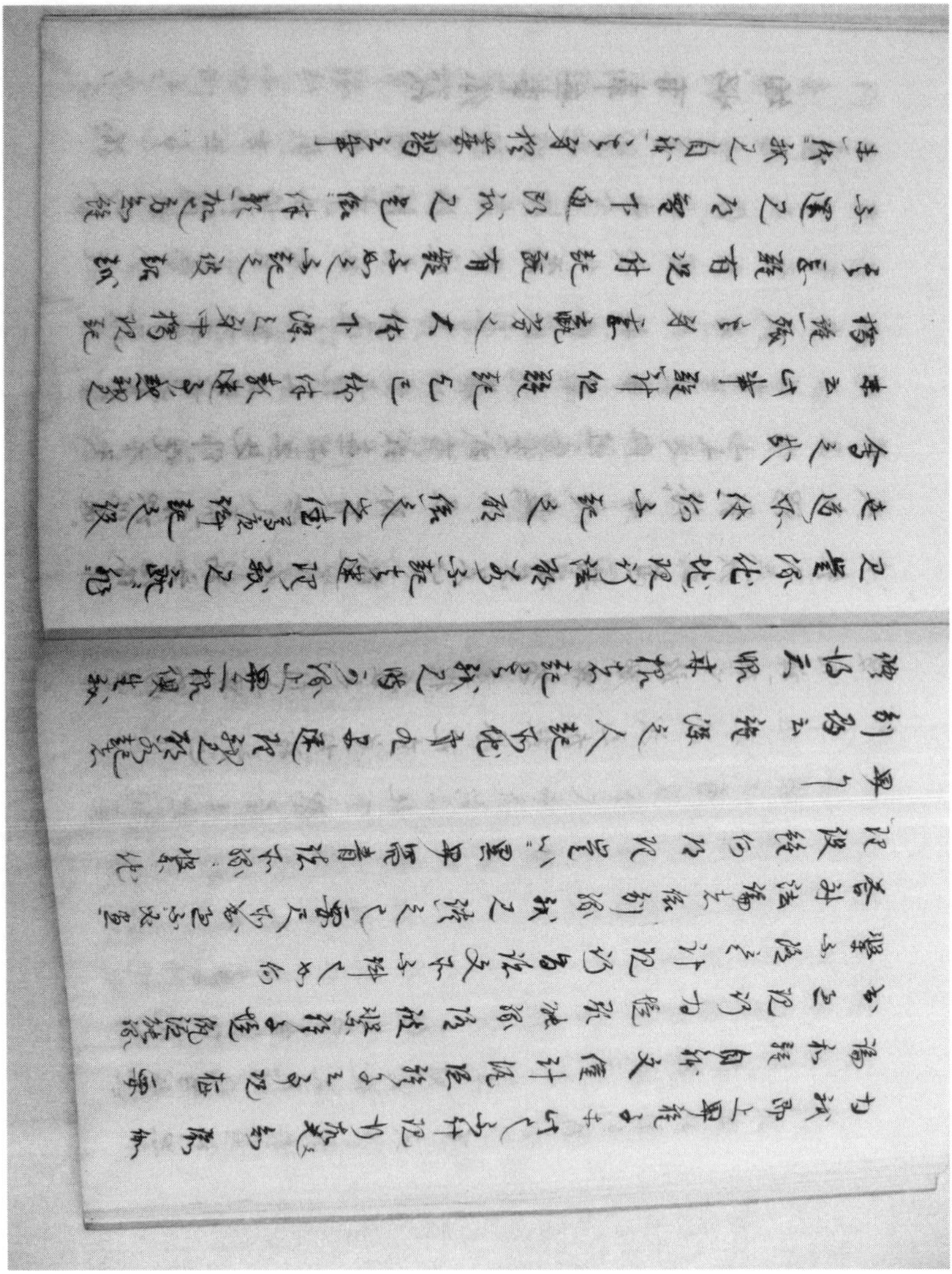

一六丁裏〜一七丁表

結論

貞慶（一一五五―一二一三）は、『心要鈔』『勧誘同法記』（以下『同法記』）等において「唯識観」の重要性を説いているが、同じく唯識観の重要性を説いた書に『修行要抄』がある。本書は、『修行要抄』『唯心念仏』『命終心事』『唯識観用意』『唯識観事』『自行思惟』『唯識空観』『中道事』『唯識般若不異義』の九篇を収録する『観念発心肝要集』の中の一篇にあたるが、興味深いことに『修行要抄』の題下には、

依無別題号、私名之。

別の題号無きに依り、私に之れを名づく。(1)

とあり、もとは書名のない書物だったので後の何者かによって名の付記された事情が記載されている。では誰が名を付記したのか。これについて『修行要抄』の奥書には、

建暦三年正月十二日、以御口筆記之。丹別禅門、執筆。
建暦三年正月十二日、御口筆を以て之れを記す。丹別禅門、筆を執る。
本云、天文廿二年十一月十九日、以良願房本書写之。
上人値遇ノ為ニ自筆書写之了。笠置門人胤継　敬白
本に云わく、天文二十二年十一月十九日、良願房の本を以て之れを書写す。
上人値遇の為めに自筆をもて之れを書写し了んぬ。笠置門人胤継　敬いて白す。(2)

とあるから、建暦三年（一二一三）に病床に臥した貞慶の言葉を門人の一人であった丹別禅門なる者が口述筆記し、その書が天文二十二年（一五五三）になって貞慶の門流を継ぐ笠置の胤継なる者によって再書写されたとあるので、まず第一に考えられるのは胤継であろう。次に、第三篇の『命終心事』の後に付された奥書に、

海住山御草。
〔本云〕以上、以覺静房写之。自見要形書写了。自用雖無于
甲斐、且増尊神法楽一分、且為未来法器一縁。
天正九辛巳年三月日　権大僧都英俊　＊六十四＊
海住山御草なり。以上は、覺静房を以て之れを写す。自ら要形を見て書写し了んぬ。自ら用うる

も甲斐無しと雖も、且《か》つは尊神法楽の一分を増し、且《か》つは未来の法器の一縁の為めなり。
天正九辛《かのとみ》巳年三月日　　権大僧都英俊　＊六十四＊(3)

とあり、天正九年（一五八一）三月に権大僧都英俊（一五一八―一五九六）によって書写されたことが知られるので、英俊の可能性も考えられる。元来、『観念発心肝要集』は貞慶撰述の三篇と良遍撰述の六篇とを何者かが編集したものであるが、これについて中奥書を見ると、弘安二年（一二七九）に「静憲得業本」を書写した良覚、「良覚本」を書写した末学沙門能寛（一二七七―一三四四）、天正九年に「末学沙門能寛本」を書写した英俊、天正十五年（一五八七）に「英俊本」を書写した了弘法印大僧都、正保三年（一六四六）十一月に「了弘法印大僧都本」を書写した光深の計五名の記載が見られる。そして、『唯識観事』の奥註には、

〔写本〕已下別本、在之間、私ニ書加之。能寛之本ニハ無之。
〔写本〕已下に別本、之れ在るの間、私に之れを書き加える。能寛の本には之れ無し。(4)

とあるので、能寛の後の書写者であった英俊が再編集した書であったことが知られる。(5)とすれば、『修行要抄』の割注も英俊の可能性が高くなる。しかも、興味深いことには、英俊の前の書写者である能寛には別に『修行要抄』のみを単独で書写した別本があり、そこでは『出離最要』という題名が付せられていた

のである。その奥書を見ると、

笠置上人御房、記此御詞、授海住山。

慈心御房耳。（中略）

此御年来所奉持也。（中略）権僧正　能寛　＊春秋六十一＊

笠置上人御房、此の御詞《ことば》を記され、海住山に授けらる。

慈心御房なる耳。（中略）

此れ御年より来《このか》た、奉持する所也。（中略）権僧正　能寛　＊春秋六十一＊(6)

とあるので、貞慶が最後の住居とした海住山寺を継ぐ弟子たちに授け渡した「詞《ことば》」であり、それを書き伝えたのが海住山寺開創にも深く関わった貞慶晩年の弟子である慈心房覚心（？—一二四三）だったこと、および海住山寺に長年にわたって奉持されてきた書を能寛が六十一歳の時に書写したこと等が知られる。とすれば、能寛は本書を『出離最要』という名で認識していたことになる。したがって、本書は慈心房伝持本と丹別禅門伝持本の二系統があり、前者の『出離最要』の名は慈心房が付け、後者の『修行要抄』は再編者の英俊が付けたことになるである。

いささか書誌的分析が長くなったが、重要な点は病床にある貞慶が最後の思いを込めて口述筆記させた書の一つが『修行要抄』（『出離最要』）であり、後に良遍（一一九四—一二五二）が貞慶撰述の『同法記』

等をもとに組織化した唯識観に関する後六篇と共に収められるほどに最重要視されてきた書であったということである。では、なぜそれほどまでに重視されたのか。それは、本書が「唯識観を出離の最要」であると端的に論じていたからである。すなわち、『修行要抄』の冒頭には、

問う。出離の最要は何事ぞ耶。
答う。自宗の意は、只だ唯識観に有り。(7)

と明記されている。周知のように、法相宗の観法は「唯識観」である。妄情に当たって現ずるところの遍計所執の相を虚妄なる実体なきものとして遮遣し、縁起の法である依他起の相と依他を依他たらしめている円成の真理を観察して、ついには唯識の真性に悟入せしめる実践行である。行を実際にしたことのない我われの中には机上の空論であると思い込む者もあろうが、それもまた遍計の妄執である。過去の行者たちは間違いなく、唯識観を実践することで真理に悟入する道を見出していたのである。そのためにはまず、三性のあり方を正しく慧解することから始めなければならない。このことを教示するため『修行要抄』では、

問う。自宗に取りて応に我が分は何の門に趣く可きや。
答う。実に深く実に広し。定め難きと雖も、相い求めるに如かず。爰《ここ》に慈尊教授の頌有り。＊慈尊は無

着に授く＊ 其の源は、世尊の慈氏に授くるの大義也。三聖相伝の故に、殊《こと》に教授の頌と名づくる歟。彼の文に付して聊《いささ》か我が心も縣くるに如かず。設《たと》い自の慧解は拙しと雖も、口に聖言を誦し、心に其の理を思わば、滅罪生善して出離得脱すること遂に必ず空しからず。(8)

といい、有名な「菩薩於定位……」の偈頌の解説を行ない、依他起の相を正しく見る「智慧のまなこ」を身につけていく道を示したのである。そして、

愚夫の時、自心所変の影像は迷心に依るが故に、転じて心外の実法に似《の》る。其の迷いは除き難し。今、難ずるは即ち其の心也。此の一念の観に能《よ》く三性を悟る。先ず影像は自心なりと観ずるは、依他の仮有を観ずる也。次に昔の実我実法を思いて皆な虚妄顚倒なりと知るは、所執の空なるを悟る也。唯識道理を観ずれば、円成の真実を悟る也。道理とは即ち真理なるが故に。一宗の性相、是《ここ》に於いて悉く極む。(9)

といい、我われが日頃、虚妄に実有であると思い込むことでさまざまな煩悩を引き起し苦悩・輪廻してきたあり方を超脱する道を簡略に示している。そのいわんとするところは、すべては我が心の所変であると観ずることで縁起の法（依他起性）が仮そめのもの（空）であると悟り、円成の真実に悟入することにある。短い文章でありながら、唯識の真実を初心の行者にもわかるように平易に説き示している点、貞慶の学識の高さが偲ばれる。この唯識の道理をまずは慧解することができれば、「如幻の道理」を証知するこ

とが可能となる。今回、取り上げた諸論義テーマにおいて、貞慶が何度も論じたものが「如幻の道理」であった。一切諸法（依他起性）は因縁和合の法であるから、固定的な定相を持つことはなく、あえてこれを表現すれば「如幻」ということになる。一切諸法のあり方は如幻であるから、相即相入すれば「五姓即一乗」「三祇即一念」も成り立つ。しかし、法相宗は一向相即を説く宗ではないので、真実なる「理の一乗」の前に現実的な「事の五姓」「事の三祇」が展開することになる。そこで、崇高な仏道を目指すものは自らが菩薩種姓であるとの自覚のもと、発心して二利（智慧と慈悲）の願行の実践を志すに至るのである。このあり方を貞慶は法相教学をもとに論義研鑽する中で、あらためて確立したといってよいであろう。また、その際に実践される慈悲の行こそが大乗菩薩の本義であるから、観音の誓願に随従して大悲行を実践し、自らも当来には観自在沙門と名のりたいとの願望を貞慶は懐くまでになっていった。これは、三性を観察することによって、救済されるべき苦悩の衆生の相（依他起性）が知られるようになるからである。ここに、貞慶が大悲闡提菩薩のあり方を理想の行者のあり方と見た教学的背景があったといってよい。そこで、『心要鈔』において後学のものを導くため、貞慶は次のように述べたのである。すなわち、

今、一事を以て且らく我が心を試みるべし。我れ若し暫時なりとも冥途に往きて、閻魔王に就いて心の所願を乞わんに、王の加被に依りて一の地獄に到らん。冥官吏に門を開いて、具に苦相を見る。或いは焼き、或いは煮る。或いは斫《き》り、或いは截《た》つ。若しくは刺し、若しくは懸く。若しくは磨し、若しくは擣《つ》く。最極猛利の衆多の重苦、無量無辺にして、暫時たりとも息む時無し。我れ此の事を見て、

忽ちに悲心を生ず。先亡の恩愛、設《も》し其の中に堕せば、具に其の苦を受けん。三熱の地より上る洞燃の焔の中に宛転として呼び叫ぶ声、鉄城に満つ。忽ちに我を見畢《おわ》りて、悲喜して我に語るらく、「吾れは昔、愚盲にして善悪を弁まえず、世の事を習い行い、無量の悪を造れり。因果は堅猛にして、大劇苦を受く。阿防羅刹、常に来たりて我れを責む。諸仏の大悲も、皆な既に我れを捨つ。八万億千の種々の苦悩や楚毒の至りて切なること、具に言う可からず。此の苦を受けて後の時分は甚だ近くとも、苦を厭うこと深きが故に、千劫を経るが如し。況んや亦た未来無量の時分をや。何れの日にか、方《まさ》に此の身心の苦を脱して、我れをして自在に人・天の楽を受け令めんや。我れ昔、罪を造ることは、多くは汝らが為なり。我れ今、苦を受く。汝、何ぞ救わざるや。世人をば猶し恨む可し。況んや沙門に於いてを耶」と。骨も皮も焦げ尽きて、其の形を見ざるも、言語髣髴として昔の声に似たること有り。告げ畢りて須臾に火聚の中に入る。時に目は昏《く》れ、魂は消ゆ。頭を叩き脳を割き、悲感すること熾然なれども、助けるに力無し。我れ設い此の事に遇わんに、堪忍すべき耶否や。深重の大悲、此の時、盍《なん》ぞ生ぜざらん。＊震旦にも我が国にも、粗ぼ此の事有り。常に我が身を推して悲哀を生ず可し＊(10)

と。血縁となった身近な者を例として、「なぜに大悲の思いを起こさないのか、いや起こすべきである」と強く訴えているのである。身近な者に目が向けば、一切衆生が世々生々の六親眷属に他ならないこともわかり、愚夫の心にも闡提尽生界の願いが起きてくる。ここにまた、唯識観を実践する大きな意義があったのである。

唯識観は三性を観察する実践行であるが、救済すべき衆生の相（依他起性）を智慧によって見極めることにより、智慧と表裏一体の関係にある慈悲もまた活動し始めることになる。この観点より第八地以上の大力菩薩においては衆生化益のための「転換本質」がなされ、また等覚の大士による国土の厳浄化、さらには仏陀による浄土の示現という不思議が次々に示されるに至ったのである。この点については第二部二章でも示した『尋思通要』の「摂在一刹那」において「依他如幻」を論じる際に貞慶は、

今、案ずらく、神通の境は法相にあらずといわば、是れ所謂ゆる唯識を弁《わきま》えず、如幻を信ぜざる也。已《すで》に心自在を証得すと謂わば、欲に随いて転変する地等、皆な境と成る。若し実有ならば如何ぞ変ず可しといわば、寧《なん》ぞ唯識の誠証に非ず耶。凡夫と二乗は未だ如幻を了せざるの前、猶し分に随いて転変等の事有り。是れ則ち法体は自ずから是れ虚幻にして意解・思惟等に順ずるが故に。又た定通を修得して分に漸く境を以て心に従う。『瑜伽論』に説かく、「身を万億に変じて共に毛の端に立つが等きは神通なり。曽《むかし》、人間に於いて数々《さくさ》く資し熏じ磨し、其の心を瑩《てら》す」と、云々。欲界の汎爾の散心に対して、彼は猶し唯識観に相い近し。何に況んや地上の深位、乃至、仏果の一切の神通、皆な是れ心自在の唯識観の力也。余は准じて知る可し。[11]

といい、如幻と定通の不思議を説く中で、「仏果の一切の神通は皆な唯識観の力」であるといいきっている。したがって、唯識観は智慧の実践のみならず大乗利他の行法でもあったのである。

このような「如幻不思議」が説かれる背景には、理事の不即不離があった。理とは理性（真理）であり、事とは事相（現象）である。法相宗以外の大乗諸宗は、中道を説くにもかかわらず相即相入に軸足を置いた理論を展開するので、一切皆成のみならず一念即証（即心是仏・即身成仏など）まで主張するに至る。貞慶がこれを「一向相即」といって厳しく批判したことは、第二部第一章および第二章で述べたとおりである。あくまでも法相宗の説くところは大乗の中道義に立った「事理の不即不離」にあった。この点について貞慶は『論第二巻尋思鈔別要』「真如無為一多」において、

末云、凡以事望事、以理望理、以事望理、皆不一不異也。其中事々者以異為本。理々者以一為本。事理者以不一不異共為実理歟。

末に云わく、凡そ事を以て事に望み、理を以て理に望み、事を以て理に望むに、皆な不一不異也。其の中の事々は異を以て本と為す。理々は一を以て本と為す。事理は不一不異を以て共に実理と為す歟。(12)

といい、まず「事事」も「理理」も「事理」も本来的には不一不異であるが、「事事」は「異」を本義とし、「理理」は「一」を本義とし、「事理」は共に「不一不異」を実理とすると明言している。要するに、事相（現象）は個々に異なるものであり、一方の真理は一つであるが、その本質はいずれも不一不異であ

るというのである。換言すれば、法相宗以外の大乗諸宗は「不異」を強調するので事相を乱すが、法相宗は「不一不異」を説くので事相の乱れることがないと言っていることになる。そこで、『尋思別要』は次の問いを立てる。すなわち、

問。我宗事相、体用法爾互不混雑。何有不異義哉。

問う。我が宗の事相は、体も用も法爾として互いに混雑せず。何ぞ不異の義有らん哉。(13)

と。要するに、事相は異なるものであるのに、なぜ「不異の義」を立てるのかと難じているのである。事相が一つだといってしまえば混乱（混雑）が生じる。今まで、法相宗は他の大乗諸宗とは異なり、体用の法爾として各別にあることを理路整然と説いてきたのに、なぜ「不異の義」を立てるのかと難じたのである。これに対して答文では、

答。論中、或八識相望、或一識中心王心所相望、或一心中四分相望、乃至、体用因果等種々義門之中、皆有不一不異之文。勘可知、之如幻虚假法。何有定一異耶。若諸法各別者唯識義

即成假門。若一心四分不即不離者、色法豈不心哉。且第八識所変五根五境、並諸法種子皆帰一自体分。種子現行亦為因果不一異。当知、有為万法帰阿陀那一識。執何為異、留何名別耶。＊已上事々／不一不異義＊

答う。『論』の中、或いは八識相い望み、或いは一識中の心王と心所をば相い望み、或いは一心中の四分をば相い望み、乃至、体用・因果等の種々の義門の中、皆な不一不異の文有り。勘うるに知る可し、之れ如幻虚仮の法なりということを。何ぞ定まりたる一異有らん耶。若し諸法は各別なりといわば、唯識の義は即ち仮門と成りぬ。若し一心と四分とは不即不離なりといわば、色法は豈に心にあらざる哉。且《しばら》く第八識所変の五根五境、並びに諸法の種子は皆な一の自体分に帰す。種子と現行も亦た因果と為りて一異にあらず。当に知るべし、有為の万法は阿陀那の一識に帰するということを。何に執して異と為し、何を留めて別と名づく耶。＊已上の事々は不一不異の義なり(14)＊

といい、法相宗の根本論典である『成唯識論』には随所に、八識や心王心所を初めとするすべての事相が不一不異であると説いている。なぜならば、因縁生起の法は「如幻虚仮」だからである。すべてのものは因縁仮和合の存在だから永遠に変わることのない「一異」など存在しえない、と言い切るのである。さらに、諸法が確定的に各別なものであるならば、識から境相が転変するという唯識の義は成り立たなくなる。

一方、一心と四分とが不即不離（不一不異）であるからこそ、物質もまた一心から転変したものであるということができる。すべての事法は一心の自体分に帰すのであり、有為の万法は阿頼耶（阿陀那）一識に帰す。これは「不一不異」「如幻虚仮」だからこそいえることである。何に執して「異」といい、何を留めて「別」というのか、と論じているのである。ここに貞慶の基本的な姿勢があったといってよい。

すなわち、諸法は不一不異であり、如幻虚仮であると証知した時、五姓や一乗、三祇や一念の執われはすべて消え去り、そこに「五姓即一乗」「三祇即一念」の真理が現れる。かくして、五姓の中の菩薩種姓であるとの自覚のもとに三祇にわたる修行が実行として展開し、ついには仏陀となって転識得智する仏道を、貞慶は「こよなき道」であると考えていたのである。その理論化のための教義研鑽の書として『尋思鈔』は作成された。しかも、『尋思鈔』の作成そのものがまた、仏道そのものであった。ここに本書の特色があったといってよいのである。

かくして、貞慶は具体的な実践のあり方として弥陀・釈迦・弥勒・観音の四尊に関する講式を作成し、かつ四尊に親しい行を実践し、順次生での往生浄土を欣求した。その際に理論化された多重浄土論も、不一不異による処々不定を説くものであった。不一不異とはまた、「三性即三無性」のことに他ならない。まさしく、三性を証知するからこそ不一不異がいえるのであり、すべては三性を知る唯識観の一行に帰すといっても過言ではないのである。このような唯識観を実践することで苦悩の衆生の存在（依他起性）を知り、行者（菩薩）は大悲の実践を行なうに至る。ここに大乗唯識の根幹があると考えた貞慶は、最後の病床にあって「出離の最要は唯識観にあり」といい置いて亡くなったのである。それが『修行要抄』であった。
以上、縷々見てきたように、『尋思鈔』は単なる教義書ではなかった。その根底に貞慶の熱いまでの仏道論があった。このことを本研究書において明らかにした上で、数年後に刊行する予定の「教理篇」の作成に取り掛かりたいと思う。

註

（1）大谷本『観念発心肝要集』墨付二丁表。
（2）同・墨付四丁表～裏。
（3）同・墨付九丁表。
（4）同・墨付一九丁表。
（5）北畠典生『観念発心肝要集』（永田文昌堂、一九九四年）七四～七七頁に同趣の指摘が見られる。
（6）大谷本『出離最要』墨付三丁裏～四丁表。
（7）日蔵六四・一八・下。広く知られている日蔵本を用いた。
（8）日蔵六四・一九・上。
（9）日蔵六四・一九下～二〇上。
（10）『心要鈔講読』一二二～一二三頁。
（11）本研究書五二八頁。
（12）身延山本『第二巻尋思鈔別要』二四丁表。
（13）同。
（14）身延山本『第二巻尋思鈔別要』二四丁・表～裏。

楠　淳證（くすのき　じゅんしょう）

1956年生まれ。兵庫県出身。龍谷大学文学部仏教学科卒業、龍谷大学大学院文学研究科博士後期課程単位取得満期退学、龍谷大学専任講師、助教授を経て、現在、龍谷大学文学部教授、アジア仏教文化研究センター長、浄土真宗本願寺派司教、兵庫県出石町福成寺住職。専門は仏教学、特に唯識教学。

【主要著書】

『日本中世の唯識思想』（共著、永田文昌堂、1997年）
『論義の研究』（共著、青史出版、2000年）
『儀礼に見る日本の仏教——東大寺・興福寺・薬師寺——』（共著、法藏館、2001年）
『唯識——こころの仏教——』（編著、自照社出版、2008年）
『心要鈔講読』（単著、永田文昌堂、2010年）
『問答と論争の仏教——宗教的コミュニケーションの射程——』（共著、法藏館、2012年）
『暮らしに生かす唯識』（単著、探究社、2013年）
『回峰行と修験道——聖地に受け継がれし伝灯の行——』（龍谷大学アジア仏教文化研究センター文化講演会シリーズ1、編集、法藏館、2016年）
『南都学・北嶺学の世界——法会と仏道——』（龍谷大学アジア仏教文化研究叢書6、編著、法藏館、2018年）
『蔵俊撰『仏性論文集』の研究』（龍谷大学アジア仏教文化研究叢書7、共編著、法藏館、2019年）

貞慶撰《じょうけいせん》『唯識論尋思鈔《ゆいしきろんじんししょう》』の研究《けんきゅう》
——仏道篇《ぶつどうへん》——

二〇一九年七月十八日　初版第一刷発行

著　者　楠　淳證
発行者　西村明高
発行所　株式会社　法藏館
京都市下京区正面通烏丸東入
郵便番号　六〇〇—八一五三
電話　〇七五—三四三—〇〇三〇（編集）
〇七五—三四三—五六五六（営業）

装幀者　上野かおる
印刷・製本　中村印刷株式会社

ISBN 978-4-8318-6377-5 C3015

儀礼に見る日本の仏教　東大寺・興福寺・薬師寺　奈良女子大学古代学学術研究センター設立準備室編　二、六〇〇円

問答と論争の仏教　宗教的コミュニケーションの射程　龍谷大学仏教文化研究叢書27　マルティン・レップ、井上善幸編　三、五〇〇円

回峰行と修験道　聖地に受け継がれし伝灯の行　龍谷大学アジア仏教文化研究センター　文化講演会シリーズ1　楠　淳證編　一、三〇〇円

南都学・北嶺学の世界　法会と仏道　龍谷大学アジア仏教文化研究叢書6　楠　淳證編　四、五〇〇円

蔵俊撰『仏性論文集』の研究　龍谷大学アジア仏教文化研究叢書7　楠　淳證、船田淳一編　一五、〇〇〇円

法　藏　館　　価格税別